JN336879

中国語類義語辞典

相原 茂 Shigeru Aihara ［主編］

朝日出版社

【主編】
相原茂

【編集委員】
郭雲輝　曹泰和　田禾　三好理佳
安本真弓　芳沢ひろ子　李貞愛　魯暁琨

【執筆】
相原茂　安藤好恵　飯田敦子　石田知子　殷文怡　欧陽暁
郭雲輝　川名理恵　河村雅子　北島のり子　喜多山幸子
黄琬婷　周媛　白根肇　単娜　蘇紅　蘇明　曹泰和　趙怡
張娜　張平平　塚越千史　田禾　戸沼市子　永江貴子
野原靖久　費燕　樋口幸子　付立華　二木正明　文鐘蓮
保坂律子　三好理佳　森中野枝　安本真弓　楊華　楊晶
横山康恵　芳沢ひろ子　李貞愛　李蕾　劉穎　魯暁琨

【編集協力】佐藤嘉江子

【装丁】大下賢一郎

【本文デザイン】小熊未央

【編集担当】宇都宮佳子

【制作統括】中西陸夫

『中国語類義語辞典』の編纂について

相原　茂

　中国語は語彙的な言語と言われているが，意味のよく似た，紛れやすい語間の微妙な違いや用法の差異を明らかにする「中国語類義語辞典」は日本においては，いまだ本格的なものは編まれていない。

　これは日本における類義語研究の特殊事情にもよるのではないかと考えている。個人的な話になるが，私は1987年1月から2003年4月まで16年間『東方』誌上で延べ196回にわたって「類義語のニュアンス」という連載を有志の方々と始めた。これは研究者や大学教員による署名原稿であり，ほぼ小論文レベルのものであった。年に1回担当がまわってくるかどうかというのんびりした周期で，それだけにじっくりと準備をして質の高い原稿を書くことが出来た。それでも16年間続けてなお200条に満たぬ量である。この成果は『中国語類義語のニュアンス』1，2（1995年，2000年）として東方書店から出版された。しかし「辞書」と銘打つには量的にも不足感は否めなかった。

　一方，クオリティ的には非常に高く，これ以上のものはなかなか容易に作ることができず，結果として類義語辞典の編纂は手控え状態になってしまったきらいがある。

　もちろん個人による類義語研究はこの時までも，またこれ以後も行われたが，個人の力では，一つ一つの類義語セットを解明し記述し，それを辞書に編むまでの分量にすることは，常識的に考えても容易なことではない。

　ほぼこの時期に私はまた講談社が編纂中の『講談社　中日辞典』に文法の囲みや類義語コラムの執筆を求められていた。1997年ごろのことである。類義語の原稿を何編か提出すると，ある日，辞書編集部の方が私をたずねてきて曰く。「先生，もっと短く，簡単に，要点のみをズバリと書けませんかねえ」。どうやら「英語の学習辞典にあるように，簡潔に」ということらしい。確かに，英語の中高生向きのそれには次のような実にシンプル

にして的確な類義語コラムが載っている。私も目にしたことがある。

　【類義】りこうな
　cleverは「りこうな」の意の一般語だが、しばしば「抜け目のない」「ずるい」というニュアンスをともなう。wiseは「正しい判断ができる」「賢明な」の意で、子どもにはふつう用いない。brightは「頭がいい」の意。smartはおもに《米》で「頭がいい」の意だが、「生意気な」の意味にもなる。(『スーパー・アンカー英和辞典』学研による)

　私は言った。「英語は語学として長い研究の歴史があり、類義語の弁別もすすんでいるので出来るのです。今、東方で類義語のニュアンスという連載をしています。こういう基礎的なことをやって初めて英語のマネができるのです。あと10年はかかります」。実際10年どころではなかった。類義語の連載を初めてからほぼ30年の歳月が流れている。なお英語の簡明さに至っていない。ともあれ、この時私は講談社の辞典におよそ300セットの類義語コラムを提供している。

　2000年の頃は、日中が国交回復してから25年、中国語学習者の数は順調に増え、大学の第二外国語といえば当然のように中国語がトップを走っていた。それに合わせるかのように、出版各社からは中国語の辞書が相次いで企画されていた。わたしが編纂に係わったものだけでも3冊ある。
　『はじめての中国語学習辞典』相原茂編　朝日出版社　2002年
　『講談社　中日辞典　第2版』相原茂編　講談社　2002年
　『東方中国語辞典』相原茂、荒川清秀、大川完三郎主編　東方書店　2004年
　この他にも小学館、三省堂、NHK出版、白水社などからも本格的な中国語辞典が陸続と上梓された。
　それぞれいずれも個性があり特色も持つものであったが、わたしが係わった辞書では例外なく、類義語の弁別を重要視した。私は辞書には類義語の微妙な使い分け、意味的違いを明記すべしという信念があった。そう考えるには一つのエピソードがある。

昔，学生にこんな質問をしたことがある。
「1年間の中国語の授業を振り返ってみて，疑問に思うことや質問を3つ挙げなさい」。
　期末テストの一環として，答案用紙に書かせた。疑問1つにつき3点とか点数まで与えたから，みんな何かしら書いた。
　その結果だが，中国語には活用とか難しい呼応などが有るわけでもない。疑問の大半は，文末の"了"とアスペクトの"了"の違いとか，"走"と"去"はどう使い分けるのかとか，"生病"と"得病"は意味が同じかといった，いわば「似たもの言葉」に集中した。発音の -n と -ng の違いが分からない等というのもあったが，これとて「似たもの音」である。ここから，私の標語の1つ：
　　中国語　疑問の半ばは　似たもの語
が生まれたのだが，中国語の学習では「似たもの語」つまり「類義語」の弁別が大事になる。その重要さはもっと認識されてよい。

　このような思いから，私が編纂にたずさわった辞書では類義語弁別に一定のスペースがとられている。そうはいっても，それぞれの辞書には独自の編集方針があり，類義語の示し方も全く同じわけではない。しかし，弁別された成果の基本は同じである。そうでなければおかしい。私はこれらの成果を，一つは「講談社中日辞典」に活用し，もう一つは「東方中国語辞典」に活用した。ふたつの辞典に，やや形式を変えながらも得られた成果をともに利用しあうべきだと考えた。教育に関わる辞書であれば，ある程度の成果の共有は許されると考え，この点は出版社レベルで同意をとりつけ実現させた。

　これでひとまず辞書への類義語情報の掲載を終えたのであるが，私の裡では類義語弁別はまだ終わっていなかった。一つは分量的に不満があった。まだまだ取り上げるべき類義語がある。特に日本人の学習者にとっては日常的な語句でもわからないものがあり，わからないということすら気付い

ていないものがある。そこで私は類義語スタッフとして改めて24名ほどを指名し、引き続き原稿を作るプロジェクトを続けた。24名を2班に分け、毎月誰かしら執筆を担当し、その成果を一つはTECC（中国語コミュニケーション能力検定）のホームページに、一つは中国語ドットコムのサイトに載せることにした。中国語ドットコムへの連載は「似たものことば」として、現在も続いている。

　中国語ドットコムは民間の語学学校「ハオ中国語アカデミー」の運営するサイトである。わたしはここでも一般の学習者相手に類義語弁別教室を開いている。これは「類義語に専家なし」という私の考えに基づいている。
　中国語学の他の分野、たとえばアスペクトなら誰それさんが専門だとか、助動詞なら誰さんだというふうに、テーマによってそれが専門の人や、長年研究している人がいるものだ。だが、類義語は違う。類義語という漠然とした研究テーマはない。あるのは具体的な類義語弁別のみだ。"在意" zàiyì と "介意" jièyì の違いを明らかにしたからといって、その成果が次のテーマ "开心" kāixīn と "高兴" gāoxìng に生かせるわけではない。これはこれでまたゼロからその違いをさぐってゆかなければならない。次の "漂亮" piàoliang と "美丽" měilì、"好看" hǎokàn についても同じだ。そもそも類義語弁別は、常に新しい視点、考えが要求される。これまでの弁別で有効だった「リトマス紙」が次回も有効という保証はない。故に「類義語に専家なし」という。

　従って、プロの研究者のみならず、アマチュアの学習者であっても、ある類義語セットに興味をもち、それについて例文を集め、比較し、考察を深めれば、一定の成果は出せる。私はそう思い、またそのように実践してきた。「ハオ中国語アカデミー」の「類義語班」の受講生に類義語弁別に取り組んでもらい、その成果を本辞典にも取り入れたのはこういう理由による。

今回の類義語辞典の最大の特徴は，一編一編が読み物風のタッチを貫いたという点にあろう。これまでの辞書ではどうしても紙幅の制限が強く，無駄なことは言わず客観的記述に終止する。しかし，それでは一番肝腎な個々の語のイメージというか顔つき，性格，体臭が伝わらない。すなわちその語の語感である。

　その語のイメージや性格をどうすれば伝えられるか。結局は，他のどのような語とつきあっているかとか，どういう場に出入りしているかとか，その語の行動範囲もふくめた，性格を理解することだ。

　担当執筆者によっては「こうではあるまいか」という大胆な仮説が含まれていることもあろう。わかりやすさを図り，その語の性格をやや誇張して描くこともあろう。科学的厳密さからいえば，小さなことも細大漏らさず記述することが求められる。しかし，その結果，本当に強調し描くべきことが，十分なインパクトをもって伝えられず，全体としてメリハリがなく何を言っているのかわからない，イメージがつかめないということになっても困る。

　母国語を考えれば，類義語ペアといえど，それぞれの語について，ある特有のイメージなり語感がある。それがネイティブランゲージ，母国語というものだ。

　特徴を前面に出そうとすればときに「単純化」は避けられない。私は昔，自分が編んだ入門テキストの中で，はじめて中国語の"的"が出てきた所で「"的"は「の」」などと教えて涼しい顔をしていたものである。中国語の"的"がイコール日本語の「の」で100％置き換えられるはずはない。そんなことは分かりきっている。しかし，この単純な言い方で，中国語の"的"の7，8割の用法がカバーされていることも事実だ。まずこうやって理解しておき，勉強が進むに従って初期の像を適宜修正してゆけばよい。もちろんそれには初期の像が本質をついていることが望ましいが。

　まずは特徴的なその語の像を描いてみせる。そうして異なる用法に出会えば，「ああ，こういう使い方もするのだ」「こんな顔もあるのか」ということで，修正してゆけばよい。その最初のイメージ付与が，これまでの教

学の中で欠けていた。今回，類義語弁別の中で，はからずもそういう欠如部分が明らかになったのではないかと思う。

　昔，藤堂明保先生とお仕事をさせていただいたとき，「〜へ行く」という意味の"上"を解釈して「晴れがましいところへ行く」と言われた。なるほど「上（うえ）」である。"上学"，"上课"，"上班"，"上街"などみんなそうだ。日本語でも「上京」などという。しかし"上火葬場"とか"上厠所"とも言うではないか。こういう例に出会って私は「晴れがましい」を密かに「公の，パブリックな」に軌道修正した。それもこれも最初の大胆なイメージ「晴れがましいところ」があればこそである。

　本書は「辞書」であるから，署名には適さない。しかし，これまで述べたように類義語の弁別は一仕事であり，小論文をものするぐらいの時間と精力を使う。そういう意味では署名原稿とする理由がある。特に，過去において「類義語のニュアンス」で担当したものや，サイトに発表した自作などを再び担当した場合は当然わが作品であり，署名の欲求にかられるところがある。実際，類義語のニュアンスの連載は署名原稿であった。

　本辞典では，結局のところ折衷案に落ち着いた。すなわち辞書本文では署名は無しだが，誰がどれを担当したかは一覧の形で明記するというものだ。

　本文で署名を避けた理由はいくつかあるが，一つは，本人が書いた原稿が一字一句違わず掲載されているとは限らない，という点である。編集委員が過目し，相原も最終的には眼を通している。大なり小なり手が加わっていると考えて良い。

　しかしながら，その構想，観点など大部分はやはり執筆者のものであり，その名を明示する価値を持つと考えられる。ただ，すでに『講談社中日辞典』などでとりあげたものを担当した場合は，これまでの成果の再利用というケースであり，このような場合も考慮すると，まったくのオリジナルとは言えない。さらに，中国で近年良質の類義語弁別辞典などが出版されており，それらを参照した場合も少なくない。

このようなさまざまな点を勘案し，「辞書本文は無記名，別に担当者を明記」という方針にした。もちろん，今後の訂正や補充の便なども考慮した。

　ここ十数年，中国においては「外国人向け，留学生向け」中国語教育，いわゆる"対外汉语教学"が盛んになり，ここにきて「類義語研究」は一つのホットアイテムになっており，この成果が最近陸続と出版されるようになってきた。ようやくわれわれが参考にすることのできる類義語関係の書籍が中国で整ってきたと言える。

　このような時期に日本において，これまでの成果を取り込んだ本格的な「中国語類義語辞典」が編まれることの意義は決して小さくないと考える。

　趣旨に賛同し，長い期間にわたり類義語に関心を寄せ，多忙を極める教学の合間を縫って，貴重な時間と精力を本辞典のために捧げてくださった執筆者の皆さんに感謝し頭を下げたい。

　末記ながら，編集の労をとっていただいた朝日出版社の中西陸夫部長ならびに宇都宮佳子氏に感謝したい。またフリーの編集者佐藤嘉江子氏の全面的な協力を得ることができたのは本書にとっても編者にとっても幸いであった。

2015年　仲春

凡　例

1. 見出しについて
　本書には526の類義語セットを収録した。各セットは2～6語より構成され，取りあげた語（句）は1179である。

2. 見出し語の配列について
　各類義語セットの最初の単語の一文字目のピンインを基準に，アルファベット順に配列した。一文字目が同じ発音の場合は総画数順に，また，最初の単語が同じ場合は，二番目の単語のピンイン順に配列した。

　（例）宝贵 bǎoguì・珍贵 zhēnguì・贵重 guìzhòng

　　　　保持 bǎochí・维持 wéichí

　　　　保存 bǎocún・保留 bǎoliú

3. 発音表記について
　発音表記はピンインによる。発音はおおむね『現代漢語詞典』（第六版）に拠った。

　軽声と重読どちらでもよいものは，軽声を記した。"没有"は，動詞は méiyǒu，副詞は méiyou とした。

　"一"，"不"の声調は，見出し部分では本来の声調を示し，本文，用例では変調したものを示した。

　（例）"学生"：『現代漢語詞典』では xué・shēng，本書では xuésheng

　　　　"不客气"：見出し，目次，索引では bù kèqi，本文，用例では bú kèqi

4. 解説について
　①混同しやすい中国語の意味やニュアンスの違い，使い分けを，それぞれのセットにふさわしい観点，手法で解説した。

　②用例には番号を付け，ピンインと日本語訳を付した。

③用例中,言い換えが可能なものは,(／)または｛ ／ ｝で示し,ピンインも記した。言い換え不可のものには＊を付けて(／＊)で示し,ピンインは省略した。

(例) ⅰ) 1) 问(／打听)电话号码。
　　　　　　 Wèn (/ Dǎting) diànhuà hàomǎ.
　　　　　　 (電話番号を聞く)
　　　ⅱ) 3) 我问(／＊打听)了两个问题。
　　　　　　 Wǒ wènle liǎng ge wèntí.
　　　　　　 (私はふたつ質問した)
　　　ⅲ) 9) ｛问他／跟他打听｝那件事。
　　　　　　 ｛Wèn tā / Gēn tā dǎting｝ nà jiàn shì.
　　　　　　 (彼にそのことについて尋ねる)

④本文中の中国語は" "で囲み,必要に応じてピンインと日本語訳を付した。
　(例) "拿手"は,"菜"cài(料理),"戏"xì(劇),"活"huó(仕事),"本领"běnlǐng(技,技能)など特定の名詞(句)と結びついて,"的"の要らない連体修飾語を形成する。

⑤品詞はおおむね『現代漢語詞典』(第六版)に拠った。

5. 索引について

巻末に索引を設け,本書で取り上げた見出し語のすべてを,ピンイン順に配列し,それが属する類義語セットのページを検索できるようにした。

6. 執筆者について

辞書本文においては執筆者名は明記せず,誰がどれを担当したかについては,別に一覧として掲げた。

目 次

A

爱・好 2
爱好・嗜好 3
爱护・爱惜 5
安定・稳定 6
安静・宁静 7
安排・安置 9
安全・平安 10
按・摁・推・压 11
暗暗・偷偷・悄悄 13

B

巴不得・恨不得 14
拔・抽 16
把・将・拿 17
把握・掌握 18
白・空 19
败露・暴露・揭露 20
帮・帮忙・帮助 22
傍晚・黄昏 23
包儿・袋儿・兜儿 24
宝贵・珍贵・贵重 26
保持・维持 27
保存・保留 27
保障・保证 29
抱・搂 30
抱歉・对不起・道歉 32
背・驮・扛 33
悲哀・悲惨・伤心 34
本来・原来 36
本领・本事 37
笨・糊涂・傻 38

蹦・跳 40
比…更～・比…还～・比…都～ 42
比赛・竞赛 44
必需・必须 45
变・变化 46
变成・成为 48
表示・表达 49
表示・显示 51
别・不要・少 52
别看・虽然 54
并・及・而 55
不得不・只得・只好・只能 57
不能见・见不到 58
不谢・不客气 60
不要紧・没关系 62
不必・不用・无须 63
不得了・了不得 65
不断・不停 66
不见得・不一定 68
不禁・不觉 69
不用・用不着 71
不在乎・无所谓 73

C

猜・估计 74
采用・采取 75
彩色・色彩・颜色 76
踩・踏 78
参观・游览 80
曾经・已经 82
差别・区别 84
场・场 86

(10)

尝·品尝·品 88
常常·经常·往往 90
沉·重 91
沉重·繁重 93
称赞·赞扬·表扬 94
成绩·成就 96
吃·尝 97
吃亏·上当 100
吃力·费力 101
充实·充足 103
重复·反复 104
宠·贯·娇·疼 105
踌躇·犹豫 107
出发·动身·走 108
处理·处置 109
处处·到处 111
穿·戴·系 112
传染·感染·沾染 113
词典·字典 115
从·自·离·由 116
从来·一直 117
从头·重新·从新 119
催促·催·督促 120

D

达到·到达 121
答复·回答 122
打算·准备 124
大概·大约 126
大量·大批 127
大学·学院 129
带·拿 130
担任·担当 132
担心·担忧 133

担心·挂念·惦记 134
耽误·耽搁 136
但·但是·可是·不过 138
到底·终于 140
倒茶·沏茶·冲茶·泡茶 141
道·路·道路 143
道·条 145
得到·取得·获得 147
等·等等 148
低·矮 150
地上·地下 152
地址·住址 153
典范·典型 154
点·些 155
点·要 156
电影·影片 158
吊·挂·悬 160
丢·没 161
懂·懂得·明白 163
懂·知道 164
洞·孔·穴 166
度过·渡过 168
对·对于 169
对·双·副 170
对不起·不好意思 172
对不起·劳驾·麻烦 173
对于·关于 175
对照·对比·比较 177
炖·煮 178
多少钱·怎么卖 180
躲·藏 182

E

二位·两位 183

(11)

F

发·变 184
发脾气·生气 185
发抖·哆嗦·颤抖 187
发生·产生 188
饭店·宾馆·酒店·
　旅馆·招待所 189
方法·办法 190
房间·屋子 192
房子·家 193
仿佛·好像 194
访问·拜访·参观 195
放·搁·摆·摊 196
放假·请假·休假 198
非常·十分 200
分别·分辨 201
吩咐·嘱咐 203
丰富·丰盛·丰厚 204
风光·风景·景色 206
风味·滋味·味道 207
夫妇·夫妻 209
夫人·妻子·爱人·太太·老婆 210
幅·副 211
父亲·爸爸·爹 213

G

盖·罩 213
赶得上·赶上·来得及 214
赶紧·赶忙 215
赶快·马上 217
感动·激动 218
干吗·为什么 220
刚才·刚·刚刚 221
高兴·愉快 223

搞·弄 225
跟·同·和 226
公布·发布·颁布 227
功课·作业 228
姑娘·小姐 230
固然·虽然 231
关·合·闭 232
关心·关怀 234
观赏·欣赏·鉴赏 235
灌·倒 235
罐·缸·盆·壶 237
果然·居然 239

H

还是·或者 240
害怕·怕·可怕 241
汉语·中文·普通话·华语 242
V好·V完 244
好吃·香 246
好容易·好不容易 247
好玩儿·有意思·有趣 248
好像·简直 250
好用·好使 250
喝茶·饮茶·品茶·吃茶 252
合格·及格 254
合适·适合 255
合作·协作 257
核儿·种子·子儿 258
黑·暗 259
很·非常·怪·挺 261
很·好 264
哄·逗 265
后来·以后 267
花·费 268

花・付・交 270

怀疑・疑心 272

会・能（1） 273

会・能（2） 275

火车・列车・电车 277

J

即使・虽然 279

急忙・连忙 280

几・多少 280

计算机・电脑 282

继续・持续 283

加・添・兑 285

家人・家属・家族 286

架・台 288

煎・烤・烧 289

简单・容易 290

简直・几乎・差不多 292

见・见面・见到 294

见・看・找 295

健康・健全 297

渐渐・逐渐・逐步 299

将就・凑合 300

骄傲・自豪 301

教・告诉 303

叫・喊 304

教会・教堂 306

教室・课堂 307

接见・会见 308

节省・节约 309

结构・构造 310

结果・后果・成果 312

解释・说明 313

尽管・不管 314

近代・现代・当代 315

经常・总是 316

经过・通过 317

经验・经历 319

精彩・出色 320

精密・精细・精致 321

景色・景致・景观 323

旧居・故居 324

就・便 325

就业・就职 327

举行・进行 328

卷・裹・包・缠 329

觉得・认为・想・看 331

K

开始・开头・开端 333

开始～・～起来 334

开拓・开辟 336

开心・高兴 337

开展・展开 339

砍・劈・剪・切・割・锯 340

看・见・看见 342

看・看望 344

看不起・看不上 345

看法・意见 346

看上・看中 348

看做・看成 350

慷慨・大方 351

靠・凭 352

可不是・就是 353

渴望・希望・盼望・期望 356

肯定・一定 358

恐怕・可能 360

口气・口吻 361

(13)

捆・包・扎 362
扩大・扩展・扩张 363

L

来・以来 365
来往・来往・往来 366
老・旧・古 367
老家・故乡・家乡 369
老师・教师 371
冷・凉 372
离休・退休・退职・辞职 374
力气・力量 375
例如・比如 376
粒・颗 377
脸・脸蛋儿・脸盘儿 379
脸色・神色 380
聊天儿・谈话 382
了解・理解 383
流畅・流利 385
楼梯・台阶 386
旅行・旅游・游览 387

M

马上・立刻・立即 388
埋（买）单・结账 389
买卖・生意 390
满足・满意 391
慢慢・渐渐 393
没懂・不懂 395
没关系・没事儿 396
没有・没 399
每＋名詞・名詞の重ね型 400
美好・美丽 401
美丽・漂亮・好看 403

面孔・面貌・面目 404
面向・面对・面临 405
明白了・懂了・知道了・好的 406
摸・碰 409
磨・擦 410
模样・样子 411
母亲・妈妈・娘 412
目标・目的 413

N

拿手・擅长・善于 414
男人・男的・男士・先生 416
难怪・怪不得 417
难受・难过 418
年纪・年龄 420
年轻・年青 421
念书・读书・看书 423
念头・想法 423
女儿・姑娘 424
女士・女性・女人・妇女・女的 425

O

偶尔・偶然 427

P

拍・捶・敲・打 429
盘・碟・碗 430
胖・肥 432
陪・带・领・跟 434
碰见・遇见 435
批评・批判 436
骗・欺骗・欺诈 436
普通・一般 438

Q

齐·全 440
其实·实际上 443
其他·其它·其余 444
起码·至少 445
恰好·恰巧 446
千万·万万 447
签字·签名 448
前后·先后 449
瞧·瞅·盯·望·看 450
亲密·亲热 452
亲切·热情·热心 454
轻视·蔑视 455
倾向·趋势 456
清楚·明白 458
去·走 460
趣味·兴趣 461
全·尽·满 462
全部·全体 464
全部·所有·一切 465
缺点·毛病·错误 467
缺乏·缺少 468
却·倒 469
群·伙·帮·班 471

R

然后·接着 472
忍不住·禁不住 474
认识·知道·了解 475
认为·以为 476
任务·工作 478
容易·好 480
柔和·温柔 481

S

散·散 483
商量·商榷·讨论 484
上·去 486
上当·受骗 488
谁·什么人 490
神奇·奇妙 492
生病·得病·犯病 492
生命·性命 494
省得·免得 495
盛大·隆重 497
时候·时间·时刻 498
时间·时光 500
时尚·时髦·时兴 502
实行·执行·推行 504
实在·的确·确实 506
食堂·餐厅·饭馆·菜馆 507
……,是不是?……是不是……?·是不是……? 509
是不是·是否 512
收·接·受 513
收拾·整理·整顿 515
首脑·首长·领袖·领导 517
首要·主要 518
受欢迎·吃香 519
舒服·舒畅·舒适 520
熟悉·了解 522
树立·建立·确立 523
睡·睡觉 525
顺便·顺手·顺路 526
顺着·沿着 527
说·告诉 530
说·谈·聊 531
思考·思索 533

死・死亡・去世・逝世・牺牲 534
送・寄 536
搜集・收集・征集 537
算・数 539
索性・干脆 540

T

他・她・它 541
踏实・扎实 542
太…了・可…了 544
态度・表现 545
谈话・说话・讲话 546
特别・特・格外 548
特别・尤其 549
特地・特意 551
特征・特色・特点・特性 552
疼・痛 554
提・端・捧 555
提前・提早 557
体育・运动 558
替・为・给 559
天・日・号 561
天气・气候・气象 563
挑・抬・扛 564
挑・选 565
调皮・顽皮・淘气 568
听・听见・听到 569
听课・讲课・上课 571
听说・据说 572
停顿・停止・停留 574
通讯・通信 575
同样・一样 577
同意・赞成 578
痛苦・难过・难受 579

头・第 581
头脑・脑筋 582
头头儿・头目・头子 583
投・扔・甩 584
突然・忽然 586
团聚・团圆 587
团体・集团・集体 589
推测・猜测 590
腿・脚・足 591
拖・拉 592
妥当・恰当 594

W

顽固・固执 595
晚上・夜里・深夜・夜晚 597
碗・杯・盅 598
网上・上网 598
往・向・朝 600
忘・忘记 602
未必・不必・何必 604
未免・不免・难免 605
位置・地位・位子 607
温和・温暖・暖和 608
问・打听 609
我怎么知道・我不知道 611
我们・咱们 612

X

希望・愿意 613
喜欢・爱 615
系统・体系 617
下手・动手・着手 618
先・首先 620
嫌・讨厌 622

(16)

现在・目前・如今 623
相反・反而 625
箱・盒・匣 627
详细・仔细 628
想・要 630
想念・思念・怀念 632
削・剥 633
消息・情报 635
小时・钟头 636
歇・休息 637
鞋・靴 638
写・记・填・画 639
谢谢・谢・感谢 640
心里・心中 641
新闻・消息 643
行・对・是 645
性格・脾气 646
幸亏・幸好 648
修改・修正・纠正・改正 649
许多・很多 650
学・学习 651
学会・学好・掌握 653

Y

严格・严厉 655
眼光・眼力 656
要求・请求・恳求 658
摇摆・摇晃・颠簸 660
咬・啃 662
要…了・快…了・快要…了・
　就要…了 665
也许・恐怕 666
一般・一样・同样 667
一边…一边…・一面…一面…・又…又

… 668
一定・必定 669
一会儿・不一会儿 670
一起・一块儿・一齐 672
一生・一辈子 673
動詞＋一下・動詞の重ね型 674
一些・有些 676
一再・再三 677
一直・一向・向来 679
医生・大夫 681
医院・病院 682
依靠・依赖・依附 683
遗憾・可惜 685
以来・以后 686
议论・讨论・探讨 687
意思・意义 689
应该・应当・应・该 690
永远・永久 692
用处・用途 693
由于・因为 695
友好・友谊 697
有点儿・一点儿 698
有利・有益 700
有名・著名 701
愉快・快乐 702
缘故・原因 703
愿意・想 704
运动・活动 706

Z

栽・种・植 708
再・又・还 710
在意・介意 712
遭・受 714

(17)

早上·早晨·上午 715

怎么·为什么 716

怎么·怎么样·怎样 718

怎么样·什么样 721

增加·增长·增添 723

摘·采 724

招呼·呼·叫 726

着急·焦急 728

照顾·关照 729

这么·那么 731

真·特 733

正·在·正在 735

正好·正巧 736

挣·赚 738

支·枝 739

知足·满足 741

职业·专业 742

只有·只要 744

指导·领导 745

至于·关于 747

中·里·内 748

钟·表 750

注意·小心·当心 751

祝·祝贺·庆祝 753

抓·捉 754

准确·正确 755

总·老 756

最·顶 757

最近·近来 758

左右·上下 759

坐·蹲·骑 760

坐车·乘车·搭车·上车·骑车 761

座·所 762

做·干·搞·办 763

執筆者一覧（50音順）

相原茂（拔 抽；踩 踏；耽误 耽搁；低 矮；放 搁 摆 摊；关 合 闭；V好 V完；好玩儿 有意思 有趣；花 费；教室 课堂；看上 看中；老师 教师；粒 颗；买卖 生意；胖 肥；签字 签名；省得 免得；顺着 沿着；挑 选；头 第；歇 休息；咬 啃；摘 采）

安藤好惠（房间 屋子；固然 虽然；看法 意见；肯定 一定；老 旧 古；冷 凉；离休 退休 退职 辞职；力气 力量；慢慢 渐渐）

飯田敦子（典范 典型；喝茶 饮茶 品茶 吃茶；黑 暗；教会 教堂；节省 节约；拿手 擅长 善于；特征 特色 特点 特性；提前 提早；替 为 给；天 日 号；停顿 停止 停留；通讯 通信；腿 脚 足；未必 不必 何必；未免 不免 难免；系统 体系；下手 动手 着手；想念 思念 怀念）

石田知子（不见得 不一定；不必 不用 无须；不断 不停；不禁 不觉；参观 游览；曾经 已经；差别 区别；场 场；常常 经常 往往；称赞 赞扬 表扬；吃 尝）

殷文怡（答复 回答；看见 看见；渴望 希望 盼望 期望；聊天儿 谈话；流畅 流利；忍不住 禁不住；听说 据说）

欧阳晓（傍晚 黄昏；变成 成为；不在乎 无所谓；教 告诉；脸色 神色；年轻 年青；齐 全；倾向 趋势；同样 一样；一些 有些；一再 再三；以来 以后；永远 永久；用处 用途）

郭雲輝（抱 搂；别 不要 少；不得不 只得 只好 只能；带 拿；多少钱 怎么卖；合作 协作；急忙 连忙；加 添 兑；简直 几乎 差不多；叫 喊；精彩 出色；旧居 故居；开始 开头 开端；开始~ ~起来；明白了 懂了 知道了 好的；容易 好；我怎么知道 我不知道）

川名理惠（不要紧 没关系；踌躇 犹豫；词典 字典；大学 学院；开拓 开辟；年纪 年龄；调皮 顽皮 淘气；新闻 消息；医院 病院；意思 意义）

河村雅子（按 摁 推 压；笨 糊涂 傻；好吃 香；火车 列车 电车；行 对 是）

北島のり子（保持 维持；采用 采取；成绩 成就；公布 发布 颁布；解释 说明；目标 目的；念头 想法；動詞＋一下 動詞の重ね型）

喜多山幸子（表示 表达；沉 重；道 条；对 双 副；二位 两位）

黃琬婷（不得了 了不得；从来 一直；放假 请假 休假；果然 居然；还是 或者；合格 及格；几 多少；尽管 不管；经常 总是；念书 读书 看书；认识 知道 了解；也许 恐怕；坐 蹲 骑）

周媛（把 将 拿；白 空；帮 帮忙 帮助；宝贵 珍贵 贵重；背 驮 扛；本领 本事；比赛 竞赛；必需 必须；重复 反复；煎 烤 烧；拍 捶 敲 打；批评 批判；全部 全体；遗憾 可惜）

白根肇（即使 虽然；就业 就职；磨 擦；恰好 恰巧；晚上 夜里 深夜 夜晚；早上 早晨 上午；正好 正巧；钟 表）

単娜（卷 裹 包 缠；捆 包 扎；没有 没；模样 样子；母亲 妈妈 娘；女士 女性 女人 妇女 女的；盘 碟 碗；瞧 瞅 盯 望 看；亲切 热情 热心；清楚 明白；全 尽 满）

曹泰和（缺点 毛病 错误；认为 以为；商量 商榷 讨论；上 去；谁 什么人；生命 性命；时候 时间 时刻；时尚 时髦 时兴；实行 执行 推行；食堂 餐厅 饭馆 菜馆；特地 特意；网上 上网；削 剥；依靠 依赖 依附；愿意 想；在意 介意）

蘇紅（暗暗 偷偷 悄悄；巴不得 恨不得；变 变化；倒茶 沏茶 冲茶 泡茶；对不起 不好意思；干吗 为什么；刚才 刚 刚刚；高兴 愉快；很 好；很 非常 怪 挺；来 以来；听课 讲课 上课；突然 忽然；喜欢 爱；一会儿 不一会儿；这么 那么）

蘇明（安静 宁静；安全 平安；保存 保留；尝 品尝 品；观赏 欣赏 鉴赏；健康 健全；慷慨 大方；埋(买)单 结账；亲密 亲热；群 伙 帮 班；

散 散；神奇 奇妙；收拾 整理 整顿；首脑 首长 领袖 领导；愉快 快乐）

赵怡（悲哀 悲惨 伤心；宠 贯 娇 疼；家人 家属 家族；开心 高兴；美丽 漂亮 好看；前后 先后；趣味 兴趣；缺乏 缺少；团聚 团圆；温和 温暖 暖和）

张娜（猜 估计；怀疑 疑心）

张平平（丢 没；消息 情报）

塚越千史（地址 住址；夫妇 夫妻；旅行 旅游 游览；每+名词 名词の重ね型；千万 万万；小时 钟头；幸亏 幸好；有名 著名；中 里 内；祝 祝贺 庆祝；抓 捉；总 老；最 顶；左右 上下；坐车 乘车 搭车 上车 骑车；座 所；做 干 搞 办）

田禾（爱 好；本来 原来；蹦 跳；感动 激动；简单 容易；觉得 认为 想 看；脸 脸蛋儿 脸盘儿；楼梯 台阶；马上 立刻 立即；面孔 面貌 面目；男人 男的 男士 先生；女儿 姑娘；陪 带 领 跟；其实 实际上；其他 其它 其余；起码 至少；睡 睡觉；说 谈 聊；妥当 恰当）

户沼市子（吃亏 上当；出发 动身 走；处处 到处；打算 准备；担心 挂念 惦记；但 但是 可是 不过；得到 取得 获得；等 等等；对照 对比 比较；丰富 丰盛 丰厚；精密 精细 精致；偶尔 偶然；舒服 舒畅 舒适；现在 目前 如今；心里 心中；一直 一向 向来；医生 大夫）

永江贵子（败露 暴露 揭露；风味 滋味 味道；夫人 妻子 爱人 太太 老婆；幅 副；父亲 爸爸 爹；盖 罩；跟 同 和；关心 关怀；罐 缸 盆 壶；好容易 好不容易；好像 简直；扩大 扩展 扩张；生病 得病 犯病）

野原靖久（表示 显示；实在 的确 确实；推测 猜测）

费燕（从 自 离 由；催促 催 督促；功课 作业；灌 倒；计算机 电脑；景色 景致 景观；就 便；美好 美丽；难怪 怪不得；全部 所有 一切；时间 时光；死 死亡 去世 逝世 牺牲；他 她 它；天气 气候 气象；痛苦 难过 难受；顽固 固执；相反 反而；职业 专业）

(21)

樋口幸子（比…更～ 比…还～ 比…都～；摇摆 摇晃 颠簸；有点儿 一点儿；友好 友谊；缘故 原因；运动 活动；栽 种 植；再 又 还；遭 受；怎么 怎么样 怎样；招呼 呼 叫；照顾 关照；真 特；正 在 正在；挣 赚；支 枝；只有 只要）

付立華（包儿 袋儿 兜儿；花 付 交；看不起 看不上；骗 欺骗 欺诈；轻视 蔑视；鞋 靴；写 记 填 画；谢谢 谢 感谢；修改 修正 纠正 改正；许多 很多；眼光 眼力；要…了 快…了 快要…了 就要…了；一边…一边… 一面…一面… 又…又…；一起 一块儿 一齐；应该 应当 应该；有利 有益；知足 满足）

二木正明（吃力 费力；碰见 遇见；上当 受骗；受欢迎 吃香；忘 忘记）

文鐘蓮（沉重 繁重；处理 处置；结果 后果 成果；恐怕 可能；面向 面对 面临）

保坂律子（彩色 色彩 颜色；姑娘 小姐；架 台；老家 故乡 家乡；没关系 没事儿；普通 一般；柔和 温柔；学 学习；指导 领导）

三好理佳（保障 保证；发生 产生；害怕 怕 可怕；后来 以后；将就 凑合；经验 经历；熟悉 了解；头头儿 头目 头子；投 扔 甩；团体 集团 集体；碗 杯 盅；往 向 朝；位置 地位 位子；严格 严厉；准确 正确）

森中野枝（不谢 不客气；可不是 就是）

安本真弓（爱好 嗜好；不能见 见不到；仿佛 好像；分别 分辨；满足 满意；难受 难过；说 告诉；送 寄；索性 干脆；态度 表现；谈话 说话 讲话；疼 痛；提 端 捧；体育 运动；挑 抬 扛；听 听见 听到；同意 赞成；议论 讨论 探讨）

楊華（却 倒；任务 工作；…，是不是? …是不是…? 是不是…?；收 接 受；首要 主要；树立 建立 确立；思考 思索；搜集 收集 征集；踏实 扎实；太…了 可…了；特别 尤其）

楊晶（并 及 而；充实 充足；穿 戴 系；传染 感染 沾染；从头 重新 从新；

达到 到达；大概 大约；大量 大批；担任 担当；到底 终于；道 路 道路；度过 渡过；对 对于；赶紧 赶忙；哄 逗；增加 增长 增添；最近 近来）

横山康惠（安定 稳定；电影 影片；赶得上 赶上 来得及；盛大 隆重；特别 特 格外；问 打听；我们 咱们；箱 盒 匣；详细 仔细；一生 一辈子）

芳沢ひろ子（不用 用不着；懂 知道；洞 孔 穴；对于 关于；继续 持续；近代 现代 当代；经过 通过；靠 凭；了解 理解；没懂 不懂；摸 碰；去 走；算 数；希望 愿意；性格 脾气）

李貞愛（抱歉 对不起 道歉；地上 地下；点 些；吊 挂 悬；懂 懂得 明白；对不起 劳驾 麻烦；发脾气 生气；发抖 哆嗦 颤抖；饭店 宾馆 酒店 旅馆 招待所；房子 家；访问 拜访 参观；吩咐 嘱咐；是不是 是否；头脑 脑筋；先 首先；怎么样 什么样；注意 小心 当心）

李蕾（别看 虽然；担心 担忧；炖 煮；赶快 马上；搞 弄；合适 适合；核儿 种子 子儿；接见 会见；结构 构造；举行 进行；开展 展开；砍 劈 剪 切 割 锯；看做 看成；口气 口吻；来往 来往 往来；例如 比如；然后 接着；拖 拉）

劉穎（爱护 爱惜；安排 安置；把握 掌握；渐渐 逐渐 逐步；学会 学好 掌握；要求 请求 恳求；一般 一样 同样；一定 必定；由于 因为；着急 焦急；至于 关于）

魯曉琨（点 要；躲 藏；发 变；方法 办法；非常 十分；风光 风景 景色；汉语 中文 普通话 华语；好用 好使；会 能〈1〉；会 能〈2〉；见 见面 见到；见 看 找；骄傲 自豪；看 看望；顺便 顺手 顺路；嫌 讨厌；想 要；怎么 为什么）

A 爱・好
ài　hào

"爱"と"好"はいずれも「ある事をするのを好む」という意味をもつが,「彼は映画が好きです」という文を中国語で言う際に,"好"は使われない。

1) 他爱（／＊好）看电影儿。
   Tā ài kàn diànyǐngr.
   （彼は映画を見るのが好きです）

面白いのは"听戏"（観劇する）なら,"好"も使えることである。

2) 她这一辈子就好听戏，没吃没喝都成，不让听戏可就没法儿活了。
   Tā zhè yíbèizi jiù hào tīngxì, méi chī méi hē dōu chéng, bú ràng tīngxì kě jiù méifǎr huó le.
   （芝居を観ることは彼女の唯一の楽しみだ。食えなくてもなんともないが，芝居がないと生きていけないというほどだ）

中国の京劇などの伝統劇は歌と台詞が中心である。そこでそうした劇を鑑賞するというときに，動詞に"听"（聞く）をよく使う。劇に惚れ込んだ人はそのメロディに夢中になって聞き入るというわけだ。ある種の中毒ともいえるだろう。ただの「好き，嫌い」ではなく，このように，本人もせずにはいられないほどの「癖」や「中毒」になると，"好"が用いられるのである。

それほどでなければ，"爱"を使えばいい。"爱打麻将" ài dǎ májiàng（マージャンが好き）はまだ趣味としての範囲だが，"好赌" hào dǔ（賭博を好む）というと明らかに「癖，中毒」だ。普通，「癖」になることとしては考えにくい事柄なら，"好"より"爱"がふさわしい。"爱（／＊好）看电影儿"（映画を観るのが好き），"爱（／＊好）唱歌儿" ài chàng gēr（歌うのが好き），"爱（／＊好）说爱（／＊好）笑" ài shuō ài xiào（〈性格が明るく〉よく話しよく笑う）。

つまり，"好"は"爱"と同じく，「好き」→「よくやる」のように意味が拡大したが，"好"だけがさらにもう一歩進んで，「よくやる」→「癖になる」，その時間がさらに長くなると→「性格や本性になる」というように特別なニュアンスをもった。その結果，"爱"の目的語は比較的自由度が高いが，"好"はほとんど固定的な目的語しかとれず，自由にいろいろな語と結びつくことがないのである。

たとえば，"好吃懒做" hào chī lǎn zuò（食うことばかりで仕事嫌いの怠け者），"好逸恶劳" hào yì wù láo（楽なことを喜んで労をいとう），"好色" hàosè（好色）など。

これらの"好"を使う言葉はいずれも人の性格，本性を指す。しかし"好"は決してマイナスのイメージを表すばかりではない。"勤奋好学" qínfèn hàoxué（勤勉で学問好き），"好客" hàokè（客好き），"好强" hàoqiáng（向上心が強い）のように，プラスの意味を表す場合にも"好"が用いられている。

これらの組み合わせもすでに熟語化し，書面語的なイメージをもっており，"爱"で言い換えることはできない。

人間以外に，機械の「癖」や，動物の習性を表す場合にも"好"が使える。

3) 这车的油箱天一热就好漏油。
   Zhè chē de yóuxiāng tiān yí rè jiù hào lòuyóu.
   (この車のタンクは暑くなると油が漏れやすい)

4) 这种鸡生性好斗。
   Zhè zhǒng jī shēngxìng hào dòu.
   (この種の鶏は生まれつき戦うのが好きで，気性が荒い)

爱好・嗜好
àihào　shìhào

"爱好"，"嗜好"は「物事に対する強い興味や好み」という共通義をもち，動詞ではともに「好む」，名詞では「好み」と訳すことができる。

1) 有人嗜好（／爱好）下棋，有人嗜好（／爱好）运动。
   Yǒu rén shìhào (/àihào) xiàqí, yǒu rén shìhào (/àihào) yùndòng.
   (将棋や囲碁を好む人もいれば，スポーツを好む人もいる)

2) 他一生最大的爱好（／嗜好）就是读书。
   Tā yìshēng zuì dà de àihào (/shìhào) jiù shì dúshū.
   (彼の一生最大の趣味は本を読むことだ)

上記例1)，2)は，興味や好みの程度に違いがあるとはいえ，"爱好"，"嗜好"は動詞としても名詞としても同じように使われている。しかし，動詞の"嗜好"は常用されず，かつ，"嗜好"はマイナス的捉え方をされるので，好ましくない場合に使われることが多い。よく修飾語の"不良"と結合して"不良嗜好"として文中に現れる。

3) 有吐痰嗜好的请注意，在这儿的街头吐口痰是要被罚款的。
   Yǒu tǔ tán shìhào de qǐng zhùyì, zài zhèr de jiētóu tǔ kǒu tán shì yào bèi fákuǎn de.
   (痰を吐く癖のある方はご注意ください。ここの街頭で痰を吐くと罰金をとられます)

4) 我知道抽烟是不良嗜好，可是总也戒不掉。
   Wǒ zhīdao chōuyān shì bùliáng shìhào, kěshì zǒng yě jièbudiào.
   (喫煙が良くないことだと分かってはいるが，なかなかやめられない)

また，"嗜好"の表す「趣味」とは，ある種の物事に対して特別な感情をもち，

言ってみれば，その物事への度を越えた強い執着心が感じられる，「オタク」っぽい凝り方である。

5) 本人别无嗜好，只是每天都想喝上一杯。
   Běnrén bié wú shìhào, zhǐshì měitiān dōu xiǎng hēshang yì bēi.
   (自分は他の愉しみとてなく，ただ毎日少しお酒を嗜むのが好きなのだ)

6) 整理视为嗜好而乐此不疲。
   Zhěnglǐ shì wéi shìhào ér lè cǐ bù pí.
   (整理は趣味と見なしているので，やっていて楽しくて疲れなど感じない)

面白いことに，"嗜好"は物事に対して強い執着心を燃やしているのに，"小嗜好"（小さな好み）という一見矛盾する言い方がある。執着してもあくまでも個人の趣味，こだわりとして捉えてほしいとの願いを込めているのかもしれない。

7) 每个名人都有自己独特的生活小嗜好。
   Měi ge míngrén dōu yǒu zìjǐ dútè de shēnghuó xiǎo shìhào.
   (有名人はみな自分の独特な生活癖を持っている)

一方，"爱好"で表される「趣味」とは，余暇を楽しむための一般大衆向けのものであり，毎日やらなければ気がすまないような「オタク」的なものではない。余暇の時間に楽しむため，よく"业余爱好"という言い方をする。

8) 很多青年人的业余爱好是旅游呀，爬山呀，游泳呀，跑步什么的。
   Hěn duō qīngniánrén de yèyú àihào shì lǚyóu ya, páshān ya, yóuyǒng ya, pǎobù shénme de.
   (多くの若者の余暇の楽しみ方は，旅行とか，山登りとか，水泳とか，ジョギングなどである)

9) 爱好摄影的，喜爱生活的，快来参加本次活动吧！
   Àihào shèyǐng de, xǐ'ài shēnghuó de, kuài lái cānjiā běncì huódòng ba!
   (撮影を趣味としている方，生活をこよなく愛する皆様，今回の催しに早めに申し込んでください！)

名詞として他の要素との組み合わせの観点から見ると，"嗜好"には"嗜好品"，"爱好"には"爱好者"という語が見られる。これは日本語も中国語も同様である。しかし，日本語では「タバコ愛好者」，「日本酒愛好者」という言い方をするのに対し，中国語では，

10) 嗜好抽烟 shìhào chōuyān；嗜好喝日本酒 shìhào hē Rìběnjiǔ

のように後が動詞表現になる。ただし，一般大衆向けの誰でも気軽に始められるような趣味，たとえば「テニス愛好者」，「外国語愛好者」，「芸術愛好者」については，

中国語でも同様な言い方をする。

11) 网球爱好者 wǎngqiú àihàozhě；外语爱好者 wàiyǔ àihàozhě；艺术爱好者 yìshù àihàozhě

爱护・爱惜
àihù　　àixī

いずれも「大切にする」という意味を表す動詞である。

"爱护"は「心を込めて…を守る」の意味で,「いたわる」,「かばう」,「思いやる」などと訳される。この場合は"爱惜"に言い換えることはできない。

1) 我们要爱护儿童。
   Wǒmen yào àihù értóng.
   (われわれは児童を守らなければならない)

2) 居民们非常爱护小区的环境。
   Jūmínmen fēicháng àihù xiǎoqū de huánjìng.
   (住民たちは団地の環境をとても大切にしている)

"爱惜"は物資や労力, 時間などを無駄にしないように大切にする。「大切に扱う」,「大事に使う」などに訳される。この場合は"爱护"に言い換えることはできない。

3) 人人都要爱惜粮食。
   Rénrén dōu yào àixī liángshi.
   (人々はみな食べ物を大事にしなければならない)

4) 不爱惜时间就是浪费生命。
   Bú àixī shíjiān, jiùshì làngfèi shēngmìng.
   (時間を大切にしないことは命を粗末にするのと一緒だ)

次のように, どちらの意味にもとれる場合はたがいに言い換えることができる。

5) 请爱护（／爱惜）花草树木。
   Qǐng àihù (/àixī) huā cǎo shù mù.
   (草花や樹木を大事にしてください)

6) 只有爱护（／爱惜）人才的领导，才是好领导。
   Zhǐyǒu àihù (/àixī) réncái de lǐngdǎo, cái shì hǎo lǐngdǎo.
   (人材を大切にする指導者こそ優れた指導者だ)

次の場合は使い方は同じようだが，意味合い的には違っている。

7) 我们要爱护动物的生命。
   Wǒmen yào àihù dòngwù de shēngmìng.
   (われわれは動物の命を大事に守ってあげなければならない)

8) 我们要爱惜自己的生命。
   Wǒmen yào àixī zìjǐ de shēngmìng.
   (われわれは自分の命を大事にしなければならない)

つまり弱い立場にいる相手を対象にするときは"爱护"，惜しんで大切に取り扱う意味合いの場合は"爱惜"を使うのが一般的である。

安定・稳定
āndìng　wěndìng

どちらも形容詞「安定している」,「落ち着いている」，動詞「安定させる」,「落ち着かせる」の意味をもつ。

1) 他说，台湾的主流民意是求和平、求安定（／稳定）、求发展，广大台湾同胞希望两岸合作与发展。
   Tā shuō, Táiwān de zhǔliú mínyì shì qiú hépíng, qiú āndìng (/wěndìng)、qiú fāzhǎn, guǎngdà Táiwān tóngbāo xīwàng liǎng'àn hézuò yǔ fāzhǎn.
   (彼は，台湾の民意の主流は平和を求め，安定を求め，発展を求めており，台湾の多くの同胞は両岸の協力と発展を望んでいると述べた)

2) 要发展经济必须有一个稳定（／安定）的政治局面和安定（／稳定）的社会环境。
   Yào fāzhǎn jīngjì bìxū yǒu yí ge wěndìng (/āndìng) de zhèngzhì júmiàn hé āndìng (/wěndìng) de shèhuì huánjìng.
   (経済を発展させるには，安定した政治局面と安定した社会環境が必要だ)

両者の互換性は高く，上記例文1), 2) のように目的語や修飾語として用いられる場合は違和感なく置き換えできる。しかし，述語として用いられる場合，例文3) のように置き換え可能な場合ももちろんあるが，例文4) のように置き換えが適さないこともある。

3) 这些地区经济发展迅速，人民生活安定（／稳定）。
   Zhèxiē dìqū jīngjì fāzhǎn xùnsù, rénmín shēnghuó āndìng (/wěndìng).
   (これらの地域は経済の発展が迅速で，人々の生活は安定している)

4) 为让大熊猫情绪稳定（／＊安定），专家已为熊猫注射了镇静药物。
   Wèi ràng dàxióngmāo qíngxù wěndìng, zhuānjiā yǐ wèi xióngmāo zhùshèle zhènjìng yàowù.
   （ジャイアントパンダの情緒を落ち着かせるため，専門家は鎮静剤を打った）

"安定"は，その状態が安定，安泰なこと，状態が一定に保たれていることを意識するため，「揺れ動くさまが落ち着く」という場合には適さない。しかし，"稳定"は広範囲に対応でき，動きのある情況が落ち着く表現にふさわしい。

　たとえば，変化や動きの多い"收入" shōurù の場合，例文 5) のように修飾語としては置き換え可能であっても，例文 6) の述語用法では置き換えができない。

5) 幸亏你有份如意的职业，家里其中一人有了稳定（／安定）的收入，总是比较妥当的。
   Xìngkuī nǐ yǒu fèn rúyì de zhíyè, jiālǐ qízhōng yì rén yǒule wěndìng (/āndìng) de shōurù, zǒngshì bǐjiào tuǒdang de.
   （幸いあなたには意にかなった仕事があり，家族の中の1人は安定した収入を得る人もあり，まぁまぁな生活ぶりです）

6) 半年前，我坐在广告公司的厚垫椅子上，收入稳定（／＊安定），还可支取交际费和车马费。
   Bàn nián qián, wǒ zuòzài guǎnggào gōngsī de hòudiàn yǐzishang, shōurù wěndìng, hái kě zhīqǔ jiāojìfèi hé chēmǎfèi.
   （半年前，私は広告会社の厚遇を受け，収入は安定し，さらに交際費と交通費をもらっていた）

他にこうした制限を受ける例は，"水位" shuǐwèi，"天气" tiānqì など目で見て変化がわかるものに多い。

7) 这些地方气压高、天气稳定（／＊安定），风总是从陆地吹向海洋。
   Zhèxiē dìfang qìyā gāo, tiānqì wěndìng, fēng zǒngshì cóng lùdì chuīxiàng hǎiyáng.
   （これらの地域の気圧は高く，気候は安定しており，風はいつも陸から海へ吹いている）

8) 我省江河汛期较长，水量充足，水位稳定（／＊安定）。
   Wǒ shěng jiānghé xùnqī jiào cháng, shuǐliàng chōngzú, shuǐwèi wěndìng.
   （我が省の河川の増水期は比較的長いので，水量が充分にあり，水位も安定している）

安静・宁静
ānjìng　níngjìng

"安静"と"宁静"はいずれも物音がしない，静かであることを表す。

1) 游人散去后，湖边恢复了安静（／宁静）。
   Yóurén sànqù hòu, húbiān huīfùle ānjìng (/níngjìng).
   (観光客が去った後，湖畔に静けさが戻りました)

2) 冬天的山村一到夜里格外安静（／宁静）。
   Dōngtiān de shāncūn yí dào yèli géwài ānjìng (/níngjìng).
   (冬の山村は夜になると格別に静けさを増す)

"安静"はまた，賑やかな状態から静かな状態になることを表すことができる。

3) 上课铃响了，教室里渐渐地安静（／＊宁静）下来。
   Shàngkèlíng xiǎngle, jiàoshìli jiànjiàn de ānjìngxialai.
   (チャイムがなり，教室の中はだんだんと静かになりました)

4) 病房里顿时安静（／＊宁静）了下来，所有的人都默默地流下了泪水。
   Bìngfángli dùnshí ānjìnglexialai, suǒyǒu de rén dōu mòmò de liúxiale lèishuǐ.
   (病室は急に静かになり，みな無言で涙を流しました)

"安静"は重ねて使うことができるが，"宁静"はそのような使い方がない。

5) 自习课上，同学们安安静静地写作业。
   Zìxíkèshang, tóngxuémen ān'ānjìngjìng de xiě zuòyè.
   (自習時間にみんな静かに宿題をしている)

6) 父母退休后，回到乡下过着安安静静的生活。
   Fùmǔ tuìxiū hòu, huídào xiāngxià guòzhe ān'ānjìngjìng de shēnghuó.
   (両親は停年後田舎に戻り，静かに暮らしています)

"安静"は命令的な使い方があるが，"宁静"はそのような使い方がない。

7) 现在开始考试，请大家安静（／＊宁静）一下。
   Xiànzài kāishǐ kǎoshì, qǐng dàjiā ānjìng yíxià.
   (ただいまより試験を開始します。みなさん静かにしてください)

8) 开会中请保持安静（／＊宁静）。
   Kāihuìzhōng qǐng bǎochí ānjìng.
   (会議中はご静粛にお願いします)

"宁静"は人の心や感情を表す時にも使われる。

9) 心灵的宁静（／＊安静）就是幸福。
   Xīnlíng de níngjìng jiùshì xìngfú.
   (心が穏やかであることは幸せなことである)

10) 他的心境一直十分宁静（／＊安静）。
　　Tā de xīnjìng yìzhí shífēn níngjìng.
　　（彼の心境は常に穏やかである）

安排・安置
ānpái　ānzhì

"安排"，"安置"はいずれも「手配する」，「配置する」の意味を表すが，使い分けやニュアンスの違いがある。
"安排"は時間や事柄，または人員などを割り振る意味に使われる。

1) 咱们安排一下今天的日程吧。
　　Zánmen ānpái yíxià jīntiān de rìchéng ba.
　　（今日の日程を組んでみよう）

2) 公司安排我后天值班。
　　Gōngsī ānpái wǒ hòutiān zhíbān.
　　（会社は私をあさっての夜勤に振り当てた）

"安置"は，3) のように物をしっかりと置く意味に使われる。また，4) のように人を安定した場所に置いて落ち着かせる意味や，5) のように職や所属機関などがない場合に就職先の世話をするのにも使える。

3) 创始人的雕像安置在大厅中央。
　　Chuàngshǐrén de diāoxiàng ānzhìzài dàtīng zhōngyāng.
　　（創始者の彫像はホールの真ん中に設置されている）

4) 安置难民是很重要的工作。
　　Ānzhì nànmín shì hěn zhòngyào de gōngzuò.
　　（難民を〈適所に〉配置することはたいへん重要な仕事だ）

5) 安置外国留学生。
　　Ānzhì wàiguó liúxuéshēng.
　　（外国人留学生に仕事をあてがう）

"安排"は割り振りに，"安置"は帰属場所にそれぞれ重点がある。どちらの意味にもとれるときにはどちらを使っても良いが，ニュアンスは少し違う。

6) 我们给他安排（／安置）了工作。
　　Wǒmen gěi tā ānpái (／ānzhì) le gōngzuò.
　　（われわれは彼に仕事の手配をした）

この場合は，"安排"は具体的な仕事を割り振ったという意味合いに対して，"安置"は職を与えたという意味合いが強い。したがって次の7）には"安排"は使えるが，"安置"は使えない。

7) 今天给他安排（／＊安置）了整理资料的工作。
Jīntiān gěi tā ānpáile zhěnglǐ zīliào de gōngzuò.
（今日は彼に資料整理の仕事を割り振った）

安全・平安
ānquán　píng'ān

いずれも事故や危険がないことを表す。

1) 我们都为她的安全（／平安）担忧。
Wǒmen dōu wèi tā de ānquán (/píng'ān) dānyōu.
（わたしたちはみんな彼女の安全を心配している）

2) 确保船上每位乘客的安全（／平安）是船长的责任。
Quèbǎo chuánshang měi wèi chéngkè de ānquán (/píng'ān) shì chuánzhǎng de zérèn.
（すべての乗客の安全を確保することは船長の責任である）

"安全"はおもに生命や財産が安全な状態を表し，幅広く使われる。

3) 在这里洗海水浴很安全（／＊平安）。
Zài zhèli xǐ hǎishuǐyù hěn ānquán.
（ここでの海水浴は安全である）

4) 开车不注意安全（／＊平安）有生命危险。
Kāichē bú zhùyì ānquán yǒu shēngmìng wēixiǎn.
（運転の不注意は命の危険を伴う）

"安全"という語のあとには数量詞が使える。

5) 这两种手术方法哪个更安全（／＊平安）一些？
Zhè liǎng zhǒng shǒushù fāngfǎ nǎge gèng ānquán yìxiē?
（この二種類の手術方法のうち，どちらがより安全ですか？）

6) 在施工现场要时刻注意安全（／＊平安）第一。
Zài shīgōng xiànchǎng yào shíkè zhùyì ānquán dì yī.
（工事現場においてはつねに安全第一に気を配る必要がある）

"平安"はおもに道中無事で，何事もなくという意味で使われる。

7) 到了目的地别忘了跟家里报个平安（／＊安全）。
   Dàole mùdìdì bié wàngle gēn jiāli bào ge píng'ān.
   （目的地に到着したら，無事に着いたことを知らせるのを忘れないで）

8) 希望飞机上的乘客都能平安（／＊安全）无事。
   Xīwàng fēijīshang de chéngkè dōu néng píng'ān wúshì.
   （飛行機の乗客が皆無事であることを願います）

"平安"は祈る時に多く使われる。

9) 祝你们一路平安。
   Zhù nǐmen yílù píng'ān.
   （道中の安全をお祈りします）

按・摁・推・压
àn èn tuī yā

中国語では，何をどう押すのかによって，「押す」を意味する動詞を使い分ける。

1) 没一会儿，团长推（／＊按／＊摁／＊压）门进来。
   Méi yíhuìr, tuánzhǎng tuī mén jìnlai.
   （間もなく団長がドアを開けて入って来た）

"推"の基本義は「腕や手で地面と水平方向に押す」であるが，何かの土台の上を擦り上げるように押す時も"推"が使われる。たとえば，"推推眼镜儿" tuītuī yǎnjìngr（眼鏡を上に上げる）は（ズリ落ちた）眼鏡を指で上に押し上げるという意味である。この他，バリカンは"推子" tuīzi といい，「バリカンで刈る」は"推头" tuītóu という。

指や手で操作ボタンなどを押す場合は"按"か"摁"を使う。

2) 请您把快门摁（／按／＊推／＊压）一下。
   Qǐng nín bǎ kuàimén èn (/àn) yíxià.
   （シャッターを押して下さい）

同じ操作ボタンを押すのでも，公共の場に掲示する場合は"按"が使われる。

3) 下车请提前按（／＊摁／＊推／＊压）铃。
   Xià chē qǐng tíqián àn líng.
   （お降りの際はあらかじめ降車ボタンを押して下さい）

この他"按"と"摁"には以下のような使い方がある。

4) 按（／摁）喇叭。
　　Àn (/Èn) lǎba.
　　（クラクションを鳴らす）

5) 按（／摁）电钮。
　　Àn (/Èn) diànniǔ.
　　（スイッチを押す）

6) 按（／摁）手印。
　　Àn (/Èn) shǒuyìn.
　　（拇印を押す）

　4) と5) は指や手が何かを押す場合だが, 6) は指自身が主体であり客体でもある。人（犯人，悪人など）を取り押さえる場合は"按"か"摁"が使われる。

7) 待业青年杜军勇敢地扑上去，按（／摁）倒一名歹徒。
　　Dàiyè qīngnián Dù Jūn yǒnggǎn de pūshangqu, àn (/èn) dǎo yì míng dǎitú.
　　（就職待ちの青年の杜軍は勇敢に飛びかかり，悪人を取り押さえた）

　怒りの気持ちなど，湧き上がって来るものを上から押さえる場合は"按"を使う。

8) 鸿渐见校长这样偏袒，按不下愤怒，说：……
　　Hóng Jiàn jiàn xiàozhǎng zhèyàng piāntǎn, ànbuxià fènnù, shuō:……
　　（鴻漸は校長のえこひいきを見て，怒りを抑えきれずに言った。……）

　重みをかけて下に潰すように押す場合は"压"を使う。

9) 石家庄积雪压掉大树枝阻塞交通。
　　Shíjiāzhuāng jīxuě yādiào dàshùzhī zǔsè jiāotōng.
　　（石家庄では積雪が大木の枝をへし折り交通渋滞が起きている）

　以下の例は，"按"，"摁"，"推"，"压"のいずれも言い換え可能だが，意味が微妙に変わる。

10) 这天晚上，美国兵又来纠缠，把她按倒在床上，她挣扎着，一下子掐住了美国兵的脖子。
　　Zhè tiān wǎnshang, Měiguóbīng yòu lái jiūchán, bǎ tā àndǎozài chuángshang, tā zhēngzházhe, yíxiàzi qiāzhùle Měiguóbīng de bózi.
　　（その晩もアメリカ兵が絡んで来て，彼女をベッドに押し倒したが，彼女は抵抗し，たちまちアメリカ兵の首を絞めた）

　"按"，"摁"ならば米兵が彼女を腕でヒョイッと押さえつけたという意味であり，"推"ならば米兵が彼女をベッドの方向に押したという意味になり，"压"で表現すれば米兵が身体全体の重みで彼女を押し倒したという意味になる。

暗暗・偷偷・悄悄
àn'àn　tōutōu　qiāoqiāo

ともに副詞で，連用修飾語として用い，「人に気付かれず」，「人に知られないように」という共通の意味をもつ。三語の中で，"偷偷"と"悄悄"はほぼ同義で，置き換えられる場合が多い。

1) 她正在睡觉，我悄悄（／＊暗暗／偷偷）走了进去。
   Tā zhèngzài shuìjiào, wǒ qiāoqiāo (/tōutōu) zǒulejinqu.
   (彼女が寝ているので，そっと入った)

2) 你偷偷（／＊暗暗／悄悄）跟在他后面，看看他去哪儿。
   Nǐ tōutōu (/qiāqiāo) gēnzài tā hòumian, kànkan tā qù nǎr.
   (彼がどこへ行くのか，君はこっそり後をつけて行きなさい)

"暗暗"はよく「ひそかに」と訳される。人の心の動きに重点があり，意図や思いを表に出さず，人知れず心の中に抱くさまを表す。心理活動や感情を表す語を修飾することが多い。この場合，"偷偷"と"悄悄"に置き換えることはできない。

3) 他能通过考试吗？我暗暗（／＊偷偷／＊悄悄）为他担心。
   Tā néng tōngguò kǎoshì ma? Wǒ àn'àn wèi tā dānxīn.
   (彼が試験に合格できるか，私はひそかに心配している)

4) 她暗暗（／＊偷偷／＊悄悄）责怪自己，"当初不该那么轻率！"
   Tā àn'àn zéguài zìjǐ, "dāngchū bù gāi nàme qīngshuài !"
   (当時あんなに軽率に行うべきではなかったと，彼女はひそかに自分を責めた)

しかし，"暗暗"は，時には動作，行為を表す動詞を修飾する場合もある。その動作，行為は，これらの副詞に修飾されると，こっそりとひそかに行われ，人に気付かれない意を表し得るもので，その場合には"偷偷"と"悄悄"に置き換えることができる。

5) 我一边跟他说话，一边暗暗（／偷偷／悄悄）观察他的脸色。
   Wǒ yìbiān gēn tā shuōhuà, yìbiān àn'àn (/tōutōu/qiāqiāo) guānchá tā de liǎnsè.
   (彼と話をしながら，こっそりと顔色を観察していた)

6) 她一个人暗暗（／偷偷／悄悄）地流泪。
   Tā yí ge rén àn'àn (/tōutōu/qiāqiāo) de liúlèi.
   (彼女は一人こっそりと泣いている)

"偷偷"は「こっそりと」と訳し，人に見られる，知られる，または，気付かれるのがはばかられ，こっそり物事をするという意を表す。陳述文では，動作主が心に

やましい行動を，びくびくしながら行うという意となる。

7) 趁人不注意，他偷偷儿（／悄悄／＊暗暗）地溜出了会场。
   Chèn rén bú zhùyì, tā tōutōur (/qiāoqiāo) de liūchule huìchǎng.
   （誰にも気付かれないうちに，彼はこっそりと会場を抜け出した）

8) 母亲背着儿子偷偷（／＊悄悄／＊暗暗）地借了一笔钱。
   Mǔqīn bèizhe érzi tōutōu de jièle yì bǐ qián.
   （母親は息子に黙って，こっそりとお金を借りた）

"悄悄"は動作が静かで物音を立てずに，あるいは声を低くして人に気付かれないように，また，人の邪魔にならないように行動するさまを表す。"悄悄话" qiāoqiāohuà（内緒話），"静悄悄" jìngqiāoqiāo（ひっそり，静かなさま）のような組み合わせがある。

9) 有人在下面悄悄（／＊暗暗／偷偷）地议论开了。
   Yǒu rén zài xiàmian qiāoqiāo (/tōutōu) de yìlùnkāi le.
   （〈会場の〉聴衆席のほうでひそひそ取りざたを始めた）

10) 等孩子睡着了，才悄悄（／＊暗暗／＊偷偷）地关上门出去了。
    Děng háizi shuìzháo le, cái qiāoqiāo de guānshang mén chūqu le.
    （子供が寝ついたので，そっとドアを閉めて出た）

また，"悄悄"は人に内緒で，あるいは秘密のうちに，ある行動をとる場合にも用いられる。

11) 他悄悄（／＊暗暗／＊偷偷）地自修了大学英语。
    Tā qiāoqiāo de zìxiūle dàxué Yīngyǔ.
    （彼はひそかに大学の英語を独学した）

B 巴不得・恨不得
bābude　hènbude

ともに「あることの実現を強く願う」，「待ちきれない」意を表す。動詞として，後ろにくる目的語は，動詞や動詞フレーズ，主述フレーズが多い。"巴不得"は口語に，"恨不得"は口語にも書面語にも用いられる。両者は次のように置き換えられる場合がある。

1) 我巴不得（／恨不得）马上去北京见你。
   Wǒ bābude (/hènbude) mǎshàng qù Běijīng jiàn nǐ.
   （すぐにでもあなたに会いに北京へ行きたい）

2) 小明恨不得（／巴不得）学校天天放假。
　　Xiǎo Míng hènbude (／bābude) xuéxiào tiāntiān fàngjià.
　　(明ちゃんは毎日学校が休みにならないかなあと願っている)

　上の例文は日本語に訳すと同じ意味になるが，背景にある情況は異なる。"巴不得"の"巴"は"巴望"bāwàng という方言で，「熱望する」，「渇望する」意。「得られないことだが，早く実現できるように強く願っている」ことを表す。つまり，1)は「すぐに北京へ会いに行く」，2)は「学校が毎日休みになるように」強く願っている意となる。
　一方，"恨不得"は"恨不能"とも言えるように，「実現不可能なので恨んでいる→実現できるように強く願う」というような意味合いがある。1)は現実には「すぐに北京へ会いに行く」ということは実現できないから，それを恨みに思う，それほど強く願う意，2)は"恨不得"を用いると「毎日学校がある」現状が気に入らなくて，しかし，「毎日学校が休みになる」ことは実現不可能だから，それを恨んで，そして，そんな願いが実現できるように強く切望する意となる。

3) 我恨不得（／＊巴不得）插上翅膀，马上飞到你的身边。
　　Wǒ hènbude chāshàng chìbǎng, mǎshàng fēidào nǐ de shēnbiān.
　　(翼をつけてあなたのそばに飛んでいけないのがもどかしい)

4) 他羞愧难当，恨不得（／＊巴不得）找个地缝钻进去。
　　Tā xiūkuì nán dāng, hènbude zhǎo ge dìféng zuānjinqu.
　　(彼は恥ずかしくて，できることなら穴があったら入りたい)

　3)の「人に翼が生えてくること」も，4)の「穴に入ること」も実現不可能のことである。そういう破天荒なことの実現を願うときには，"恨不得"しか使えない。実現できないことが恨めしい，それほど強く願っているのである。

5) 你想告我？你去呀，我还巴不得你去告呢。
　　Nǐ xiǎng gào wǒ? Nǐ qù ya, wǒ hái bābude nǐ qù gào ne.
　　(私を訴えたいの？どうぞ，望むところです)

6) 你把我告了！好啊，我还巴不得你把我告了呢。
　　Nǐ bǎ wǒ gào le! Hǎo a, wǒ hái bābude nǐ bǎ wǒ gào le ne.
　　(私を訴えたの？いいよ，そう望んでいたよ)

　"巴不得"は，上の5)のように，まだ実現していない願望にも，6)のように，実現した願望にも用いられる。6)のような発言は話し言葉ではよく見られ，特に意地を張る場合などに"巴不得"が用いられる。"恨不得"は実現した願望には用いられない。
　文法的には，"巴不得"は目的語に肯定形も否定形もとることができるが，"恨不得"は肯定形しかとれない。また，"巴不得"は"的"を伴って名詞を修飾するこ

とができるが、"恨不得"はできない。

7) 不让我去？正好，我巴不得（／＊恨不得）不去呢。
   Bú ràng wǒ qù? Zhènghǎo, wǒ bābude bú qù ne.
   （行かせてくれないの？まさに望むところです）

8) 涨工资是大家巴不得（／＊恨不得）的事情。
   Zhǎng gōngzī shì dàjiā bābude de shìqing.
   （給料が上がるのはみんなの強く望むところだ）

拔・抽
bá　chōu

ともに動詞として「引き抜く」という共通義をもつ。
"拔"は"拔萝卜" bá luóbo（大根を引き抜く）に見られるように「あるところに固定されているものを引き抜く」、大根や釘など、「根っこが隠れているものを引き抜く」、したがってしばしば「力を必要とする」。

1) 把墙上的钉子拔下来。
   Bǎ qiángshang de dīngzi báxialai.
   （壁の釘を引き抜く）

2) 下午在后院拔草。
   Xiàwǔ zài hòuyuàn bá cǎo.
   （午後は裏庭で草むしりだ）

3) 她拔牙时连麻药都没有上。
   Tā bá yá shí lián máyào dōu méiyou shàng.
   （彼女は歯を抜くときに麻酔すらかけなかった）

"抽"は「同類のものに囲まれているところから引き抜く」。

4) 说完，他站起来伸手从书架上抽出一本书来。
   Shuōwán, tā zhànqilai shēn shǒu cóng shūjiàshang chōuchu yì běn shū lai.
   （そう言うや、彼は立ち上がり手を伸ばして本棚から1冊の本を抜き出した）

5) 今天谁来做饭，抽签决定吧。
   Jīntiān shéi lái zuòfàn, chōuqiān juédìng ba.
   （今日は誰がご飯を作るかくじ引きで決めよう）

"抽"は"拔"と比べて、そう力を必要とするわけではない。また、派生的な意味を表す場合もある。たとえば「時間を引き抜く→空き時間を見つける」"抽时间"

chōu shíjiān や,「事例を引き抜く→サンプルを採取する」"抽样调查" chōuyàng diàochá など。

　液体や空気をストロー状のもので吸い取るときも「同類のものに囲まれている」ところから「引き抜く」と考え,"抽"を使う。

6) 抽烟 chōuyān （タバコを吸う）

7) 抽血化验 chōuxuè huàyàn （採血検査を行う）

把・将・拿
bǎ　jiāng　ná

　三つとも「持つ」という意味を有する動詞から転じて,介詞（前置詞）として用いられる。
　"把"と"将"は動作,行為の対象を導き,後ろに続く動詞（または動詞句）はその特定の対象になんらかの処置を加えることを表す。「…を」。

1) 请把课本合起来。
   Qǐng bǎ kèběn héqilai.
   （テキストを閉じてください）

2) 把这封信交给李老师。
   Bǎ zhè fēng xìn jiāogěi Lǐ lǎoshī.
   （この手紙を李先生に渡して）

3) 他把（／将）鞋脱了。
   Tā bǎ (/jiāng) xié tuō le.
   （彼は靴を脱いだ）

"将"は書き言葉に用いられることが多いので,例 1) と 2) のような日常会話の命令文には適切ではないと考えられる。

4) 将（／把）他一拳击倒在地。
   Jiāng (/bǎ) tā yì quán jīdǎo zài dì.
   （彼を一撃でたたきのめした）

5) 容易地将（／把）大石块举过头顶。
   Róngyì de jiāng (/bǎ) dà shíkuài jǔguò tóudǐng.
   （大きな石を軽々と頭上に持ち上げた）

　一方,「"拿"＋目的語」の介詞フレーズは後続の動作,行為の手段や方法を表す。「…で,…でもって」。

6) 拿钢笔写字。
　　Ná gāngbǐ xiě zì.
　　（ペンで字を書く）

7) 拿事实证明。
　　Ná shìshí zhèngmíng.
　　（事実で証明する）

"拿他开玩笑" ná tā kāi wánxiào（彼をからかう）のように"拿"の目的語は手段としての対象を表す場合もある。
　また，"将功补过" jiāng gōng bǔ guò（功でもって過ちを償う），"将心比心" jiāng xīn bǐ xīn（己が心でもって人の心を知れ）などのように，前半の「"将"＋目的語」も後続の動作，行為の手段を表す場合があるが，主に四字熟語などの決まり文句に現れる。

把握・掌握
bǎwò　zhǎngwò

"把握"，"掌握"は，いずれも「握る」，「持つ」という意味である。

1) 把握（／掌握）方向盘
　　bǎwò (/zhǎngwò) fāngxiàngpán
　　（ハンドルを握る）

2) 向女朋友告白要把握（／掌握）时机。
　　Xiàng nǚpéngyou gàobái yào bǎwò (/zhǎngwò) shíjī.
　　（ガールフレンドに告白するには時機を把握しなければならない）

　1) と 2) はどちらを使っても良く，意味もほぼ同じである。
　ただし，"把握"は，3) のように，抽象的な物事をしっかりと捉える，理解するという意味に，また 4)，5) のように，名詞として「自信がある」，「成功の可能性がある」の意味にも使われ，動詞"有"，"没有"を用いることが多い。この場合は"掌握"は使えない。

3) 看问题要把握本质。
　　Kàn wèntí yào bǎwò běnzhì.
　　（問題を見るときには本質を掴まないといけない）

4) 这次谈判成功的把握很大。
　　Zhè cì tánpàn chénggōng de bǎwò hěn dà.
　　（今回の商談は成功の見込みが大いにある）

5) 明天的考试我一点儿把握也没有。
　　Míngtiān de kǎoshì wǒ yìdiǎnr bǎwò yě méiyǒu.
　　(明日の試験にはまったく自信がない)

　一方、"掌握"は6)，7)のように、「(知識などを) 身につける，理解して活用もできる」という意味に使われる。また、8)，9)のように「(人や組織，物事などを) 支配する，取り仕切る。コントロールする」という意味に使われる。この場合は"把握"は使えない。

6) 家长希望孩子掌握各种本领。
　　Jiāzhǎng xīwàng háizi zhǎngwò gèzhǒng běnlǐng.
　　(親は子供にさまざまな能力を身につけてほしい)

7) 他掌握了三门外语。
　　Tā zhǎngwòle sān mén wàiyǔ.
　　(彼は三カ国語をマスターした)

8) 妈妈掌握着我们家的"经济大权"。
　　Māma zhǎngwǒzhe wǒmen jiā de "jīngjì dàquán".
　　(母は我が家の家計を仕切っている)

9) 今天由他掌握会议进程。
　　Jīntiān yóu tā zhǎngwò huìyì jìnchéng.
　　(今日は彼に司会をしてもらう)

白・空
bái　kōng

ともに副詞として「むだに」、「むなしく」という意味を表す。
"白"は、目的達成や一定の効果を期待して行動するが、期待していた効果はなかった。無駄な行動をしたという意味である。

1) 学了一年汉语连简单的会话都不会，你真是白（／＊空）学了。
　　Xuéle yì nián Hànyǔ lián jiǎndān de huìhuà dōu bú huì, nǐ zhēn shì bái xué le.
　　(一年間中国語を勉強したのに簡単な会話もできないなんて、まったく無駄ですね)

2) 吃了这么多药都不见效，钱都白（／＊空）花了。
　　Chīle zhème duō yào dōu bú jiànxiào, qián dōu bái huā le.
　　(こんなにたくさん薬を飲んだのに全然効き目がないなんて、お金の無駄だ)

3) 难题终于解决了，大家总算没白（／＊空）辛苦。
   Nántí zhōngyú jiějué le, dàjiā zǒngsuàn méi bái xīnkǔ.
   (やっと難問が解決した。みんなの努力は無駄ではなかった)

"空"は，動作，行為そのものが実際から離れ，あるいは実質を伴わないため，結果が得られないことを表す。

4) 他空（／＊白）有一腔抱负，至今一事无成。
   Tā kōng yǒu yì qiāng bàofù, zhìjīn yí shì wú chéng.
   (彼は抱負ばかりで，今まで何一つ成し遂げていない)

5) 他一直以为那个女孩会嫁给他，结果是空（／＊白）欢喜一场。
   Tā yìzhí yǐwéi nàge nǚhái huì jiàgěi tā, jiéguǒ shì kōng huānxǐ yì chǎng.
   (彼はずっと彼女と結婚できると思っていたが，結局ぬか喜びだった)

目標にむかって，効果を期待して行動する意味合いが強くない動作の場合は，"白"と"空"は置き換えられることが多い。

6) 我在车站空（／白）等了五个小时。
   Wǒ zài chēzhàn kōng (/bái) děngle wǔ ge xiǎoshí.
   (私は駅で五時間も待ちぼうけをくった)

7) 害你们空（／白）跑一趟，真不好意思。
   Hài nǐmen kōng (/bái) pǎo yí tàng, zhēn bù hǎoyìsi.
   (無駄足をさせてしまって，申し訳ありません)

败露・暴露・揭露
bàilù　bàolù　jiēlù

いずれも「見えなかったものが現れ出てくること」を意味する動詞である。
"败露"は「発覚する」，「ばれる」という意味である。対象は一般に悪事，陰謀，犯罪など良くないことである。目的語をとらない。

1) 阴谋败露，无法隐瞒了。
   Yīnmóu bàilù, wúfǎ yǐnmán le.
   (陰謀がばれて，隠しきれなくなった)

2) 他的间谍身份败露了。
   Tā de jiàndié shēnfen bàilù le.
   (彼がスパイであることがばれた)

"暴露"は「暴露する」，「さらけ出す」という意味である。意識的あるいは無意識

に，あますところなくはっきりと現れることを示す。対象は比較的広く，他人の悪事やスキャンダル，自分自身のことや目標，欠点，矛盾などのほか，客観的事物にも使える。動作主体は人でも物でも可。

3) 他暴露出事情的真相。
   Tā bàolùchu shìqing de zhēnxiàng.
   (彼は事の真相を暴露した)

4) 口头禅暴露你的个性。
   Kǒutóuchán bàolù nǐ de gèxìng.
   (口癖にあなたの個性が現れる)

5) 这次事件暴露了现行医疗制度的弊端。
   Zhè cì shìjiàn bàolùle xiànxíng yīliáo zhìdù de bìduān.
   (今回の事件は現行医療制度の弊害をさらけ出した)

"揭露"は隠されていることを意識的に明るみに出すことである。動作主体は必ず人で，動作対象は一般に他人である。自分自身のことには用いない。

6) 他敢于揭露要害问题的实质。
   Tā gǎnyú jiēlù yàohài wèntí de shízhì.
   (彼は重要な問題の本質を思い切って指摘した)

7) 揭露（／暴露）别人的隐私是不道德的。
   Jiēlù (/bàolù) biéren de yǐnsī shì bú dàodé de.
   (他人のプライバシーを暴くのは道義に反する)

なお，"败露"は目的語をとれないが"揭露"は目的語を必要とする。"暴露"は目的語があってもなくても良い。

8) 罪行暴露（／败露／＊揭露）
   zuìxíng bàolù (/bàilù)
   (罪がばれる)

9) 如何暴露（／揭露／＊败露）腐败？
   Rúhé bàolù (/jiēlù) fǔbài?
   (どのようにして腐敗が発覚したか)

10) 鼓励媒体揭露（／暴露／＊败露）食品安全事件。
    Gǔlì méitǐ jiēlù (/bàolù) shípǐn ānquán shìjiàn.
    (メディアを励まして食の安全に関する事件を暴く)

帮 · 帮忙 · 帮助
bāng　bāngmáng　bāngzhù

　　ともに動詞として，他人に力を貸したり，アイディアを出したりする意味をもつが，"帮忙"はよく具体的なことに用いられるので，やることが多くて手が回らないときは"帮忙"を使う。一方，"帮助"は金銭的な援助や精神的な支援など，抽象的なことによく用いられるので，人が困難に直面し困っているときは"帮助"を用いるのが一般的である。どちらの意味でも使えるのは"帮"である。

1) 朋友有困难，我们当然应该帮助（／帮／＊帮忙）他。
   Péngyou yǒu kùnnan, wǒmen dāngrán yīnggāi bāngzhù (/bāng) tā.
   （友達が困っているときは，当然助けるべきだ）

2) 现在谁也帮（／帮助／＊帮忙）不了你了。
   Xiànzài shéi yě bāng (/bāngzhù) buliǎo nǐ le.
   （今君のことは誰も助けられないよ）

3) 听说小王星期天要搬家，你去帮忙（／＊帮／＊帮助）吗？
   Tīngshuō Xiǎo Wáng xīngqītiān yào bānjiā, nǐ qù bāngmáng ma?
   （王さんは日曜日に引っ越しをするらしいよ。手伝いに行く？）

4) 他不仅从精神上帮助（／帮／＊帮忙）了我，还从物质上帮助（／帮／＊帮忙）了我。
   Tā bùjǐn cóng jīngshénshang bāngzhù (/bāng) le wǒ, hái cóng wùzhìshang bāngzhù (/bāng) le wǒ.
   （彼は精神的にだけでなく，金銭的にも助けてくれた）

　　上の例にも見られるように，"帮"と"帮助"は置き換えられる場合が多く，"帮助"の方が"帮"より改まった言い方になる。
　　また"帮"には「誰かの代わりにやる」という意味があるが，"帮忙"と"帮助"にはこの意味はない。

5) 回来时帮（／＊帮助／＊帮忙）我买杯咖啡好吗？
   Huílai shí bāng wǒ mǎi bēi kāfēi hǎo ma?
   （帰りにコーヒーを買ってきてくれますか）

　　構造上では，"帮"は例1)～例4)に見られるように，後ろに必ず目的語や補語などほかの成分を必要とするが，"帮助"は動詞"帮"と"助"からなる二音節の並列構造であり，後ろに目的語などを置いても置かなくてもよい。

6) 他们俩在学习上互相帮助（／＊帮／＊帮忙）。
   Tāmen liǎ zài xuéxíshang hùxiāng bāngzhù.

（彼ら2人はおたがいに勉強を助け合っている）

それに対して、"帮忙"（忙しいところを助ける）は動目構造の動詞であり、目的語などの成分は後ろではなく、"帮"と"忙"の間に置く。または"给"によって"帮～忙"の前に出す。

7) 你帮了我的忙，我不会忘记的。
   Nǐ bāngle wǒ de máng, wǒ bú huì wàngjì de.
   （助けてくれたことを絶対に忘れない）

8) 小李给我帮过很多忙。
   Xiǎo Lǐ gěi wǒ bāngguo hěn duō máng.
   （李さんはたくさん助けてくれた）

"帮助"は名詞としても用いられるが、"帮"と"帮忙"には名詞の用法はない。

9) 在大家的帮助（／＊帮／＊帮忙）下，他取得了很大进步。
   Zài dàjiā de bāngzhù xià, tā qǔdéle hěn dà jìnbù.
   （みんなの助けによって、彼は大きく成長した）

10) 他给了我很多帮助（／＊帮／＊帮忙）。
    Tā gěile wǒ hěn duō bāngzhù.
    （彼はたくさん助けてくれた）

傍晚・黄昏
bàngwǎn　huánghūn

ともに名詞として昼と夜の間の時間帯を指す。

1) 傍晚（／黄昏）的时候，我们在公园里散步。
   Bàngwǎn (/Huánghūn) de shíhou, wǒmen zài gōngyuánli sànbù.
   （夕方、私たちは公園を散歩する）

《现代汉语词典》の説明では、"傍晚"は「夜が近づく頃」、"黄昏"は「太陽が沈んでから空が暗くなるまでの時間帯」を指す。つまり、両者とも空が暗くなる前の時間帯を指す。辞書では、時間の長さに関する違いがはっきり説明されていないが、気象学的には"傍晚"は17時から20時と定義されている。一方"黄昏"のほうはぼんやりとあいまいである。次の例2)の中国唐朝詩人李商隠の詩をみると、2語の違いがわかる。

2) 向晚意不适，驱车登古原。夕阳无限好，只是近黄昏。
   Xiàngwǎn yì búshì, qūchē dēng gǔyuán. Xīyáng wúxiàn hǎo, zhǐshì jìn huánghūn.

（晩に向わんとして意適わず，車を駆りて古原に登る。夕陽無限に好ろし，只だ是れ黄昏に近し）

　一般的に，ここの"向晩"は"傍晩"と解釈される。"傍晩"に綺麗な夕日を見ながら，もうすぐ"黄昏"が近づくことを惜しんでいるという詩の内容から，"黄昏"は"傍晩"より遅く来る，指す時間帯が"傍晩"より短いとされる。

　現代語としての両者には口語的と書面語的という違いもある。例3)のような話し言葉に"傍晩"は用いるが，書面語的な"黄昏"は口語的な"玩儿"との組み合わせが不釣り合いに響くので，用いられない。その一方，例4)のような書き言葉，特に文学的な表現に"黄昏"はよく用いられる。

3) 你傍晚（／＊黄昏）来玩儿吧。
   Nǐ bàngwǎn lái wánr ba.
   （夕方，遊びに来てね）

4) 黄昏时分远眺袅袅炊烟，他的心里莫名地涌上一阵孤寂感。
   Huánghūn shífēn yuǎntiào niǎoniǎo chuīyān, tā de xīnli mòmíng de yǒngshang yízhèn gūjìgǎn.
   （黄昏時，あちこちから炊事の煙がゆらゆらと立つ様子を遠く眺めると，彼はなぜか寂しい思いが湧き起こってきた）

　また，連用修飾語として，"傍晩"は単独で使えるが，"黄昏"は単独で使えず，"时"，"时分"，"的时候"のような言葉とセットで用いることが多い。

5) 傍晚（／＊黄昏），雨淅淅沥沥地下了起来。
   Bàngwǎn, yǔ xīxīlìlì de xiàleqilai.
   （夕方，雨がしとしとと降ってきた）

6) 黄昏（／傍晚）时，雨淅淅沥沥地下了起来。
   Huánghūn (/Bàngwǎn) shí, yǔ xīxīlìlì de xiàleqilai.
   （夕暮れ時，雨がしとしとと降ってきた）

　他に，"黄昏"は日本語の「たそがれ」と同じような比喩的な使い方があって，人生の盛りをすぎた年代をたとえていう。"人生的黄昏时分" rénshēng de huánghūn shífēn は人間の晩年を表す。"黄昏恋" huánghūnliàn は熟年世代の恋愛を表す。"傍晩"はこのような使い方がない。

包儿・袋儿・兜儿
bāor　　dàir　　dōur

　"包儿"は物を外から包み込むようなものをいう。"香包儿" xiāngbāor（匂い袋），"邮

包儿"yóubāor（郵便小包）など、まわりをしっかり縫い合わせたもの、あるいはのりなどで閉じたものもあれば、"纸包儿"zhǐbāor（紙の包み）、"药包儿"yàobāor（薬の小包）のように、ただ包んだだけのものもある。

　また"包儿"は口があって、ものを出し入れすることができるかばん状のものも指す。その口はファスナーやボタン、紐、あるいは折りたたんで閉じるなど、密封する装置が施されているものが多い。"包儿"の中にポケットや仕切りを設けて、整理整頓しやすく取り出しやすい工夫がなされている場合が少なくない。"包儿"は一般的に提げ手やショルダーストラップ、まれにウェストバッグのように体に巻きつけるベルトがついている。要するに、ものを出し入れするための工夫、収納するための仕切り、持ち運ぶための小道具が発達している。よく使われる単語は以下のようなものだ。

　"手提包儿"shǒutíbāor（手提げ袋、手提げかばん）；"书包儿"shūbāor（ランドセル、学生用かばん）；"背包儿"bēibāor（リュックサック）；"钱包儿"qiánbāor（財布）；"腰包儿"yāobāor（ウェストバッグ）

"袋儿"は一方の口が開いている袋状の入れ物を指す。"袋儿"は"包儿"よりシンプルである。"袋儿"はたいてい素材一枚、あるいは二枚合わせでできている。また"包儿"のようなポケットや仕切りがない。"袋儿"もものを入れるのであるから、その口には閉じるための簡単な仕掛けがよく施されている。"购物袋儿"gòuwùdàir（買い物袋）のように提げ手がついているものもあるが、ついていないものが多い。シンプルな袋状の入れ物だから、ショルダーストラップやベルトがついているものはほとんどない。

　"米袋儿"mǐdàir（米袋）；"麻袋儿"mádàir（麻袋）；"包装袋儿"bāozhuāngdàir（包装用袋）

"兜儿"は柔らかい素材でものを取り囲んで包む物を表す。"袋儿"よりもっとシンプルで、基本的には一枚の布やネットである。一般的に口を閉める仕掛けがなく、口が開いたままである。"兜儿"は"包儿"、"袋儿"より、中のものの形にフィットさせて包むことにポイントをおいている。

　"网兜儿"wǎngdōur（網袋）；"肚兜儿"dùdōur（腹当）

"兜儿"を使った語はあまり多くなく、現在、"兜儿"と言えば一般的にポケットを指す。たとえば"衣服兜儿"yīfudōur（服のポケット）、"裤兜儿"kùdōur（ズボンのポケット）などである。"兜儿"は話し言葉でよく使われる。
　"袋儿"も"口袋儿"という場合はポケットを指す。たとえば"衣服口袋儿"yīfukǒudàir（服のポケット）などと言うが、"口袋儿"は"兜儿"よりやや硬いニュアンスで使用されている。

宝贵・珍贵・贵重
bǎoguì　zhēnguì　guìzhòng

"宝贵"は非常に得がたく大切であることを表す。具体的な事物にも用いられるが，「時間」や「命」,「経験」など抽象的事物にも多く用いられる。

1) 他从失败中获得了很多宝贵（／*珍贵／*贵重）的经验。
Tā cóng shībài zhōng huòdéle hěn duō bǎoguì de jīngyàn.
（彼は失敗から多くの貴重な経験を学んだ）

2) 为了救助落水儿童，他献出了自己宝贵（／*珍贵／*贵重）的生命。
Wèile jiùzhù luòshuǐ értóng, tā xiànchule zìjǐ bǎoguì de shēngmìng.
（川に落ちた子供を助けるために，彼は自分の大切な命をささげた）

3) 这里出土了很多宝贵（／珍贵／贵重）的文物。
Zhèli chūtǔle hěn duō bǎoguì (/zhēnguì/guìzhòng) de wénwù.
（ここからたくさんの貴重な出土品が出た）

"珍贵"はまれにしかなく珍しい意味を表す。多く具体的事物に用いられる。

4) 这是一张珍贵（／宝贵／*贵重）的照片。
Zhè shì yì zhāng zhēnguì (/bǎoguì) de zhàopiàn.
（これは貴重な写真だ）

5) 麝香是一种非常珍贵（／宝贵／贵重）的中药材。
Shèxiāng shì yì zhǒng fēicháng zhēnguì (/bǎoguì/guìzhòng) de zhōngyàocái.
（麝香はとても貴重な漢方薬だ）

"贵重"は値段が高く，手に入りにくいものを指す。具体的事物に用いられることが多い。

6) 贵重（／*宝贵／*珍贵）物品请随身携带。
Guìzhòng wùpǐn qǐng suíshēn xiédài.
（貴重品は携帯してください）

7) 这么贵重（／宝贵／珍贵）的礼物，我怎么能收？
Zhème guìzhòng (/bǎoguì/zhēnguì) de lǐwù, wǒ zěnme néng shōu?
（こんなに高価／貴重なプレゼントは受け取るわけにはいかない）

"贵重"は事物それ自体に客観的な価値があるが，"宝贵"，"珍贵"は客観的にはつまらないものでも，その人にとって価値があると考えられればよい。

保持・维持
bǎochí wéichí

どちらも「保つ」という意味合いをもつ単語である。
"保持"は，状態やレベルをそのまま変化なしに保ち続けることに重点を置く。プラス評価のものを対象とすることが多い。
"保持健康"bǎochí jiànkāng（健康を保つ），"保持安静"bǎochí ānjìng（静けさを保つ）など。

1) 这家老店仍保持着传统风味。
   Zhè jiā lǎodiàn réng bǎochízhe chuántǒng fēngwèi.
   （この老舗は今もなお昔ながらの味を保ち続けている）

"维持"は，状態やレベルに多少の変化があってもそれをなんとか失わないように保つ場合に使われる。悪い方向へ変化するのを防ぐ意味合いがある。
"维持生命"wéichí shēngmìng（生命を維持する），"维持现状"wéichí xiànzhuàng（現状をなんとか維持する），"维持生计"wéichí shēngjì（生計を維持する）など。

2) 爸爸病得很厉害，全靠药物维持生命。
   Bàba bìngde hěn lìhai, quán kào yàowù wéichí shēngmìng.
   （父は病気が重く，薬に頼って生命を維持している）

	～沉默	～身材	～年轻	～生活	～秩序	～现状
保持	○	○	○	×	×	○
维持	×	×	×	○	○	○

保存・保留
bǎocún bǎoliú

ともに事物や性質，意義，仕事や生活に対する態度などを失ったり変えたりすることなく存在させておくことを表す。

1) 我至今还保留（／保存）着她当年送给我的照片。
   Wǒ zhìjīn hái bǎoliú (/bǎocún) zhe tā dāngnián sònggěi wǒ de zhàopiàn.
   （当時彼女が私にくれた写真を私は今でも保管している）

2) 这些文物能保留（／保存）到现在很不容易。
   Zhèxiē wénwù néng bǎoliú (/bǎocún) dào xiànzài hěn bù róngyì.
   （これらの文化財を今日まで保管できているのはすごいことである）

"保存"はなくさず保存するために積極的な措置をとる場合に用い、"保留"は自然と残る場合に用いることが多い。また、具体的な事物に対しては"保存"が多く用いられる。

3) 由于当地居民的协助，这些古建筑才得以保存（／＊保留）至今。
   Yóuyú dāngdì jūmín de xiézhù, zhèxiē gǔjiànzhù cái déyǐ bǎocún zhìjīn.
   (当地住民の協力があったからこそ、これらの古い建物は今に至るも保存されている)

4) 一个古代的物件能保存（／＊保留）至今，它有诸多的社会条件。
   Yí ge gǔdài de wùjiàn néng bǎocún zhìjīn, tā yǒu zhūduō de shèhuì tiáojiàn.
   (古代のものが今日までその状態を保てるのは多くの社会的な条件を必要とする)

"保留"は、すぐに処理せずそのままの状態で留めておく、外に出さずに内部に残しておくという意味ももつ。

5) 不同的意见暂时保留（／＊保存），下次再讨论。
   Bùtóng de yìjian zànshí bǎoliú, xiàcì zài tǎolùn.
   (意見の違いはとりあえず保留にして、次回また検討しよう)

6) 老师把宝贵的经验和知识毫无保留（／＊保存）地教给学生。
   Lǎoshī bǎ bǎoguì de jīngyàn hé zhīshi háowú bǎoliú de jiāogěi xuésheng.
   (先生は貴重な経験と知識をすべて惜しみなく学生に教えた)

"保留"は"习惯"や"性质"など抽象的な言葉に使われる。

7) 中国人既保留（／＊保存）了席地而坐的一种特性，又接受了高坐的文化。
   Zhōngguórén jì bǎoliúle xí dì ér zuò de yì zhǒng tèxìng, yòu jiēshòule gāo zuò de wénhuà.
   (中国人は床に座る習慣を保ちつつ、椅子に座る文化も受け入れた)

8) 在30年前的中国，大部分人领工资都是盖章的，这保留（／＊保存）了我们过去的习惯。
   Zài sānshí nián qián de Zhōngguó, dàbùfen rén lǐng gōngzī dōu shì gàizhāng de, zhè bǎoliúle wǒmen guòqù de xíguàn.
   (30年前の中国では、給料をもらう時、判を押していた。これは昔の習慣を受け継いだものである)

保障 · 保证
bǎozhàng bǎozhèng

"保障"はすでに存在するものを侵犯や破壊などから保護するという意味で、その対象は生命、財産、権利など、多くは抽象的なものになる。目的語には名詞または名詞フレーズをとることが多い。

1) 保障人民的合法权益。
   Bǎozhàng rénmín de héfǎ quányì.
   (人々の合法的権益を保障する)

2) 保障国家的安全。
   Bǎozhàng guójiā de ānquán.
   (国家の安全を保障する)

3) 保障适龄儿童、少年就学。
   Bǎozhàng shìlíng értóng、shàonián jiùxué.
   (入学適齢期の児童や少年少女の就学を保障する)

"保证"は将来に向けて、責任をもって請け合う。その対象は仕事、計画、行動など具体的なもので、幅広い。目的語には動詞、形容詞またはそのフレーズをとることが多い。

4) 我以后保证听话。
   Wǒ yǐhòu bǎozhèng tīnghuà.
   (これからはちゃんと言うことを聞きます〈子供の言葉〉)

5) 我这里卖的鱼保证新鲜。
   Wǒ zhèli mài de yú bǎozhèng xīnxiān.
   (私のところで売っている魚は新鮮なことを保証しますよ)

6) 保证人向债权人保证债务人履行债务。
   Bǎozhèngrén xiàng zhàiquánrén bǎozhèng zhàiwùrén lǚxíng zhàiwù.
   (保証人は債権者に対し、債務者が債務を履行するよう保証する)

7) 市政府向市民保证 1 个月内解决水质污染问题。
   Shìzhèngfǔ xiàng shìmín bǎozhèng yí ge yuè nèi jiějué shuǐzhì wūrǎn wèntí.
   (市政府は 1 カ月以内に水質汚染問題を解決すると市民に約束した)

4)、5) のように話し言葉に多く見られる一方、6)、7) のように改まった文章語として用いられることも多い。どちらも「約束する」という意味だが、重みが異なることに注目したい。日常的に使用される"保证"は「約束する」意味のほか、な

にかに確信をもっていることを表現することもできる。

8) 这孩子保证能考上一个好大学。
　　Zhè háizi bǎozhèng néng kǎoshàng yí ge hǎo dàxué.
　　（この子は絶対いい大学に受かるよ）

9) 明天保证不会下雨。
　　Míngtiān bǎozhèng bú huì xiàyǔ.
　　（明日は絶対雨が降らない）

また、"保证"は"保证书"bǎozhèngshū（保証書）、"保证人"bǎozhèngrén（保証人）などの合成語として幅広く使われるが、"保障"は基本的に合成語を作らない。
"保证"と"保障"のどちらも使える場合もある。

10) 质量有保证（／保障）。
　　Zhìliang yǒu bǎozhèng (/bǎozhàng).
　　（品質が保証される）

11) 养老有保证（／保障）。
　　Yǎnglǎo yǒu bǎozhèng (/bǎozhàng).
　　（老後は安心だ）

大きな違いはないが、"保障"を使う場合は、社会的に制度や対策などがしっかり講じられているというニュアンスがとれる。"保证"は、個々に具体的な措置や準備などがされているというふうに読み取ることも可能だ。ただし、このような違いは絶対的なものではなく、文脈によってニュアンスの違いが生じる可能性がある。

抱・搂
bào　lǒu

ともに「抱く」、「抱き寄せる」の意味をもつ。
"搂"は"抱"よりも対象に対する働きかけが弱い。しっかり「抱く」というより「肩をくむ、肩に手を回す、肩に手をかける」というニュアンスで、親しみをこめて使われる場合が多い。抱かれる対象は人と動物が主である。

1) 妈妈左手抱着女儿，右手搂着儿子。
　　Māma zuǒshǒu bàozhe nǚ'ér, yòushǒu lǒuzhe érzi.
　　（お母さんは左手で娘を抱き、右手で息子の肩に手を回している）

"抱"は"搂"よりも「人を抱く」という意思が働いている。また「かかえる」の意味ももつ。"搂"よりも抱かれる対象と抱く人との体の接触面が大きい。"抱"の

対象は人、動物、木、電柱のほかに、本、服などもよい。

2) 把大衣抱（／＊搂）好了，别掉了。
　　Bǎ dàyī bàohǎo le, bié diào le.
　（オーバーをちゃんと抱えて、落とさないように）

"抱"も"搂"も、両腕を使ってもいいし、片腕だけでもよい。しかし、"搂"の場合は「抱く人」と「抱かれる対象」は必ず重心が別々である。一方、"抱"の場合は重心が別々と、重心が一つという二つの可能性がある。

3) 她抱着孩子走过来。
　　Tā bàozhe háizi zǒuguolai.
　（彼女は子供を抱いて歩いてきた）

4) 他紧紧地把她抱在怀里。
　　Tā jǐnjǐn de bǎ tā bàozài huáili.
　（彼はギュッと彼女を抱きしめた）

5) 他搂着一个女孩儿走过来。
　　Tā lǒuzhe yí ge nǚháir zǒuguolai.
　（彼は女の子の体に手を回しながら歩いてきた）

　3）は、"孩子"は"她"に抱かれて来たので、"孩子"と"她"の重心は一つである。4）は、"他"はギュッと彼女を抱きしめているが、彼女の足は地面についているだろうから重心は二つである。もちろん、ついていない可能性もある。その場合は重心は一つである。5）は、"他"は女の子の体に手を回しているが、二人とも自分の足で歩いてきたという意味であり、重心は別々である。
　"抱"も"搂"も量詞になるが、"抱"の方が使う範囲が広い。たとえば、"一抱（／搂）柴火" yí bào (/lǒu) cháihuo（一抱えのまき）はどちらもいえるが、"一抱鲜花" yí bào xiānhuā（一抱えの生花）、"一抱衣服" yí bào yīfu（一抱えの服）の場合は一般に"搂"はあまり使われない。なぜなら"抱鲜花"、"抱衣服"はいえるが、"搂鲜花"、"搂衣服"はいえないからである。"抱鲜花"、"抱衣服"は重心が一つになるので、"鲜花"と"衣服"などは"搂"の対象とならない。
　"抱"はこのほかにも多くの用法がある。たとえば、"抱希望" bào xīwàng（希望を抱く）、"抱孙子" bào sūnzi（孫ができる）、"抱孩子" bào háizi（もらい子をする）など。"搂"にはこのような用法はない。
　また、"搂抱"はいえるが、"抱搂"はいえない。その理由は、"抱"の動作は"搂"の後で行うからである。ゆえに"搂抱"はいえるが、逆の"抱搂"はいえない。

抱歉・対不起・道歉
bàoqiàn　duìbuqǐ　dàoqiàn

　"抱歉"，"对不起"，"道歉"はともに「申し訳ない」という意味があり，謝る時に用いることができる。しかし使い方においてそれぞれ異なるところがある。
　"抱歉"は，「"抱"bào+"歉"qiàn」，すなわち「すまない気持ちを抱く」ことから，「申し訳なく思う」，「すまないと思う」という意味をもつ。形容詞であるため，程度副詞の修飾を受けられる。

1) 我让你等了十年，我感到非常抱歉。
   Wǒ ràng nǐ děngle shí nián, wǒ gǎndào fēicháng bàoqiàn.
   (私はあなたを十年も待たせてしまった。非常に申し訳ないと思っている)

2) 真抱歉，我明天已经有约了，所以不能和你一起去吃晚饭了。
   Zhēn bàoqiàn, wǒ míngtiān yǐjīng yǒu yuē le, suǒyǐ bù néng hé nǐ yìqǐ qù chī wǎnfàn le.
   (本当に申し訳ない。私は明日すでに別の約束があって，あなたと一緒に夕飯を食べに行くことができなくなった)

　"对不起"も「申し訳ない」，「すまないと思う」という意味で，動詞ではあるが，"抱歉"と同様，程度副詞の修飾を受けられる。

3) 我让你失望了，真对不起。
   Wǒ ràng nǐ shīwàng le, zhēn duìbuqǐ.
   (きみをがっかりさせた。本当に申し訳ない)

4) 由于我的失误，给公司造成了这么大的麻烦，非常对不起。
   Yóuyú wǒ de shīwù, gěi gōngsī zàochéngle zhème dà de máfan, fēicháng duìbuqǐ.
   (私のミスで会社に多大な迷惑をかけてしまい，まことに申し訳ない)

　"抱歉"は形容詞であるため，目的語をとることができない。しかし"对不起"は動詞であるため，目的語をとることができる。

5) 我对不起（／＊抱歉）你，让你等了这么长时间。
   Wǒ duìbuqǐ nǐ, ràng nǐ děngle zhème cháng shíjiān.
   (きみに申し訳ない。こんなに長い時間待たせてしまって)

6) 你这样辞职，有点儿对不起（／＊抱歉）公司吧。
   Nǐ zhèyàng cízhí, yǒudiǎnr duìbuqǐ gōngsī ba.
   (このように辞めてしまうのは，会社にちょっと申し訳ないだろう)

　"道歉"は動詞である。"抱歉"と"对不起"は「すまないと思う」という気持ちが強調されるが，"道歉"は「"道"dào+"歉"qiàn」で，「人にすまない気持ちを話

す」という謝る行為そのものを指し、程度副詞の修飾を受けない。

7) 这件事情不能就这样算了，你一定要道歉（／＊抱歉／＊对不起）。
Zhè jiàn shìqing bù néng jiù zhèyàng suàn le, nǐ yídìng yào dàoqiàn.
(この件はこれで終わりというわけにはいかない。きみは謝るべきだ)

8) 我代表公司向广大的消费者道歉（／＊抱歉／＊对不起）。
Wǒ dàibiǎo gōngsī xiàng guǎngdà de xiāofèizhě dàoqiàn.
(私は会社を代表して多くの消費者の皆様にお詫び申し上げます)

また、"道歉"は離合詞であるため、"道"と"歉"の間に別の成分を入れることができる。

9) 我已经道过歉了，你为什么还不原谅我？
Wǒ yǐjīng dàoguo qiàn le, nǐ wèi shénme hái bù yuánliàng wǒ?
(私はすでにあなたに謝ったのに、なぜいまだに許してくれないの)

10) 我想跟你道一声歉，然后告诉你我留恋我们从前的日子。
Wǒ xiǎng gēn nǐ dào yì shēng qiàn, ránhòu gàosu nǐ wǒ liúliàn wǒmen cóngqián de rìzi.
(きみに一言謝りたい。そして伝えたい。私たちの過去の日々を懐かしく思っていることを)

11) 你道道歉，说点儿好听的，就没事了。
Nǐ dàodao qiàn, shuō diǎnr hǎotīng de, jiù méi shì le.
(きみが謝って、やさしいことを言えば大丈夫だ)

背・驮・扛
bēi　 tuó　 káng

三つとも、荷物を体に乗せる意味がある。
"背"は人が人や荷物を背負う、またはカバンなどを肩に掛けることを指す。

1) 她背上背（／＊驮／＊扛）着一大捆柴。
Tā bèishang bēizhe yí dà kǔn chái.
(彼女は背中に大きな薪を背負っている)

2) 我背（／驮／＊扛）你上山。
Wǒ bēi (/tuó) nǐ shàng shān.
(あなたを背負って山に登ろう)

3) 学生们肩上背（／＊驮／＊扛）着书包。
Xuéshengmen jiānshang bēizhe shūbāo.
（学生たちはカバンを肩に掛けている）

"驮"は家畜や人が人または荷物を背に載せて運ぶことを指す。自転車やオートバイ（いわば現代化した家畜）に載せて運ぶこともいう。

4) 这匹马能驮（／＊背／＊扛）四袋粮食。
Zhè pǐ mǎ néng tuó sì dài liángshi.
（この馬は4袋の食料を運ぶことができる）

5) 他驮（／背／＊扛）着我过了河。
Tā tuó (/bēi) zhe wǒ guòle hé.
（彼は私を背負って川を渡った）

6) 自行车前边驮（／＊背／＊扛）着孩子，后边驮（／＊背／＊扛）着行李。
Zìxíngchē qiánbian tuózhe háizi, hòubian tuózhe xíngli.
（自転車の前に子供を乗せ，後ろに荷物を載せている）

"扛"は肩に担ぐこと。

7) 他们扛（／＊背／＊驮）着滑雪板出去了。
Tāmen kángzhe huáxuěbǎn chūqu le.
（彼らはスキー板を担いで出かけた）

8) 这么大的箱子，我可扛（／＊背／＊驮）不动。
Zhème dà de xiāngzi, wǒ kě kángbudòng.
（こんなに大きな箱は私には担げないよ）

悲哀・悲惨・伤心
bēi'āi　bēicǎn　shāngxīn

"悲哀"は死亡などの不幸や好まぬ出来事により心を痛める，悲しい，悲しむことを表す。"伤心"との言い換えが可能であるが，後者はより口語的である。また1)の例のように目的語として名詞的に使うことも可能だが，"伤心"はできない。

1) 听到他英年早逝的消息，大家陷入了深深的悲哀（／＊悲惨／＊伤心）之中。
Tīngdào tā yīngnián zǎoshì de xiāoxi, dàjiā xiànrùle shēnshēn de bēi'āi zhī zhōng.
（若くして急逝した彼の訃報を聞いて，みな深い悲しみに沈んだ）

2) 儿子一味堕落下去，令母亲十分悲哀（／＊悲惨／伤心）。
　　Érzi yíwèi duòluòxiaqu, lìng mǔqin shífēn bēi'āi (/shāngxīn).
　　（息子の堕落ぶりに，母親は心を痛めている）

3) 离别时不要太伤心（／悲哀／＊悲惨）了。
　　Líbié shí búyào tài shāngxīn (/bēi'āi) le.
　　（別れるとき，あまり悲しまないでください）

　ただ状況や風景などによって引き起こされる心情的，抽象的な意味での哀れみ，悲哀を表すときは，"悲哀"を使う。

4) 深秋的落叶让人感受到人生的悲哀（／＊悲惨／＊伤心）。
　　Shēnqiū de luòyè ràng rén gǎnshòudào rénshēng de bēi'āi.
　　（晩秋の落ち葉は人生の悲哀を感じさせる）

　一方，"悲惨"は境遇や状況が「痛ましい」，「みじめ」，「悲惨である」という意味を表す。つまり"悲哀"と"伤心"がともに人々の心情を描く言葉であるのに対し，"悲惨"はこうした心情を引き起こす出来事の状況を説明するものである。

5) 大地震之后的场面真是太悲惨（／＊悲哀／＊伤心）了。
　　Dàdìzhèn zhī hòu de chǎngmiàn zhēn shì tài bēicǎn le.
　　（大地震の後の状況は本当に悲惨である）

6) 听了他悲惨（／＊悲哀／＊伤心）的遭遇，大家不禁潸然泪下。
　　Tīngle tā bēicǎn de zāoyù, dàjiā bùjīn shānrán lèi xià.
　　（彼の痛ましい境遇を聞き，みなが悲しい涙を流した）

　"伤心"はまた心が傷つく，悔しいという意味も表す。この意味で用いられる場合，"悲哀"と言い換えることができない。

7) 你竟然说出这样的话来，太让我伤心（／＊悲哀／＊悲惨）了。
　　Nǐ jìngrán shuōchu zhèyàng de huà lai, tài ràng wǒ shāngxīn le.
　　（よくもまあこんなことを口にするなんて，本当に傷ついた）

　さらに，"伤心"は動詞の"伤"と名詞の"心"が結びついた離合詞である。したがって"伤"の後に助詞の"了"や"过"，あるいは補語の"透"を，"心"の前には修飾語を入れることができる。

8) 这个负心人伤透了她的心。
　　Zhège fùxīnrén shāngtòule tā de xīn.
　　（この薄情者は彼女の心をずたずたにした）

本来・原来
běnlái　yuánlái

ともに「もともと」とか,「元来」を表す。2語の使い分けは主に次の四点である。

第一に,両方ともかつての状況がどうであったかを表す。現在の状況が以前と異なる場合にも言えるし,また以前と一致している場合にも使える。この意味で"本来"と"原来"は言い換え可能である。

1) 他本来（／原来）身体不好，锻炼了一阵，好多了。
   Tā běnlái (/yuánlái) shēntǐ bù hǎo, duànliànle yízhèn, hǎoduō le.
   (彼はもともと体が弱かったが,しばらく鍛えたら,良くなりました)

2) 这房子本来（／原来）就破，现在还是一下雨就漏。
   Zhè fángzi běnlái (/yuánlái) jiù pò, xiànzài háishì yí xiàyǔ jiù lòu.
   (この家はもともとボロで,今でも雨が降ると雨もりがする)

3) 她本来（／原来）是这个学校的学生，毕业以后在这儿当了老师。
   Tā běnlái (/yuánlái) shì zhège xuéxiào de xuésheng, bìyè yǐhòu zài zhèr dāngle lǎoshī.
   (彼女はもともとこの学校の学生でした,卒業してからここの教師になりました)

上の三つの例において,"本来"と"原来"はたがいに置き換えても文が通じるが,ニュアンスが違う。"本来"は「もともとの本質」や「あるべき本来の姿」を指すときに用いられ,"原来"は"现在"や"后来"などに対して「最初のとき」を指す。

4) 小王本来（＊／原来）是来参加婚礼的客人，可厨师突然病了，只好求他临时帮个忙。
   Xiǎo Wáng běnlái shì lái cānjiā hūnlǐ de kèren, kě chúshī tūrán bìng le, zhǐhǎo qiú tā línshí bāng ge máng.
   (王さんはもともと披露宴にきた客だったが,コックが急に病気になってしまったため,彼に急きょコックをやってもらった)

この例文では,王さんの身分は「客」で,「コック」をしたことは臨時の事である,つまり王さんの「お客さんの身分」は本質的には変わらない。このような場合の"本来"は"原来"に言い換えられない。

第二に,"本来"は「道理からみて当たり前である」ことも表す。"原来"にはこの用法がない。

5) 星期天本来（＊／原来）就该休息。
   Xīngqītiān běnlái jiù gāi xiūxi.
   (日曜日に休むのはあたりまえだ)

6) 本来（＊／原来）嘛，才学了两天，能翻译什么呀。
　　Běnlái ma, cái xuéle liǎngtiān, néng fānyì shénme ya.
　　（あたりまえだ，ほんの何日か勉強しただけなんだから，翻訳なんか全然無理だ）

　第三に，"原来"は「予想していなかったことの真相が明らかになる」ときに用いられる。驚きの気持ちが込められることが多い。

7) 原来（＊／本来）他不是张老师啊！
　　Yuánlái tā bú shì Zhāng lǎoshī a!
　　（なんだ，彼は張先生ではなかったのか）

8) 原来（＊／本来）这样啊！
　　Yuánlái zhèyàng a!
　　（なるほど，そういう訳ですか）

　第四に，名詞の前に用いられるとき，"本来"は「もともとの（本質）」を意味し，"原来"は「以前と変わらない」ということを表す。

9) 恢复事物的本来（＊／原来）面貌。
　　Huīfù shìwù de běnlái miànmào.
　　（事物をその元の様相に戻す）

10) 他还住在原来（＊／本来）的地方。
　　Tā hái zhùzài yuánlái de dìfang.
　　（彼はいまだに以前のところに住んでいる）

本领・本事
běnlǐng　běnshi

　ともに技能や能力を表し，一般的な技能や能力を指す場合はしばしば置き換えられる。

1) 我们来比比，看谁的本领（／本事）大。
　　Wǒmen lái bǐbi, kàn shéi de běnlǐng (/běnshi) dà.
　　（どっちがすごいか比べてみよう）

2) 会做菜也是一种谋生的本领（／本事）。
　　Huì zuò cài yě shì yì zhǒng móushēng de běnlǐng (/běnshi).
　　（料理ができるのも生計を立てるための能力だ）

　"本领"は書き言葉としてよく用いられ，特に訓練を経て得られる高度な技能を表す。

3) 他掌握了维修各种电器的本领（／＊本事）。
   Tā zhǎngwòle wéixiū gèzhǒng diànqì de běnlǐng.
   (彼は各種の電気製品を修理する技能を身につけた)

4) 本领（／＊本事）是靠勤学苦练得来的。
   Běnlǐng shì kào qín xué kǔ liàn délai de.
   (技能は一生懸命訓練して得られるものだ)

"本事"はよく話し言葉に用いられ，改まった場面では用いられない。一般的な技能や能力のほか，世の中をうまく渡る才覚をいうこともある。そこからさらに皮肉や諷刺，嫌味を言う時に用いられることがある。

5) 他除了会吹牛拍马之外，没什么真本事。
   Tā chúle huì chuīniú pāimǎ zhī wài, méi shénme zhēn běnshi.
   (彼は口先ばかりで，何の能力もない)

6) 他哥哥很有本事（／＊本领），才三十出头就当上了公司总经理。
   Tā gēge hěn yǒu běnshi, cái sānshí chūtóu jiù dāngshangle gōngsī zǒngjīnglǐ.
   (彼のお兄さんはすごい人だよ。三十ちょっとでもう社長だ)

7) 他本事大着呢，什么都能一个人干。
   Tā běnshi dà zhene, shénme dōu néng yí ge rén gàn.
   (あいつはすごいよ，何でも一人でやっちまうんだからさ)

笨・糊涂・傻
bèn　　hútu　　shǎ

"笨"，"糊涂"，"傻"はすべて形容詞で「愚かである」という語義をもつ。1) はすべて言い換え可能である。

1) 你真笨（／糊涂／傻)!
   Nǐ zhēn bèn (/hútu/shǎ)!
   (君は本当にバカだ)

"笨"は主に身体部位の機能が不器用で劣るということであり，第一義は"脑子"nǎozi (脳) が劣る，つまり「記憶力や理解力が劣る」という意味である。

2) 我的脑子有点笨，可是很用功。
   Wǒ de nǎozi yǒudiǎn bèn, kěshì hěn yònggōng.
   (私は頭は悪いかもしれないが，勤勉である)

3) 爱迪生被老师看成笨学生，3个月以后就离开了学校。
   Àidíshēng bèi lǎoshī kànchéng bèn xuésheng, sān ge yuè yǐhòu jiù líkāile xuéxiào.
   (エジソンは教師には頭の悪い生徒だと見なされ，三ヵ月も経つと学校に行かなくなった)

劣る部分が口であれば，「口下手」という意味になり，手であれば「不器用」となる。

4) 你说一句别人能还你十句，我又嘴笨（／＊糊涂／＊傻），说不过人家。
   Nǐ shuō yí jù biéren néng huán nǐ shí jù, wǒ yòu zuǐbèn, shuōbuguò rénjia.
   (一言言えば人は10にして言い返す。私は口下手だから，とても人様にはかなわない)

この他に，"笨"には機械や道具の機能が劣り，「役に立たない」，「かさばって重い」という意味もある。

5) 以前的照相机都又大又笨（／＊糊涂／＊傻），而如今，一些好的照相机小到可以装进口袋里。
   Yǐqián de zhàoxiàngjī dōu yòu dà yòu bèn, ér rújīn, yì xiē hǎo de zhàoxiàngjī xiǎodào kěyǐ zhuāngjìn kǒudàili.
   (以前のカメラはどれも図体がでかくて重かったが，今どきは，一部の優れたカメラはポケットに入るぐらいに小さくなっている)

以上から，例1)はすべて言い換え可能と述べたが，"笨"を使った場合は「学力が劣る」という意味になる。

それでは"傻"を使えばどういう意味になるのか。"傻"は「バカだ，おろかだ」を表す最もふつうの言い方である。"傻乎乎的样子"shǎhūhū de yàngzi は「もたもた，のろのろした様子」で見るからに「バカなさま」を言うし，"傻笑" shǎxiào は「わけもなく，うすら馬鹿笑い」をしている様であるし，"傻里傻气" shǎlishǎqì も見るからに愚かな状態を描写している。"傻眼" shǎyǎn は「意外なことに驚いて，眼をパチクリ，茫然自失」の態である。

6) 她急忙换尿布，打开一看傻眼了，便里有血。
   Tā jímáng huàn niàobù, dǎkāi yí kàn shǎyǎn le, biànli yǒu xiě.
   (彼女は急いでおむつを替え，それを見てアッと驚いた，便に血がまじっていたのだ)

こうしてみると"傻"は「外見からもそれと分かる，ぼーっとした愚かさ」を表すと言えそうである。そこから，次の例のように，誰が見ても「バカな事，愚かなこと」を"傻事"と言ったりする。

7) 你就不应该做这傻事儿。
   Nǐ jiù bù yīnggāi zuò zhè shǎshìr.
   (こんなばかげた事をしてはダメじゃないか)

"傻"はこのように相手をけなすわけだが，同時にそこに親愛の情を込めて言われることも少なくない。多くは恋愛関係にある男女の間でふざけて"你真傻！"Nǐ zhēn shǎ!（ホントにバカなんだから）などと言う。また親が我が子を"傻孩子"shǎ háizi（バカな子），"我那个傻儿子"wǒ nàge shǎ érzi（私のあのバカ息子）などと言うのも同様である。ここからは"傻"は愚かで，お人好しで，人に騙されやすい，しかし決して悪人ではないといった側面もうかがえる。

"傻"にはこの他に頭の良い悪いではなく，行為が「融通が利かない」，「ただひたすら」という意味もある。"傻干"shǎ gàn（ひたすらやる），"傻等"shǎ děng（ひたすら待つ）などと使う。

"糊涂"は「ボンヤリしてよく分からない」という意味であり，「年老いてボケる」という意味でよく使われる。

8) 不久前老人过了95岁生日，身体虽不如从前，但头脑清楚，一点也不糊涂（／＊笨／＊傻）。
Bùjiǔ qián lǎorén guòle jiǔshíwǔ suì shēngrì, shēntǐ suī bùrú cóngqián, dàn tóunǎo qīngchu, yìdiǎn yě bù hútu.
（老人は先日95才の誕生日を迎え，体は以前より衰えたが，頭はしっかりとして，少しも呆けていない）

蹦・跳
bèng tiào

"蹦"は，人や動物などが足を揃えて地面をポンと蹴って跳ぶ動作を表す。

1) 孩子们学着小兔子的样子，两脚一蹦一蹦地转起圈儿来。
Háizimen xuézhe xiǎotùzi de yàngzi, liǎng jiǎo yí bèng yí bèng de zhuànqi quānr lai.
（子供たちはウサギの真似して，両足を揃えて跳びながらぐるぐる回り始めた）

2) 青蛙一下子蹦得好远。
Qīngwā yíxiàzi bèngde hǎo yuǎn.
（カエルはいきなり遠くまで跳んだ）

"跳"はそこまで厳密ではなく，片足で跳ぶ状態も含むさまざまな「ジャンプする」動作を表す語として，使用範囲が広い。

3) 草丛中突然跳（／蹦）出来一只兔子。
Cǎocóng zhōng tūrán tiào (/bèng) chulai yì zhī tùzi.
（草むらの中からウサギが1匹飛び出してきた）

4) 他纵身一跃跳（／＊蹦）进了河里。
   Tā zòngshēn yí yuè tiàojinle héli.
   （彼はばっと身を躍らせて川に跳び込んだ）

5) 她跳（／＊蹦）高、跳（／＊蹦）远都很擅长。
   Tā tiàogāo、tiàoyuǎn dōu hěn shàncháng.
   （彼女は高跳びも幅跳びも得意だ）

「両足が揃っている」というポイントをもつ"蹦"は，自由自在な"跳"より跳べる距離が限定されると考えられる。そのため，上記の例4）と例5）のような文には使用できない。つまり「距離」と関わる文脈には"蹦"より"跳"のほうがふさわしいといえる。次の例文も「大きなスペースを跳び越える」という意味が文全体の重点であるため，"跳"しか使えない。

6) 她小学跳（／＊蹦）了一级。
   Tā xiǎoxué tiàole yì jí.
   （彼女は小学校の時一回飛び級した）

7) 咱们把这一章跳（／＊蹦）过去先复习别的。
   Zánmen bǎ zhè yì zhāng tiàoguoqu xiān fùxí biéde.
   （とりあえずこの章を飛ばしてほかのところを復習しましょう）

また"蹦"には，両足を揃えて地面を蹴って一気に跳ぶとの動作から，「突然」という意外性が生じた。以下の例文からも分かるように，「急に」現れるというニュアンスを表すには"蹦"しか使えない。

8) 我脑子里突然蹦（／＊跳）出一个好主意。
   Wǒ nǎozili tūrán bèngchu yí ge hǎo zhǔyi.
   （突然いいアイデアが浮かんだ）

9) 你不是独生子吗？什么时候蹦（／＊跳）出个大哥来？
   Nǐ bú shì dúshēngzǐ ma? Shénme shíhou bèngchu ge dàgē lai?
   （君は一人っ子じゃないの。急に兄さんがいるなんて）

"蹦"と"跳"は"蹦蹦跳跳"，"又蹦又跳"のように，一緒に用いて慣用句的な使い方もある。

10) 他们兴奋地又蹦又跳。
    Tāmen xīngfèn de yòu bèng yòu tiào.
    （彼らは興奮して跳んだりはねたりした）

比…更～・比…还～・比…都～
bǐ…gèng～　bǐ…hái～　bǐ…dōu～

比較表現の違いを考える。
　まず"更"と"还"の比較文を考える。両者は，「もっと～だ／さらに～だ」と数量や程度がもう一段上であることを表す。

　　小李比小王更（／还）漂亮。
　　Xiǎo Lǐ bǐ Xiǎo Wáng gèng (/hái) piàoliang.
　　(李さんは王さんより綺麗です)

"更"と"还"は多くの場面で互換性をもち，置き換えられる。だが，時に"更"の文と"还"の文とでは，比較のニュアンスが異なることがある。

1) 我的工资比他的更多。
　　Wǒ de gōngzī bǐ tā de gèng duō.
　　(私の給料は，彼よりもっと多い)

2) 我的工资比他的还多。
　　Wǒ de gōngzī bǐ tā de hái duō.
　　(私の給料の方が，〈なんとまぁ〉彼より多いのです)

　1)の文の意図するところは，私の方が高給だ，という事実の伝達である。"更"は，比較の方向性が揃っている時に使われ，ともに「多さ」を比べている。もし彼の給料が低いのなら，比較の方向性が揃わないため（片方が「多い」，片方は「少ない」），"更"は使えない。
　2)では，二人の給料差の伝達のみならず，発話者の気持ちが盛り込まれている。たとえば，平社員の自分の給料が，課長である彼の給料を上回ってしまったとしよう。「なんとまぁ…」など，驚きや皮肉など，文に何らかの気持ちを込めたいとすれば，2)が良い。これは単なる事実の伝達とはニュアンスが異なる。

3) 弟弟比哥哥吃得更多。
　　Dìdi bǐ gēge chīde gèng duō.
　　(弟は兄より沢山食べる)（事実）

4) 弟弟比哥哥吃得还多。
　　Dìdi bǐ gēge chīde hái duō.
　　(弟はなんと兄より沢山食べる)（意外性）

"更"の比較文は単純に差があること自体を伝え，"还"の比較文は差の他に主観的な気持ちを表現している。こうした語気を表す"还"は，比較の対象に極端なものを挙げ，「そんなものと比べてさらに～だ」と誇張表現をすることがある。「月よ

り遠い」,「マッチより細い」などである。

5) 他的心比海还宽大。
Tā de xīn bǐ hǎi hái kuāndà.
(彼の心は海より広い)

では,次に"比…都～"を考えよう。"都"の比較文の働きは二通りある。
一つ目は,「他と比べようもなく～だ」と,主語が「どこよりも,何よりも,どれよりも,誰よりも～だ」と絶対的であることを表す場合で,比較の対象には"谁","什么","哪个"などの疑問詞をあて,「他の何ものにもまして～だ」,「他とは比べようもなく～だ」となる。

たとえば,何ものにもまして,まず安全が優先されるべき現場では,

6) 安全比什么都要紧。
Ānquán bǐ shénme dōu yàojǐn.
(安全第一)

わが子は,他とは比べようがない,とにかく可愛いくて…,となれば,

7) 我儿子比谁都可爱。
Wǒ érzi bǐ shéi dōu kě'ài.
(誰よりも息子が可愛い)

8) 治病比哪个都重要，别的先放一放。
Zhìbìng bǐ nǎge dōu zhòngyào, biéde xiān fàngyifàng.
(まずは,病気を治すことが肝心だ,他の事はちょっと後回しにしよう)

二つ目は,発話者の語気を込めた表現だ。上述の"比…还～"構文と似通った働きである。この時の比較の対象は,疑問詞でなく,一般的な事物になる。

9) 叫他唱歌比登天都（／还）难。
Jiào tā chàng gē bǐ dēng tiān dōu (/hái) nán.
(彼に歌わせるのは,天に昇るより難しい)

10) 忽的一下，江水涨起来，比桥都（／还）高。
Hū de yíxià, jiāngshuǐ zhǎngqilai, bǐ qiáo dōu (/hái) gāo.
(突然,川の水かさが増して橋げたを超えた)

見ての通り9),10) は,比較の対象物が極端なものであり,客観的な事実の伝達というよりは,「そこまでも～」,「それほどにも～」と主観的な表現となっている。こうなると"比～都～"は,上述の"比～还～"構文ときわめて近い働きとなり,そこで,9),10)の"都"は"还"と置き換えることができる。また,同様に,上

記5）は主観性を帯びた表現なので、"还"を"都"に替えることもできる。

最後に、比較文の特徴を大まかに整理してみる。
単純に事実として比較を表現したいなら①"比～更～"構文。そして、話者の気持ちを盛り込みたいなら②"比～还～"構文。さらに、比較の主語が「他と比べようもなく～だ」と絶対的なもののときは③"比～都～"構文。そして、①と②の間、②と③の間には、どちら側にも位置する比較があり、その時はどちらにもなりうる、といえるだろう。

比赛・竞赛
bǐsài　jìngsài

ともに優劣を競い合うという意味をもち、動詞および名詞として用いることができる。
"比赛"は主に順位を競ったり、勝ち負けを争ったりする意味を表し、スポーツや娯楽に用いられることが多い。

1) 咱俩比赛比赛（／＊竞赛竞赛），看谁力气大。
   Zán liǎ bǐsàibǐsài, kàn shéi lìqi dà.
   （二人のどっちが力持ちか競争しよう）

2) 我喜欢看体操比赛（／＊竞赛）。
   Wǒ xǐhuan kàn tǐcāo bǐsài.
   （私は体操の競技を見るのが好きだ）

一方、"竞赛"は"数学竞赛" shùxué jìngsài（数学コンクール）に見られるように優勝や先進性を競うことが目的にあり、語義が"比赛"より重いため、学習や生産活動のほかに、政治、軍事などの分野でも用いられる。よく"运动" yùndòng（運動）、"活动" huódòng（活動、キャンペーン）などの言葉と組み合わされる。

3) 为激发广大员工的工作热情，公司决定开展一次劳动竞赛（／比赛）活动。
   Wèi jīfā guǎngdà yuángōng de gōngzuò rèqíng, gōngsī juédìng kāizhǎn yí cì láodòng jìngsài (/bǐsài) huódòng.
   （社員の仕事への熱意を高めるために、会社側は生産性向上のコンテストを行うことにした）

4) 中国不参加任何形式的核军备竞赛（／＊比赛）。
   Zhōngguó bù cānjiā rènhé xíngshì de héjūnbèi jìngsài.
   （中国はいかなる形の核軍拡競争にも参加しない方針だ）

また，"体育竞赛"tǐyù jìngsài（スポーツ競技）のように，"竞赛"はスポーツにも用いられることがあるが，具体的な試合を指すというより総括的な概念であり，ルール説明や競技の紹介などの文章に用いられることが多い。日常生活で個々の試合をいう時は"比赛"を使う。

5) 乒乓球竞赛（／比赛）规则：在一局比赛中，先得11分的一方为胜方；10平后，先多得两分的一方为胜方。
Pīngpāngqiú jìngsài (/bǐsài) guīzé: Zài yì jú bǐsài zhōng, xiān dé shíyī fēn de yìfāng wéi shèngfāng; shí píng hòu, xiān duō dé liǎng fēn de yìfāng wéi shèngfāng.
（卓球の競技規則：1ゲームの勝敗は11ポイントを先取した方が勝ちとする。双方が10ポイントに達した後は，先に2ポイント差とした方を勝ちとする）

6) 这场比赛（／＊竞赛）打得真精彩。
Zhè chǎng bǐsài dǎde zhēn jīngcǎi.
（この試合は実にすばらしかった）

"比赛"は後ろに目的語を置けるが，"竞赛"は目的語をとれない。

7) 我们三姐弟都喜欢画画儿，我们常常比赛（／＊竞赛）谁画得好。
Wǒmen sān jiě dì dōu xǐhuan huà huàr, wǒmen chángcháng bǐsài shéi huàde hǎo.
（うちの兄弟は三人とも絵を描くのが好きで，誰が上手かよく競い合っている）

8) 咱们来比赛（／＊竞赛）心算，我肯定比你算得快。
Zánmen lái bǐsài xīnsuàn, wǒ kěndìng bǐ nǐ suànde kuài.
（暗算を競争しよう。きっと私の勝ちよ）

必需・必须
bìxū　　bìxū

発音が同じであるため混同しやすい"必需"と"必须"だが，実は意味も使い方もまるで違う言葉である。
"必需"は動詞であり，述語として働く。または名詞の前に来て連体修飾語になることもある。なくてはならない（もの），必ず必要とする（もの）を表す。

1) 词典是学习语言必需（／＊必须）的工具书。
Cídiǎn shì xuéxí yǔyán bìxū de gōngjùshū.
（辞書は語学においてはなくてはならない参考書である）

2) 水是我们日常生活中必需（／＊必须）的。
Shuǐ shì wǒmen rìcháng shēnghuó zhōng bìxū de.
（水は我々の日常生活に欠かせないものだ）

3) 这里很偏僻，连生活必需（／＊必须）品也买不到。
   Zhèli hěn piānpì, lián shēnghuó bìxūpǐn yě mǎibudào.
   (ここは辺鄙で，生活必需品さえ買えない)

"必须"は副詞であり，動詞や動詞フレーズなどの前に用いる。必ず…しなければならないことを表す。

4) 这件事别人代替不了，必须（／＊必需）你亲自去。
   Zhè jiàn shì biéren dàitìbuliǎo, bìxū nǐ qīnzì qù.
   (この件はほかの人には代われないので，必ず自分で行ってください)

5) 明天早上6点必须（／＊必需）到学校。
   Míngtiān zǎoshang liù diǎn bìxū dào xuéxiào.
   (明朝6時には必ず学校に着かなければいけない)

6) 要想考上名牌大学，就必须（／＊必需）努力学习。
   Yào xiǎng kǎoshàng míngpái dàxué, jiù bìxū nǔlì xuéxí.
   (一流大学に合格したければ，一生懸命勉強しなければならない)

变・变化
biàn biànhuà

「変える」，「変わる」の意では，"变"も"变化"も用いられる。ともに動詞で，述語になることができる。

1) 后来情况变（／变化）了。
   Hòulái qíngkuàng biàn (/biànhuà) le.
   (その後，状況が変わった)

2) 人们的观念开始变化（／变）了。
   Rénmen de guānniàn kāishǐ biànhuà (/biàn) le.
   (人々の考え方は変わり始めた)

"变"は他動詞で，目的語をとることができる。その目的語は，主に色や味，形や様子などを表す語などで，1語と見なされることが多い。たとえば，"变色" biànsè（色が変わる），"变味儿" biànwèir（味が変わる），"变形" biànxíng（形が変わる），"变样" biànyàng（様子が変わる）など。

一方，"变化"は自動詞で，普通，目的語をとることができないが，不定の数量補語を後に従えることはできる。たとえば，"变化了很多" biànhuàle hěn duō（たくさん変わった），"变化了不少" biànhuàle bùshǎo（多く変わった），"变化了一点" biànhuàle yìdiǎn（すこし変わった），"变化了好几次" biànhuàle hǎojǐ cì（何回も変わ

った）など。

3) 你怎么又变（／＊变化）主意了？
   Nǐ zěnme yòu biàn zhǔyi le?
   （どうしてまた考えを変えたの）

4) 股票价格一个小时就变化（／变）了好几次。
   Gǔpiào jiàgé yí ge xiǎoshí jiù biànhuà (/biàn) le hǎojǐ cì.
   （株の価格は1時間で何回も変わった）

"变"はまた、「…を…に変える、改める」意を表す。"变…为…"という形をとり、これも決まった表現が多い。たとえば、"变废为宝" biàn fèi wéi bǎo（廃物にしたものを変えて宝とする）、"变外行为内行" biàn wàiháng wéi nèiháng（素人を玄人に変える）、"变落后为先进" biàn luòhòu wéi xiānjìn（遅れを取り戻し先進へと転化させる）、"变不利为有利" biàn búlì wéi yǒulì（不利を有利に変える）など。

"变"はまた、直後に形容詞からなる補語を置いて、変化の結果や状態を表すことができる。

5) 听了这句话，她的脸一下子变（／＊变化）红了。
   Tīngle zhè jù huà, tā de liǎn yíxiàzi biànhóng le.
   （この話を聞くや、彼女の顔はとたんに赤くなった）

6) 他变（／＊变化）黑了，变（／＊变化）高了，也变（／＊变化）瘦了。
   Tā biàn hēi le, biàn gāo le, yě biàn shòu le.
   （彼は黒くなり、高くなり、そして痩せた）

一方、"变化"は"发生" fāshēng（発生する）、"出现" chūxiàn（表れる）、"带来" dàilái（もたらす）、"起" qǐ（おきる）、"有" yǒu（ある）などの動詞と共起し、これらの動詞の目的語になることができる。

7) 他的态度也发生了变化（／＊变）。
   Tā de tàidu yě fāshēngle biànhuà.
   （彼の態度にも変化が表れた）

8) 但从去年起情况出现了变化（／＊变）。
   Dàn cóng qùnián qǐ qíngkuàng chūxiànle biànhuà.
   （しかし、去年から状況に変化が現れた）

"变化"はまた、名詞としても用いられるが、"变"にはその用法がない。

9) 姓名的变化，只是中国今天诸多变化（／＊变）中的一个。
   Xìngmíng de biànhuà, zhǐ shì Zhōngguó jīntiān zhūduō biànhuà zhōng de yí ge.

(名前の変化は今日中国に起きた多くの変化の中の一つに過ぎない)

10) 気候的变化（／＊变）对农业生产的影响极大。
Qìhòu de biànhuà duì nóngyè shēngchǎn de yǐngxiǎng jí dà.
(気候の変化が農業生産に与える影響は非常に大きい)

变成 · 成为
biànchéng　chéngwéi

いずれも「…になる」という意味をもつ動詞である。目的語が抽象的，比喩的な表現の場合，どちらも使える。

1) 人口中老年人所占比例增多，老龄化问题成为（／变成）最近的热门话题。
Rénkǒu zhōng lǎoniánrén suǒ zhàn bǐlì zēngduō, lǎolínghuà wèntí chéngwéi (/biànchéng) zuìjìn de rèmén huàtí.
(人口における高齢者の割合が増え，高齢化問題は最近の大きな話題になっている)

2) 智能手机已变成（／成为）很多青少年的交际利器。
Zhìnéng shǒujī yǐ biànchéng (/chéngwéi) hěn duō qīngshàonián de jiāojì lìqì.
(スマートフォンはすでに多くの若者の便利なコミュニケーションツールになっている)

前とまったく違った形や性質，状態になるような劇的な変化を強調する時，"变成"はよく用いられるが，"成为"はあまり用いられない。

3) 他手指一点，石头就变成（／＊成为）了金子。
Tā shǒuzhǐ yì diǎn, shítou jiù biànchéngle jīnzi.
(彼が指でさっと触ると，石は金になった)

4) 通过高温加热，水能变成（／＊成为）气体。
Tōngguò gāowēn jiārè, shuǐ néng biànchéng qìtǐ.
(高温で加熱することによって，水を気体にすることができる)

その一方，「ある職業に就く」，「ある特徴，身分をもつ人間になる」という意味で，"成为"はよく用いられるが，"变成"はあまり用いられない。

5) 十年过去了，他终于成为（／＊变成）一名律师。
Shí nián guòqule, tā zhōngyú chéngwéi yì míng lǜshī.
(十年が過ぎて，彼はついに弁護士になった)

6) 她的心里充满了成为（／＊变成）一个母亲的喜悦。
   Tā de xīnli chōngmǎnle chéngwéi yí ge mǔqin de xǐyuè.
   (彼女の心は母親になった喜びで満たされた)

7) 我想成为（／＊变成）对社会有用的人。
   Wǒ xiǎng chéngwéi duì shèhuì yǒuyòng de rén.
   (私は社会に役に立つ人間になりたい)

また，"变成"は自動詞と他動詞の特徴をともにもっているため，"把"，"被"，"将"との組み合わせができ，「AをBに変える」という他動的な意味を表せる。"成为"は自動詞の特徴しかもっていないので，"把"，"被"，"将"と一緒に使えない。

8) 王子被变成（／＊成为）了青蛙。
   Wángzi bèi biànchéngle qīngwā.
   (王子はカエルに変えられた)

9) 把坏事变成（／＊成为）好事。
   Bǎ huàishì biànchéng hǎoshì.
   (悪いことを良いことに変える)

   (彼とて当然悲しいはずなのに，そんな素振りを少しも見せなかった)

表示・表达
biǎoshì　biǎodá

どちらも「表す」を意味するが，"表示"では「示す」ことに，"表达"では「伝達する」ことに重点が置かれる。

1) 借此机会，我向你们表示诚挚的感谢！
   Jiè cǐ jīhuì, wǒ xiàng nǐmen biǎoshì chéngzhì de gǎnxiè!
   (この場を借りて，皆さんに心から感謝の意を表します)

1) はレセプションなどでよく耳にする挨拶。「感謝の意を表します」と言うことがすなわち「感謝する」行為そのものになる。このように"表示"は後ろに2音節動詞が来て，「そう表現することがその行為の遂行を意味する」ことを表す。"表示"の後ろに来る語はほかに次のようなものがある。

2) 表示｛欢迎／祝贺／赞赏／赞成／反对／忧虑／抱歉／哀悼…｝
   biǎoshì ｛huānyíng／zhùhè／zànshǎng／zànchéng／fǎnduì／yōulǜ／bàoqiàn／āidào…｝
   (｛歓迎／お祝い／称賛／賛成／反対／憂慮／お詫び／哀悼…｝の意〈念〉を表す)

記号の意味を表すときには"表示"が使われる。また，動作，色，モノなどが社

会の約束事としてのあるサインを示すとき，その意味を表すのに"表示"が使われる。

   3) 0，通常表示什么也没有。
      Líng, tōngcháng biǎoshì shénme yě méiyǒu.
      （ゼロは普通，何もないことを表す）

   4) 在许多国家摇头表示"不"。
      Zài xǔduō guójiā yáotóu biǎoshì "bù".
      （多くの国では頭を横に振ることは「いいえ」を表す）

"表示"はこのほか，「述べる」の意味で使われ，新聞記事などに多く見られる。

   5) 他表示愿意为促进日中之间的友好合作而努力。
      Tā biǎoshì yuànyì wèi cùjìn Rì Zhōng zhī jiān de yǒuhǎo hézuò ér nǔlì.
      （彼は日中間の友好的協力を促進するために努力したいと述べた）

"表示"がことばや記号，サインの意味を直接表すのに使われる一方，"表达"はある行為やものを手段として使い，それを通して思いや気持ちを伝えるという場合に使われる。

   6) 我终于有机会写这篇文章，表达自己的一片心意。
      Wǒ zhōngyú yǒu jīhuì xiě zhè piān wénzhāng, biǎodá zìjǐ de yí piàn xīnyì.
      （私はついにこの文章を書いて，自分の気持ちを表す機会を得た）

どのようにして気持ちを伝えるかが問題となるので，"表达"と一緒に"用～" yòng～（～でもって），"通过～" tōngguò～（～を通して），"怎样" zěnyàng（どのように），などがよく援用されることになる。

   7) 郑州市民用烛光向地震遇难者表达哀思。
      Zhèngzhōu shìmín yòng zhúguāng xiàng dìzhèn yùnànzhě biǎodá āisī.
      （鄭州市民はろうそくの光でもって地震で亡くなった人々に哀悼の気持ちを表した）

   8) 他不知道该怎样表达对恩师的感激之情。
      Tā bù zhīdao gāi zěnyàng biǎodá duì ēnshī de gǎnjī zhī qíng.
      （彼は恩師に対する感謝の気持ちをどうやって表したらよいかわからなかった）

また，"表示"には名詞があるが"表达"にはない。

   9) 点头是同意的表示。
      Diǎntóu shì tóngyì de biǎoshì.
      （うなずくのは同意の意思表示である）

表示・显示
biǎoshì　xiǎnshì

　"表示"と"显示"はどちらも,「示す」という意味がある。
　"表示"は,後ろに名詞句,動詞句,節等の目的語を置くことが可能である。一方,"显示"は名詞目的語しか置くことができない。
　以下の例文1)は目的語が動詞句,2)は目的語が節であるため,いずれも"显示"は使えない。

1) 他表示（／＊显示）希望加强双方在经济、文化等领域的合作。
　　Tā biǎoshì xīwàng jiāqiáng shuāngfāng zài jīngjì, wénhuàděng lǐngyù de hézuò.
　　(彼は,経済や文化の領域で双方が協力を強化することを望むと述べた)

2) 他表示（／＊显示），本届政府将继续工作，直到新政府成立。
　　Tā biǎoshì, běnjiè zhèngfǔ jiāng jìxù gōngzuò, zhídào xīnzhèngfǔ chénglì.
　　(彼は,現政府は新政府成立まで任務を継続して行うと表明した)

　名詞が目的語の場合,どちらも使用可能となるときがあるが,"表示"は,「示した」という事実のみを伝えるのに対し,"显示"は,「はっきりと示す」という意味を基幹とする。直接見てとれるように明確な事柄を示すときに用い,後ろに才能や技術などの能力を表す名詞を置くことが多く,「目立つように人々に示す,見せつける」という意味となる。

3) 海军陆战队拥新式轻便武器等等，充分显示（／表示）了海军陆战队的强大突击能力。
　　Hǎijūnlù zhànduì yōng xīnshì qīngbiàn wǔqì děngděng, chōngfèn xiǎnshì (／biǎoshì) le hǎijūnlù zhànduì de qiángdà tūjī nénglì.
　　(海兵隊は新型の簡易武器などを携えることで,自身の強大な突撃能力を見せつけた／示した)

　説明を加え,その意味を明らかにしたい単語を主語にして「(意味を) 表す」という場合には,"表示"のみ使用できる。

4) 1 光年表示（／＊显示）光在 1 年时间中所走的路程，大约等于 94600 亿公里。
　　Yī guāngnián biǎoshì guāng zài yì nián shíjiān zhōng suǒ zǒu de lùchéng, dàyuē děngyú jiǔ wàn sì qiān liù bǎi yì gōnglǐ.
　　(1 光年は光が 1 年間に進む距離を意味し,約 9 兆 4600 億キロメートルに相当する)

　「表示するための機器」などの単語を主語にして,「(画面などに) 表示する」という場合には,"显示"のみ使用可能である。

5) 上面的水银退不回来，所以体温表离开人体后还能继续显示（／＊表示）人体温度。
   Shàngmiàn de shuǐyín tuìbuhuílai, suǒyǐ tǐwēnbiǎo líkāi réntǐ hòu hái néng jìxù xiǎnshì réntǐ wēndù.
   (上部の水銀は下降しないので，体温計は人体から離した後も体温を表示し続ける)

"表示"は，名詞としても用いることができ，「表れ，素振り」という意味がある。"显示"は名詞として用いることはできない。

6) 他当然也是神色惨然，却连一点表示（／＊显示）都没有。
   Tā dāngrán yě shì shénsè cǎnrán, què lián yìdiǎn biǎoshì dōu méiyǒu.

别・不要・少
bié　bùyào　shǎo

いずれも「～してはいけない」，「～するな」という禁止の意味を表す。

1) "别说废话。"
   "Bié shuō fèihuà."
   (「無駄話をするな」)

2) "不要说废话，我和你说正经事。"
   "Búyào shuō fèihuà, wǒ hé nǐ shuō zhèngjingshì."
   (「無駄話をするな。真面目な話だ」)

3) "少说废话！"
   "Shǎo shuō fèihuà!"
   (「無駄話をするな！」)

以上の例文はすべて「～するな」という意味を表すが，微妙にニュアンスが異なる。"别"は"不要"に由来しているので，二つの差はほとんどない。ただ，"别"は口語的で，"不要"は少し改まったときによく使われるため，"不要"が"请"と共起することもしばしばある。

4) 请不要大声喧哗！
   Qǐng búyào dàshēng xuānhuá!
   (大声で騒がしくしないで下さい！)

5) 照相时请不要使用闪光灯！
   Zhàoxiàng shí qǐng búyào shǐyòng shǎnguāndēng!
   (写真撮影の際はフラッシュを使用しないで下さい！)

"少"は，"別"と"不要"以上に「叱る，責める」といったニュアンスを帯びている。以下の例6)～8)も"別","不要","少"をたがいに置き換えることができ，「全面禁止」を表す。

6) 民警目瞪口呆，然后才明白似地说："你别开玩笑。"
   Mínjǐng mù dèng kǒu dāi, ránhòu cái míngbai shì de shuō: "Nǐ bié kāi wánxiào."
   (警官は呆然として，しばらくしてやっと分かったように「冗談を言わないで」と言った)

7) "你不要乱来。"
   "Nǐ búyào luàn lái."
   (無茶なことをするな)

8) 护士过去拉娄红，被娄红甩开："少碰我！"
   Hùshi guòqu lā Lóu Hóng, bèi Lóu Hóng shuǎikāi: "Shǎo pèng wǒ!"
   (看護師は娄紅さんを引っぱろうとしたが，娄紅さんに手をはらわれ「触るな！」と言われた)

「叱る，責める」といった含意がなく，ただ「～してはいけない」を表す場合は"少"に置き換えることができない。例9)はそうである。

9) 他对那两位男女药剂师说："不要客气，这是女婿我的一点心意。"
   Tā duì nà liǎng wèi nánnǚ yàojìshī shuō: "Búyào kèqi, zhè shì nǚxù wǒ de yìdiǎn xīnyì."
   (彼は男女二人の薬剤師に言った。「ご遠慮なさらずに，これは婿としての私のほんの気持ちです」)

"別"と"不要"はやめる（抑止する）よう注意することを表すが，"少"はできない。この場合は大体文末に"了"がある。

10) 不要说了。
    Búyào shuō le.
    (もう言うのをやめて)

11) "好了妹妹，是大哥不好，别生气了。"
    "Hǎo le mèimei, shì dàgē bù hǎo, bié shēngqì le."
    (「もういいよ，お兄ちゃんが悪かったんだ。もう怒らないで！」)

相手の動作を「あまり～するな！」というふうに禁止する際には"少"しか用いられず，"別"と"不要"に置き換えることはできない。これは相手が動作を起こす前に発話されることもあれば，相手の動作中に発話が行われる場合もある。"少"は動作そのものを中止させるのではなく，動作の量，あるいは目的語が表す事物の量に制限を加えることになる。この場合は，後に"（一）点儿"，"几"，"两"など

の不定数量詞が現れる。

12) "你就少说两句吧。" 贾玲说我。
   "Nǐ jiù shǎo shuō liǎng jù ba." Jiǎ Líng shuō wǒ.
   (「君は少し黙っていろ。」賈玲は私を叱った)

13) "全义哥，酒可不是什么好东西。少喝点儿！来，吃水果！"
   "Quányì gē, jiǔ kě bú shì shénme hǎo dōngxi. Shǎo hē diǎnr! Lái, chī shuǐguǒ!"
   (「全義兄ちゃん，酒はいい物ではないから，あまり飲みすぎるな！さあ，果物を食べて！」)

14) 少放点儿盐！
   Shǎo fàng diǎnr yán!
   (あまり塩を入れないように)

别看・虽然
biékàn　suīrán

いずれも接続詞で，逆接を表す文の前節に使われる。

1) 别看（／虽然）他不说，但是心里什么都有数。
   Biékàn (/Suīrán) tā bù shuō, dànshì xīnli shénme dōu yǒushù.
   (彼は黙っていたが，心の中では何もかも分かっていた)

2) 别看（／虽然）家小，可舒适温馨。
   Biékàn (/Suīrán) jiā xiǎo, kě shūshì wēnxīn.
   (家は狭いけれど，住み心地が良く，温かい)

"虽然"は主語と述語の間に置くこともできるが，"别看"は文の最初に置かれるのが普通である。
"别看"は"别"（…するな，してはいけない）と"看"（思う，判断する）という二語からできている言葉なので，「そのように考えてはいけない」，「それを理由に判断してはいけない」が本来の意味である。

3) 别看它个头小，身价79万元。
   Biékàn tā gètóu xiǎo, shēnjià qīshíjiǔ wàn.
   (ボディーは小さいが，79万元もする)（／*它别看个头小）

"虽然"文は，前節で述べた事実を肯定し，後節で述べる事は前文の事実にもかかわらず成立しないわけではないことを表す。つまり事実関係を述べることに重点を置く。

"別看"は前節である事実 A を述べながら，聞き手がそれに基づいてある判断をするのを念頭に，「A を理由に類推や判断をしてはいけない」ことを表す。聞き手が事実 A から出した判断，または出すであろう判断に反駁するニュアンスがある。

4) 虽然（／＊别看）他考上了大学，但是没钱交学费，只好放弃。
   Suīrán tā kǎoshangle dàxué, dànshì méi qián jiāo xuéfèi, zhǐhǎo fàngqì.
   （彼は大学に受かったものの，授業料が払えず，諦めるしかなかった）

5) 别看（／＊虽然）他考上了大学，可他一点儿也不高兴。
   Biékàn tā kǎoshangle dàxué, kě tā yìdiǎnr yě bù gāoxìng.
   （大学に受かったものの，彼はちっとも喜ばない）

「男性」であることから家事ができない，と類推しやすい例文 6)，「小さい雪だるま」だから「作成しやすい」と類推しやすい例文 7)。しかし「実際は違う」と反駁する。

6) 别看（／＊虽然）他是个男的，又会做饭又会照顾孩子。
   Biékàn tā shì ge nán de, yòu huì zuòfàn yòu huì zhàogù háizi.
   （彼は男ですが，炊事もできるし，子守もうまい）

7) 别看（／＊虽然）做一个小"雪人"，可是要十几道工序呢！
   Biékàn zuò yí ge xiǎo "xuěrén", kěshì yào shíjǐ dào gōngxù ne!
   （小さな雪だるまとはいえ，一つ作るには十数もの工程が要る）

并・及・而
bìng jí ér

いずれも並列関係を表す接続詞（"连词"）の用法があり，書き言葉として用いられることが多い。
"并"は二つの動作が同時に行われていることや，二つの状況が同時に存在することを表す。「及び」，「そして」，「そのうえ」。

1) 全班同学讨论并通过了春游活动计划。
   Quánbān tóngxué tǎolùn bìng tōngguòle chūnyóu huódòng jìhuà.
   （クラス全員で春のピクニック計画を討議し採択した）

2) 要继续保持并发扬艰苦奋斗的优良传统。
   Yào jìxù bǎochí bìng fāyáng jiānkǔ fèndòu de yōuliáng chuántǒng.
   （刻苦奮闘するすぐれた伝統を引き続き堅持し発揚しなければならない）

並列された二つの動詞の意味関係が「さらに，そのうえ」というニュアンスをもつ場合は，動詞の前後の順番が決まっている。たとえば，上記と 1) と 2) では，"通

过并讨论"，"发扬并保持"，とは言えない。
　また，二音節の動詞を並べることが多いが，フレーズや節を接続するときは，後のフレーズや節の主語が前のそれと同じで省略された場合に限る。

3) 大学生们热情支持并积极参加了志愿者活动。
　　Dàxuéshēngmen rèqíng zhīchí bìng jījí cānjiāle zhìyuànzhě huódòng.
　　（大学生達はボランティア活動を熱心に支持し，参加した）

4) 我们总结了去年的工作，并制定了明年的工作计划。
　　Wǒmen zǒngjiéle qùnián de gōngzuò, bìng zhìdìngle míngnián de gōngzuò jìhuà.
　　（私達は昨年の活動を総括し，かつ来年の計画を決めた）

"及"は，主に並立する名詞や名詞句を接続する。並立する成分が三つ以上のときは最後の成分の前に用いる。「及び」，「並びに」。

5) 高年级学生要侧重于提高阅读及写作水平。
　　Gāoniánjí xuésheng yào cèzhòng yú tígāo yuèdú jí xiězuò shuǐpíng.
　　（高学年の学生は，読解及び作文の能力を高めることに力を入れなければならない）

6) 北京、上海及各大城市都举行了庆祝活动。
　　Běijīng, Shànghǎi jí gè dàchéngshì dōu jǔxíngle qìngzhù huódòng.
　　（北京，上海及びその他の大都市では，慶祝のイベントが行われた）

並立する成分に意味上軽重の差がある場合は，"及"の前に主な成分を置く。

7) 市长及陪同人员参观了工厂。
　　Shìzhǎng jí péitóng rényuán cānguānle gōngchǎng.
　　（市長及び同行者は工場を見学した）

"而"は並列あるいは累加関係を表す形容詞や形容詞句を接続するのに多く用いられる。

8) 他那严肃而认真的工作态度值得我们学习。
　　Tā nà yánsù ér rènzhēn de gōngzuò tàidu zhíde wǒmen xuéxí.
　　（彼の真剣でまじめな仕事ぶりに，私たちは学ぶべきだ）

9) 这是一项伟大而艰巨的任务。
　　Zhè shì yí xiàng wěidà ér jiānjù de rènwu.
　　（これは偉大かつ困難な任務だ）

並列関係にある二音節の形容詞を並べるときは，"而"は使わなくてもよいが，単音節形容詞の並列には（熟語的なものを除き）"而"を必ず用いる。

10) 天安门广场庄严（而）雄伟。
    Tiān'ānmén guǎngchǎng zhuāngyán (ér) xióngwěi.
    （天安門広場は荘厳で雄壮だ）

11) 读书要少而精。
    Dúshū yào shǎo ér jīng.
    （読書は量より質だ）

以上のように，接続する品詞によって，三つの接続詞を使い分ける必要があり，たがいに置き換えることはできない。

不得不・只得・只好・只能
bù dé bù　zhǐdé　zhǐhǎo　zhǐnéng

ともに「…せざるを得ない」，「…するほかない」という意味をもつ。"只好"はある特殊な状況の下で選択肢は一つしかない。"只能"は唯一の可能性である。"不得不"と"只得"はほぼ同じで，客観的な要求から選択する余地がない，そうするしかない。後ろが否定文の場合は"不得不"を使うことができない。たとえば，"不得不不看"とはいえず，"只得（／只好／只能）不看"zhǐdé (/zhǐhǎo/zhǐnéng) bú kàn になる。

1) 买不到飞机票，咱们只好坐火车去。
   Mǎibudào fēijīpiào, zánmen zhǐhǎo zuò huǒchē qù.
   （飛行機の切符が入手できないから汽車に乗るしかないなあ）

2) 买不到飞机票，咱们只能坐火车去。
   Mǎibudào fēijīpiào, zánmen zhǐnéng zuò huǒchē qù.
   （飛行機の切符が入手できないから汽車に乗らないといけない）

3) 买不到飞机票，咱们只得（／不得不）坐火车去。
   Mǎibudào fēijīpiào, zánmen zhǐdé (/bù dé bù) zuò huǒchē qù.
   （飛行機の切符が入手できないから汽車に乗らざるを得ない）

"只好"と"只能"は名詞の前において，名詞を限定する意味で用いられることもある。

4) 你们都不去的话，只好（／只能）我去了。
   Nǐmen dōu bú qù dehuà, zhǐhǎo (/zhǐnéng) wǒ qù le.
   （あなたたちが行かないなら，私が行くしかない）

5) 那我只好（／只能）星期天找你了。
   Nà wǒ zhǐhǎo (/zhǐnéng) xīngqītiān zhǎo nǐ le.

(ならば日曜日にうかがうしかありません)

不能见 ・ 见不到
bù néng jiàn　jiànbudào

　ある日，大学の構内で私と中国語上級クラスのある学生との間で，次のような何気ない会話が交わされた。

　　学生："老师，下次你什么时候来学校?"
　　　　　"Lǎoshī, xiàcì nǐ shénme shíhou lái xuéxiào?"
　　　　　(「先生は，次はいつ学校に来ますか」)

　　私："我星期四来。"
　　　　"Wǒ xīngqīsì lái."
　　　　(「木曜日に来ます」)

　　学生："那我不能见你了。"
　　　　　"Nà wǒ bù néng jiàn nǐ le."
　　　　　(「それでは会えなくなりますね」)

　下線部の"不能见"はこの場面で使うのは不適切であり，"见不到"を使うべきである。"不能见"は助動詞の可能表現，"见不到"は補語の可能表現である。学生本人はおそらく無意識に使ってしまったのだろうが，これは助動詞の可能と補語の可能との区別が曖昧であるがために間違ってしまった典型例である。
　助動詞の可能は「動作実現可能」を表わし，その否定形は往々にして動作自体が実行できない，またはその動作を実行したら，何か悪い結果が予想される場合に用いる。

　1) 你不能吃鱼，见鱼就吐，究竟是个什么毛病?
　　　Nǐ bù néng chī yú, jiàn yú jiù tù, jiūjìng shì ge shénme máobìng?
　　　(魚が食べられない，見るだけで吐き気がするなんて，いったいどういうこと？)

　2) 父亲说太洋气，不能穿。
　　　Fùqin shuō tài yángqì, bù néng chuān.
　　　(親父は，きざ過ぎて着られないという)

　例1)は「魚を食べたら，具合が悪くなる」，例2)は「着たら，きざ過ぎる」などのように，動作を実行したら，良い結果につながらないことを示す。
　一方，肯定形は，その動作が実行できることのみを表す。

58

3) 他要说他的菜既不新鲜也不便宜，你还能买吗？
   Tā yào shuō tā de cài jì bù xīnxiān yě bù piányi, nǐ hái néng mǎi ma?
   (野菜は新鮮でも安くもないと彼が言っても，あなたはまだ買うのか)

4) 她在发烧，今天能去上班吗？
   Tā zài fāshāo, jīntiān néng qù shàngbān ma?
   (彼女は熱を出しているのに，今日仕事に行ってもいいの？)

いずれにしても，助動詞の可能は動作自体に焦点を当てる。一方，補語の可能は「結果出現可能」を表わし，動作ではなく，結果が焦点となる。すなわちある動作を実行したあとに，ある結果が出現できるか否かを問う表現なのである。

5) 法官周某想不通，到上级法院大喊冤枉。
   Fǎguān Zhōu mǒu xiǎngbutōng, dào shàngjí fǎyuàn dà hǎn yuānwang.
   (裁判官周氏はどう考えても納得いかないので，上級の裁判所に行き冤罪だと訴えた)

6) 他们被灰尘遮得叫人看不清楚，宛如迷失在一片荒野里一样。
   Tāmen bèi huīchén zhēde jiào rén kànbuqīngchu, wǎnrú míshīzài yí piàn huāngyěli yíyàng.
   (彼らは埃に視界を遮られて前がはっきりと見えず，あたかも荒野に迷い込んだかのような有り様である)

例5) はただ「考える」ではなく，「考えたすえに納得する」，また例6) はただ「見る」ではなく，「見てはっきりする」などの結果が出現できないので，補語可能の否定形で表現される。

7) 那么你告诉我，这种嬉皮鱼哪里吃得到？
   Nàme nǐ gàosu wǒ, zhè zhǒng xīpíyú nǎli chīdedào?
   (では，このヒッピという魚はどこで食べられるか教えて)

8) 记得那次我还是特地排在一个小女孩后面，心想如果她走得过，我也应该走得过。
   Jìde nà cì wǒ háishì tèdì páizài yí ge xiǎo nǚhái hòumiàn, xīnxiǎng rúguǒ tā zǒudeguò, wǒ yě yīnggāi zǒudeguò.
   (あの時，私はやはりわざわざある女の子の後ろに並んだことを覚えている。彼女がもし歩いて通れるなら，私も歩いて通れるはずだと心の中で考えた)

例7) は食べるという動作を通して，「魚がおなかに到る」，例8) は歩くという動作を通して，「ある場所を通る」という結果が実現できるので，補語可能の肯定形で表現される。

さらに，補語可能には「V＋"得了"deliǎo」／「V＋"不了"buliǎo」という構造がある。それも上記同様，「結果実現可能」を表わす。すなわち，ある動作を実行

したら，その動作が完了するという結果が実現できるか否かである。

9) 上了岁数，许多书想看而<u>看不了</u>，但他的书，我却非读不可。
　　Shàngle suìshu, xǔduō shū xiǎng kàn ér kànbuliǎo, dàn tā de shū, wǒ què fēi dú bùkě.
　　（年を取ると，たくさんの本が読みたくても<u>読めない</u>のだ。しかし，彼の本は，私は必ず読むようにしている）

　例9）は「たくさんの本」に対して，「読む」という動作が完了するという結果が出ないので，否定形になる。
　そして，「可能」を表す構造の前に話題としての「モノの数量」に関する語句がある場合，あるいはそれが含意されている場合は，補語可能しか使えないが，そうでない場合，助動詞可能も補語可能も使える。

10) 下雨了，床单洗不了（／不能洗）了。
　　Xià yǔ le, chuángdān xǐbuliǎo (/bù néng xǐ) le.
　　（雨が降ってきて，シーツが洗えなくなった）

　最後に，冒頭の会話例を説明すると，助動詞可能の"不能见"は"见"（見る）という動作が実行できず，極端な状況として失明している場合，あるいは会ったら悪い事態が起こる場合なら使用できる。例文の状況から，学生本人が失明している，また会うと悪い事態に陥るなど，"见"（見る）という動作の実行に影響を及ぼす"不能见"を使用する条件が満たされていないことが分かる。ここでは木曜日にはその学生が学校に来ないため，「会うことができる」という結果が実現できないので，「結果出現可能」を表す補語可能としての"见不到"を使用するべきであろう。

不谢・不客气
bù xiè　bù kèqi

　"谢谢" xièxie とお礼を言われたらなんと返すか。「どういたしまして」にあたる中国語は"不谢"，"不客气"，"没事儿" méi shìr，"哪里哪里" nǎli nǎli，"哪儿的话" nǎr de huà とバリエーション豊かだが，ここではその中でも中国語を勉強するとまず初めに習う"不谢"，"不客气"の二つを取り上げて違いを考えてみる。
　"不谢"，"不客气"の"不" bù は，どちらも"不用" búyòng（～する必要はない）のこと。"不谢"は"不用谢" búyòng xiè「感謝する必要はない＝礼には及ばない」。"不客气"の"客气"は「遠慮をする」，"不用客气" búyòng kèqi は「遠慮する必要はない」という意味。"不用谢"，"不用客气"と言うこともある。"不谢"は"谢谢"と言われ，軽く「どういたしまして」と返す時に使われる。先行文に"谢谢"がない場合"不谢"は用いない。

1) A：今天又让你破费了。
   Jīntiān yòu ràng nǐ pòfèi le.
   (今日はまたごちそうになってしまったね)

   B：不客气（／＊不谢）。

2) A：你可帮了我的大忙了。
   Nǐ kě bāngle wǒ de dà máng le.
   (おかげで助かりました)

   B：不客气（／＊不谢），下次有事再找我。
   Bú kèqi, xiàcì yǒu shì zài zhǎo wǒ.
   (どういたしまして。また何かあったら私に連絡してください)

3) A：师傅，麻烦你了。
   Shīfu, máfan nǐ le.
   (ご面倒をおかけしました)

   B：不客气（／＊不谢）。

"感谢"を用いたお礼にも"不谢"を用いることはできない。

4) A：非常感谢。
   Fēicháng gǎnxiè.
   (非常に感謝しています)

   B：不客气（／＊不谢）。

5) A：感谢你特意来送行。
   Gǎnxiè nǐ tèyì lái sòngxíng.
   (わざわざお見送りありがとうございます)

   B：不客气（／＊不谢）。

6) A：不知道怎么感谢你才好。
   Bù zhīdao zěnme gǎnxiè nǐ cái hǎo.
   (なんとお礼を申し上げてよいのやら)

   B：不客气（／＊不谢）。

目上の人からお礼を言われた場合，単に"不客气"や"不谢"で返答するとややぞんざいな感じがする。

7) (先生が生徒に向かって)

   A：谢谢，你帮了我的大忙。
   Xièxie, nǐ bāngle wǒ de dàmáng.
   (ありがとう。おかげで助かったよ)

B：不谢。
　　（どういたしまして）

ここは"不用谢，应该的。"Búyòng xiè, yīnggāi de.（どういたしまして，当然のことです）とか，"不用谢，您太客气了！"Búyòng xiè, nín tài kèqi le!（どういたしまして，どうぞご遠慮なく）などと答えるところだ。

不要紧・没关系
bù yàojǐn　méi guānxi

"不要紧"，"没关系"は，「差し支えない」，「大丈夫だ」という共通義をもつ。
"不要紧"は，"要紧"（緊急を要すること，深刻であること，重大なこと）の否定，すなわち「緊急なことではない」，「深刻ではない」，「重大なことではない」というのが原義であり，そこから「差支えない」，「大丈夫だ」という意味につながる。

1) 这病不要紧（／＊没关系），吃点儿药就好。
　　Zhè bìng bú yàojǐn, chī diǎnr yào jiù hǎo.
　　（この病気は大したことはない〈大丈夫だ〉，薬をのめば治る）

2) 这件事不要紧（／＊没关系），我自己可以解决。
　　Zhè jiàn shì bú yàojǐn, wǒ zìjǐ kěyǐ jiějué.
　　（この件は深刻な問題ではない〈差し支えない〉，自分で解決できます）

"没关系"は，文字通り「関係がない」というのが原義であり，そこから「なんでもない」，「大丈夫だ」につながる。

3) 不好意思，把你的衣服弄脏了。—— 没关系（／不要紧）。
　　Bù hǎoyìsi, bǎ nǐ de yīfu nòngzāng le. —— Méi guānxi (/Bú yàojǐn).
　　（すみません，お洋服を汚してしまって —— 大丈夫です）

4) 咱们快点儿走吧，要不就赶不上了。—— 没关系（／不要紧），还有十分钟，来得及。
　　Zǎnmen kuài diǎnr zǒu ba, yàobù jiù gǎnbushàng le. —— Méi guānxi (/Bú yàojǐn), hái yǒu shí fēnzhōng, láidejí.
　　（早く行こうよ，さもないと間に合わない —— 大丈夫，あと10分あるから間に合うよ）

"不要紧"は，「事態の重大さ」に主眼を置き，時々の具体的状況に照らして「差し支えない，問題にはならない＝大丈夫」と判断しており，いわば「コト志向」である。他方"没关系"は「人の心配ぐあい」に主眼を置き，「心配無用，構わない＝大丈夫」と判断する，いわば「ヒト志向」であるというベクトルの違いがある。
また"不要紧"は，マイナス事態の存在を認めた上で否定をしているが，"没关系"

は，マイナスの事態をマイナスだと認める以前に，「関係ない」,「意に介さない」とする寛大さ，鷹揚さがある。

3) では，"不要紧"なら「(汚れたコトは) 大したことはない」から「大丈夫」, "没关系"なら「(ワタシは意に介さないから) 心配無用」となる。"没关系"の許しは，無条件である。

4) では，"不要紧"なら「(そのコトは時間的に問題ないので) 大丈夫」, "没关系"なら「(アナタは) 心配ご無用，大丈夫」となる。

"不要紧"，"没关系"は，先にマイナスの事態を述べ，それについて「差し支えない」と断言し，後半でその理由や条件を述べることが多い。

5) 路远也不要紧（/没关系），我们派车送你回去。
Lù yuǎn yě bú yàojǐn (/méi guānxi), wǒmen pài chē sòng nǐ huíqu.
(遠くても大丈夫，車を呼んで君を送るから)

6) 多花点儿钱不要紧（/没关系），只要把你的病治好了就行。
Duō huā diǎnr qián bú yàojǐn (/méi guānxi), zhǐyào bǎ nǐ de bìng zhìhǎo le jiù xíng.
(多少お金がかかっても構わない，あなたの病気がよくなりさえすれば)

5), 6) もまた，遠いコトやお金がかかるコトは，「大したことではない」とするのが "不要紧"，「(ワタシが) 気にしないから大丈夫」なのが "没关系" である。"对不起"，"实在抱歉"など謝罪に対する返答でも置き換えが可能である。

7) 对不起，让你久等了。——没关系（/不要紧）。
Duìbuqǐ, ràng nǐ jiǔ děng le.—— Méi guānxi (/Bú yàojǐn).
(すみません，長らくお待たせ致しました —— 大丈夫です)

"没关系"なら「(ワタシは気にしていないから) 大丈夫」, "不要紧"なら「(待ったコトは時間的に大したことないので) 大丈夫」となる。
"谢谢"など感謝に対する返答には，"没关系"（どういたしまして，アナタは気にしないで下さい）は使えるが "不要紧"（差し支えありません＝そのコトは深刻ではありません）は当然ながら使えない。

不必・不用・无须
bùbì　　bùyòng　　wúxū

ともに副詞で「…する必要がない」という意味を表す。
"不用"は口語，"不必"は書面語と口語の両方，"无须"は書面語で使われる。
以下の文などでは "不必"，"不用" の両方が使える。

1) 你不必（/不用）说了，我全知道。
Nǐ búbì (/búyòng) shuō le, wǒ quán zhīdao.

(あなたはいう必要はありません，私は全部知っていますから)

2) 考题不难，大家不必（／不用）紧张。
Kǎotí bù nán, dàjiā búbì (/búyòng) jǐnzhāng.
(問題は難しくないから，皆さん緊張しないでいいですよ)

3) 这孩子不到1米，不必（／不用）买票。
Zhè háizi bú dào yì mǐ, búbì (/búyòng) mǎi piào.
(この子は1メートルないので，チケットは買わないでいい)

三者は，その意味，用法に多少の違いがある。
"不必"は物ごとの道理の面から，また人の情理の面から「必要ない」，「しなくてよい」という。

4) 明天的晚会，衣服整齐一点就可以，不必穿得太漂亮。
Míngtiān de wǎnhuì, yīfu zhěngqí yìdiǎn jiù kěyǐ, búbì chuānde tài piàoliang.
(明日のパーティはちょっときちんとしたらそれでいいです，おしゃれをする必要はありません)

5) 你生活也不宽裕，不必再为我花钱。
Nǐ shēnghuó yě bù kuānyù, búbì zài wèi wǒ huāqián.
(生活が大変なんだからこれ以上私のためにお金を使う必要はないですよ)

"不用"は事実上，実際上「必要ない」ことをいう。

6) 人手已经够了，不用派人去了。
Rénshǒu yǐjīng gòu le, búyòng pài rén qù le.
(人手はもう足りたので，人をやらないでいいです)

"不用"が直接相手に向かって使われると，「やめなさい」，「するな」という制止，禁止の意味を表す。この時言われたほうは，"不用"がことがらを事実，実際から判断しているだけあって，「するに及びませんよ」と，やさしめのニュアンスで受け取ることになる。

7) 你不用接我，我知道你家的地址。
Nǐ búyòng jiē wǒ, wǒ zhīdao nǐ jiā de dìzhǐ.
(私を出迎えるには及びません，お宅の住所を知っていますから)

8) 不用你操心。他们会做好这件事的。
Búyòng nǐ cāoxīn. Tāmen huì zuòhǎo zhè jiàn shì de.
(あなたはご心配に及びません。彼らはこの件をちゃんとやりあげますよ)

"无须"は書面語である。「する必要はない」，「するまでもない」。

9) 无须你多嘴。
　　Wúxū nǐ duōzuǐ.
　　（口出しするまでもない）

10) 无须过分牵挂。
　　Wúxū guòfèn qiānguà.
　　（あまり心配することはない）

三者にみられる違いは，上記のほか，例文11)のように，"不必"，"不用"は単独で用いることができるが，"无须"はできない。

11) 要我陪你去吗？不必（／不用／＊无须），我一个人可以。
　　Yào wǒ péi nǐ qù ma? Búbì (/Búyòng), wǒ yí ge rén kěyǐ.
　　（私がごいっしょしましょうか？いいえ，私一人で大丈夫です）

また，例文8)，9)にみるように"不用"，"无须"は主語の前に置くことができるが"不必"はできない。

	独立して使用可	主語の前における
不必	○	×
不用	○	○
无需	×	○

不得了・了不得
bùdéliǎo　liǎobude

ともに形容詞として，「状況がただならず収拾がつかない」，「程度が著しい」という意味を表す。
以下の例のように，両者は言い換えられることが多い。

1) 不得了（／了不得）！地铁又出事了！
　　Bùdéliǎo (/liǎobude)! Dìtiě yòu chūshì le!
　　（たいへんだ！地下鉄がまた事故だ）

2) 这事儿要是被发现了可不得了（／了不得）！
　　Zhè shìr yàoshi bèi fāxiànle kě bùdéliǎo (/liǎobude)!
　　（このことがばれたら大変だ）

3) 这个人真了不得（／不得了），竟然能喝这么多酒。
　　Zhège rén zhēn liǎobude (/bùdéliǎo), jìngrán néng hē zhème duō jiǔ.
　　（この人は本当にたいしたものだ。こんなにたくさんのお酒を飲めるなんて）

4) 去年夏天热得不得了（／了不得）。
   Qùnián xiàtiān rède bùdéliǎo (/liǎobude).
   (去年の夏は暑くてたまらなかった)

5) 学校放假了，孩子们高兴得不得了（／了不得）。
   Xuéxiào fàngjià le, háizimen gāoxìngde bùdéliǎo (/liǎobude).
   (学校が休みになって，子供たちは大変喜んでいる)

以下の場合は，言い換えられない。
まず，不幸なことを表す場合，"不得了"は使えるが，"了不得"は使えない。

6) 心爱的小狗死了，她难过得不得了。
   Xīn'ài de xiǎogǒu sǐ le, tā nánguòde bùdéliǎo.
   (心から愛していた犬が死んでしまい，彼女は悲しくてたまらなかった)

"有（没／没有）什么～（的）" yǒu (méi/méiyǒu) shénme ～ (de)（状況が厳しくない，あるいはたいしたことがない）の目的語になる場合，"了不得"は使えるが，"不得了"は使えない。

7) 不过是个名牌包，有什么了不得的。
   Búguò shì ge míngpáibāo, yǒu shénme liǎobude de.
   (ただのブランドバックにすぎないさ，そうさわぎたてることはないよ)

8) 比赛输了就输了吧，没什么了不得的。
   Bǐsài shūle jiù shūle ba, méi shénme liǎobude de.
   (試合に負けたら負けたことで，たいしたことないじゃないか)

不断・不停
bùduàn　bùtíng

ともに副詞で，動作行為がとどまることなく，続くことを表す。「たえず」，「とどまらず」，「ひっきりなしに」。例 1), 2), 3) は"不断"，"不停"の両方が使える。

1) 她不断（／不停）地咳嗽。
   Tā búduàn (/bùtíng) de késou.
   (彼女はしきりに咳をする)

2) 我脑子里也不断（／不停）地在思考着这个问题。
   Wǒ nǎozili yě búduàn (/bùtíng) de zài sīkǎozhe zhège wèntí.
   (このことがたえず私の頭の中をめぐっている)

3) 比赛太精彩了，人们为运动员们不断（／不停）地加油。
   Bǐsài tài jīngcǎi le, rénmen wèi yùndòngyuánmen búduàn (/bùtíng) de jiāyóu.
   （試合はたいそう素晴らしく、観衆は選手たちをずっと応援し続けている）

"不断"は行為や現象が、断続的にいわば点線状（………）に続くことを表す。「絶えず」、「しきりに」、「つぎつぎと」。以下の例では"不断"のみ使用可能で、"不停"は使えない。

4) 最近那里接连不断（／＊不停）地发生交通事故。
   Zuìjìn nàli jiēlián búduàn de fāshēng jiāotōng shìgù.
   （最近あそこでは次々と立て続けに交通事故が起こっている）

5) 奥运会期间，好消息不断（／＊不停）地传来。
   Àoyùnhuì qījiān, hǎo xiāoxi búduàn de chuánlai.
   （オリンピックの間中、次々とよいニュースが入ってくる）

6) 人类社会总是在不断（／＊不停）地进步的。
   Rénlèi shèhuì zǒngshì zài búduàn de jìnbù de.
   （人類は絶えず進歩し続けてきた）

"不断"は抽象的な動作、行為によく使われる。
"不断努力" búduàn nǔlì（たゆまず努力する），"不断改善" búduàn gǎishàn（絶えず改善する），"不断发展" búduàn fāzhǎn（発展し続ける），"不断成长" búduàn chéngzhǎng（成長し続ける），"不断变化" búduàn biànhuà（次々と変化する），"不断增加" búduàn zēngjiā（しきりに増え続ける）

"不停"は行為や現象が、途中で中断しないで続くこと、いわば直線状（――）に続くことを表す。「絶えず」、「ひっきりなしに」、「休まず」。
以下の例では"不停"のみ使用可能で"不断"は使えない。

7) 雨不停（／＊不断）地下着。
   Yǔ bùtíng de xiàzhe.
   （雨が絶え間なく降り続いている）

8) 抽水机日夜不停（／＊不断）地运转。
   Chōushuǐjī rìyè bùtíng de yùnzhuàn.
   （ポンプは昼夜休むことなく水を汲み続けている）

"不停"には「動詞＋"个不停" ge bùtíng」という使い方がある。

9) 听了这个笑话，大家都笑个不停。
   Tīngle zhège xiàohuà, dàjiā dōu xiào ge bùtíng.
   （この冗談を聞いてみんな笑いが止まらなかった）

他にも，"说个不停" shuō ge bùtíng（ひっきりなしに話し続ける），"哭个不停" kū ge bùtíng（しきりに泣き続ける），"吵闹个不停" chǎonào ge bùtíng（ひっきりなしに口論する），"骂个不停" mà ge bùtíng（とめどなくののしる），"唱个不停" chàng ge bùtíng（絶えまなく歌い続ける）などがある。

不见得・不一定
bùjiànde　bù yīdìng

ともに動詞，形容詞，助動詞の前に置かれ，副詞的に使われる。否定的憶測，推測を表す。「…とは限らない」。
例文1)，2)，3) はいずれも両方の使用が可能だ。

1) 她今晚不见得（／不一定）会来。
   Tā jīnwǎn bújiànde (/bù yídìng) huì lái.
   （彼は今晩たぶん来ないだろう）

2) 我的意见不见得（／不一定）对，仅供参考。
   Wǒ de yìjian bújiànde (/bù yídìng) duì, jǐn gòng cānkǎo.
   （私の意見が正しいかどうか，ご参考までにいっただけです）

3) 天气不会再热了！——不见得（／不一定）。
   Tiānqì bú huì zài rè le! ——Bújiànde (/Bù yídìng).
   （天気はこれ以上暑くはならないだろう——とは限らないよ）

両者はその用法は同じだが，表わす意味には違いがある。
"不见得"は話し手の主観にもとづく否定的憶測を表す。語気はやわらかで「…とは限らない」，「たぶん…ではないだろう」，「…とは思えない」。

4) 这篇文章是不容易翻译，但也不见得（／＊不一定）那么难。
   Zhè piān wénzhāng shì bù róngyì fānyì, dàn yě bújiànde nàme nán.
   （この著作は翻訳は簡単ではないが，それほど難しいとも思えない）

"不一定"は客観的状況にもとづく否定的推測を表す。「必ずしも…とは限らない」，「…ではないかもしれない」。

5) 专家则表示，工作时间长并不一定（／＊不见得）能够提高生产力。
   Zhuānjiā zé biǎoshì, gōngzuò shíjiān cháng bìng bù yídìng nénggòu tígāo shēngchǎnlì.
   （専門家によると，長時間労働が必ずしも生産力を高められるとは限らない）

よって，上記例文1)，2)，3) も"不见得"が使われるときと"不一定"が使われるときでは，その表わすニュアンスに違いがある。

例文6）と7）で見てみよう。

6) 学一年也不见得会说英语。
   Xué yì nián yě bújiànde huì shuō Yīngyǔ.
   (一年学んでも英語が話せるとは思えないがなあ)

7) 学一年也不一定会说英语。
   Xué yì nián yě bù yídìng huì shuō Yīngyǔ.
   (一年学んでも英語が話せるとは限らない)

このほか，"不一定"は事柄がまだ未確定であることも表す。「まだ決まっていない」，「はっきりしない」，「わからない」。この意味の時は文中で述語になったり，名詞を修飾したりすることができる。"不见得"にこの意味，用法はない。

8) 什么时候去还不一定（／＊不见得）。
   Shénme shíhou qù hái bù yídìng.
   (いつ行くかはまだ決まっていない)

9) 不一定（／＊不见得）的事，现在想也没有用。
   Bù yídìng de shì, xiànzài xiǎng yě méi yǒuyòng.
   (はっきりしていないことは今考えたって無駄だ)

不禁・不觉
bùjīn　bùjué

ともに副詞で，自分では無自覚のうちに，またはある感情が湧き起こったりして，動作を行ってしまうことを表す。「思わず…してしまう」，「つい…してしまう」。例1），2）は"不禁"，"不觉"の両方が使える。

1) 她听了那个老人的故事，不禁（／不觉）流下了眼泪。
   Tā tīngle nàge lǎorén de gùshi, bùjīn (/bùjué) liúxiale yǎnlèi.
   (彼女はその老人の話を聞いて，思わず涙を流した)

2) 看着孩子们的表演，她不禁（／不觉）露出了笑容。
   Kànzhe háizimen de biǎoyǎn, tā bùjīn (/bùjué) lùchule xiàoróng.
   (子どもたちの演技を見ていて，彼女は思わず笑みを浮かべた)

"不禁"は心のうちに感情が沸きあがり，その発露としてのある動作を，抑えきれずについしてしまうことを表す。「思わず」，「こらえきれず」，「ついつい」。

3) 老板气极了，不禁（／＊不觉）大骂起来。
   Lǎobǎn qìjí le, bùjīn dà màqilai.

(主人はたいそう腹を立てて，思わず怒鳴りだした)

4) 他不禁（／＊不觉）地赞叹："故乡啊！你变得更加美丽了。"
　　Tā bùjīn de zàntàn: "Gùxiāng a! Nǐ biànde gèngjiā měilì le."
　　(彼はこらえきれずに，「ああわが故郷よ，いちだんと美しさを増したことよ」と褒めたたえて言った)

"不觉"はある事態の発生に気がつかず，あるいは自分で無意識のままに，反応してしまうことを表す。気づかぬうちに，知らずしらずのうちに「思わず」、「知らぬ間に」、「うっかり」何かをしてしまう。

5) 我们一边聊天一边散步。走着走着，不觉（／＊不禁）来到了校园里的池塘边。
　　Wǒmen yìbiān liáotiān yìbiān sànbù. Zǒuzhe zǒuzhe bùjué láidàole xiàoyuánli de chítángbiān.
　　(おしゃべりしながら散歩していた。歩いているうち，なんとキャンパスの池のほとりに来ていた)

6) 他靠在床上看小说，不觉（／＊不禁）三个小时过去了。
　　Tā kàozài chuángshang kàn xiǎoshuō, bùjué sān ge xiǎoshí guòqu le.
　　(彼はベッドに寄りかかって本を読んでいるうちに，なんと三時間がたっていた)

7) 他越说越得意，不觉（／＊不禁）说走了嘴。
　　Tā yuè shuō yuè déyì, bùjué shuōzǒule zuǐ.
　　(彼はしゃべればしゃべるほど得意になって，つい口を滑らせてしまった)

"不禁"では行為をするものは人間であるが，"不觉"は人間以外でもよい。

8) 不觉（／＊不禁）时间就过去了。
　　Bùjué shíjiān jiù guòqu le.
　　(いつの間にか時間がたっていた)

9) 不觉（／＊不禁）天已经大亮了。
　　Bùjué tiān yǐjīng dà liàng le.
　　(知らぬ間に空がすっかり明るくなっていた)

なお"不觉"は例8)，9)のように主語の前にも置くことができる。
"不禁"は"情不自禁" qíng bù zì jīn（思わず…する）の形で，"不觉"は"不知不觉" bù zhī bù jué（いつの間にか…する）の形でも使われる。

10) 听到精彩的地方，大家情不自禁地鼓起掌来。
　　Tīngdào jīngcǎi de dìfāng, dàjiā qíng bù zì jīn de gǔqi zhǎng lai.
　　(山場にさしかかると，皆は思わず拍手しだした)

11) 时间过得真快，不知不觉又到元旦了。
Shíjiān guòde zhēn kuài, bù zhī bù jué yòu dào Yuándàn le.
(時のたつのは本当に早い，いつの間にかまた正月だ)

不用・用不着
bùyòng　yòngbuzháo

"不用"と"用不着"はともに「～するには及ばない」という意味をもつ。この両者は，コンテクスト（文脈，前後関係）のない状況で言葉だけを取り出すならば，多くは置き換えることができる。

1) 不用（／用不着）着急！
Búyòng (／Yòngbuzháo) zháojí!
(あわてることはないよ！)

2) 用不着（／不用）别人帮忙。
Yòngbuzháo (／Búyòng) biérén bāngmáng.
(人に手伝ってもらう必要はない)

しかし両者には微妙なニュアンスの違いがあるために，コンテクストがある中では置き換えがきかないことが多い。以下，"不用"と"用不着"がよく出てくる曹禺の脚本『雷雨』のセリフからその状況を見てみよう（以下用例は5）と8）以外すべてここから）。

3) 我的事用不着（／＊不用）你管。
Wǒ de shì yòngbuzháo nǐ guǎn.
(わしのことに口を出すな)

このセリフの前に"一把抢过鞋"yì bǎ qiǎngguo xié（さっと靴を奪い取る）というト書きがついている。同じ屋敷で働く実の娘から，靴の磨き方が悪いとなじられた父親が，娘が手に取った靴を奪い取って言い返す場面だ。
"用不着"の語気は"不用"より強く「そんなことはすることないんだ！」というニュアンスになる。そこから，目的語にとる動作に対して拒否感が醸し出されることが多い。一方"不用"は一般に感情的色彩をもたず，"用不着"と比べると相対的に柔らかな語気になる。上記のセリフは文脈なしなら"不用"も可能だが，この場面で"不用"を使うと，むかっ腹を立てた父親の気分が伝わらない。

4) 不用（／＊用不着），谢谢你。
Búyòng, xièxie nǐ.
(ありがとう，でも見送りはいらないよ)

これは「お見送りします」という使用人の言葉を受けた若主人からの返事。ここでもし"用不着"を使うと「そんなことをすることはない！」と強い語気になり、使用人にも気を使う若主人のキャラクターに合わない。またこの場面は若主人が強い語気で使用人の行動をやめさせる場面でもない。

　ただこうした挨拶の場面で"用不着"がいつも使えないかというと、そうとは限らない。たとえば、家を訪れたとても遠慮がちなお客さんに、以下のように言うことはできる。

　5) 你用不着这么客气！
　　　Nǐ yòngbuzháo zhème kèqi!
　　（そんなに遠慮しなくていいですよ！）

　この時は"用不着"の強い語気が来客の遠慮を強く否定するものとなり、「（たいした家ではないのだから）我が家でそんなに遠慮することはない」という、この場のマナーにかなったものになる。

　6) 你回头告诉太太，说找着雨衣不用（／＊用不着）送去了，老爷自己到这儿来。
　　　Nǐ huítóu gàosu tàitai, shuō zhǎozháo yǔyī búyòng sòngqu le, lǎoye zìjǐ dào zhèr lái.
　　（後で奥様に、雨具を出した後それを届けてくれなくてもいいと伝えておくれ。だんな様がご自分でここへ来られるそうだから）

　ここでの"不用"は「～の必要がない」という意味で、この意味以外の感情的色彩をもたない。このような場面で、目的語にとる動作（ここでは「雨具を届ける」）に対してやや拒否感を伴う"用不着"を使うと違和感が出る。

　7) 你不用（／＊用不着）说了，那是我们鲁家的阔女婿！
　　　Nǐ búyòng shuō le, nà shì wǒmen Lǔ jiā de kuò nǚxu.
　　（言うには及ばんさ。あのお方は我が鲁家の大金持ちお婿さんだ）

　「夕べお前を送ってきてくれた相手は誰だい？」と父親に問い詰められ、娘は口ごもる。父親は高笑いを娘に浴びせた後このセリフを言う。この場面で"用不着"を使うと、娘が相手の名前を言うことに対して「言う必要なんかない！」という強い語気の言葉になる。この劇の中の父親は貪欲で、大金持ちの男が娘と結婚してくれるのを待っている。娘が大金持ちの男の名前を言うことに対して"用不着"というセリフで拒否感を伝える必要性はない。

　また、"不用"と"用不着"はともに単独で用いることができる。

　8) 不用（／用不着）。
　　　Búyòng (/Yòngbuzháo).
　　（けっこうです）

不在乎・无所谓
bùzàihu　wúsuǒwèi

「気にしない」,「構わない」,「どうでもいい」の意味を表す時に, どちらも使える。

1) 只要大家在一起，去哪儿我都无所谓（／不在乎）。
   Zhǐyào dàjiā zài yìqǐ, qù nǎr wǒ dōu wúsuǒwèi (/búzàihu).
   (みんなと一緒なら, どこへ行ってもかまわない)

2) 他那种不在乎（／无所谓）的态度，看了让人生气。
   Tā nà zhǒng búzàihu (/wúsuǒwèi) de tàidu, kànle ràng rén shēngqì.
   (あいつのどうでもいいという態度を見ると, 腹が立つ)

述語になる場合, "不在乎"の前の主語はおもに「人」を表す言葉である。"无所谓"の前の主語は「人」に限らない。

3) 有没有钱无所谓（／＊不在乎），有健康就好。
   Yǒu méiyǒu qián wúsuǒwèi, yǒu jiànkāng jiù hǎo.
   (金があるかどうかは構わない, 健康でさえあればいい)

4) 慢点儿无所谓（／＊不在乎），要保证产品质量。
   Màn diǎnr wúsuǒwèi, yào bǎozhèng chǎnpǐn zhìliàng.
   (多少遅くてもいいから, 製品の質を保持しなければならない)

"无所谓"は質問の答えとして, 単独で使える。"不在乎"にはそのような使い方はない。

5) 晚上想吃什么? —— 无所谓（／＊不在乎）。
   Wǎnshang xiǎng chī shénme? —— Wúsuǒwèi.
   (夜, 何を食べたい? —— 別に何でもいい)

"无所谓"は「構わない」,「どうでもいい」の他に,「…などというものがない」,「…とは言えない」の意味をもっている。"不在乎"にはこの意味はない。

6) 没有失败，就无所谓（／＊不在乎）成功。
   Méiyǒu shībài, jiù wúsuǒwèi chénggōng.
   (失敗がなければ, 成功などというものはない)

7) 我只是比大家多了些经历而已，无所谓（／＊不在乎）经验。
   Wǒ zhǐshì bǐ dàjiā duōle xiē jīnglì éryǐ, wúsuǒwèi jīngyàn.
   (私は皆より経歴がちょっと多いだけで, 経験とは言えない)

一方, "不在乎"は「無関心」,「気にかけない」の意味をもっている。後によく

目的語がくる。"无所谓"にはこの意味はない。

8) 这个人很自我，言行不在乎（／＊无所谓）别人的感受。
Zhège rén hěn zìwǒ, yánxíng búzàihu biérén de gǎnshòu.
(あの人は自己中心的で、他人の気持ちを気にかけない言動をとる)

9) 从这件事能知道，他已经不在乎（／＊无所谓）你了。
Cóng zhè jiàn shì néng zhīdao, tā yǐjīng búzàihu nǐ le.
(そのことからもうわかったはずだ。彼はすでにあなたに関心がない)

C 猜・估计
cāi　gūjì

どちらも推測するという意味の言葉だが、"估计"は客観的な根拠を元に推測する場合に用い、"猜"はわずかな手がかりから、または単なる想像で答えを当ててみるという場合に用いる。

1) 这次促销活动吸引了大量顾客，估计（／＊猜）销售额也一定会大有增长。
Zhè cì cùxiāo huódòng xīyǐnle dàliàng gùkè, gūjì xiāoshòu'é yě yídìng huì dà yǒu zēngzhǎng.
(今回の販促キャンペーンでは多くのお客さんに興味をもっていただいたので、売り上げも大幅に増加するに違いない)

2) 这次灾害已经有数百人遇难，估计（／＊猜）总数将超过千人。
Zhè cì zāihài yǐjīng yǒu shù bǎi rén yùnàn, gūjì zǒngshù jiāng chāoguò qiān rén.
(今回の災害ではすでに数百人が被災しており、総数は千人を超える見込みだ)

3) 我是胡乱猜（／＊估计）的，你可别放在心上。
Wǒ shì húluàn cāi de, nǐ kě bié fàngzài xīnshang.
(私は当てずっぽうで言っているだけなので、気にしないで)

例1) と2) は、客観的根拠を元にしているので、"猜"を用いることはできない。これに対して、例3) は、適当にという意味をもつ副詞"胡乱"（"瞎"でも可）が使われているため、"估计"を用いることはできない。
次の各例文では、"估计"も"猜"も用いることができるが、やはり、"估计"を用いると客観的な根拠を元にしており、"猜"はそうではないという違いがある。

4) 我猜（／估计）他可能又要跳槽了。
Wǒ cāi (/gūjì) tā kěnéng yòu yào tiàocáo le.
(彼は、もうすぐまた転職するだろう)

5) 我猜（／估计）他身高足有一米九。
   Wǒ cāi (/gūjì) tā shēngāo zú yǒu yì mǐ jiǔ.
   (彼の身長は，一メートル九十あるだろう)

また，"猜"は，それが恣意的，主観的なものであれ，何らかの正解があり，それを当てようと試みる場合にも用いられる。

6) 猜谜语可以促进孩子智力发展。
   Cāi míyǔ kěyǐ cùjìn háizi zhìlì fāzhǎn.
   (謎々の当てっこは，子供の知能の発育に資する)

7) 男人总是抱怨女人的心思猜不透。
   Nánrén zǒngshì bàoyuàn nǚrén de xīnsi cāibutòu.
   (男はいつも，女の考えることは分からないと愚痴をこぼす)

最後に，"估计"は動詞としても名詞としても用いることができるに対し，"猜"は動詞としてしか用いることができない。

8) 这只是我的估计（／＊猜），情况也许没有这么糟糕。
   Zhè zhǐshì wǒ de gūjì, qíngkuàng yěxǔ méiyou zhème zāogāo.
   (これはあくまでも私の推測であり，状況はそこまで悪くないかもしれない)

以上，"猜"と"估计"の相違を理解した上で，次の例を見てみよう。

9) 没有任何提示，估计你们谁也猜不到。
   Méiyou rènhé tíshì, gūjì nǐmen shéi yě cāibudào.
   (何もヒントなしでは，あなたたちは，誰も当てることができないだろう)

采用・采取
cǎiyòng　cǎiqǔ

"采用"は，適切であると認めて取り入れることを決定する場合に使われる。目的語は，たとえば"工具"gōngjù（道具），"设备"shèbèi（設備），"稿件"gǎojiàn（原稿）のような具体的なものでも，"技术"jìshù（技術），"工艺"gōngyì（製法），"手段"shǒuduàn（手段），"方法"fāngfǎ（方法）などの抽象的なものでも，どちらでもとることができる。

1) 他在很多来稿中采用了这篇稿件。
   Tā zài hěn duō láigǎo zhōng cǎiyòngle zhè piān gǎojiàn.
   (彼は多くの投稿の中から，この原稿を採用した)

2) 这家厂采用了新技术、新工艺。
　　Zhè jiā chǎng cǎiyòngle xīnjìshù、xīngōngyì.
　　(この工場は新しい技術，新しい製法を採用した)

一方，"采取"は，情況に合わせて，方針，政策，措置などを取り入れることを決定するというニュアンスをもつ。抽象的なものに多く使われる。

3) 我国采取优惠政策来吸引外国投资，取得了显著成效。
　　Wǒ guó cǎiqǔ yōuhuì zhèngcè lái xīyǐn wàiguó tóuzī, qǔdéle xiǎnzhù chéngxiào.
　　(我が国は優遇政策をとることで外国からの投資を引き寄せ，著しい成果を得た)

4) 我们必须采取紧急措施。
　　Wǒmen bìxū cǎiqǔ jǐnjí cuòshī.
　　(我々は緊急措置をとらなければならない)

	～新技术	～该产品	～措施	～合作态度	～行动
采用	○	○	×	×	×
采取	×	×	○	○	○

彩色・色彩・颜色
cǎisè　sècǎi　yánsè

　日本語の「色」を表す中国語には"彩色"，"色彩"，"颜色"がある。文法的には"色彩"，"颜色"は名詞であるのに対し，"彩色"は形容詞という違いがある。
　"彩色"は一般の形容詞とは異なり，名詞を修飾する機能だけをもち，単独では述語や補語になれない"区别词"qūbiécí（区別詞）である。"彩色"の機能は"黑白"hēibái（白黒，モノクロ）に対して，"彩色"（カラー，色付き）であることを明示することにあり，具体的に何色であるかは示さない。

1) "彩色电视" cǎisè diànshì（カラーテレビ）⇔ "黑白电视"（白黒テレビ）

2) "彩色印刷" cǎisè yìnshuā（カラー印刷）⇔ "黑白印刷"（モノクロ印刷）

3) "彩色铅笔" cǎisè qiānbǐ（色鉛筆）⇔ "铅笔"（黒鉛筆）。

　"彩色铅笔"は，黒の"铅笔"以外の「色のついた」鉛筆を表す総称である。特定の色の鉛筆，たとえば「赤鉛筆」について言うのなら"彩色铅笔"は使えず，"红铅笔" hóng qiānbǐ と言わなければならない。

　"色彩"は単色であるかカラーであるかに関わらず，具体的な「色」そのものではなく，多くは人が見て感じ取った美術品や花，空や雲など自然の景物の「彩り」，「色

彩」について表す。

4) 这幅油画色彩鲜明。
   Zhè fú yóuhuà sècǎi xiānmíng.
   (この油絵は色彩が鮮やかだ)

5) 画面色彩很谐调。
   Huàmiàn sècǎi hěn xiétiáo.
   (絵は色彩の調和がよくとれている)

人が感じ取るのだから,そこには少なからず主観が入り込む。"色彩"は転じて「傾向」,「特色」,「ニュアンス」という意味をもつ。"彩色","颜色"にはこの用法はない。

6) 他看有政治色彩（／＊彩色／＊颜色）的书。
   Tā kàn yǒu zhèngzhì sècǎi de shū.
   (彼は政治色のある本を読んでいる)

7) 他的作品富有地方色彩（／＊彩色／＊颜色）。
   Tā de zuòpǐn fùyǒu dìfāng sècǎi.
   (彼の作品は地方色が豊かだ)

8) 语言色彩（／＊彩色／＊颜色）
   yǔyán sècǎi
   (言葉づかい,筆致)

日本語の「色」そのものを指す語は"颜色"である。"彩色","色彩","颜色"のうち具体的に何色かを問えるのは"颜色"だけである。

9) 上颜色（／＊色彩／＊彩色）
   shàng yánsè
   (色を塗る,色をつける)

10) 掉颜色（／＊色彩／＊彩色）
    diào yánsè
    (色があせる)

11) 你要的是什么颜色（／＊色彩／＊彩色）的?
    Nǐ yào de shì shénme yánsè de?
    (あなたが欲しいのは何色のですか？)

踩・踏
cǎi　　tà

　どちらも「脚で踏む」動作を表す。"踩"には，脚の裏で力をこめて「踏みつける」イメージがある。したがって，たとえば人の脚を踏んづけたりするのは"踩"である。

1) 不小心踩了他的脚。
   Bù xiǎoxīn cǎile tā de jiǎo.
   （うっかり彼の足を踏みつけた）

　大体，上から下へとぎゅっと脚で力を入れて踏みつける。タバコや爆竹を踏み消すのもブレーキやアクセルを踏むのも，ミシンを踏むのも"踩"である。

2) 民警跳下车踩灭了鞭炮。
   Míngjǐng tiàoxia chē cǎimièle biānpào.
   （警官は車を降りるや爆竹を足で踏み消した）

3) 猛踩油门
   měng cǎi yóumén
   （アクセルをぐっと踏む）

4) 踩缝纫机
   cǎi féngrènjī
   （ミシンを踏む）

　"踩"を図で描くとこんなイメージだ（図A）。踏まれるほうが力を受けて変形する，位置を変える。ともかく影響を受ける予感がある。

5) 把屋里的地都踩脏了。
   Bǎ wūli de dì dōu cǎizāng le.
   （床が踏み込まれて汚れた）

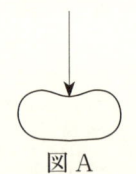

6) 把土踩结实了。
   Bǎ tǔ cǎijiēshi le.
   （地面が踏み固められた）

図A

　影響が見られなくてもよいが，要するに，上から力を込めて脚で踏みつける動作で，ウケテは具体的なモノが普通だ。
　一方"踏"のほうも「脚で踏む」には違いないが，力を込めて踏みつけるというよりは，ただ脚を移動させることに重点がある。

7) 他把脚踏在椅子上，眼睛瞪着在场的每一个人。
   Tā bǎ jiǎo tàzài yǐzishang, yǎnjing dèngzhe zàichǎng de měi yí ge rén.
   (彼は足を椅子のうえに乗せ，その場にいる人をにらみつけた)

8) 小姑娘一步踏上台阶，向我跑了过来。
   Xiǎogūniang yí bù tàshang táijiē, xiàng wǒ pǎoleguolai.
   (その娘は舞台にあがると私に向かって駆け寄ってきた)

さらに大きな違いは，"踏"には「新しい世界に足を踏み入れる」ことを表す意味があることで，今までの世界（甲）から足を抜き，違う世界（乙）に足を踏み入れる。

9) 新的世纪新的开始，北京地铁又踏上新的征程。
   Xīn de shìjì xīn de kāishǐ, Běijīng dìtiě yòu tàshang xīn de zhēngchéng.
   (新しい世紀の始まり，北京の地下鉄は新しいステージに)

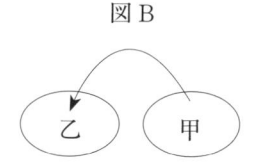

図B

単に「家に帰る」くらいのことでも"踏"を使えば，新しいスタートという意味が込められる。

10) 匆匆结束了今天上午的训练，国脚们纷纷踏上归家之路，开始了为期两天的假期。
    Cōngcōng jiéshùle jīntiān shàngwǔ de xùnliàn, guójiǎomen fēnfēn tàshang guījiā zhī lù, kāishǐle wéi qī liǎng tiān de jiàqī.
    (今日の午前の訓練をそそくさと終えると，サッカー選手たちはそれぞれ我が家に帰り，2日間の休暇に入った)

11) 从那时起遗传学家踏上了寻找基因实体的艰难历程。
    Cóng nàshí qǐ yíchuán xuéjiā tàshangle xúnzhǎo jīyīn shítǐ de jiānnán lìchéng.
    (そのときから遺伝学者は遺伝子の実体をさぐるという困難な道程を歩み始めた)

以上はいずれも"踏上"の例だが，人生の一コマがあるドラマ性を帯びて語られる。やや誇張していえば，記念すべき人生の転換点としてドラマ化されるのである。とる目的語も傾向がある。一つは「道，路，旅」を表す語。あるいは乗り物，それから新しい場所。要するに新しい出発や道程を予感させるものである。

12) 几天以后，3月25日，蒋经国带着自己的妻子踏上了归途。12年半的异国生活，从此结束了。
    Jǐ tiān yǐhòu, sānyuè èrshíwǔ rì, Jiǎng Jīngguó dàizhe zìjǐ de qīzi tàshangle guītú. Shí'èr nián bàn de yìguó shēnghuó, cóngcǐ jiéshù le.
    (数日後の3月25日，蒋経国は妻とともに帰国の途につき，12年半にわたる異国の生活に終わりを告げた)

13) 1979年8月，24岁的孙茂踏进了美国普林斯顿大学的校门。
   Yī jiǔ qī jiǔ nián bāyuè, èrshísì suì de Sūn Mào tàjìnle Měiguó Pǔlínsīdùn dàxué de xiàomén.
   (1979年8月，24歳の孫茂は米国プリンストン大学の門を叩いた)

それに対して"踩上"は「踏みつける」ということで，具体的なものを踏むにすぎない。
"踩出" căichū と "踏出" tàchū も違う。"踩出"は新しいものが生み出されることをいう。

14) 在一大张白纸上踩出一溜小脚印。
   Zài yí dà zhāng báizhǐshang tàchū yì liū xiǎo jiǎoyìn.
   (大きな白紙に小さな足跡が一筋つけられた)

"踏出"は少なくとも二つ用法がある。一つは新しいものの出現で，これは"踩出"と同じである。

15) 草地上被踏出了一条小路。
   Cǎodìshang bèi tàchūle yì tiáo xiǎo lù.
   (草地に一筋の細い道が踏まれてできた)

もう一つはそこから飛び出る場所，現在の境遇からの離脱を表す。

16) 踏出所居的小镇
   tàchū suǒ jū de xiǎozhèn
   (住んでいた村を離れる)

17) 踏出国门学习
   tàchū guómén xuéxí
   (国外に出て学ぶ)

図Bでいえば，甲の視点だ。

参观・游览
cānguān　yóulǎn

"参观"，"游览"はともにある場所へ出かけていくことを表す。出かけていく目的と，訪れる場所に違いがある。例1) は両者とも使える。

1) 昨天代表团参观（/游览）了世界闻名的长城。
   Zuótiān dàibiǎotuán cānguān (/yóulǎn) le shìjiè wénmíng de Chángchéng.
   (昨日代表団の一行は，世界に名だたる万里の長城を見学／観光した)

"参观"はある場所を訪れ，知識を広めたり，深めたりする。「見学する」，「参観する」。対象は名所旧跡，施設や設備及びそれらに関連する業績，展覧会，学校，地域など広範囲にわたる。いずれも具体的なものである。

"游览"は楽しんでゆったりと名所旧跡，観光地などを見物して回る。「見物する」，「観光する」。対象は名所旧跡，景勝地などに限られる。

例文2) は"参观"，"游览"の両方が使えるが，同じ欧州旅行でも，"参观"が使われると状況，施設，設備などの視察旅行を意味し，"游览"が使われると，観光旅行を意味する。

2) 我们准备下个月去欧洲参观（／游览）。
   Wǒmen zhǔnbèi xià ge yuè qù Ōuzhōu cānguān (/yóulǎn).
   (我々は来月欧州に視察旅行／観光旅行に行く予定だ)

例3)，4)，5) は"参观"は使え，"游览"は使えない。

3) 许多外国朋友参观（／＊游览）了这里的幼儿园、学校、工厂。
   Xǔduō wàiguó péngyou cānguānle zhèli de yòu'éryuán、xuéxiào、gōngchǎng.
   (大勢の外国人客がここの幼稚園，学校，工場を見学した)

4) 学者们非常仔细地参观（／＊游览）了半坡遗址。
   Xuézhěmen fēicháng zǐxì de cānguānle Bànpō yízhǐ.
   (学者たちはたいそう仔細に半坡遺跡を見分した)

5) 你们参观（／＊游览）过三峡水库吗?
   Nǐmen cānguānguo Sānxiá shuǐkù ma?
   (皆さんは三峡ダムを見学したことがありますか)

"参观"の対象は，すべて人の手が加わったもので，景色，地形など単なる自然物には使えない。それらには"游览"が使われる。

6) 在美丽的西湖，他们游览（／＊参观）了一整天。
   Zài měilì de Xīhú, tāmen yóulǎnle yì zhěngtiān.
   (美しい西湖で彼らはまる一日観光をした)

7) 我们全家一起游览（／＊参观）了庐山。
   Wǒmen quánjiā yìqǐ yóulǎnle Lúshān.
   (我が家全員で廬山を観光した)

"参观"が"游览"と一緒に使われると，目的物が景色や自然でも使用可能になる。この場合，意味的には見学より観光に重きが置かれる。

8) 昨天客人们参观游览了西山风景区。
   Zuótiān kèrenmen cānguān yóulǎnle Xīshān fēngjǐngqū.

(昨日客人たちは西山景勝地を観光した)

"参观"には動詞のほかに，名詞としての用法もある。

9) 这次参观很有收获。
   Zhè cì cānguān hěn yǒu shōuhuò.
   (今回の見学は収穫が多かった)

10) 这是机房，谢绝参观。
    Zhè shì jīfáng, xièjué cānguān.
    (コンピュータルームにつき見学お断り)

"参观"，"游览"は他の名詞と一緒になって以下のような名詞熟語をつくる。
"参观团"cānguāntuán（見学団）；"参观者"cānguānzhě（参観者）；"游览车"yóulǎnchē（観光バス）；"游览团"yóulǎntuán（観光団）；"游览胜地"yóulǎn shèngdì（観光名所）

曾经・已经
céngjīng　yǐjīng

"曾经"，"已经"はともに副詞で，ある動作，行為，状況があった，起こったということを表す。

"曾经"は今より以前に，ある行為や状況が存在したことがあるということを表す。そしてその状況は普通すでに終わっている。後ろの動詞や形容詞には"过"guo（したことがある）をつけることが多い。「かつて…（だった）」，「かつて…（したことがある）」。

1) 我曾经在这里住过三年。
   Wǒ céngjīng zài zhèli zhùguo sān nián.
   (僕はかってここに三年住んだことがある——今は住んでいない)

2) 我曾经当过两年小学教师。
   Wǒ céngjīng dāngguo liǎng nián xiǎoxué jiàoshī.
   (私はかって2年間小学校の教師をしていたことがある——今はしていない)

3) 这里曾经是古代的战场。
   Zhèli céngjīng shì gǔdài de zhànchǎng.
   (ここはかって古戦場だった)

"已经"は行為や状況が起こり，あるいは時間がたってしまったことを表す。動詞の後ろや文末に"了"le（した）を伴うことが多い。「すでに…（した）」，「もう…（し

た)」。

4) 这本书我已经看完了。
   Zhè běn shū wǒ yǐjīng kànwán le.
   (この本はもう読み終わった)

5) 事情已经过去了，不要再提了。
   Shìqing yǐjīng guòqu le, búyào zài tí le.
   (ことは済んだんだ，もう言うな)

"曾经"によって表わされる動作，状況はすでに過去のことであるが，"已经"の場合は動作行為が完了していない場合があり，例6)のように現在も続いていることがある。あるいは例7)，8)のように"快 kuài／要 yào／差不多 chàbuduō"（間もなく，ほとんど）などの語と一緒に使われ，近い未来に及ぶこともある。

6) 他已经结婚了。
   Tā yǐjīng jiéhūn le.
   (彼はもう結婚した――今もしている)

7) 等一下我，我已经快做完了。
   Děng yíxià wǒ, wǒ yǐjīng kuài zuòwán le.
   (ちょっと待って，もうやり終わるから)

8) 差不多已经五点了。
   Chàbuduō yǐjīng wǔ diǎn le.
   (おおむね五時だ)

否定形は注意を要する。
　普通，「かって…したことがない」という意味を表す時は，例9)のように"曾经"を使わず，"没(有)…过" méi (you) …guo で表す。

9) 他没在这里干过。
   Tā méi zài zhèli gànguo.
   (彼はここで働いたことがない)

しかし例10)のように後ろに期間を限定する語が現れるときは"曾经"も使える。

10) 为了写好这本书，他曾经三个月没出过门。
    Wèile xiěhǎo zhè běn shū, tā céngjīng sān ge yuè méi chūguo mén.
    (この本を書き上げるために，彼はかって三カ月〈家にこもったきり〉外に出なかったことがある)

これは，例10)が，純粋な否定文というより，むしろ「ひきこもり期間」の存在をいう肯定的な文なので"曾经"が使うことができる。

"已经"は後ろに否定形を伴うことができる。

11) 商店已经不营业了。
    Shāngdiàn yǐjīng bù yíngyè le.
    (店はもう閉まった)

12) 天已经不热了。
    Tiān yǐjīng bú rè le.
    (暑くなくなった)

このほか，"已经"は後ろに数量フレーズや名詞の述語を伴える。"曾经"はできない。

13) 她今年已经三十岁了。
    Tā jīnnián yǐjīng sānshí suì le.
    (彼女は今年もう三十だ)

14) 已经春天了，怎么还这么冷？
    Yǐjīng chūntiān le, zěnme hái zhème lěng?
    (もう春だというのに，どうしてこんなに寒いのか)

差别・区别
chābié　qūbié

"差别"，"区别"はともに名詞で，事物の「違い」，「区別」，「相違点」という意味を表す。この意味では両者は言い換えられる。

1) 你知道小麦和大麦的区别（／差别）吗？
   Nǐ zhīdao xiǎomài hé dàmài de qūbié (/chābié) ma?
   (小麦と大麦の違いが分かりますか)

2) 这两个词在意义和用法上有明显的区别（／差别）。
   Zhè liǎng ge cí zài yìyì hé yòngfǎshang yǒu míngxiǎn de qūbié (/chābié).
   (この二つの語はその意味，用法に明らかな違いがある)

3) 有无语言是人类和动物的主要区别（／差别）。
   Yǒu wú yǔyán shì rénlèi hé dòngwù de zhǔyào qūbié (/chābié).
   (言語の有無が人間と動物の主な相違点である)

4) 中国沿海地区农村的生活和城市没有什么区别（／差别）。
   Zhōngguó yánhǎi dìqū nóngcūn de shēnghuó hé chéngshì méiyǒu shénme qūbié (/chābié).

(中国沿岸部の農村の生活と都市〈の生活〉には何の違いも存在しない)

5) 这对双胞胎的区别（／差别）是姐姐脸上有颗黑痣。
Zhè duì shuāngbāotāi de qūbié (/chābié) shì jiějie liǎnshang yǒu kē hēizhì.
(この双子の違いは姉の顔にひとつほくろがあることだ)

"差别"には上記の意味のほか、「格差」、「隔たり」、「開き」という意味がある。"差别"はこの意味で用いられることが多い。

6) 城乡之间有很大差别（／＊区别）。
Chéngxiāng zhī jiān yǒu hěn dà chābié.
(都会と農村の間に大きな格差がある)

7) 贫富差别（／＊区别）越来越大。
Pín fù chābié yuè lái yuè dà.
(貧富の差がますます大きくなっている)

8) 我们两个人的学习成绩差别（／＊区别）不大。
Wǒmen liǎng ge rén de xuéxí chéngjì chābié bú dà.
(我々二人の成績の開きは大きくない)

9) 年龄差别（／＊区别）太大。
Niánlíng chābié tài dà.
(年が違いすぎている)

"区别"は名詞のほかに、動詞としての用法がある。「区別する」、「分ける」、「弁別する」。"差别"に動詞用法はない。

10) 他一下子就区别（／＊差别）出了这几种工艺品的产地。
Tā yíxiàzi jiù qūbiéchule zhè jǐ zhǒng gōngyìpǐn de chǎndì.
(彼はいっきにこれら数種類の工芸品の産地を見分けた)

11) 这种盗版光盘跟正版的几乎一样，一般人很难区别（／＊差别）开来。
Zhè zhǒng dàobǎn guāngpán gēn zhèngbǎn de jīhū yíyàng, yìbānrén hěn nán qūbiékailai.
(この海賊版のCDは正規の品とほとんど変わらないので、普通の人には区別が難しい)

12) 谁对谁错要区别（／＊差别）清楚。
Shéi duì shéi cuò yào qūbiéqīngchu.
(誰が正しく誰が誤っているかははっきり区別する必要がある)

なお、中国語の"差别"には、日本語の「差別する」、「差別」の意味はない。「差別（する）」の意味には"歧视"qíshìが使われる。

"歧视妇女" qíshì fùnǚ（女性を差別する）；"种族歧视" zhǒngzú qíshì（人種差別）

场・场
cháng　chǎng

"场" cháng と "场" chǎng はともに，ものの数や動作の回数を数える単位で，量詞である。両者は使われる対象も，そのもつ意味あいもだいぶ異なっている。

"场" cháng と 2 声で発音する場合は，風雨，災害などの自然現象，闘争や農業などの社会的活動，病気などの個人的行為，言語を伴って行われる行為などを数える。

"场" cháng が使われる事柄や動作は普通，初めから終わりまで一定の時間を要するもので，事柄や動作を，その始まりから終わりまでを一つの顛末として認識し，その一区切りを一回と数える。

以下は "场" cháng の名量詞の例である。

1) 刮了一场大风
   guāle yì cháng dàfēng
   （大風が吹いた）

2) 发了一场洪水
   fāle yì cháng hóngshuǐ
   （洪水が起こった）

3) 经过一场大战
   jīngguò yì cháng dàzhàn
   （大戦を一回経た）

4) 打了两场谷子
   dǎle liǎng cháng gǔzi
   （2回脱穀した）

5) 生了一场大病
   shēngle yì cháng dàbìng
   （大病をした）

6) 结束了一场讨论
   jiéshùle yì cháng tǎolùn
   （討論を終えた）

7) 惹了一场麻烦
   rěle yì cháng máfan
   （面倒をひとつ引き起こした）

8) 做了一场梦
   zuòle yì cháng mèng
   (夢を見た)

このほか以下のような名詞にも使われる
"雨" yǔ（雨）；"雪" xuě（雪）；"地震" dìzhèn（地震）；"争论" zhēnglùn（論争）；"车祸" chēhuò（交通事故）；"官司" guānsī（訴訟）；"误会" wùhuì（誤解）

以下は"场" cháng が動量詞として使われている例である。動量詞として使われる場合は後ろに来る数詞は「一」が多い。「ひとしきり」。

9) 和敌人拼搏了一场
   hé dírén pīnbóle yì cháng
   (ひとしきり敵と戦火を交えた)

10) 大哭一场
    dà kū yì cháng
    (ひとしきり大泣きをする)

11) 病了一场
    bìngle yì cháng
    (一回病気をした)

12) 白等了一场
    bái děngle yì cháng
    (ひとしきり待ちぼうけをくった)

13) 大干一场
    dà gàn yì cháng
    (大いに頑張る)

14) 大闹一场
    dà nào yì cháng
    (ひとしきり大騒ぎする)

15) 吵了一场
    chǎole yì cháng
    (ひとしきり喧嘩した)

"场" chǎng と3声で発音する場合は，公演やスポーツ，試験などの行為，動作を数える。また芝居の幕数も数える。"场" chǎng が使われるこれらの行為，動作は普通，一定の広さをもった場所，場面で行われる。

以下は"场" chǎng の名量詞の例である。

16) 演了一场小歌剧
    yǎnle yì chǎng xiǎo gējù
    （一本の小さなオペラを演じた）

17) 举办了一场周末舞会
    jǔbànle yì chǎng zhōumò wǔhuì
    （週末のダンスパーティを催した）

18) 上午考了一场数学一场化学。
    Shàngwǔ kǎole yì chǎng shùxué yì chǎng huàxué.
    （午前中に数学と化学のテストが行われた）

19) 昨天进行了三场球赛，场场满座。
    Zuótiān jìnxíngle sān chǎng qiúsài, chǎngchǎng mǎnzuò.
    （昨日三試合が行われたが，そのいずれもが満員だった）

20) 这出话剧共有三幕五场。
    Zhè chū huàjù gòng yǒu sān mù wǔ chǎng.
    （この新劇は三幕五場からなっている）

以下は"场"chǎng が動量詞として使われている例である。

21) 电影《红高粱》在学校已经放映过三场了。
    Diànyǐng «Hóng gāoliáng» zài xuéxiào yǐjīng fàngyìngguo sān chǎng le.
    （映画《紅いコーリャン》は学校でもう三回も上映された）

22) 赛了一场
    sàile yì chǎng
    （一回試合した）

23) 演出了十场
    yǎnchūle shí chǎng
    （十回公演した）

24) 考了两场
    kǎole liǎng chǎng
    （二回テストした）

尝・品尝・品
cháng　pǐncháng　pǐn

動詞としていずれも「味わう」という意味で使われる。

1) 国内外的消费者都能及时尝（／品尝）到这里的农产品。
   Guónèiwài de xiāofèizhě dōu néng jíshí cháng (／pǐncháng) dào zhèli de nóngchǎnpǐn.
   (国内外を問わずみなすぐにここの農産物を味わうことができる）

抽象的な味にも使える。

2) 他赢得了这场比赛，第一次尝（／品尝）到了胜利的滋味。
   Tā yíngdéle zhè chǎng bǐsài, dì yī cì cháng (／pǐncháng) dàole shènglì de zīwèi.
   (彼はこの試合に勝ち，はじめて勝利の気分を味わった）

"尝"は直接形容詞とつながることができる。たとえば"尝鲜"chángxiān，"尝新"chángxīn などの語を構成する。

3) 妈妈寄了一箱自己种的桃子给亲戚朋友们尝鲜。
   Māma jìle yì xiāng zìjǐ zhòng de táozi gěi qīnqi péngyoumen chángxiān.
   (母は旬の味を味わってもらうために親戚や友人たちに自分の育てた桃をひと箱送った）

4) 收获的秋天是尝新的好季节。
   Shōuhuò de qiūtiān shì chángxīn de hǎo jìjié.
   (収穫の秋は旬の味を味わうのに良い季節である）

"品尝"は正式かつ書面的に使い，"尝"よりも丁寧なニュアンスをもつ。

5) 这是我们店里的招牌菜，请您品尝（／＊尝）。
   Zhè shì wǒmen diànli de zhāopáicài, qǐng nín pǐncháng.
   (これは私たちの店の看板料理です，ぜひ召し上がってください）

6) 我在一个水上餐厅品尝（／＊尝）了乾隆宴。
   Wǒ zài yí ge shuǐshàng cāntīng pǐnchángle Qiánlóngyàn.
   (私はある水上レストランで乾隆帝フルコースを味わった）

"品"はおもに物事のよしあし，優劣などの性質を測るのに使われ，後には直接名詞を置くことができる。たとえば"品茶"pǐnchá，"品酒"pǐnjiǔ，"品诗"pǐnshī など。"尝"と"品尝"にはこのような使い方はない。

7) 红酒需要品，才能品出它的独特。
   Hóngjiǔ xūyào pǐn, cái néng pǐnchu tā de dútè.
   (赤ワインはしっかり味わわなければ，本当の味を知ることができない）

8) 品茶不仅是一门学问，还是一种生活享受。
   Pǐnchá bùjǐn shì yì mén xuéwèn, háishi yì zhǒng shēnghuó xiǎngshòu.
   (お茶を嗜むことは一つの学問であり，また生活を楽しむことでもある）

常常 · 经常 · 往往
chángcháng jīngcháng wǎngwǎng

"常常","经常","往往"はいずれも副詞で,動作,行為,状況がしばしば起こったり,繰り返し行われたりすることを表す。「しばしば」,「よく」。

1) 我们之间共同语言越来越少,常常（／经常／往往）几天不说一句话。
   Wǒmen zhī jiān gòngtóng yǔyán yuè lái yuè shǎo, chángcháng (/jīngcháng/wǎngwǎng) jǐ tiān bù shuō yí jù huà.
   (我々の間ではますます共通の話題が少なくなり,よく何日間も一言もしゃべらないことがある)

2) 在这里乘地铁,常常（／经常／往往）比自己开车或者坐出租车快。
   Zài zhèli chéng dìtiě, chángcháng (/jīngcháng/wǎngwǎng) bǐ zìjǐ kāi chē huòzhě zuò chūzūchē kuài.
   (ここで地下鉄に乗ると,しばしば,自分で車を運転したりタクシーに乗るより速い)

"常常","经常"は回数,頻度が多いことを表し,相互に言い換えることができる。「しょっちゅう」,「いつも」,「よく」,「たびたび」。

3) 这孩子常常（／经常）发烧。
   Thè háizi chángcháng (/jīngcháng) fāshāo.
   (この子はよく熱を出す)

4) 他常常（／经常）学习到深夜。
   Tā chángcháng (/jīngcháng) xuéxídào shēnyè.
   (彼はたびたび深夜まで勉強する)

"经常"は時に動作行為の連続性あるいは規則性など,一貫性を強調する。「ずっと」,「たえまなく」,「いつも」,「ひっきりなしに」。

5) 房间应该经常打扫。
   Fángjiān yīnggāi jīngcháng dǎsǎo.
   (部屋はいつも掃除しておくべきだ)

6) 在小区内经常可以看到园林工人忙碌的身影。
   Zài xiǎoqū nèi jīngcháng kěyǐ kàndào yuánlín gōngrén mánglù de shēnyǐng.
   (この団地では忙しく立ち働く庭師たちの姿をいつも目にできる)

"往往"は一定の条件下で,経験から判断し,ある状況がよく起こりがちなことを表す。「往々にして」,「しばしば」。

7) 我的病每到阴天下雨往往会加重。
   Wǒ de bìng měi dào yīntiān xiàyǔ wǎngwǎng huì jiāzhòng.
   (私の病気は天気が崩れると悪化しがちだ)

8) 精神太紧张，往往会影响水平的发挥。
   Jīngshén tài jǐnzhāng, wǎngwǎng huì yǐngxiǎng shuǐpíng de fāhuī.
   (緊張しすぎるとふだんの力を発揮しにくい)

"往往"を使う文は，動作，行為に関する時間，場所，方法などの一定の条件が必要で，例文9)のような，それがない文には使えない。例文10)には"在家"があるので"往往"が使える。

9) 我们常常（／经常／＊往往）玩电脑游戏。
   Wǒmen chángcháng (/jīngcháng) wán diànnǎo yóuxì.
   (私たちはよくコンピュタゲームをする)

10) 我们常常（／经常／往往）在家玩电脑游戏。
    Wǒmen chángcháng (/jīngcháng/wǎngwǎng) zài jiā wán diànnǎo yóuxì.
    (私たちはよく家でコンピュタゲームをする)

"往往"は未来の事柄や主観的願望，あるいは否定文，疑問文には使えない。"常常"，"经常"は過去，現在，未来のいずれの文にも使え，願望を表す文にも使える。なお"常常"の否定は"不常"を使う。

11) 你以后常常（／经常／＊往往）来吧。
    Nǐ yǐhòu chángcháng (/jīngcháng) lái ba.
    (これからはちょくちょくいらっしゃい)

12) 明年我退休了，可以常常（／经常／＊往往）去旅行了。
    Míngnián wǒ tuìxiū le, kěyǐ chángcháng (/jīngcháng) qù lǚxíng le.
    (来年は退職するので，ちょくちょく旅行に行けるようになる)

沉・重
chén　zhòng

ともに形容詞として「重い」という意味を表す。ものの目方が物理的に「重い」というときには，"沉"，"重"どちらも使われる。

1) 这个箱子太沉（／重）了，一个人拿不动。
   Zhège xiāngzi tài chén (/zhòng) le, yí ge rén nábudòng.
   (このトランクは重すぎて，1人では持てない)

身体の一部，たとえば"头"tóu（頭），"眼皮"yǎnpí（まぶた），"肩膀"jiānbǎng（かた），"胳膊"gēbo（うで），"腿"tuǐ（あし）やその延長としての"步子"bùzi（足どり），"脚步"jiǎobù（足どり）などが重い，だるい，不快であるという感覚をいうときには"沉"が用いられる。

2) 觉得头有点儿沉。
   Juéde tóu yǒudiǎnr chén.
   （頭がちょっと重い）

3) 走了一下午，腿沉得抬不起来。
   Zǒule yí xiàwǔ, tuǐ chénde táibuqilai.
   （午後中歩いたので，足が重くて上がらない）

また動詞"沉"の「沈む」，「下降する」という意味の反映として，雲の垂れこめ具合や，眠りなどの「程度が深い」ことも表す。

4) 今天太累了，我睡得很沉。
   Jīntiān tài lèi le, wǒ shuìde hěn chén.
   （今日はひどく疲れて，深く眠った）

"重"は，「インパクトが強い」，「密度が高い」，「程度が重い」，「負担が大きい」ことなどを表す。

5) 话说得太重了
   huà shuōde tài zhòng le
   （言葉がきつすぎる）

6) 情意很重
   qíngyì hěn zhòng
   （心がこもっている）

7) 颜色有点儿重
   yánsè yǒudiǎnr zhòng
   （色が少し濃い）

8) 病情较重
   bìngqíng jiào zhòng
   （病状がかなり重い）

9) 我用毛巾替他洗脖子，他说我的手太重，倒不如自己洗。
   Wǒ yòng máojīn tì tā xǐ bózi, tā shuō wǒ de shǒu tài zhòng, dào bùrú zìjǐ xǐ.
   （私はタオルで彼の首を洗ってやったが，彼は私の力が強すぎるので，自分で洗ったほうが良いと言った）

10) 工作任务这么重，可他从来没叫过一声苦。
Gōngzuò rènwu zhème zhòng, kě tā cónglái méi jiàoguo yì shēng kǔ.
(仕事の任務がこんなに重いのに，彼は一言も弱音を吐いたことがない)

"脚步沉"は「足取りが重だるい」ことを，"脚步重"は「足取りに力がこもっている」ことを表す。また，"肩上的担子很沉" jiānshang de dànzi hěn chén は「肩にかついだ荷物が重い」，"肩上的担子很重"は「肩の荷が重い→責任や負担が重い」のように多く解釈される。

沉重 · 繁重
chénzhòng　fánzhòng

どちらも「重い」ということを意味し，品詞はともに形容詞である。"很" hěn や "非常" fēicháng，"太" tài などの副詞によって修飾できる。"沉重" は普通，「目方が重い」ことや「程度がはなはだしい」ことを指す場合に使われ，"繁重" は「仕事や任務などの負担が多く，かつ重い」場合に使われることが多い。双方の互換性は高くない。

1) 这次的失败使他精神上受到了沉重（／＊繁重）的打击。
Zhè cì de shībài shǐ tā jīngshénshang shòudàole chénzhòng de dǎjī.
(今回の失敗で彼は精神的に大きなダメージを受けた)

2) 老板迈着沉重（／＊繁重）的脚步回家了。
Lǎobǎn màizhe chénzhòng de jiǎobù huíjiā le.
(オーナーは重い足どりで家に帰った)

3) 他的心情很沉重（／＊繁重）。
Tā de xīnqíng hěn chénzhòng.
(彼はとても落ち込んでいる)

"沉重" と結合する名詞の多くは抽象的な語で，精神的負担やダメージが大きい意味を表すことが多い。たとえば "沉重的精神压力" chénzhòng de jīngshén yālì や "沉重的负担" chénzhòng de fùdān のように抽象的な意味合いや比喩的な意味で使われる。
また，"病情" など，状態や程度が重くてはなはだしいことを表す際にもよく使われる。

4) 沉重（／＊繁重）的病情使他失去了生活的勇气。
Chénzhòng de bìngqíng shǐ tā shīqùle shēnghuó de yǒngqì.
(重い病状は彼から生きる勇気を奪ってしまった)

一方，"繁重" に結びつく名詞は，仕事や任務を意味するものが多い。"劳动"

láodòng、"工作"gōngzuò、"任务"rènwu など。ほかにも"作业"zuòyè や"劳役"láoyì などがあるが、いずれにしろ「労働、仕事」関係に限定されたものであり、これらが「煩雑で、つらく骨の折れるものだ」というのが"繁重"の基本的意味である。

5) 自动化设备代替了以往繁重（／*沉重）的体力劳动。
   Zìdònghuà shèbèi dàitìle yǐwǎng fánzhòng de tǐlì láodòng.
   （オートメーション化された設備がこれまでの骨の折れる肉体労働にとって代わった）

6) 爸爸病倒以后，妈妈一个人承担了所有繁重（／*沉重）的家务。
   Bàba bìngdǎo yǐhòu, māma yí ge rén chéngdānle suǒyǒu fánzhòng de jiāwù.
   （父が病気で倒れた後、母は一人で煩雑な家事すべてを引き受けた）

7) 繁重（／*沉重）的家庭作业给孩子们带来了很大的精神压力。
   Fánzhòng de jiātíng zuòyè gěi háizimen dàilaile hěn dà de jīngshén yālì.
   （過度の宿題は子供たちに大きな精神的プレッシャーを与えた）

称赞・赞扬・表扬
chēngzàn　zànyáng　biǎoyáng

"称赞"、"赞扬"、"表扬"はいずれも動詞で、対象をほめたたえることを表す。時に相互に入れ替えることができる。「ほめる」、「たたえる／称賛する」、「表彰する」。以下の2例は、いずれの語も使うことができる。

1) 孩子们做好事受到{称赞／赞扬／表扬}了。
   Háizimen zuò hǎoshì shòudào {chēngzàn/zànyáng/biǎoyáng} le.
   （子どもたちは良いことをして{ほめられた／称賛された／表彰された}）

2) 院长多次{称赞／赞扬／表扬}我们工作做得好。
   Yuànzhǎng duōcì {chēngzàn/zànyáng/biǎoyáng} wǒmen gōngzuò zuòde hǎo.
   （院長は何度も我々がしっかり仕事をしているといって{ほめた／称賛した／表彰した}）

　三者は上記のように、時に入れ替えて使うことができるが、実際は、意味、用法において三者三様の違いがある。対応する日本語も違ってくる。何をほめるのか、人か、ものか。誰がほめるのか、ほめる人とほめられる側との関係はどういったものか。ほめられる事柄の軽重はどうか。ほめるときの方法はどんなか。これらが明らかになるよう以下に記述する。
　"称赞"は三者の中で一番一般的で、広く使うことができる。ほめる対象は身近な小さな日常的なことから、少し大きいことまで含み、人、その行動、事物、風景、土地など広範囲にわたる。良い人、よいこと、美しいもの、素晴らしいもの、何で

もほめる対象となる。つまり誰が何をほめてもよい。ほめる方法は，口頭でおこなわれることが多い。「ほめる」，「ほめたたえる」

3) 小英做了好事，妈妈称赞说："真是个好孩子。"
   Xiǎo Yīng zuòle hǎoshì, māma chēngzàn shuō: "Zhēn shì ge hǎo háizi."
   (英ちゃんがいいことをしたので，お母さんは「ほんとにいい子ね」とほめた)

4) 大家都称赞他踏实肯干。
   Dàjiā dōu chēngzàn tā tāshi kěngàn.
   (皆は彼が着実で進んで仕事をするとほめた)

5) 他的精彩表演受到观众的称赞。
   Tā de jīngcǎi biǎoyǎn shòudào guānzhòng de chēngzàn.
   (彼のすばらしい演技は観客の称賛を受けた)

6) 大家异口同声地称赞这座水库修得好。
   Dàjiā yì kǒu tóng shēng de chēngzàn zhè zuò shuǐkù xiūde hǎo.
   (皆は口々にダムのできばえをほめた)

7) 外国朋友满口称赞故宫的建筑艺术。
   Wàiguó péngyou mǎnkǒu chēngzàn gùgōng de jiànzhù yìshù.
   (外国人たちは故宮の建築技術をほめちぎった)

"赞扬"は"称赞"より少し格調が高く，改まった正式な語感がある。より突出して，より優秀で，より良いと感ずる場合にその感服，敬服の気持ちを表すべく使われる。人および人の思想，精神，行為，功績など，人に関することに対して使われ，それ以外の事物や自然，芸術品，場所などには使われない。ほめる方法は口頭や文書がもちいられる。誰が誰をほめてもよい。「ほめたたえる」，「称賛する」。

8) 他刻苦学习的精神值得赞扬。
   Tā kèkǔ xuéxí de jīngshen zhíde zànyáng.
   (彼の刻苦勉励の精神は称賛に値する)

9) 他带领全村人共同致富的事迹受到了媒体的赞扬。
   Tā dàilǐng quán cūnrén gòngtóng zhìfù de shìjì shòudàole méitǐ de zànyáng.
   (彼が指導して全村民をともに豊かにさせた業績はメディアの称賛を受けた)

10) 他在讲话中热烈赞扬两国人民之间的友谊。
    Tā zài jiǎnghuà zhōng rèliè zànyáng liǎng guó rénmín zhī jiān de yǒuyì.
    (彼はスピーチの中で熱烈に両国人民間の友好を称賛した)

なお，例4)，5)，8) などは，ほめられる対象が人間及びその行為なので，"称赞"と"赞扬"を相互に入れ替えることも可能である。例3) と例9)，10) はそのニュ

アンスからこのままがふさわしい。

　"表扬"は前二者と少し趣が異なる。"表扬"する目的は，優れたものを公開し，その事実，業績を模範として，皆を感化，教育する，学習させるところにある。"表扬"は口頭のこともあるが，公開の会議で発表したり，正式な場所への掲示，新聞への掲載，命令の下達などの形式で行われる。
　"表扬"の対象は個人やグループ，職場の単位及びそれらの人々によって行われた業績などであって，物や，土地，自然などはその対象にならない。"表扬"する人とされる人の間には関係性があり，かなり固定的である。普通，単位組織が個人を，上級機関が下部を，目上が後輩を"表扬"する。「表彰する」，「ほめたたえる」，「顕彰する」。

11) 他任教以来，先后被省、市、县各级政府嘉奖表扬。
　　Tā rènjiào yǐlái xiānhòu bèi shěng, shì, xiàn gèjí zhèngfǔ jiājiǎng biǎoyáng.
　　(彼は教職に就いて以来，相次いで省，市，県各級行政府から褒賞を受け顕彰された)

12) 公司为了表扬他见义勇为的精神，发给他一万元奖金。
　　Gōngsī wèile biǎoyáng tā jiàn yì yǒng wéi de jīngshen, fāgěi tā yí wàn yuán jiǎngjīn.
　　(会社は彼の正しいことを勇敢に行う精神を顕彰するべく，一万元のボーナスを出した)

13) 今天上课的时候，老师口头表扬了按时完成作业的同学。
　　Jīntiān shàngkè de shíhou, lǎoshī kǒutóu biǎoyángle ànshí wánchéng zuòyè de tóngxué.
　　(今日授業中に先生は，期日通りに宿題を完成させた生徒を口頭で表彰された)

14) 感谢信中病人表扬了这位医生。
　　Gǎnxièxìn zhōng bìngrén biǎoyángle zhè wèi yīshēng.
　　(感謝の手紙の中で，病人はその医師をほめたたえた)

成绩・成就
chéngjì　chéngjiù

　"成绩"は，仕事や学習，スポーツ面で得た結果を表す。「成績」，「成果」などの意味をもつ。
　良い場合にも悪い場合にも使われる中性的な語であり，"好"hǎo，"优秀"yōuxiù，"不好"bù hǎo，"坏"huài，"差"chà などの語と広く結びつく。

1) 他的各科成绩从来都不错。
　　Tā de gè kē chéngjì cónglái dōu búcuò.
　　(彼の成績はどの科目もすばらしい)

2) 他在这段工作中很有成绩，大家都很佩服他。
　　Tā zài zhè duàn gōngzuò zhōng hěn yǒu chéngjì, dàjiā dōu hěn pèifu tā.
　　(彼は今回の仕事において大きな成果を収めたため，みんなに一目置かれた)

3) 他在这次乒乓球比赛中取得了优异的成绩。
　　Tā zài zhè cì pīngpāngqiú bǐsài zhōng qǔdéle yōuyì de chéngjì.
　　(彼は今回の卓球の試合においてずば抜けた成績を収めた)

"成就"は，社会的に意義のある大きな事業で成果があったことを表す。「成果」,「業績」などの意味をもち，重々しいニュアンスがある。良い場合にのみ使われる語のため，"不好"のような語とは結びつかず，"巨大的" jùdà de, "伟大的" wěidà de, "辉煌的" huīhuáng de などと合わせて用いられることが多い。

4) 他在科学领域中取得了引人瞩目的成就。
　　Tā zài kēxué lǐngyù zhōng qǔdéle yǐnrén zhǔmù de chéngjiù.
　　(彼は科学の分野において世間が注目するような成果をあげた)

5) 这部纪录片详细介绍了他在政治上取得的伟大的成就。
　　Zhè bù jìlùpiàn xiángxì jièshàole tā zài zhèngzhìshang qǔdé de wěidà de chéngjiù.
　　(このドキュメンタリー映画は，彼が政治において収めた偉大な業績を詳しく紹介している)

なお，"成就"には動詞の用法もあるが，"成绩"にはない。

6) 他们成就了不少辉煌的功业。
　　Tāmen chéngjiùle bù shǎo huīhuáng de gōngyè.
　　(彼らは多くの輝かしい偉業を成し遂げた)

吃・尝
chī　cháng

"吃", "尝"はいずれも「食べる」という意味を表わす動詞である。

1) 你们吃吃（／尝尝）我做的饺子味道怎么样？
　　Nǐmen chīchi (/chángchang) wǒ zuò de jiǎozi wèidao zěnmeyàng?
　　(皆さん，私が作った餃子食べてみてください，味はどうですか)

中国語の"吃"は，日本語で「飲む」という場合に使われるものもあるので注意。

2) 吃{早饭／肉／面条／水果}
　　chī {zǎofàn /ròu /miàntiáo /shuǐguǒ}
　　({朝食／肉／麺／果物}を食べる)

3) 吃｛药／奶｝
   chī {yào/nǎi}
   （｛薬／乳｝を飲む）

"吃"には場所や道具を目的語にとって，「(どこどこで) 食べる」，「(何々で) 食べる」という使い方もある。

4) 吃｛食堂／饭馆｝
   chī {shítáng/fànguǎnr}
   （｛食堂／レストラン｝で食べる，外食する）

5) 吃火锅
   chī huǒguō
   （鍋料理を食べる）

6) 吃小灶
   chī xiǎozào
   （小さなかまどでつくられた特別な注文料理を食べる→特別扱いを受ける）

あるものが液体を吸い込むときにも"吃"が使われる。

7) 茄子很吃油。
   Qiézi hěn chī yóu.
   （ナスは油をよく吸う）

8) 这种纸不太吃墨。
   Zhè zhǒng zhǐ bú tài chī mò.
   （この種の紙はあまり墨を吸わない）

"吃"は，ある手段で生活する，という意味にも使われる。

9) 吃父母
   chī fùmǔ
   （親に頼って暮らす）

10) 吃利息
    chī lìxī
    （利子で暮らす）

"吃"する量，時間はいかようでも構わない。結果補語もいろいろなものが使用可能である。

11) 一顿饭吃了两个小时。
    Yí dùn fàn chīle liǎng ge xiǎoshí.

（一回の食事を二時間かけて食べた）

12) 最近她吃胖了。
    Zuìjìn tā chīpàng le.
    （彼女は最近食べ過ぎで太った）

"尝"は食品を「味わう」,「味見する」,「味を見分ける」などの意味を表す。

13) 北京有名的饭馆我都尝遍了。
    Běijīng yǒumíng de fànguǎnr wǒ dōu chángbiàn le.
    （北京中の有名な店はみんな味わいつくした）

14) 尝尝咸淡。
    Chángchang xiándàn.
    （塩加減を見て！）

15) 我尝不出来是什么味道。
    Wǒ chángbuchūlai shì shénme wèidao.
    （私は何の味だかわからない）

"尝"は,「体験,経験する」,「なめる」,「味わう」という意味も表す。

16) 我到40岁成亲，才尝到了家庭的温暖。
    Wǒ dào sìshí suì chéngqīn, cái chángdàole jiātíng de wēnnuǎn.
    （40歳になって結婚し，やっと家庭の温かみを味わった）

17) 让你尝我的厉害。
    Ràng nǐ cháng wǒ de lìhai.
    （お前に思い知らせてやる）

"尝"の後ろには「ちょっと」を表す語がくることが多い。

18) 尝了一口汤
    chángle yì kǒu tāng
    （スープを一口味見する）

19) 尝了一支烟
    chángle yì zhī yān
    （たばこ1本味見する）

吃亏・上当
chīkuī　shàngdàng

　　この2語はともに動詞で，"吃亏"は「損をする，ひどい目に遭う，何らかの点で不利になる」ことを表し，"上当"は「騙されたり，わなにかかったりする」ことを表す。

1) 你这样下去，非吃亏（／上当）不可。
   Nǐ zhèyàng xiàqu, fēi chīkuī (／shàngdàng) bùkě.
   （お前そんなふうでは，損するにきまっているよ）

2) 这次买的马票都没中奖，吃了大亏（／上了大当）。
   Zhè cì mǎi de mǎpiào dōu méi zhòngjiǎng, chīle dà kuī (／shàngle dà dàng).
   （今回買った馬券は全部はずれ，大損した）

　　1) は，"上当"であれば，騙されて損をするのであり，2) も "上了大当" であれば，口車に乗せられたり，騙されたりして大損したのである。

　　なお，"吃亏"は程度の高い場合，低い場合を問わないが，"上当"は 2)"上了大当"のように程度の高い場合には用いることができるが，低い場合には使えない。

3) 她吃了一点儿小亏（／＊上了一点小当）就发了好几天愁。
   Tā chīle yìdiǎnr xiǎo kuī jiù fāle hǎojǐ tiān chóu.
   （彼女はちょっと損をするとすぐ何日もくよくよする）

　　また，"吃亏"，"上当"は「動詞＋目的語」構造の chī//kuī, shàng//dàng であるため，"吃了大亏"，"上了大当"のように "吃" と "亏"，"上" と "当" の間に他の要素を割り込ませることができる。以下も同じである。

4) 他吃了骄傲自满的亏。
   Tā chīle jiāo'ào zìmǎn de kuī.
   （彼は尊大でうぬぼれているため損をした）

5) 他说话不算话，我再也不上他的当了。
   Tā shuōhuà bú suànhuà, wǒ zài yě bú shàng tā de dàng.
   （彼は言うことがあてにならないから，私は二度と彼のペテンにかかったりはしないよ）

6) 他呀，一点儿亏都不肯吃（／＊一点儿当…）。
   Tā ya, yìdiǎnr kuī dōu bù kěn chī.
   （あいつは，ちょっとの損さえもしないヤツなんだ）

　　次の7)，8) は "吃亏" の「何らかの点で不利になる」意の例である。

7) 期末考试他太吃亏了，因为那几天他都感冒发烧。
   Qīmòu kǎoshì tā tài chīkuī le, yīnwei nà jǐ tiān tā dōu gǎnmào fāshāo.
   (期末試験で彼はとても不利だった，あの何日か彼は風邪をひいて熱があったから)

8) 跟他们篮球队相比，我们队在身高上有些吃亏。
   Gēn tāmen lánqiúduì xiāngbǐ, wǒmen duì zài shēngāoshang yǒuxiē chīkuī.
   (彼らのバスケチームと比べると，こちらは身長で少し不利だ)

そのほかに"上当受骗"，"吃亏上当"と四文字で表す言い方も多用される。前者は「騙される」点に主眼があり，後者は何にしろ「損や不利をこうむる」ということを指す。

9) 现在轻而易举地上当受骗的老人不少。
   Xiànzài qīng ér yì jǔ de shàngdàng shòupiàn de lǎorén bùshǎo.
   (現在わけなく騙しにひっかかるお年寄りが多い)

10) 网上购物怎样避免吃亏上当？
    Wǎngshang gòuwù zěnyàng bìmiǎn chīkuī shàngdàng?
    (ネットで物を買うときどうすれば損や騙しにあわないですむんだろうか)

吃力・费力
chīlì   fèilì

どちらも「苦労する」，「骨が折れる」という意味である。以下の場合，置き換え可能である。

1) 他学习汉语很吃力（／费力）。
   Tā xuéxí Hànyǔ hěn chīlì (／fèilì).
   (彼は中国語の勉強に苦労している)

2) 我的汉语基础差，在中级班学习有些吃力（／费力）。
   Wǒ de Hànyǔ jīchǔ chà, zài zhōngjí bān xuéxí yǒuxiē chīlì (／fèilì).
   (私は中国語の基礎ができていないので，中級のクラスでは苦労している)

3) 我吃力（／费力）地爬上山顶。
   Wǒ chīlì (／fèilì) de páshang shāndǐng.
   (私は苦労して山頂に登った)

このように"吃力"と"费力"は，置き換えは可能であるが，"吃力"には「能力が足りず苦労する」意味合いが，"费力"は「力を消耗して苦労する」意味合いがある。

4) 这本书太难，读起来非常吃力。
   Zhè běn shū tài nán, dúqilai fēicháng chīlì.
   （この本は難しくて，読むのに苦労する）

5) 他学这个课程很吃力。
   Tā xué zhège kèchéng hěn chīlì.
   （このクラスは彼にとってはきつい）

6) 有的教师感到自己能力不足，教学上非常吃力。
   Yǒu de jiàoshī gǎndào zìjǐ nénglì bùzú, jiàoxuéshang fēicháng chīlì.
   （ある教師は自分の能力が足りないと感じて，教えるのに大変苦労している）

以上の"吃力"は"费力"と置き換え可能であるが，"吃力"には「能力が足りず苦労する」意味合いがあるので"吃力"がふさわしい。

7) 我费力地睁开眼睛，眼皮似铅块般沉重。
   Wǒ fèilì de zhēngkāi yǎnjing, yǎnpí sì qiānkuài bān chénzhòng.
   （私は力をふりしぼって目を開いた，瞼が鉛のように重かった）

8) 老人费力地站起来，慢慢走了。
   Lǎorén fèilì de zhànqilai, mànmàn zǒu le.
   （老人は力をふりしぼって立ち上がり，ゆっくり歩いていった）

9) 他有气喘病，说起话来很费力。
   Tā yǒu qìchuǎnbìng, shuōqi huà lai hěn fèilì.
   （彼は喘息なので，話をするにも体力を消耗する）

これらの"费力"は"吃力"と置き換え可能であるが，"费力"には「力を消耗して苦労する」意味合いがあるので"费力"のほうがふさわしい。

また"费力"は離合詞として使われ，"费"と"力"の間に他の成分を置くことができる。

10) 村里的领导为了建设近代文明城市费了不少力。
    Cūnli de lǐngdǎo wèile jiànshè jìndài wénmíng chéngshì fèile bùshǎo lì.
    （村の指導者は近代文明都市建設に多大なエネルギーを使った）

11) 如果拿钥匙转的话，就需要费点儿力了。
    Rúguǒ ná yàoshi zhuàn de huà, jiù xūyào fèi diǎnr lì le.
    （もし鍵を使って回すなら，ちょっと力がいる）

充实・充足
chōngshí　chōngzú

ともに形容詞の用法があるが，意味や修飾する対象となるものはそれぞれ異なる。"充实"は「十分な内容があり，充実している」ことを表し，よく知識，生活内容などに使う。

1) 读书使人头脑充实。
   Dúshū shǐ rén tóunǎo chōngshí.
   （読書は知識を豊かにする）

2) 每天过得十分充实。
   Měitiān guòde shífēn chōngshí.
   （毎日が充実している）

3) 文章立意新颖，构思巧妙，内容充实，堪称佳作。
   Wénzhāng lìyì xīnyǐng, gòusī qiǎomiào, nèiróng chōngshí, kān chēng jiāzuò.
   （文章は構想にふくらみがあり，巧みな組み立てになっていて，内容が充実していることから佳作と言える）

このように，"充实"は「充実している」と訳されることが多く，事物の内容について形容することが多い。

また，"充实"は動詞としての用法があり，「充実させる」，「強化する」という意味を表す。

4) 加强学习，不断充实自己。
   Jiāqiáng xuéxí, búduàn chōngshí zìjǐ.
   （さらに学習して，実力を強化する）

5) 今年学校的工作重点是进一步充实教师队伍。
   Jīnnián xuéxiào de gōngzuò zhòngdiǎn shì jìn yí bù chōngshí jiàoshī duìwu.
   （今年学校で重点をおく仕事は教師陣の充実をはかることである）

一方，"充足"は「量が十分にあり，足りている」という意味であり，よく物品やお金など具体的なものに使う。日光，空気，水分，人力，物力，財力など具体的な事物について言うことが多い。

6) 工作越是紧张越应该保持充足的睡眠。
   Gōngzuò yuè shì jǐnzhāng yuè yīnggāi bǎochí chōngzú de shuìmián.
   （仕事が忙しい時ほど十分に睡眠をとらなければならない）

7) 各地市场货源充足。
　　Gèdì shìchǎng huòyuán chōngzú.
　　（各地の市場で商品の供給は十分足りている）

8) 这间房子最大的优点是阳光充足。
　　Zhè jiān fángzi zuì dà de yōudiǎn shì yángguāng chōngzú.
　　（この家の最大の長所は日当たりが良いことである）

また，理由や根拠など抽象的な事柄に使うこともある。

9) 有充足的理由说服对方。
　　Yǒu chōngzú de lǐyóu shuōfú duìfāng.
　　（相手を納得させるのに十分な理由がある）

10) 她有充足的证据，证明所反映的情况属实。
　　Tā yǒu chōngzú de zhèngjù, zhèngmíng suǒ fǎnyìng de qíngkuàng shǔshí.
　　（彼女には自分が報告した内容が事実であることを証明するに足る根拠がある）

"充足"と一緒に使える名詞は他にもたくさんある。たとえば，
【人力（rénlì）／物力（wùlì）／财力（cáilì）／精力（jīnglì）／体力（tǐlì）／资源（zīyuán）／物品（wùpǐn）／条件（tiáojiàn）／资金（zījīn）／粮食（liángshi）／材料（cáiliào）／储备（chǔbèi）／数量（shùliàng）／营养（yíngyǎng）／阳光（yángguāng）／空气（kōngqì）】

重复・反复
chóngfù　fǎnfù

二つとも繰り返すという意味だが，意味の重点が異なり，品詞や使い方も違う。
"重复"は動詞として，同じことが繰り返して現れる，または同じことを繰り返す意味である。
"反复"は副詞として動詞の前に置かれ，ある動作を何度も繰り返すとの意味である。繰り返されることは同じ内容とは限らず，繰り返される回数が多いことを強調する。

1) 这种冰袋可以重复（／反复）使用。
　　Zhè zhǒng bīngdài kěyǐ chóngfù (/fǎnfù) shǐyòng.
　　（この氷嚢は繰り返して使える）

2) 请大家用这个词造句，但不能重复（／＊反复）别人的。
　　Qǐng dàjiā yòng zhège cí zàojù, dàn bù néng chóngfù biéren de.
　　（この言葉を使って作文してください。ただし，人と同じ文章はだめだ）

3) 我反复（／＊重复）考虑过了，决定放弃出国留学的机会。
   Wǒ fǎnfù kǎolǜguo le, juédìng fàngqì chūguó liúxué de jīhuì.
   (私は繰り返して考えた結果，海外留学のチャンスを放棄することにした)

4) 她反复（／＊重复）地说了好几次。
   Tā fǎnfù de shuōle hǎojǐ cì.
   (彼女は何回も繰り返して言った)

また，動詞の"重复"は命令文にも用いられるが，"反复"は命令文には用いられない。

5) 把我刚才说的话再重复（／＊反复）一遍。
   Bǎ wǒ gāngcái shuō de huà zài chóngfù yí biàn.
   (さっきの話をもう一回繰り返してください)

一方，"反复"は重ね型になるが，"重复"にはこの用法はない。

6) 我们反反复复（／＊重重复复）试验了几百次，终于成功了。
   Wǒmen fǎnfǎnfùfù shìyànle jǐ bǎi cì, zhōngyú chénggōng le.
   (我々は何百回も試験を繰り返し，とうとう成功した)

宠・惯・娇・疼
chǒng　guàn　jiāo　téng

いずれも「可愛がる」の意味をもち，目上の者が目下の者に使うことが多い。"爱" ài や"喜欢" xǐhuān と比べて対象とする範囲が狭く，普通は「庇護すべき身内」に限られる。

1) 奶奶最宠（／惯／娇／疼）小孙子了。
   Nǎinai zuì chǒng (/guàn/jiāo/téng) xiǎo sūnzi le.
   (おばあちゃんは孫を一番かわいがる)

"宠"はかわいがると同時に甘やかす面もあり，その対象は子供のほか，女性，臣下なども含む（"宠妃" chǒngfēi，"宠臣" chǒngchén，"宠物" chǒngwù ペットなど）。"惯"は度を越して甘やかすことを表しており，放任し，うっちゃらかすというマイナスのイメージが強い。

2) 这孩子被惯（／△宠／＊娇／＊疼）得无法无天了。
   Zhè háizi bèi guànde wú fǎ wú tiān le.
   (この子は甘やかされすぎて勝手し放題だ)

対して"娇"の対象は主に子供や女性に限定される。また四つのなかで唯一形容

詞の用法をもち，子供が甘やかされてひ弱い，苦労知らずで甘ったれているさまを表す。

3) 你不能太娇（／△宠／△惯／＊疼）她，要让她锻炼锻炼。
   Nǐ bù néng tài jiāo tā, yào ràng tā duànliànduànliàn.
   (あまり彼女を甘やかさないで，もっと鍛えるべきだ)

4) 这女孩儿真娇（／＊宠／＊惯／＊疼）。
   Zhè nǚháir zhēn jiāo.
   (この子は本当にひ弱ですね)

そして"疼"は単に「かわいがる」だけでなく，「かわいがる＋いつくしむ」という意味も含む（"怜爱" lián'ài に近い）。

5) 这孩子真招人疼（／＊宠／＊惯／＊娇）。
   Zhè háizi zhēn zhāo rén téng.
   (この子は本当に愛くるしい)

6) 他是个孤儿，从小没人疼没人爱的。
   Tā shì ge gū'ér, cóng xiǎo méi rén téng méi rén ài de.
   (彼は孤児で，小さいときから可愛がってくれる者がいなかった)

また「気遣う」の意味を表す場合もある。

7) 他可知道疼老婆了。
   Tā kě zhīdao téng lǎopo le.
   (彼は本当に愛妻家だ)

"宠"，"娇"，"惯"は結果補語を伴うこともできる。

8) 别宠（／娇／惯）坏了孩子。
   Bié chǒng (/jiāo/guàn) huàile háizi.
   (子供を過度に甘やかさないでください)

"疼坏了"とも言うが，この"坏了"は程度補語のそれであり，「痛くて死にそう」の意味を表す。

9) 我坐在地上动不了，左腿疼坏了。
   Wǒ zuòzài dìshang dòngbuliǎo, zuǒtuǐ ténghuài le.
   (私は地べたに坐り込んで動けなかった。左足が痛くてたまらなかった)

踌躇・犹豫
chóuchú　yóuyù

　"踌躇"と"犹豫"は形容詞として,「ためらっている」,「迷っている」という共通義をもつ。多くの場合置き換え可能であるが,"踌躇"は,主に行為,行動面に重きが置かれ,(決断を)迷って行動を起こせないでいる状態を,"犹豫"は,主に心理面に重きが置かれ,心中に不安や心配,懸念があり,決断が容易に下せない状態を表すというニュアンスの違いがある。

1) 去还是不去，他踌躇（／犹豫）着。
    Qù háishi bú qù, tā chóuchú (/yóuyù) zhe.
    (行くか行くまいか,彼は迷っている)

2) 他站在门口踌躇了半天，不知该不该进去。
    Tā zhànzài ménkǒu chóuchúle bàntiān, bù zhī gāibugāi jìnqu.
    (彼は入口に立ち止まり,中に入るべきか否か長いこと躊躇した)

3) 我看出她心里还是有点儿犹豫。
    Wǒ kànchū tā xīnli háishi yǒudiǎnr yóuyù.
    (彼女が心の中では,まだ少し迷っているのが見てとれた)

　2)は,行動面に重きが置かれ,(決断を)迷って行動に移せないでいる状態であり,"踌躇"を用いる方がふさわしい。3)では,心理状態に重きを置いていることが明らかなため,"犹豫"を用いる方がふさわしい。

　"踌躇","犹豫"はともに,"犹豫（／踌躇）不决"(迷って決めかねる),"踌躇（／犹豫）不定"(迷って定まらない),"犹豫（／踌躇）再三"(何度も迷う),"犹豫（／踌躇）起来"(迷いはじめる)のように用いられる。ただし,"踌躇不前"(迷って先に進めない),"心中犹豫"(心中迷っている),"神色犹豫"(迷っている面持ちである)は,一方に限定される用法である。
　"毫不犹豫"(少しもためらわない)も,よく見られる表現であるが,多くの場合,心理状態に重きを置き,心に心配や不安,懸念がないために決断が速いことを強調しているため,"犹豫"が用いられることが多い。

4) 他毫不犹豫地献出了自己的生命。
    Tā háobù yóuyù de xiànchule zìjǐde shēngmìng.
    (彼は少しもためらわずに自分の生命をささげた)

　また"踌躇"は書面語的色彩をもつ文章に多く用いられる傾向がある。そのため,"踌躇"の程度を高める場合は,書面語の程度副詞"颇" pō と動詞"费" fèi を伴い,"颇费踌躇（／＊犹豫）"(非常に躊躇する)のように表すことが多い。"犹豫"は,

書面語的色彩をもつ文章にも用いられるが，口語的文章に用いられることが多く，"踌躇"よりもやや軽い印象がある。そのため，程度を高めるには，書面語である"颇费"は用いず，一般的な程度副詞"很"や"非常"で修飾する。

5) 他身为一个管理者，做事却很犹豫。
    Tā shēn wéi yí ge guǎnlǐzhě, zuò shì què hěn yóuyù.
    (彼は管理者であるが非常に優柔不断である)

6) 美国对该计划颇费踌躇。
    Měiguó duì gāi jìhuà pō fèi chóuchú.
    (アメリカはこの計画に対し，非常に躊躇している)

その他 "犹豫" には "犹犹豫豫" のように重ね型で状態を強調する用法がある。"踌躇" にはこの用法はない。

7) 他办事总是犹犹豫豫的，一点儿也不干脆。
    Tā bànshì zǒngshì yóuyóuyùyù de, yìdiǎnr yě bù gāncuì.
    (彼は何をやるにもぐずぐず迷ってばかりで，まったくもって思い切りが悪い)

出发・动身・走
chūfā　dòngshēn　zǒu

"出发"，"动身"，"走" はいずれも「出発する，発つ，出かける」などの意味を表す。

"出发" は「目的地に向けてある地点を出発する」ことで，人にも乗り物にも用いることができる。

1) 救援人员从北京出发（／动身／＊走）去四川省。
    Jiùyuán rényuán cóng Běijīng chūfā (/dòngshēn) qù Sìchuānshěng.
    (救援隊は北京を出発して四川省に向かった)

2) 这架飞机中午一点从成田出发（／＊动身／＊走）飞往伦敦。
    Zhè jià fēijī zhōngwǔ yī diǎn cóng Chéngtián chūfā fēiwǎng Lúndūn.
    (この飛行機は昼の１時に成田を発ってロンドンに向かう)

上の1)，2) のように，出発の起点は "从～出发" と表わされ，"出发北京去四川" とは言わない。まとまった団体や組織などの出発には多く "出发" を使う。しかし次の3) のように，個人的な出発にも使うことはできる。

3) 我打算后天出发（／动身／走），先到兰州，然后去敦煌。
    Wǒ dǎsuan hòutiān chūfā (/dòngshēn/zǒu), xiān dào Lánzhōu, ránhòu qù Dūnhuáng.

(私はあさって発って、まず蘭州に行き、それから敦煌に行くつもりだ)

そのほかに、"出发"は思考や抽象的な事柄などの判断の基準となる基点を示す場合にも使う。

4) 要从学生未来的需要出发（／＊动身／＊走）安排教学内容。
　　Yào cóng xuésheng wèilái de xūyào chūfā ānpái jiàoxué nèiróng.
　　(学生にとって将来的に必要となるという点から考えて教育内容を整えなければならない)

"动身"は"出发"とほぼ同義だが、"动身"の「身を起こして」といった感じからしても日本語の「旅立つ、旅路につく」に近い語感で、少人数の人の出立に使い、口語で多用する。やはり"从～动身"である。乗り物や抽象的な事柄には使えない。

5) 他们俩天亮前从这儿动身（／出发／走）了。
　　Tāmen liǎ tiān liàng qián cóng zhèr dòngshēn (/chūfā/zǒu) le.
　　(彼ら二人は夜明け前にここから発っていった)

6) 明天下雨的话，就动不了身（／出发不了／走不了）了。
　　Míngtiān xiàyǔ de huà, jiù dòngbuliǎo shēn (/chūfābuliǎo/zǒubuliǎo) le.
　　(明日雨が降ったら、出発できなくなる)

なお、この6)の"动不了身"は、"动身"が「動詞＋目的語」構造のdòng//shēnであるため"动不了身"となり、"动身不了"とはならない。

"走"についてはよく知られているように、目的地指向の"去"とは異なって「その場を離れる」ことだけを表し、行き先には無関心である。

7) 行李都打好了，明天早上就走（／动身／出发）。
　　Xíngli dōu dǎhǎo le, míngtiān zǎoshang jiù zǒu (/dòngshēn/chūfā).
　　(荷物はちゃんと用意できました、明日の朝発ちます)

处理・处置
chǔlǐ　chǔzhì

ともに動詞として「処理する」、「解決する」という共通義をもつが、"处理"のニュアンスは軽く、"处置"のニュアンスは重い。

1) 你去处理（／处置）一下这次发生的疑难问题吧。
　　Nǐ qù chǔlǐ (/chǔzhì) yíxià zhè cì fāshēng de yínán wèntí ba.
　　(あなたが行って今回生じた難問を解決してきてください)

2) 因事情的经过太复杂，无法处理（／处置）。
   Yīn shìqing de jīngguò tài fùzá, wúfǎ chǔlǐ (/chǔzhì).
   (今回の出来事は経緯が複雑なため，解決が難しい)

3) 妥善处理（／处置）群众提出来的意见。
   Tuǒshàn chǔlǐ (/chǔzhì) qúnzhòng tíchūlai de yìjian.
   (群衆から提出された意見を手際よく処理する)

4) 处理（／处置）犯人
   chǔlǐ (/chǔzhì) fànrén
   (犯人を処罰する)

"处理"と"处置"が互換できるのは重大な，あるいは厄介な問題を解決する場合に限られ，通常の場合は5）と6）のように，言い換えられない。"处理"の使用範囲は広く，対象は具体的な人や事物でも，抽象的な関係，矛盾，路線などでもいい。しかし，"处置"の使用範囲は狭く，対象は具体的な人や事物であることが多い。

5) 处理（／＊处置）人际关系
   chǔlǐ rénjì guānxi
   (人間関係を解決する)

6) 处理（／＊处置）矛盾
   chǔlǐ máodùn
   (トラブルを解決する)

このほかに，"处理"は「安く売り払う，在庫品を安売りする」や「特定の方法で処理する」という意味を表す用法もあるが，この用法は"处置"にはみられない。

7) 处理（／＊处置）积压商品
   chǔlǐ jīyā shāngpǐn
   (在庫品を安売り処分する)

8) 从今天开始，百货商场要便宜处理（／＊处置）各种商品。
   Cóng jīntiān kāishǐ, bǎihuò shāngchǎng yào piányi chǔlǐ gèzhǒng shāngpǐn.
   (今日からデパートでは各種の商品を安く売り始める)

9) 热处理（／＊处置）
   rèchǔlǐ
   (熱処理を行う)

10) 污水处理（／＊处置）
    wūshuǐ chǔlǐ
    (汚水処理を行う)

处处・到处
chùchù　dàochù

「いたるところ，あらゆるところ」などを表す"处处"と"到处"の違いについて考えてみる。

1) 春节期间处处（／到处）都喜气洋洋的。
   Chūnjié qījiān chùchù (/dàochù) dōu xǐqì yángyáng de.
   (春節の間はどこもかしこも喜びに溢れている)

2) 现在各种各样的名牌商品到处（／处处）都能买得到。
   Xiànzài gèzhǒng gèyàng de míngpái shāngpǐn dàochù (/chùchù) dōu néng mǎidedào.
   (今ではさまざまなブランド品がいたるところで手に入る)

上の1)，2)は"处处"，"到处"のどちらでも言える。まず"处处"についてみてゆくと，"处"は「所，場所」を表す名詞である。たとえば，やはり名詞の"家"や"天"を重ねて"家家养花"jiājiā yǎng huā といえば「どの家もどの家も，みな花を植え育てている」であり，"天天下雨"tiāntiān xiàyǔ といえば「どの日もどの日も雨，毎日雨」となる。このように"处处"は「ここも，あそこも」と一定の範囲内の各箇所に注目し，そこを「点」的に捉えて「ここも，あそこも，どこもかしこもいたるところ」と言い表す。

では次に"到处"についてみてゆく。次の3)，4)の"到处"は"处处"に置き換えにくい。

3) 倾盆大雨，院子里到处都是水。
   Qīngpén dàyǔ, yuànzili dàochù dōu shì shuǐ.
   (どしゃ降りで，庭中がすっかり水浸しになった)

4) 冬天的原野，到处都是白茫茫一片。
   Dōngtiān de yuányě, dàochù dōu shì báimángmáng yí piàn.
   (冬の原野はあたり一面まっ白だ)

3)は庭の全面が水浸しであり，4)については，たとえば，広大な地面や水面などを"一片汪洋"yí piàn wāngyáng（見渡すかぎりの海原），"一片草地"yí piàn cǎodì（一面の草原）などと言うときに用いる"一片"で"白茫茫一片"と言い表している。

この3)，4)が"处处"ではなく，"到处"で言い表されているということは，同じ「いたるところ」であっても，"到处"は一定の場所の全体を一望する感じで「面」として捉えているものといえよう。

以上から，ある一定の場所，範囲内を「いたるところ」と言う場合，その場所全体を一望のもとに見渡して「面」として捉えて言う"到处"と，同じくその一定の

範囲内の各箇所に次々と視点を移しながら「点」的に捉えたうえで「どこもかしこも」と言い表す"处处"との違いがわかる。

冒頭の1), 2) が"处处""到处"のいずれでも言い表すことができるのは，この捉え方の違いに基づくものといえる。

なお，"处处"には点としてとらえる個々別々の箇所が抽象化した場合，次のように「各方面で」の意味となる。

5) 他很热心，处处（／*到处）为人着想。
   Tā hěn rèxīn, chùchù wèi rén zhuóxiǎng.
   (彼は誠実な人で，いろいろな点で親身になって相手のことを思いやる)

また，"到处"は人体についても次のように言うことができる。"处处"にはこの言い方はない。

6) 那个人浑身上下到处（／*处处）都是土。
   Nàge rén húnshēn shàngxià dàochù dōu shì tǔ.
   (あの人は上から下まで全身泥まみれだ)

穿・戴・系
chuān dài jì

ともに「何かを身につける」という意味を表すが，つけるものとつけ方によって使い分ける必要がある。

"穿"は基本的には「とおす」ことであり，"穿T恤" chuān T xù（Tシャツを着る），"穿羽绒服" chuān yǔróngfú（ダウンジャケットを着る）のように上肢に通す場合にも，また"穿裤子" chuān kùzi（ズボンを履く），"穿长统靴" chuān chángtǒngxuē（ロングブーツを履く）など下肢に通す場合にも用いる。日本語のような「着る」,「履く」の区別は中国語にない。

1) 他今天穿了一身灰西装。
   Tā jīntiān chuānle yì shēn huī xīzhuāng.
   (彼は今日グレーのスーツを着ている)

2) 上身穿一件红毛衣，下身穿一条黑裙子。
   Shàngshēn chuān yí jiàn hóng máoyī, xiàshēn chuān yì tiáo hēi qúnzi.
   (上半身は赤いセーターを着ていて，下半身は黒いスカートを履いている)

3) 今天很冷，你出去时应该穿大衣。
   Jīntiān hěn lěng, nǐ chūqu shí yīnggāi chuān dàyī.
   (今日はとても寒いから，出かける時にコートを着ると良いですよ)

"戴"は一般に「服以外の物を体の一部の上につける」ことを表すのに用いる。

4) 她戴了一对漂亮的耳环。
   Tā dàile yí duì piàoliang de ěrhuán.
   (彼女はきれいなイヤリングをつけている)

5) 戴着墨镜的那个男的是谁？
   Dàizhe mòjìng de nàge nánde shì shéi?
   (サングラスをかけているあの男の人は誰ですか)

6) 在东北，冬天出门的时候，很多人都戴口罩。
   Zài dōngběi, dōngtiān chūmén de shíhou, hěn duō rén dōu dài kǒuzhào.
   (東北では，多くの人が冬外出する時にマスクをつける)

その他，"戴"はよく次の名詞と一緒に使う。
"戴眼镜" dài yǎnjìng（眼鏡をかける）；"戴手表" dài shǒubiǎo（腕時計をはめる）；"戴项链" dài xiàngliàn（ネックレスをする）；"戴戒指" dài jièzhi（指輪をはめる）；"戴手套" dài shǒutào（手袋をする）；"戴帽子" dài màozi（帽子をかぶる）；"戴校徽" dài xiàohuī（校章をつける）

"系"は「ネクタイ，ベルト，エプロン，ヘアバンドなど帯状のものを（ぎゅっと締めて）身につける」ことをいう。

7) 网上可以查到又快又简单的系领带的方法。
   Wǎngshang kěyǐ chádào yòu kuài yòu jiǎndān de jì lǐngdài de fāngfǎ.
   (インターネットで，早くて簡単なネクタイの締め方を調べることができる)

8) 周末的时候很多男人会系上围裙下厨房，为家人做上一桌可口的饭菜。
   Zhōumò de shíhou hěn duō nánrén huì jìshang wéiqún xià chúfáng, wèi jiārén zuòshang yì zhuō kěkǒu de fàncài.
   (週末，エプロンをして台所で家族のために美味しい食事を作る男性がたくさんいる)

上記例文中の"穿"，"戴"，"系"はいずれもおたがいに置き換えることができない。また，「ネクタイを締める」ことを表すには，"打领带" dǎ lǐngdài，"扎领带" zhā lǐngdài とも言う。

传染 · 感染 · 沾染
chuánrǎn gǎnrǎn zhānrǎn

いずれも本来「病原菌微生物が人や動物，植物の組織や体液に侵入する，または表面に定着する」という意味をもつ動詞である。しかし，用いられる文脈が違うものが多く，置き換えられない場合が多い。

"传染"は一般的に病気がうつることをいう。また，（良くない）情緒，感情が他のものに移ることも表す。

1) 别把流感传染（／＊感染／＊沾染）给孩子。
   Bié bǎ liúgǎn chuánrǎngěi háizi.
   （インフルエンザを子供にうつしてはならない）

2) 这种病毒通过血液传染（／感染／＊沾染）。
   Zhè zhǒng bìngdú tōngguò xuèyè chuánrǎn (/gǎnrǎn).
   （この種のウィルスは血液を通して伝染する）

3) 他的不安情绪迅速传染（／＊感染／＊沾染）给了其他的人。
   Tā de bù'ān qíngxù xùnsù chuánrǎngěile qítā de rén.
   （彼の不安な気持ちがすぐに他の人に伝染した）

4) 受他的传染（／＊感染／＊沾染），我也变得急躁起来。
   Shòu tā de chuánrǎn, wǒ yě biànde jízàoqilai.
   （彼の気持ちが伝染して，私もいらいらしてきた）

"感染"は，病原菌の侵入により病気になることを表す。また，感情，雰囲気，言葉や行動などによって，他の人に良い影響を与えることも表す。

5) 不要去人多的地方，以免感染（／＊传染／＊沾染）疾病。
   Bú yào qù rén duō de dìfang, yǐmiǎn gǎnrǎn jíbìng.
   （病気に感染しないように，人が大勢いる場所に行かないでください）

6) 手术后尽量少动，否则容易刀口感染（／＊传染／＊沾染）。
   Shǒushù hòu jǐnliàng shǎo dòng, fǒuzé róngyì dāokǒu gǎnrǎn.
   （手術後なるべく安静にしてください。そうしないと手術した傷口が開いて感染しやすくなりますよ）

7) 会场上欢乐的气氛感染（／＊传染／＊沾染）了每个人。
   Huìchǎngshang huānlè de qìfen gǎnrǎnle měi ge rén.
   （会場にいる一人一人に楽しい雰囲気が伝わった）

8) 她的作品感染（／＊传染／＊沾染）了无数的读者，受到了普遍欢迎。
   Tā de zuòpǐn gǎnrǎnle wúshù de dúzhě, shòudàole pǔbiàn huānyíng.
   （彼女の作品は多くの読者に感動を与えて，大変な人気がある）

9) 受儿子的感染（／＊传染／＊沾染），全家都喜欢上了足球。
   Shòu érzi de gǎnrǎn, quánjiā dōu xǐhuanshangle zúqiú.
   （息子に影響されて一家全員がサッカー・ファンになった）

"沾染"は，接触によって，悪いものや悪い習慣などがつくことをいう。悪いもの

全般に用いられる。

10) 衣服上沾染（／＊传染／＊感染）了油污。
Yīfushang zhānrǎnle yóuwū.
（服に油のシミがついてしまった）

11) 高中毕业以后，他游手好闲了几年，沾染（／＊传染／＊感染）上许多坏习气。
Gāozhōng bìyè yǐhòu, tā yóu shǒu hào xián le jǐ nián, zhānrǎnshang xǔduō huài xíqì.
（高校を卒業した後，彼は数年間ぶらぶら遊んでいて，たくさん悪い習慣を身につけた）

また，"传染"と"感染"は造語能力をもっているが，"沾染"はもっていない。たとえば，"传染性"chuánrǎnxìng（伝染性），"传染病"chuánrǎnbìng（伝染病），"感染源"gǎnrǎnyuán（感染源），"感染力"gǎnrǎnlì（感染力）などという。

词典・字典
cídiǎn　zìdiǎn

どちらも「辞書」である。中国では事典，年鑑，索引類などと合わせ，"工具书"gōngjùshū（参考書類）と総称する。

"词典"は，（単語 word を単位とする）辞書，辞典。

1) 这部词典选收常用词语六千余条。
Zhè bù cídiǎn xuǎnshōu chángyòng cíyǔ liùqiān yú tiáo.
（この辞書は六千余りの常用語を収めている）

《现代汉语词典》，《汉语大词典》，《同义词词典》，《方言词典》，《英汉词典》など。

"字典"は，（文字 character を単位とする）字引，字典。漢字一文字一文字についてその発音，意味，用法等を示す。

2) 这部字典所收单字，约一万一千一百个左右。
Zhè bù zìdiǎn suǒ shōu dānzì, yuē yí wàn yì qiān yì bǎi ge zuǒyòu.
（この字典に収録している文字は，約1万1100字ほどである）

《中国汉语字典》，《汉字属性字典》，《康熙字典》，《甲骨文字典》など。

さらに日本でいう「事典」にあたる書籍に"辞典"cídiǎn が使われていることがある。"词典"が主に言語と文字を集めた書籍であるのに対し，"辞典"の多くは，専門性があるかまたは百科事典的な書籍である。なお「百科事典」のことは"百科全书"bǎikē quánshū とも言う。

《外国哲学大辞典》,《当代世界文学名著鉴赏辞典》,《中国人名大辞典》など。

電子辞書は"电子词典"という。

3) 办公用品和文具从传统的笔、墨、纸向现代的电脑、电子词典等发展。
Bàngōng yòngpǐn hé wénjù cóng chuántǒng de bǐ, mò, zhǐ xiàng xiàndài de diànnǎo, diànzǐ cídiǎn děng fāzhǎn.
（事務用品や文具は，伝統的な筆，墨や紙から現代的なコンピューターや電子辞書等に発展した）

从・自・离・由
cóng zì lí yóu

日本語に訳すとき，いずれも「～から」と訳せる。

"从"は場所や時間の起点，または範囲，発展，変化などの起点や根拠を表す。よく"从～到～","从～起～"などの形式をとる。

1) 他刚从北京回来。
Tā gāng cóng Běijīng huílai.
（彼は北京から帰ってきたばかりだ）

2) 那家饭馆从明天起开业。
Nà jiā fànguǎn cóng míngtiān qǐ kāiyè.
（あのレストランは明日から営業開始だ）

3) 从我家到学校不远。
Cóng wǒ jiā dào xuéxiào bù yuǎn.
（家から学校まで遠くない）

"自"は場所や時間の起点を表す。"从"は書き言葉も話し言葉にも使えるが，"自"は書き言葉である。

4) 参观团自北京出发前往广州。
Cānguāntuán zì Běijīng chūfā qiánwǎng Guǎngzhōu.
（視察団は北京から出発し，広州に向かう）

5) 这是自购买日起半年内有效的机票。
Zhè shì zì gòumǎirì qǐ bànnián nèi yǒuxiào de jīpiào.
（これは購入日より半年間有効な航空券である）

6) 自去年开始我们公司的效益有所增加。
   Zì qùnián kāishǐ wǒmen gōngsī de xiàoyì yǒu suǒ zēngjiā.
   (去年から我が社の利益は増加し始めた)

"离"は2点間の空間的，時間的距離を表す。

7) 我家离车站不远。
   Wǒ jiā lí chēzhàn bù yuǎn.
   (私の家は駅から遠くない)

8) 离国庆节还有两个星期。
   Lí Guóqìngjié hái yǒu liǎng ge xīngqī.
   (国慶節までまだ2週間ある)

"由"は起点，根拠，出所を表すほかに，動作の主体を導いたり，方式，原因，出所を表す。

9) 他由会场走出来。
   Tā yóu huìchǎng zǒuchulai.
   (彼は会場から出てきた)

10) 句子是由词组成的。
    Jùzi shì yóu cí zǔchéng de.
    (センテンスは単語から成り立っている)

11) 这个问题由我来解决。
    Zhège wèntí yóu wǒ lái jiějué.
    (この問題は私が解決する)

「"从，自，由"＋名詞」の後に続くのは動的な動詞が多く見られるが，「"离"＋名詞」の後には形容詞または"有"yǒu などの静的な動詞しかおけない（例7), 8) 参照）。

从来・一直
cónglái　yīzhí

いずれも動作や状態が継続していることを表す。品詞は副詞である。
"从来"は過去から現在まで動作や状態が持続していることを表す。「いままで」，「これまでずっと」。主に否定文（"不" bù あるいは "没" méi）で用いる。

1) 他从来不抽烟也不喝酒。
   Tā cónglái bù chōuyān yě bù hē jiǔ.
   (彼は以前からずっとたばこを吸わないしお酒も飲まない)

2) 我从来没吃过这么好吃的菜。
   Wǒ cónglái méi chīguo zhème hǎochī de cài.
   (私はこれまでこんなにおいしい料理を食べたことがない)

肯定文に用いるときは，動詞あるいは形容詞の前に「"就"jiù／"都"dōu＋程度副詞」が必要である。

3) 我冬天从来都洗冷水澡。
   Wǒ dōngtiān cónglái dōu xǐ lěngshuǐ zǎo.
   (私は冬にいつも冷水のお風呂に入っている)

4) 他从来就很热情。
   Tā cónglái jiù hěn rèqíng.
   (彼はいつも人に親切である)

"一直"はある一定期間の中で動作や状態が途切れることなく持続していることを示す。「(～まで)ずっと」。過去における一定期間，過去から現在までの一定期間，また未来に向けての一定期間，いずれの場合にも使える。

5) 昨晚我一直在等你的电话。
   Zuówǎn wǒ yìzhí zài děng nǐ de diànhuà.
   (ゆうべ私はずっとあなたの電話を待っていた)

6) 大雨一直下了三天，到现在还在下。
   Dàyǔ yìzhí xiàle sān tiān, dào xiànzài hái zài xià.
   (大雨はずっと三日間降り続け，今もまだ降っている)

7) 小王打算一直在上海生活和工作。
   Xiǎo Wáng dǎsuàn yìzhí zài Shànghǎi shēnghuó hé gōngzuò.
   (王さんはずっと上海で生活し仕事をするつもりだ)

"一直"は"从来"と比べて，「ある一定期間の中での持続」を強調している特徴がある。そのため，"一直"は一定の時間を表す表現とともに使用することが多い。

8) 上个周末他一直在公司加班。
   Shànggè zhōumò tā yìzhí zài gōngsī jiābān.
   (先週末彼はずっと会社で残業していた)

9) 明晚我会一直在家等你下班。
   Míngwǎn wǒ huì yìzhí zài jiā děng nǐ xiàbān.
   (明日の夜私はずっと家であなたが仕事が終わるのを待つつもりだ)

一方，"从来"の表す動作や状態の持続は明確な起点と終点をもっていないことが多い。

10) 他从来（／＊一直）不撒谎。
   Tā cónglái bù sāhuǎng.
   （彼は今までずっとうそを言ったことがない）

11) 我从来（／＊一直）没听他说过这件事。
   Wǒ cónglái méi tīng tā shuōguo zhè jiàn shì.
   （私は今までこのことについて彼から聞いたことがない）

从头・重新・从新
cóngtóu　chóngxīn　cóngxīn

いずれも動作行為を表す動詞の前に用いられる副詞である。
"从头"は，「動作行為を途中からではなく，最初から行う」ということ表す。「最初から，はじめから」。

1) 提起这事，我得从头（／＊重新／＊从新）说起。
   Tíqǐ zhè shì, wǒ děi cóngtóu shuōqǐ.
   （このことについては，初めから話さなくてはならない）

2) 错了没关系，从头（／重新／＊从新）再来好了。
   Cuòle méi guānxi, cóngtóu (／chóngxīn) zài lái hǎo le.
   （間違えても構わない。最初からやり直せば良い）

例文2)では，"重新"とも言えるが，"从头再来"は「最初からやり直す」意味であるのに対し，"重新再来"は「もう一度やる」という意味になる。
このように，"重新"は動作行為を再度繰り返すことを表すのに用いられる。繰り返すとき，内容や方法を変えるか否かは問わない。「もう一度。新たに。改めて」。

3) 公司快要倒闭了，他不得不重新（／＊从头／从新）找工作。
   Gōngsī kuàiyào dǎobì le, tā bù dé bù chóngxīn (／cóngxīn) zhǎo gōngzuò.
   （会社がそろそろ倒産しそうなので，彼は新しい仕事を探すしかなかった）

4) 对那段历史需要重新（／＊从头／从新）进行评价。
   Duì nà duàn lìshǐ xūyào chóngxīn (／cóngxīn) jìnxíng píngjià.
   （その時代の歴史に対して改めて評価する必要がある）

5) 我把这篇文章又重新（／从头／＊从新）看了一遍。
   Wǒ bǎ zhè piān wénzhāng yòu chóngxīn (／cóngtóu) kànle yí biàn.
   （私はこの文章をもう一度読んだ）

例文5)では，"从头"も使えるが，"重新看"は，文章を「もう一度読む」（つ

まり，動作を繰り返す）という点に重きが置かれるのに対し，"从头看"は，文章を「頭から読む」（つまり，動作を最初から行う）という意味を表す。

一方，"从新"は，動作行為の内容や方法を変えて，再び繰り返すことを表すのに用いる。「新たに」，「改めて」の意味である。上の3)，4)と次の6)，7)で示されているように，"重新"に置き換えられる場合が多い。

6) 这台空调坏了，得从新（／＊从头／重新）买一台。
   Zhè tái kōngtiáo huài le, děi cóngxīn (/chóngxīn) mǎi yì tái.
   （このエアコンは壊れてしまったから，〈もう一つ〉新しいのを買わなければならない）

7) 经过调解，夫妻二人从新（／＊从头／重新）和好了。
   Jīngguò tiáojiě, fūqī èr rén cóngxīn (/chóngxīn) héhǎo le.
   （仲裁によって，夫婦二人は改めて仲直りした）

なお，最近発音も似ている"从新"と"重新"を区別せずに，一般的に"重新"を使う傾向がある。よって，上記"从新"と"重新"が両方使える例文については，"重新"がより多く使われているようだ。

催促・催・督促
cuīcù　　cuī　　dūcù

いずれも「せきたてる」，「催促する」という意味をもつ。
"催促"は人に行動，行為を急がせることを表す。

1) 他不断地打电话来，催促我快点儿回去。
   Tā búduàn de dǎ diànhuà lai, cuīcù wǒ kuài diǎnr huíqu.
   （彼はしきりに電話をかけてきて，早く帰るようにと私を急かした）

2) 我催促了，但是他不做，我有什么办法。
   Wǒ cuīcù le, dànshì tā bú zuò, wǒ yǒu shénme bànfǎ.
   （催促したけど，彼がやらないのだから，しかたがないよ）

"催"は"催促"とほとんど意味用法が同じだが，口語性が強く，話し言葉としてよく使われる。

3) 别催！
   Bié cuī!
   （急かさないで！）

4) 催什么催！
   Cuī shénme cuī!

（急かすなよ！）

"催"には物事の発生を促したり，変化を加速させる使い方もある。この用法は"催促"にはない。

5) 这部电影真是感人至深、催人泪下。
Zhè bù diànyǐng zhēn shì gǎnrén zhì shēn, cuī rén lèi xià.
（この映画は本当に人に感動を与え，涙を誘う）

"督促"は急がせるだけでなく，物事がうまく運ぶようつぶさに見守る，すなわち「監督しつつ催促する」ことを表す。一般に上級機関から下級機関，上司から部下，目上の人から目下の人，つまり立場の下の者に対して用いる。また自分自身に対しても使える。

6) 这孩子学习自觉性差，你得督促着点儿他。
Zhè háizi xuéxí zìjuéxìng chà, nǐ děi dūcùzhe diǎnr tā.
（この子は進んで勉強しようとしないから，あなたが監督し指導してやらなければならない）

7) 已经布置了的工作，应当认真督促检查。
Yǐjīng bùzhìle de gōngzuò, yīngdāng rènzhēn dūcù jiǎnchá.
（すでに割り当てた仕事は，真剣に催促，検査を行わなければならない）

8) 我要督促自己不断进取。
Wǒ yào dūcù zìjǐ búduàn jìnqǔ.
（私は自分が絶えず前進しつづけるよう自らを監視せねばならない）

"催促"，"催"は離れた場所から手紙や電話，メールなどの通信手段を通して行うことができるが，"督促"は「そばにいて見守る」なので，不可能である。

9) 我已发邮件催促厂家尽快交货了。
Wǒ yǐ fā yóujiàn cuīcù chǎngjiā jìnkuài jiāohuò le.
（すでにメーカーにメールを送り，早く納品するよう催促した）

10) 图书馆来信，催他还书。
Túshūguǎn lái xìn, cuī tā huán shū.
（図書館から彼宛てに本を返すよう催促の手紙が来た）

D 达到・到达
dádào　dàodá

「ある目標に到達する」という共通義をもつ動詞である。"达到"は抽象的な到達

点に達することを表すのに対して，"到达"は通常具体的地点に到着することを表す。"达到"の目的語は，目的，レベル，程度，数量，結果，状態，要求などを表わす語である。

1) 只要努力学习，两年后你的汉语水平肯定能达到 HSK 中级水平。
   Zhǐyào nǔlì xuéxí, liǎng nián hòu nǐ de Hànyǔ shuǐpíng kěndìng néng dádào HSK zhōngjí shuǐpíng.
   (努力して勉強すれば，二年後にあなたの中国語のレベルは必ず HSK 中級に達することができる)

2) 我们的目的一定能够达到。
   Wǒmen de mùdì yídìng nénggòu dádào.
   (我々の目的は必ず達成できる)

3) 人均收入达到八百美元。
   Rénjūn shōurù dádào bā bǎi Měiyuán.
   (一人当たりの収入は 800 ドルに達する)

"到达"の目的語は場所を表す語に限られる。

4) 外贸代表团预定明天下午到达北京。
   Wàimào dàibiǎotuán yùdìng míngtiān xiàwǔ dàodá Běijīng.
   (対外貿易代表団が明日の午後北京に到着する予定だ)

5) 列车到达终点站的时间为下午五点。
   Lièchē dàodá zhōngdiǎnzhàn de shíjiān wéi xiàwǔ wǔ diǎn.
   (列車が終着駅に着く時間は午後 5 時である)

その他，"达到"の可能補語は"达得到"と"达不到"であるが，"到达"は可能補語の形式がない。

6) 我们研制的机器人还达不到这个水平。
   Wǒmen yánzhì de jīqìrén hái dábudào zhège shuǐpíng.
   (私たちが開発したロボットは，まだこのレベルに達することができない)

答复・回答
dáfu　huídá

"答复"と"回答"はいずれも動詞として「回答する」，「返答する」，「答える」の意味がある。また，名詞的に使うこともできる。ただし，重点をおいているところや使う場面は必ずしも同じではない。

1) 让我好好儿考虑一下，再答复（／回答）你。
   Ràng wǒ hǎohāor kǎolǜ yíxià, zài dáfu (/huídá) nǐ.
   (ちゃんと考えてから返事をさせてください)

2) 至今仍没有得到满意的答复（／回答）。
   Zhìjīn réng méiyou dédào mǎnyì de dáfu (/huídá).
   (いまだに満足できる回答を得られていない)

3) 这个问题我回答不出来（／＊答复）。
   Zhège wèntí wǒ huídábuchūlai.
   (この質問は私には答えられない)

"答复"は主に質問や要求に対して"同意／不同意"，"可以／不可以"など自分の立場や態度を示す。一方，"回答"は"是／不是"で答える質問以外，さらに説明や解釈を加えることも可能である。人によって，回答が異なるので，"回答"には良いか悪いか，適切か否かの問題がある。これに対して，"答复"には「正しい」かどうかの問題はない。

4) 行还是不行，请尽快给我一个答复。
   Xíng háishi bùxíng, qǐng jǐnkuài gěi wǒ yí ge dáfu.
   (イエスかノーか，できるだけ早く返事をください)

5) 习近平与奥巴马分别回答了中外记者的提问。
   Xí Jìnpíng yǔ Àobāmǎ fēnbié huídále zhōngwài jìzhě de tíwèn.
   (習近平とオバマはそれぞれ内外の記者の質問に答えた)

"答复"の主語は組織や団体であることが多いのに対し，"回答"の主語は個人のほうが多い。前者には"研究以后答复"yánjiū yǐhòu dáfu（検討した後返事する），"商量之后答复" shāngliang zhīhòu dáfu（相談した後返事する），"代表公司答复" dàibiǎo gōngsī dáfu（会社を代表して返事する），"早日答复" zǎorì dáfu（早めに返事する）などの表現がある。後者は"不知如何回答"bù zhī rúhé huídá（どのように答えたらいいかわからない），"不假思索地回答" bù jiǎ sī suǒ de huídá（即座に返答する），"回答得很干脆" huídá de hěn gāncuì（答えはとてもきっぱりしている）など個人の行為に用いられることが多い。

6) 向上级领导请示之后再答复你。
   Xiàng shàngjí lǐngdǎo qǐngshì zhīhòu zài dáfu nǐ.
   (上司にうかがいをたててから返答します)

7) 请站起来回答问题（／＊答复）。
   Qǐng zhànqilai huídá wèntí.
   (立って，質問に答えなさい)

"答复"は口頭でも書面でも可能であるのに対し, "回答"は書面でもいいが, 面と向かって直接「答える」ことが多い。前者には"答复读者来信"dáfu dúzhě láixìn (読者からの投書に返事する), "发函答复"fāhán dáfu (手紙を送って返事する) などがある。後者には"大声回答"dàshēng huídá (大声で回答する), "抢着回答"qiǎngzhe huídá (我がちに答える) などがある。

8) 合同内容无误，可以发函答复对方。
   Hétong nèiróng wúwù, kěyǐ fā hán dáfu duìfāng.
   （契約書の内容に誤りはないので，手紙で先方に返事をしてよい）

9) 我还没说完，他就抢着回答（／＊答复）。
   Wǒ hái méi shuōwán, tā jiù qiǎngzhe huídá.
   （私がまだ話し終わらないうちに，彼は先を争って答えた）

"答复"は正式な場面でよく使われるが, "回答"は日常の生活や仕事の場面で使うことが多い。

10) 未得到来自中国官方的正式答复。
    Wèi dédào láizì Zhōngguó guānfāng de zhèngshì dáfu.
    （まだ中国政府の正式な回答を得られていない）

11) 老师表扬我回答得很正确（／＊答复）。
    Lǎoshī biǎoyáng wǒ huídáde hěn zhèngquè.
    （先生は私の答えが正解だとほめてくれた）

"回答"にはもう一つ,「～の期待に応える」の使い方があるが, "答复"にはこのような用法はない。

12) 我们要用实际行动来回答领导的期待。
    Wǒmen yào yòng shíjì xíngdòng lái huídá lǐngdǎo de qīdài.
    （私たちは実際の行動で上司の期待に応えなければならない）

打算・准备
dǎsuan　zhǔnbèi

ふだんよく使う「…するつもりである」を表す語には"打算"と"准备"がある。

1) 你打算（／准备）什么时候去旅行？
   Nǐ dǎsuan (/zhǔnbèi) shénme shíhou qù lǚxíng?
   （君はいつ旅行に行くつもり？）

2) 大学毕业后，他准备（/打算）考研究生。
   Dàxué bìyè hòu, tā zhǔbèi (/dǎsuan) kǎo yánjiūshēng.
   (大学卒業後，彼は大学院を受験するつもりだ)

　この1) と2) は"打算"，"准备"のいずれでも言えるが，その意味の違いはどこにあるのかをみてゆく。そこでまずこの2語の表す意味を比べてみる。

	打算	准备
動詞	①考える　計画する ②…するつもりである　…しようと思う	①準備する　支度する ②…するつもりである　…する予定である
名詞	考え　　意図　　計画	準備　　用意　　支度

（講談社『中日辞典』第三版による）

　ここで，表の動詞①と名詞の意味を"打算"と"准备"で見比べると，"打算"の意味は思考段階，頭の中で思いめぐらしている語であり，"准备"は，あることを実施，実現するための具体的な段取りをつけたり準備作業に入るなど，つまり支度段階を含んだ語であるといえる。

　この2語が本来的にもつこういった意味が，動詞②「…するつもりである」を表す場合に反映し，この次のような意味的違いを生み出しているものと考えられる。

"打算"：(できることならそうしたいものと心に思う段階で)…するつもり
"准备"：(実現の具体的方策まで含め心を決めている段階で)…するつもり

3) 今天太累了，明天打算（/准备）好好儿休息一天。
   Jīntiān tài lèi le, míngtiān dǎsuan (/zhǔnbèi) hǎohāor xiūxi yì tiān.
   (今日はひどく疲れたので，明日は一日ゆっくり休むつもりだ)

4) 我们准备（/打算）马上就出发。
   Wǒmen zhǔnbèi (/dǎsuan) mǎshàng jiù chūfā.
   (私たちはすぐにも発つ手はずになっています)

　先の1)，2) およびこの3)，4) はいずれも"打算"，"准备"で置き換えられるが，そのどちらで言い表すかは，話し手が「心に思う段階」で述べるのか，あるいは「心に決めている段階」で述べるのかの違いによる。

　次の5)，6) は動詞①の意味の例である。

5) 得到压岁钱，那个男孩儿笑嘻嘻地打算（/＊准备）着怎么花。
   Dédào yāsuìqián, nàge nánháir xiàoxīxī de dǎsuanzhe zěnme huā.
   (お年玉をもらうと，その男の子はにこにこしてその使いみちを思いめぐらしていた)

125

6) 我到家时，母亲已经准备（／＊打算）好晚饭了。
   Wǒ dào jiā shí, mǔqin yǐjīng zhǔnbèihǎo wǎnfàn le.
   （私が帰宅したとき，母はすでに夕食を準備していた）

なお，"打算"は目的語に5)"怎么花"のように動詞性のものをとる。"准备"は6)"晚饭"のように名詞を目的語にすることもできる。

最後に"打算"と"准备"が名詞的に用いられている場合もみておく。

7) 你的打算（／＊准备）太不实际了，得另想办法了。
   Nǐ de dǎsuan tài bù shíjì le, děi lìng xiǎng bànfǎ le.
   （君の考えはあまりに現実離れしている，やり方を別に考えなければならない）

8) 洪水来到前，沿江地区进行了充分准备（／＊打算）。
   Hóngshuǐ láidào qián, yánjiāng dìqū jìnxíngle chōngfèn zhǔnbèi.
   （洪水になる前に，川沿い地区では十分な備えをしておいた）

9) 做最好的准备（／＊打算），做最坏的打算（／＊准备）。
   Zuò zuì hǎo de zhǔnbèi, zuò zuì huài de dǎsuan.
   （最善の準備を整え，かつ最悪〈の場合〉の心づもりをしておく）

大概・大约
dàgài　dàyuē

ともに，①状況またはその可能性に対する推測，「おそらく，多分〜」。②数量や時間についての推定「おおよそ，〜ぐらい」を表す。この場合はともに副詞的な使い方で，置き換えて使うことができる場合が多い。一般的に"大概"は①の意味に，"大约"は②の意味に用いることが多い。①の意味で"大约"を用いると書き言葉になる場合が多い。

1) 前边大概（／大约）就是那个宾馆了吧。
   Qiánbian dàgài (/dàyuē) jiù shì nàge bīnguǎn le ba.
   （多分前のがそのホテルでしょう）

2) 这件事大概（／大约）没问题。
   Zhè jiàn shì dàgài (/dàyuē) méi wèntí.
   （このことは多分問題ない）

3) 从这里到机场大约（／大概）有一个小时的路程。
   Cóng zhèli dào jīchǎng dàyuē (/dàgài) yǒu yí ge xiǎoshí de lùchéng.
   （ここから空港まではだいたい一時間の道のりだ）

4) 昨天参加宴会的大约（／大概）有一百多人。
   Zuótiān cānjiā yànhuì de dàyuē (／dàgài) yǒu yì bǎi duō rén.
   （昨日の宴会に百人あまり参加した）

5) 王老师大约（／大概）有四十多岁。
   Wáng lǎoshī dàyuē (／dàgài) yǒu sìshí duō suì.
   （王先生は40過ぎくらいだろう）

また、"大概"は「だいたいの」、「おおよその」という形容詞の用法があり、さらに「概略」、「大筋」という名詞用法をもっているが、"大约"にはそうした用法はなく副詞のみである。

6) 我先介绍一下大概的情况。
   Wǒ xiān jièshào yíxià dàgài de qíngkuàng.
   （まず概要を説明します）

7) 大概的意思我听明白了。
   Dàgài de yìsi wǒ tīngmíngbai le.
   （聞いてだいたいの意味が分かった）

8) 小李讲了三遍，我才听出个大概来。
   Xiǎo Lǐ jiǎngle sān biàn, wǒ cái tīngchu ge dàgài lai.
   （李さんに3遍話をしてもらい、やっとだいたいのことが分かってきた）

大量・大批
dàliàng　dàpī

ともに数量が多いという意味をもつ形容詞である。人や物など具体的なものを表す時に置き換えられる場合がある。

1) 这所大学为国家培养了大量（／大批）优秀人才。
   Zhè suǒ dàxué wèi guójiā péiyǎngle dàliàng (／dàpī) yōuxiù réncái.
   （この大学は国のために多くの優秀な人材を育てた）

2) 目前这种商品还不能大量（／大批）生产。
   Mùqián zhè zhǒng shāngpǐn hái bù néng dàliàng (／dàpī) shēngchǎn.
   （現在、この商品はまだ大量生産することができない）

3) 比赛场馆外面聚集了大量（／大批）球迷。
   Bǐsài chǎngguǎn wàimiàn jùjíle dàliàng (／dàpī) qiúmí.
   （試合会場の外には、大勢のサポーターが集まっている）

"大量"は具体的なものだけでなく，4)，5)，6) のように抽象的なものや数えることができないものにも用いる。この場合は"大批"と置き換えることができない。

4) 大量（／＊大批）引进国外的先进技术。
   Dàliàng yǐnjìn guówài de xiānjìn jìshù.
   （海外の先進技術を大量に導入する）

5) 为了写这本书，他做了大量（／＊大批）的调查研究工作。
   Wèile xiě zhè běn shū, tā zuòle dàliàng de diàochá yánjiū gōngzuò.
   （この本を書くために，彼は大量の調査を行った）

6) 这种蔬菜里含有大量（／＊大批）的维生素A。
   Zhè zhǒng shūcàili hányǒu dàliàng de wéishēngsù A.
   （この野菜にはビタミンAが豊富に含まれている）

"大批"は，具体的なものに限って用いられ，しかもそれが「ひとまとまり」になっているという意味をもつ。特にある時期に連続して次々と現れる場合に用いられる。

7) 大批（／大量）救援物资及时运往灾区。
   Dàpī (/dàliàng) jiùyuán wùzī jíshí yùnwǎng zāiqū.
   （大量の救援物資がただちに被災地に運ばれた）

8) 进入90年代以来，大批（／大量）外国留学生进入这个大学学习。
   Jìnrù jiǔshí niándài yǐlái, dàpī (/dàliàng) wàiguó liúxuéshēng jìnrù zhège dàxué xuéxí.
   （90年代に入ってから，大量の外国人留学生がこの大学に入学して勉強するようになった）

"大批"はまた，数詞"一"を前につけて，"一大批"の形で使うこともできる。さらに，"大批大批"のように重ね型にすることもできる。

9) 近年涌现出一大批年轻的科学家。
   Jìnnián yǒngxiànchu yídàpī niánqīng de kēxuéjiā.
   （近年，大勢の若い科学者が出現している）

10) 大批大批的产品源源不断地销往世界各地。
    Dàpīdàpī de chǎnpǐn yuányuán búduàn de xiāo wǎng shìjiè gèdì.
    （大量の製品が絶え間なく世界各地に売られている）

大学・学院
dàxué　xuéyuàn

"大学""学院"は，いずれも高等教育を行う教育機関の名称であり，日本の「大学」に相当する。ちなみに日本の「高等学校」は，中国では"高级中学（高中）"，「中学校」は"初级中学（初中）"，「小学校」は"小学"という。

"大学"は，いくつかの学部から構成される総合大学，あるいは規模の大きな大学（universityに相当）を指し，"学院"は，ある特定の学部から成る単科大学（collegeに相当）を指す。"学院"はまた，学部数が少ないか，あるいは小規模の公立大学，私立大学，専門学校の名称としても用いられている。

1) 他考上北京大学了。
   Tā kǎoshang Běijīng dàxué le.
   （彼は北京大学に合格した）

2) 我是中央音乐学院毕业的。
   Wǒ shì Zhōngyāng yīnyuè xuéyuàn bìyè de.
   （私は中央音楽学院を卒業した）

"大学"は，"大学"と"学院"を含む高等教育機関の総称として用いられることもある。

3) 他考上大学（／＊学院）了。
   Tā kǎoshang dàxué le.
   （彼は大学に合格した）

4) 他是大学（／＊学院）教师。
   Tā shì dàxué jiàoshī.
   （彼は大学教師だ）

3)，4)の"大学"には，"学院"も含まれる。たとえば校名に"学院"のつく学校の生徒も，広義には"大学生"と呼ばれ，"学院生"は用いない。

さらに，総合大学の中でも"学院"が使われている。たとえば，中国の北京大学の組織は，次の通りである。一部分のみ示す。（　）内が日本語訳。

理学部
物理学院（物理学部）
化学学院（化学学部）
心理学系（心理学部）　他

人文学部

中国语言文学系（中国言語文学科）
历史学系（歴史学科）
外国语学院（外国語学部） 他

社会科学部
经济学院（経済学部）
法学院（法学部）
情报管理系（情報管理学科） 他

　表中，"系"は"中文系"（中文学科）や"历史系"（史学科）のように「学科」に相当する教学単位であり，それに対して"学院"のほうが規模が大きく，ここでは「学部」と日本語訳しておいた。
　ところで，上記の"理学部"，"人文学部"のような，中国語でいう"学部" xuébù は，単に同じ系統の教学単位を便宜的にグループ化し，総称したものであり，日本の「学部」とは異なり，実体性が薄い組織名称であると言える。

带・拿
dài　ná

　"带"は，どちらかと言えば，「携帯する」，「身に付けて持つ」というところに重点をおいているが，「携帯したまま移動する」という意味も含意されている。明らかに「携帯して移動する」，「身に付けて移動する」という意味を表す場合には，"拿"に置き換えられないのが普通である。

1) 我每天都带（／＊拿）饭。
   Wǒ měitiān dōu dài fàn.
   （私は毎日お弁当を持参する）

2) 你带钱了吗？
   Nǐ dài qián le ma?
   （お金を持っている？／お金を持って来ている？）

　1) は"带"を"拿"に置き換えることができないが，2) は"带"を"拿"に置き換えると，使用する場面によって，「〈出かける前に言う〉お金を持った？」「お金をもらった〈受領した〉か。」「お金を取ったの〈盗んだ〉か。」というふうに意味がわかれてしまうことになるだろう。

　一方，"拿" ná は，基本的に「手にする」，「手で握って持つ」という意味を表すので，明らかに「手に持つ」という意味を表すときには，"带"に換えられない。

3) 箱子太重了，我一个人拿（／＊带）不动。
   Xiāngzi tài zhòng le, wǒ yí ge rén nábudòng.
   （このトランクは重すぎて，私一人では持てない）

4) 她手里拿（／＊带）着一把雨伞。
   Tā shǒuli názhe yì bǎ yǔsǎn.
   （彼女は手に傘を持っている）

なお，次の文では，"拿"と"带"のあとに結果補語"到"dào，"上"shàng，あるいは方向補語"来"lai，"去"qu，"过"guo などがつくことによって両方言えるようになる。"拿"の場合は，「わざわざ」持って行く，持って来るという意味になるし，"带"の場合は，「ついでに」持って行く，持って来るということになるだろう。明らかに相手の行動が分かっていて，「ついでに」やってもらいたい時には"带"を使う。5)' がそうである。また，"带"は「ついでに」の意味を持っているので，命令する時は"拿"より少し口調が軽くなる。

5) 你把这把椅子拿到屋里去。
   Nǐ bǎ zhè bǎ yǐzi nádào wūli qù.
   （この椅子を部屋〈の中〉に持って行って）

5)' 你把这把椅子带到屋里去。
   Nǐ bǎ zhè bǎ yǐzi dàidào wūli qù.
   （ついでにこの椅子を部屋まで持って行って）

次の 6)，7) は"带"でいう場合も"拿"でいう場合もあるが，それぞれ"带上"と"拿上"の省略とも考えられる。

6) 下午有雨，别忘了带（上）伞。
   Xiàwǔ yǒu yǔ, bié wàngle dài (shang) sǎn.

7) 下午有雨，别忘了拿（上）伞。
   Xiàwǔ yǒu yǔ, bié wàngle ná (shang) sǎn.
   （午後は雨が降るらしいから，傘を持っていくのを忘れないでね）

一方，目的語が人間の場合は，"带"しか使えない。

8) 你把他带（／＊拿）来！
   Nǐ bǎ tā dàilai!
   （彼を連れて来い）

さらに，人に物を托してどこかへ持って行ってもらう場合には，"带"を使い，"拿"は使わない。なぜなら，この場合は「わざわざものを持って行ってもらう」ではなく，「ついでにものを持って行ってもらう」という状況だからである。"带"は移動

が想定されていて，それに伴って「携帯」するというのが本義なので，人に物を頼むときには「負担軽減化」の原則が働き，「ついでに」という語感をもつ"帯"が使いやすいのである。

9) 她托我带东西。
   Tā tuō wǒ dài dōngxi.
   (彼女から物を預かった)

一方では，次に示すように，"拿"には介詞として「を」に相当する用法も見られる。

10) 别拿我开玩笑。
    Bié ná wǒ kāi wánxiào.
    (私をからかわないで)

担任・担当
dānrèn　dāndāng

"担任"は「担当する」,「受け持つ」ことで，"担任"の対象は普通，職務および具体的な職務名（たとえば，"重要职务" zhòngyào zhíwù，"翻译" fānyì，"经理" jīnglǐ，"校长" xiàozhǎng）や具体的な仕事（たとえば，"防守" fángshǒu，"解说" jiěshuō，"～工作" gōngzuò）である。

1) 听说王老师要担任（／＊担当）高三的班主任。
   Tīngshuō Wáng lǎoshī yào dānrèn gāo sān de bānzhǔrèn.
   (聞くところによると，王先生は高校三年の学級担任になるそうだ)

2) 填写简历时，还要写出担任（／＊担当）过哪些职务。
   Tiánxiě jiǎnlì shí, hái yào xiěchu dānrènguo nǎ xiē zhíwù.
   (履歴書を書く際に，これまでに就いた職名も書かなくてはいけない)

3) 他担任（／＊担当）后勤工作多年。
   Tā dānrèn hòuqín gōngzuò duōnián.
   (彼は長年後方勤務を担当している)

一方，"担当"は，「仕事や職務を，責任をもって引き受ける」ことである。"担当"の後ろに，重要な仕事，重大な責務，危険なことなど，やや抽象的な事柄が目的語としてくることが多い。

4) 担当（／＊担任）起教育下一代的重任。
   Dāndāngqi jiàoyù xià yí dài de zhòngrèn.

(次の世代を教育する重大な任務を担う)

5) 我担当（／＊担任）不起这个责任。
Wǒ dāndāngbuqǐ zhège zérèn.
(私はこの責任を負えない)

6) 敢于担当（／＊担任）是党的干部必须具备的基本素质。
Gǎnyú dāndāng shì dǎng de gànbù bìxū jùbèi de jīběn sùzhì.
(敢えて責任を負うことは党の幹部としての基本的に必要な素養だ)

"担任"も"担当"もともに使える次の文を見てみよう。

7) 担任（／担当）本场比赛主裁判的是一名日本人。
Dānrèn (/Dāndāng) běn chǎng bǐsài zhǔcáipàn de shì yì míng Rìběnrén.
(本試合の主審となる人は一人の日本人である)

8) 他所在的小组担当（／担任）了最艰巨的工作。
Tā suǒzài de xiǎozǔ dāndāng (/dānrèn) le zuì jiānjù de gōngzuò.
(彼がいるグループは一番大変な仕事を引き受けた)

"担任"が使われる場合，どちらかと言えば，ただ普通に「職務を受け持つ」，「仕事を担当する」といった意味である。それに対して，"担当"が使われる場合は,「責任が重大」,「仕事の内容が大変だ」といったニュアンスがある。

担心・担忧
dānxīn　dānyōu

「身近なことに不安を感じ，居ても立ってもいられない」状況には"担心"を使う。「将来のことや，より深刻なことを憂慮し，心を痛める」場合は"担忧"を使う。"担忧"は"担心"より程度が重い。

1) 孩子还不回来，真让人担心（／＊担忧）。
Háizi hái bù huílai, zhēn ràng rén dānxīn.
(子供がまだ帰ってこない，心配です)

2) 别担心（／＊担忧），不会出事儿的。
Bié dānxīn, bú huì chūshìr de.
(心配しないで，事故なんか起こらないから)

3) 对公司的未来表示担忧（／＊担心）。
Duì gōngsī de wèilái biǎoshì dānyōu.
(会社の将来に対して憂慮する)

4) 儿行千里母担忧（／＊担心）。
   Ér xíng qiān lǐ mǔ dānyōu.
   （遠方に出掛けた子どもを母親はいつも心に掛けている）

"担心"は離合詞で，"担"と"心"の間に他の成分を入れることができるが，"担忧"はできない。

5) 为他不知担了多少心。
   Wèi tā bùzhī dānle duōshǎo xīn.
   （彼のためにどれだけ心配したかわからない）

6) 孩子非常懂事，从来没有让父母担过心。
   Háizi fēicháng dǒngshì, cónglái méiyou ràng fùmǔ dānguo xīn.
   （子どもはよい子で，両親に心配を掛けたことなんかない）

"担心"は目的語をもつことができるが，"担忧"は目的語をもつことができない。"令人" lìng rén や"为" wèi という形を使って対象を前にもってくる。

7) 采取了这些措施就不用担心（／＊担忧）感冒了。
   Cǎiqǔle zhèxiē cuòshī jiù búyòng dānxīn gǎnmào le.
   （このような措置を取ったら，風邪の心配をしなくてすむ）

8) 很多人都担心（／＊担忧）投资者把在中国的投资转移到其他国家。
   Hěn duō rén dōu dānxīn tóuzīzhě bǎ zài Zhōngguó de tóuzī zhuǎnyídào qítā guójiā.
   （投資家が中国での投資を他の国へ移すことが懸念される）

9) 国际局势令人担忧（／＊担心）。
   Guójì júshì lìng rén dānyōu.
   （国際情勢が懸念される）

10) 我们都为他的健康担忧（／＊担心）。
    Wǒmen dōu wèi tā de jiànkāng dānyōu.
    （私たちは彼の健康が心配だ）

担心・挂念・惦记
dānxīn　guàniàn　diànjì

この3語はいずれも大まかには「心配する，気づかう」の意を表す動詞である。それぞれどのような心配や気づかいを言い表すのかをみてゆく。
なお，この3語はいずれも動詞であるが，"很"などの程度副詞で修飾できる。
"担心"は「何かよくないことが起こりはしないか」と心配し気をもむのである。

1) 母亲经常担心（／＊挂念／＊惦记）孩子们上街遭车祸。
   Mǔqin jīngcháng dānxīn háizimen shàngjiē zāo chēhuò.
   (母親は子供たちが街へ出て交通事故に遭わないかといつも心配している)

2) 飞机能不能准时起飞，旅客们很担心（／＊挂念／＊惦记）。
   Fēijī néngbunéng zhǔnshí qǐfēi, lǚkèmen hěn dānxīn.
   (飛行機が時間通りに離陸できるかどうか，乗客はとても気をもんでいる)

3) 昨天发生了铁路的事故，我为他们担了一夜心（／＊挂念／＊惦记）。
   Zuótiān fāshēngle tiělù de shìgù, wǒ wèi tāmen dānle yí yè xīn.
   (昨日起った鉄道事故で，私は夜通し彼らのことを心配した)

　上の3)は"担心"が「動詞＋目的語」構造のdān//xīnであるため，間に"了一夜"が入り込んで"担了一夜心"となったものである。

"挂念"は「離れている親しい間柄の人などがどうしているか」と気にかけ，案ずるのである。

4) 他两个月没来信了，母亲很挂念（／担心／＊惦记）他。
   Tā liǎng ge yuè méi láixìn le, mǔqin hěn guàniàn (/dānxīn) ta.
   (彼が2カ月も便りをよこさないので，母親は彼のことを案じている)

5) 他有许多朋友，却挂念（／＊担心／＊惦记）着我这个忘年交。
   Tā yǒu xǔduō péngyou, què guàniànzhe wǒ zhège wàngniánjiāo.
   (彼には友人が大勢いるというのに，なんとこの私という，歳が離れ世代も違う忘年の友を気にかけていてくれるのだ)

"惦记"は，何かが「常に念頭から去ることがない状態」でそれに気を取られたり，それを気づかったり，あるいはまたそれに心を寄せたり，心配したりすることを表す。

6) 别老惦记（／＊担心／＊挂念）着玩儿！
   Bié lǎo diànjizhe wánr!
   (遊ぶことばっかり考えてるんじゃない！)

7) 不要老惦记（／＊担心／＊挂念）着自身的得失，要多为大家着想。
   Búyào lǎo diànjizhe zìshēn de déshī, yào duō wèi dàjiā zhuóxiǎng.
   (いつもわが身の損得ばかりを気にとめていてはダメだ，もっとみんなのためを考えねば)

8) 这附近的居民都很惦记（／担心／＊挂念）着这家小小理发店。
   Zhè fùjìn de jūmín dōu hěn diànji (/dānxīn) zhe zhè jiā xiǎoxiǎo lǐfàdiàn.
   (この付近の人たちはみんなこのちっぽけな床屋さんのことを心にかけ気づかっている)

耽误・耽搁
dānwu　dānge

どちらも動詞として,「ぐずぐずと無駄に時間を費やす」という共通義をもつ。"耽误"は"误"wù という字が含まれている。"误"とは"误事"wùshì（物事を遅らせたため仕事などに支障や悪影響が出る）ということで,ここから"耽误"は「ものごとをするのを先延ばしにしたり,機会を逸したりして,その結果不都合が生じる事態になる」ことを表す。

1) 你快去吧，别耽误了正经事。
　　Nǐ kuài qù ba, bié dānwule zhèngjingshì.
　　（早く行きなさい, 仕事に遅れるよ）

2) 为了照顾好丈夫，又不耽误工作，她每天中午都赶回家做饭。
　　Wèile zhàogùhǎo zhàngfu, yòu bù dānwu gōngzuò, tā měitiān zhōngwǔ dōu gǎnhuí jiā zuòfàn.
　　（夫の面倒を見, また仕事にも支障をきたさないよう, 彼女は毎日お昼に大急ぎで家にもどって食事を作った）

"耽搁"は"搁"gē に特徴がある。"搁"は「放置する」,「ほっておく」こと,つまり「先延ばしにする」,「延期する」,「時間を食う」という面を強調する。その本質は物理的に"拖延"tuōyán（延期する）ことにある。

3) 这件事一天也不能耽搁。
　　Zhè jiàn shì yì tiān yě bù néng dānge.
　　（この事は一日たりとも延ばせない）

4) 事情忙，把回信给耽搁了。
　　Shìqing máng, bǎ huíxìn gěi dānge le.
　　（忙しくて返事が遅れてしまった）

5) 这次从北京去哈尔滨，起飞就晚了一个小时，在沈阳停留又耽搁了四小时。
　　Zhè cì cóng Běijīng qù Hā'ěrbīn, qǐfēi jiù wǎnle yí ge xiǎoshí, zài Shěnyáng tíngliú yòu dāngele sì xiǎoshí.
　　（今回は北京からハルビンへ行くのに, まず離陸が1時間遅れ, 瀋陽で止まってしまい待つことまた4時間だよ）

どちらも後に時間詞がよく来る。しかし, 上で見たように意味の重点は同じではない。

a. 又耽误了一天
　　yòu dānwule yì tiān

b. 又耽搁了一天
　　yòu dāngele yì tiān

"耽误"は一日を無駄にしてしまい，その結果「物事に支障がでる」という意味合いが強い。一方，"耽搁"のほうは単に「一日延長になった」，「物理的に一日遅れた」という点にウエイトがある。

6) 我怕耽误他的时间，谈了一会儿就告辞走了。
　　Wǒ pà dānwu tā de shíjiān, tánle yíhuìr jiù gàocí zǒu le.
　　(彼の時間を邪魔しては悪いと思い，少し話をしてからすぐにおいとました)

7) 明天能耽搁您一会儿时间吗?
　　Míngtiān néng dānge nín yíhuìr shíjiān ma?
　　(明日しばらくあなたの時間をさいていただけますか)

もちろん"耽搁"のほうも物事を先延ばしにするわけで，その結果思わしくない事態を招くのは縷々避けられまい。すなわち以下のような用法では"耽误"と接近し，置き換え可能である。

8) 医生说："素云，你得上医院检查检查，可不能把病耽搁了。"
　　Yīshēng shuō: "Sùyún, nǐ děi shàng yīyuàn jiǎnchájiǎnchá, kě bù néng bǎ bìng dānge le."
　　(医者は言った，「素雲，病院で検査しなくてはだめだよ，病気をこれ以上ほうっておけないよ」)

9) 学校的教室大多都年久失修，漏雨的问题如果继续拖下去，只会让学生们耽搁课程。
　　Xuéxiào de jiàoshì dàduō dōu niánjiǔ shīxiū, lòu yǔ de wèntí rúguǒ jìxù tuōxiaqu, zhǐ huì ràng xuéshengmen dānge kèchéng.
　　(学校の教室はほとんどが長い間修理もされず，このまま雨漏りがするにまかせていては生徒たちの学業に遅れがでる)

この他，"耽搁"には"停留" tíngliú (滞在する) という意味がある。

10) 我在北京耽搁了几天。
　　Wǒ zài Běijīng dāngele jǐ tiān.
　　(私は北京に数日滞在した)

11) 因为有些事情没办完，在上海多耽搁了三天。
　　Yīnwei yǒuxiē shìqing méi bànwán, zài Shànghǎi duō dāngele sān tiān.
　　(仕事のやり残しがあったので，上海に3日間余計にとどまった)

"耽误"の意味は単一である。一方"耽搁"は,"拖延"(延期する,遅らせる)ということから,そのため不都合が生じるという意味を派生し,この場合,"耽误"と置き換え可能になる。しかし,"拖延"(延期する,遅らせる),"停留"(滞在する)という意味では"耽误"と置き換えはできない。

但・但是・可是・不过
dàn　dànshì　kěshì　bùguò

　いずれも複文の前節と後節を逆説関係でつなぐ働きをする接続詞である。「でも,けれども,しかし」などで導かれる後節で,前節と相反することを述べたり,前節に制限や補足などを加えたりする。
　この4語は上に述べた「逆説関係でつなぐ働き」をするだけで,個々の語に意味の違いがあるわけではない。
　その違いは意味にではなく,"书面语"書きことば的な語か,"口语"話しことば的な響きをもつ語であるかなど,あるいはまた軽快な軽い感じの語か,そうではない語か,などといったその語のもつ「語調」の特色にあるといえる。

1) 虽然身体不好,但(／但是／可是／不过) 他仍然坚持工作。
   Suīrán shēntǐ bù hǎo, dàn (/dànshì/kěshì/búguò) tā réngrán jiānchí gōngzuò.
   (体がよくないが,しかし彼は相変らずいつも通りにしっかり仕事をしている)

2) 她的声音不大,但是 (／但／可是／不过) 却很坚决。
   Tā de shēngyīn bú dà, dànshì (/dàn/kěshì/búguò) què hěn jiānjué.
   (彼女の声は大きくはないが,でもきっぱりとしている)

　この1),2) は上に見るとおり,いずれも他の3語との言い換えは可能であるが,1) の"但"は概して書きことば的である。2) の"但是"は書きことばとしても,話しことばとしても使えるタイプの語である。
　これら接続詞はその置かれる位置からみれば,上の1),2) のように後節の頭に置かれるのが一般である。しかし次の3) にある通り"但","但是"は語句と語句の間に置くこともできる。

3) 我过了一个忙碌但 (／但是) 愉快的周末。
   Wǒ guòle yí ge mánglù dàn (/dànshì) yúkuài de zhōumò.
   (私は忙しくしかし楽しい週末を過ごした)

　次の4),5) の"可是"は話しことば的であり,語調は"但是"よりやや軽い。なお,4) の"可是"は後節の頭に置かれているが,5) では後節の主語"他"の後ろにある。"可是"は後節の頭と主語の後ろとの二通りの置き所がある。

4) 这菜看上去不怎么样，可是（／但／但是／不过）吃起来却挺不错。
   Zhè cài kànshangqu bù zěnmeyàng, kěshì (/dàn/dànshì/búguò) chīqilai què tǐng búcuò.
   (この料理は見た目にはどうってこともないが、でも食べてみるとけっこういける)

5) 嘴里骂着，他可是（／*但／*但是／*不过）心里喜欢着呢。
   Zuǐli màzhe, tā kěshì xīnli xǐhuanzhe ne.
   (口では悪態つきながら、でも内心嬉しいんだから)

"不过"は話しことばで、語調はやはり"但是"より軽い。

6) 她是个好老师，不过（／但／但是／可是）太严厉了一点儿。
   Tā shì ge hǎo lǎoshī, búguò (/dàn/dànshì/kěshì) tài yánlì le yìdiǎnr.
   (彼女はいい先生だけど、でもちょっと厳格すぎるんだ)

これら逆説の接続詞によって導かれる後節にはしばしば1)の"仍然"や2)、4)の"却"など、ほかにも"也"、"还"などの副詞を伴うことが多い。

なお、"但"、"但是"、"可是"は単独で用いるほかに、先の1)にある"虽然" suīrán や、また"尽管" jǐnguǎn などと呼応して、"虽然／尽管…但／可是"（…ではあるが、しかし）の定型呼応構文を作ることもできる。

7) 这本书虽然是对幼儿的，但是（／但／可是）内容却很深刻。
   Zhè běn shū suīrán shì duì yòu'ér de, dànshì (/dàn/kěshì) nèiróng què hěn shēnkè.
   (この本は幼児向けの本だが、しかし内容は意外にもとても深い)

8) 尽管刮了一夜大风，天气可是（／*但／*但是）一点儿也不冷。
   Jǐnguǎn guāle yí yè dàfēng, tiānqì kěshì yìdiǎnr yě bù lěng.
   (一晩中大風だったのに、でも少しも寒くない)

以上は接続詞であるが、"但"、"不过"、"可是"には以下のように副詞の用法もある。

"但"は「ただ、…のみ」"不想得一百分儿，但求及格" bù xiǎng dé yì bǎi fēnr, dàn qiú jígé（百点取ろうとは思っていない、ただ合格すればいい）

"不过"は"不过…罢了 bàle ／而已 éryǐ"のかたちで「…に過ぎない、ちょっと…だけだ」"不过说说罢了（／而已）" búguò shuōshuo bàle (/éryǐ)（ちょっと言ってみたまでだ）

"可是"は「実に、まったく」の意で"这种事儿可是没听说过" zhè zhǒng shìr kěshì méi tīngshuōguo（こんな事はまったく聞いたこともない）

到底・终于
dàodǐ　zhōngyú

ともに副詞であり，「とうとう」，「ついに」という意味を表すのに使える。"到底"は書面語にも口語にも用いるが，"终于"は書面語に用いることが多い。

1) 我到底（／终于）把他给说服了。
   Wǒ dàodǐ (/zhōngyú) bǎ tā gěi shuōfú le.
   （私はとうとう彼を説得した）

2) 过了几年，两个人到底（／终于）还是分手了。
   Guòle jǐ nián, liǎng ge rén dàodǐ (/zhōngyú) háishi fēnshǒu le.
   （数年経って，二人はついに別れた）

しかし，「とうとう」，「ついに」という意味を表す時に，この二つの言葉は次のように使い分けをする必要がある。
"到底"は結果が強調されるが，"终于"が用いられる時は「結果にいたるまでの大変さ」が強調される。したがって，3）と4）のように「結果にいたるまでの過程が大変だ」ということを示す表現が伴っている場合には，"终于"が使われることが多いようだ。

3) 经历了很多事情以后，终于（／＊到底）明白人为什么而活。
   Jīnglìle hěn duō shìqing yǐhòu, zhōngyú míngbai rén wèi shénme ér huó.
   （いろんなことを経験した後，人間が何のために生きているかやっと分かる）

4) 中国工农红军历尽千辛万苦，终于（／＊到底）到达陕北根据地。
   Zhōngguó gōngnóng hóngjūn lìjìn qiān xīn wàn kǔ, zhōngyú dàodá Shǎnběi gēnjùdì.
   （中国労農赤軍はありとあらゆる苦労を嘗めつくし，ついに陝北根拠地に到着した）

"到底"は"了"と共起することが多いのに対して，"终于"を使う文では"了"を伴わなくても良い。

5) 问题到底解决了。
   Wèntí dàodǐ jiějué le.
   （問題はついに解決した）

6) 问题终于解决（了）。
   Wèntí zhōngyú jiějué (le).
   （問題はついに解決した）

"到底"は「とうとう」，「ついに」という意味で用いられる時，通常動詞または動詞フレーズの前に置くのに対して，"终于"は一部の形容詞の前に置くことができる。

この場合は，形容詞の後に"下来"，"起来"といった複合方向補語が伴われ，ある種の状況が現われ，続いていくことを表したり，ある状態が現われ，その程度が強まりつつあることを表す。

7) 她终于（／＊到底）安静下来，慢慢睡着了。
　　Tā zhōngyú ānjìngxialai, mànmàn shuìzháo le.
　　（彼女はやっと落ち着いてきて，しばらくして寝付いた）

8) 天气终于（／＊到底）暖和起来了。
　　Tiānqì zhōngyú nuǎnhuoqilai le.
　　（やっと暖かくなってきた）

また，"到底"は次のように"终于"にない意味用法をもっている。
一つは"到底"には「いったい」，「つまるところ」，「そもそも」という意味があり，反復疑問文や疑問詞疑問文に用いて，語気を強めることができる。

9) 这到底是怎么回事？
　　Zhè dàodǐ shì zěnme huí shì?
　　（これはいったいどういうことだ）

10) 你明天到底来不来？
　　Nǐ míngtiān dàodǐ láibulái?
　　（明日はいったい来るの？来ないの？）（＊你明天到底来吗？）

もう一つは"到底"には「やはり，さすがに」の意味があることで，特に例12)のように形容詞の前におかれる時はこの用法になる。

11) 到底是专家，一看就知道问题出在哪里。
　　Dàodǐ shì zhuānjiā, yí kàn jiù zhīdao wèntí chūzài nǎli.
　　（さすがに専門家だけあって，ちょっと見ただけで問題の所在が分かる）

12) 大冬天呆在屋里到底暖和些。
　　Dàdōngtiān dāizài wūli dàodǐ nuǎnhuo xiē.
　　（寒い冬でも室内にいるとさすがに暖かいですね）

"到底"は，「いろいろな要素，要因はあるものの，とどのつまりはこうだ」という意味があるため，その後に最終的な結論が示される。

倒茶・沏茶・冲茶・泡茶
dào chá　qī chá　chōng chá　pào chá

「お茶をいれる」ことを中国語で"倒茶"，"沏茶"，"冲茶"，"泡茶"などと言う。

動詞と"茶"の間に量詞を入れることも可能である。

   1) 倒（／沏／冲／泡）一杯茶。
      Dào (/qī/chōng/pào) yì bēi chá.

お茶をいれる一連の過程のどこに注目するかにより，動詞が変わってくる。

"倒茶"の"倒"は，容器を逆さにしたり，傾けて中のものを出す動作を表す。このような動作にはすべて"倒"が用いられる

   2) 倒酒 dào jiǔ（酒をつぐ）；倒垃圾 dào lājī（ごみを捨てる）

比喩的に使うこともできる。

   3) 把心里话倒出来
      bǎ xīnlihuà dàochulai
    （思っていることを洗いざらいぶちまける）

"倒茶"は，容器（たとえば急須）にあるお茶をコップや茶碗に注ぐ行為を指し，そこから「お茶をいれる」意となる。

"沏茶"と"冲茶"はほぼ同じ意味である。"沏"は，もともと「熱湯をかける」という意味であり，"沏茶"は急須またはコップ（の茶葉）にお湯を注ぐことを指す。"冲" chōng も「湯などを注ぐ。湯などを注いで溶く」の意を表す。"沏"，"冲"両方とも，お茶だけでなく，インスタントコーヒー，ココア，粉ミルク，黒砂糖などの粉状のものを溶かす場合にも用いられる。

"沏（／冲）咖啡" qī (/chōng) kāfēi（コーヒーを淹れる）；"沏（／冲）可可" qī (/chōng) kěkě（ココアを淹れる）；"沏（／冲）奶粉" qī (/chōng) nǎifěn（粉ミルクを溶かす）；"沏（／冲）感冒冲剂" qī (/chōng) gǎnmào chōngjì（顆粒状の風邪薬を溶かす）；"沏（／冲）红糖水" qī (/chōng) hóngtángshuǐ（黒砂糖を溶かす）

100度のお湯，または，それに近い温度のお湯を入れるのが普通である。中国の北方は，冬は寒くて，いつでもアツアツの飲み物が求められている。そのため，北方の人たちは"沏茶"，"冲茶"という表現をよく用いる。量詞は"一杯"のほかに"一壺" yì hú（急須一つ分）もよく用いられる。しかし，お茶ができて，急須からコップや湯のみ茶碗に入れるときは"倒"しか用いられない。

   4) 来，我给你倒（／＊沏／＊冲）。
      Lái, wǒ gěi nǐ dào.
    （さあさあ，私が入れてあげましょう）

また，"冲"は，「勢いよく」入れることも含意する。"高冲" gāo chōng という言葉があるように（"高沏"とは言わない），コップから離して，高いところからコッ

プにお湯を注ぐ、その勢いで、茶の葉をコップの中で踊らせ、より均等にしみ出させ、それによって美味しく飲むことができるわけである。

他に"冲洗"chōngxǐ（洗い流す）,"冲刷"chōngshuā（水をかけてすすぐ）のほか、「トイレのあとは」"用水冲一下"yòng shuǐ chōng yíxià（水を流してください）という言い方もある。

"泡茶"の"泡"は、液体の中にやや長い間漬ける、ひたす意を表す。そこから、"泡茶"は「お湯の中に茶の葉をひたして、じわじわと葉をふやかす→茶をいれる」という意になる。

中国南方の人たちは、よく"泡茶"する。茶の葉の種類によって、たとえば緑茶は、100度ではなく80～90度ぐらいのお湯でいれるほうが美味しいと言われている。低い温度で、お茶のエキスを引き出すという飲み方である。したがって、100度のお湯を入れたほうがおいしく作れるコーヒーやココアなどは、"泡"を用いない。

また、お湯の温度と関係なく、時間をかけて作る飲み物はふつう"泡"を使う。たとえば、喉によい漢方薬"胖大海"については、次のように表現する。

5) 胖大海要泡多长时间合适?
 Pàngdàhǎi yào pào duō cháng shíjiān héshì?
 (胖大海はどれくらいの時間をかけてふやかしたらいいですか)

お風呂や温泉に長く体をつけることは、"泡澡"pàozǎo、"泡温泉"pào wēnquán という。そこから意味を拡大させて、わざと時間を潰すというたとえとして、比喩的に"泡～"ともいう。

"泡吧"pào bā（バーに長くいる）;"泡病号儿"pào bìnghàor（患者としてだらだらと時間をつかう→仮病を使ったり、ちょっとした病気をさも大病であるかのように装って出勤しない、長期欠勤する）;"泡蘑菇"pào mógu（干しシイタケを長い間水に浸す→だらだらと時間をつぶす、仕事をさぼってだらだらする）

道・路・道路
dào lù dàolù

いずれも「道」、「道路」の意味をもっているが、"道路崎岖"dàolù qíqū（道がでこぼこである）や"路灯"lùdēng（街灯）,"隧道"suìdào（トンネル）という言い方があっても、"路崎岖"、"道崎岖"、"道灯"、"隧路"とは言わない。同じように使えない部分があるのである。

"道"は「道路」、「通路」の意味だが、単独で使われることは少なく、他の要素と結びついて複合語をつくる。たとえば、"自行车道"zìxíngchēdào（自転車用道路）、"人行道"rénxíngdào（歩行者道路）、"铁道"tiědào（鉄道）、"阳关大道"yángguān dàdào

（輝かしい前途に続く道，展望のある広々とした道），"康庄大道" kāngzhuāng dàdào（広く平坦な大きな道）などの言葉に用いられる。

1) 西欧各国城市的道路，汽车道、人行道和自行车道是严格分开的。
Xī Ōu gèguó chéngshì de dàolù, qìchēdào, rénxíngdào hé zìxíngchēdào shì yángé fēnkāi de.
（西欧各国の都市では，車道，歩道，自転車道は厳密に分けられている）

上の文では，"～道"は普通"～路"，"～道路"とは言わないようだ（"人行路"という言い方はあるが，この文では，"人行道"の方がすわりが良いと考えられる）。
また，"道"は地上の道とは限らない。たとえば，"坑道" kēngdào（地下道），"地道" dìdào（地下道），"隧道" suìdào（トンネル），"索道" suǒdào（ケーブル），"下水道" xiàshuǐdào（下水道），"河道" hédào（川筋）などの言葉がある。これらの場合は，"～路"，"～道路"とは置き換えられない。

"路"は「陸上の道，道路」以外に，「道のり」の意味がある。移動している間の距離や時間を表す。

2) 局部路面已经开裂。
Júbù lùmiàn yǐjīng kāiliè.
（一部の路面はすでにはがれて壊れている）

3) 祝你一路顺风！
Zhù nǐ yílù shùnfēng!
（道中ご無事で）

4) 走了一百多里路，真累坏了。
Zǒule yì bǎi duō lǐ lù, zhēn lèihuài le.
（50キロ以上歩いたので，大変疲れた）

"路"は「ルート，道筋」の意味もあり，陸路のほか，水路，空路の意味にも使える。

5) 从云南省的景洪出发，通过水路、陆路、空路均可到达泰国。
Cóng Yúnnánshěng de Jǐnghóng chūfā, tōngguò shuǐlù, lùlù, kōnglù jūn kě dàodá Tàiguó.
（雲南省の景洪からタイに行くには，海路，陸路，空路のいずれも可能である）

また，"路"は「進路，ルート，プロセス」といった抽象的な意味にもよく使う。

6) 思考今后的路怎么走。
Sīkǎo jīnhòu de lù zěnme zǒu.
（これからの道をどう歩むべきか考える）

"路"と"道"は，ともに単音節であり，他の要素と結合する造語機能をもっており，複合語を作ることができる。

次の言葉は，"路"と"道"の両方言うが，"～道"は"～路"より口語的な色彩が強く，また道が狭くて整っていないニュアンスがあるとされる。
【人行路（／道）；羊肠小路（／道）；大路（／道）；近路（／道）；便路（／道）；岔路（／道）；让路（道（儿））；修路（／道）；顺路（／道）】

一方，"道路"は，人や自動車が通行する地上にある道のことである。"路"や"道"よりも多く文章語として使われる。二文字の言葉と組んで使われる傾向があるようだ。以下の例7), 8) では"道"や"路"と置き換えることができない。

7) 这几年，这个城市的道路建设发展得很快。
 Zhè jǐ nián, zhège chéngshì de dàolù jiànshè fāzhǎn de hěn kuài.
 （ここ数年，この都市の道路建設は急速に進展してきた）

8) 在交通高峰期，道路严重堵塞。
 Zài jiāotōng gāofēngqī, dàolù yánzhòng dǔsè.
 （ラッシュの時，道路は非常に渋滞している）

"道路"はさらに，抽象的な意味ももっている。

9) 坚持走具有中国特色的社会主义道路（／*道／*路）。
 Jiānchí zǒu jùyǒu Zhōngguó tèsè de shèhuì zhǔyì dàolù.
 （中国の特色ある社会主義の道を堅持して進む）

道・条
dào　tiáo

どちらも細くて長いものを数えるときに使う量詞である。

1) 乡小学看到三个孩子挤在一条（／*道）凳子上上课的情形。
 Xiāng xiǎoxué kàndào sān ge háizi jǐzài yì tiáo dèngzishang shàngkè de qíngxíng.
 （農村の小学校では，3人の子供が1つの腰掛けに詰めて座り授業を受ける様子が見られる）

"凳子"は背もたれのない腰掛けのこと。"条"が使われているためベンチのように長いことがわかり，"个" ge を使った"一个凳子"（スツールなどの小さな腰掛け）と区別される。"条"で数えるものは，

"绳子" shéngzi（なわ），"裤子" kùzi（ズボン），"毛巾" máojīn（タオル），"鱼" yú（魚），"狗" gǒu（犬），"树枝" shùzhī（木の枝），"黄瓜" huánggua（キュウリ），

"船"chuán（船），"舌头"shétou（舌），"腿"tuǐ（足），"尾巴"wěiba（しっぽ）

のように，布製のもの，動物，植物，乗り物，身体の一部など，また硬軟を問わず使われるが，どれも自由に移動できるもの，動かすことができるものである。これらは"道"を使って数えることをしない。

一方，"道"で数えるものは，"道"の本義である「道」の特徴を備えている。

2) 这屋里的墙皮已经老化了，裂着好几道缝子。
   Zhè wūli de qiángpí yǐjīng lǎohuà le, lièzhe hǎojǐ dào fèngzi.
   (この家の壁の漆喰はすでに劣化して，いく筋もの亀裂が入っている)

「道」が地面そのものにできており，地面から分離することができないように，壁に刻まれた"缝子"も，それだけを壁から切り離して取り出すことはできない。"道"は以下のようなものの表面や空中にあって，そこから切り離せない，動かせないものに使われる。

"街"jiē（通り），"河"hé（川），"沟"gōu（溝），"山岭"shānlǐng（連峰），"线"xiàn（線），"皱纹"zhòuwén（しわ），"眉毛"méimao（まゆ），"泪痕"lèihén（涙の跡），"虹"hóng（にじ），"闪电"shǎndiàn（稲妻）

3) 领子上滚着一道花边。
   Lǐngzishang gǔnzhe yí dào huābiān.
   (襟に縁取りがしてある)

4) 他看到她脸上挂着好几道泪痕。
   Tā kàndào tā liǎnshang guàzhe hǎojǐ dào lèihén.
   (彼は彼女の顔にいく筋もの涙の跡があるのを見た)

"道"で数えるものの多くは"条"でも数えるが，その太さや存在感に違いが見られる。2)の"缝子"は"道"で数えたが，7) ではやはり"条"を使いたい。

5) 两道（／＊条）浓密的剑眉
   liǎng dào nóngmì de jiànméi
   (2本の濃い男眉)

6) 两条（／＊道）细细的柳眉
   liǎng tiáo xìxì de liǔméi
   (2筋の細い柳眉)

7) 他的眼睛太小，一笑便变成一条缝子。
   Tā de yǎnjing tài xiǎo, yí xiào biàn biànchéng yì tiáo fèngzi.
   (彼の目はとても小さくて，笑うとひと筋のしわになる)

得到・取得・获得
dédào　qǔdé　huòdé

この3語はいずれも「得る，手に入れる，もらう」など，何かが「自分のものになる」ことを表す動詞であり，たがいに置き換え可能な場合が多い。

1) 经过参加社会实践，我得到（／取得／获得）了很多经验。
   Jīngguò cānjiā shèhuì shíjiàn, wǒ dédào (/qǔdé/huòdé) le hěn duō jīngyàn.
   (実地に社会活動に参加してみて，私は多くの経験を積んだ)

2) 我好不容易才获得（／得到／取得）的机会，怎么能放弃呢?
   Wǒ hǎoburóngyì cái huòdé (dédao/qǔdé) de jīhuì, zěnme néng fàngqì ne?
   (私がやっと手にしたチャンスなんだ，どうして手放すことなどできようか)

上の1)，2)は3語のいずれに置き換えても言える場合である。ではその使い分けによる意味の違いはどこにあるのか。

"得到"は具体的な物や抽象的なことがらが手に入り，それが「自分のものになる」ことを表す。口語でも多く用いられ，"得到"の目的語はプラスイメージのもの，マイナスイメージのものなど多様である。以下はそのごく一部である。

"得到报酬" bàochou（報酬をもらう），"得到支持" zhīchí（支持を得る），"得到休息" xiūxi（休息をとる），"得到消息" xiāoxi（情報を得る），"得到结论" jiélùn（結論に達する），"得到惩罚" chéngfá（懲罰を受ける）。

"得到"の否定は"得不到" débudào である。なお，"取得"，"获得"には間に"不"をはさむ否定形はない。

3) 她得到（／*取得／*获得）了很多生日礼物。
   Tā dédàole hěn duō shēngrì lǐwù.
   (彼女はたくさんの誕生日プレゼントをもらった)

4) 得不到同事们的支持是一件很苦恼的事情。
   Débudào tóngshìmen de zhīchí shì yí jiàn hěn kǔnǎo de shìqing.
   (同僚の賛同を得られないのは悩ましいことだ)

5) 他终于得到（／*取得／*获得）了应有的惩罚。
   Tā zhōngyú dédàole yīngyǒu de chéngfá.
   (彼はついに当然の罰を受けた)

"取得"は必ずしも努力して人に満足をもたらすものを獲得するケースばかりでなく，交渉で意見の一致を「得る」とか，友だちと連絡を「とる」とか，マウスから

血液を「採取する」などの，ごく客観的な状況叙述にも使われる。

6) 经过谈判，双方取得（／得到／＊获得）了完全一致的意见。
Jīngguò tánpàn, shuāngfāng qǔdé (/dédào) le wánquán yízhì de yìjian.
（交渉を経て，双方は完全な意見の一致に漕ぎつけた）

7) 她好不容易与多年不见的老友取得（／＊得到／＊获得）了联系。
Tā hǎoburóngyì yǔ duōnián bú jiàn de lǎoyǒu qǔdéle liánxì.
（彼女は長年会わなかった旧友とやっとのことで連絡をつけた）

"获得"は多くは抽象的なことがらについて用いるが，"取得"とは異なり，努力して行う持続的行為の結果として，望ましいことや価値あることがらが「自分のものになる」といったタイプの語である。当然，好ましい事物をゲットすることになる。

8) 她对工作认真负责的态度获得（／得到／＊取得）大家的称赞。
Tā duì gōngzuò rènzhēn fùzé de tàidu huòdé (/dédào) dàjiā de chēngzàn.
（彼女の仕事に対するまじめで責任感のある態度が人々の賞賛を得ている）

9) 他的新见解获得（／得到／＊取得）了专家们的高度评价。
Tā de xīn jiànjiě huòdé (/dédào) le zhuānjiāmen de gāodù píngjià.
（彼の新しい見解が専門家の高い評価を得た）

等・等等
děng　děngděng

"等"，"等等"はともに事物や事柄を列挙して「…など」，「…などなど」の意を表す助詞であり，話しことば，書きことばのいずれにも用いることができる。

"等"と"等等"はともに文末に置いて言い切りにすることができる。"等等"は"…等等，等等"のように間にポーズを置いて重複して言い切ることも多い。

1) 那家商店里有苹果、梨、桃儿、香蕉等。
Nà jiā shāngdiànli yǒu píngguǒ, lí, táor, xiāngjiāo děng.
（あの店にはリンゴ，梨，桃，バナナなどがある）

2) 不要"书生型"人才，而要"智能型"人才、"创造型"人才，等等。
Bú yào "shūshēngxíng" réncái, ér yào "zhìnéngxíng" réncái, "chuàngzàoxíng" réncái, děngděng.
（書斎型の人はいらない，必要なのは智力，力量ともにある人材，創造性，発想力のある人材などである）

3) 我爷爷爱好很多，钓鱼呀、养花呀、养鸟呀、下象棋的，等等，等等。
   Wǒ yéye àihào hěn duō, diàoyú ya, yǎnghuā ya, yǎngniǎo ya, xià xiàngqí de, děngděng, děngděng.
   (うちのおじいちゃんは趣味が多くて，釣りや草花を育てる，小鳥を飼う，それに将棋を指す，などなどだ)

"等"は次の4)，5)のように，事物や事柄を列挙した後ろにそれらを統括する語や数量を加えることができるが，"等等"は加えることができない。

4) 中国有北京、上海、天津、重庆等（／＊等等）四个中央直辖市。
   Zhōngguó yǒu Běijīng, Shànghǎi, Tiānjīn, Chóngqìng děng sì ge zhōngyāng zhíxiáshì.
   (中国には北京，上海，天津，重慶など4つの中央直轄市がある)

5) 她教我们口语、语法、写作等（／＊等等）三门课。
   Tā jiāo wǒmen kǒuyǔ, yǔfǎ, xiězuò děng sān mén kè.
   (彼女は私たちに会話，文法，作文などの3教科を教えている)

地名や人名など固有名詞を列挙する場合は，下の6)，7)のように"等"を用い，"等等"は一般に使わない。

6) 上个月江苏、浙江、安徽等省都下了大雨。
   Shànggeyuè Jiāngsū, Zhèjiāng, Ānhuī děng shěng dōu xiàle dàyǔ.
   (先月江蘇省，浙江省，安徽省などではどこも大雨が降った)

7) 唐代著名的诗人有李白、杜甫、白居易等。
   Tángdài zhùmíng de shīrén yǒu Lǐ Bái, Dù Fǔ, Bái Jūyì děng.
   (唐代の名高い詩人に李白，杜甫，白居易などがいる)

"等"は次の8)のように，何か典型的な1項目を挙げ，その後に"等"を用い，他は推して知るべしといったような場合に用いることができるが，"等等"は2項目またはそれ以上の項目の後に用い，1項目だけの後に置くことはできない。

8) 雅典等城市有很多古希腊遗迹。
   Yǎdiǎn děng chéngshì yǒu hěn duō gǔ Xīlà yíjì.
   (アテネなどの都市には多くの古代ギリシャの遺跡がある)

9) 这儿两边种着菊花、月季、牡丹、茉莉花，等等，等等，我很喜欢在这条小路散步。
   Zhèr liǎngbiān zhòngzhe júhuā, yuèjì, mǔdan, mòlihuā děngděng, děngděng, wǒ hěn xǐhuan zài zhè tiáo xiǎolù sànbù.
   (ここの両側には菊やコウシンバラやボタン，ジャスミンなどなどが植わっていて，私はこの小道を散歩するのが大好きだ)

低・矮
dī ǎi

「低い」を表す"低"と"矮"。この使い分けは主に次の三点である。

第一に，抽象的なこと，目で直接看取できないことには"低"を使う。

1) 他的汉语水平很低。
   Tā de Hànyǔ shuǐpíng hěn dī.
   (彼の中国語のレベルは低い)〈レベル，水準〉

2) 我的身份低。
   Wǒ de shēnfèn dī.
   (私の身分は低い)〈身分〉

3) 血压很低。
   Xuèyā hěn dī.
   (血圧が低い)〈血圧〉

このほかに，等級，地位，価格，給料，基準，要求，程度，温度，気圧，効率，質，能力，見識，覚悟のほど等々，すべて"低"を用いる。

第二に，反対に「具体的なモノの丈」が低い，短いのは"矮"で表す。

4) 他个子很矮。
   Tā gèzi hěn ǎi.
   (彼は背が低い)

5) 那棵树有点儿矮。
   Nà kē shù yǒudiǎnr ǎi.
   (あの樹は少し低い)

人の背丈をはじめとして，"矮"は樹や家，山，机，椅子，塀といった具体的なモノの丈に限られる。早い話，

6) 他很矮。
   Tā hěn ǎi.
   (彼は背が低い)

と"个子"や"身量"shēnliang を言わなくても 6) は正しい文である。

これに対して，適用対象が広い"低"では単に"低"と言っても何が「低い」のか不明である。逆に言えば"矮"はその語義の内に「ものの丈（が低い）」が含まれている。

第三に下から上への距離が小さい，地面から大して離れてないことを表す場合で，

これは"低"を用いる。

7) 飞机飞得很低。
   Fēijī fēide hěn dī.
   (飛行機が低く飛んでいる)

8) 这个教室的窗户很低。
   Zhège jiàoshì de chuānghu hěn dī.
   (この教室の窓は低い)

9) 画挂得有点儿低。
   Huà guàde yǒudiǎnr dī.
   (絵のかかっている位置がやや低い)

これらは物自体の丈ではなく，物の空間における位置を問題にしている。空間が介在し，視線とモノの位置とがなす角は仰角の時もあれば（例7）や9)），俯角の時もありうる。以下はいずれも地勢の例であるが俯角である。

10) 低于海面
    dīyú hǎimiàn
    (海面より低い)

11) 这边儿的地势比较低。
    Zhèbianr de dìshì bǐjiào dī.
    (ここらあたりの地勢は低いほうだ)

12) 这一带河床很低。
    Zhè yídài héchuáng hěn dī.
    (このあたりの河床は低い)

モノの丈とも，空間における位置とも解釈される時にはどちらも使われることがある。

13) 这车座稍{矮／低}点儿。
    Zhè chēzuò shāo {ǎi/dī} diǎnr.
    (このサドルはちょっと低い)

以上が主な使い分けであるが，注意点が二三ある。
一）"低"は基本的に"矮"の用法を覆い得る。したがって，

14) 他的个子略低一点。
    Tā de gèzi lüè dī yìdiǎnr.
    (彼の背はやや低い)

のような書面語的な表現は存在する。
二）辞書には"矮"も等級，身分，地位の低いことを表すとして，

> 15) 他在学校比我矮一级。
> Tā zài xuéxiào bǐ wǒ ǎi yì jí.
> （彼は学校では僕より一級下だ）

のような例をのせるが，この用法は上のような比較文に限定される。
三）「低くする」という変化は"低"でしか表せない。

> 16) 降低价格
> jiàngdī jiàgé
> （価格を下げる）

> 17) 把声音放低
> bǎ shēngyīn fàngdī
> （声を低くする）

> 18) 头再低一点儿
> tóu zài dī yìdiǎnr
> （もう少し頭を下げて）

地上・地下
dìshang　dìxia

"地上"，"地下"はともに「地面」，「床」を指すことができる。ある物が，ある動作または行為によって地面や床に移動された場合，どちらも使える。

> 1) 她把钱扔到地上（／地下）了。
> Tā bǎ qián rēngdào dìshang (/dìxia) le.
> （彼女はお金を床に捨てた）

> 2) 笔掉在地下（／地上）了。
> Bǐ diàozài dìxia (/dìshang) le.
> （ペンは地面に落ちた）

しかし，すでに地面や床に存在している物を表すときは，ふつう"地上"を用いる。

> 3) 地上（／*地下）的雪开始融化了。
> Dìshang de xuě kāishǐ rónghuà le.
> （地面に積もった雪は融け始めた）

4) 地上（／＊地下）铺着地毯。
　　Dìshang pūzhe dìtǎn.
　　(床にじゅうたんが敷いてある)

「名詞＋"上"」と対比的に使うときは，"地下"をよく用いる。

5) 小张的婚礼和小王的比起来，简直一个天上，一个地下（／＊地上）。
　　Xiǎo Zhāng de hūnlǐ hé Xiǎo Wáng de bǐqilai, jiǎnzhí yí ge tiānshang, yí ge dìxia.
　　(張さんの結婚式は王さんの結婚式と比べると，まるで天と地の差だ)

6) 床上铺着花床罩，地下（／＊地上）铺着红地毯。
　　Chuángshang pūzhe huā chuángzhào, dìxia pūzhe hóng dìtǎn.
　　(ベッドには花柄のカバー，床には赤いじゅうたん)

地址・住址
dìzhǐ　zhùzhǐ

ともに名詞として用いられ，個人の住所や団体，機関などの所在地あるいは連絡先をさす。

1) 麻烦您告诉我您的地址（／住址）。
　　Máfan nín gàosu wǒ nín de dìzhǐ (/zhùzhǐ).
　　(お手数ですが，ご自宅のご住所をお教えください)

個人の場合は，"地址"でも"住址"でもともに用いることができる。しかし，学校や会社といった組織や，インターネット上のアドレスに"住址"を用いることはできない。これは"住址"には"住"zhù（人が居住する）が含まれているためであろう。

2) 你们总公司地址（／＊住址）在哪里？
　　Nǐmen zǒnggōngsī dìzhǐ zài nǎli?
　　(本社のご住所はどちらですか？)

3) 请留下您的电子邮箱地址（／＊住址）。
　　Qǐng liúxià nín de diànzǐ yóuxiāng dìzhǐ.
　　(あなたの電子メールアドレスを書き残してください)

典范・典型
diǎnfàn　diǎnxíng

　"典范"は見習うべき「手本」,「模範」,「典範」のことで,人や事柄に使い,良い意味を表す褒義詞（ほめ言葉）である。
　"典型"は「典型」,「モデル」,「手本」などの意で,代表的なもの,その特徴をよくそなえている人や事柄をいい,中性詞として良い意味でも悪い意味でも使われる。

1) 他是当代中国知识分子的光辉典范，我们要向他学习。
   Tā shì dāngdài Zhōngguó zhīshi fènzǐ de guānghuī diǎnfàn, wǒmen yào xiàng tā xuéxí.
   （彼は現代中国知識人の立派な模範であり,我々は彼に学ばねばならない）

2) 这些公司在中国一向被视为创新的典范，值得我们借鉴。
   Zhèxiē gōngsī zài Zhōngguó yíxiàng bèi shìwéi chuàngxīn de diǎnfàn, zhíde wǒmen jièjiàn.
   （これらの会社は中国ではずっと新機軸を打ち出す模範と見なされていた,我々が手本にする価値がある）

　上の２つの文中の"典范"は見習うべき手本としての積極的意味合いが強く込められている。

3) 他曾经是一个"成功典范"，但现在变成了"反面教材"。
   Tā céngjīng shì yí ge "chénggōng diǎnfàn", dàn xiànzài biànchéngle "fǎnmiàn jiàocái".
   （彼はかつて「成功の手本」であったが,今では「悪い教材」となってしまった）

4) 这些新型办公楼被视为中国下一代节能建筑的典范。
   Zhèxiē xīnxíng bàngōnglóu bèi shìwéi Zhōngguó xià yídài jiénéng jiànzhù de diǎnfàn.
   （これらの新型オフィスビルは中国の次世代省エネ建築の模範とみなされている）

　3) と4) にもし"典型"を用いた場合には,その意味は客観的事実として「成功のモデル」や「次世代省エネ建築の典型」となる。

5) 抓好典型（／＊典范），总结经验，明确学习目标。
   Zhuāhǎo diǎnxíng, zǒngjié jīngyàn, míngquè xuéxí mùbiāo.
   （典型的なものをしっかりつかみ,経験を総括し,学習目標を明確にする）

　これは"抓典型" zhuā diǎnxíng で一つの定型表現になっており,調査や研究を通して典型的な事例や人物をつかみ,それを全体に推し広めるような場合に多く使われる。

6) 他是个非常典型（／＊典范）的 80 后。
   Tā shì ge fēicháng diǎnxíng de bālínghòu.
   (彼はきわめて典型的な 1980 年代生まれの人である)

これはその年代生まれの特徴を代表していることを意味している。

7) 让我举几个很典型（／＊典范）的例子来说明一下吧。
   Ràng wǒ jǔ jǐ ge hěn diǎnxíng de lìzi lái shuōmíng yíxià ba.
   (いくつか典型的な例を挙げて少し説明させていただきます)

"典型"は名詞としてだけでなく形容詞として"很"hěn（とても）や"非常"fēicháng（非常に）などの程度副詞や，否定副詞の"不"bù などの修飾を受けることができるが，"典范"には名詞の用法しかなく，副詞の修飾は受けない。

点・些
diǎn　xiē

"点"は少量を表し，「少し，ちょっと」の意味をもっている。一般に事物について用いられ，人や動物には使わない。数詞は"一"yī，"半"bàn に限られるが，"一"はよく省略される。また r 化して"点儿"diǎnr とすることが多い。

1) 再添一点儿（／＊些）饭吧。
   Zài tiān yìdiǎnr fàn ba.
   (ご飯をもう少しおかわりしましょうか)

2) 这么点儿（／＊些）事，我一个人就能做。
   Zhème diǎnr shì, wǒ yí ge rén jiù néng zuò.
   (これぐらいのことは私一人でこなせる)

3) 我对你没有半点儿（／＊些）欺骗。
   Wǒ duì nǐ méiyou bàn diǎnr qīpiàn.
   (私はあなたをちっとも騙したりしていない)

"些"は不定の数量を表す。必ずしも少量とは限らない。事物のほか，人や動物にも用いる。数詞は"一"，代詞は"这"zhè，"那"nà，"哪"nǎ，"这么"zhème，"那么"nàme などに限られる。"一"はよく省略される。「いくつか」，「いくらか」の意味をもっている。

4) 我想做一些（／点儿）补充。
   Wǒ xiǎng zuò yìxiē (/diǎnr) bǔchōng.
   (私はいくつか／少し補足をしたい)

5) 这些（／＊点儿）人是做什么的？
   Zhèxiē rén shì zuò shénme de?
   （この人たちは何をする人なの）

6) 那些（／＊点儿）事情都是他干的。
   Nàxiē shìqing dōu shì tā gàn de.
   （それらのことは全部彼がやったのだ）

「"有"＋"些"」は"有些"yǒuxiē で，代詞と副詞2つの機能がある。代詞の場合は，「全体の中のある一部分」を表し，副詞の場合は，「少し」，「やや」という程度を表す。

7) 这部电影，有些人喜欢，有些人不喜欢。
   Zhè bù diànyǐng, yǒuxiē rén xǐhuan, yǒuxiē rén bù xǐhuan.
   （この映画は好む人もいれば，好まない人もいる）

8) 我有些累了，想早点儿回去。
   Wǒ yǒuxiē lèi le, xiǎng zǎo diǎnr huíqu.
   （少し疲れたので早く帰りたい）

「"有"＋"点儿"」は"有点儿"yǒudiǎnr で副詞，「少し」，「やや」という程度を表す。多くの場合，副詞としての"有些"と置き換えることが可能である。

9) 我有些（／有点儿）累了，想早点儿回去。
   Wǒ yǒuxiē (/yǒudiǎnr) lèi le, xiǎng zǎo diǎnr huíqu.
   （少し疲れたので早く帰りたい）

「"一"＋"点儿"」は"一点儿"で数量詞，不定の少量を表す。「"一"＋"些"」は"一些"でこちらも数量詞であるが，不定の量を表す。"一点儿"は重ねてさらに少ない量を表すが，"一些"はこのような用法がない。

10) 知识要一点儿一点儿（／＊一些一些）地积累。
    Zhīshi yào yìdiǎnr yìdiǎnr de jīlěi.
    （知識は少しずつ積み重ねていかなければならない）

点・要
diǎn　yào

いずれも「(レストランで料理を) 注文する」という意味で用いることができるが，使用範囲において，違いが見られる。まず，置き換えられる例を見てみよう。

1) 来人点（／要）了酒，又要（／点）了两个菜。
   Láirén diǎn (/yào) le jiǔ, yòu yào (/diǎn) le liǎng ge cài.
   (お客はお酒を注文した後、料理を2つ注文した)

2) 您看看，点（／要）点儿什么菜?
   Nín kànkan, diǎn (/yào) diǎnr shénme cài?
   (何を注文なさりたいですか)

1)，2) はどちらも「"点"／"要"＋注文内容」という構造で、何を注文したかまたは注文するかということを述べていて、サービス側と客側の対話ではない。このような場合では、"点"は"要"より丁寧であるが、大差はない。そのため、1)，2) にある"点"と"要"は言い換えられる。しかし、同じ構造でも、言い換えられないこともある。

3) 店：您点（／要）点儿什么?
   Nín diǎn (/yào) diǎnr shénme?
   (何になさいますか)

   客：我要（／＊点）一碗酸辣汤面
   Wǒ yào yì wǎn suānlà tāngmiàn.
   (サンラータンメンをお願いします)

サービス側は注文の内容を尋ねるとき、"点"も"要"も使えるが、客側は注文内容を言うとき、"要"を用いるのが普通である。
また、2音節語の"点菜"と"要菜"の用法もかなり異なる。料理を注文することを抽象的な行動として捉えるとき、つまり注文するという行為を言うときは"点菜"を用い、"要菜"とは言わない。下記の 4)，5) にある"点菜"を"要菜"に言い換えることはできない。

4) 课后，学生们就到中餐馆用中文点菜（／＊要菜）。
   Kè hòu, xuéshengmen jiù dào zhōngcānguǎn yòng Zhōngwén diǎncài (/＊yào cài).
   (放課後、学生たちは中華料理のレストランに行って中国語で料理を注文した)

5) 客人用餐，从点菜（／＊要菜）到上菜不得超过 15 分钟。
   Kèren yòngcān, cóng diǎncài dào shàng cài bùdé chāoguò shíwǔ fēnzhōng.
   (お客様に対し、注文から料理が出てくるまで15分以上かかってはいけない)

4)，5) では、行為を述べており、料理を注文する具体的な場面ではないので、"点菜"しか言えない。一方、料理を注文する具体的な場面でも"点菜"と"要菜"の用法に違いがある。

6) 旅店一个亭亭玉立的服务小姐进来微微一笑：几位点菜（／＊要菜）吗?
   Lǚdiàn yí ge tíng tíng yù lì de fúwù xiǎojiě jìnlái wēiwēi yí xiào: Jǐ wèi diǎncài ma?

（旅館のすらりとしたサービス係の女性が部屋に入ってくると微笑んで言った。「みなさん，料理を注文なさいますか」）

7) 咱们要菜（／点菜）吧。
   Zánmen yào cài (/diǎncài) ba.
   （注文しましょう）

　サービス側は普通丁寧な表現である"点菜"を用い，6）の"点菜"を"要菜"に言い換えることはできない。同様に，よく用いられる"请点菜"も絶対に"请要菜"にしてはいけない。一方，客側は自由に選択ができ，7）のように"点菜"も"要菜"も言える。

　さらに，近年"点菜"の派生用法もよく見受けられる。たとえば，

8) 南海大学推出"点菜式（／＊要菜式）"双休日活动。
   Nánhǎi dàxué tuīchū "diǎncàishì" shuāngxiūrì huódòng.
   （南海大学には「学生の要望に応える」週末活動プログラムが登場した）

　パソコンのメニューも"菜单"と訳されており，中国語では食関係の単語はかなり活躍していると言える。

电影・影片
diànyǐng　yǐngpiàn

いずれも名詞で「映画」の意味をもつ。

1) 你看过《红高粱》这部电影（／影片）吗？
   Nǐ kànguo《Hónggāoliang》zhè bù diànyǐng (/yǐngpiàn) ma?
   （あなたは映画《紅いコーリャン》を観たことがありますか？）

2) 这部影片（／电影）预定于25日在美国上映。
   Zhè bù yǐngpiàn (/diànyǐng) yùdìng yú èrshíwǔ rì zài Měiguó shàngyìng.
   （この映画は，25日アメリカで封切り予定です）

　このように「映画」の意味で扱う場合は一般に互換性があるが，意味，用法上重ならない部分もある。

　まず，"电影"は意味が多面的で，複合的な「映画」全体を指す。
"电影明星" diànyǐng míngxīng（映画スター），"电影界" diànyǐngjiè（映画界）など，総合芸術である「映画」全般に関連する語においては，"电影"との結合が一般的である。

3) 电影（／＊影片）史、美术、音乐、文学、摄影、录音还有表演，我

都认真地学习。
Diànyǐngshǐ, měishù, yīnyuè, wénxué, shèyǐng, lùyīn háiyǒu biǎoyǎn, wǒ dōu rènzhēn de xuéxí.
（映画史、美術、音楽、文学、撮影、録音そして演技、私はどれもまじめに学んでいる）

一方、"影片"は原義の一つに「フィルム」があり、意味の示す範囲は「作品」に置かれる。
"故事影片" gùshi yǐngpiàn（劇映画）、"记录影片" jìlù yǐngpiàn（記録映画）など作品の種類を表す場合は"影片"との結合が強い。
そして、その指し示す「作品」は映画だけに限らず、テレビや他の媒体も含む。

4) 1200 部影片（／＊电影），其中 800 部为故事片，400 部是电视片。
Yì qiān èr bǎi bù yǐngpiàn, qízhōng bā bǎi bù wéi gùshipiàn, sì bǎi bù shì diànshìpiàn.
（1200 の作品中、800 作品が劇映画、400 作品がテレビ番組です）

たとえば、「映画を観に行く」、「映画を観るのが好き」は、通常"去看"、"喜欢看"の後に"电影"が続き、"影片"とは結合しない。

5) 明天咱们去看电影（／＊影片）好不好？
Míngtiān zánmen qù kàn diànyǐng hǎobuhǎo?
（明日、映画を観に行かない？）

6) 我喜欢看电影（／＊影片）。
Wǒ xǐhuan kàn diànyǐng.
（私は映画を観るのが好きです）

しかし、そこに限定詞がついたり特定の作品を指して具体性を帯びると、"影片"に置き換え可能となる。

7) 明天咱们去看那部电影（／影片）好不好？
Míngtiān zánmen qù kàn nà bù diànyǐng (/yǐngpiàn) hǎobuhǎo?
（明日、あの映画を観に行かない？）

8) 我喜欢看这部电影（／影片）。
Wǒ xǐhuan kàn zhè bù diànyǐng (/yǐngpiàn).
（私はこの映画を観るのが好きです）

一文中に両者が使われている例文からも、その違いを探ってみたい。

9) 本周北美电影票房收入排名前 12 位的影片票房总收入约为 9000 万美元。
Běnzhōu Běi Měi diànyǐng piàofáng shōurù páimíng qián shí'èr wèi de yǐngpiàn piàofáng zǒng shōurù yuē wéi jiǔ qiān wàn měiyuán.
（今週の北米映画の興行収入上位 12 作品の興行総収入は約 9000 万ドルになった）

"电影"，"影片"それぞれの語と"票房收入"は結合できる。
　相互の入れ替えも不可能ではないが，文脈上「北米映画全体」としての興行収入と「上位12作品」という作品群を指す点から両者が使い分けられていると考えられる。

吊・挂・悬
diào　guà　xuán

"吊"は，ひも等を使って上からぶら下げることを指す。

1) 天花板上吊着一盏灯。
   Tiānhuābǎnshang diàozhe yì zhǎn dēng.
   （天井に明かりがぶら下がっている）

2) 门口吊着两个大红灯笼。
   Ménkǒu diàozhe liǎng ge dàhóngdēnglong.
   （入り口に大きな赤提灯が2つぶら下がっている）

"挂"は，ひもや釘などを使って物の全体または一部分を，ある場所や物に掛けることを指す。

3) 墙上挂着两个人的结婚照。
   Qiángshang guàzhe liǎng ge rén de jiéhūnzhào.
   （壁に二人の結婚写真がかけてある）

4) 你把西装挂到衣橱里。
   Nǐ bǎ xīzhuāng guàdào yīchúli.
   （背広を洋服ダンスに掛けてください）

"悬"は，空中にぶら下がる，宙に浮いた状態になることを指す。四字熟語や文学作品の描写によく見られる。

5) 悬灯结彩
   xuándēng jiécǎi
   （お祝いに提灯がたくさんつるされ，飾りが多くつけられている）

6) 一轮明月悬在夜空中。
   Yì lún míngyuè xuánzài yèkōng zhōng.
   （夜空に明月が浮かんでいる）

7) 山上的灯火，像悬在天空的星星。
   Shānshang de dēnghuǒ, xiàng xuánzài tiānkōng de xīngxing.

（山の人家の明かりがまるで空に浮かぶ星のようだ）

"悬"はまた，物事が宙に浮いている，「落着していない」，「結果が出ていない」意味を表す。"吊"と"挂"にはこのような意味はない。

8) 这事悬了很久了。
   Zhè shì xuánle hěn jiǔ le.
   （この件は長い間未解決のままだ）

"吊"と"挂"は目的語をとることができるが，"悬"はふつう目的語をとりにくい。

9) a 吊水晶灯
     diào shuǐjīngdēng
     （水晶灯を吊るす）

   b 挂衣服
     guà yīfu
     （洋服をかける）

   c ＊悬星星　　＊悬灯火。

丢・没
diū　méi

"丢"と"没"はいずれも「モノを失う」，「見つけることができない」という意味をもつ。

1) 我的包丢（／没）了，怎么找也找不到，真急死了！
   Wǒ de bāo diū (/méi) le, zěnme zhǎo yě zhǎobudào, zhēn jísǐ le!
   （カバンがなくなった，いくら探しても見つからなくて，どうしよう！）

2) 在经济危机时期，丢（／没）了工作的李先生每天吃不下，睡不着。
   Zài jīngjì wēijī shíqī, diū (/méi) le gōngzuò de Lǐ xiānsheng měitiān chībuxià, shuìbuzháo.
   （経済恐慌のとき，仕事を失った李さんは毎日食事も喉を通らないし，眠れない）

"丢"と"没"の相違点として，"丢"にあたるモノはなくしても，どこかに存在し，探せば，戻る可能性がある。一方，"没"はもともと「ない」の意味で，存在しないことを表す。

以下の例で比較してみよう。

3) 小明的爷爷丢了。
   Xiǎo Míng de yéye diū le.
   (小明のお爺さんを見失った)

4) 小明的爷爷没了。
   Xiǎo Míng de yéye méi le.
   (小明のお爺さんが亡くなった)

5) 真倒霉！刚取的钱就丢了。
   Zhēn dǎoméi! Gāng qǔ de qián jiù diū le.
   (本当に運が悪い！下ろしたばかりのお金をなくした)

6) 真要命！刚给你了100元，还不到一天就花没了。
   Zhēn yàomìng! Gāng gěi nǐ le yìbǎi yuán, hái búdào yì tiān jiù huāméi le.
   (本当に困ったものだな！100元をあげたばかりなのに，一日もたたずに使い切ってしまうなんて)

"丢"も結果補語になることができ，どのようになくしたかは，"丢"の前の動詞で説明する。

7) 坐火车的时候，小明把年迈的奶奶带丢（／＊没）了。
   Zuò huǒchē de shíhou, Xiǎo Míng bǎ niánmài de nǎinai dàidiū le.
   (一緒に列車に乗るとき，小明は年をとったお婆さんを見失った)

8) 第一次独自出门的弟弟，忘记了回家的路，走丢（／＊没）了。
   Dìyī cì dúzì chūmén de dìdi, wàngjìle huíjiā de lù, zǒudiū le.
   (初めて独りで外出した弟は家に帰る道がわからなくなって，迷子になった)

9) 你怎么这么粗心，把机票弄丢（／没）了。
   Nǐ zěnme zhème cūxīn, bǎ jīpiào nòngdiū (/méi) le.
   (どうしてこんなにそそっかしいの，航空券をなくしまうなんて)

一方，"没"はもともと「ない」の意味で，結果補語の形式で，結果として存在しなくなったことを表現する。したがって，対象にあたるモノは「消耗，消費によってなくなる」という意味であることが多い。

10) 月初刚领了工资，今天才十号，钱就花没（／＊丢）了！太快了！
    Yuèchū gāng lǐngle gōngzī, jīntiān cái shí hào, qián jiù huāméi le! Tài kuài le!
    (月初めに給料を受け取って，まだ十日になったばかりなのに，もうお金を使い尽くしたなんて！早すぎる)

"丢"を用いた，よく使われる慣用表現に，"丢脸" diūliǎn, "丢面子" diū miànzi, "丢人" diūrén（いずれも「面目を失う」意），"丢三落四" diū sān là sì（物忘れをする，

忘れっぽい）などがある。

11) 为了这点小事，和同事发生争执，真是一件丢脸（丢面子／丢人）的事。
Wèile zhèdiǎn xiǎoshì, hé tóngshì fāshēng zhēngzhí, zhēn shì yí jiàn diūliǎn (diū miànzi/diūrén) de shì.
（これっぽっちの小さな事のために同僚と論争が起きて，本当に恥さらしな事だ）

12) 他每天不是忘带这个，就是忘带那个，总是丢三落四的。
Tā měitiān búshì wàngdài zhège, jiùshì wàngdài nàge, zǒngshì diū sān là sì de.
（彼は毎日これを忘れたり，あれを忘れたりして，本当に忘れっぽい）

懂・懂得・明白
dǒng dǒngde míngbai

"懂"と"懂得"はともに「わかる，理解する，あることをしっかり体得する」という意味をもっている。
"懂"と"懂得"はともに名詞または名詞フレーズを目的語としてとることができる。

1) 小李懂（／懂得）法语。
Xiǎo Lǐ dǒng (/dǒngde) Fǎyǔ.
（李さんはフランス語が分かる）

2) 这孩子很懂（／懂得）礼貌。
Zhè háizi hěn dǒng (/dǒngde) lǐmào.
（この子はとても礼儀正しい）

"懂得"は動詞または動詞フレーズ，主述フレーズを目的語としてとることができ，「ある事の意義またはやり方を理解する」というニュアンスがある。

3) 你不要失去了才懂得（／＊懂）珍惜。
Nǐ búyào shīqùle cái dǒngde zhēnxī.
（何かを失ってからはじめて大事さを知るのではだめだ）

4) 我七岁就懂得（／＊懂）帮妈妈做饭了。
Wǒ qī suì jiù dǒngde bāng māma zuò fàn le.
（私は7歳でもうお母さんを手伝って御飯の支度をすることを心得ていた）

一方，"明白"はよく，「疑問に思っていること，はっきりさせたいことに対して理解できた，はっきりした」ときに使う。

5) 大家终于明白了真相。
   Dàjiā zhōngyú míngbaile zhēnxiàng.
   (みんなはようやく真相が分かった)

6) 我才明白她为什么那么讨厌他。
   Wǒ cái míngbai tā wèi shénme nàme tǎoyàn tā.
   (彼女がなぜあんなに彼を嫌うのかやっと分かった)

"懂"，"懂得"，"明白"はいずれも動詞であるが，"懂得"は補語になれない。

7) 你听懂（／明白／＊懂得）了吗？
   Nǐ tīngdǒng (/míngbai) le ma?
   (聞き取れましたか？)

懂・知道
dǒng　zhīdao

"懂"は道理など物事の本質や全体像がわかることで，程度が深い。"知道"は知識や情報など物事の表層的なことを知っていることである。

1) 经过这件事，我懂（／＊知道）了爱。
   Jīngguò zhè jiàn shì, wǒ dǒngle ài.
   (このことを通して愛というものがわかった)

2) 我才知道（／＊懂）了什么叫网络。
   Wǒ cái zhīdaole shénme jiào wǎngluò.
   (どういうものをネットというのかやっとわかった)

しかし両方使える場合もある。

3) 什么是友情，你懂（／知道）吗？
   Shénme shì yǒuqíng, nǐ dǒng (/zhīdao) ma?
   (友情とは何か，君はわかるかい？)

上記例はどちらも使えるが「わかる」対象としては，"懂"の場合「友情」の本質的，哲学的，人生論的な意味を指し，"知道"では「友情」に関する表層的な知識，つまり「友情」という言葉の辞書的な意味を指す。

4) 国家干部必须懂（／知道）政策。
   Guójiā gànbù bìxū dǒng (/zhīdao) zhèngcè.
   (中央政府の役人は政策というものがわかっていなくてはならない)

これもどちらも使えるが、"懂"を使うとわかっているべき政策の中身は本質的で深いものとなり、"知道"の場合は政策に関する知識、情報など表層的なものになる。

つまり上記2例のように、ある事柄が「わかる」という点について、「本質的な意味がわかる」と「表層的な情報を知っている」という二つの面をもつ時、"懂"と"知道"の両方が使える。しかし、どちらを使うかで意味する内容は異なってくる。

5) 我懂（／＊知道）世界语。
 Wǒ dǒng Shìjièyǔ.
 （私はエスペラント語がわかる）

ある外国語がわかるとはその言葉の世界を全体として把握しているということで、単なる情報ではない。したがって"知道"は使えない。

6) 我知道（／＊懂）世界上存在世界语。
 Wǒ zhīdao shìjièshang cúnzài Shìjièyǔ.
 （この世にエスペラント語というものが存在していることを私は知っている）

「私」が知っているのは「この世にエスペラント語が存在している」という知識ないし情報。したがってこれは"知道"の世界であり"懂"は使えない。

7) 4减3等于几，知道（／＊懂）吗？
 Sì jiǎn sān děngyú jǐ, zhīdao ma?
 （4引く3はいくつか知っていますか？）

4引く3がいくつになるかは知識。したがってこれも"知道"の世界であり"懂"は使えない。

小学校などで先生が児童に勉強を教え、最後に「みなさん、わかりましたか？」と聞く時は普通以下のように言う。

8) 同学们听懂（／＊知道）了吗？
 Tóngxuémen tīngdǒng le ma?

勉強に関する先生の説明は単なる情報や知識ではなく、理解することが大切なのでここで"知道"は使えない。またここで"懂"は補語として使われているが、"知道"にはそのような使い方はない。

洞・孔・穴
dòng　kǒng　xué

いずれも「穴」のことだが，それぞれ特徴があり，一般に互換性はない。
"洞"は自然の中でぽっかりとあいた穴のこと。「ほら穴」，「洞窟」。

1) 半山腰有个洞（／＊孔／＊穴），能藏好几个人呢。
   Bànshānyāo yǒu ge dòng, néng cáng hǎojǐ ge rén ne.
   （山の中腹にほら穴が一つあり，何人もの人が隠れることができる）

2) 那里的溶洞（／＊孔／＊穴）很大很深。
   Nàli de róngdòng hěn dà hěn shēn.
   （あそこの鍾乳洞は大きくて深い）

3) 松鼠在树洞（／＊孔／＊穴）里睡觉了。
   Sōngshǔ zài shùdòngli shuìjiào le.
   （リスは木のホラの中で眠った）

"洞"は自然の中の「ほら穴」の意味だけでなく，「穴」一般の意味でも用いる。

4) 不小心，衣服被烟烧了个洞（／＊孔／＊穴）。
   Bù xiǎoxīn, yīfu bèi yān shāole ge dòng.
   （うっかりしてタバコで洋服をこがし穴を作った）

5) 长虫牙怎么办，门牙长了个小小的洞（／＊孔／＊穴）。
   Zhǎng chóngyá zěnme bàn, ményá zhǎngle ge xiǎoxiǎo de dòng.
   （どうしよう，虫歯になった。前歯に小さな穴があいてしまった）

"洞"の「穴」は「ほら穴」の場合でも一般の「穴」の場合でも，トンネル状に突き抜けていてもいなくても，大きくても小さくてもよい。

"孔"の「穴」は一般に小さく，向こう側に突き抜けていて，何らかの目的のために人工的に作ったものが多い。

6) 他从钥匙孔（／＊洞／＊穴）里窥视，看里面发生什么情况。
   Tā cóng yàoshikǒngli kuīshì, kàn lǐmiàn fāshēng shénme qíngkuàng.
   （中で何が起きているのか見ようと，彼は鍵穴からのぞいた）

7) 颐和园有一座17个孔（／＊洞／＊穴）的桥，人们把它叫十七孔桥。
   Yíhéyuán yǒu yí zuò shíqī ge kǒng de qiáo, rénmen bǎ tā jiào Shíqīkǒngqiáo.
   （頤和園には17の穴があいている橋があって「十七孔橋」と呼ばれている）

書面語として用いられることも多く，この場合"洞"や"穴"で置き換えること

はできない。

8) 无孔不入
wú kǒng bú rù
(穴があれば必ず入る，あらゆる隙をねらう)(成語)

9) 百孔千疮
bǎi kǒng qiān chuāng
(穴だらけ，傷だらけ)(成語)

また「毛穴」,「鼻の穴」などにも用いる。

10) 毛孔（／＊洞／＊穴）
máokǒng
(毛穴)

"穴"の「穴」は動物などの巣穴や盗賊のアジト，墓穴などに用いられ，熟語となって固定化しているものが多い。

11) 不入虎穴，焉得虎子
bú rù hǔxué, yān dé hǔzǐ
(虎穴に入らずんば虎子を得ず)(成語)

12) 他带人潜入贼穴（／＊洞／＊孔），将贼人全歼。
Tā dài rén qiánrù zéixué, jiāng zéirén quán jiān.
(彼は人を引き連れ賊のアジトに潜入し，全員せん滅した)

13) 挖墓穴（／＊洞／＊孔）前应该先敬土地神。
Wā mùxué qián yīnggāi xiān jìng tǔdìshén.
(墓穴を掘る前にまず土地の神様に敬意を表さなくてはならない)

下のような例の場合，"蚁穴"という熟語を用いなければ，"洞"を使って同様の状況を述べることもできる。

14) 驱除蚂蚁必须找到蚁穴（／＊洞／＊孔）。
Qūchú mǎyǐ bìxū zhǎodào yǐxué.
(アリを駆除するにはアリの巣を見つけなければならない)

15) 驱除蚂蚁必须找到蚂蚁洞。
Qūchú mǎyǐ bìxū zhǎodào mǎyǐdòng.
(アリを駆除するにはアリの巣を見つけなければならない)

"穴"の「穴」は，入り込む，あるいは何かを入れる場所なので突き抜けてはいない。大きくても小さくてもよい。

度过・渡过
dùguò　dùguò

発音が同じである動詞だが，意味用法が異なる。
"度过"は，「ある期間を過ごす，暮らす」という意味であり，時を表す表現を目的語にとる。

1) 他在一个小山村度过（／＊渡过）了自己的童年。
   Tā zài yí ge xiǎo shāncūn dùguòle zìjǐ de tóngnián.
   (彼はある小さな山村で子供時代を送った)

2) 我们愉快地度过（／＊渡过）了一个难忘的夜晚。
   Wǒmen yúkuài de dùguòle yí ge nánwàng de yèwǎn.
   (私たちは忘れられない一晩を楽しく過ごした)

3) 我十八岁的生日是在海边度过（／＊渡过）的。
   Wǒ shíbā suì de shēngrì shì zài hǎibiān dùguò de.
   (私の18歳の誕生日は海辺で過ごした)

上記例文では，"度过"はいずれも「時間を過ごす」意味であり，一般に"渡过"と言い換えることはできない。

一方，"渡过"は「河川を渡る」意味をもっている。

4) 他们是靠什么运输工具渡过（／＊度过）那条大河的?
   Tāmen shì kào shénme yùnshū gōngjù dùguò nà tiáo dàhé de?
   (彼らはどんな交通手段であの大きな川を渡ったの)

5) 人民解放军于四月二十一日渡过（／＊度过）长江。
   Rénmín jiěfàngjūn yú sìyuè èrshíyī rì dùguò Chángjiāng.
   (人民解放軍は4月21日に長江を渡った)

"渡过"はまた，困難や危険などを通り抜けることにも用いる。「乗り越える」，「乗り切る」。

6) 公司已经渡过（／＊度过）了最困难的时期。
   Gōngsī yǐjīng dùguòle zuì kùnnan de shíqī.
   (会社はすでに最も困難な時期を乗り越えた)

7) 全体员工齐心协力，渡过（／＊度过）了难关。
   Quántǐ yuángōng qíxīn xiélì, dùguòle nánguān.
   (スタッフ全員で力を合わせてピンチを切り抜けた)

上記例文で示されたように，"度过"と"渡过"はそれぞれ違う意味用法をもっており，置き換えられない。

对・对于
duì　duìyú

ともに対応する関係を表す介詞である。"对"は話し言葉に，"对于"はやや重い語感があり，書き言葉に用いることが多い。「…に対して」，「…について」。

1) 对于（／对）美术作品我没有什么鉴赏力。
   Duìyú (/duì) měishù zuòpǐn wǒ méiyǒu shénme jiànshǎnglì.
   （私は美術品に対してあまり良し悪しが分からない）

2) 每个人对于（／对）这件事都会有不同的意见和看法。
   Měi ge rén duìyú (/duì) zhè jiàn shì dōu huì yǒu bùtóng de yìjian hé kànfa.
   （このことについては，人それぞれ違う考えをもっているでしょう）

3) 对于（／对）日本人来说，"ü"的发音是个难点。
   Duìyú (/duì) Rìběnrén lái shuō, "ü" de fāyīn shì ge nándiǎn.
   （日本人にとって，üの発音は難しいものの一つと言える）

以上の文で示されているように，"对于"は一般に"对"に置き換え可能であるが，"对"は必ずしも"对于"に置き換えられるわけではない。次のような場合，"对"は"对于"に置き換えることができない。

【1】動作の対象を表す場合。「…に（向かって），…に対して」。

4) 我们绝不对困难低头。
   Wǒmen jué bú duì kùnnan dītóu.
   （我々は決して困難に屈しない）

5) 她对我笑了笑。
   Tā duì wǒ xiàolexiào.
   （彼女は私に向かって笑って見せた）

【2】対応，待遇，対人関係を表す場合。「…に（対して）」。

6) 老师对新来的同学特别关心。
   Lǎoshī duì xīn lái de tóngxué tèbié guānxīn.
   （先生は新しく来た学生を特に気にかけている）

7) 他对人非常热情，交下很多朋友。
　　Tā duì rén fēicháng rèqíng, jiāoxià hěn duō péngyou.
　　（彼は人に対してとても親切なので，多くの友達を作れた）

【3】"对"は助動詞，副詞の前と後，さらに主語の前に使うことができるのに対して，"对于"には，助動詞，副詞の後に用いる用法がない。

8) 我们将尽快对这件事给予答复。
　　Wǒmen jiāng jǐnkuài duì zhè jiàn shì jǐyǔ dáfu.
　　（我々はこの件についてなるべく早く返事するようにします）

9) 大家可以对这个方案多提意见。
　　Dàjiā kěyǐ duì zhège fāng'àn duō tí yìjian.
　　（みなさんはこの案に対してたくさん意見を言って良いですよ）

例文8)では副詞 "尽快"，例文9)では助動詞 "可以" がそれぞれ "对" の前にあるため，"对于" とは言い換えられない。ただし，語順を変えると次のように "对于" を用いることもできる。この場合，例文8) と10)，例文9) と11) に意味上の違いはない。

10) 对于这件事我们将尽快给予答复。

11) 对于这个方案大家可以多提意见。

对・双・副
duì　shuāng　fù

いずれも複数のものをまとめて数えるときに使う集合量詞。
"双" はまず左右対称をなす身体部位を数える。

"一双手" yì shuāng shǒu（両手）; "一双脚" yì shuāng jiǎo（両足：足首から足先まで）; "一双眼睛" yì shuāng yǎnjing（両目）; "一双耳朵" yì shuāng ěrduo（両耳）

"双" で数えるものは，生まれつき，もともとひと揃いになっているものである。他にも次のようなものがある。

"腿" tuǐ（足：足の付け根から足首まで）; "胳膊" gēbo（うで）; "肩膀" jiānbǎng（肩）; "眉毛" méimao（眉毛）; "翅膀" chìbǎng（つばさ）

身体部位以外では，見た目や働きが体の一部と一体化するか，その延長として働くものに限られる。

"一双手套" yì shuāng shǒutào（手袋1組）; "一双袜子" yì shuāng wàzi（靴下1足）; "一双筷子" yì shuāng kuàizi（箸1膳）; "一双鞋" yì shuāng xié（靴1足）

以上から"双"は身体部位およびそれに見立てられるもので，2つでひと揃いのものに使われるといえる。

"对"はまず男女，雌雄，正反の組合せに用いられる。

"一对夫妇" yí duì fūfù（1組の夫婦）; "一对鸳鸯" yí duì yuānyang（1つがいのオシドリ）; "一对矛盾" yí duì máodùn（1つの矛盾）

また，個々に独立したものがペアを組んでいる場合にも使われる。

"一对花瓶" yí duì huāpíng（1対の花瓶）; "一对枕头" yí duì zhěntou（枕1組）; "一对电池" yí duì diànchí（電池1組）

そこで"对"は，もともと独立した別個の2つのものの間に，見る側が何らかの意味をもたせてそれをひと組と見なしたものに使われるといえる。

"副"はまず2つの同じ部分からなる1つのものを数えるときに用いる。

"眼镜" yǎnjìng（メガネ）; "耳机" ěrjī（イヤホーン）; "手铐" shǒukào（手錠）; "担子" dànzi（天秤棒とその両端に下げた荷物）; "对联" duìlián（対句の掛物）

"一副眼镜"はメガネが2つ並んでいるのではなく，同じ部分が左右に並ぶ1つのメガネのことである。

"副"はまた，いくつかの独立性に欠ける部分が組み合わさってできた1つの完全なものを数えるときにも用いられる。

1) 一副 {扑克／模子／棺材}
   yí fù {pūkè/múzi/guāncai}
   （トランプ1組／鋳型1つ／ひつぎ1基）

"碗筷" wǎnkuài（飯碗と箸），"香烛" xiāngzhú（線香とロウソク），"锣鼓" luógǔ（ドラと太鼓）も"副"で数えるが，これらは「食事をする」，「先祖を祭る」，「演奏をする」などのときに，2つがそろって初めてその行為ができるようになるという意味で，不完全な部分の集合体といえる。

"眼睛"，"耳朵"，"手"，"脚"は"双"で数えるが，独立した身体部位が左右に並ぶととらえ，"对"が使われることもある。

2) 一对（／双）明亮的眼睛
   yí duì (/shuāng) míngliàng de yǎnjing

(1対のきらきら輝く目)

3) 这么白软的一对（／双）手
zhème báiruǎn de yí duì (/shuāng) shǒu
(こんなにも白くて柔らかい両手)

"耳环"ěrhuán（イヤリング），"镯子"zhuózi（腕輪），"球拍"qiúpāi（ラケット）などは，独立した2つがペアをなしているととらえた場合には"对"が使われ，2つそろって初めて完全な用をなすものととらえた場合には"副"が使われる。"手套"，"筷子"は"双"で数えるが，同じ理由から"副"も用いられる。しかし，手や足など左右対称をなす身体部位は"副"では数えない。

对不起・不好意思
duìbuqǐ　　bù hǎoyìsi

次の1)，2)は，食事会が終わり，支払の時に，またも財布を忘れたことに気づいて謝る表現であるが，両者のニュアンスは大いに異なる。

1) 真对不起，我又忘带钱包了。
Zhēn duìbuqǐ, wǒ yòu wàngdài qiánbāo le.
(本当にすみません，また財布を忘れました)

2) 真不好意思，我又忘带钱包了。
Zhēn bù hǎoyìsi, wǒ yòu wàngdài qiánbāo le.
(本当にすみません，また財布を忘れました)

1) の"对不起"は謝罪する時の決まり文句で，最もよく使われるものである。話者が客観的な事実を認めると同時に，相手に謝罪する意味を表す。すなわち，自分の過失（財布を忘れてきたこと）に対して，それを認め，後悔する気持ちを表し，被害者（代わりにお金を払ってくれた人）に謝るというものである。"对不起"と言って謝る内容は，日常生活によくある小さなこともあれば，次のような大きな出来事の場合もある。

3) 你这样做，对不起国家，对不起（／＊不好意思）人民。
Nǐ zhèyàng zuò, duìbuqǐ guójiā, duìbuqǐ rénmín.
(君のしたことは，国にも，人民にも申し訳がたたない)

一方，"不好意思"は，言いにくいことや，自分の能力不足や行儀の悪さなどに対する恥ずかしさ，きまりの悪さを表す時に用いられる。主観的に，純粋に自分の感情を表していて，相手の気持ちはあまり考慮していない。2) は，迷惑をかけられた人の気持ちを考えて言うのではなく，自分の愚かさ（食事会に行ったのに財布

を忘れてきたこと）に対する恥ずかしさ，きまりの悪さを表現しているのである。
　さらに，「むげに…できない」，「厚かましくて…できない」意を表すこともできる。
"对不起"にはこの意味はない。

 4) 朋友再三邀请，不好意思（／＊对不起）不去。
  Péngyou zàisān yāoqǐng, bù hǎoyìsi bú qù.
  （友だちに何度も誘われているから，行かないわけにはいかない）

　また，1)の"对不起"は謝る語気が強いのに対して，話し手と聞き手の関係から見ると，2)のほうが間柄が親しく感じられる。つまり，親しい間柄，正式ではない場合，罪を重く感じない時には"不好意思"がよく用いられるという違いも認められる。
　次に，文法上の違いについて少し触れておくことにする。
　3)のように，"对不起"は目的語をとることができるが，"不好意思"はできない。一方，4)のように"不好意思"は連用修飾語になれるが，"对不起"はなれない。さらに，くだけた場面では，両者ともに繰りかえして用いることができる。また"对不起"の肯定形は5)のように"对得起"で，"不好意思"を否定するときは6)のように"没"を用いる。

 5) 你对不起我可以，但是你要对得起你父母。
  Nǐ duìbuqǐ wǒ kěyǐ, dànshì nǐ yào duìdeqǐ nǐ fùmǔ.
  （私に申し訳の立たないことはあってもいいですが，ご両親には顔向けができるようにしなさい）

 6) 我没不好意思，你别瞎猜了。
  Wǒ méi bù hǎoyìsi, nǐ bié xiā cāi le.
  （恥ずかしがっているわけではありません。変に想像しないで）

　近年，若者の間では，"不好意思"がよく用いられる傾向にある。しかし，正式な場で，誠心誠意に謝罪したい時には，やはり"对不起"を用いるほうがよい。

对不起・劳驾・麻烦
duìbuqǐ　láojià　máfan

"对不起"，"劳驾"，"麻烦"を日本語にするといずれも「すみません」，「ごめんなさい」になるが，それぞれの使用場面があり，文法的機能も異なる。
　まずは使用場面において。
"对不起"は，普通相手に対してわびる，または，すまない気持ちを表す時に使う。

 1) 我忘了今天是你的生日，实在对不起。
  Wǒ wàngle jīntiān shì nǐ de shēngrì, shízài duìbuqǐ.

(今日が君の誕生日だったことを忘れていた。本当にすまない)

"劳驾"は，人に用事を頼んだり，道を通してもらうときに使う。

2) 劳驾，给我一杯冰水。
   Láojià, gěi wǒ yì bēi bīngshuǐ.
   (すみませんが，お冷を一杯ください)

3) 劳驾，请让让路。
   Láojià, qǐng ràngrang lù.
   (すみません，ちょっと通してください)

"麻烦"は，人に用事を頼んで手を煩わせてすまないという気持ちを表す時に使う。

4) 麻烦（／*对不起）你转告她，我在老地方等她。
   Máfan nǐ zhuǎngào tā, wǒ zài lǎodìfang děng tā.
   (すみませんが，彼女にいつものところで待っていると伝えてもらえますか)

"劳驾"と"对不起"は多くの場合置き換えられるが，"麻烦"と"对不起"を置き換えるのは難しい。

次は文法的機能において。
　目的語をとるとき，"劳驾"は目的語を後におくことも，間におくこともできるが，"麻烦"は目的語を後にしかおけない。

5) 我不想劳驾（／麻烦）你。
   Wǒ bù xiǎng láojià (/máfan) nǐ.
   (あなたに面倒をかけたくない)

6) 我不想劳你驾（／*麻你烦）。
   Wǒ bù xiǎng láo nǐ jià.

"对不起"もふつう目的語を後におき，「誰々にすまない」という意味になる。

7) 我不想对不起你。
   Wǒ bù xiǎng duìbuqǐ nǐ.
   (あなたに申し訳ないことをしたくない)

"麻烦"と"对不起"は程度副詞の修飾を受けられるが，"劳驾"は受けられない。

8) 太麻烦（／对不起／*劳驾）你了。
   Tài máfan (/duìbuqǐ) nǐ le.
   (ずいぶんご面倒をおかけしました／ずいぶん申し訳ないことをしました)

"劳驾"と"对不起"は呼びかけの言葉として文頭におくことができるが，"麻烦"

はこのような働きがない。

9) 劳驾（／对不起／＊麻烦），把门关上好吗?
   Láojià (/Duìbuqǐ), bǎ mén guānshang hǎo ma?
   (すみませんが，ドアを閉めてもらえますか)

对于・关于
duìyú　guānyú

どちらも介詞で動作，行為等と関連がある対象を示すが，"对于"は「対象となる事物」を示し，"关于"は「関連する事物」を示す。互換性をもつ場合ともたない場合がある。もつ場合は"对于"，"关于"のどちらを使うかでニュアンスが変わってくる。

1) 对于（／＊关于）学习有困难的同学，老师要多关心。
   Duìyú xuéxí yǒu kùnnan de tóngxué, lǎoshī yào duō guānxīn.
   (勉強につまずいている生徒に対して，教師はより気を配る必要がある)

この文では"对于"の対象，つまり「勉強につまずいている生徒」に焦点がしぼられている。「勉強につまずいている生徒」についてのさまざまな事柄に焦点が当たっているわけではない。こうした場面では"对于"が使われ，"关于"は用いない。

2) 关于（／＊对于）他，我早就听说了。
   Guānyú tā, wǒ zǎojiù tīngshuō le.
   (彼については前から聞いている)

この文では"关于"の対象である「彼」に焦点がしぼられているわけではなく，「彼」についてのさまざまな事柄に焦点が当たっている。こうした時は"关于"が用いられ，"对于"は使われない。

つまり"对于"を使う時は対象一点に焦点が合わされ，"关于"を使う時は対象に関わる広がりのある面に焦点が当たると言えよう。

3) 对于（／关于）欧洲的风格，我了解不多。
   Duìyú (/Guānyú) Ōuzhōu de fēnggé, wǒ liǎojiě bù duō.
   (ヨーロッパのスタイル，精神といったものについて，私はあまりよくわかっていない)

4) 对于（／关于）这件事，我们要好好计划一下。
   Duìyú (/Guānyú) zhè jiàn shì, wǒmen yào hǎohāo jìhuà yíxià.
   (このことについて私たちはきちんと計画を立てなければいけない)

3)，4) とも"对于"を使えば焦点は対象一点にしぼられ，"关于"を使えば対象

と関わりのある広がりをもつ面に焦点が当たる。つまり3), 4) の文は介詞"対于"や"关于"の対象がどちらを使っても成り立つ性格をもっている。こうした文においては"対于"と"关于"は互換性がある。

"关于"は主語の前に置くことはできるが，主語の後ろで動詞の前というポジションには置くことができない。"対于"にはそうした制限はない。

5) 关于（／対于）工作方法，你们还有什么意见？
   Guānyú (/Duìyú) gōngzuò fāngfǎ, nǐmen hái yǒu shénme yìjian?
   （仕事のやり方について何かほかに意見がありますか）

6) 你们対于（／＊关于）工作方法还有什么意见？
   Nǐmen duìyú (/＊guānyú) gōngzuò fāngfǎ hái yǒu shénme yìjian?
   （皆さんは仕事のやり方に対して，何かほかに意見がありますか）

"対于"，"关于"とも連体修飾語として主語を修飾することができるが，目的語を修飾できるのは"关于"だけで，"対于"にはそうした作用はない。

7) 対于（／关于）普及义务教育的建议，大家都赞成。
   Duìyú (/Guānyú) pǔjí yìwù jiàoyù de jiànyì, dàjiā dōu zànchéng.
   （義務教育普及についての提案は皆が賛成した）

8) 这是一篇关于（／＊対于）少数民族语言的论文。
   Zhè shì yí piàn guānyú shǎoshù mínzú yǔyán de lùnwén.
   （これは少数民族言語に関する論文である）

"关于"を用いた介詞句はタイトルとして用いることができるが，"対于"を用いた介詞句は後ろに「"的"＋名詞」をつけないとタイトルとして使えない。

9) 《关于（／＊対于）人权问题》
   《Guānyú rénquán wèntí》
   （『人権問題に関して』）

10) 《対于人权问题的看法》
    《Duìyú rénquán wèntí de kànfa》
    （『人権問題に対する考え方』）

对照・对比・比较
duìzhào　duìbǐ　bǐjiào

"对照","对比","比较"はいずれも動詞としては「比べる」という意味を表す。"对照"はある事物を一定のモデルや手本と「照らし合わせる」のである。

1) 对照（／＊对比／＊比较）原文修改译文。
   Duìzhào yuánwén xiūgǎi yìwén.
   (原文に照らして訳文に手を入れる)

2) 拿这个标准对照（／＊对比／＊比较）一下，看你够不够条件。
   Ná zhège biāozhǔn duìzhào yíxià, kàn nǐ gòubugòu tiáojiàn.
   (この基準に照らしてみて，自分が条件を満たしているかどうか考えてみなさい)

"对比"は，「異質あるいは対比的な2種」を「比べてみる」という行為そのものをいう。また次の4)のような数や量の比率を言う名詞用法もある。

3) 她通过对比（／＊对照／＊比较）来研究两个作品的特点。
   Tā tōngguò duìbǐ lái yánjiū liǎng ge zuòpǐn de tèdiǎn.
   (彼女は対比するというやり方で二作品の特徴を研究している)

4) 两年产量对比（／＊对照／＊比较）是一对三。
   Liǎng nián chǎnliàng duìbǐ shì yī duì sān.
   (2年間の生産量の比率は1対3である)

"比较"は二つ，あるいは二つ以上の「同類のもの」の差異や良し悪しなど具体的な違いを知り，その違いを取捨選択や何らかの判断材料にする目的で比べるのである。

5) 比较（／＊对照／＊对比）了几个人，还是小张条件优越。
   Bǐjiàole jǐ ge rén, háishi Xiǎo Zhāng tiáojiàn yōuyuè.
   (数人を比べてみたが，やはり張君が最も条件にかなっている)

その他に，"比较"には"我家离这儿比较近" wǒ jiā lí zhèr bǐjiào jìn（私の家はここからわりと近い）などのように，副詞の"比较"があることはいうまでもない。

以上が"对照","对比","比较"の基本的な使い分けである。
なお，"对照","对比"には以下のように「対照的である，コントラトをなす」という意味もある。

6) 这里的现代化气氛与古色古香的老城形成鲜明的对照（／对比）。
   Zhèlǐ de xiàndàihuà qìfen yǔ gǔ sè gǔ xiāng de lǎochéng xíngchéng xiānmíng de duìzhào (/duìbǐ).

（ここの現代的な雰囲気と時代を帯びた佇まいの古い街とが鮮やかなコントラストをなしている）

7) 音乐节奏快慢形成强烈的对比（／＊对照）。
　　Yīnyuè jiézòu kuàimàn xíngchéng qiángliè de duìbǐ.
　　（音楽のリズムの緩急が強烈なコントラストをなしている）

　上の6) は"对比"に置き換えることができるが，7) の"快慢"のような反義語ペアの場合は一般に"对比"を使う。たとえば"新旧对比"，"中外对比"，"优劣对比"などもみな反義語ペアの場合である。

炖・煮
dùn　zhǔ

　"炖"と"煮"はいずれも，水を加え，一定の時間火にかけることを指す。"炖"は「とろ火」で「長時間」がポイントで，"煮"は「沸騰させる」のがポイントである。

1) 小火炖它三四个小时，什么牛肉肘子的都耗熟了。
　　Xiǎohuǒ dùn tā sān sì ge xiǎoshí, shénme niúròu zhǒuzi de dōu hàoshú le.
　　（とろ火で3，4時間ことこと煮込めば，牛肉だって豚のもも肉だって柔らかくなってくる）

　「とろ火」と「長時間」によって，味をしっかり染みこませるのが"炖"である。"炖"を使う「煮込み料理」は以下のようなものがある。

2) 炖｛猪肉／牛肉／羊肉／鸡（肉）／排骨／鱼｝
　　dùn ｛zhūròu/niúròu/yángròu)/jī (ròu)/páigǔ/yú｝
　　（豚肉／牛肉／羊肉／鶏肉／スペアリブ／魚の煮込み）

　肉や魚の他に，野菜の「煮込み」も"炖"が使われる。

3) 红烧肉炖土豆
　　hóngshāoròu dùn tǔdòu
　　（豚肉の醤油煮込みとジャガイモの煮物）

4) 红烧肉炖粉条
　　hóngshāoròu dùn fěntiáo
　　（豚肉の醤油煮込みと春雨の煮物）

　一方"煮"は，「沸騰させる」ことがポイントである。

5) 煮饺子
   zhǔ jiǎozi
   (餃子を茹でる)

6) 煮元宵
   zhǔ yuánxiāo
   (団子を茹でる)

7) 煮鸡蛋
   zhǔ jīdàn
   (卵を茹でる)

8) 煮玉米
   zhǔ yùmǐ
   (トウモロコシを茹でる)

茹で汁に調味料を入れ，食材に味を染みこませることもできる。

9) 煮花生
   zhǔ huāshēng
   (ピーナッツを茹でる)

10) 煮毛豆
    zhǔ máodòu
    (枝豆を茹でる)

11) 煮茶鸡蛋
    zhǔ chájīdàn
    (茶漬け茹で卵を作る)

近年中国で麦茶を飲むことが流行っており，「麦茶を作る」は"煮"である。

12) 煮大麦茶
    zhǔ dàmàichá

13) 煮梨水
    zhǔ líshuǐ
    (梨を砂糖と水で煮た飲み物)

"煮"するものは食物とは限らない。以下のような「煮沸消毒」の使われ方もある。

14) 煮针头
    zhǔ zhēntóu
    (注射器の針を煮沸消毒する)

15) 煮奶瓶
    zhǔ nǎipíng
    (哺乳瓶を煮沸消毒する)

多少钱・怎么卖
duōshao qián　zěnme mài

値段を尋ねるには，"多少钱"，"怎么卖"という2つの言い方がある。
「計り売り」であることがはっきり分かっている場合は次のように尋ねる。おそらく，例のような答えが返ってくることだろう。

1) 这西红柿多少钱一斤?
   Zhè xīhóngshì duōshao qián yì jīn?
   (このトマトは500グラムいくら？)

   ——两块钱一斤。
   Liǎng kuài qián yì jīn.
   (500グラム2元だ)

2) 螃蟹多少钱一斤?
   Pángxiè duōshao qián yì jīn?
   (カニは500グラムいくら？)

   ——二十块钱一斤。
   Èrshí kuài qián yì jīn.
   (500グラム20元だ)

もし，1つずつで売っていることが明らかな場合は次のように尋ねる。

3) 螃蟹多少钱一只?
   Pángxiè duōshao qián yì zhī?
   (カニは一杯いくら？)

   ——10块钱一只。
   Shí kuài qián yì zhī.
   (一杯10元だ)

"怎么卖"の原義は「どのようにして売っているのか」であり，売り方がはっきり分からないときに用いる。

4) 这西红柿怎么卖?
   Zhè xīhóngshì zěnme mài?

（このトマトはいくら？／このトマトはどう売っているの？）

500グラムでいくらのような場合は，おそらく次のような答えになるだろう。

5) ——两块钱一斤。
   Liáng kuài qián yì jīn.
   (500グラム2元だ)

自由市场でたくさん買うと安くなる場合があるので，次のような答えになる可能性もある。

6) ——5块钱三斤。
   Wǔ kuài qián sān jīn.
   (1500グラム5元だ)

次の例も2つの答えが返ってくる可能性がある。

7) 这螃蟹怎么卖？
   Zhè pángxiè zěnme mài?
   （このカニはいくら？／このカニはどう売っているの？）

   ——10块钱一只。
   Shí kuài qián yì zhī.
   (一杯10元だ)

   ——30块钱一斤。
   Sānshí kuài qián yì jīn.
   (500グラム30元だ)

すでに袋詰めされていたり，パッケージなどで包装されている品物については"多少钱"しか使えない。

8) 这袋茶叶多少钱（／*怎么卖)?
   Zhè dài cháyè duōshao qián?
   （このお茶はいくら？）

単に金額について聞く場合は"多少钱"しか使えない。

9) 来份儿报纸，多少钱？
   Lái fènr bàozhǐ, duōshao qián?
   （新聞ください。いくら？）

10) 一共花了多少钱？
    Yígòng huāle duōshao qián?

（全部でいくら使った？）

躲・藏
duǒ　cáng

見つからないように隠れる場合，"躲"と"藏"はともに用いることができる。

1) 他躲（／藏）在屏风后面。
   Tā duǒ (/cáng) zài píngfēng hòumian.
   (彼はついたての後ろに隠れた)

2) 怕妈妈打他，就藏（／躲）到门后去了。
   Pà māma dǎ tā, jiù cáng (/duǒ) dào ménhòu qù le.
   (子どもはお母さんにたたかれると思って，ドアの後ろに隠れてしまった)

しかし，"躲"には「避ける」，「よける」という意味があり，この場合は"藏"に言い換えることができない。

3) 过年头一回不愁吃穿，头一回不用躲（／＊藏）债主啦。
   Guònián tóu yì huí bù chóu chī chuān, tóu yì huí búyòng duǒ zhàizhǔ la.
   (食うもの着るものの心配しなくてもいいし，借金取りから逃げ隠れしなくてもいい初めての正月だ)

4) 他们今天躲（／＊藏）着咱们走，将来有一天他们要后悔，要追着咱们。
   Tāmen jīntiān duǒzhe zánmen zǒu, jiānglái yǒu yì tiān tāmen yào hòuhuǐ, yào zhuīzhe zánmen.
   (今は私たちを避けていても，いつか必ず後悔し，私たちの後を追いかけてくる)

一方，"藏"は「隠す」，「しまう」という意味で用いられるが，"躲"にはこのような用法はない。

5) 你把烟藏（／＊躲）起来，不让他抽。
   Nǐ bǎ yān cángqilai, bú ràng tā chōu.
   (君，タバコを隠して，彼に吸わせないように)

6) 她轻轻地叹了一口气，要说话，但是又忍住了，好像胸里藏（／＊躲）着许多话却无法说出来。
   Tā qīngqīng de tànle yì kǒu qì, yào shuō huà, dànshì yòu rěnzhù le, hǎoxiàng xiōngli cángzhe xǔduō huà què wúfǎ shuōchulai.
   (彼女は吐息をもらして，何かいおうとしてまた口をつぐみ，胸の中に言いたいことがたくさんあるのに，どう切り出していいのかわからない様子だった)

また，"躲"は「避ける」という意味が主なので，鬼ごっこをする（身を隠す）という場合には"藏"しか用いることができない。

7) 你们都藏（／＊躲）好了吗？
   Nǐmen dōu cánghǎo le ma?
   (みんなちゃんと隠れましたか)

8) 我藏（／＊躲）起来，你准找不着。
   Wǒ cángqilai, nǐ zhǔn zhǎobuzháo.
   (私が隠れたら，きっと見つけられないよ)

E 二位・两位
èr wèi　liǎng wèi

人を数える量詞には"个"geがあるが，そこに"位"を使うと敬意を込めた言い方になる。"二位"と"两位"はともに「おふたり」を表す。

まず，人数を言う場合には"两位"を使い，"二位"は使われない。

1) 昨天参加了几位？
   Zuótiān cānjiāle jǐ wèi?
   (昨日は何人参加されましたか)

   ——参加了两位（／＊二位）。
   Cānjiāle liǎng wèi.
   (おふたり参加しました)

目の前にいる2人に対して呼びかけたり，話しかけたりする場合は，"二位"，"两位"どちらも使われる。

2) 二位（／两位）要找谁呀？
   Èr wèi (/Liǎng wèi) yào zhǎo shéi ya?
   (おふたりは誰をお訪ねですか)

3) 二位（／两位）先生请这边坐。
   Èr wèi (/Liǎng wèi) xiānsheng qǐng zhèbian zuò.
   (おふたかたどうぞこちらへお座りください)

4) 我不知道你们二位（／两位）今天来。
   Wǒ bù zhīdao nǐmen èr wèi (/liǎng wèi) jīntiān lái.
   (あなたがたおふたりが今日いらっしゃるとは知りませんでした)

人数を言う場合には"两位"のみ，呼びかけには"二位"，"两位"とも使われることから，

5) 我想请两位吃晚饭。
　　Wǒ xiǎng qǐng liǎng wèi chī wǎnfàn.

は，「私は夕食におふたり（＝人数）お招きしたい」と，「私はあなたがたおふたりを夕食にご招待したいと思う」の2通りの意味が考えられる。しかし，次の文は後者の意味にしかならない。

6) 我想请二位吃晚饭。
　　Wǒ xiǎng qǐng èr wèi chī wǎnfàn.

"二位"は目の前にいる2人に限らない。文脈や場面の中で特定されていれば，その場にいない2人にも使うことができる。

7) 就梅、程、荀、尚来说，天赋歌喉以梅、尚二位最佳，…
　　Jiù Méi, Chéng, Xún, Shàng lái shuō, tiānfù gēhóu yǐ Méi, Shàng èr wèi zuì jiā, ...
　　（〈京劇の役者の〉梅，程，荀，尚について言えば，天賦の歌声は梅，尚のおふたりが最も優れており…）

量詞の前には通常"两"が用いられるが，そこに序数の"二"を用いて"二位"とするのは，2人を1人ずつ区別して呼びかけたり指示したりするためである。2人をひとまとめにして「2」という数として捉える"两位"よりも，個別性を意識した"二位"の方が，敬意の度合いが増すことになる。

F　发・变
fā　biàn

ともに「変わる」意味を表すが，両者は微妙な違いがあるので，ほとんど言い換えることができない。
"发"は内なるものが表に出てくる。後ろに必ず変化の結果を伴う。

1) 他望着那两个孩子的背影，心里一阵发热。
　　Tā wàngzhe nà liǎng ge háizi de bèiyǐng, xīnli yízhèn fārè.
　　（その二人の子どもの後ろ姿を見送りながら，彼は胸が熱くなってきた）

2) 帽子还是当兵时的帽子，已经发白。
　　Màozi háishì dāngbīng shí de màozi, yǐjīng fābái.
　　（帽子は兵隊当時のもので，すでに色褪せていている）

3) 他听到这里，胸口猛跳，两眼发潮。
   Tā tīngdào zhèli, xiōngkǒu měng tiào, liǎng yǎn fācháo.
   (彼はここまで聞いて，胸がおどり，目頭が熱くなった)

4) 当他抬起头来看着大姐的时候，他的眼睛有点儿发红。
   Dāng tā táiqi tóu lai kànzhe dàjiě de shíhou, tā de yǎnjing yǒudiǎnr fāhóng.
   (頭をあげてお姉さんの顔を見たとき，彼の目のふちは赤くなっていた)

"变"は，外側から見て違った形状や状態になる。

5) 他好像受了大的打击似的，脸色忽然变青了。
   Tā hǎoxiàng shòule dà de dǎjī shìde, liǎnsè hūrán biànqīng le.
   (彼は大きな打撃をうけたように顔色が急にまっさおに変った)

6) 她突然变了脸色，眼光也由光亮而变为阴暗。
   Tā tūrán biànle liǎnsè, yǎnguāng yě yóu guāngliàng ér biànwéi yīn'àn.
   (彼女の顔色が突然変わり，輝いていた眼にも暗い翳がさしてきた)

7) 她的家庭变得更加进步和欢快了。
   Tā de jiātíng biànde gèngjiā jìnbù hé huānkuài le.
   (彼女の家庭は急速に進歩し，より楽しいものに変わっていた)

8) 好人坏人，变来变去，真叫人弄不懂。
   Hǎorén huàirén, biàn lái biàn qù, zhēn jiào rén nòngbudǒng.
   (善人と悪人がくるくる入れ替わって，ほんとうにわけが分からない)

上に述べたような違いにより，両者はほとんど言い換えることができない。"发冷"と"变冷"，"发红"と"变红"のような二つの言い方が存在していても，ニュアンスが違う。"发冷"は体で感じた寒気を言っているのに対し，"变冷"は季節の変化つまり「寒くなる」と言っている。また"发红"は赤色が外に現れ出たと言っているのに対し，"变红"は他の色から赤い色に変わったと言っている。

なお，構造においては，"变"は5)のように"发"と同じ使い方のほかに，6)のように単独で述語となることも，7)のように後ろに様態補語が付くことも，8)の四字塾語を構成することもできる。

发脾气・生气
fā píqi　shēngqì

"发脾气"と"生气"は2つとも「怒る」という意味であるが，怒り方と文法的機能において違いがある。

まずは怒り方。

"发脾气"は、「言葉や行動で怒りをぶちまける」時に使う。

1) 他动不动就发脾气骂人。
   Tā dòngbudòng jiù fā píqi mà rén.
   (彼は何かというとすぐに当たり散らし人をののしる)

2) 我女朋友一发脾气就摔东西。
   Wǒ nǚpéngyou yì fā píqi jiù shuāi dōngxi.
   (ぼくの彼女は怒りだすとものを投げつける)

"生气"は、「不快な気持ちをもつ。腹を立てる」。怒りを表面に出さない時に使う。

3) 看样子你女朋友生气了。
   Kàn yàngzi nǐ nǚpéngyou shēngqì le.
   (どうも君の彼女は怒っているようだ)

4) 我虽然生她的气，但是没有发脾气。
   Wǒ suīrán shēng tā de qì, dànshì méiyou fā píqi.
   (私は彼女に腹を立てたが、怒りをぶちまけるようなことはしなかった)

次は文法的機能。
"发脾气"と"生气"はともに介詞を用いて「怒る対象」を導くことができる。

5) 你别跟小孩儿发脾气（／生气）。
   Nǐ bié gēn xiǎoháir fā píqi (/shēngqì).
   (子供に怒らないでください)

ただし、"发脾气"は"跟"や"和"hé 以外に、"对"duì や"冲"chòng のような、動作の対象や動作が向かっている方向を表す介詞と一緒に使うこともできる。

6) 她在对谁发脾气（／*生气)？
   Tā zài duì shéi fā píqi?
   (彼女は誰に怒りをぶちまけているの)

7) 你就知道冲我发脾气（／*生气)。
   Nǐ jiù zhīdao chòng wǒ fā píqi.
   (あんたったら私に怒りをぶちまけることしかできないんだから)

一方で"生气"は、「怒る対象」を間に挿入する。

8) 我在生我自己的气（／*发我自己的脾气)。
   Wǒ zài shēng wǒ zìjǐ de qì.
   (私は自分自身に腹を立てているのだ)

さらに"生气"は程度副詞の修飾を受けられるが，"发脾气"はこのような機能がない。

9) 你这样做我很生气（／＊发脾气）。
   Nǐ zhèyàng zuò wǒ hěn shēngqì.
   (君がこのようにすると私はとても不快だ)

10) 你迟到了半个小时，她当然有点儿生气（／＊发脾气）了。
    Nǐ chídàole bàn ge xiǎoshí, tā dāngrán yǒudiǎnr shēngqì le.
    (君は30分遅刻したから，彼女が少し腹を立てているのも当然のことだ)

发抖・哆嗦・颤抖
fādǒu　duōsuo　chàndǒu

3つとも動詞で「震える」という意味をもっている。

"发抖"は，人または動物が恐怖，寒さ，怒りなどのために震えることを表す。後に目的語をとることができない。

1) 他冻得浑身发抖。
   Tā dòngde húnshēn fādǒu.
   (彼は寒さで全身震えていた)

2) 小女孩儿吓得脸色苍白，嘴唇发抖。
   Xiǎonǚháir xiàde liǎnsè cāngbái, zuǐchún fādǒu.
   (女の子は恐ろしさで顔が青ざめ，唇が震えていた)

3) 妈妈气得双手发抖。
   Māma qìde shuāngshǒu fādǒu.
   (母は怒りで両手が震えていた)

"哆嗦"は"发抖"とほぼ同義で，話し言葉によく用いる。ただ"发抖"と違って"哆嗦"は目的語をとることができる。また，副詞"直"zhí（しきりに，ただ）を前置したり，助詞"着"zhe を後置したりなど，他の成分を必要とする場合が多い。

4) 听着窗外的枪声，她哆嗦（／＊发抖）着身子，动也不敢动。
   Tīngzhe chuāngwài de qiāngshēng, tā duōsuozhe shēnzi, dòng yě bù gǎn dòng.
   (窓の外の銃声を聞いて，彼女は体を震わせ動こうにも動けなかった)

"颤抖"は，人や動物のほか，植物や事物にも用いられ，とくに細かく小刻みに震えることを表す。書き言葉によく用いられる。

5) 枯草在寒风中颤抖（／＊发抖／＊哆嗦）着。
   Kūcǎo zài hánfēng zhōng chàndǒuzhe.
   （枯れ草が寒風の中で揺れている）

6) 大地微微颤抖（／＊发抖／＊哆嗦）。
   Dàdì wēiwēi chàndǒu.
   （地面がかすかに揺れた）

发生・产生
fāshēng　chǎnshēng

"发生"は「発生する」,「起こる」などの意味で, 元来存在しなかった事柄が現れる。その出現は予測不可能なもので, 突然の感じがある。

1) 发生了紧急情况。
   Fāshēngle jǐnjí qíngkuàng.
   （緊急事態が発生した）

2) 一起交通事故终于发生了。
   Yì qǐ jiāotōng shìgù zhōngyú fāshēng le.
   （とうとう交通事故が起きた）

3) 到底发生了什么事？
   Dàodǐ fāshēngle shénme shì?
   （いったい何が起こったんだ）

"产生"は同じく「発生する」,「現れる」などの意味だが, すでにあるものの中から新たなものが現れるという側面をもっている。

4) 各级领导应通过选举产生。
   Gèjí lǐngdǎo yīng tōngguò xuǎnjǔ chǎnshēng.
   （各層のリーダーは選挙で選出されなければならない）

5) 旧的问题解决了，新的问题还会产生的。
   Jiù de wèntí jiějué le, xīn de wèntí hái huì chǎnshēng de.
   （古い問題は解決できたが, 新しい問題がまた生まれるだろう）

"发生"と"产生"は下記のとおり置き換えが可能な場合がある。

6) 他们之间发生（／产生）了矛盾。
   Tāmen zhī jiān fāshēng (/chǎnshēng) le máodùn.
   （彼らの間に対立が起きた）

7) 股市行情正在发生（／产生）微妙变化。
Gǔshì hángqíng zhèngzài fāshēng (/chǎnshēng) wēimiào biànhuà.
（株式市場に微妙な変化が起きている）

8) 他对实验的结果逐渐产生（／发生）疑问。
Tā duì shíyàn de jiéguǒ zhújiàn chǎnshēng (/fāshēng) yíwèn.
（彼は実験の結果について次第に疑問をもつようになった）

このように"变化"biànhuà（変化），"矛盾"máodùn（トラブル），"冲突"chōngtū（衝突）などの抽象名詞を目的語にとる場合は，置き換えは可能である。

予測できない突発事件，事象などが発生した場合，"发生"を使い，"产生"と置き換えることができないケースが多い。一方，時間の経過を伴った，または時間の経過を感じさせる事象や感情の発生は"产生"を使うことが多いが，"发生"に置き換えられるケースもある。

9) 昨天这一带发生（／＊产生）一起盗窃案。
Zuótiān zhè yídài fāshēng yì qǐ dàoqiè'àn.
（昨日この周辺で窃盗事件が起きた）

10) 久而久之，两个人之间发生（／产生）了一种好感。
Jiǔ ér jiǔ zhī, liǎng ge rén zhī jiān fāshēng (/chǎnshēng) le yì zhǒng hǎogǎn.
（いつの間にか，二人は惹かれあうようになった）

また，"发生"は"在"zài と，"产生"は"出"chū と結びつくことがある。

11) 故事发生在一九三七年。
Gùshi fāshēngzài yī jiǔ sān qī nián.
（物語は 1937 年に発生した）

12) 经过培训会产生出一批技术骨干。
Jīngguò péixùn huì chǎnshēngchu yì pī jìshù gǔgàn.
（研修を通して，技術面で中心となっていくリーダーたちがきっと生まれてくるだろう）

饭店・宾馆・酒店・旅馆・招待所
fàndiàn　bīnguǎn　jiǔdiàn　lǚguǎn　zhāodàisuǒ

"宾馆"は「ホテル」を指す。"饭店"も"酒店"も「レストラン」の意味以外に「ホテル」の意味をもつ。普通のホテルから高級ホテルまで，この3つはどれも使える。

1) 住宾馆（／饭店／酒店）
   zhù bīnguǎn (/fàndiàn/jiǔdiàn)
   (ホテルに泊まる)

2) 五星级宾馆（／饭店／酒店）
   wǔxīngjí bīnguǎn (/fàndiàn/jiǔdiàn)
   (五つ星ホテル)

"旅馆"は，庶民的で安く泊まれる宿泊施設を指す。ホテルのような高級なイメージはない。

3) 不用住什么宾馆（／饭店／酒店），有个旅馆住就可以了。
   Búyòng zhù shénme bīnguǎn (/fàndiàn/jiǔdiàn), yǒu ge lǚguǎn zhù jiù kěyǐ le.
   (ホテルに泊まる必要なんてない，旅館で十分だ)

"招待所"は，大学や企業，団体などの宿泊所を指す。昔は非営利的であったが，今では営利のものへと大きく変化している。

4) 我同学来的时候，我都让他们住学校的招待所。
   Wǒ tóngxué lái de shíhou, wǒ dōu ràng tāmen zhù xuéxiào de zhāodàisuǒ.
   (友だちが来たら学校の宿泊施設に泊まらせている)

方法・办法
fāngfǎ　　bànfǎ

辞書では"方法"も"办法"も「方法」，「やり方」，「手段」などと訳されているが，多くの場合は言い換えることができない。
"方法"は問題を解決するためにとる手段，手順であり，問題の設定，認識，処理手段などその全過程を含めていう。

1) 你的解题方法不对，当然解不开了。
   Nǐ de jiětí fāngfǎ búduì, dāngrán jiěbukāi le.
   (解き方が間違っているから解けないのは当然だ)

2) 他的学习方法很好，值得推广。
   Tā de xuéxí fāngfǎ hěn hǎo, zhíde tuīguǎng.
   (彼の勉強法はとてもよく，広めるに値する)

3) 你思考问题的方法有些奇特。
   Nǐ sīkǎo wèntí de fāngfǎ yǒuxiē qítè.
   (君の考え方は変わってるね)

4) 他们用特有的方法总结着经验教训。
   Tāmen yòng tèyǒu de fāngfǎ zǒngjiézhe jīngyàn jiàoxun.
   (彼らは持ち前のやり方で経験と教訓を総括していた)

さらに説明すると，マクロ的なことは普通"方法"を用いる。たとえば，"教学方法" jiàoxué fāngfǎ，"工作方法" gōngzuò fāngfǎ，"领导方法" lǐngdǎo fāngfǎ，"传统的方法" chuántǒng de fāngfǎ，"现实主义的方法" xiànshí zhǔyì de fāngfǎ など。

"办法"は問題を処理，または解決する具体的な手段，方法をいう。

5) 大家来帮你想办法。
   Dàjiā lái bāng nǐ xiǎng bànfǎ.
   (みんなで何かよい手を考えてあげましょう)

6) 你们只顾去好了，我自己有办法。
   Nǐmen zhǐ gù qù hǎo le, wǒ zìjǐ yǒu bànfǎ.
   (あなたたちは行きさえすればいいのです，私に方法がありますから)

7) 借鉴国际通行办法，保护知识产权。
   Jièjiàn guójì tōngxíng bànfǎ, bǎohù zhīshi chǎnquán.
   (国際的に通用する方法を参考にして，知的所有権を保護する)

8) 这件事现在真是没办法了。
   Zhè jiàn shì xiànzài zhēn shì méi bànfǎ le.
   (この件は今本当にもう仕方ないわ)

上記の"方法"と"办法"は言い換えることができないが，全過程を視野に入れたやり方なのか具体的な個別の方法なのかに言及しない場合や，その境界線がはっきりしない場合には言い換えることができる。

9) 还没有解决问题的办法（／方法）。
   Hái méiyǒu jiějué wèntí de bànfǎ (/fāngfǎ).
   (まだ問題を解決する方法がない)

10) 应该怎么办呢？我也想不出什么好方法（／办法）。
    Yīnggāi zěnme bàn ne? Wǒ yě xiǎngbuchū shénme hǎo fāngfǎ (/bànfǎ).
    (それじゃどうすべきなのかとなると，なんの思案も浮かばない)

房间・屋子
fángjiān　wūzi

どちらも建物内の区切られた一部分としての「部屋」をさす。人が住んでいる（いた）空間としての部屋をいう場合には，"房间"と"屋子"はどちらも使われる。

1) 我在房间（／屋子）里走来走去。
   Wǒ zài fángjiān (／wūzi) li zǒu lái zǒu qù.
   （私は部屋の中を行ったり来たりした）

2) 他在房间（／屋子）里抽烟。
   Tā zài fángjiān (／wūzi) li chōuyān.
   （彼は部屋の中でタバコをふかしていた）

"房间"は書き言葉や正式な場面で用いられることが多い。ホテルやビル，売買用物件など，住むために用意された空間としての部屋をいう場合には"房间"が使われる。

3) 本大楼有450个房间，高22层。
   Běn dàlóu yǒu sì bǎi wǔshí ge fángjiān, gāo èrshí'èr céng.
   （当ビルは450室，22階建てです）

4) 那家酒馆交通方便、房间干净、客服人员也很热情。
   Nà jiā jiǔguǎn jiāotōng fāngbiàn, fángjiān gānjìng, kèfú rényuán yě hěn rèqíng.
   （そのホテルは交通の便がよく，部屋もきれいで，従業員もとても親切だ）

5) 你打算买有几个房间的房子？
   Nǐ dǎsuan mǎi yǒu jǐ ge fángjiān de fángzi?
   （あなたは何部屋ある家を買うつもりですか）

名詞と結びついて，部屋に関する用語を構成するのにも"房间"が使われる。

6) 101房间 yāo líng yāo fángjiān（101号室）；房间号码 fángjiān hàomǎ（部屋番号）；房间钥匙 fángjiān yàoshi（ルームキー）；单人房间 dānrén fángjiān（シングルルーム）

"屋子"は一般に話し言葉で使われる。売買用の部屋や正式な場面には使われない。

7) 请到屋子里喝点儿茶。
   Qǐng dào wūzili hē diǎnr chá.
   （部屋でお茶でも飲んでいってください）

8) 快进来吧，屋子里很凉快！
   Kuài jìnlai ba, wūzili hěn liángkuài!
   (さあ入って，部屋の中は涼しいですよ)

9) 很多旅客喜欢安静、便宜、整洁的房间（／＊屋子）。
   Hěn duō lǚkè xǐhuan ānjìng、piányi、zhěngjié de fángjiān.
   (旅行客の大半は静かで，安く，清潔な部屋を好む)

"屋子"は「部屋」のほかに，「家屋」の意味ももつ。

10) 他终于看见了那所屋子。
    Tā zhōngyú kànjiànle nà suǒ wūzi.
    (彼はついにその家を目にした)

11) 她走进了那座屋子，把各个房间打扫干净。
    Tā zǒujinle nà zuò wūzi, bǎ gègè fángjiān dǎsǎogānjìng.
    (彼女はその家に入り，各部屋をきれいに掃除した)

房子・家
fángzi　jiā

"房子"は，住まいまたは建築物（入れ物）としての家屋をさす。したがって"套"tào，"幢"zhuàng，"座"zuò など，建築物を数える時に使う量詞を伴うことができる。

1) 盖房子（／＊家）
   gài fángzi
   (家を建てる)

2) 三室一厅的房子（／＊家）
   sān shì yì tīng de fángzi
   (3DK の家)

3) 一幢房子（／＊家）里住两家人。
   Yí zhuàng fángzili zhù liǎng jiā rén.
   (一つの家に2つの世帯が住んでいる)

4) 我买了一套房子（／＊家）。
   Wǒ mǎile yí tào fángzi.
   (私はマイホームを買った)

"家"は，同じ屋根の下に住む家族や集団をさす。また場所としての「家」をさすこともできる。"套"，"幢"，"座"などの量詞を伴うことができない。

5) 我家（／＊房子）一共有五口人。
   Wǒ jiā yígòng yǒu wǔ kǒu rén.
   （うちは5人家族だ）

6) 我们班同学都成家（／＊房子）了。
   Wǒmen bān tóngxué dōu chéngjiā le.
   （私たちのクラスの人はみな結婚した）

7) 你不回家（／＊房子）吗？
   Nǐ bù huíjiā ma?
   （家に帰らないの）

8) 我有点儿想家（／＊房子）了。
   Wǒ yǒudiǎnr xiǎngjiā le.
   （少しホームシックになった）

9) 有时间请来我家（／＊房子）玩儿。
   Yǒu shíjiān qǐng lái wǒ jiā wánr.
   （時間があったらうちに遊びにきてください）

仿佛・好像
fǎngfú　hǎoxiàng

比喩的な表現として、「甲は乙のようだ」という場合に使う。"仿佛"は書面語、"好像"は口語によく使われる。

1) 苏州近郊的春秋景致仿佛世外桃源。
   Sūzhōu jìnjiāo de chūnqiū jǐngzhì fǎngfú shì wài táo yuán.
   （蘇州近郊の四季の景色はあたかも桃源郷のようだ）

2) 瞧瞧这些主持人，个个好像"变色龙"。
   Qiáoqiao zhèxiē zhǔchírén, gègè hǎoxiàng "biànsèlóng".
   （司会者達を見てごらん、みんなまるで「カメレオン」みたいだね）

したがって、訳し方では"仿佛"は「あたかも〜ようだ」、"好像"は「まるで〜みたいだ」と区別することができる。
　動詞としての使い方は上記以外に、"仿佛"の前に"相"を加え、"相仿佛"という固定フレーズになり、単独で述語になることが可能で、「類似」を表す。"好像"にはそういった用法がなく、上記例2)のように必ず目的語を伴う。

3) 朋友与文物相仿佛，越古老越显得珍贵。
   Péngyou yǔ wénwù xiāng fǎngfú, yuè gǔlǎo yuè xiǎnde zhēnguì.

（友は骨董品によく似ている，古ければ古いほど値打ちがある）

「どうも〜らしい」といった「あいまいな推測」や「表面的な不確かな判断」などには"好像"が使われる。

4) 骗子有时看上去好像很聪明，其实是最愚蠢的。
   Piànzi yǒushí hànshangqu hǎoxiàng hěn cōngmíng, qíshí shì zuì yúchǔn de.
   （ペテン師は時に賢く見えるが，実は最も愚かである）

5) 我租了一辆车，好像（／＊仿佛）是一辆很大的水星牌房车。
   Wǒ zūle yí liàng chē, hǎoxiàng shì yí liàng hěn dà de Shuǐxīngpái fángchē.
   （私は車をレンタルした，大きなマセラティのキャンピングカーだったと思う）

"仿佛"と"好像"のどちらも後ろに"似的"shìde，"一般"yìbān，"一样"yíyàngなどをともない，語気を強める役割を果たすことができる。

6) 今天能见到你，真的好像在做梦一样。
   Jīntiān néng jiàndào nǐ, zhēn de hǎoxiàng zài zuòmèng yíyàng.
   （今日あなたに会えて，本当に夢を見ているみたい）

7) 他完全忽略了那些事实，就仿佛它不存在似的。
   Tā wánquán hūlüèle nàxiē shìshí, jiù fǎngfú tā bù cúnzài shìde.
   （彼はその事実を完全に無視し，あたかも存在しなかったかのように）

访问・拜访・参观
fǎngwèn　bàifǎng　cānguān

"访问"は，目的をもって（たとえば仕事のために），人や場所（多くは国または地域）を訪ねて話をする意味をもっている。

1) 我们刚刚访问过这位作家。
   Wǒmen gānggāng fǎngwènguo zhè wèi zuòjiā.
   （私たちはこの作家を訪問したばかりだ）

2) 中国的总理访问了西欧四国。
   Zhōngguó de zǒnglǐ fǎngwènle Xī Ōu sì guó.
   （中国の総理は西欧4ヵ国を訪問した）

"访问"の対象はホームページなどでもよい。

3) 最近有很多人访问我们公司的网页。
   Zuìjìn yǒu hěn duō rén fǎngwèn wǒmen gōngsī de wǎngyè.

（この頃うちの会社のホームページを訪問する人が多い）

"拜访"は，敬意を表するために訪ねる意味をもっている。訪ねる対象は人や場所どちらでもよい。

4) 上个月我拜访了多年不见的老师。
   Shànggeyuè wǒ bàifǎngle duō nián bú jiàn de lǎoshī.
   （先月私は久しく会わなかった先生を訪ねた）

5) 下次去上海我一定拜访贵公司。
   Xiàcì qù Shànghǎi wǒ yídìng bàifǎng guì gōngsī.
   （今度上海に行ったら必ず御社を訪問します）

"参观"は，学習や研究のために，ある場所や施設などを訪ねる意味がある。人には使えない。

6) 这里你可以随便参观。
   Zhèli nǐ kěyǐ suíbiàn cānguān.
   （ここは自由に見学してもよい）

7) 代表团昨天参观了故宫博物院。
   Dàibiǎotuán zuótiān cānguānle Gùgōng bówùyuàn.
   （代表団は昨日故宮博物院を参観した）

放・搁・摆・摊
fàng　gē　bǎi　tān

"放"は物に一定の位置を与える，すなわち最も一般的な「置く」である。

1) 把信和报纸放在桌子上。
   Bǎ xìn hé bàozhǐ fàngzài zhuōzishang.
   （手紙と新聞を机の上に置いてください）

2) 请把行李放在这儿。
   Qǐng bǎ xíngli fàngzài zhèr.
   （荷物をここに置いてください）

3) 门外放着一辆摩托车。
   Ménwài fàngzhe yí liàng mótuōchē.
   （外にバイクが置いてある）

"搁"は"放"とほぼ同じ意味を表す。"搁"のほうが話し言葉によく用いられる。

一方，パブリックな場では"放"を用いることになる。

4) 把行李搁在屋子里。
   Bǎ xíngli gēzài wūzili.
   （荷物を部屋の中に置く）

5) 自行车就搁在门口吧。
   Zìxíngchē jiù gēzài ménkǒu ba.
   （自転車は入り口に置いておこう）

"搁"はときには「とりあえず置いておく」という意味合いを帯びることがある。

6) 这本书先搁在你那儿。
   Zhè běn shū xiān gēzài nǐ nàr.
   （この本はとりあえずあなたのところに置いておく）

7) 抽屉里搁不下了，先搁床上。
   Chōutili gēbuxià le, xiān gē chuángshang.
   （引き出しには入らないから、とりあえずベッドの上に置いておこう）

「ほおっておく」，「うっちゃっておく」という意味がより明確な場合は、目的語はモノではなく、事柄の時が多い。

8) 这件工作暂时搁一下儿吧。
   Zhè jiàn gōngzuò zànshí gē yíxiàr ba.
   （この件はしばらく棚上げにしておこう）

"摆"は配置を考えて置く。「並べる」や「陳列する」と訳される。

9) 书架上摆着很多书，很整齐。
   Shūjiàshang bǎizhe hěn duō shū, hěn zhěngqí.
   （本棚にはたくさんの本が並べてあり、とてもきちんと整頓されている）

10) 把饭菜摆好了。
    Bǎ fàncài bǎihǎo le.
    （ご飯とおかずをきちんと並べた）

11) 桌子上摆着一瓶花。
    Zhuōzishang bǎizhe yì píng huā.
    （テーブルに花が飾られている）

"摊"は平らに広げて置くこと。ブリッジで「オープン」と言って手の内のカードをすべて場にさらす、これを"摊牌" tānpái と言う。

12) 把玩具摊在床上。
    Bǎ wánjù tānzài chuángshang.
    (おもちゃをベッドの上にいっぱいに広げる)

13) 她一边用耙子摊麦子一边说。
    Tā yìbiān yòng pázi tān màizi yìbiān shuō.
    (彼女は熊手で麦を広げながら言った)

これらはオモチャやカード，穀物など離散しているものを平らに広げることであるが，もう一つ折りたたんであるものを広げるときにも"摊"が使われる。

14) 他们摊开旅游图，看看该怎么走。
    Tāmen tānkāi lǚyóutú, kànkan gāi zěnme zǒu.
    (彼らは旅行マップを広げて，どう行けばよいかを調べている)

15) 把桌布摊平，再摆上一盆花。
    Bǎ zhuōbù tānpíng, zài bǎishang yì pén huā.
    (テーブルクロスを広げて，そこに花を飾る)

いずれも「平らに広げる」という意味合いで，「ものを置く」の類義語とはしがたいところがある。ただ，以下の二つを比べると，"摆"はよく見えるように並べているのに対して，"摊"のほうはただばらばらに広げているという感じが伝わってくる。

16) a. 摆了一桌子。
       Bǎile yì zhuōzi.
       (テーブルいっぱいに並べた)

    b. 摊了一桌子。
       Tānle yì zhuōzi.
       (テーブルいっぱいに広げた)

放假・请假・休假
fàngjià　qǐngjià　xiūjià

いずれも普段の仕事や学業からいったん離れて休む状態に入るという意味をもつ動詞である。
　"放假"は会社，役所，学校などが休みになることを指す。

1) 下周就是圣诞节，快放假了。
   Xià zhōu jiùshì Shèngdànjié, kuài fàngjià le.
   (来週はクリスマス，もうすぐ休暇になる)

198

2) 我们学校暑假放两个月假。
   Wǒmen xuéxiào shǔjià fàng liǎng ge yuè jià.
   (私たちの学校は夏休みは二か月休みになる)

"请假"は個人が病気や用事のために，会社，役所，学校などに休暇を願い出ることを表す。

3) 小张上星期生病了，向公司请了五天假。
   Xiǎo Zhāng shàngxīngqī shēngbìng le, xiàng gōngsī qǐngle wǔ tiān jià.
   (張さんは先週病気のため，会社に五日間の休みを願い出た)

4) 我想跟领导请假一周，和朋友去旅游。
   Wǒ xiǎng gēn lǐngdǎo qǐngjià yì zhōu, hé péngyou qù lǚyóu.
   (リーダーに休暇願いを出し，友人と旅行へ行きたい)

"休假"は個人が会社，役所，学校の規定にある休みをとることを示す。

5) 今年春节只休三天假。
   Jīnnián chūnjié zhǐ xiū sān tiān jià.
   (今年の旧正月は三日間だけ休む)

6) 最近单位太忙了，根本休不了假。
   Zuìjìn dānwèi tài máng le, gēnběn xiūbuliǎo jià.
   (最近会社があまりにも忙しいため，まったく休みがとれない)

"休假"は会社や役所の規定にある休みなので,「有給休暇」も"休假"であり,"带薪休假" dàixīn xiūjià という。

以上，"放假"，"请假"，"休假"の使用は以下の表でまとめることができる。

放假	公の規定で休みになる
请假	個人の理由で休みをとる
休假	公の規定で休みになる，あるいは個人の理由で休みをとる

公の規定で休みになる場合，"放假"と"休假"を使うことができる。

7) 我们学校暑假放（／休／＊请）两个月假。
   Wǒmen xuéxiào shǔjià fàng (／xiū) liǎng ge yuè jià.
   (私たちの学校は夏休みは二か月休みになる)

個人の理由で休みをとる場合，"请假"か"休假"が使える。

8) 小张上星期生病了，请（／休／＊放）了五天假。
   Xiǎo Zhāng shàngxīngqī shēngbìng le, qǐng (/xiū) le wǔ tiān jià.
   （張さんは先週病気のため、五日間の休みをとった）

"休假"は"放假"と"请假"より比較的に使用の範囲が広い。また、名詞としても使用できる。

9) 我还剩下三天休假。
   Wǒ hái shèngxia sān tiān xiūjià.
   （まだ3日休暇が残っている）

非常・十分
fēicháng　shífēn

ともに程度がきわめて高いことを表す。「とても」、「非常に」と訳され、プラスの意味の語句と結びつくこともあるし、マイナス評価の語句と結びつくこともある。ほぼ同じように使われる。

1) 今天非常（／十分）暖和。
   Jīntiān fēicháng (/shífēn) nuǎnhuo.
   （今日はとても温かい）

2) 这个电影非常（／十分）感人。
   Zhège diànyǐng fēicháng (/shífēn) gǎnrén.
   （この映画はとても感動的だ）

3) 小张十分（／非常）能干。
   Xiǎo Zhāng shífēn (/fēicháng) nénggàn.
   （張さんはなかなかやり手だ）

4) 可见，他的父亲十分（／非常）爱她。
   Kějiàn, tā de fùqin shífēn (/fēicháng) ài tā.
   （父親がいかに彼女を愛しているかよくわかる）

5) 我非常（／十分）讨厌那个人。
   Wǒ fēicháng (/shífēn) tǎoyàn nàge rén.
   （私はあの人が大嫌いだ）

6) 我每次赌过钱，总是非常（／十分）后悔。
   Wǒ měicì dǔguo qián, zǒngshì fēicháng (/shífēn) hòuhuǐ.
   （僕は毎回賭博をしたあと、いつも後悔している）

"非常"は繰り返して言うこともあるが，"十分"にはそのような用法はない。

7) 我实在是非常非常累了，一步也走不动了。
   Wǒ shízài shì fēicháng fēicháng lèi le, yíbù yě zǒubudòng le.
   (私は本当に疲れてしまい，もう一歩も歩けません)

8) 那件事非常非常复杂，三言两语说不清楚。
   Nà jiàn shì fēicháng fēicháng fùzá, sān yán liǎng yǔ shuōbuqīngchu.
   (あの事はひどくこみいってて，ちょっとやそっとでは説明できません)

"十分"は"不"，"没"という否定辞の修飾を受けるが，"非常"は否定辞の修飾を受けない。

9) 今天是她的大喜日子，可她并不十分高兴。
   Jīntiān shì tā de dàxǐ rìzi, kě tā bìng bù shífēn gāoxìng.
   (今日は彼女にとっては大変めでたい日だが，彼女はけっして嬉しそうではない)

また，"十分"は形容詞としての使い方があり，"十分的"で目的語の修飾語として用いることができる。

10) 最后我用了十分的决心，加上这几句话。
    Zuìhòu wǒ yòngle shífēn de juéxīn, jiāshàng zhè jǐ jù huà.
    (最後に，僕は十分な決心をもって，次のようにつけ加えた)

11) 有的又拍起巴掌，有的表示十分的惋惜。
    Yǒude yòu pāiqi bāzhang, yǒude biǎoshì shífēn de wǎnxī.
    (手を打つ者もいれば，なかには，もったいないことを，といった表情のあからさまな者もいる)

分别・分辨
fēnbié　fēnbiàn

「見分ける」という意味では，どちらも用いることができる。具体的に言えば，「異なるモノやヒト等を区別して分ける」ことである。

1) 狗只能分辨（／分别）黑白两种颜色。
   Gǒu zhǐ néng fēnbiàn (/fēnbié) hēibái liǎng zhǒng yánsè.
   (犬は黒白の2色しか見分けられない)

2) 各种汽车是怎么分别（／分辨）出来的?
   Gèzhǒng qìchē shì zěnme fēnbié (/fēnbiàn) chulai de?
   (いろんなタイプの車はどうやって見分けるのだろうか)

上の例では、"分別"を使っても"分辨"を使っても良い。また、次のような単語と組み合わせて使う場合は、"分別（／分辨）好坏" hǎohuài（良し悪しを区別する）、"分別（／分辨）真假" zhēnjiǎ（真偽を区別する）、"分別（／分辨）是非" shìfēi（是非を区別する）、両者にはほとんど差異を感じない。

しかし、「見分ける」といっても、"分別"は"別"（分ける）にウェイトを置き、主に差の大きいモノや、ヒト等に使うことが多い。たとえば、電車に静かに座っている2人を見て、以下のような会話が成り立つ。

3) 你能不能分別出哪个是中国人，哪个是韩国人？
Nǐ néngbunéng fēnbiéchu nǎge shì Zhōngguórén, nǎge shì Hánguórén?
（あなたはどちらが中国人で、どちらが韓国人かを見分けることができるか）

また、ネットで人気の"网上聊天" wǎnshang liáotiān（チャット）の世界では、こう言い放つ者がいる。

4) 同时和老美和老中用英文聊天，我很快就能分別出这是老美的英文还是老中的英文。
Tóngshí hé lǎo Měi hé lǎo Zhōng yòng Yīngwén liáotiān, wǒ hěn kuài jiù néng fēnbiéchu zhè shì lǎo Měi de Yīngwén háishi lǎo Zhōng de Yīngwén.
（同時にアメリカ人と中国人と英語でチャットして、私はすぐにこれはアメリカ人の英語なのか、それとも中国人の英語なのかを見分けることができる）

"分別"は動詞として「見分ける」という意味以外に、"分手" fēnshǒu（別れる）という意味で使われることが多い。そのほかに、副詞や名詞などの意味用法もある。

一方、"分辨"は"辨"つまり「弁別する」にウェイトを置き、偽物か本物か、または同種類のモノの違いは何かなどについて詳しく、細かいところまで区別し、主に差異の小さくて弁別しにくいモノやヒト等に使われる。

5) 除伪钞纸质比真钞厚外，其它部分肉眼很难分辨。
Chú wěi chāo zhǐzhì bǐ zhēn chāo hòu wài, qítā bùfen ròuyǎn hěn nán fēnbiàn.
（偽紙幣の紙質は本物に比べて厚いことを除き、ほかの部分は肉眼では見分けがつかない）

6) 我们仔细地分辨着这几种蝴蝶的种类。
Wǒmen zǐxì de fēnbiànzhe zhè jǐ zhǒng húdié de zhǒnglèi.
（私たちはこれら何種類かの蝶の種類をこまかく分類した）

さらに、「見分ける」といっても、必ず「視覚」によるものではなく、耳で「聞き分ける」、鼻で「嗅ぎ分ける」、舌で「味わい分ける」、感覚で「感じ取る」ときにも使い、"分別"よりは"分辨"のほうがよく使われるようである。

7) 她说话的声音很容易分辨，我下次一定还能认得出她。
Tā shuōhuà de shēngyīn hěn róngyì fēnbiàn, wǒ xiàcì yídìng hái néng rèndechū tā.
（彼女の話し声は聞き分けやすく、次回もきっとまた彼女だと聞き分けられるよ）

8) 人能够分辨和记忆约 1 万种不同的气味。
Rén nénggòu fēnbiàn hé jìyì yuē yí wàn zhǒng bùtóng de qìwèi.
（人は約 1 万余りの異なるにおいを嗅ぎ分けて記憶することができる）

9) 大家对他的态度感觉起来似乎一如往常，但他却能分辨个中差异。
Dàjiā duì tā de tàidu gǎnjuéqilai sìhū yī rú wǎng cháng, dàn tā què néng fēnbiàn gèzhōng chāyì.
（みんなが彼に取った態度は普段と変わらないようにみえたが、しかし彼はその中にあるわずかな違いを感じ取っていた）

以上のように、「弁別し、見分ける」という意味で多く使われるのは"分辨"である。

吩咐・嘱咐
fēnfu　zhǔfu

"吩咐"も"嘱咐"も目上の人から目下の人に対して、または社会的に地位が上にある者が下にある者に対して（たとえば上司が部下に対して、先生が学生に対してなど）「言いつける」場面に用いられる。

1) 爷爷吩咐我去买瓶白酒来。
Yéye fēnfu wǒ qù mǎi píng báijiǔ lai.
（おじいちゃんは私に白酒を買ってくるよう言いつけた）

2) 老板吩咐我送客人回宾馆。
Lǎobǎn fēnfu wǒ sòng kèren huí bīnguǎn.
（社長は私にお客さんをホテルまで送るよう言いつけた）

3) 妈妈嘱咐我注意身体。
Māma zhǔfu wǒ zhùyì shēntǐ.
（母は私に体に気を付けるよう言った）

4) 王老师嘱咐我们考试前要好好复习。
Wáng lǎoshī zhǔfu wǒmen kǎoshì qián yào hǎohāo fùxí.
（王先生は私たちに試験前はしっかりと復習するよう言った）

しかし、"吩咐"と"嘱咐"は「言いつける」内容や「言いつける」時の口調において異なる。

まず"吩咐"は、よく口頭で相手に何かをさせる時に使い、語気はやや重く、強制的、命令的であり、すぐに実行するよう求めるニュアンスがある。

5) 赵主任吩咐我今天一定要把企划书做好。
   Zhào zhǔrèn fēnfu wǒ jīntiān yídìng yào bǎ qǐhuàshū zuòhǎo.
   (趙主任は私に今日中に必ず企画書を仕上げるよう言いつけた)

6) 医生吩咐过，她需要静养，不能多说话。
   Yīshēng fēnfuguo, tā xūyào jìngyǎng, bù néng duō shuōhuà.
   (医者は、彼女には静養が必要なのであまり話をさせない方がよいと指示した)

一方で"嘱咐"は、現在あるいはこれからやるべきことや、やってはいけないことを言い聞かせる時に使い、相手を納得させるために、語気は柔らかく、強制的、命令的な口調はない。

7) 每次出差，妈妈总是亲切地嘱咐我要注意安全。
   Měi cì chūchāi, māma zǒngshì qīnqiè de zhǔfu wǒ yào zhùyì ānquán.
   (出張するたびに、母は決まって安全に気をつけるよう優しく言い含めた)

8) 哥哥在信里再三嘱咐我别把这件事告诉姐姐。
   Gēge zài xìnli zàisān zhǔfu wǒ bié bǎ zhè jiàn shì gàosu jiějie.
   (兄は手紙の中で私にこのことを姉に知らせてはいけないと再三言い含めた)

さらに"吩咐"は目的語をおかなくてもよいが、"嘱咐"はふつう目的語を必要とする。

9) 有事的话，请您吩咐（／＊嘱咐）。
   Yǒu shì dehuà, qǐng nín fēnfu.
   (何かありましたら、どうぞお申し付けください)

丰富 · 丰盛 · 丰厚
fēngfù　fēngshèng　fēnghòu

いずれも形容詞として、具体的な物や知識、経験、才能などといった抽象的なものをも含めて、それらが「豊かにたっぷりとある」ありさまを好ましいものとして描写する。この3語はそれぞれ何についての「たっぷり感」を描写するのか、その使い分けをみてゆく。

まず"丰富"、これは守備範囲が広く、具体的な物のほかに抽象的なものも描写することができる。さらに次の2)のように「～を豊かにする」といった動詞用法もある。重ね型は一般に使わない。

1) 那家超市不仅商品很丰富（／丰盛），售货员也有着丰富的商品知识和工作经验。
   Nà jiā chāoshì bùjǐn shāngpǐn fēngfù (／fēngshèng), shòuhuòyuán yě yǒuzhe fēngfù de shāngpǐn zhīshi hé gōngzuò jīngyàn.
   (あのスーパーは品揃えが豊富なだけでなく，店員も豊富な商品知識と仕事の経験をもっている)

2) 这些图画书可以丰富孩子的想像力。
   Zhèxiē túhuàshū kěyǐ fēngfù háizi de xiǎngxiànglì.
   (これらの絵本は子供の想像力を豊かにすることができる)

次に"丰盛"，これは主として人に振舞うために用意された盛りだくさんの料理や酒，また自然から与えられる恵みなど，それらが質量ともに豊かにあるさまを描写する。重ね型は"丰丰盛盛"である。

3) 王家办了一桌丰盛（／丰厚）的酒席招待他。
   Wáng jiā bànle yì zhuō fēngshèng (／fēnghòu) de jiǔxí zhāodài tā.
   (王さんの家ではテーブルいっぱいのご馳走や酒で彼をもてなした)

4) 那一带是大草原，牧草很丰盛（／丰富）。
   Nà yídài shì dà cǎoyuán, mùcǎo hěn fēngshèng (／fēngfù).
   (その一帯は大草原なので，牧草がたっぷりとある)

5) 明天丰丰盛盛地替她过个生日吧。
   Míngtiān fēngfēngshèngshèng de tì tā guò ge shēngrì ba.
   (明日は山盛りのご馳走やお酒で彼女の誕生祝いをしよう)

最後に"丰厚"，この"厚"はたとえば資産や財産が多いことを"家底儿厚" jiādǐr hòu と言うことからも察せられるように，主として報酬，利潤や贈答品などが高額感，高級感をともなって数量が多く，豊かにあるさまを描写する。重ね型は使わない。

6) 听说他给女朋友带去了丰厚的礼物。
   Tīngshuō tā gěi nǚpéngyou dàiqule fēnghòu de lǐwù.
   (彼は恋人に豪勢な贈り物を持って行ったそうだ)

7) 公司给了他们丰厚的薪水和奖金。
   Gōngsī gěile tāmen fēnghòu de xīnshuǐ hé jiǎngjīn.
   (会社は彼らに高額の給料とボーナスを与えた)

以上みてきたように，"丰富"は守備範囲が広く，"丰盛"は主として盛りだくさんの酒食や饗応に，"丰厚"は高額，高級なるもの目当てにそれぞれフォーカスしてその対象の豊かさ，たっぷり感を描写する。

なお，例文 1），3），4）のように言い換え可能な場合は，発話者が意識下にその対象をどうとらえて描写しているかによるものといえる。

风光 · 风景 · 景色
fēngguāng　fēngjǐng　jǐngsè

これら 3 つの単語は，いずれも自然の風景を表すが，それぞれが表すものはかなり違う。
"风光"はある地域の風景全体を指す。特に，その地域の地方色が良く出ている美しい景観を表す。

1) 北国风光，千里冰封，万里雪飘。
　　Běiguó fēngguāng, qiān lǐ bīngfēng, wàn lǐ xuěpiāo.
　　(北国の風景は氷に閉ざされ雪が舞う世界がどこまでも続く)

例 1) での「地域」は自然地域であるが，行政地区でもよい。

2) 去外国旅游可以体验异国情调，也可以欣赏异国风光。
　　Qù wàiguó lǚyóu kěyǐ tǐyàn yìguó qíngdiào, yě kěyǐ xīnshǎng yìguó fēngguāng.
　　(外国旅行は異国の趣きを体験することができ，異国の風景も楽しめる)

"风光"はよく自然を紹介する映画やテレビ，雑誌の題名として用いられる。
"风景"はある一定の地域における山水，草花，樹木，建築物などによって形成される見るべき場所，景勝地，観光のポイントを指す。3) と 4) を比べてみよう。

3) 草原风光（／＊风景）无限好。
　　Cǎoyuán fēngguāng wúxiàn hǎo.
　　(草原の景色は限りなく素晴らしい)

4) 桂林风景（／＊风光）美如画。
　　Guìlín fēngjǐng měi rúhuà.
　　(桂林の景色は絵のように美しい)

"风光"が全体を概括した抽象的な風景，景色を表すのに対して，"风景"は個々の具体的な風物，景色の良いところを指す。そのため，3），4）の"风景"と"风光"を互いに置き換えることはできない。
　また，"风光"は単独で連体修飾語として用いられない。つまり"风光的～"とはならず，"～风光"となり，被連体修飾語になる。

5) 这是海岛风光的迷人之处。
　　Zhè shì hǎidǎo fēngguāng de mírén zhī chù.

(これが島の風景の魅力的なところだ)

一方、"风景"はよく"风景区"fēngjǐngqū（景勝地）、"风景点"fēngjǐngdiǎn（景観スポット）、"风景画"fēngjǐnghuà（風景画）、"风景照"fēngjǐngzhào（風景写真）のように用いられる。

6) 杭州风景区有十几个风景点。
   Hángzhōu fēngjǐngqū yǒu shíjǐ ge fēngjǐngdiǎn.
   （杭州風致地区には景勝地が十数カ所ある）

"景色"は特に人に美しいと感じさせる特色や印象をもっている具体的で、個別的な風景を指す。主に特定の風景の、四季や朝晩といった時間的な制約を受けたものをいうことが多い。"风光"、"风景"より指す範囲が狭く、個別的である。

7) 西湖的景色迷人。
   Xīhú de jǐngsè mírén.
   （西湖の景色は人を魅了してやまない）

8) 那座山早晚的景色不同。
   Nà zuò shān zǎowǎn de jǐngsè bùtóng.
   （あの山は朝晩の眺めが違う）

9) 颐和园里昆明湖的景色最美。
   Yíhéyuánli Kūnmínghú de jǐngsè zuì měi.
   （頤和園の中では昆明湖の眺めが一番美しい）

10) 黄山的景色可以概括为"奇松、怪石、云海"六个字。
    Huángshān de jǐngsè kěyǐ gàikuò wéi "qísōng, guàishí, yúnhǎi" liù ge zì.
    （黄山の見所は「奇松、怪石、雲海」の6文字に要約できる）

例7)～10)は"风光"または"风景"に言い換えることはできない。

风味・滋味・味道
fēngwèi　zīwèi　wèidao

ともに「味」の意味がある。ただし各語の有する意味によって、それぞれ使い方が異なる。
"风味"は事物の特色、多く地方色をさす。ある地方の特別な味、または味わいという意味である。なお"滋味"、"味道"にはこの意味がない。

1) 家乡风味（／＊滋味／＊味道）
   Jiāxiāng fēngwèi

(田舎の味わい)

2) 云南风味小吃
Yúnnán fēngwèi xiǎochī
(雲南風味の軽食)

3) 东北风味的民歌
Dōngběi fēngwèi de mínggē
(東北地方の味わいのある民謡)

"滋味"は食物の味や味わい，または心理的に感じる気持ちも指す。

4) 苹果的滋味很美。
Píngguǒ de zīwèi hěn měi.
(リンゴの味はとてもおいしい)

5) 我也想尝尝当总统的滋味。
Wǒ yě xiǎng chángchang dāng zǒngtǒng de zīwèi.
(私も大統領の気分を味わってみたいよ)

例5)のような"滋味"の心理的な味わいという意味は，"风味"や"味道"にはない。以下も同様な例である。

6) 和她分手的时候，我心里真不是滋味（／＊风味／＊味道）。
Hé tā fēnshǒu de shíhou, wǒ xīnli zhēn bú shì zīwèi.
(彼女と別れたときはなんともやり切れない気持ちだった)

"味道"は食物の味，またはあるものに含まれる面白みや情緒などを指すこともある。この場合，よく"有"yǒu の目的語となる。

7) 这个菜味道不错。
Zhège cài wèidao búcuò.
(この料理は味がなかなかいい)

8) 咖啡的味道很苦。
Kāfēi de wèidao hěn kǔ.
(コーヒーの味は苦い)

9) 这句话有点讽刺的味道。
Zhè jù huà yǒu diǎn fěngcì de wèidao.
(この言葉にはちょっぴり皮肉のニュアンスが込められている)

10) 这本小说很有味道。
Zhè běn xiǎoshuō hěn yǒu wèidao.

（この小説は味わいがある）

また北方では「におい」という意味ももつ。

11）衣服上留下不好的味道。
　　Yīfushang liúxià bù hǎo de wèidao.
　　（服に嫌なにおいが残っている）

夫妇・夫妻
fūfù　　fūqī

どちらも「夫婦」を意味し，品詞はともに名詞である。

日本語の場合「私たち夫婦」は言えるが，「私たち夫妻」とは言いにくい。これは「夫妻」という言葉に，相手への尊敬の気持ちと客観的なニュアンスが含まれると考えられているからだ。

一方，中国語では，書面語的フォーマルな色彩の強い"夫妇"は，自称に用いない。

1）我们夫妻（／＊夫妇）
　　wǒmen fūqī
　　（私たち夫婦）

2）他们夫妻（／夫妇）
　　tāmen fūqī (/fūfù)
　　（彼ら夫妻）

熟語として固定した言い方については，まったく互換性はない。

3）夫唱妇随（／＊夫唱妻随）
　　fū chàng fù suí
　　（妻が夫に従順であること。夫婦が仲むつまじい様子）

4）夫妻店（／＊夫妇店）
　　fūqīdiàn
　　（夫婦二人で経営する小さな店）

5）夫妻肺片（／＊夫妇肺片）
　　fūqī fèipiàn
　　（牛の内臓などで作る四川料理の冷菜）

これとは別に，"小两口"xiǎoliǎngkǒu（若夫婦）と"老两口"lǎoliǎngkǒu（老夫婦）

という表現があるが，これらは主に話し言葉で用いられる気軽な言い方である。

夫人・妻子・爱人・太太・老婆
fūren　qīzi　àiren　tàitai　lǎopo

いずれも「妻」や「奥さん」の意味であるが，それぞれ使い方が異なる。
"夫人"は夫人，奥様など他人の妻に対する尊称。外交や社交の場で使用頻度が高い。夫の姓や官職の後ろに使うことができる。

1) 总统夫人（／＊妻子／＊爱人／＊太太／＊老婆）
   zǒngtǒng fūren
   （大統領夫人）

2) 总经理夫人
   zǒngjīnglǐ fūren
   （社長夫人）

3) 请向您夫人问好。
   Qǐng xiàng nín fūren wènhǎo.
   （奥様によろしく）

逆に"夫人"は，自分の妻を指すときには使えない。

4) 我妻子（／爱人／太太／老婆／＊夫人）
   wǒ qīzi (/àiren/tàitai/lǎopo)
   （私の妻）

"妻子"は，多く書き言葉または法律用語として用いる。

5) 丈夫和妻子在家庭生活中的地位是平等的。
   Zhàngfu hé qīzi zài jiātíng shēnghuó zhōng de dìwèi shì píngděng de.
   （夫と妻の家庭生活における地位は平等である）

"爱人"は配偶者をさすので，夫をいう場合にも用いられる。

6) 我爱人是医生。
   Wǒ àiren shì yīshēng.
   （妻（夫）は医者です）

7) 你爱人身体好吗?
   Nǐ àiren shēntǐ hǎo ma?
   （奥さん（ご主人）はお元気ですか）

"太太"は既婚婦人に対する尊称で，人称代名詞やその夫の姓を付けて用いる。自分の妻にも使える。ただし正式の場では使えない。

8) 我太太早就认识你太太了。
   Wǒ tàitai zǎojiù rènshi nǐ tàitai le.
   （家内はずっと前から奥さんとは知り合いですよ）

9) 这位是张太太。
   Zhè wèi shì Zhāng tàitai.
   （こちらは張さんの奥様です）

10) 这是我太太。
    Zhè shì wǒ tàitai.
    （私の妻です）

"老婆"は女房，かみさん。話し言葉でくだけた言い方である。多く中高年以上の人が用いる。若者の間でも，親しみをこめて，あるいは冗談半分で用いる。

11) 怕老婆（／＊夫人／＊妻子／＊爱人／＊太太）
    pà lǎopo
    （女房の尻に敷かれている）

12) 谁也不许说我老婆的坏话。
    Shéi yě bùxǔ shuō wǒ lǎopo de huàihuà.
    （誰であろうとうちの女房の悪口は言わせない）

"太太"は一時期「ブルジョアの奥様」の意味で，批判的に用いられたので，「妻」をさす場合"爱人"が使われた。しかし社会的変化により，とくに都市部において"太太"の使用頻度が高くなっている。

幅・副
fú fù

ともに量詞として使われるが，次のような違いがある。
"幅"は布や書画など，ある程度の幅のあるものを数える。

1) 三幅布
   sān fú bù
   （3枚の布）

2) 一幅画
   yì fú huà

（1枚の絵）

3) 一幅木刻
   yì fú mùkè
   （1枚の木版画）

"副"は対になっている，あるいは組になっているものを数える。

4) 一副手套
   yí fù shǒutào
   （手袋1組）

5) 一副眼镜
   yí fù yǎnjìng
   （眼鏡1つ）

6) 一副担子
   yí fù dànzi
   （てんびん棒の両端にかけた荷）

そのため，次のような対や組にならない場合は，"副"は用いられない。

7) 一幅（／＊副）动人的情景
   yì fú dòngrén de qíngjǐng
   （1つの感動的な情景）

この場合，「情景」を1つの絵とイメージしているのであろう。また次のように，ある程度の幅のないものには"幅"は用いられない。この場合は「セット」になっているのであるから"副"の出番となる。

8) 一副（／＊幅）耳环
   yí fù ěrhuán
   （イヤリング一組）

さらに"副"は顔の表情をいう場合にも用いる。このとき，数詞は"一"に限られ，名詞の前に修飾語がつくことが多い。

9) 一副面孔
   yí fù miànkǒng
   （1つの顔）

10) 一副心满意足的表情
    yí fù xīn mǎn yì zú de biǎoqíng
    （1つの満足げな表情）

父亲・爸爸・爹
fùqin　bàba　diē

いずれも父親，父の意味であるが，使い方に違いがある。

"父亲"は，書き言葉に多く使われ，呼びかけには用いない。やや改まった場合では，第三者に対して自分の父を"我父亲"wǒ fùqin，相手の父親を"你父亲"nǐ fùqin という。

"爸爸"は，話し言葉で多く使われ，呼びかけにも用いる。父親が子供の前で自分のことをこう呼ぶこともできる。"爸"bà だけでもよい。日常の会話で親しい間柄であれば自分の父親のことを"我爸爸"wǒ bàba，相手の父親のことを"你爸爸"nǐ bàba という。妻が自分の夫を"孩子他爸（爸）"háizi tā bà (ba) と呼ぶこともある。

"爹"は話し言葉に多く使われ，呼びかけによく用いる。これも"孩子他爹"háizi tā diē という言い方がある。北方の一部で用いられるが，近年あまり使われなくなってきている。

1) 爹娘
   diēniáng
   （父母，両親）

2) 后爹
   hòudiē
   （継父）

盖・罩
gài　zhào

ともに「覆う」という意味がある。

"盖"は，ふたをするように上からかぶせることをいう。"罩"より覆う対象が具体的，部分的で，密着した感じがある。

1) 盖被子
   gài bèizi
   （布団を掛ける）

2) 盖盖儿
   gài gàir
   （ふたをする）

3) 身上盖着一件大衣。
   Shēnshang gàizhe yí jiàn dàyī.
   (体の上からコートをかけている)

"罩"は，ふんわり包み込むような，全体をすっぽり覆うことをいう。

4) 把这座钟用玻璃罩儿罩上。
   Bǎ zhè zuò zhōng yòng bōlizhàor zhàoshang.
   (この置き時計にガラスのケースをかぶせなさい)

5) 山坡上罩着一层薄雾。
   Shānpōshang zhàozhe yì céng bówù.
   (山の斜面は一面薄いもやに覆われた)

「密着して覆う」のではなく，「ふんわりと全体をすっぽり覆う」という意味である次のような例では"盖"は使えない。

6) 罩（／＊盖）着薄纱
   zhàozhe báoshā
   (薄い織物で覆っている)

赶得上・赶上・来得及
gǎndeshàng　gǎnshàng　láidejí

いずれも何かをするのに「まだ間に合う」という意味がある。

1) 不必今天就动身，明天一早儿去也能赶得上（／来得及／赶上）。
   Búbì jīntiān jiù dòngshēn, míngtiān yìzǎor qù yě néng gǎndeshàng (／láidejí／gǎnshàng).
   (今日出発しなくても，明日の早朝出かければ間に合います)

2) 你看两点一刻的火车能赶得上（／来得及／赶上）吧?
   Nǐ kàn liǎng diǎn yí kè de huǒchē néng gǎndeshàng (／láidejí／gǎnshàng) ba?
   (2時15分の列車に間に合うよね？)

上記のように"赶得上"，"赶上"，"来得及"の後に何も成分がこない場合は，用法や意味において同じように使うことができ互換性がある。
しかし，これらの語の後に何かしらの成分が続く場合違いが現れる。

3) 赶得上｛吃午饭／午饭的时间｝。
   Gǎndeshàng ｛chī wǔfàn/wǔfàn de shíjiān｝.
   (お昼ご飯に間に合う)

4) 赶上｛吃午饭／午饭的时间｝了。
　　Gǎnshàng ｛chī wǔfàn／wǔfàn de shíjiān｝ le.
　（お昼ご飯に間に合った）

5) 来得及吃午饭（／＊午饭的时间）。
　　Láidejí chī wǔfàn.
　（お昼ご飯を食べる時間がある）

"赶得上"，"赶上"の後には名詞（句），動詞（句）の両方を置くことができるが，例文5）に見られるように，"来得及"の後に名詞（句）を置くことはできない。

意味上の違いは，「"赶得上／赶上"＋動詞（句）」は，ある事象の時刻を意識し，どうにかその時間ギリギリに間に合うという切迫感を帯びる。
　一方，「"来得及"＋動詞（句）」は，時間量を意識し，動作の開始から終了までを捉えて「～する時間がある」という意味をもつ。時刻ではなく，目的の実現に要する時間的な余裕を表す。

6) 如果她赶快穿过树林回家去，她一定会来得及（／赶得上／赶上）吃晚饭的。
　　Rúguǒ tā gǎnkuài chuānguo shùlín huíjiā qu, tā yídìng huì láidejí (／gǎndeshàng／gǎnshàng) chī wǎnfàn de.
　（もし彼女が急いで林を通り抜けて帰れば，きっと夕食に間に合うだろう）

動詞（句）成分が後に続く例文6）は，"赶得上"，"赶上"を使うと夕食の時刻に間に合うことを，"来得及"を使うと夕食を食べるという目的実現の為の時間量があることを表す。よって，時間量を問題にしている文脈では，時間量を表さない「"赶得上／赶上"＋動詞（句）」への置き換えは不自然となる。

7) 你说过戏剧开演了再进去，戏院后街有间雪糕屋，还来得及（／＊赶得上／＊赶上）吃个雪糕新地。
　　Nǐ shuōguo xìjù kāiyǎnle zài jìnqu, xìyuàn hòujiē yǒu jiān xuěgāowū, hái láidejí chī ge xuěgāoxīndì.
　（君が言っていたように芝居が始まってから中に入ろう。劇場の裏通りにアイスクリーム屋がある。アイスサンデーを食べる時間くらいまだあるよ）

赶紧・赶忙
gǎnjǐn　gǎnmáng

いずれも日常的によく使われる副詞であり，「急いで」，「早速」，「大急ぎで」の意味を表す。しかし，"飞机快要起飞了，你赶紧登机吧！" Fēijī kuài yào qǐfēi le, nǐ gǎnjǐn dēngjī ba!（飛行機がまもなく離陸しますよ。急いで乗ってください）と言え

ても，"飞机快要起飞了，你赶忙登机吧！"とは言わない。

"赶紧"は「その機をのがさず，間をおかずに，できるだけ早く行動する」という意味である。

1) 回到家以后赶紧（／赶忙）准备一家人的晚餐。
   Huídào jiā yǐhòu gǎnjǐn (/gǎnmáng) zhǔnbèi yìjiārén de wǎncān.
   (帰宅後すぐに一家全員の夕食の準備を始めた)

2) 下个星期就期末考试了，得赶紧（／＊赶忙）开始复习了。
   Xià ge xīngqī jiù qīmò kǎoshì le, děi gǎnjǐn kāishǐ fùxí le.
   (来週から期末試験なので，さっそく復習を始めなければならない)

3) 天要下雨了，你赶紧（／＊赶忙）把晒在外面的衣服收进来。
   Tiān yào xiàyǔ le, nǐ gǎnjǐn bǎ shàizài wàimiàn de yīfu shōujinlai.
   (雨が降りそうだから，外に干してある服を急いで取り込んで)

以上の文で示されているように，"赶紧"はすでに行われた動作行為（例文1），これから行われる動作行為（例文2），相手に対してある行動を要求する命令文（例文3）のいずれにも用いられる。

一方，"赶忙"は「時間をおかず，動作をすばやく行う」という同じような意味を表すが，すでに済んだ事柄を表すのに用いるのが一般的である。この場合は，"赶紧"と言い換えることができる。例文1）が"赶忙"と言い換えることができるのもこのためである。

4) 看到李经理进来，大家赶忙（／赶紧）站起来。
   Kàndào Lǐ jīnglǐ jìnlai, dàjiā gǎnmáng (/gǎnjǐn) zhànqilai.
   (李社長が入ってきたのを見て，皆急いで立ち上がった)

5) 听到电话铃响，他赶忙（／赶紧）去接。
   Tīngdào diànhuàlíng xiǎng, tā gǎnmáng (/gǎnjǐn) qù jiē.
   (電話が鳴っているのを聞いて，彼は急いで電話を取ろうとした)

"赶忙"は"赶紧"と違い，ある動作行為を相手に勧めたり，命じたりする文脈や，話し手自身がこれから行う動作を表す文では使えない。

6) 爷爷情况不太好，你赶紧（／＊赶忙）送他去医院吧。
   Yéye qíngkuàng bú tài hǎo, nǐ gǎnjǐn sòng tā qù yīyuàn ba.
   (おじいさんは具合がよくないので，急いで病院へ連れて行ってあげてください)

7) 客户催得很急，我得赶紧（／＊赶忙）发货。
   Kèhù cuīde hěn jí, wǒ děi gǎnjǐn fāhuò.
   (取引先から頻繁に催促されているので，大至急出荷しなければいけません)

8) 我们赶紧（／*赶忙）出发吧，要不就来不及了。
   Wǒmen gǎnjǐn chūfā ba, yàobù jiù láibují le.
   （早く出発しましょう。でないと間に合いませんよ）

　6）～8）では，「病院に連れて行ってあげる」，「出荷する」，「出発する」といった動作行為は，いずれも発話時点では実現されていないものであり，これから急いで実現したい行動である。したがって，すでに行われた動作行為を述べるのに用いられる"赶忙"は使えない。
　結局，"赶紧"は命令文や勧誘を表すのにも使えるが，"赶忙"は「命令文」のような未実現の，将来の動作については使えず，すでに実現済みの動作を客観的に描写するのにのみ用いられる。

赶快・马上
gǎnkuài　mǎshàng

　"赶快"はあることをするために速度を速めることを示す，「急いで…，すばやく…」。主語の後ろ，動詞の前に置き，動作自体を素早く行うことをあらわす。

1) 你赶快（／马上）走吧，要不就迟到了。
   Nǐ gǎnkuài (/mǎshàng) zǒu ba, yàobù jiù chídào le.
   （急がないと遅刻してしまうよ）

2) 一位老人上了公共汽车，大家赶快（／马上）给他让座。
   Yí wèi lǎorén shàngle gōnggòngqìchē, dàjiā gǎnkuài (/mǎshàng) gěi tā ràngzuò.
   （老人がバスに乗ってきたら、みんなすかさず席を譲った）

3) 你下了课赶快（／马上）回来。
   Nǐ xiàle kè gǎnkuài (/mǎshàng) huílai.
   （授業が終わったら急いで〈／すぐ〉帰ってきて）

4) 一看表已经七点多了，我赶快（／? 马上）起床。
   Yí kàn biǎo yǐjīng qī diǎn duō le, wǒ gǎnkuài (/?mǎshàng) qǐchuáng.
   （時計を見るともう七時を回っていたの，急いで起きた）

　4）は「時間を無駄にせず，急いで」の意味合いが強いので，"马上"は使わないだろう。
　二つの動作の間に時間的間隔が少ないことをあらわす場合は，"马上"が使われる。命令文では，"马上"は動作に移る速度も，動作それ自体も素早く行うことをあらわす。

5) 我去打个电话，马上（／＊赶快）回来。
　　Wǒ qù dǎ ge diànhuà, mǎshàng huílai.
　（電話を一本かけたら，すぐ戻ってくる）

6) 这件事还不能马上（／＊赶快）告诉她。
　　Zhè jiàn shì hái bù néng mǎshàng gàosu tā.
　（この件は今すぐ彼女に伝えることはできない）

　5) は「電話をかける」と「帰ってくる」の間の，6) は「この事が発生してから」と「彼女に伝える」の間の時間的間隔が少ないことを表し，ともに動作自体を早く行う意ではないので，"赶快"を使わない。

7) 你先去打电话吧，马上（／赶快）回来！
　　Nǐ xiān qù dǎ diànhuà ba, mǎshàng (／gǎnkuài) huílai!
　（まず電話してきて！すぐ〈／急いで〉帰ってきてよ）

　"马上"は動詞の前だけでなく，主語の前にも置くことができる。多く副詞"就"を伴う。
　また，現象がもうすぐ発生することをあらわす用法がある。"赶快"にはこの用法がない。

8) 马上（／＊赶快）火车就要开了。
　　Mǎshàng huǒchē jiù yào kāi le.
　（まもなく列車が発車する）

9) 天马上（／＊赶快）就黑了。
　　Tiān mǎshàng jiù hēi le.
　（もうすぐ日が暮れる）

感动・激动
gǎndòng　jīdòng

　中国語の"感动"と"激动"の意味を理解するには，まず日本語の同じ漢字を使う言葉との意味および用法における区別をしておかなければならない。たとえば，「激動する国際市場」は中国語でいうと"激烈变动的国际市场"jīliè biàndòng de guójì shìchǎng となり，「彼の話を聞いて，とても感動しました」は"听了他的话我很感动（／激动）。"Tīngle tā de huà wǒ hěn gǎndòng (／jīdòng). になる。
　このように，日本語の「激動」は中国語で言うと"激烈变动"になり，"激动"とは対応しない。一方，「感動」は中国語の"感动／激动"両方に対応するという現象が見てとれる。
　しかし，"我很感动"と言うと，話の内容に「感銘」して，胸が一杯になるとい

う気持ちを表すが、これに対して"我很激动"は「興奮」して、わくわくするということで、外見からもその興奮ぶりが分かる場合を指す。

1) 她激动得手直哆嗦。
   Tā jīdòngde shǒu zhí duōsuo.
   (彼女は感動して手が震えている)

この例の"激动"は"感动"に言い換えることができない。その理由は感動の程度に差があることと、感動した原因が違うという二点に関わる。中国語の"感动"は表情やしぐさにその気持ちが出なくてもよく、主に心の中が熱くなって、同情や共鳴、感謝、敬慕の念が起こることを示す。せいぜい涙を流す程度の表情の変化は見られるが、大声を出す、急に立ち上がる、踊りだすような行為は発生しない。また、"感动"の原因は気高い人柄や、犠牲的な精神など、他人の良き行為によって心を打たれることで、その結果心を動かされるわけだ。

一方、"激动"の原因は"感动"と違って、怒りや、緊張、また意外な喜びや悪い知らせなどの外界からの刺激により激しくゆれ動く心境を示す。怒るときの興奮ぶりや、試験の直前の緊張した状態、久しぶりに恋人と会う時の気持ちなど、いずれも"激动"しか使えない。

2) 明天就要参加高考了，他激动（／*感动）得一夜没睡。
   Míngtiān jiùyào cānjiā gāokǎo le, tā jīdòngde yí yè méi shuì.
   (明日はもう大学受験なので、彼は興奮して一晩中眠れなかった)

文法的に"激动"と"感动"の両方とも使用できる文もしばしば見られるが、文全体の意味が違う。

3) 接过他冒着风雪送来的粮食，一家人都感动（／激动）得热泪盈眶。
   Jiēguò tā màozhe fēngxuě sònglai de liángshi, yìjiārén dōu gǎndòng (／jīdòng) de rèlèi yíngkuàng.
   (彼が激しい雪の中を持って来てくれた米をもらって、家族のみんなは感動のあまり涙があふれた)

"感动"を使う文は、彼の行為に対して感動したことを表し、"激动"を使うと、意外な喜びに興奮して、涙があふれたことを表す。
"感动"はそれ自身に「感動させる」という使役の用法もあるし、受身文にもなれる。

4) 老师语重心长的这番话感动了我（／使我很感动）。
   Lǎoshī yǔzhòng xīncháng de zhè fān huà gǎndòngle wǒ (／shǐ wǒ hěn gǎndòng).
   (先生の思いやりのある言葉に感動した)

5) 我被老师语重心长的这番话感动了。
   Wǒ bèi lǎoshī yǔzhòng xīncháng de zhè fān huà gǎndòng le.
   (先生の思いやりのある言葉に感動させられた)

"激动"は目的語をとることが非常に少なく，また，受身文にはなれない。

干吗・为什么
gànmá　wèi shénme

"干吗"と"为什么"はいずれも「なぜ」,「どうして」という意味を表し，原因,理由を尋ねるときに用いられる。"干吗"は口語に，"为什么"は口語にも書面語にも用いられる。たがいに置き換えられる場合も多い。

1) 你干吗（／为什么）说这些话？
   Nǐ gànmá (/wèi shénme) shuō zhèxiē huà?
   (どうしてそんなことを言うの)

2) 她为什么（／干吗）不理他？
   Tā wèi shénme (/gànmá) bù lǐ tā?
   (どうして彼女は彼を相手にしないの)

1) も 2) も「なぜ，どうして」ある行動をとったかを尋ねており，語感もほぼ同じである。話し言葉ではどちらを使ってもかまわない。

しかし，"干吗"と"为什么"が置き換えられない場合もある。
"干吗"は，原因，理由を尋ねるだけだが，"为什么"は原因，理由のほか，目的を尋ねることもできる。この場合は，"干吗"との入れ替えは難しい。

3) 人为什么（／？干吗）活着？
   Rén wèi shénme (/?gànmá) huózhe?
   (人はなんのために生きているのか)

4) 我们办企业到底是为什么（／？干吗）？
   Wǒmen bàn qǐyè dàodǐ shì wèi shénme (/?gànmá) ?
   (我々は何のために企業を創設したのですか)

さらに，"为什么"は，自然現象や科学的知識のような客観的な物事の原因，理由を問う場合にも，また主観的な事柄について「いったいどうして」とそのわけを尋ねる時にも用いられるが，"干吗"は後者の場合にしか用いられない。

5) 萤火虫的身体为什么（／＊干吗）会发光？
   Yínghuǒchóng de shēntǐ wèi shénme huì fāguāng?

(どうして蛍は身体から発光できるの)

6) 飞机为什么（／＊干吗）会飞？
   Fēijī wèi shénme huì fēi?
   (飛行機はどうして飛べるの)

7) 你干吗（／为什么）不试试针灸疗法？
   Nǐ gànmá (/wèi shénme) bú shìshi zhēnjiǔ liáofǎ?
   (どうして針灸療法を試してみないの)

8) 我们干吗（／为什么）要听她的指挥？
   Wǒmen gànmá (/wèi shénme) yào tīng tā de zhǐhuī?
   (どうして私たちは彼女の指図を受けなければならないの)

5) の"萤火虫的身体会发光"は自然現象で，6) の"飞机会飞"は科学的知識である。そのわけを問う場合は，"为什么"を用いる。一方，7)，8) は納得できないことのわけを尋ねるもので，ともに主観的なことに属し，"为什么"，"干吗"のどちらも用いられる。

一方，"干吗"は，「何をする」という意味を表すことができ，この場合は"干什么"と同じ意味である。"为什么"にはこういう用法がない。

9) "你最近都干吗了？ 怎么老没见你？" 他问我。
   "Nǐ zuìjìn dōu gànmá le? Zěnme lǎo méi jiàn nǐ?" Tā wèn wǒ.
   (「最近何をしていたの？全然会えなかったけど」と彼は私に聞いた)

刚才・刚・刚刚
gāngcái　gāng　gānggāng

ともに「行動や情況などが少し前に起きた」，「起きたばかり」のことを表し，置き換えられる場合がある。

1) 我刚才（／刚／刚刚）给你发了个邮件。
   Wǒ gāngcái (/gāng/gānggāng) gěi nǐ fāle ge yóujiàn.
   (先ほど君にメールを送ったばかりです)

2) 你刚（刚刚／刚才）说了两件事情，一件是…。
   Nǐ gāng (gānggāng/gāngcái) shuōle liǎng jiàn shìqing, yí jiàn shì….
   (今二つのことをおっしゃいました，一つは…)

"刚才"は「さっき」，「今しがた」の意を表し，話をする時点より少し前の時点をさす。"刚"と"刚刚"は「したばかり」，「たったいま」の意を表し，話し手にと

って「つい少し前」と感じられる状態をさす。

　また，"刚才"は名詞で，"的"を仲介として名詞フレーズを作ることができるし，前置詞"比"，"跟"，"在"の目的語として用いることもできる。"刚"，"刚刚"は副詞であるからできない。

- 3) 刚才（／＊刚／＊刚刚）的地震很强烈。
  Gāngcái de dìzhèn hěn qiángliè.
  (さきほどの地震は大きかった)

- 4) 我的肚子比刚才（／＊刚／＊刚刚）好多了，不那么疼了。
  Wǒ de dùzi bǐ gāngcái hǎoduō le, bú nàme téng le.
  (お腹はさっきよりだいぶよくなり，それほど痛くなくなった)

　また，"刚才"はそれ自身が時点を示すので，時点を表す語や時間量を表す語とともには使えない。一方，"刚"と"刚刚"にはこのような制限がない。

- 5) 10点10分刚（／刚刚／＊刚才）发生了地震。
  Shí diǎn shí fēn gāng (/gānggāng) fāshēngle dìzhèn.
  (10時10分に地震が起きたばかりです)

- 6) 他刚（／刚刚／＊刚才）走一会儿。
  Tā gāng (/gānggāng) zǒu yíhuìr.
  (彼は少し前に行ったばかりだ)

　また，"刚才"は主語の前にも後ろにも置くことができるが，"刚"は主語の後ろにしか置けない。"刚刚"はふつう主語の後ろに置くが，たまに話し言葉で，主語の前に置かれることもある。

- 7) 刚才（／＊刚／刚刚）你说什么来着？
  Gāngcái (/Gānggāng) nǐ shuō shénme láizhe?
  (君はさっきなんて言ったっけ？)

"刚"と"刚刚"は時間を表すほか，程度および数量を表すこともできるが，"刚才"は時間しか表せない。

- 8) 这条裙子不胖不瘦，刚（／刚刚／＊刚才）合适。
  Zhè tiáo qúnzi bú pàng bú shòu, gāng (/gānggāng) héshì.
  (このスカートはゆるくもきつくもなく，ちょうどいい)〈程度〉

- 9) 他第一次来日本的时候，刚（／刚刚／＊刚才）15岁。
  Tā dìyī cì lái Rìběn de shíhou, gāng (/gānggāng) shíwǔ suì.
  (彼は初めて日本に来たとき，ちょうど15歳になったばかりでした)〈数量〉

"刚"と"刚刚"における「つい少し前」と感じる時間量は，話し手の主観によって異なる。これに対して，"刚才"は客観的に少し前の時点をさす。

10) 他刚（／刚刚）走十分钟。
    Tā gāng (/gānggāng) zǒu shí fēnzhōng.
    （彼は10分前に出かけたばかりだ）

11) 刚（／刚刚）来日本一年多。
    Gāng (/Gānggāng) lái Rìběn yì nián duō.
    （日本に来て1年ちょっとしかたっていない）

"刚才"は後ろに否定辞を置くことができるが，"刚"，"刚刚"はできない。また，副詞"还"は，"刚才"，"刚刚"の後ろには置けるが，"刚"の後ろには置けない。

12) 你刚才（／＊刚／＊刚刚）不说，现在才说有什么用？
    Nǐ gāngcái bù shuō, xiànzài cái shuō yǒu shénme yòng?
    （さっき言わずに，今言っても何の意味もない）

13) 小红刚刚（／刚才／＊刚）还在这儿玩呢，…。
    Xiǎo Hóng gānggāng (/gāngcái) hái zài zhèr wán ne, ….
    （紅ちゃんは先ほどまだここで遊んでいたのですが，…）

高兴・愉快
gāoxìng　yúkuài

ともに，「楽しい」，「愉快だ」という満足したときの心からの楽しさと愉快さを表す。しかし，両者のニュアンスは少し異なる。

"高兴"は話し言葉によく用いられ，「愉快で心が高ぶるさま」を表す。一つの出来事に対して，一時的に伴う感情であり，しかもその楽しさ，愉快さが外面に現れているというのが特徴である。"今天玩得很高兴。" Jīntiān wánde hěn gāoxìng. と言う時，話し手の「自分の望みどおりになって満足し，興奮したさま」が目に浮かぶ。

一方，"愉快"は書き言葉によく用いられ，心の楽しさ，幸せに満ち足りた気持ちを表す。この，心が楽しいという気持ちは一時的に起こることもあれば，長く続くこともある。"高兴"は嬉しさや楽しさが外面から見えるのに対して，"愉快"は心のあり方を問題にしているので，外面に現れない場合もある。したがって，一時的ではない物事，たとえば，"生活" shēnghuó（生活），"工作" gōngzuò（仕事），"旅途" lǚtú（旅の道中），"劳动" láodòng（労働），"学习" xuéxí（学習）などの楽しさを表現する場合には，一般的に"高兴"は用いられず，"愉快"が用いられる。つまり，"生活愉快"とは言うが，"生活高兴"とは言わない。"工作愉快"とは言うが，"工作高兴"とは言わないのである。

1) 认识你很高兴（／＊愉快）！
   Rènshi nǐ hěn gāoxìng!
   (あなたと知り合ってとても嬉しいです)

　これも一瞬の行為，動作なので，知り合ったという喜びと興奮ぶりを相手に伝えるならば，"高兴"を用いる。
　文法的に，両者ともに形容詞として，述語，目的語，連体修飾語，連用修飾語，補語になれる。両者が置き換えられる場合は多い。
　また，"高兴"も"愉快"も名詞を修飾するときに"的"とともによく用いられ，"令 lìng～高兴（／愉快）的～"という形をとる。

2) 这真是一个令人高兴（／愉快）的好消息。
   Zhè zhēn shì yí ge lìng rén gāoxìng (/yúkuài) de hǎo xiāoxi.
   (これは本当に嬉しい，いい知らせだ)

　"高兴"が動詞を修飾するときには"高高兴兴"の形で重ね型になることが多い。"愉快"にはこのような重ね型の用法はない。

3) 他高高兴兴（／＊愉愉快快）上班去了。
   Tā gāogāoxìngxìng shàngbān qù le.
   (彼はいかにも嬉しそうに出勤していった)

　さらに，"高兴"は"得"を伴って様態補語を導くことが可能だが，"愉快得～"の形で様態補語を導くことはない。

4) 女儿听说要带她去玩儿，高兴（／＊愉快）得跳了起来。
   Nǚ'ér tīngshuō yào dài tā qù wánr, gāoxìngde tiàoleqilai.
   (遊びに連れていってもらえると聞いて，娘は飛び上がって喜んだ)

　"高兴"は形容詞のほか，動詞として，「好んで，喜んで～する」意を表すこともある。動詞としての重ね型はABAB式で"高兴高兴"となる。"～让（／叫) ràng (／jiào)～高兴高兴"の形でよく用いられる。

5) 我不高兴去，怎么着？
   Wǒ bù gāoxìng qù, zěnmezhe?
   (行きたくないの。だから何だっていうの？)

6) 有什么好事？说出来让我也高兴高兴。
   Yǒu shénme hǎoshì? Shuōchulai ràng wǒ yě gāoxìnggāoxìng.
   (何かいいことあるの，ねえ話して，私にも楽しませて)

搞・弄
gǎo　nòng

いずれも他の動詞の代わりとして用いられ,「する, やる」や「手に入れる」意味として使われる場合は置き換えできる。

1) 到底是谁的责任，一定要搞（／弄）清楚。
   Dàodǐ shì shéi de zérèn, yídìng yào gǎo (/nòng) qīngchu.
   (責任の所在を是非ともはっきりさせなければならない)

2) 不懂的地方应该和同学讨论弄（／搞）清楚。
   Bù dǒng de dìfang yīnggāi hé tóngxué tǎolùn nòng (/gǎo) qīngchu.
   (分からない所はクラスメートと議論してはっきりさせるべきだ)

1), 2) では,"搞"と"弄"は具体的な動作を表さないが, 1) の文脈では「調査する」, 2) の文脈では「理解する」意味で使われている。"搞"は口語と書面語の両方に使われるが,"弄"は口語に使われることが多い。

次に置き換えできない例だが,"搞"が「従事する」,「推進する」,"弄"が「解決する」意を表す場合は置き換えできない。

3) 他是搞（／＊弄）汉语语法研究工作的。
   Tā shì gǎo Hànyǔ yǔfǎ yánjiū gōngzuò de.
   (彼は中国語文法の研究の仕事をしている)

4) 我现在在弄（／＊搞）方向补语的问题。
   Wǒ xiànzài zài nòng fāngxiàng bǔyǔ de wèntí.
   (私はいま方向補語の問題をやっている)

3) は「中国語文法研究」という大きい分野,ある方面の仕事に「従事している」意を表している。このような場合は,"搞"を使い,"弄"は使えない。他には"搞运输" gǎo yùnshū（運送業をやる）,"搞美术" gǎo měishù（美術関係の仕事をする）などの例もあるように,一般にやや概括的,抽象的な名詞がくる。一方, 4) のように文法研究の中のある具体的な問題を取り上げて,それを解明しようとする意味で使われる"弄"は,"搞"に置き換えできない。"弄"には具体的な細かなものを手でいじるという本義があるからであろう。

5) 快过年了，很多商场都在搞（／＊弄）促销活动。
   Kuài guònián le, hěn duō shāngchǎng dōu zài gǎo cùxiāo huódòng.
   (多くのデパートでは年末商戦で賑わっている)

6) 孩子数学有问题，你帮他弄一弄（／＊搞）。
   Háizi shùxué yǒu wèntí, nǐ bāng tā nòngyinòng.

（この子は数学が分からないの，教えてやってください）

　5）はやはりある概括的な活動に従事し，それを推進するという意味で，他に"搞卫生" gǎo wèishēng（掃除する），"搞改革" gǎo gǎigé（改革する）などがある。6）の"弄"はある具体的な問題を「解決する」意味である。これも"弄"のもつ「いじる」という原義に由来すると考えられる。

　さらに"搞"と"弄"を使った慣用表現も置き換えができない。たとえば"搞对象" gǎo duìxiàng（男女の交際）や成句などがある。

7) 弄虚作假
   nòng xū zuò jiǎ
   （インチキをやる）

8) 弄巧成拙
   nòng qiǎo chéng zhuō
   （うまくやろうして，かえって失敗する）

跟・同・和
gēn　tóng　hé

"跟"，"同"，"和"はいずれも「…と」の意味である。
　"跟"は並列の関係にある名詞（句）を接続する働きがある。話し言葉に多く用いられる。

1) 我跟他都是学生。
   Wǒ gēn tā dōu shì xuésheng.
   （私と彼はいずれも学生です）

2) 要处理的跟要修理的必须分开。
   Yào chǔlǐ de gēn yào xiūlǐ de bìxū fēnkāi.
   （処分するものと修理するものを区別しなければならない）

　"同"は"跟"と同じ用法以外に，並列の関係にある動詞も接続する。書き言葉でよく用いられるが，接続詞としては近年あまり使われなくなっている。

3) 致力于维护同发展地区和平。
   Zhìlì yú wéihù tóng fāzhǎn dìqū hépíng.
   （地域の平和の維持と推進に力を尽くす）

4) 苹果和（／＊同）梨
   píngguǒ hé lí
   （リンゴとナシ）

"和"は"跟"と同じ用法以外に、並列の関係にある動詞(句)、形容詞(句)も接続する。話し言葉と書き言葉のどちらにも使い、"跟"、"同"より広範囲に用いられる。

5) 今天上、下午都是工作和学习时间。
　　Jīntiān shàng、xiàwǔ dōu shì gōngzuò hé xuéxí shíjiān.
　　(今日の午前と午後は仕事と勉強の時間です)

6) 看书和(／＊跟／＊同)听音乐
　　kàn shū hé tīng yīnyuè
　　(本を読むことと音楽を聴くこと)

この三つの語はいずれも介詞の用法があり、一般的に接続詞としては"和"、介詞として話し言葉には"跟"、書き言葉には"同"と使い分けられることが多い。

公布・发布・颁布
gōngbù　fābù　bānbù

3つとも「公に発表する」という意味をもつ。

"公布"は、「公表し、広く皆に知らしめる」という意味がある。対象となる目的語は、"业绩" yèjì (業績)、"名单" míngdān (名簿)、"结果" jiéguǒ (結果)、"成果" chéngguǒ (成果) などがある。

政府など公共機関から国民に対して、また、上位の機関から下位の機関に対して物事を伝える場合に使われる。"向~公布"の形をとることができる。

1) 地方政府公布了昨天举行的选举结果。
　　Dìfāng zhèngfǔ gōngbùle zuótiān jǔxíng de xuǎnjǔ jiéguǒ.
　　(地方政府は、昨日行われた選挙の結果を公表した)

2) 卫生部向社会公布了传染病疫情。
　　Wèishēngbù xiàng shèhuì gōngbùle chuánrǎnbìng yìqíng.
　　(衛生部は、伝染病の発生状況を世間に公表した)

"发布"は、①「上の階級から下の階級へ命令や指示などを伝える」、②「公共機関や企業が大衆へ情報や研究結果等を伝える」という意味がある。

対象となる目的語は、①の場合には"命令" mìnglìng (命令)、"指令" zhǐlìng (指令)、②の場合には"新闻" xīnwén (ニュース)、"信息" xìnxī (情報)、"天气预报" tiānqì yùbào (天気予報) などがある。②の場合には、"公布"や"颁布"と置き換えることはできない。

3) 总统发布了一道行政命令。
   Zǒngtǒng fābùle yí dào xíngzhèng mìnglìng.
   (大統領は，行政命令を出した)

4) 气象台发布（／＊颁布／＊公布）了大风警报和暴雨预报。
   Qìxiàngtái fābùle dàfēng jǐngbào hé bàoyǔ yùbào.
   (気象台は大風警報と大雨予報を発表した)

"颁布"は，政府機関が重要かつ政策的な命令，法令などを文書により公表する場合に使われる。

対象となる目的語は，"宪法"xiànfǎ（憲法），"法令"fǎlìng（法令），"命令"mìnglìng（命令），"条例"tiáolì（条例），"大纲"dàgāng（ガイドライン）などがある。

5) 国家颁布了新宪法。
   Guójiā bānbùle xīn xiànfǎ.
   (国家は憲法を公布した)

6) 国家教育委员会颁布了教学大纲。
   Guójiā jiàoyù wěiyuánhuì bānbùle jiàoxué dàgāng.
   (国家教育委員会は，教育指導大綱を公表した)

功课・作业
gōngkè　zuòyè

"功课"と"作业"はともに「宿題」という意味がある。

1) 做完功课（／作业）再看电视。
   Zuòwán gōngkè (/zuòyè) zài kàn diànshì.
   (宿題をしてからテレビを見なさい)

2) 如果他功课（／作业）多的话，我会帮他做。
   Rúguǒ tā gōngkè (/zuòyè) duō de huà, wǒ huì bāng tā zuò.
   (彼の宿題が多いなら，手伝ってあげる)

例1)，2) は"功课"と"作业"のいずれも使える。実際のところここではほとんど同じ意味で使われている。

"作业"は単純に先生から出された家庭学習，家庭作業のこと，提出する必要のある「宿題」を指す。よく"家庭作业"，"写作业"，"做作业"，"批改作业"，"有作业"などという。これらは常用のコロケーションであり，次の例には"功课"は使いにくい。

3) 今天老师没有留家庭作业。
   Jīntiān lǎoshī méiyou liú jiātíng zuòyè.
   (今日先生は宿題を出さなかった)

4) 白天上课，晚上要批改作业。
   Báitiān shàngkè, wǎnshang yào pīgǎi zuòyè.
   (昼間は授業をし，夜は宿題の添削をしなければならない)

　逆に"功课"は，「宿題」の意味以外，学生が規定に従って学習する知識，技能，学校などで課される学科や業務の意味もある。よく"复习功课""温习功课""每门功课""补习功课""准备功课""影响功课""耽误功课""功课不错"などという。これらもコロケーションであり，次の例にある"功课"は"作业"に変えることができない。

5) 他开始打开书包写作业，温习功课。
   Tā kāishǐ dǎokāi shūbāo xiě zuòyè, wēnxí gōngkè.
   (彼はかばんを開き宿題，授業の復習をし始めた)

6) 小李在学校各门功课都很好。
   Xiǎo Lǐ zài xuéxiào gè mén gōngkè dōu hěn hǎo.
   (李さんは学校でどの学科も成績が優秀だ)

　また，インターネットを検索すると，よく"旅游功课"，"美女功课"，"防衰老的功课"のような表現を見かける。これらは「旅行するため，美女になるため，老化を防ぐための事前の準備，および取り組まねばならないこと」という意として使われている。辞書には"功课"のこの使い方は明確に書かれていないが，今中国人は日常生活の中で，よくこのような使い方をする。言葉は生き物で変貌しているということだ。
　なお，"作业"は「宿題」以外，「作業」の意もある。

7) 高空作业很危险。
   Gāokōng zuòyè hěn wēixiǎn.
   (高所作業はとても危険だ)

8) 我们正在制定一个既安全又有效的作业计划。
   Wǒmen zhèngzài zhìdìng yí ge jì ānquán yòu yǒuxiào de zuòyè jìhuà.
   (われわれは今，安全かつ有効な作業計画を立てている)

姑娘・小姐
gūniang　xiǎojiě

"姑娘","小姐"はいずれも「お嬢さん,娘」という意味をもつ。

1) 那位姑娘（／小姐）长得真漂亮。
   Nà wèi gūniang (／xiǎojiě) zhǎngde zhēn piàoliang.
   (あの娘さんは本当に綺麗だ)

2) 姑娘（／小姐），你要哪种面料？
   Gūniang (／Xiǎojiě), nǐ yào nǎi zhǒng miànliào?
   (お嬢さん,どんな生地をお求めですか？)

このように"姑娘","小姐"は互換性が高いと思われがちだが,両者の間には比較的明確な違いがある。まず,実際に親子関係にある「娘」を表す場合,すなわち英語の"daughter"に相当する意味は"姑娘"だけがもち,"小姐"はもたない。

3) 老王，你的姑娘（／＊小姐）今年多大了？
   Lǎo Wáng, nǐ de gūniang jīnnián duō dà le?
   (王さん,おたくのお嬢さんは今年おいくつですか？)

4) 我的二姑娘（／＊小姐）都出嫁了。
   Wǒ de èr gūniang dōu chūjià le.
   (次女はもう嫁ぎました)

5) 他们有一个儿子和一个姑娘（／＊小姐）。
   Tāmen yǒu yí ge érzi hé yí ge gūniang.
   (彼らには息子が一人と娘が一人います)

次に,対象となる年齢は,"姑娘"は少女から結婚適齢期くらいと考えてよいが,婚期に達しても独身であることを示す場合には"大"dàを加えて"大姑娘",さらに婚期をはるかに越えているような場合には"老"lǎoを加えて"老姑娘"などという。逆にまだ小さい女の子には"小"xiǎoを加えて用いることも多い。

6) 她四十多了，还是老姑娘（／＊小姐）。
   Tā sìshí duō le, háishi lǎo gūniang.
   (彼女は40過ぎだが,まだ独身だ)

7) 小姑娘（／＊小姐），你几岁了？
   Xiǎo gūniang, nǐ jǐ suì le?
   (お嬢ちゃん,いくつ？)

一方,解放前の中国において,使用人が主人の妻を"太太"tàitai（奥様）と呼び,

主人の娘を"小姐"（お嬢様）と呼んでいたためか、"小姐"の指す年齢は"姑娘"より幅広く、日本語の「お嬢さん」から連想される年齢を超えても使われる。

使用場面では、"姑娘"は庶民の生活場面で使われる飾り気のない言葉であるのに対し、"小姐"は少し「クラス感」が感じられる語であり、外国人女性への呼びかけをはじめ、公的場面や職務上で使われることが多い。

8) 小姐（／＊姑娘），请问，经理办公室在哪儿？
Xiǎojiě, qǐngwèn, jīnglǐ bàngōngshì zài nǎr?
（あの、お尋ねいたしますが、社長室はどちらでしょうか？）

9) 这位是我们的翻译王小姐（／＊姑娘）。
Zhè wèi shì wǒmen de fānyì Wáng xiǎojiě.
（こちらは私どもの通訳の王さんです）

また、"小姐"は、"导游小姐"dǎoyóu xiǎojiě（観光ガイド）、"礼仪小姐"lǐyí xiǎojiě（コンパニオン）、"空中小姐"kōngzhōng xiǎojiě（スチュワーデス）のようにある種の職業を表す語を構成することがある。さらに、サービス業に従事する女性への呼びかけにも使われるが、"姑娘"にはこの用法はない。

10) 小姐（／＊姑娘），请来一瓶啤酒。
Xiǎojiě, qǐng lái yì píng píjiǔ.
（すみません、ビールを一本お願いします）

なお"小姐"は風俗業の女性を指して使われることがあり、"小姐"での呼びかけを嫌う人も多い。そのため上記10) のような場面では、"服务员"fúwùyuán、"美女"měinǚ などの語を呼びかけに用いる人もいる。

固然・虽然
gùrán　suīrán

どちらも接続詞として、前節で提示した事柄に対して、後節でそれとは反対の事実や意見などを述べる文に用いられ、「～ではあるがしかし～」という意味を表す。"固然"、"虽然"は前節に置かれ、後節には"但是"dànshì、"可是"kěshì など逆接を表す接続詞が用いられることが多い。

1) 努力学习｛固然／虽然｝好，但是也应该注意身体健康。
Nǔlì xuéxí {gùrán/suīrán} hǎo, dànshì yě yīnggāi zhùyì shēntǐ jiànkāng.
（一生懸命勉強するのはよいことではあるが、健康にも注意しなければならない）

2) 这个方法｛固然／虽然｝好，但是太浪费时间了。
Zhège fāngfǎ {gùrán/suīrán} hǎo, dànshì tài làngfèi shíjiān le.

（この方法はよいのだが，時間がかかりすぎる）

"虽然"は述べられた事柄に対する話し手の譲歩の気持ちを表し，後節に置くこともできる。この時"虽然"は主語の前に置かなければならない。"固然"にはこの用法はない。

3) 我不能同意，虽然（／＊固然）你的意见很好。
Wǒ bù néng tóngyì, suīrán nǐ de yìjian hěn hǎo.
（私は賛成できない，あなたの意見はよいのだが）

"虽然"は前節に置く場合，主語の前後どちらに置いてもよいが，"固然"は通常主語の後に置かれる。

4) 虽然（／＊固然）今天有点儿冷，但也不必穿得那么多。
Suīrán jīntiān yǒudiǎnr lěng, dàn yě búbì chuānde nàme duō.
（今日は少し寒いが，そんなに着込む必要はない）

"固然"はある見方や考え方の妥当性を認めることに焦点がおかれ，"也"yěと組み合わせて，ある見方を認めたうえで，それと同等の別の見方を提示する場合にも用いられる。

5) 考上大学固然（／＊虽然）好，考不上也没关系。
Kǎoshang dàxué gùrán hǎo, kǎobushàng yě méi guānxi.
（大学に合格できればもちろんよいが，合格できなくてもかまわない）

6) 去国外学习固然（／＊虽然）好，在国内学也不错。
Qù guówài xuéxí gùrán hǎo, zài guónèi xué yě búcuò.
（海外で学ぶことはもちろんよいが，国内で学ぶのも悪くない）

关・合・闭
guān　hé　bì

3語とも「閉じる」という共通義をもつが，用法は異なる。
"关"は，流れを遮断するために閉じる。目的語には遮断する役割を果たす扉や窓，あるいはスイッチ機能のあるものなどがくる。
「関所」の「関」をイメージすればよい。人の流れを関所を設けて遮断するのである。電気の流れを遮断するのであれば，スイッチである。空気や人の流れを遮断できるのは窓やドアである。これらすべてについて"关"が使われる。

1) 外面风大，请把窗户关上。
Wàimiàn fēng dà, qǐng bǎ chuānghu guānshang.

（外は風が強いから，窓を閉めてください）

2) 这些话只能关起门来说。
　　Zhèxiē huà zhǐ néng guānqi mén lai shuō.
　　（こういった話はドアを閉めないとできない）

3) 电脑关了吗？
　　Diànnǎo guān le ma?
　　（パソコン電源切った？）

　この他 "关电视" guān diànshì（テレビを消す）や "关自来水" guān zìláishuǐ（水道を閉める）など，いずれも電流や水流を遮断する例である。
　"合" は，本来の姿である閉じた状態に戻すと考えられる。

4) 请把书合上。
　　Qǐng bǎ shū héshang.
　　（本を閉じる）

5) 伤口合上了。
　　Shāngkǒu héshang le.
　　（傷口がふさがった）

6) 乐得合不上嘴。
　　Lède hébushàng zuǐ.
　　（嬉しくて口もとがほころぶ）

7) 他都两天没合过眼了。
　　Tā dōu liǎng tiān méi héguo yǎn le.
　　（彼は二日間休んでいない）

　"合眼" は単に目を閉じるのではなく「目を合わせ，本来の姿に戻り，休む，休息する，眠る，永遠の眠りにつく」などの意味になる。
　"闭" は，三語の中ではもっとも抽象的で，外界との間を断絶し，外へ向かって開放しない，内に籠もり本来果たすべき機能を発揮しないことを表す。たとえば "闭馆" bìguǎn は図書館や博物館が閉館することである。"闭门谢客" bì mén xiè kè とは「門を閉ざし客と会わぬ」ことをいう。

8) 他紧闭着嘴，一言不发。
　　Tā jǐn bìzhe zuǐ, yì yán bù fā.
　　（彼はきゅっと口を閉じたまま，一言も意見を言わない）

9) 他这两天一直闭门不出。
　　Tā zhè liǎng tiān yìzhí bì mén bù chū.

（彼はここ数日ずっと家から一歩もでなかった）

"闭"はまた"闭幕"bìmù（閉幕する），"闭门造车"bì mén zào chē（家に閉じこもって車を造る。実際から遊離し，主観や想像で物事を行う）などのように単語や成語の構成要素となることも多い。

关心・关怀
guānxīn　guānhuái

"关心"は「関心をもつ」，「気にかける」，「気を配る」という意味である。人間や事物を目的語にでき，"关怀"より広く用いられる。"不"bùで否定できる。

1) 老师关心学生。
   Lǎoshī guānxīn xuésheng.
   （教師が学生を気遣う）

2) 他不关心公司的事务。
   Tā bù guānxīn gōngsī de shìwù.
   （彼は会社のことに関心がない）

"关怀"は人に対して「関心を寄せる」，「配慮する」，「気を配る」という意味である。一般に事物は目的語にならず，"不"で否定できない。

3) 老人对她十分关怀。
   Lǎorén duì tā shífēn guānhuái.
   （老人は彼女をたいへん温かく見守っている）

4) 毕业生们感谢老师四年来的培育和关怀。
   Bìyèshēngmen gǎnxiè lǎoshī sì nián lái de péiyù hé guānhuái.
   （卒業生たちは先生の4年間にわたる教育と配慮に感謝した）

"关怀"は目上から目下への配慮を指し，シテ（動作主）に対する敬意がある。語感も重々しい。"关心"にはそのような制約はなく，話し手自身をシテにできる。"关怀"は話し手自身をシテにすることはできない。

5) 我很关心（／＊关怀）他。
   Wǒ hěn guānxīn tā.
   （私は彼にとても気を配っている）

观赏・欣赏・鉴赏
guānshǎng　xīnshǎng　jiànshǎng

いずれも「鑑賞する」という意味をもつ。"观赏"は目で見ることのできるものを見て楽しむ。"欣赏"は見るだけでなく，聞いたり，心で感じ理解して楽しむ時にも使う。

1) 我们观赏（／欣赏）了几位名演员的表演。
   Wǒmen guānshǎng (/xīnshǎng) le jǐ wèi míngyǎnyuán de biǎoyǎn.
   （私たちは数名の名優の演技を鑑賞した）

2) 我和一个朋友在香山观赏（／欣赏）红叶呢。
   Wǒ hé yí ge péngyou zài Xiāngshān guānshǎng (/xīnshǎng) hóngyè ne.
   （私は友達と香山で紅葉を鑑賞しているところだ）

3) 她欣赏（／＊观赏）音乐时的神情十分专注。
   Tā xīnshǎng yīnyuè shí de shénqíng shífēn zhuānzhù.
   （彼女が音楽を鑑賞する時の表情はとても真剣である）

4) 更重要的是他们学会了欣赏（／＊观赏）文学。
   Gèng zhòngyào de shì tāmen xuéhuìle xīnshǎng wénxué.
   （もっと大切なことは彼らが文学の楽しみ方を学んだことである）

"鉴赏"はもっぱら芸術品などを鑑定し，評価しながら楽しむことを指す。

5) 她在美术鉴赏（／＊观赏／＊欣赏）上得到了较为专业的训练。
   Tā zài měishù jiànshǎngshang dédàole jiàowéi zhuānyè de xùnliàn.
   （彼女は美術鑑賞において比較的専門的な訓練を受けた）

6) 她对艺术有良好的鉴赏（／＊观赏／＊欣赏）力。
   Tā duì yìshù yǒu liánghǎo de jiànshǎnglì.
   （彼女は芸術に対して素晴らしい鑑賞力をもっている）

灌・倒
guàn　dào

ともに「(液体や気体，物体などを) 入れる，注ぎ込む，つぐ」という意味をもつ動詞である。

「灌」①液体や気体，顆粒状の物体などを口の小さい容器の中に注入する場合，一

般的に"灌"を使う。動作の持続時間が相対的に長い。

1) 妈妈正往暖水瓶里灌开水。
   Māma zhèng wǎng nuánshuǐpíngli guàn kāishuǐ.
   (母は魔法瓶にお湯を入れているところだ)

"倒开水"という表現があるが，急須や魔法瓶などを傾け，中からお湯を出すことに使う。

②田んぼや池，鋳型など，液体などをためられる場所に勢いよく大量に注入する場合も"灌"を用いる。

2) 农民正在往田里灌水呢。
   Nóngmín zhèngzài wǎng tiánli guàn shuǐ ne.
   (農民は田んぼに水を入れている)

③大量に詰め込むイメージから，比喩的にも用いられる。「浴びせる，詰め込む」。

3) 他们俩的绯闻灌了一耳朵。
   Tāmen liǎ de fēiwén guànle yì ěrduo.
   (あの二人のうわさは耳がいっぱいになるほど聞いた)

4) 这种满堂灌的教学方法，我不赞成。
   Zhè zhǒng mǎntángguàn de jiàoxué fāngfǎ wǒ bú zànchéng.
   (このような詰め込み式の教育方法には賛成できない)

④無理やりにする，させる，される。

5) 他昨晚被几个朋友给灌醉了。
   Tā zuówǎn bèi jǐ ge péngyou gěi guànzuì le.
   (彼は夕べ何人かの友たちに酒を飲まされて酔っ払った)

6) 孩子不喝药，只好往下灌了。
   Háizi bù hē yào, zhǐhǎo wǎng xià guàn le.
   (子供が薬を飲まないから，無理やりに飲ませるしかない)

⑤レコードに吹き込む。

7) 把这两首歌灌进唱片里。
   Bǎ zhè liǎng shǒu gē guànjìn chàngpiànli.
   (この二曲の歌をレコードに録音する)

⑥シュートする。

8) 他在下半场比赛中一连灌进对方三个球。
   Tā zài xià bànchǎng bǐsài zhōng yì lián guànjìn duìfāng sān ge qiú.
   (彼は試合の後半で続けざまに相手チームに3ゴールを浴びせた)

「倒」①容器を逆さまにしたり，または傾けて中のものを出す。動作の持続時間は比較的短い。

9) 快给客人倒茶。
   Kuài gěi kèren dào chá.
   (はやくお客さまにお茶を入れて)

10) 他把包里的东西全都倒了出来。
    Tā bǎ bāoli de dōngxi quán dōu dōu dàolechulai.
    (彼はかばんの中にあるものを全部ぶちまけた)

11) 我去倒垃圾，你稍等一会儿。
    Wǒ qù dào lājī, nǐ shāo děng yíhuìr.
    (ゴミを捨ててきますから，ちょっと待っていてください)

②比喩的にも用いる。「(思っていることを) さらけ出す」。

12) 有什么话，就都倒出来吧。这样你会舒服点儿。
    Yǒu shénme huà, jiù dōu dàochulai ba. Zhèyàng nǐ huì shūfu diǎnr.
    (胸にしまっていることがあるなら，すべて吐き出してしまいなさい。そうすれば，すっきりするよ)

"灌"は液体や物体などを注ぎ込む容器に関心があるのに対し，"倒"は液体などが入っている容器や入れ物を逆さまにするか傾けるかして中のものを出すことに関心がある。"灌"は"灌进"，"灌入"と言えるが，"灌出"という言い方はない。"倒"は"倒进"，"倒入"，"倒出"のどれも使える。"灌进"，"灌入"は基本的に口の小さい容器に使うが，"倒进"，"倒入"は比較的口の大きいものに使う。

罐・缸・盆・壶
guàn　gāng　pén　hú

ともに「容器」を意味する。
"罐"は，広口で円筒形の容器を指す。

1) 罐头
   guàntou
   (缶詰や瓶詰などの保存食品を入れる容器)

2) 瓦罐
   wǎguàn
   (素焼きのつぼ)

3) 储油罐（／＊缸／＊盆／＊壶）
   chǔyóuguàn
   (オイルタンク，ドラム缶)

"缸"は広口で胴が太く底の深い容器を指す。

4) 鱼缸
   yúgāng
   (金魚鉢)

5) 浴缸
   yùgāng
   (バスタブ)

6) 液压缸（／＊罐／＊盆／＊壶）
   yèyāgāng
   (油圧シリンダ)

"盆"は口が広くて底のすぼまった器を指す。物を入れたり洗ったりするものである。口の周りが縁で囲まれているのが特徴である。

7) 洗脸盆
   xǐliǎnpén
   (洗面器)

8) 花盆
   huāpén
   (植木鉢)

9) 澡盆（／＊罐／＊缸／＊壶）
   zǎopén
   (風呂おけ)

"浴缸"が水道管付きで，シャワーを浴びられたりするのに対して，"浴盆"はもっとシンプルで，入浴の際に使用する水を貯めておける容器を指す。

"壶"はふたや注ぎ口，取っ手のある容器を指す。

10) 茶壶
    cháhú

(急須)

11) 水壶
shuǐhú
(やかん)

12) 喷壶
pēnhú
(じょうろ)

果然・居然
guǒrán　jūrán

ともに副詞で，"果然"は予想したとおりの結果であることを，"居然"は予想と反対の結果であることを表す。

1) 大家猜他不会来，他果然（／＊居然）没来。
   Dàjiā cāi tā bú huì lái, tā guǒrán méi lái.
   (みんなは彼が来ないだろうと予想していたが，はたして彼は来なかった)

2) 果然（／＊居然）不出我所料，这件事是老王泄漏出去的。
   Guǒrán bù chū wǒ suǒ liào, zhè jiàn shì shì Lǎo Wáng xièlòuchuqu de.
   (やはり私が思ったとおり，このことは王さんが漏らしたのだ)

3) 这么简单的事情，他居然（／＊果然）办不好。
   Zhème jiǎndān de shìqing, tā jūrán bànbuhǎo.
   (なんとこんな簡単なことを彼はできなかった)

4) 他们交往不到一个星期，居然（／＊果然）就结婚了。
   Tāmen jiāowǎng bú dào yí ge xīngqī, jūrán jiù jiéhūn le.
   (彼らは付き合って一週間もしないうちに，なんと結婚した)

"居然"は予想に反してよい結果であれば賞賛，感嘆の気持ちがこもる。

5) 这么短的时间内居然所有的问题都解决了。
   Zhème duǎn de shíjiān nèi jūrán suǒyǒu de wèití dōu jiějué le.
   (こんな短時間でなんとすべての問題がみな解決してしまった)

一方，悪い結果であれば非難の気持ちがこもる。

6) 没想到世界冠军居然（／＊果然）败给了一个无名新手。
   Méi xiǎngdào shìjiè guànjūn jūrán bàigěile yí ge wúmíng xīnshǒu.

(世界チャンピオンがなんと無名の新人に敗れるとは思いもよらなかった)

H 还是・或者
háishi　huòzhě

いずれも接続詞で，複数の選択肢からどれか一つを選択することを表す。
"还是"は選択疑問文に用い，「～か，それとも～か」の意味を表す。この場合は"或者"に言い換えられない。

1) 那件事你赞成还是（／＊或者）反对？
   Nà jiàn shì, nǐ zànchéng háishi fǎnduì?
   (そのことについて，君は賛成ですか，それとも反対ですか)

2) 这些药饭前吃还是（／＊或者）饭后吃？
   Zhèxiē yào fànqián chī háishi fànhòu chī?
   (これらの薬は食前に飲むのですか，それとも食後に飲むのですか)

"或者"は叙述文に用い，「あるいは」，「または」の意味を表す。この場合は"还是"に言い換えられない。

3) 有事找小王或者（／＊还是）小刘都行。
   Yǒu shì zhǎo Xiǎo Wáng huòzhě Xiǎo Liú dōu xíng.
   (何かあったら，王さんか劉さんを訪ねればよい)

"或者～或者"を用いることもある。

4) 或者他做，或者你做，这些事总得有人去做。
   Huòzhě tā zuò, huòzhě nǐ zuò, zhèxiē shì zǒngděi yǒu rén qù zuò.
   (彼がやるか，君がやるか，いずれにせよこれらのことは誰かがやらなければならない)

5) 有问题问老师，或者问同学，或者上网查。
   Yǒu wèntí wèn lǎoshī, huòzhě wèn tóngxué, huòzhě shàngwǎng chá.
   (問題があれば先生に聞いてもいいし，同級生に聞いてもいいし，ネットで調べてもいい)

"还是"と"或者"は"不管"bùguǎn，"无论"wúlùn（～にかかわりなく，～を問わず）のあとに用いる場合，たがいに言い換えることができる。この場合，"不管（／无论）～还是（／或者）"の組み合わせは「いずれにせよ」の意味を表す。

6) 不管刮风还是（／或者）下雨，他从来不迟到。
   Bùguǎn guāfēng háishi (/huòzhě) xià yǔ, tā cónglái bù chídào.
   (風が吹こうが雨が降ろうが，彼はこれまで遅刻したことがない)

240

7) 无论城市或者（／还是）乡村，都存在许多环境问题。
Wúlùn chéngshì huòzhě (/háishi) xiāngcūn, dōu cúnzài xǔduō huánjìng wèntí.
（都市でも農村でも，いろいろな環境問題を抱えている）

害怕・怕・可怕
hàipà　pà　kěpà

"害怕"，"怕"はともに動詞で，困難あるいは危険な場面に出くわして（またはそういう場面に遭遇することを想像して）「怖がる」，「恐れる」，「心配する」などの意味をもつ。どちらも名詞，動詞，動詞フレーズ，形容詞などを目的語にとることができる。

1) 老鼠害怕（／怕）猫。
   Lǎoshǔ hàipà (/pà) māo.
   （ネズミはネコを恐れる）

2) 我害怕（／怕）的不是开刀，而是留下后遗症。
   Wǒ hàipà (/pà) de bú shì kāidāo, érshì liúxià hòuyízhèng.
   （私が心配するのは手術のことではなくて，後遺症のことだ）

3) 他害怕（／怕）坐飞机，所以从来不去外国旅游。
   Tā hàipà (/pà) zuò fēijī, suǒyǐ cónglái bú qù wàiguó lǚyóu.
   （彼は飛行機に乗るのが怖くて，海外旅行に行ったことがない）

"可怕"は形容詞で恐怖を感じることをいう。「恐ろしい」，「恐るべき」などの意味をもつ。

4) 可怕的事情终于发生了。
   Kěpà de shìqing zhōngyú fāshēng le.
   （恐ろしい事がついに起きた）

5) 价钱贵得可怕。
   Jiàqián guìde kěpà.
   （値段は恐ろしいほど高い）

また"怕"は恐怖心というほどのものでなく，たんに「心配する」，「気にかかる」意味や「おそらく…だろう」という推測の意味でも用いられる。この場合"害怕"は使えない。

6) 买书他从来不怕（／＊害怕）花钱。
   Mǎi shū tā cónglái bú pà huā qián.
   （本を買うのに彼は昔からお金を気にしない）

7) 怕（／＊害怕）赶不上火车，他一大早就出发了。
   Pà gǎnbushàng huǒchē, tā yídàzǎo jiù chūfā le.
   (彼は汽車に乗り遅れないかと心配し，早朝に出発した)

8) 这一两句怕（／＊害怕）说不完。
   Zhè yì liǎng jù pà shuōbuwán.
   (こんな一言二言ではおそらく伝えきれない)

9) 我怕你钱不够花，多存了一些。
   Wǒ pà nǐ qián bú gòu huā, duō cúnle yìxiē.
   (お金が足りないのではないかと心配し，少し多めに入金した)

この意味においては，動詞や動詞フレーズ，文を目的語にとることがほとんどで，名詞や形容詞を目的語にとることはあまりない。このような場合は，「心配する」という意味ではなく，「恐れる」という意味になる。

10) 你怕蛇吗?
    Nǐ pà shé ma?
    (あなたはへびがこわいですか)

また形容詞などを目的語にとり，人や物が寒さや暑さ，湿気などに弱い，という意を表す。

11) 他是南方人，非常怕冷。
    Tā shì nánfāngrén, fēicháng pà lěng.
    (彼は南の出身なので，寒さに弱い)

ことわざや慣用句の中では，ふつう"怕"が用いられ，"害怕"による言い換えはできない。

12) 天不怕（／＊害怕），地不怕（／＊害怕）。
    Tiān bú pà, dì bú pà.
    (天も地も何も怖くない。世の中に怖いものなし)

13) 前怕（／＊害怕）狼，后怕（／＊害怕）虎。
    Qián pà láng, hòu pà hǔ.
    (前にオオカミを恐れ，後ろにトラを恐れる。あれこれ考えてばかりで先に進めない)

汉语・中文・普通话・华语
Hànyǔ　Zhōngwén　pǔtōnghuà　Huáyǔ

これら四つはいずれも中国語を意味する。しかし，これら四語には次のような使

い分けがある。

Ⅰ "汉语"と"中文"

1) 我学习汉语（／中文）。
Wǒ xuéxí Hànyǔ (/Zhōngwén).
（私は中国語を勉強する）

例1）では"汉语","中文"は確かに同じ意味であり，中国語という言語を指すが，"中文"は"汉语"より意味が広い。中国語で書かれた作品には"中文"しか用いない。

2) 他能看中文报。
Tā néng kàn Zhōngwénbào.
（彼は中国語の新聞が読める）

3) 我有中文小说。
Wǒ yǒu Zhōngwén xiǎoshuō.
（私は中国語の小説を持っている）

4) 东方书店是中文书店。
Dōngfāng shūdiàn shì Zhōngwén shūdiàn.
（東方書店は中国語の本を扱う書店である）

例2)～4)であげた"中文报"，"中文小说"，"中文书店"では"汉语"を用いることはできない。確かに"汉语书"も"中文书"も言えるが，それぞれ意味が異なる。"汉语书"は中国語のテキストや参考書などの語学関係の本を指し，"中文书"は中国語で書かれたすべての本を指す。

また，中国の国内においては，"中文"は"中国语言文学"の省略であり，中国の大学での"中文系"はつまり"中国语言文学系"の略称である。

なお"英语"と"英文"，"日语"と"日文"，"法语"と"法文"及びこれらを包括した"外语"と"外文"の使い分けも"汉语"と"中文"の使い分けと同じである。

Ⅱ "汉语"と"普通话"

"汉语"は漢民族の言語を指す。中国は56民族を擁する多民族国家であるが，漢民族の人口が約90%を占めているので，少数民族地域でも学校で"汉语"を勉強する。

また，"汉语"という語には広い国土から生じた方言の問題が内在する。方言は大きく分けて七つある。よく言われている"上海话"や"广东话"などは漢語の方言の一つである。この異なった方言区の人々は漢語標準語を使って交流を行っている。この「標準語」は中国語で"汉语普通话"と名付けられている。

"普通话"は"汉语普通话"の略称であり，北方方言を中心とし，北京語の発音を

基準としたものである。"普通话"によって全国の人々の言葉が統一されているのである。

Ⅲ "汉语" と "华语"

　同じ"汉语"であるが，海外に住む華人が用いる中国語を"华语"と称する。
　中国の国内に住んでいても，海外に住んでいても中国人の血統であれば，中華民族という。中国国内の人と区別するために中国人の血統をもつ海外の人々を"华人"という。たとえば，シンガポールは"华人"が約74％を占め，"华语"も政府公用語の一つである。
　また，"华文"という言い方もあるが，"华文"と"华语"の区別は"中文"と"汉语"の区別と大体同じである。
　なお，"中国语"という言い方を日本でよく聞くが，それは日本語を中国語の発音で読んだものであり，中国では使わない。

V 好・V 完
V hǎo　V wán

"好"hǎo も "完"wán も，ともに結果補語として動詞の後に用いられ，動作の完了を表す。

1) 你把这项工作弄好（／完）就可以回去。
   Nǐ bǎ zhè xiàng gōngzuò nònghǎo (/wán) jiù kěyǐ huíqu.
   (この仕事を済ませたら帰っていいよ)

2) 作业做完（／好）了吗?
   Zuòyè zuòwán (/hǎo) le ma?
   (宿題は終わった？)

3) 写完（／好）了姓名你给我看看。
   Xiěwán (/hǎo) le xìngmíng nǐ gěi wǒ kànkan.
   (名前を書いたら私に見せてください)

4) 要买的东西都买好（／完）了。
   Yào mǎi de dōngxi dōu mǎihǎo (/wán) le.
   (買い物はもうすべてすみました)

"V 完"は単に動作の完了を表すのみだが，"V 好"は動作の完了に加え，結果が満足のゆくものであることを表す。

5) a 你吃好了吗?
   Nǐ chīhǎo le ma?
   (おいしかったですか)

   b 你吃完了吗?
   Nǐ chīwán le ma?
   (食べ終わりましたか)

6) a 我已经跟他说好了。
   Wǒ yǐjīng gēn tā shuōhǎo le.
   (すでに彼と話をつけました)

   b 我已经跟他说完了。
   Wǒ yǐjīng gēn tā shuōwán le.
   (すでに彼と話し終えました)

"V 完"のみが用いられ、"V 好"は使われない場合がある。

7) 她刚考完大学，在家里等结果。
   Tā gāng kǎowán dàxué, zài jiāli děng jiéguǒ.
   (彼女は大学入試がすんだばかりで、いま家で結果を待っている)

8) 你跑完了这一百米就可以休息。
   Nǐ pǎowánle zhè yì bǎi mǐ jiù kěyǐ xiūxi.
   (この 100 メートル走が終わったら休憩していいよ)

9) 你唱完了就该我了。
   Nǐ chàngwán le jiù gāi wǒ le.
   (君が歌い終わったら次は僕だ)

なお、次のように動作が完了するのではなく、動作の対象物が「使って無くなる、消耗し尽くす」という場合は別の用法であり、"V 好"はもちろん使われない。

10) 她把身上的钱都花完才离开那店。
    Tā bǎ shēnshang de qián dōu huāwán cái líkāi nà diàn.
    (彼女は持っているお金を全部使い終わるとその店を出た)

11) 家里的煤气用完了，打个电话，就有人把煤气送上门。
    Jiāli de méiqì yòngwán le, dǎ ge diànhuà, jiù yǒu rén bǎ méiqì sòngshang mén.
    (家のガスを使い終われば電話をすると家まで届けてくれる)

逆に"V 好"のみ用いられ、"V 完"が使われない場合もある。

12) 放好行李，她站在车窗前向外挥手。
    Fànghǎo xíngli, tā zhànzài chēchuāng qián xiàng wài huīshǒu.
    (荷物を置いてから彼女は車窓の前に立ち外へ向かって手を振った)

13) 大家先坐好了再说。
    Dàjiā xiān zuòhǎole zài shuō.
    (みなさんまずお座りください)

"V好"も"V完"もどちらも使われない場合もある。たとえば"＊摔好"も"＊摔完"も言わない。これは「ころぶ，倒れる」という意図せざるとっさの災難であるからだろう。

好吃・香
hǎochī　xiāng

どちらも形容詞で「おいしい」という意味がある。
《现代汉语词典》は"好吃"を1語として扱っておらず，「形容詞"好"＋動詞"吃"」としているが，ここでは"好吃"は1語の形容詞とする。

1) 时间不早了，我该走了，这顿饺子真香（／好吃）！谢谢你请客吧！
   Shíjiān bù zǎo le, wǒ gāi zǒu le, zhè dùn jiǎozi zhēn xiāng (／hǎochī)! Xièxie nǐ qǐngkè ba!
   (もう時間も遅いですから，おいとましなくてはなりません。水餃子はとても美味しかったです。お招きありがとうございました)

"香"の第一義は「香りがよい」である。よいにおいのする食べ物はたいてい「おいしい」，そこから"好吃"と類義関係が生じるのだろう。前に付ける副詞は"真" zhēn の他に，"很" hěn，"特別" tèbié，"非常" fēicháng，"太" tài などが共通して使える。
食べ物は"饺子" jiǎozi だけでなく，"粥" zhōu（お粥）でも，欧米的な"汉堡包" hànbǎobāo（ハンバーガー）でもかまわない。とくに，温かいものは湯気を発し，それはよい香りを含むことが多い。逆に冷たいものは「香りの発散性」がないので，"香"はあまり使わない傾向にある。

2) 这个冰激凌特别好吃（／＊香）。
   Zhège bīngjīlíng tèbié hǎochī.
   (このアイスクリームは格別おいしい)

アイスクリームのほか，お寿司，お新香，ゼリー等も同様に"香"はふさわしくない。
また，飲み物の場合，周知のように"好吃"は"好喝" hǎohē（飲んでおいしい）

に言い換えが必要だが，"香"は使用できる。しかしこの場合も，珈琲のような熱く香りを発するものが最もふさわしい。

3) 很香的咖啡
　　hěn xiāng de kāfēi
　（おいしいコーヒー）

好容易・好不容易
hǎoróngyì　hǎoburóngyì

ともに，ある事を成し遂げるのが困難であることを表す。「やっとのことで」，「やっと」と訳せる。文成分としては状語（連用修飾語）に限られる。

1) 好容易（／好不容易）找着了。
　　Hǎoróngyì (/Hǎoburóngyì) zhǎozháo le.
　（やっと探し当てた）

2) 好容易（／好不容易）抓到两条小鱼。
　　Hǎoróngyì (/Hǎoburóngyì) zhuādào liǎng tiáo xiǎoyú.
　（やっとのことで小魚を2匹つかまえた）

"好容易"が述語または様態補語になっている場合は，文字どおり「とてもやさしい」の意味を表し，"好不容易"に置き換えられない。

3) 现在赚钱好容易（／＊好不容易）。
　　Xiànzài zhuàn qián hǎoróngyì.
　（いま金儲けするのはたやすいことだ）

4) 你说得好容易（／＊好不容易），做一个看看。
　　Nǐ shuōde hǎoróngyì, zuò yí ge kànkan.
　（言うのは簡単でしょ，やってみせてよ）

"好不容易"が述語または様態補語になっている場合も，字面どおり「とても容易ではない」の意味を表し，"好容易"と置き換えられない。

5) 买到这本书，好不容易（／＊好容易）!
　　Mǎidào zhè běn shū, hǎoburóngyì!
　（この本を手に入れるのは実に大変だった）

好玩儿・有意思・有趣
hǎowánr　yǒu yìsi　yǒuqù

　いずれも日本語の「面白い」に当たる。人のさまが「面白い」，仕草が「面白い」，事柄が「面白い」など，多くの場合置き換えが可能である。

1) 老师讲了一个很有意思（／有趣／好玩儿）的故事。
   Lǎoshī jiǎngle yí ge hěn yǒu yìsi (／yǒuqù／hǎowánr) de gùshi.
   (先生はとても面白い話をしてくれた)

　三つの中で"好玩儿"は"有意思"，"有趣"とかなり違いがあるが，"有意思"と"有趣"は意味的に似ている。
　"好玩儿"はその語構成からもわかるように「遊ぶのによい」という原義がある。つまりオモチャや遊園地や公園，特定の場所など具体的なものについて言われることが多い。

2) 我告诉你一个好玩儿的地方。
   Wǒ gàosu nǐ yí ge hǎowánr de dìfang.
   (面白いところを教えてあげましょう)

3) 迪斯尼乐园挺好玩儿的。
   Dísīní lèyuán tǐng hǎowánr de.
   (ディズニーランドは結構面白い)

4) 我把车当成大玩具，也是好玩的工具。
   Wǒ bǎ chē dāngchéng dà wánjù, yě shì hǎowán de gōngjù.
   (私は車を大きなオモチャにした，それは面白い道具でもあった)

　一方，"有意思"や"有趣"は多く本や映画の内容が「面白い」，「興味深い」，「好奇心をかきたてられる」という場合に使う。つまり抽象的なことがらについても使える。

5) 今年我们听到了一些有意思的话题。
   Jīnnián wǒmen tīngdàole yìxiē yǒu yìsi de huàtí.
   (今年はいくつか面白い話を耳にした)

6) 橄榄球的诞生很有意思。
   Gǎnlǎnqiú de dànshēng hěn yǒu yìsi.
   (ラグビーの誕生には面白いエピソードがある)

　これらの"有意思"は"有趣"と置き換えることができる。だが，"有意思"には単に「面白い，可笑しい」ではなく，「内容がある，意味がある」という原義か

ら「意義がある」,「価値がある」という意味をもつ。たとえば

7) 他的几句话讲得很有意思。
Tā de jǐ jù huà jiǎngde hěn yǒu yìsi.
(言葉数は少ないが,彼の話は実に内容がある)

8) 他这份计划有点儿意思，我们回去再好好琢磨一下。
Tā zhè fèn jìhuà yǒu diǎnr yìsi, wǒmen huíqu zài hǎohāo zhuómo yíxià.
(彼のこの案はちょっとおもしろい,持ち帰ってよく検討してみよう)

8) でいう「おもしろい」は「可笑しい」という意味ではなく,「意味がある,考える価値がある」ということである。
また,"有意思"には「(異性に)気がある,好意を抱いている」という意味がある。これも"有趣"や"好玩儿"にはない用法である。

9) 他好像对你有点儿意思。
Tā hǎoxiàng duì nǐ yǒu diǎnr yìsi.
(彼はあなたにちょっと気があるようだ)

否定について言及すると,"好玩儿"は"不"によるが,"有意思"は"没有意思"または"没意思"という形になり,"有趣"は"没有趣"あるいは"无趣"となる。

10) 不好玩儿的事物，有再好的道理也无法让孩子们接受。
Bù hǎowánr de shìwù, yǒu zài hǎo de dàoli yě wúfǎ ràng háizimen jiēshòu.
(面白くないものは,どんなに立派な理屈がついていても子供には受け入れられない)

11) 只说了两句极没有意思的话。
Zhǐ shuōle liǎng jù jí méiyǒu yìsi de huà.
(二言三言つまらぬ話をしただけだった)

12) 活得有趣，年老的会变得年轻；活得无趣，年轻的会变得年老。
Huóde yǒuqù, niánlǎo de huì biànde niánqīng; huóde wúqù niánqīng de huì biànde niánlǎo.
(生きていて楽しければ,年寄りでも若々しくなるし,生きていてもつまらなければ,若い者でも老けてくる)

やっかいなことに"没趣"という語があるが,これは"没面子" méi miànzi(メンツがつぶれる)とか"难堪" nánkān(恥ずかしくて耐えられない)という意味で,"有趣"の否定とは異なる別語である。

好像・简直
hǎoxiàng jiǎnzhí

"好像"は「まるで…のようだ」と比喩によって状況を描写する。動詞として使われる場合と，副詞として使われる場合がある。

1) 孩子们的小脸，好像一只只红苹果。
   Háizimen de xiǎoliǎn, hǎoxiàng yì zhī zhī hóng píngguǒ.
   (子供たちのかわいい顔はまるで赤いりんごのようだ)

2) 来到这儿，就好像回到了自己家一样。
   Láidào zhèr, jiù hǎoxiàng huídàole zìjǐ jiā yíyàng.
   (ここに来ると，まるで自分の家に帰ったようだ)

"简直"は「ほとんど…だ」という意味で，程度の高さを強調し，やや誇張した意味合いがある。"简直"の後にくる内容は客観的事実でも，比喩でも構わない。この場合，副詞としての用法に限られる。

3) 他简直是一只野兽。
   Tā jiǎnzhí shì yì zhī yěshòu.
   (彼はほとんどけだものだ)

4) 消息简直像长了翅膀，飞快地传遍了全校。
   Xiāoxi jiǎnzhí xiàng zhǎngle chìbǎng, fēikuài de chuánbiànle quánxiào.
   (ニュースはまるで羽が生えたように，またたく間に全校に伝わった)

5) 我的腿疼得厉害，简直站不起来。
   Wǒ de tuǐ téngde lìhai, jiǎnzhí zhànbuqǐlai.
   (足がすごく痛くて，ほとんど立ち上がれないほどだ)

"好像"は「…らしい」と不確かな判断を表すことができるが，"简直"は表せない。

6) 体温正常，又没有别的症状，好像（／＊简直）没有病。
   Tǐwēn zhèngcháng, yòu méiyǒu bié de zhèngzhuàng, hǎoxiàng méiyǒu bìng.
   (熱はないし，ほかの症状もないから，病気ではないだろう)

好用・好使
hǎoyòng hǎoshǐ

"好用"，"好使"の"用"と"使"は意味が似ているので，"好用"と"好使"はほとんど同じ意味だと思われているが，実は違う。

"好用"は道具または人が使いやすい，操作しやすいことを表す。

   1) 傻瓜相机好用，所以受欢迎。
       Shǎguā xiàngjī hǎoyòng, suǒyǐ shòu huānyíng.
       (コンパクトカメラは使いやすいから，人気がある)

   2) 他有才能是有才能，就是不好用。
       Tā yǒu cáinéng shì yǒu cáinéng, jiù shì bù hǎoyòng.
       (彼は才能があることはあるが，ただ使いにくい)

一方，"好使"は2つの意味がある。

(1) ある道具または人や動物の四肢，五官が<u>正常に</u>その機能を発揮することを表す。

   3) 这个打火机都用了五年了，还好使。
       Zhège dǎhuǒjī dōu yòngle wǔ nián le, hái hǎoshǐ.
       (このライターは五年間使ったが，まだ使える)

   4) 你的腿不好使，能站起来吗？
       Nǐ de tuǐ bù hǎoshǐ , néng zhànqilai ma?
       (足が不自由そうですが，立ち上がることができますか)

(2) ある道具または人や動物の四肢，五官が<u>うまく</u>その機能を発揮することを表す。

   5) 这把剪子比那把好使。
       Zhè bǎ jiǎnzi bǐ nà bǎ hǎoshǐ.
       (このハサミはあのハサミより使いやすい)

   6) 狗的鼻子最好使。
       Gǒu de bízi zuì hǎoshǐ.
       (犬の鼻が一番良い)

"好使"の意味の (1) と (2) の区別はただ「正常に」と「うまく」しかない。しかし，(1)「正常にその機能を発揮する」と (2)「うまくその機能を発揮する」の2つの"好使"の弁別は問題である。
  これについては，以下の3つのケースにまとめられる。

ⅰ 次の場合は"好使"は意味 (1)「正常に」である。
① "好使"の前に副詞"还"がある場合。用例 3)
② "吗"を用いる疑問文や反復疑問文で使う場合。用例 4)
③ 否定形"不好使"の場合

   7) 那个电话不好使了。
       Nàge diànhuà bù hǎoshǐ le.

（あの電話は壊れてしまった）

8) 他眼睛不好使。
Tā yǎnjing bù hǎoshǐ.
（彼は目が悪い）

ⅱ 次の場合の"好使"は意味（2）「うまく」である。
①比較文で使う場合。用例5）
②"好使"の前に程度副詞がある場合。用例6）

ⅲ 上記以外の"好使"には二義性がある。
　たとえば"他鼻子好使"は，どちらの意味にも解釈できる。この場合は前後の文脈から判断するしかない。

9) 他鼻子好使，没什么毛病。
Tā bízi hǎoshǐ, méi shénme máobing.
（彼は鼻が正常であり，問題がない）

10) 他鼻子好使，有一点儿味儿都能闻到。
Tā bízi hǎoshǐ, yǒu yìdiǎner wèir dōu néng wéndào.
（彼は鼻が鋭く，少しの匂いでも嗅ぎ取ることができる）

なお，"鼻子好使"，"眼睛好使"は二義性があるが，"脑袋好使"は（2）の意味しかない。つまり「頭がいい」であり，その否定形"脑袋不好使"も「頭が悪い」という意味である。

喝茶・饮茶・品茶・吃茶
hē chá　yǐn chá　pǐn chá　chī chá

"喝茶"，"饮茶"，"品茶"，"吃茶"はいずれも「茶を飲む」という意味をもつが，まず現代語においては"喝茶"が口語においても書面語においても，もっとも広く一般的に使われている。"喝茶"は茶を口に含んでから飲み込むまでの動作に主眼が置かれる。
　"饮茶"は「茶を飲用する，喫茶」を指し書面語であり，文人的表現でもある。

1) 中国各少数民族的饮茶方法各不相同。
Zhōngguó gè shǎoshù mínzú de yǐnchá fāngfǎ gè bù xiāngtóng.
（中国の各少数民族のお茶の飲み方は一様ではない）

2) 3岁以内的幼儿不宜饮茶。
Sān suì yǐnèi de yòu'ér bù yí yǐnchá.

(3歳までの幼児はお茶を飲むべきではない)

"饮茶"が使われるのは多く書面語の時であり，次のような口語表現で単独で使う場合には"喝"を用い"饮"はふつう用いない。

3) 喝（／＊饮）了茶之后要隔多久可以吃药？
   Hēle chá zhīhòu yào gé duō jiǔ kěyǐ chī yào?
   (お茶を飲んでからどのくらいの時間がたてば薬が飲めますか)

4) 这种茶小孩子不能喝（／＊饮）。
   Zhè zhǒng chá xiǎoháizi bù néng hē.
   (このお茶は子供は飲めません)

5) 夏天喝（／＊饮）什么茶最养生？
   Xiàtiān hē shénme chá zuì yǎngshēng?
   (夏はどのようなお茶を飲むのが最も身体に良いですか)

"饮茶"はまた，日本語でも「ヤムチャ」（広東語の音）と呼ばれるように，中国の南方（広東や香港方面）の習慣で茶を飲み点心を食べることを意味することもある。

6) 在广州饮茶，点心不可缺少的。
   Zài Guǎngzhōu yǐnchá, diǎnxin bù kě quēshǎo de.
   (広州のヤムチャには点心が欠かせない)

なお，"饮"には「飲み物，飲料」を意味する用法もあり，"茶饮"cháyǐn（お茶の飲料），"冷饮"lěngyǐn（冷たい飲み物）という言葉もある。

7) 广东潮汕的"啜乌龙"、杭州的"品龙井"、羊城的"吃早茶"、北京的"喝大碗茶"，是最有代表性的饮茶方式。
   Guǎngdōng Cháoshàn de "chuò wūlóng", Hángzhōu de "pǐn lóngjǐng", Yángchéng de "chī zǎochá", Běijīng de "hē dàwǎnchá", shì zuì yǒu dàibiǎoxìng de yǐnchá fāngshì.
   (広東の潮汕地区では烏龍茶をすすり，杭州では龍井茶を味わい，羊城〈広州〉では朝に茶と点心をとり，北京では大きな湯飲みで茶を飲む，これは最も代表的な茶の飲み方である)

これは漢民族の代表的な茶の飲み方を表現したものであるが，動詞と各種の茶との組み合わせが興味深い。広東省の潮州市や汕頭方面では比較的小さな器で烏龍茶を少しずつすすり，杭州では龍井茶を細やかにゆっくり味わう。また広州では早朝から茶館で軽い朝食となる点心とともに茶を飲む風習がある。北京では大きな湯飲みを用いて飲む。昔は街のあちこちに"大碗茶"（どんぶり茶）を売る商人がいた。飲む量も多く，喉の渇きを潤し体内に水分を補給するためとされている。

"品茶"の"品"は"品尝"pǐncháng（味わう）や"品评"pǐnpíng（品評する）の意味につながり，じっくり賞味し品評したりすることに重点が置かれる。優雅でゆったりした芸術的境地に達する飲み方と言える。

8) "品茶"的"品"有三个"口"，这就意味着需要一口一口慢慢喝，用心去品饮、感受。
"Pǐnchá" de "pǐn" yǒu sān ge kǒu, zhè yìwèizhe xūyào yì kǒu yì kǒu mànmàn hē, yòngxīn qù pǐnyǐn, gǎnshòu.
（「品」の字は3つの口からなり，これは一口一口ゆっくりと飲み，一心によく味わって感じることが必要であることを意味している）

"吃茶"は華中，華南の一部の地域の方言で「茶を飲む」の意味として使われる他に，茶の湯を飲んだ後に残った茶葉を一緒に咀嚼して食べたりする意味も含む。また"吃早茶"と言えば，7) の例文中にもあるように，朝，茶館で点心を食べながらお茶を飲む意味にも用いられている。

9) 上茶馆去吃早茶。
Shàng cháguǎn qù chī zǎochá.
（茶館に行って朝の茶と軽食をとる）

合格・及格
hégé　jígé

ともに「合格する」という意味をもつ。"合格"は形容詞，"及格"は動詞である。"合格"は，ある規格や基準に「合う」ことを表し，一般的に製品の品質検査などに使われることが多い。たとえば，"产品合格"chǎnpǐn hégé（製品が規格に合う），"检验合格"jiǎnyàn hégé（検査基準を満たしている）である。

1) 这是通过国家标准审查的合格产品。
Zhè shì tōngguò guójiā biāozhǔn shěnchá de hégé chǎnpǐn.
（これは国家の規格審査を通った合格製品だ）

2) 这次汽车尾气检验终于合格了。
Zhè cì qìchē wěiqì jiǎnyàn zhōngyú hégé le.
（今回，車の排気ガス検査にようやく合格した）

3) 作为一名合格的员工，必须具有强烈的责任感和进取心。
Zuòwéi yìmíng hégé de yuángōng, bìxū jùyǒu qiángliè de zérèngǎn hé jìnqǔxīn.
（正社員たる者，強い責任感と積極性を備えていなければならない）

"及格"は主に「試験の成績が基準のラインに達する」ことを指すため，試験の場

合に用いることが多い。ラインに「及ぶ」のである。

4) 数学考试的及格分数是六十分。
   Shùxué kǎoshì de jígé fēnshù shì liùshí fēn.
   (数学の試験の合格点は六十点だ)

5) 他每次期末考试都不及格。
   Tā měicì qīmò kǎoshì dōu bù jígé.
   (彼は期末試験は毎回不合格だ)

6) 弟弟的语文考试总是不及格。
   Dìdi de yǔwén kǎoshì zǒngshì bù jígé.
   (弟の国語試験はいつも不合格だ)

"及格"は主に試験に用いるため、製品の品質検査には使いにくい。

それに対して、"合格"は製品の品質検査などに使えるほか、試験の合格を表す場合にも使える。ただし、この場合、ある資格を取得するための試験を指すことが多い。

7) 建造师考试合格（／＊及格）
   jiànzàoshī kǎoshì hégé
   (建築士の試験に合格する)

8) 教师资格考试合格（／＊及格）
   jiàoshī zīgé kǎoshì hégé
   (教員の資格試験に合格する)

9) 厨师考试合格（／＊及格）
   chúshī kǎoshì hégé
   (調理師の試験に合格する)

つまり、"合格"は"及格"より使用範囲が広いといえるだろう。

合适・适合
héshì　shìhé

"合适"と"适合"について、『現代漢語詞典』における解釈は「実際の状況または客観的な要求に合致する」とあるが、"合适"と"适合"がたがいに置き換えられる例は、ごくまれだ。

"合适"は形容詞で、"合适"で文が終わるか、連体修飾語として後に被修飾語が来る。"适合"は動詞で、"适合"で文が終わることはなく、後に目的語が来るのが

一般的である。

1) 这双鞋我穿正合适（／＊适合）。
   Zhè shuāng xié wǒ chuān zhèng héshì.
   (この靴は私の足にぴったりだ)

2) 这时候用"担忧"不合适（／＊适合），用"担心"才对。
   Zhè shíhou yòng "dānyōu" bù héshì, yòng "dānxīn" cái duì.
   (この場合は「担忧」を使うのは適切ではない，「担心」が正しい)

3) 我没做什么工作，拿这么多报酬，合适（／＊适合）吗？
   Wǒ méi zuò shénme gōngzuò, ná zhème duō bàochóu, héshì ma?
   (あまり仕事をしていないのに，こんなに報酬をもらって，いいんですか？)

4) 以后有合适（／＊适合）的机会，咱们再详谈。
   Yǐhòu yǒu héshì de jīhuì, zánmen zài xiángtán.
   (今度またいい機会がありましたら，詳しくお話ししましょう)

一方，"适合"の用例は以下の通りである。

5) 她这个性格适合（／＊合适）当导游。
   Tā zhège xìnggé shìhé dāng dǎoyóu.
   (彼女のような性格はガイドという職業に向いている)

6) 这本教材适合（／＊合适）中级水平的人用。
   Zhè běn jiàocái shìhé zhōngjí shuǐpíng de rén yòng.
   (この教材は中級学習者にちょうどいい)

7) 这种木料适合（／＊合适）打家具，不适合（／＊合适）盖房子。
   Zhè zhǒng mùliào shìhé dǎ jiājù, bú shìhé gài fángzi.
   (この材木は家具には向いているが，住宅には向かない)

"合适"はある二つのことの関係を表す形容詞で,「サイズや相性がぴったり」,「都合がよい」,「適切」であるなどの場合に使われる。
　一方"适合"は他動詞であり,「好み」,「職業」,「年齢」,「用途，条件」など，ある基準や条件にふさわしい場合などに使われる。

8) 这个办法适合（／＊合适）本地区的情况。
   Zhège bànfǎ shìhé běn dìqū de qíngkuàng.
   (このやり方はこの地域の状況に適している)

9) 这种鞋适合（／＊合适）老年人穿。
   Zhè zhǒng xié shìhé lǎoniánrén chuān.
   (このタイプの靴はお年寄りにちょうどいい)

以下のような使い方なら，"合适"も使える。

10) 这种鞋老年人穿合适。

合作・协作
hézuò　xiézuò

ともに「共同の目的のため，一緒にある仕事をする，あるいは任務を果たす」という意味を表す。

対等の立場（つまり主役やわき役の区別がなく，平等な立場）で協力する，ある同一の事業あるいは任務を完成するために協力する，提携する。参加者が対等の立場で仕事を分担して行う場合は"合作"を使う。"合作"は文中で主に述語として用いられるが，連体修飾語になることもある。

1) 他跟大家合作得很好。
   Tā gēn dàjiā hézuòde hěn hǎo.
   （彼はみんなとよく協力する）

2) 中美合作拍摄了这部电视片。
   Zhōng Měi hézuò pāishèle zhè bù diànshìpiān.
   （中国とアメリカが協力してこのテレビ番組を制作した）

3) 中日两国的睦邻友好合作关系在顺利地发展。
   Zhōng Rì liǎng guó de mùlín yóuhǎo hézuò guānxi zài shùnlì de fāzhǎn.
   （中日両国の善隣友好協力関係が順調に発展している）

4) 这本书是我们两个人合作写成的。
   Zhè běn shū shì wǒmen liǎng ge rén hézuò xiěchéng de.
   （この本は私たち二人の共同執筆だ）

主要な立場と副次的な立場で協力する，つまり，ある事業，あるいは任務を完成するために，各パートを担当して協力する，協同する。参加者間に主と従の関係があり，仕事の分担に大小がある場合は"协作"を使う。協力する方は副次的な立場にあるものであり，協力される方は主要な立場にあるものである。"协作"も述語や連体修飾語として用いられる。

5) 为了完成这项科研任务，他们日夜苦干，其他单位也都来主动协作。
   Wèile wánchéng zhè xiàng kēyán rènwu, tāmen rìyè kǔgàn, qítā dānwèi yě dōu lái zhǔdòng xiézuò.
   （この研究を完成させるために，彼らは日夜努力し，その他の部門も積極的に協力した）

6) 他们是主办单位，我们是协作单位。
   Tāmen shì zhǔbàn dānwèi, wǒmen shì xiézuò dānwèi.
   (彼らは主催側で，我々は協力側だ)

いろいろな方面からの，組織的かつ大規模な行動，あるいは大規模な協力を表す時には"协作"を使う。

7) 经过各国专家的通力协作，终于把这个难关攻破了。
   Jīngguò gèguó zhuānjiā de tōnglì xiézuò, zhōngyú bǎ zhège nánguān gōngpò le.
   (各国の専門家が力を合わせて協力することによって，ついにこの難関を突破した)

他に，"合作"は"合作社"hézuòshè（共同組合），"合作者"hézuòzhě（パートナー），"经济合作"jīngjì hézuò（経済協力），"合作经营"hézuò jīngyíng（共同経営）のようなフレーズになるのに対して，"协作"はよく"协作精神"xiézuò jīngshén（協力精神），"协作风格"xiézuò fēnggé（協力精神），"互相协作"hùxiāng xiézuò（たがいに力を合わせる）というような抽象的な表現に用いられる。

核儿・种子・子儿
hér; húr　zhǒngzi　zǐr

いずれも「種」と訳されるが，"核儿"は果実の中にある，硬い殻をもつ種を指し，"种子"は「発芽のもととなる種」である。言葉として"苹果核儿"，"苹果种子"，"苹果子儿（籽儿）"はどれも言えるが，着目点が異なるので，具体的な用例の中では言い換えることはできない。

1) 什么苹果核儿、吃剩的三明治等等，脏得不成样子。
   Shénme píngguǒhúr, chīshèng de sānmíngzhì děngděng, zāngde bùchéng yàngzi.
   (リンゴの芯やら，食べ残したサンドイッチやらで，汚れ放題だ)

2) 把去除核儿的大枣放在水里煮一煮。
   Bǎ qùchú húr de dàzǎo fàngzài shuǐli zhǔyizhǔ.
   (種を取り除いたナツメを水に入れて少々煮る)

他に"梨核儿"lí húr（梨の種），"橘子核儿"júzi húr（ミカンの種），"樱桃核儿"yīngtao húr（サクランボの種）などの例がある。どれも口語では"húr"と発音するのが普通である。

"核儿"（果物の種）は常識的には食用せず捨てるものであるのに対し，"种子"は種子であり，「発芽のもととなるもの」で，「一定の休眠期間後発芽して新個体となる」という価値を有するものであることに着目する。もはや全体の一部ではなく，

それのみで有用な独立体である。

3) 买点儿好的苹果种子，回去自己育苗。
Mǎi diǎnr hǎo de píngguǒ zhǒngzi, huíqu zìjǐ yùmiáo.
（良質なリンゴの種を仕入れ，苗を育てます）

4) 它的根往土壤钻，它的芽往地面挺，一粒种子的力量如此之大。
Tā de gēn wǎng tǔrǎng zuān, tā de yá wǎng dìmiàn tǐng, yílì zhǒngzi de lìliang rúcǐ zhī dà.
（根を土の中に深く張り，芽を精一杯地上に出す。一粒の種の力は，かくも大きい）

"子儿"はつまり"种子"だが，使われ方は"种子"と異なる。たとえば"瓜子儿" guāzǐr。日本ではあまり馴染みはないが，西瓜やカボチャ，ひまわりなどの種を指す。"子儿"は単独で使われることは少なく，「卵」という意味の"鱼子"yúzǐ，"鸡子儿" jīzǐr や，「堅くて小粒なもの」をあらわす"棋子儿"qízǐr（碁石），"石头子儿" shítouzǐr（石ころ）などのように，なかば形態素のように働く。

さらに"子儿"は"籽"と表記することもあり，以下のように使われる。

5) 他指导村民种无籽西瓜。
Tā zhǐdǎo cūnmín zhòng wúzǐ xīguā.
（彼は農民に種なし西瓜の栽培方法を教えた）

6) 催熟的西红柿往往无籽或籽呈绿色。
Cuīshú de xīhóngshì wǎngwǎng wúzǐ huò zǐ chéng lǜsè.
（成熟を早めたトマトは種がないか種が緑色を呈する）

他に胡瓜，苦瓜，ピーマンの種のように，殻が固くない，やや小さい種を"黄瓜籽儿／子儿"huángguā zǐr，"苦瓜籽儿／子儿"kǔguā zǐr，"青椒籽儿／子儿"qīngjiāo zǐr と言う。

黑・暗
hēi　àn

いずれも形容詞として「暗い」という意味をもつ。"黑"の暗さは墨のような黒の色彩を意味し，「真っ暗」に近い。一方"暗"は光線を意識し，特定の色彩を限定せず明度の低い暗さを意味する。

1) 天黑了。
Tiān hēi le.
（空が〈日が暮れて〉暗くなった）

空については，"黑"は天候の異変や日食など特別な場合を除いて，通常日が暮

れて暗くなることを言い，日没後夜空に太陽光線が無い状態を意味する。

2) 天黑（／＊暗）了还会亮，人死了还能复活吗?
   Tiān hēi le hái huì liàng , rén sǐ le hái néng fùhuó ma?
   (日が沈んでも夜は明けるが，人は死んだら生き返れるのか)

これは日没を意味する表現であり，"暗"は用いない。

3) 太阳下山了，天色逐渐暗了下来。
   Tàiyáng xià shān le, tiānsè zhújiàn ànlexialai.
   (日が沈んで，空がしだいに暗くなってきた)

日が暮れた後で段階的に暗くなっていくような場合は普通"暗"が用いられる。

4) 尽管是正午时分，天空却很暗，觉得有点儿可怕。
   Jǐnguǎn shì zhèngwǔ shífēn, tiānkōng què hěn àn, juéde yǒudiǎnr kěpà.
   (真昼だというのに，空が暗くてちょっと不気味な感じだ)

昼時でも空色が暗いことを表している。

5) 英国的冬天黑夜很长，上午八点多天才亮，下午五点天就黑（／＊暗）了。
   Yīngguó de dōngtiān hēiyè hěn cháng, shàngwǔ bā diǎn duō tiān cái liàng, xiàwǔ wǔ diǎn tiān jiù hēi le.
   (イギリスの冬は夜が長くて，午前8時すぎにやっと明るくなり，午後5時にはもう暗くなってしまう)

"黑夜"は「夜，闇夜」を表し"暗夜"とは言わない。後ろの"黑"も日没後の暗い夜を意識しているので，"黑"がふさわしい。

6) 屋子里很暗，什么都看不清楚，更别说看书了。
   Wūzili hěn àn, shénme dōu kànbuqīngchu, gèng biéshuō kàn shū le.
   (部屋の中が暗すぎて何もかもはっきり見えない，ましてや読書なんて)

7) 突然停电，屋里很黑，什么都看不见。
   Tūrán tíngdiàn, wūli hěn hēi, shénme dōu kànbujiàn.
   (突然の停電で，部屋の中は真っ暗になり何も見えない)

6) と 7) はどちらも室内の暗さを表現しているが，昼間の時間帯に曇り空などで部屋の中が暗いときは"暗"，停電や遮光カーテンなど何かの理由で真っ暗な状態になれば"黑"が使われる。

8) 小小的萤火虫，款款飞来，忽明忽暗（／＊黑）。
   Xiǎoxiǎo de yínghuǒchóng, kuǎnkuǎn fēilai, hū míng hū àn.
   (ちいさなホタル，ひらひら飛んできて，光ったり消えたり)

9) 云朵忽黑（／＊暗）忽白，月亮忽明忽暗（／＊黑）。
   Yúnduǒ hū hēi hū bái, yuèliang hū míng hū àn.
   （雲のかたまりが黒くなったり白くなったり，月が明るくなったり暗くなったり）

10) 肉眼能看到的最暗（／＊黑）的星为六等星。
    Ròuyǎn néng kàndào de zuì àn de xīng wéi liùděngxīng.
    （肉眼で見える最も暗い星は六等星である）

ホタルや月の光，星の等級や光線などを表す場合は明度を意識する"暗"が用いられる。

"黑"と"暗"の派生義では，"黑"は「違法な」，「悪い」，「闇の」，"暗"は「見えないように」，「陰で」，「秘密裏に」などの意味を表す。連用修飾語になれるのは"暗"のみで，単音節を修飾する。

"黑社会" hēishèhuì（暴力団）；"黑客" hēikè（ハッカー）；"黑市" hēishì（闇市）

"暗计" ànjì（陰謀）；"暗事" ànshì（うしろめたいこと）；"暗探" àntàn（こっそり調べる）

很・非常・怪・挺
hěn fēicháng guài tǐng

ともに程度が高いことを表す。"很"と"非常"は文章語にも口語にも用いられるが，"怪"と"挺"は主に口語だけに用いられる。

程度の度合いが最も高い意を表すのは"非常"である。"很"は，客観的な立場から，その状態，程度が高いことを表し，そこには，話者の主観的な思い込みは入っていない。"很"と"非常"はどちらも形容詞，動詞，助動詞を修飾することができる。

1) 新盖的图书馆很（／非常）漂亮。
   Xīn gài de túshūguǎn hěn (/fēicháng) piàoliang.
   （新しく建てた図書館はとてもきれいだ）

2) 我很（／非常）赞成你的观点。
   Wǒ hěn (/fēicháng) zànchéng nǐ de guāndiǎn.
   （私は君の見方に大賛成だ）

3) 她不仅漂亮，而且非常（／很）能干，精通英文和速记。
   Tā bùjǐn piàoliang, érqiě fēicháng (/hěn) nénggàn, jīngtōng Yīngwén hé sùjì.
   （彼女はきれいであるだけではなく，仕事もよくでき，英語にも速記にも精通している）

"很"は"～得很"の形で程度補語となることができるが，"非常"，"怪"，"挺"にはこの用法がない。

4) 问题多得很
wèntí duōde hěn
（問題が山積している）

5) 最近忙得很
zuìjìn mángde hěn
（最近はたいへんに忙しい）

"非常"は繰り返し用いることができるが，"很"，"怪"，"挺"はできない。また，"非常"の後には"地"，"之"を用いることができるのに対して，"很"，"怪"，"挺"はできない。

6) 我非常非常喜欢这本书。
Wǒ fēicháng fēicháng xǐhuan zhè běn shū.
（私はこの本がとっても好きなんです）

7) 那里的风景非常地美。
Nàli de fēngjǐng fēicháng de měi.
（そこの風景は非常に美しい）

8) 情况非常之复杂。
Qíngkuàng fēicháng zhī fùzá.
（状況は非常に複雑だ）

"怪"は強い感情的なニュアンスを伴い，話者が対象に抱く親近感や親愛の情などが含まれる。後に語気助詞"的"を伴って，"怪…的"の形をとることが多い。修飾する形容詞は限られていて，"坏" huài，"对" duì，"耐烦" nàifán などを修飾することはできない。また動詞は心理的活動を表すものに限られる。

9) 还能用，扔了怪可惜的。
Hái néng yòng, rēngle guài kěxī de.
（まだ使えるのに捨てるなんて，実にもったいない）

10) 大家怪想念他的。
Dàjiā guài xiǎngniàn tā de.
（みんな彼をとても懐しがっている）

"怪"はこの他に「言葉にはうまく言い表せない，形容できないような」心理的な体験を表すこともできる。"挺"にはこのようなニュアンスはない。

11) 这么多人，怪难为情的。
    Zhème duō rén, guài nánwéiqíng de.
    (こんなに大勢の人の前では、なんとも恥ずかしいわ)

12) 心里怪难受的，说不出是什么滋味。
    Xīnli guài nánshòu de, shuōbuchū shì shénme zīwèi.
    (とても切なくて、言葉では言い表せない気持ちです)

"挺"は話者の満足感や不満な気持ちを含むが，"怪"ほどには感情的なニュアンスが強くない。「思ったこと，あるいは，得た情報と少し違う」というような場面によく使われる。"挺…的"の形がある。

13) 这个人的汉语挺厉害。
    Zhège rén de Hànyǔ tǐng lìhai.
    (この人の中国語はなかなかのものだ)

14) 这个电影挺有意思。
    Zhège diànyǐng tǐng yǒu yìsi.
    (この映画は結構面白い)

15) 这件衣服还挺新的，扔掉太可惜。
    Zhè jiàn yīfu hái tǐng xīn de, rēngdiào tài kěxī.
    (この服はまだ結構新しいから，捨ててしまうのはもったいない)

否定形は，"很"が前後どちらにも"不"bù を置くことができる（ただし，意味が異なる）のに対し，"非常"，"怪"，"挺"は後に置く用法しかない。

16) 我近来身体不很好。
    Wǒ jìnlái shēntǐ bù hěn hǎo.
    (私は近ごろ体の調子があまりよくない)

17) 他很不讲理。
    Tā hěn bù jiǎnglǐ.
    (彼はまったく道理をわきまえていない)

18) 他显得很不高兴。
    Tā xiǎnde hěn bù gāoxìng.
    (彼はとても不機嫌そうに見える)

最後に"很"，"非常"，"怪"，"挺"はいずれも比較文には用いられないことを強調しておきたい。

很・好
hěn　hǎo

ともに程度副詞として,「とても,ずいぶん」という意味を表す。しかし,ニュアンスが異なる。

1) 这件婚纱很漂亮。
   Zhè jiàn hūnshā hěn piàoliang.
   (このウエディングドレスは〈とても〉きれいです)

2) 这件婚纱好漂亮。
   Zhè jiàn hūnshā hǎo piàoliang.
   (このウエディングドレスはとてもきれいですね)

"很"が後に続く形容詞の程度を客観的に表すのに対して,"好"は主観的な感情が入り,感嘆の気持ちを含むことが多い。1)は客観的な描写で,"很"を強く読むと,程度の高さを表すことができる。2)には感嘆のニュアンスが込められている。「"好"＋形容詞」文は語気助詞"啊"aや"呀"yaと呼応させて用いられると,さらに感嘆の気持ちが強調される。

3) 这个菜很辣。
   Zhège cài hěn là.
   (この料理は辛い)

4) 这个菜好辣啊。
   Zhège cài hǎo là a.
   (この料理,ほんと辛いね)

5) 大学生活很丰富。
   Dàxué shēnghuó hěn fēngfù.
   (大学生活は多彩だ)

6) 大学生活好丰富啊。
   Dàxué shēnghuó hǎo fēngfù a.
   (大学生活はなんと多彩なのだろう)

"很辣","很丰富"が単に事実を客観的に述べているのに対して,"好辣啊","好丰富啊"は事実を述べるだけでなく,感嘆する気持ちも強く現れており,"多么" duōme (なんと,どんなに) に近い。

7) 这是一种很（／＊好）罕见的玫瑰品种，产自北欧。
   Zhè shì yì zhǒng hěn hǎnjiàn de méigui pǐnzhǒng, chǎn zì Běi Ōu.

(これはとても珍しいバラの品種で，北欧産です)

8) 教授人很（／＊好）老实，一生除了学术，不曾放眼看过世界。
   Jiàoshòu rén hěn lǎoshi, yìshēng chúle xuéshù, bùcéng fàngyǎn kànguo shìjiè.
   (教授はまじめ一筋の人で，学問以外，世界に目を向けることのない一生だった)

9) "颠覆"中国，好（／＊很）大的口气！真是痴心妄想。
   "Diānfù" Zhōngguó, hǎo dà de kǒuqì! Zhēn shì chī xīn wàng xiǎng.
   (「中国を転覆する？」って，なんと生意気な！まさに妄想である)

"很"は文体を選ばないが，"好"は正式な場や論文，説明文などでは用いられない。7) は説明文なので，"好"は用いられない。8) は客観的な陳述文であって，感嘆の気持ちが入りにくいので，"好"は用いられない。逆に，9) は強い感情を表しているので，"很"は用いられない。

"好"は，1990年代に多用されるようになった。台湾や香港，マカオなどの影響で，特に台湾の作家瓊瑤の作品が中国大陸の若者に広く読まれて，"很"の替わりに"好"を用いる風潮が生まれた。一時期はテレビやラジオのレポーターやアナウンサーから大学生，一般庶民まで大いに流行した。たとえば，"这个菜很好吃"，"我很喜欢你"と言うところを，次のように表現していた。

10) 这个菜好好吃啊。
    Zhège cài hǎo hǎochī a.
    (この料理はとても美味しいわ)

11) 我好喜欢好喜欢你啊。
    Wǒ hǎo xǐhuan hǎo xǐhuan nǐ a.
    (君がとってもとっても好きだよ)

このような風潮は現在下火になっているが，若者たちの日常会話などの中に，いくぶん残っている。

哄・逗
hǒng　dòu

ともに「あやす」という意味を表し，言い換えられる場合がある。

1) 拿玩具逗（／哄）孩子。
   Ná wánjù dòu (/hǒng) háizi.
   (おもちゃで子供をあやす)

2) 逗（／哄）人开心。
   Dòu (/hǒng) rén kāixīn.

（人を喜ばせる）

しかし，以下の3）と4）では"哄"しか使えない。

3) 总算把孩子哄（／＊逗）睡着了。
   Zǒngsuàn bǎ háizi hǒngshuìzháo le.
   （子供をあやしてやっと寝かせた）

4) 小孙女终于被奶奶哄（／＊逗）得安静下来。
   Xiǎo sūnnǚ zhōngyú bèi nǎinai hǒngde ānjìngxialai.
   （孫娘はおばあさんにあやされてやっとおとなしくなった）

一方，5）と6）のような場合は"逗"を使い，"哄"は使えない。

5) 女孩儿被逗（／＊哄）哭了。
   Nǚháir bèi dòukū le.
   （女の子はからかわれて泣いてしまった）

6) 他的话把大家逗（／＊哄）得哈哈大笑。
   Tā de huà bǎ dàjiā dòude hāhā dàxiào.
   （彼の話にみんな大笑いした）

"哄"は「機嫌をとる」という意味があり，「泣く」というような望ましくない結果を表す時には普通使わない。それに対して，"逗"は「からかう」意味をもっているため，からかわれた結果，興奮して"被逗哭了"，"被逗笑了"とは言えるが，おとなしくなり寝付く場合（"安静下来"や"睡着"）には使わないようだ。

両者はまたそれぞれ次のような独自の使い方がある。まず"哄"はうまいことを言って「だます，たぶらかす」意味がある。

7) 想哄我上当，没门儿！
   Xiǎng hǒng wǒ shàngdàng, méi ménr!
   （私をだまそうとしたって，だまされないぞ！）

8) 他在哄你呢，别信他的。
   Tā zài hǒng nǐ ne, bié xìn tā de.
   （彼はあなたをたぶらかそうとしているんだ。信じるな）

一方，"逗"は「ある感情を引き起こす」意味がある。

9) 这孩子真逗人喜欢。
   Zhè háizi zhēn dòu rén xǐhuan.
   （この子は本当に愛くるしい）

后来・以后
hòulái　yǐhòu

"后来"は「その後」，「それから」，「後になって」などの意味をもち，過去のある時点を基準とし，その後の時間をさす。

1) 我起先学英语，后来又学了日语。
   Wǒ qǐxiān xué Yīngyǔ, hòulái yòu xuéle Rìyǔ.
   (最初英語を習ったが，その後日本語も習った)

2) 刚开始什么都听不懂，后来才慢慢开始听得懂了。
   Gāng kāishǐ shénme dōu tīngbudǒng, hòulái cái mànmàn kāishǐ tīngdedǒng le.
   (最初は一言もわからなかったが，だんだんわかるようになってきた)

"以后"は「以後」，「それより後」，「今後」などの意味で，現在あるいはある時間を基準とし，その後の時間をさす。"后来"が過去の場合にのみ用いるのに対し，"以后"は過去でも未来でも用いる。

3) 他十年以前回过一次国，以后（／后来）就再没回去过。
   Tā shí nián yǐqián huíguo yí cì guó, yǐhòu (／hòulái) jiù zài méi huíquguo.
   (彼は十年前一度帰国したが，その後は帰っていない)

4) 以后（／*后来）还有机会见面的。
   Yǐhòu hái yǒu jīhuì jiànmiàn de.
   (これからもまた会うチャンスがあるだろう)

5) 这件事以后再说吧。
   Zhè jiàn shì yǐhòu zài shuō ba.
   (この件はまた今度)

"以后"は単独でも，あるいは基準時を表す語に後置しても用いるが，"后来"は単独でしか用いない。

6) 三天以后，他又回来了。
   Sān tiān yǐhòu, tā yòu huílai le.
   (3日後，彼はまた戻ってきた)

7) 病好了以后再喝酒吧。
   Bìng hǎole yǐhòu zài hē jiǔ ba.
   (酒は病気が治ってからまた飲むことにしよう)

"以后"も"后来"も連体修飾語として用いられる。

8) 以后（／后来）的情况怎么样了。
   Yǐhòu (/Hòulái) de qíngkuàng zěnmeyàng le.
   (その後はどうなりましたか)

9) 以后的事就交给我吧。
   Yǐhòu de shì jiù jiāogěi wǒ ba.
   (これからのことは私に任せてください)

"以后"には慣用的表現がある。

10) 很久以后
    hěn jiǔ yǐhòu
    (ずっと後)

11) 从今以后
    cóngjīn yǐhòu
    (いまより後)

12) 从此以后
    cóngcǐ yǐhòu
    (これから)

花・费
huā fèi

"花"も"费"も何かを「費やす」,「消費する」という意味で共通するが, この二語の違いを日本語で言い表せば,「花＝つかう」,「费＝かかる」となろう。
"花"は純然たる動詞で, 目的語としてとる具体名詞は"花钱"huā qián (お金を使う) における"钱"ぐらいで, あとは

花 {时间 shíjiān ／功夫 gōngfu ／精力 jīnglì ／力气 lìqi ／心血 xīnxuě}

このように抽象的なものが多く, 目的語の範囲も以上でほぼ尽くされている。
"费"は大きく二つに分かれる。"费₁"は次のような, 目的語をとらない場合で, よく副詞の修飾を受ける。

1) 这孩子穿鞋特别费。
   Zhè háizi chuān xié tèbié fèi.
   (この子は靴を次々とはきつぶしてしまう)

2) 这个月油吃的特别费。
   Zhège yuè yóu chīde tèbié fèi.

（今月は油の消費がことのほか多い）

「(靴や油の) 消費がことのほか，予想外に多い＝かかる」の意であり，"费鞋" fèi xié や "费油" fèi yóu という言い方もする。

　目的語をとる "费₂" も，やはり「かかる」が本義であり，日本語でも「お金がかかる，時間がかかる」というように，意味上自動詞的な側面をもつ。動作行為というよりは，いわば状態描写である。このため "费₂＋O" も比較的自由に程度副詞の修飾を受ける。

3) 非常费（／＊花）钱
    fēicháng fèi qián
　　（とても費用がかかる）

4) 相当费（／＊花）工夫
    xiāngdāng fèi gōngfu
　　（かなり手間がかかる）

5) 很费（／＊花）时间
    hěn fèi shíjiān
　　（とても時間がかかる）

ほかにも "比较" bǐjiào，"特别" tèbéi，"真" zhēn，"最" zuì などの副詞を自由に取ることができる。要するに "费₂＋O" 全体で形容詞に近いのである。"费电" fèidiàn は「電気を食う」，"费油" fèiyóu は「油を食う」，これらは1語扱いとしてもよい。

　逆に，"花" はコントロール可能な動詞であるから，お金や時間を「計画的に使ったり，自分の意思で自由に使う」ことができる。

6) 有计划地花钱
    yǒu jìhuà de huā qián
　　（計画的にお金を使う）

7) 随便花钱
    suíbiàn huā qián
　　（気ままにお金を使う）

8) 多花点儿钱
    duō huā diǎnr qián
　　（もっとお金を使いなさい）

命令文にすることもできる。一方，"费" の方は非意図的な状態描写をこととし，上のような制御可能を表す連用修飾語はとれない。当然 "别花钱" bié huā qián（お金を使うな）は言えるが，"别费钱" bié fèi qián はやや不自然である。

"费钱" fèi qián，"费鞋" fèi xié，"费油" fèi yóu のような外界の具体的目的語を取る場合は，コントロールが難しく，命令文にもしにくいが，これが"费心思" fèi xīnsi や"费口舌" fèi kǒushé，"费神" fèishén のような人の内面世界を表すようなものであれば，コントロール可能になる。

9) 你还是少费心思发表长篇大论了。
   Nǐ háishi shǎo fèi xīnsi fābiǎo chángpiān dàlùn le.
   （でかい口をたたくのはやめにしな）

10) 年轻人，你就不必费口舌了。
    Niánqīngrén, nǐ jiù búbì fèi kǒushé le.
    （若いの，もう無駄口をたたくのはやめな）

11) 姐，你别费心了，我不会嫁给孙膑。
    Jiě, nǐ béi fèixīn le, wǒ bú huì jiàgěi Sūn Bīn.
    （お姉さん，心配はいらない，わたしは孫臏に嫁いだりしないから）

このように，"花"と"费"は異なる二語である。"费"が"花"に類義語として接近するのは，次の12) や 13) のように，「いかなる目的で，何を"费"するのか」が明示的に表されている場合に限られる。

12) 为了修改这篇文章，我们费了不少功夫。
    Wèile xiūgǎi zhè piān wénzhāng, wǒmen fèile bù shǎo gōngfu.
    （この文章の手直しにはずいぶん手間をかけた）

13) 他们也为了准备这次会议，费了很多时间。
    Tāmen yě wèile zhǔnbèi zhè cì huìyì, fèile hěn duō shíjiān.
    （彼らは今回の会議の準備で，多くの時間を使った）

しかし，それでも，"花"に比べ，"费"には「度をこえて無駄が多い，標準以上にエネルギーを費やす」という含意がある。
"多快好省" duō kuài hǎo shěng というスローガンの反対は"少慢差费" shǎo màn chà fèi と"省" shěng （ムダを省く）に対しては"费"を使い，"花"ではない。

花・付・交
huā　fù　jiāo

この3つの動詞はいずれも「お金を使う」，「支払う」という意味をもつ。
簡単に三者の違いを述べれば，"花"は「使う」，「消費する」，「費やす」という意味。"付"は「（お金を）払う」，「支出する」という意味。"交"は「（ものや金銭を関係方面に）引き渡す」，「手渡す」，「納める」という意味になる。"花"，"付"，"交"

の後に金銭を表す目的語がくる場合, "花钱" huā qián, "付钱" fù qián, "交钱" jiāo qián のように, いずれも言うことができる。ただし "花" は金銭を渡す相手が未知でもよいのに対して, "付" と "交" はお金を渡す対象が明らかであるか, あるいは文脈から対象が推定可能な場合にしか使えない。

1) 一个月，一个人儿，就光水钱我们得花（／付／交）多少钱啊！
   Yí ge yuè, yí ge rénr, jiù guāng shuǐ qián wǒmen děi huā (/fù/jiāo) duōshao qián a!
   （一ヶ月, 一人分の水道費だけでも私たちはかなりの額を払わなければならない）

2) 读 MBA 花（／付／交）的这笔学费，是我一生中花（／付／交）的最值得的一笔钱。
   Dú MBA huā (/fù/jiāo) de zhè bǐ xuéfèi, shì wǒ yìshēng zhōng huā (/fù/jiāo) de zuì zhíde de yì bǐ qián.
   （MBA を取得する時に納めた学費は, 私の人生の中で一番価値のある買いものだった）

ただお金を使うという意味しかなく, 誰にお金を渡すのかが文脈から読みとれない場合は, "花" しか使えない。

3) 那会儿不挣钱，只好跟人要钱花（／＊付／＊交）。
   Nà huìr bú zhèng qián, zhǐhǎo gēn rén yào qián huā.
   （その時は稼いでいなかったので, 人からお金をもらって使うしかなかった）

4) 他为了从事科学研究，逐渐花（／＊付／＊交）掉了全部家产，生活十分艰苦。
   Tā wèile cóngshì kēxué yánjiū, zhújiàn huādiàole quánbù jiāchǎn, shēnghuó shífēn jiānkǔ.
   （彼は科学研究を続けるため, 徐々に全財産を使い果たしてしまい, 生活は非常に苦しくなった）

"付" は買い物や商売などにおいてお金を支払う時に使う。お金を受け取る相手は支払う側にとって, 身分が高い場合でも低い場合でもどちらでも使える。

5) 工厂因故停产也照付（／＊交）工资。
   Gōngchǎng yīn gù tíngchǎn yě zhào fù gōngzī.
   （工場は事情があって操業停止した時も, 給料をいつも通りに支払う）

6) 银行把贷款利息收入的一部分付（／＊交）给存款人。
   Yínháng bǎ dàikuǎn lìxī shōurù de yíbùfen fùgěi cúnkuǎnrén.
   （銀行はローンの利息収入の一部を預金客に支払っている）

"交" は買い物や商売のケースではほとんど使われないうえ, 目下の相手には使えないという特徴がある。一般的に, 政府機関, 会社, 社会機構などにお金を納める場合に "交" がよく使われる。たとえば "交税" jiāo shuì（税金を納める）, "交学费"

jiāo xuéfèi（学費を納める），"交电费" jiāo diànfèi（電気代を納める）などである。

7) 他前后被关了八天，放出来的时候不仅不给个"说法"，还逼迫交（／＊付）出八天的生活费。
   Tā qiánhòu bèi guānle bā tiān, fàngchulai de shíhou bùjǐn bù gěi ge "shuōfa", hái bīpó jiāochu bā tiān de shēnghuófèi.
   （彼は合わせて八日も監禁されていたが，解放された時に説明がないばかりではなく，強制的に八日間の生活費も収めさせられてしまった）

8) 农民必须向官府交（／＊付）租，服役。
   Nóngmín bìxū xiàng guānfǔ jiāo zū, fúyì.
   （農民は役所に税金を納め，それに服役もしなければならない）

怀疑・疑心
huáiyí　yíxīn

どちらも疑念を抱くという意味をもち，動詞として用いることができる。

1) 他怀疑（／疑心）医生和家人都在隐瞒自己的病情。
   Tā huáiyí (/yíxīn) yīshēng hé jiārén dōu zài yǐnmán zìjǐ de bìngqíng.
   （彼は医者も家族も皆が自分の病情について隠していると疑っている）

2) 看他说话吞吞吐吐的，大家都怀疑（／疑心）他在说谎。
   Kàn tā shuōhuà tūntūntǔtǔ de, dàjiā dōu huáiyí (/yíxīn) tā zài shuōhuǎng.
   （彼のしどろもどろな言い方を見て，みんな彼が嘘をついていると疑っている）

"怀疑"の前には，"有点儿" yǒudiǎnr，"很" hěn，"十分" shífēn，"非常" fēicháng 等の副詞を置くことができるが，"疑心"ではこのような使い方をしない。

3) 我有点儿怀疑（／＊疑心）这起交通事故是"碰瓷儿"。
   Wǒ yǒudiǎnr huáiyí zhè qǐ jiāotōng shìgù shì "pèngcír".
   （私は，この交通事故は当たり屋によるもののような気もしている）

4) 大家都非常怀疑（／＊疑心）论文中数据的真实性。
   Dàjiā dōu fēicháng huáiyí lùnwén zhōng shùjù de zhēnshíxìng.
   （みんなが，論文中のデータの信憑性を強く疑っている）

"疑心"は名詞としても用いられる。

5) 我对他早起疑心了。
   Wǒ duì tā zǎo qǐ yíxīn le.
   （私は彼に対してずいぶん前から疑いをもっている）

"怀疑"は"值得"zhíde,"引起"yǐnqǐ,"表示"biǎoshì,"产生"chǎnshēng,"消除"xiāochú などと組み合わさる。また"疑心"は"有","起","产生","消除"などと組み合わさる。

6) 产生怀疑（／疑心）
   chǎnshēng huáiyí (／yíxīn)

7) 消除怀疑（／疑心）
   xiāochú huáiyí (／yíxīn)

8) 表示怀疑（／＊疑心）
   biǎoshì huáiyí

9) 值得怀疑（／＊疑心）
   zhíde huáiyí

10) 起疑心（／＊怀疑）
    qǐ yíxīn

そのほか，"怀疑"は「推測する」という意味があるが，"疑心"にはこの意味がない。

11) 我怀疑（／＊疑心）他今天来不了了。
    Wǒ huáiyí tā jīntiān láibuliǎo le.
    （彼は今日来られないじゃないかな）

12) 大家都怀疑（／＊疑心）今年公司会换领导班子。
    Dàjiā dōu huáiyí jīnnián gōngsī huì huàn lǐngdǎo bānzi.
    （みんな，今年会社の経営陣が変わるだろうと推測している）

会・能 (1)
huì　néng

"会"も"能"も日本語の「デキル」にあたる意味をもっているが，両者は言い換えられない場合が多い。

"会"は「技能があってデキル」，つまり単に技能を有していることを言う場合のみ用いられるが，"能"は「ある条件が備わっていて，あることが実現デキル」，つまりあることを実現するために必要な条件が備わっていることを言う場合に用いられる。"能"の管轄範囲は"会"よりずっと広い。その使い分けは以下の三点にまとめられる。

(1) 単に技能を有していることのみを言う場合は，"能"を避けて"会"を用いる。

1) 他会游泳，不会打网球。
   Tā huì yóuyǒng, bú huì dǎ wǎngqiú.
   （彼は水泳はできるが、テニスはできない）

"会"を"能"に言い換えられる場合は確かにあるが，しかし"会"を"能"に言い換えると意味範囲が拡大し，技能以外の条件が備わっている理解とされる可能性が高い。また，否定形の場合は"能"が「デキル」以外の意味が生じる可能性もある。たとえば，"他不会打网球"を"他不能打网球"とした場合，肉体的能力や時間がなくて「デキナイ」という意味のみならず，医者からテニスを禁止されているという意味も表現することが可能である。

(2)「技能があってデキル」場合でも「技能がある一定のレベルに達していてデキル」場合は"能"しか使えない。

2) 他能游五百米。
   Tā néng yóu wǔ bǎi mǐ.
   （彼は500メートル泳げる）

3) 他一天能画两幅画。
   Tā yì tiān néng huà liǎng fú huà.
   （彼は一日に絵を二枚描ける）

4) 我能翻译中文小说。
   Wǒ néng fānyì Zhōngwén xiǎoshuō.
   （私は中国語の小説を翻訳することができる）

5) 我会喝酒，可是不能喝白酒。
   Wǒ huì hē jiǔ, kěshì bù néng hē báijiǔ.
   （私はお酒を飲めるが，白酒は飲めない）

これらの文では技能のレベルを示しているので，"能"のかわりに"会"を用いることはできない。

(3)「技能以外の条件が備わっていてデキル」または「技能があることを前提に，他の条件が備わっていてデキル」場合は"能"しか使えない。

6) 我们都能去参加春节晚会。
   Wǒmen dōu néng qù cānjiā Chūnjié wǎnhuì.
   （私たちはみんな春節パーティに出られる）

7) 我有事，明天不能来上课。
   Wǒ yǒu shì, míngtiān bù néng lái shàngkè.
   （私は用事があって，明日授業に来られない）

8) 在学校我能踢足球。
   Zài xuéxiào wǒ néng tī zúqiú.
   (学校ではサッカーをすることができる)

9) 我病好了，能游泳了。
   Wǒ bìng hǎo le, néng yóuyǒng le.
   (私は病気が治ったので，水泳ができるようになった)

10) 这个星期六我不能去跳舞。
    Zhège xīngqīliù wǒ bù néng qù tiàowǔ.
    (今週の土曜日はダンスに行くことができない)

11) 刚才我喝酒了，不能开车。
    Gāngcái wǒ hē jiǔ le, bù néng kāichē.
    (さっきお酒を飲んだので，運転できない)

例6), 7)では行うことに必要な条件は技能以外の条件なので，"会"に置き換えられないのは言うまでもない。一方, 8)〜11)では"打网球"，"游泳"，"跳舞"，"开车"などの実現は確かに技能的な条件が必要であるが，ここでは技能があることを前提として，他の条件に焦点を当てている。8)では学校にサッカーをする場所的条件があって，サッカーができると言いたいわけであり，9)では健康状態が回復したという条件があって，水泳ができるようになったと言いたいわけである。否定形を見ればさらに分かりやすい。否定形は技能を否定したのではなく，他の条件を否定したのである。10)では「今週の土曜日」という時間的な条件を否定し，11)では車の運転に際しては「酒を飲んでいない」ことという法的条件を否定している。

会・能 (2)
huì　néng

"会"，"能"(1)は日本語の「デキル」に当たる"会"と"能"の相違点を考察した。しかし，"会"と"能"は常に日本語の「デキル」に相当するわけではない。ここでは，"会"と"能"のもう一つの意味と違いについて述べる。

1) a. 他可会说了。
      Tā kě huì shuō le.
      (彼は口がうまい)

   b. 他可能说了。
      Tā kě néng shuō le.
      (彼は口が達者だ／彼はよくしゃべる)

275

2) a. 我姐姐可会买衣服了，买的衣服又便宜又好看。
   Wǒ jiějie kě huì mǎi yīfu le, mǎi de yīfu yòu piányi yòu hǎokàn.
   (姉はとても服を買うのがうまく，買った服は安くて，しかもおしゃれだ)

b. 我妈妈可能买衣服了，昨天又买了一件。
   Wǒ māma kě néng mǎi yīfu le, zuótiān yòu mǎile yí jiàn.
   (母はよく服を買う。昨日また1着買ってきた)

　1)，2)の"说"，"买衣服"等の動作には，一つの共通点がある。それは，そのような動作は普通の人なら誰にでもできるのが当たり前で，技能の有無は問題にならないということである。そのため，動作の前に"会"を用いると「技能が優れている」ことを，"能"を用いると動作の量が多いことを表すことになる。つまり，"会"は「～するのがうまい／～に長けている」という意味を表し，"能"は「たくさん～をする」という意味を表す。
　しかし，同じ動作でも，動作主によっては，それができるのが一種の技能を身につけていることと認識される場合もある。その場合は，"会"と"能"はやはり「デキル」という意味を表す。

3) 这孩子才10岁，就会自己买衣服了。
   Zhè háizi cái shí suì, jiù huì zìjǐ mǎi yīfu le.
   (この子はまだ10歳だが，もう自分で服が買えるようになった)

　例3)では，10歳の子供にとっては，「服を買う」ことは一種の技能である。このような"会"と"能"の意味のファジーなところは常識で判断すればよい。
　"会"と"能"の違いを説明するために，例1)，2)では対比的な例文を挙げたが，以下ではそれぞれの例文とその使い方を見てみよう。

4) 那个女孩儿长得不错，也很会打扮。
   Nàge nǚháir zhǎngde búcuò, yě hěn huì dǎbàn.
   (あの女の子はきれいで，おしゃれもうまい)

5) 你这个人从来不会买东西，买了贵东西还自以为便宜。
   Nǐ zhège rén cónglái bú huì mǎi dōngxi, mǎile guì dōngxi hái zì yǐwéi piányi.
   (あなたは昔から買い物が下手で，高い買い物をしたのに，安かったと思い込んでいるんだから)

　例4)，5)にある"打扮"，"买东西"などの動作は普通の人なら誰でもできることなので，その前に用いられる"会"に「うまい」という意味が生じたのである。また，例4)のように"会"の前には"很"，"真"，"最"など程度副詞がよく用いられる。逆に言うと，"很会"，"真会"，"最会"のように用いられる"会"は必ず「～するのがうまい／～に長けている」という意味を表す。一方，例5)のように否定形はやはり"不会"を用いる。

6) 沈先生是个能读书，能思考，能吃，能睡的人。
   Shěn xiānsheng shì ge néng dú shū, néng sīkǎo, néng chī, néng shuì de rén.
   （沈先生はよく読書し，よく考え，よく食べ，よく寝る人だ）

7) 我的大学同学都很能干。
   Wǒ de dàxué tóngxué dōu hěn nénggàn.
   （私の大学時代のクラスメートはみんなやり手だ）

例6)，7) にある"读书"，"思考"，"吃"，"睡"，"干"などの動作も普通の人なら誰でもできることなので，その前に用いられる"能"に「たくさん〜をする」という意味が生じたのである。この"能"の前にも"很"，"真"，"最"など程度副詞を用いることができる。

火车・列车・电车
huǒchē　lièchē　diànchē

鉄道や電車を表す語には，"火车"，"列车"，"电车"などがある。

"电车"の使用範囲はきわめて限定的である。"火车"，"列车"のように広範囲に使用されるわけではない。
《现代汉语词典》，《现代汉语规范词典》どちらにも"电车"は，"无轨"wúguǐ（無軌条）"有轨"yǒuguǐ（有軌条）があると記載されていることから，"电车"は以下の2例に限定して使われると言える。

1) 无轨电车
   wúguǐ diànchē
   （トロリーバス）

2) 有轨电车
   yǒuguǐ diànchē
   （路面電車）

ともに都市内の交通を担うものである。それに対して都市と都市間の交通を担うのが"火车"や"列车"である。
"火车"は，汽車だけでなく電車も含めた鉄道全般を指し，旅客，貨物どちらを乗せても"火车"と言う。

3) 火车（／*列车）很快就要通到这里了。
   Huǒchē hěn kuài jiù yào tōngdào zhèli le.
   （すぐにここまで鉄道が通るだろう）

4) 火车（／＊列车）站
   huǒchēzhàn
   （鉄道の駅）

とくに何時の列車と特定化されていない場合には"火车"を使う。

5) 爸爸 80 多岁了，还没坐过火车（／＊列车）。
   Bàba bāshí duō suì le, hái méi zuòguo huǒchē.
   （父は 80 過ぎだが，まだ鉄道に乗ったことがない）

6) 火车（／＊列车）票
   huǒchēpiào
   （鉄道のきっぷ，乗車券）

"火车"が貨物列車も含めた鉄道全般を指すのに対し，主に旅客が乗る特定の列車を指すときは"列车"を使う。

7) 浦东铁路 5051 次普快列车（／＊火车）
   Pǔdōng tiělù wǔ líng wǔ yāo cì pǔkuài lièchē
   （浦東鉄道 5051 便普通快速列車）

"火车"の下位区分として旅客列車や貨物列車というときには"旅客列车"lǚkè lièchē，"货运列车"huòyùn lièchē と言う。同じく，リニアモーターカーのようなものも"火车"の下位区分と見なし，次のように"列车"を使う。

8) 上海磁浮列车（／＊火车）
   Shànghǎi cífú lièchē
   （上海リニアモーターカー）

このように"列车"は限定語がつくなどして，単独で使われることは少ない。すでに見たように「列車で行こう」という場合は"坐火车去吧！"のように"火车"を使う。

また，駅やきっぷが"火车站"，"火车票"であるのに対し，乗務員は"列车乘务员"lièchē chéngwùyuán という。これは特定の"旅客列车"に乗っている服務員ということによるのであろう。なお，時刻表は"列车时刻表"lièchē shíkèbiǎo，"火车时刻表"huǒchē shíkèbiǎo どちらも言える。

車内アナウンスで「この列車」をさす場合は"列车"を使う。

9) 列车（／＊火车）运行前方是太阳宫站。下车的乘客请提前做好准备。……
   Lièchē yùnxíng qiánfāng shì Tàiyánggōngzhàn. Xià chē de chéngkè qǐng tíqián zuòhǎo zhǔnbèi. ……
   （お乗りの列車の次の駅は太陽宮駅です。お降りの方はあらかじめご準備ください……）

即使・虽然
jíshǐ　suīrán

"即使"は,「たとえ…でも」と仮定条件（極端なものが多い）をあげ，その条件が現れても，本来の主張や考えなどに変わりがないことを述べる。"也"yě や"还是" háishi などを用いて呼応させることが多い。

1) 你即使是总统，也应该遵守法律。
   Nǐ jíshǐ shì zǒngtǒng, yě yīnggāi zūnshǒu fǎlǜ.
   （たとえ君が大統領であっても，法律を守らなくてはいけない）

2) 即使下刀子，我也要去。
   Jíshǐ xià dāozi, wǒ yě yào qù.
   （槍（やり）が降ろうと，おれは行かなきゃならない）

3) 即使下次的考试你考不好，我也不会责怪你。
   Jíshǐ xiàcì de kǎoshì nǐ kǎo bù hǎo, wǒ yě bú huì zéguài nǐ.
   （たとえ次の試験がだめだったとしても，君を責めないよ）

4) 即使太阳从西边出来，我也不会原谅他的。
   Jíshǐ tàiyáng cóng xībian chūlai, wǒ yě bú huì yuánliàng tā de.
   （たとえ太陽が西から昇っても，私は彼を許さない）

"虽然"は,「…ではあるけれども」と既成の事実をあげ，その後でこれと矛盾すると思えることを述べる。"可（是）"kě (shì) や"但（是）"dàn (shì),"不过" búguò,"却"què などを用いて逆接に転じることが多い。

5) 你虽然是总统，可还是应该遵守法律。
   Nǐ suīrán shì zǒngtǒng, kě háishi yīnggāi zūnshǒu fǎlǜ.
   （君は大統領ではあるが，法律は守らなければならない）

6) 虽然下雨了，可他还是去了。
   Suīrán xiàyǔ le, kě tā háishi qù le.
   （雨が降っているのに，彼はやっぱり行った）

7) 虽然这次的考试我没考好，父母也没责怪我。
   Suīrán zhè cì de kǎoshì wǒ méi kǎohǎo, fùmǔ yě méi zéguài wǒ.
   （今回の試験はだめだったが，両親は僕を責めなかった）

急忙・连忙
jímáng liánmáng

ともに「急いで」の意味をもつ。

1) 他一看见我，就急忙（／连忙）站了起来。
   Tā yí kànjiàn wǒ, jiù jímáng (/liánmáng) zhànleqilai.
   (彼は私を見ると急いで立ち上がった)

2) 我一看他走过来，就急忙（／连忙）把信塞进衣袋里。
   Wǒ yí kàn tā zǒuguolai, jiù jímáng (/liánmáng) bǎ xìn sāijìn yīdàili.
   (彼が来るのが見えたので，私は急いで手紙をポケットに押し込んだ)

ただし，"急忙"の場合は焦りから動作や行動のスピードを速め，せわしくなる。心理面の「焦る」に重点がおいてある。それに対して，"连忙"は「急いで」次の動作をとるのであって，動作に重点があり，「焦る」，「あわてる」気持ちはない。
次の例3)，4)も"急忙"と"连忙"両方言えるが，「焦る」，「あわてる」気持が入っている場合は"急忙"を使い，単に「急いで」を強調するなら"连忙"を使う。

3) 听到呼救声，他急忙跑到河边。
   Tīngdào hūjiùshēng, tā jímáng pǎodào hébiān.
   (助けを呼ぶ声が聞こえ，彼は慌てて川岸に駆けつけた)

4) 听到妈妈叫我，我连忙跑了过去。
   Tīngdào māma jiào wǒ, wǒ liánmáng pǎoleguoqu.
   (母が私を呼ぶのが聞こえたので，急いで駆けていった)

また，"急忙"は重ね型にできるが，"连忙"はできない。

5) 接到电话，他急急忙忙（＊／连连忙忙）地赶到了医院。
   Jiēdào diànhuà, tā jíjímángmáng de gǎndàole yīyuàn.
   (電話を受けるやいなや，彼は慌てて病院に駆けつけた)

几・多少
jǐ duōshao

どちらも数をたずねる時に用いる。
"几"は普通十未満の数であろうという推測をもって，その具体的な数をたずねる場合に使われる。また，後ろに量詞を必要とする。

1) 你家养了几（／＊多少）只狗？
   Nǐ jiā yǎngle jǐ zhī gǒu?
   (君の家は何匹の犬を飼っていましたか)

ただし，何月と何時については，十以上の数をたずねるときにも"几"を使える。この場合は"多少"を使わない。また，十以下の幼い子供の年齢をたずねる時も，"几"しか使わない。

2) 你生日是几（／＊多少）月？
   Nǐ shēngrì shì jǐ yuè?
   (君の誕生日は何月ですか？)

3) 这孩子今年几（／＊多少）岁？
   Zhè háizi jīnnián jǐ suì?
   (この子は今年何歳ですか)

"多少"は数の大小に関わりなく用いられる。また，その後ろには量詞がなくてもよい。

4) 你们学校有多少（个）学生？
   Nǐmen xuéxiào yǒu duōshao (ge) xuésheng?
   (君たちの学校には学生が何人いますか)

5) 他带了多少（／＊几）钱？
   Tā dàile duōshao qián?
   (彼はいくら持っていますか)

一方，"几"と"多少"はともに不定の数を指すのに用いられる。

6) 中国农村人口不断向城市流动，有些农村甚至已剩不到几个（／多少）人了。
   Zhōngguó nóngcūn rénkǒu búduàn xiàng chéngshì liúdòng, yǒuxiē nóngcūn shènzhì yǐ shèng bú dào jǐ ge (/duōshao) rén le.
   (中国の農村人口は絶えず都市へ流れており，一部の農村ではひどいことに人口が数えるほどしか残っていない)

また，前後の文脈から，はっきり十人以下という数が分かるときには"几"が用いられる。

7) 昨晚就只有我们几（／＊多少）个人去KTV唱歌去了。
   Zuówǎn jiù zhǐyǒu wǒmen jǐ ge rén qù KTV chànggē qù le.
   (昨夜私たち数人しかカラオケに行かなかった)

抽象的な不定の数について述べるとき，"多少"は使えるが，"几"は使いにくい。

8) 我们没有多少（／＊几个）时间了，赶快决定吧！
Wǒmen méiyǒu duōshao shíjiān le, gǎnkuài juédìng ba!
（私たちにはもうあまり時間がない，早く決めましょう）

计算机・电脑
jìsuànjī diànnǎo

"计算机"とは数学計算を行える機械のことをいう。機械装置で作られている「手動計算機」もあれば，電子部品で作られている「電子計算機」もある。現在"计算机"は，「電子計算機」，つまり「コンピュータ」の専用用語になった。その種類は豊富で，大型機，中型機，小型機などあるが，大きさに拠らずコンピュータ全般を指している。早期の計算機は体積が一つの部屋ほどの大きさもあった。高級な計算のみを行っていて，一つの装置を多くの人が共用するという方向で使われていた。現在"计算机"は広く，科学計算やデータ処理，自動制御，情報検索，知能模倣，教育の面にまで使われていて，おもに特殊な科学計算や軍事，宇宙産業，大会社，企業，研究機関などの大きな組織で使われている大，中型のコンピュータを指す。

1) 这是我们研究所的计算机房。
Zhè shì wǒmen yánjiūsuǒ de jìsuànjī fáng.
（これはわれわれの研究所のコンピュータールームだ）

2) 我们厂的生产已经全面实现了计算机管理。
Wǒmen chǎng de shēngchǎn yǐjīng quánmiàn shíxiànle jìsuànjī guǎnlǐ.
（うちの工場の生産はすでに全面的なコンピュータ管理を実現した）

"电脑"もコンピュータのことを指している。コンピュータは人間の脳と機能上似ている部分がある。たとえば，記憶機能，計算機能，判断機能など。人間の思惟活動を模倣して，人間の頭脳に代わって働き，人々の意志に従い自動で仕事をすることができるため，"电脑"という比喩的言い方が生まれた。実際の生活の中では，学校，企業などの事務用や，家庭，個人に使われている多機能で，外形も小さく，絶えず軽量化を追求している小型のコンピュータを，すべて"电脑"と言う。"个人电脑"gèrén diànnǎo（パーソナルコンピュータ），"台式电脑"táishì diànnǎo（デスクトップパソコン），"笔记本电脑"bǐjìběn diànnǎo（ノートパソコン），"掌上电脑"zhǎngshang diànnǎo（携帯情報端末）など。

3) 我又买了一台携带用的笔记本电脑。
Wǒ yòu mǎile yì tái xiédài yòng de bǐjìběn diànnǎo.
（私はまた携帯用のノートパソコンを買った）

4) 你怎么总是一回家就开电脑玩儿游戏呀。
　　Nǐ zěnme zǒngshì yì huíjiā jiù kāi diànnǎo wánr yóuxì ya.
　　(あなたはなんでいつも家に帰るとすぐパソコンをつけてゲームをやるのよ)

もちろん"电脑"はもともと"计算机"の比喩表現なので，"大型电脑"，"大、中型电脑"という言い方も存在するが，基本的には，"计算机"は大きいイメージで，"电脑"は小型のイメージである。

继续・持续
jìxù　chíxù

どちらも「続く」，「継続する」という意味をもつ。"继续"は前に行った動作，行為を受けてそれを「引き続き行う」こと。一方"持续"はある状態が「保たれている」こと。

1) 要紧的是，探寻清除受污染积水的方法，同时让冷却作业得以继续（／*持续）。
　　Yàojǐn de shì, tànxún qīngchú shòu wūrǎn jīshuǐ de fāngfǎ, tóngshí ràng lěngquè zuòyè déyǐ jìxù.
　　(汚染された水を取り除く方法を見つけ，同時に冷却作業を続けていくということが重要である)

この文では「今まで冷却作業がなされていた」ことを踏まえ，その動作，行為を今後も「引き続き行う」ということが述べられている。こうした文では「状態の保持」を意味する"持续"は用いられない。

2) 核电站泄漏造成的核污染可能会持续（／*继续）十年以上。
　　Hédiànzhàn xièlòu zàochéng de héwūrǎn kěnéng huì chíxù shí nián yǐshàng.
　　(原発の放射能の流出がもたらした放射能汚染は10年以上続くかもしれない)

この文では放射能汚染という「状態の保持が続く」ということが述べられている。こうした文では「前に行った動作や行為を受けて，それを引き続き行う」という意味の"继续"は用いられない。

"继续"は「引き続き行う」という動作，行為，つまり動態であるのに対し，"持续"は「ある状態が保たれている」という状態，つまり静態である。

3) 两国经济和文化的交流已经持续（／*继续）了一千多年。
　　Liǎngguó jīngjì hé wénhuà de jiāoliú yǐjīng chíxùle yì qiān duō nián.
　　(両国の経済および文化の交流はすでに千年以上続いている)

この文では「交流がずっと続いてきた」とある種の状態の保持を述べており，「続

く」に関する動態的側面を述べているのではない。したがって"継続"は使えない。しかし次のような文にすれば今度は"継続"を用いることとなり，"持続"は使えなくなる。

4) 我们应该把两国之间的经济和文化的交流永远继续（／＊持续）下去。
   Wǒmen yīnggāi bǎ liǎngguó zhī jiān de jīngjì hé wénhuà de jiāoliú yǒngyuǎn jìxù xiaqu.
   (我々は両国の経済および文化の交流をずっと続けていくべきである)

"継続"は動作，行為としての「続く」なので，その動作，行為のシテ（動作主）は一般に人である。一方"持続"は気象など客観的な状態の描写を表すことが多い。

5) 梅雨季节一般能持续（／＊继续）多少天?
   Méiyǔ jìjié yìbān néng chíxù duōshao tiān?
   (梅雨は一般に何日くらい続きますか？)

6) 那一声声持续（／＊继续）响起的门铃声真让人烦恼。
   Nà yī shēngshēng chíxù xiǎngqi de ménlíngshēng zhēn ràng rén fánnǎo.
   (あの鳴り続けるブザーの音はほんとにうっとしい)

ブザーを鳴らしているのは人間だが，ここではブザーが鳴っている状態を述べている。こういう時に"持続"が使われる。

7) 他继续（／＊持续）按动门铃，可是仍没人开门。
   Tā jìxù àndòng ménlíng, kěshì réng méi rén kāimén.
   (彼は続けてブザーを押したのだがドアを開ける者はなかった)

6) と7) の状況はどちらも「人がドアのブザーを押している」。つまり状況は同じなのだが，その状況を文にした時，6) の文では「ブザーが鳴っている」ことが述べられており，7) の文では「人がブザーを鳴らしている」ことが述べられている。このように人為的な行為の状況を文にした場合，その行為によって出現したある状態の描写には"持続"が用いられ，一方人為的な行為，人が意志を持ってある動作を行うことを言う時には"継続"が用いられる。

また，"継続"には名詞用法がある。"持続"にはない。

8) 今天的辩论是昨天那场辩论的继续（／＊持续）。
   Jīntiān de biànlùn shì zuótiān nà cháng biànlùn de jìxù.
   (今日の話し合いは昨日の話し合いの続きだ)

加・添・兑
jiā　tiān　duì

"加"も"添"も「付け加える」という意味をもつ。すでにある物に，さらに足し合わせて，その数や量を増す場合はどちらも用いることができる。たとえば，"加水" jiā shuǐ と"添水" tiān shuǐ はどちらも「水を加える」の意味になる。例1) も"添"に替えられ，意味も変わらない。

1) 今天来客人了，加了几个菜。
   Jīntiān lái kèren le, jiāle jǐ ge cài.
   (今日はお客さまが見えたので，何品か料理を増やした)

ただ，"添件衣服" tiān jiàn yīfu は「重ね着をする」と「服を1着新調する」という二つの意味があるのに対して，"加件衣服" jiā jiàn yīfu は「重ね着をする」という一つの意味しかない。

程度を増す場合は"加"しか用いられない。

2) 速度能不能再加（／＊添／＊兑）快一些?
   Sùdù néngbunéng zài jiākuài yìxiē?
   (少し速度を上げていただけませんか)

また，元々ないものを加える場合は"加"しか用いられない。

3) 这篇古文得加（／＊添／＊兑）注释。
   Zhè piān gǔwén děi jiā zhùshì.
   (この古文に注釈をつけなければならない)

同種類のものをさらに加える，足す，増やす，追加する場合はよく"添"を用いる。

4) 我们工厂又添了两台新机器。
   Wǒmen gōngchǎng yòu tiānle liǎng tái xīn jīqì.
   (我々の工場はまた新しい機械を2台増やした)

5) 他们家又添了一口人。
   Tāmen jiā yòu tiānle yì kǒu rén.
   (彼のうちはまた一人増えた)

液体を加える，混ぜる，割る，薄める場合は"兑"をよく用いる。

6) 粥太稠了，兑点儿水吧。
   Zhōu tài chóu le, duì diǎnr shuǐ ba.

（粥が濃すぎるので，少し水を入れて薄めよう）

もちろん，この場合は，元々お粥の中に水が入っているので，「水を足す」の意味で，"加"も"添"もいえる。ただし，次の例7)は，

7) 你的咖啡里要不要兑点儿牛奶?
   Nǐ de kāfēili yàobuyào duì diǎnr niúnǎi?
   （あなたのコーヒーにミルクを少し入れますか）

元々コーヒーにミルクが入っていないため，"加"はいえるが，"添"はいえない。

また，"添"はよく"麻烦"，"乱"と組み合わせる。"加"と"兑"にはこのようなコロケーションはない。

"添麻烦" tiān máfan（面倒をかける）；"添乱" tiān luàn（面倒が増える）

家人・家属・家族
jiārén　jiāshǔ　jiāzú

いずれも「家の人」を指す言葉だが，それぞれ指示範囲が異なる。まず日本人学生がよく作る次のような文を見よう。

1) 暑假我和家族一起去中国旅行了。
   Shǔjià wǒ hé jiāzú yìqǐ qù Zhōngguó lǚxíng le.
   （夏休みに一族と一緒に中国へ旅行に行った）

これを見ると，中国人はきっと大勢の人を率いて団体旅行でもしたかとびっくりするだろう。一つの"家族"jiāzú，つまり「一族」と一緒に中国に行ったというからである。

「家族」は日中同形語だが，中国語では日本語のそれよりも大きな血縁集団を指す。必ずしも同じ家庭に居住するとは限らないが，同じ姓を有する，いくつも枝分かれした数代にわたる人々を指す言葉である。日本語の「一族」に近い意味をもつ。

2) 在中国农村，一个村庄由一个大家族（／*家人／*家属）组成的情况并不少见。
   Zài Zhōngguó nóngcūn, yí ge cūnzhuāng yóu yí ge dà jiāzú zǔchéng de qíngkuàng bìng bù shǎojiàn.
   （中国の農村では一つの村が一族のみで構成されていることは珍しくない）

3) 钱氏家族（／*家人／*家属）世代书香门第，很有名望。
   Qiánshì jiāzú shìdài shūxiāng méndì, hěn yǒu míngwàng.
   （銭一族は代々学者の家柄で，名門である）

対して日本語の「家族」は夫婦とその血縁関係者を中心に構成され，近年では親と子供のみの「核家族」が一般的になっており，「家の人」を指す時も，基本的にはこれらの人々を指す。日本語の「家族」の意味に対応する中国語は"家族"jiāzúではなく，"家人"jiārén（"家里人"jiālirén も可）である。したがって，1) の例文は次のように直すべきである。

4) 暑假我和家（里）人一起去中国旅行了。
   Shǔjià wǒ hé jiā (li) rén yìqǐ qù Zhōngguó lǚxíng le.
   （夏休みに家族と一緒に中国へ旅行に行った）

中国も核家族化が進み，成人の場合においては時に"父母"と"家人"を分けて言う場合もある。

5) 每年的春节，是打工族回乡与父母家人（／＊家属／＊家族）团聚的日子。
   Měinián de Chūnjié, shì dǎgōngzú huíxiāng yǔ fùmǔ jiārén tuánjù de rìzi.
   （毎年の春節は，出稼ぎ労働者たちが故郷に帰り両親や家族と団欒する時である）

"家属"jiāshǔ は本人を含まない家族のことを指すが，一人一人に重みを置く"家人"に比べ，"家属"はやや集合名詞的な意味合いをもち，本人を除くその「一家」を意味する。

6) 手术前，病人家属（／＊家人／＊家族）需要在手术同意书上签字。
   Shǒushù qián, bìngrén jiāshǔ xūyào zài shǒushù tóngyìshūshang qiānzì.
   （手術の前に，患者の家族は手術同意書にサインしなければならない）

ただ軍人の場合はその配偶者のみを指すこともある。

7) 连长，这是俺家属（／＊家人／＊家族），从老家来的。
   Liánzhǎng, zhè shì ǎn jiāshǔ, cóng lǎojiā lái de.
   （中隊長，これは女房です，田舎から来ました）

ちなみに以下のような，明らかに日本語の「家族」としての意味で使われている例も見られる。

8) 我个人和家族，也是如常，请勿念。（鲁迅《致曹靖华》）
   Wǒ gèrén hé jiāzú, yě shì rúcháng, qǐng wù niàn.
   （僕と家族も，いつも通りであり，ご心配なさらないように）

架・台
jià　tái

"架","台"はいずれもある種の機械，計器を数えるのに用いる。

1) 我买了一架（／台）缝纫机。
   Wǒ mǎile yí jià (/tái) féngrènjī.
   (私はミシンを一台買った)

2) 上回运来的机器，架架（／台台）都合格。
   Shàng huí yùnlai de jīqì, jiàjià (/táitái) dōu hégé.
   (この前届いた機器はすべて規格に合っていた)

"架"で数える対象物は「支え」や「フレーム」，「スタンド」や「脚」をもつが，これら「支え」部分は対象物の核心ではないこと，また本来の機能を担う核心部分は「支え」によって地面や床から離れて存在することがポイントである。たとえば，"飞机"fēijī（飛行機）や"直升机"zhíshēngjī（ヘリコプター）は地上で機体を支える「脚」を持つが，この脚は空を飛ぶという本来の機能とは関係がない。逆に，机や椅子の脚は本来の機能を担う本体部分だから脚があっても"架"で数えない。

3) 机场上停着几十架（／＊台）波音飞机。
   Jīchǎngshang tíngzhe jǐ shí jià Bōyīn fēijī.
   (空港に数十機のボーイング機が停まっている)

一方"台"で数える対象物は，机や地面など，どこかに直接置いた状態で使うものである。空を飛ぶことが本来の機能である飛行機やヘリコプターは"台"で数えることはできない。地面と常に接触しながらキャタピラーで進む"拖拉机"tuōlājī（トラクター）や，机などに置いて使う"电脑"diànnǎo（パソコン）は"台"で数え"架"は使えない。ほかに"电冰箱"diànbīngxiāng（冷蔵庫），"马达"mǎdá（モーター），"车床"chēchuáng（旋盤）も"台"で数え，"架"は使えない。

4) 他们又添置了一台（／＊架）小型拖拉机。
   Tāmen yòu tiānzhìle yì tái xiǎoxíng tuōlājī.
   (彼らはまた小型トラクターを一台買い足した)

5) 我想买一台（／＊架）电脑。
   Wǒ xiǎng mǎi yì tái diànnǎo.
   (私はパソコンを一台買いたい)

"钢琴"gāngqín（ピアノ）は"架","台"のどちらでも数えるが，大きな3本脚のグランドピアノは必ず"架"で数え，家庭によくあるアップライトピアノは"台"で数えるのがふつうである。

6) 客厅里有一架（／台）钢琴。
   Kètíngli yǒu yí jià (/tái) gāngqín.
   (応接間にはピアノが一台ある)

"架"、"台"のどちらでも数えるものは、ほかに"起重机"qǐzhòngjī（クレーン）、"电视机"diànshìjī（テレビ）、"照相机"zhàoxiàngjī（カメラ）などがあるが、"架"、"台"の使い分けは「支え」や「スタンド」などで本体の核心部分が空間にある場合は"架"、何かに密着して置かれていたら"台"で数える。たとえば例1)の"缝纫机"も足踏みミシンや工業用ミシンなら"架"で、ポータブルミシンなら"台"で数える。"照相机"も三脚付なら必ず"架"で数え、ふつうのカメラなら"台"で数える。小さなデジカメなら"个"でも数える。

"台"で数えるものはみな機械性のものだが、"架"は非機械性のものでも「支え」や「支柱」などが特徴的なものには使うことができる。支えの棚や添え木のある"葡萄"pútao（葡萄）、"藤萝"téngluó（ふじ）、"黄瓜"huánggua（きゅうり）なども"架"で数えることができる。棚や支えのない木や苗そのものを数えるには、もちろん"棵"kē を用いる。

7) 院子里种着一架（／＊台）葡萄。
   Yuànzili zhòngzhe yí jià pútao.
   (中庭には葡萄だながある)

煎・烤・烧
jiān kǎo shāo

いずれも中華料理において、肉や魚を調理する時によく使われる主要な調理法である。
"煎"は、少量の油を鍋や鉄板にひいて熱した後、食材を入れて表面が色づくまでこんがり焼く。魚や肉料理のほかに、卵、肉まん、餃子などにもよく用いられる調理法である。"生煎包"shēngjiānbāo（小ぶりの肉まんを蒸し焼きした料理）は日本でも専門店が出現するほど人気を集めている。

1) 妈妈每天早上都给我煎一个鸡蛋。
   Māma měitiān zǎoshang dōu gěi wǒ jiān yí ge jīdàn.
   (母は毎朝目玉焼きを作ってくれる)

2) 煎鱼时火力不宜太猛。
   Jiān yú shí huǒlì bùyí tài měng.
   (油をひいて魚を焼くときは火力を強くしない方が良い)

"烤"は、食材をじかに火にあてて焼く。火で炙ること。油は使わない。国内外で

有名な"北京烤鸭"Běijīng kǎoyā（北京ダック），ウイグル族やモンゴル族の伝統的な宴会料理"烤全羊"kǎoquányáng（ローストホールラム）から，屋台料理の"烤羊肉串儿"kǎoyángròuchuànr（ラムの串焼き），昔から親しまれている"烤白薯"kǎobáishǔ（焼き芋）まで，"烤"は非常に広く使われている調理法である。

また，"烤面包"kǎo miànbāo（パンを焼く）のように，オーブンや電子レンジ，トースターなどで焼く場合も"烤"を用いる。

3) 我妈妈烤的比萨饼非常好吃。
 Wǒ māma kǎo de bǐsàbǐng fēicháng hǎochī.
 （母が焼いたピザはとても美味しい）

4) 用烤箱烤鸡翅既简单又好吃。
 Yòng kǎoxiāng kǎo jīchì jì jiǎndān yòu hǎochī.
 （オーブンで手羽先を焼くのは簡単だし美味しい）

"烧"は，油をひいて焼くあるいは揚げてから，中華スープを加えて煮込む。先にゆでてから油で揚げる方法もある。"烧茄子"shāo qiézi（なすの揚げ煮）や"红烧排骨"hóngshāo páigǔ（スペアリブの甘辛煮）は家庭料理として人気が高い。また，"烤"と同様に火で炙る意味もあるが，"叉烧"chāshāo（チャーシュー）や"烧鹅"shāo'é（ガチョウの丸焼き）など限られた料理にのみ用いられる。

5) 烧茄子是以茄子为主要食材的家常菜，营养价值非常丰富。
 Shāo qiézi shì yǐ qiézi wéi zhǔyào shícái de jiāchángcài, yíngyǎng jiàzhí fēicháng fēngfù.
 （なすの揚げ煮はなすをメインの食材とする，栄養価値が非常に高い家庭料理である）

6) 红烧鲤鱼是一道汉族名菜，中国第一届国宴热菜菜谱之一。
 Hóngshāo lǐyú shì yí dào Hànzú míngcài, Zhōngguó dìyī jiè guóyàn rècài càipǔ zhī yī.
 （鯉の揚げ煮は漢民族の有名な料理であり，中国でははじめての国家主催晩餐会のメインディッシュの一つにもなった）

简单・容易
jiǎndān　róngyì

中国語で「ある試験問題が難しくない，簡単だ」という時は"简单"と"容易"の両方が使える。

1) 这道题很简单（／容易）。
 Zhè dào tí hěn jiǎndān (/róngyì).
 （この問題は簡単だ）

意味はほぼ同じであるが，多少ニュアンスに違いがある。"简单"を使う文は試験問題の構成，内容が難しくないことを表し，"容易"を使う文は問題を解くのがたやすいことを指す。つまり，"简单"はもの自体の構造，内容が単純で複雑でないことを重点とし，"容易"は行う動作行為の難度が低く，たやすいことに重点をおく。

2) 房间布置得很简单（／＊容易）。
Fángjiān bùzhìde hěn jiǎndān.
（部屋のインテリアはシンプルだ）

3) 布置房间很容易（／简单）。
Bùzhì fángjiān hěn róngyì (/jiǎndān).
（部屋のインテリアを考えるのは難しいことではない）

この二つの例から見ると，"简单"は部屋のインテリア自体についても，部屋のインテリアを考える行為に対しても使用できるので，使う範囲は"容易"より広いと言える。

4) 说明书写得很简单。
Shuōmíngshū xiěde hěn jiǎndān.
（説明書は簡単に書いてある）

5) 说明书写得容易，可是操作起来蛮不是那么回事。
Shuōmíngshū xiěde róngyì, kěshì cāozuòqilai mán bú shì nàme huí shì.
（説明書は簡単そうに書いてあったが，実際に操作してみるととんでもなく難しかった）

例4)は二つの意味が考えられる。一つは説明書の内容が簡単であるという意味で，もう一つは「書く」という動作に注目し，ポイントのみが書かれていて，詳しくはないという意味になる。これに対して，"容易"を使う例5) では，「書く」という動作よりも，書かれた内容を受け取る読み手側の印象，つまり「簡単にできそうだ」という意味になるのである。

"简单"は「構造がシンプルである」という意味であることから，副詞などを伴って，「シンプルすぎる」，「おおざっぱである」ことを表すこともできる。"容易"にはこの用法がない。例文にこの例をあげる。

6) 他头脑简单（／＊容易），幼稚得很。
Tā tóunǎo jiǎndān, yòuzhìde hěn.
（彼の頭は単純にできていて，ひどく幼稚だ）

"容易"はよく，「"容易"＋V」の構造で，「～しやすい」の意味で使われているが，"简单"にはその用法がない。

7) 蛋糕不放进冰箱里容易（／＊简单）坏。
   Dàngāo bú fàngjìn bīngxiāngli, róngyì huài.
   （ケーキは冷蔵庫に入れておかないとすぐに傷むよ）

また，"简单"は"简简单单"と重ね型としても使えるが，"容易"には重ね型がない。

8) 他们没办婚礼，只是双方家长一起简简单单（／＊容易）地吃了顿饭。
   Tāmen méi bàn hūnlǐ, zhǐshì shuāngfāng jiāzhǎng yìqǐ jiǎnjiǎndāndān de chīle dùn fàn.
   （二人は結婚披露宴は行わず，たがいの両親と一緒に簡単に食事をしただけだった）

最後に，"简单"と"容易"はどちらにも，否定詞"不"を伴った，"不简单"，"不容易"という慣用表現があるが，それぞれの意味は「すごい，大したものだ」と「いろいろ大変だ，容易なことではない」である。

9) 他一个人办公司真不简单。
   Tā yí ge rén bàn gōngsī zhēn bù jiǎndān.
   （彼一人で会社を経営しているなんて，本当に大したものだ）

10) 他一个人办公司真不容易。
    Tā yí ge rén bàn gōngsī zhēn bù róngyì.
    （彼一人で会社を経営しているので，本当に大変だ）

简直・几乎・差不多
jiǎnzhí　jīhū　chàbuduō

ともに「ほとんど」という共通義をもつ。
たとえば，次の1）〜3）は"简直"，"几乎"，"差不多"どれもいえる。

1) 今天真够冷的，简直（／几乎／差不多）像冬天一样。
   Jīntiān zhēn gòu lěng de, jiǎnzhí (/jīhū/chàbuduō) xiàng dōngtiān yíyàng.
   （今日は本当に寒いね。まるで冬みたいだ）

2) 我简直（／几乎／差不多）都认不出她了。
   Wǒ jiǎnzhí (/jīhū/chàbuduō) dōu rènbuchū tā le.
   （私は彼女のことをほとんど見分けがつかなかった）

3) 他的音容笑貌简直（／几乎／差不多）和他哥哥一模一样。
   Tā de yīnróng xiàomào jiǎnzhí (/jīhū/chàbuduō) hé tā gēge yì mú yí yàng.
   （彼の笑顔や声はまるっきり兄さんとそっくりだ）

ただ、"简直"はある状態にほとんど等しい、"几乎"はある状態にあと少し、"差不多"は"几乎"よりまた少し弱い、といった程度差がある。

つまり、"简直"はよく「まるで…みたいだ」と比喩を用いて、非常に近いことを表す。その程度は「きわめて近い」か「ほぼ同じ」で、やや誇張して強調する。「まるで」、「まったく」という意味だ。次の4)は"简直"しか使えない。

4) 你呀，简直（／＊几乎／＊差不多）是个大傻瓜。
　　Nǐ ya, jiǎnzhí shì ge dà shǎguā.
　　（君はまったくバカだな）

"几乎"はかなり近いことを表す。"简直"より程度が軽く、誇張や強調の語気はない。"差点儿"chàdiǎnr（もう少しで〜するところだった）の意味をもっている。"简直"にはこの意味はない。

5) 这场大病，他几乎（／＊简直／＊差不多）丢了性命。
　　Zhè cháng dàbìng, tā jīhū diūle xìngmìng.
　　（今回の大病で、彼はもう少しで死ぬところだった）

"差不多"も、近いことを表す。「ほぼ」、「ほとんど（同じく）」、「だいたい」という意味だ。具体的な数字が出てくることが多い。この場合は"几乎"に換えられるが、"简直"には換えられない。

6) 那个公司，博士差不多（／几乎／＊简直）占了一半。
　　Nàge gōngsī, bóshì chàbuduō (/jīhū) zhànle yíbàn.
　　（あの会社は博士がほぼ半分を占めている）

7) 我们差不多（／几乎／＊简直）上了两个小时的课。
　　Wǒmen chàbuduō (/jīhū) shàngle liǎng ge xiǎoshí de kè.
　　（我々は2時間近く授業を行った）

"差不多"は二つのものを比べて、大きな差がない、だいたい同じであることを表すこともできる。この場合は"几乎"や"简直"には換えられない。

8) 那两座山差不多（／＊几乎／＊简直）高。
　　Nà liǎng zuò shān chàbuduō gāo.
　　（あの二つの山はほとんど同じ高さだ）

"差不多"は述語や補語などにもなるが、"几乎"と"简直"はなれない。

9) 这两件上衣的样子差不多（／＊几乎／＊简直）。
　　Zhè liǎng jiàn shàngyī de yàngzi chàbuduō.
　　（この2枚の上着のデザインはほぼ同じだ）

10) 你玩儿得差不多（／＊几乎／＊简直）了，该学习了。
　　Nǐ wánrde chàbuduō le, gāi xuéxí le.
　（遊ぶのはこのくらいにして，もう勉強する時間だ）

见・见面・见到
jiàn　jiànmiàn　jiàndào

　いずれも「人に会う」,「面会する」の意味を表す。三つとも，会う対象に対する親しみや尊敬などの特別な気持は含まれておらず，初めて会う人にも親しい人に会う場合にも用いられ，また会う場所も自由である。
　しかし，それぞれ語用条件が異なり，文中でほとんど言い換えることができない。"见"は他動詞であり，会う対象を目的語にし，よく「"见"＋対象」という形で使われる。

1) 这次回国探亲，我想去见见老同学。
　　Zhè cì huíguó tànqīn, wǒ xiǎng qù jiànjian lǎotóngxué.
　（今回の親戚訪問で帰国したら，昔の同級生に会いに行きたい）

2) 昨天我见了老李给我介绍的那个女孩儿。
　　Zuótiān wǒ jiànle Lǎo Lǐ gěi wǒ jièshào de nàge nǚháir.
　（昨日私は李さんが紹介してくれた女の子に会った）

　"见面"は"见"と違い，それ自身が「動詞＋目的語」という構造であり，後ろにさらに目的語をもつことはできない。そのため，"我见面她"とは言えず，例3)のように会う対象は前置詞"跟"によって導かれる。

3) 我跟他见面。
　　Wǒ gēn tā jiànmiàn.
　（私は彼に会う）

　なお，"见面"は離合詞であり，"见"と"面"の間に他の要素をはさむことができる。

4) 昨天我们几个同乡在新宿见了一面。
　　Zuótiān wǒmen jǐ ge tóngxiāng zài Xīnsù jiànle yí miàn.
　（昨日私たち同郷のもの数人で新宿で会った）

5) 我们以前见过面。
　　Wǒmen yǐqián jiànguo miàn.
　（私たちは以前会ったことがある）

次に、"见"と"见到"の違いについて述べる。"见到"も「"见到"+対象」というように目的語を取れるが、"见到"自身が「動作"见"+結果補語"到"」という構造であることによって、両者におのずと相違点が生じる。

まず、肯定形"见了"と"见到"の意味上の区別をみてみよう。

6) 今天一天我见了三个朋友。
   Jīntiān yì tiān wǒ jiànle sān ge péngyou.
   (今日一日で三人の友達に会った)

7) 今天一天我见到了三个朋友。
   Jīntiān yì tiān wǒ jiàndàole sān ge péngyou.
   (今日一日で三人の友達に会った)

6)、7)の日本語の訳文は同じであるが、中国語としては、6)は会う予定があり、つまり、わざわざ会う機会を作って会った、7)は会う約束がなく、偶然に会ったという違いがある。

次に、否定形"没见"と"没见到"の意味上の区別を見てみよう。

8) 这次回国我没见她。
   Zhè cì huíguó wǒ méi jiàn tā.
   (今回帰国したときは彼女に会わなかった)

9) 这次回国我没见到她。
   Zhè cì huíguó wǒ méi jiàndào tā.
   (今回帰国したときは彼女に会っていない)

8)は会いたくないので会う機会を作らなかったということに対し、9)は客観的に「会っていない」という事実を伝えているだけである。

以上の肯定形と否定形の比較を通して、"见"と"见到"の区別は以下のようにまとめられる。"见"という動作が実現するかどうかは仕手がコントロールすることができるのに対し、"见到"という「動作+結果」が実現できるかどうかは仕手がコントロールすることができない。これは同じ構造の"买"と"买到"、"看"と"看到"、"吃"と"吃到"などにも適用できる。

见・看・找
jiàn kàn zhǎo

いずれも「人に会う」、「面会する」の意味をもち、ＳＶＯ文型に用いる。

1) 我去见（／看／找）朋友。
   Wǒ qù jiàn (/kàn/zhǎo) péngyou.

（私は友達に会いに行く）

　1）は"见"，"看"，"找"のどれを使っても同じ日本語に訳される。しかし，三者が用いられる言語環境は異なる。
　"见"は単純に「人に会う」という意味を表すだけで，付加的意味がほとんどない。初めて会う人にも親しい人に会う場合にも用いられ，また会う場所も自由である。

　2）这次回国探亲，我想去见见老同学。
　　　Zhèi cì huíguó tànqīn, wǒ xiǎng qù jiànjian lǎotóngxué.
　　　（今回の親戚訪問で帰国したら，昔の同級生に会いに行きたい）

　3）听说电影艺术大师卓别林来日本了，很多导演想见他。
　　　Tīngshuō diànyǐng yìshù dàshī Zhuóbiélín lái Rìběn le, hěn duō dǎoyǎn xiǎng jiàn tā.
　　　（映画界の巨匠チャップリンが日本を訪れていると聞いて，多くの映画監督が彼に会いたがっている）

　この例については，単なる好奇心や興味からの場合は"看"が用いられるが，その"看"は「会う」ではなく，「見る」になる。
　"看"は"见"と違い，仕手が会う相手に対して懐かしさや思いやりの感情を抱き，または，会う相手の慶事を祝うため，自発的に親戚や友人などの人に会う時に用いる。また，仕手が相手に会う目的は自分のことのためではなく，会う場所は相手のいるところである。

　4）女儿结婚以后，常常回来看父母，父母也常常去看女儿。
　　　Nǚ'ér jiéhūn yǐhòu, chángcháng huílai kàn fùmǔ, fùmǔ yě chángcháng qù kàn nǚ'ér.
　　　（娘は結婚後，よく両親に会いに来て，両親もよく娘に会いに行きます）

　5）他跟学生建立了深厚的感情，每年春节都有很多学生来看他。
　　　Tā gēn xuésheng jiànlìle shēnhòu de gǎnqíng, měinián Chūnjié dōu yǒu hěn duō xuésheng lái kàn tā.
　　　（彼は学生と深い絆で結ばれており，毎年旧正月には多くの学生が彼に会いに来る）

　"找"は"看"と反対に，仕手が相手に会う目的は自分のことのためである。何らかの必要のために，その必要を満たすことのできる人に自主的に会ったり，連絡をとったりする。

　6）星期六晚上他总去找人聊天。
　　　Xīngqīliù wǎnshang tā zǒng qù zhǎo rén liáotiān.
　　　（土曜日の夜，彼はいつも誰かの所に行って，おしゃべりをする）

　7）他找领导反映了大家的意见。
　　　Tā zhǎo lǐngdǎo fǎnyìngle dàjiā de yìjian.
　　　（彼女は上司にみんなの意見を伝えた）

8) 刚才你妈来电话找你。
   Gāngcái nǐ mā lái diànhuà zhǎo nǐ.
   （さっきお母さんからあなたに電話があった）

"找"と"看"の違いは9)の会話にはっきり示されている。

9) 娘：刚才您的学生来看您了吧?
   Gāngcái nín de xuésheng lái kàn nín le ba?
   （さっき，お父さんの学生がご機嫌うかがいに来たね）

   父：不是来看我，是来找我写推荐信的。
   Bú shì lái kàn wǒ, shì lái zhǎo wǒ xiě tuījiànxìn de.
   （ご機嫌うかがいではなく，推薦状を頼みに来たのだ）

娘は外から帰ってきてお父さんの学生が自分の家から出て行ったところを見た。しかし，その学生がお父さんに頼み事があって尋ねてきたことを知らないので，"看您"という言い方を選んだ。一方父親の方は，学生の訪ねてきた目的がわかっているので，"看我"とは思わず，"找我"と訂正したのである。

"见"，"看"，"找"の違いを簡単に次表にまとめることができる。

	会う気持ち		会う目的		会う場所	
	普通	親しみ	自分の用あり	自分の用なし	相手方	自由
见	○		○	○		○
看		○		○	○	
找	○		○		○	

健康・健全
jiànkāng　jiànquán

ともに生理機能が正常であり，疾病，欠陥がないことを表す。

1) 美是身心健康（／健全）的源泉。
   Měi shì shēnxīn jiànkāng (/jiànquán) de yuánquán.
   （美は心身の健康の源である）

"健康"はおもに疾病がない状態を表す。

2) 希望孩子们都能健康（／*健全）、快乐地成长。
   Xīwàng háizimen dōu néng jiànkāng, kuàilè de chéngzhǎng.
   （子供たちがみな健康で，生き生きと成長することを願います）

3) 他身体非常健康（／＊健全），精力十分充沛。
   Tā shēntǐ fēicháng jiànkāng, jīnglì shífēn chōngpèi.
   （彼は体が非常に健康で，精力が旺盛である）

"健康"は物事が正常であることをも表す。

4) 我们之间的友谊，就像一粒健康（／＊健全）的种子，很快地发芽成长起来。
   Wǒmen zhī jiān de yǒuyì, jiù xiàng yí lì jiànkāng de zhǒngzi, hěn kuài de fāyá chéngzhǎngqilai.
   （私たちの友情はまるで健康な種のように，健やかに芽が出た）

5) 这项财政政策促进了经济的健康（／＊健全）发展。
   Zhè xiàng cáizhèng zhèngcè cùjìnle jīngjì de jiànkāng fāzhǎn.
   （この財政政策は経済の健全な発展を促進させた）

"健全"はより物事が完全無欠であることを表す。

6) 只懂喜乐，不懂哀怒的人属于情感不健全（／＊健康）的人。
   Zhǐ dǒng xǐlè, bù dǒng āinù de rén shǔyú qínggǎn bú jiànquán de rén.
   （喜楽のみを知り，哀怒を知らない人は感情の不完全な人である）

7) 判断一个人的心理健康，我们首先应了解他的人格是否健全（／＊健康）。
   Pànduàn yí ge rén de xīnlǐ jiànkāng, wǒmen shǒuxiān yīng liǎojiě tā de réngé shìfǒu jiànquán.
   （人の心の健康を判断するうえで，まずその人格が健全であるか否を知る必要がある）

"健全"はまた動詞として，「～を完成させる」という使い方がある。

8) 公司刚刚成立，一些制度还没有健全（／＊健康）起来。
   Gōngsī gānggāng chénglì, yìxiē zhìdù hái méiyou jiànquánqilai.
   （会社を立ち上げたばかりで，システムはまだできあがったわけではない）

9) 在他的领导和推动下，逐步建立健全（／＊健康）了各级司法机构和司法制度。
   Zài tā de lǐngdǎo hé tuīdòng xia, zhúbù jiànlì jiànquánle gèjí sīfǎ jīgòu hé sīfǎ zhìdù.
   （彼の統率の下で，徐々に司法機構と司法制度が完成された）

渐渐・逐渐・逐步
jiànjiàn　zhújiàn　zhúbù

いずれも副詞であり、物事の展開や変化などが徐々に進むさまを指す。「だんだん」の意を表す。

1) 天渐渐（／逐渐）黑了。
   Tiān jiànjiàn (/zhújiàn) hēi le.
   (空がだんだん暗くなった)

2) 雨渐渐（／逐渐）小了。
   Yǔ jiànjiàn (/zhújiàn) xiǎo le.
   (雨がだんだん小降りになってきた)

3) 我渐渐（／逐渐）地习惯了这里的生活。
   Wǒ jiànjiàn (/zhújiàn) de xíguànle zhèli de shēnghuó.
   (私はしだいにここの生活に慣れてきた)

"渐渐"と"逐渐"は、いずれも変化の段階がわからないほど進行が遅く、少しずつ変わっていく状態を表すので、1)～3) は置き換えて使うことができる。ただし、単に物事の変化の進行が遅いことを表す"渐渐"に対し、"逐渐"は順を追って「次第に」変化する意味に重点が置かれている。

"逐步"は、意図的な行動が計画どおりに、秩序よく、一歩一歩緩やかに進む意味なので、1)～3) の文には不適切であり、置き換えることができない。

4) 我们要逐步（／逐渐）解决这些问题。
   Wǒmen yào zhúbù (/zhújiàn) jiějué zhèxiē wèntí.
   (われわれは一歩一歩これらの問題を解決しなければならない)

5) 学生们逐步（／逐渐）地掌握了论文的写法。
   Xuéshengmen zhúbù (/zhújiàn) de zhǎngwòle lùnwén de xiěfǎ.
   (学生たちは徐々に論文の書き方をわかってきた)

6) 灾区的生活环境逐步（／逐渐）得到了改善。
   Zāiqū de shēnghuó huánjìng zhúbù (/zhújiàn) dédàole gǎishàn.
   (被災地区の生活環境は次第に改善されてきた)

4)～6) はみな人為的な段階の変化を述べているものなので、"逐步"を使う。また、"逐渐"は「自然な発展や変化」か「人為的な段階の変化」かを問わず、順を追って変化する意味なので、1)～6) のすべての文に使うことができる。

総じて言えば、"渐渐"と"逐渐"は自然に発展、変化することをいうのに対し、"逐步"は一歩一歩段階を追って行われることをいう。また"渐渐"と"逐渐"は

動詞と形容詞のいずれも修飾できるが、"逐步"は動詞に限られる。

将就・凑合
jiāngjiu   còuhe

いずれも「間に合わせる、適当にやる」、「我慢する」などの意を有する。

1) 这里环境差一点儿，你们就将就（/凑合）一下吧。
   Zhèli huánjìng chà yìdiǎnr, nǐmen jiù jiāngjiu (/còuhe) yíxià ba.
   (ここはあまりいい環境とは言えないが、少し我慢してください)

2) 谁不愿意买正版的，哪有钱呀！将就（/凑合）着看吧。
   Shéi bú yuànyì mǎi zhèngbǎn de, nǎ yǒu qián ya! jiāngjiu (/còuhe) zhe kàn ba.
   (そりゃあ、みんな本物は欲しいよ、でもお金がないから、これで我慢しなさい)

いずれの例も思わしくない、不本意な条件や状況を辛抱する、またはそれに甘んじるという意味である。どちらも"凑合"に置き換えが可能で、意味の相違もほとんどない。

3) 你将就她，她不将就（/＊凑合）你呀！
   Nǐ jiāngjiu tā, tā bù jiāngjiu nǐ ya!
   (君は彼女に寛大でも、彼女は同じようにしてくれない)

4) 大人如果总是将就（/＊凑合）孩子，孩子就会越来越任性。
   Dàrén rúguǒ zǒngshì jiāngjiu háizi, háizi jiù huì yuè lái yuè rènxìng.
   (大人が子供の言いなりになれば、子どもはますますわがままになる)

いずれの例も人間を目的語にとり、無理して「相手の欠点を受け入れる」、「合わせる、歩み寄る」といった意味で、この場合は"凑合"に置換えることは難しい。

5) 今天这顿饭太凑合（/将就）了，改日再请大家吃。
   Jīntiān zhè dùn fàn tài còuhe (/jiāngjiu) le, gǎirì zài qǐng dàjiā chī.
   (今日はあり合わせの物しかなかったから、日を改めてまた招待するよ)

6) 那家酒店还凑合（/将就），房间不大，但餐厅还可以。
   Nà jiā jiǔdiàn hái còuhe (/jiāngjiu), fángjiān bú dà, dàn cāntīng hái kěyǐ.
   (あのホテルはまあまあだな、部屋は狭いが、レストランはそこそこ美味しい)

7) 最近身体怎么样？——还将就（/凑合）吧。
   Zuìjìn shēntǐ zěnmeyàng? —— Hái jiāngjiu (/còuhe) ba.
   (最近体調はどう？——まあまあだよ)

いずれも形容詞的な使い方で,「理想な状態ではない」というネガティブな評価であるが,"还"を加えと,「まあまあ」,「そこそこ」といった我慢できる「プラス評価」の意味合いをもつことになる。"凑合"と"将就"のどちらも使える。

8) 几个退休老人凑合起来办了一家小公司。
   Jǐ ge tuìxiū lǎorén còuheqilai bànle yì jiā xiǎo gōngsī.
   (定年になった何人かのお年寄りが集まって小さな会社を作った)

9) 今天能不能凑合几个人搓一桌。
   Jīntiān néngbunéng còuhe jǐ ge rén cuō yì zhuō.
   (今日は何人かを集めてマージャンやらないか)

8), 9) は,"将就"にはない使い方で,「集まる,集う」,「かき集める,寄せ集める」という意味で用いられている。自動詞としても,他動詞としても使える。この場合は,「分散から集中へ」という派生的な意味をもつ方向補語"起来"との組み合わせが多く見られる。

10) 与其在这儿将就凑合,不如另谋出路。
    Yúqí zài zhèr jiāngjiu còuhe, bùrú lìng móu chūlù.
    (ここで我慢するより,別の道へ進んだほうがましだ)

10)のように同義の二つの単語を並べ,語気を強める例も見られる。この場合,"将就凑合"という語順はほぼ固定している。

骄傲・自豪
jiāo'ào　zìháo

"骄傲","自豪"はいずれも「誇らしい」という意味をもっている。両者はほとんど言い換えられる。

1) 中国运动员骄傲（/自豪）地穿着李宁服走上世界赛场。
   Zhōngguó yùndòngyuán jiāo'ào (/zìháo) de chuānzhe LǐNíngfú zǒushang shìjiè sàichǎng.
   (中国の選手は誇らしげに李寧ブランドの運動服を着て世界の舞台に赴いた)

2) 长城作为文化遗产,是中国和世界人民的骄傲（/自豪）。
   Chángchéng zuòwéi wénhuà yíchǎn, shì Zhōngguó hé shìjiè rénmín de jiāo'ào (/zìháo).
   (万里の長城は文化遺産として,中国および世界人民の誇りである)

3) 十九世纪是人类值得自豪（/骄傲）的一个世纪。
   Shíjiǔ shìjì shì rénlèi zhíde zìháo (/jiāo'ào) de yí ge shìjì.

(十九世紀は人類の誇るべき世紀である)

4) 这是他一生中最引以为自豪（／骄傲）的成就。
Zhè shì tā yìshēng zhōng zuì yǐn yǐwéi zìháo (／jiāo'ào) de chéngjiù.
(彼の人生においては，これはもっとも誇らしい成果である)

上の1)，2)にある"骄傲"は"自豪"に言い換えることができる。3)，4)にある"自豪"を"骄傲"に言い換えることもできる。また，意味を強めるために，"骄傲"と"自豪"を同時に用いることもある。

5) 孔子是中华民族值得骄傲自豪的伟人。
Kǒngzǐ shì Zhōnghuá mínzú zhíde jiāo'ào zìháo de wěirén.
(孔子は中華民族の誇るべき偉人である)

このように「誇らしい」という意味を表す"骄傲"と"自豪"はほとんど言い換えられるが，ただし"自豪感"という語はよく使われるが，"骄傲感"とは言えない。

6) 香港人对中国人身份的自豪感持续上升。
Xiānggǎngrén duì Zhōngguórén shēnfèn de zìháogǎn chíxù shàngshēng.
(香港人の中国人という身分に対する誇らしさが上昇しつつある)

"骄傲"は「傲慢である，おごり高ぶっている」というマイナスの意味があるが，"自豪"は褒め言葉であり，マイナスの意味はない。

7) 这次成功使他滋生了骄傲情绪。
Zhè cì chénggōng shǐ tā zīshēngle jiāo'ào qíngxù.
(今回の成功によって，彼は傲慢な感情をふくらませた)

8) 夫差打败了越国，已为父亲报了仇，就骄傲起来。
Fūchāi dǎbàile Yuèguó, yǐ wèi fùqin bàole chóu, jiù jiāo'àoqilai.
(夫差は越国を打ち負かし，父のために復讐したとして，おごり高ぶりはじめた)

9) 虚心使人进步，骄傲使人落后。
Xūxīn shǐ rén jìnbù, jiāo'ào shǐ rén luòhòu.
(謙虚は人を進歩させ，傲慢は人を後退させる)

マイナス意味の"骄傲"はよく"骄傲自满" jiāo'ào zìmǎn，"骄傲自大" jiāo'ào zìdà という四字句で用いられる。

教・告诉
jiāo　gàosu

意味から見ると，いずれも動詞として「教える」という意味をもつ。次の例のように使える。

1) 你教（／告诉）我怎么做这个菜吧。
　　Nǐ jiāo (/gàosu) wǒ zěnme zuò zhège cài ba.
　　（この料理の作り方を教えてください）

2) 我告诉（／教）老爸视频的操作方法。
　　Wǒ gàosu (/jiāo) lǎobà shìpín de cāozuò fāngfǎ.
　　（父にウェブカメラの使い方を教えてあげた）

3) 我教（／告诉）你一个高招儿。
　　Wǒ jiāo (/gàosu) nǐ yí ge gāozhāor.
　　（うまいやり方を教えてあげよう）

"教"は，具体的，系統的な知識や，身につけるまで時間のかかる技能などを教える，伝授するという意味の最も一般的な語である。単純な事実や簡単，断片的な情報を伝えるという意味の「告げる」，「知らせる」，「言う」は"告诉"を用いる。

4) 老王教（／＊告诉）我太极拳。
　　Lǎo Wáng jiāo wǒ tàijíquán.
　　（王さんは私に太極拳を教えてくれた）

5) 这个秘密，你可不能告诉（／＊教）别人。
　　Zhège mìmì, nǐ kě bù néng gàosu biérén.
　　（この秘密を人に言ったらだめだよ）

6) 请告诉（／＊教）他明天下午5点开会。
　　Qǐng gàosu tā míngtiān xiàwǔ wǔ diǎn kāihuì.
　　（明日午後5時に会議があることを彼に伝えてください）

文法から見ると，"教"と"告诉"はいずれも二重目的語を伴うことが可能だが，"教"は後ろに教えられる人を表す間接目的語がなくても，その教える内容だけを目的語にとることができる。ただし，その目的語は用言フレーズより名詞のほうが多い。一方，"告诉"は相手指向の動詞で，必ず伝達相手を言わなければならず，常に二重目的語をとる。

7) 我教汉语。
　　Wǒ jiāo hànyǔ.

(私は中国語を教えている)（〇）

8) 我教他们汉语。
   Wǒ jiāo tāmen hànyǔ.
   (彼らに中国語を教える)（〇）

9) 我教他们用汉语演讲。
   Wǒ jiāo tāmen yòng hànyǔ yǎnjiǎng.
   (彼らに中国語でスピーチするのを教えている)（〇）

10) 他告诉我事情的经过。
    Tā gàosu wǒ shìqing de jīngguò.
    (彼は事の経緯を私に教えてくれた)（〇）

11) 他告诉事情的经过。(×)

また，"告诉"は非持続，瞬間の動作を表す動詞なので，時間の長さを表す数量補語と一緒に使えない。他方，"教"は使うことができる。

12) 我教了他一个小时的汉语。
    Wǒ jiāole tā yí ge xiǎoshí de hànyǔ.
    (彼に中国語を1時間教えた。)（〇）

13) 我告诉了他一个小时的事情。(×)

初めに挙げた例の1)，2)，3)は「系統的，具体的なやり方を教える」意味からの理解もできるし，「簡単な，断片的なやり方を教える」意味からの理解もできる。その上，二重目的語があり，時間の長さを表す数量補語がない。例1),2),3)が"教"と"告诉"いずれも使えるのは，このような理由によるものである。

叫・喊
jiào　　hǎn

ともに動詞として「叫ぶ」という共通義をもつ。

1) 别大喊大叫！
   Bié dà hǎn dà jiào!
   (大声を上げるな！)

2) 他疼得叫（/喊）了起来。
   Tā téngde jiào (/hǎn) leqilai.
   (彼は痛くて悲鳴をあげた)

しかし,"叫"は人や動物などが「声をあげる」,「鳴く」という時も使えるが,"喊"は使えない。つまり,"喊"は人の口から「叫ぶ」,「わめく」という時しか使えない。

3) 那只鸟叫（／＊喊）得挺好听的。
   Nà zhī niǎo jiàode tǐng hǎotīng de.
   (あの鳥は鳴き声がとてもきれいだ)

4) 一来人他们家的小狗就叫个不停。
   Yì lái rén tāmen jiā de xiǎogǒu jiù jiào ge bùtíng.
   (人が来ると彼の家の小犬は吠え続ける)

5) 肚子饿得直叫（／＊喊）。
   Dùzi ède zhí jiào.
   (お腹が空いて鳴っている)

また，人を「呼ぶ」あるいは「呼び寄せる」の意味を表す時,

6) 妈妈叫（／喊）你呢。
   Māma jiào (/hǎn) nǐ ne.
   (お母さんが君を呼んでいるよ)

7) 替我叫（／喊）一声老张。
   Tì wǒ jiào (/hǎn) yì shēng Lǎo Zhāng.
   (私の代わりにちょっと張さんを呼んできてください)

どちらもいえるが，どちらかというと"喊"の声は"叫"より大きい。次の場合は"喊"しか用いられない。

8) 喊（／＊叫）口号
   hǎn kǒuhào
   (スローガンを叫ぶ)

9) 喊（／＊叫）嗓子
   hǎn sǎngzi
   (発声練習をする)

10) 有人喊（／＊叫）"别让他跑了。"
    Yǒurén hǎn "bié ràng tā pǎo le."
    (誰かが「そいつを逃がすな」と叫んだ)

教会・教堂
jiàohuì　jiàotáng

「教会」は，日本語では一般的には「①信仰を同じくする人の共同体，主としてキリスト教で用いる語で，他の宗教でも用いる場合がある。②教会堂に同じ。」(『広辞苑』第6版)とあるように，共同体の意味と，建物としての「教会堂」の意味と二つの意味をもっている。中国語では《现代汉语词典》第6版に，「"教会"は，カトリック，ギリシャ正教，プロテスタントなどキリスト教各教派の信徒の組織」とあり，建物としての意味はなく，建物としては"教堂"である。ただ実際には中国でも一般の人々の日常会話の中では混用されている場合が見られるという。

1) 广场上屹立着一座庄严的哥特式大教堂（／＊教会）。
   Guǎngchǎngshang yìlìzhe yí zuò zhuāngyán de gētèshì dàjiàotáng.
   (広場には荘厳なゴシック様式の大聖堂がそびえ建っている)

2) 这个教堂（／＊教会）前年失火被烧毁，今年重新修建了。
   Zhège jiàotáng qiánnián shīhuǒ bèi shāohuǐ, jīnnián chóngxīn xiūjiàn le.
   (この教会堂は一昨年火災により焼失し，今年新たに建造された)

上の文は二つとも建物の特長や経緯を述べており"教会"は使わない。次に結婚式などの儀式の場合であるが，

3) 基督徒必须在基督教会中举办婚礼吗？
   Jīdūtú bìxū zài Jīdū jiàohuì zhōng jǔbàn hūnlǐ ma?
   (キリスト教徒はかならず教会で結婚式を挙げなければなりませんか)

この文の中の"教会"はキリスト教信徒の共同体の中でという意味になる。

4) 如果要在教堂举行婚礼，首先男女双方需要向教会（／＊教堂）申请。
   Rǔguǒ yào zài jiàotáng jǔxíng hūnlǐ, shǒuxiān nánnǚ shuāngfāng xūyào xiàng jiàohuì shēnqǐng.
   (もし教会堂で結婚式を挙げたいのなら，まず男女双方が教会に申請しなければなりません)

結婚式を行う建物としての"教堂"と，結婚の申請をする組織としての"教会"との使い分けが見られる。

5) 中国家庭教会（／＊教堂）的动向会越来越引起人们的关注。
   Zhōngguó jiātíng jiàohuì de dòngxiàng huì yuè lái yuè yǐnqǐ rénmen de guānzhù.
   (中国の「家の教会」〈家庭に集まって礼拝や聖書研究をしているグループ〉の動向はますます人びとの関心を引くことになろう)

6) 现在中国很多地方暴雨成灾，严重影响了教会（／＊教堂）活动。
   Xiànzài Zhōngguó hěn duō dìfang bàoyǔ chéngzāi, yánzhòng yǐngxiǎngle jiàohuì huódòng.
   （現在中国の多くの場所で豪雨が災難となり，教会活動に重大な影響を及ぼしている）

7) 我们大学是在上海较早设立的一所著名的教会（／＊教堂）大学。
   Wǒmen dàxué shì zài Shànghǎi jiào zǎo shèlì de yì suǒ zhùmíng de jiàohuì dàxué.
   （私達の大学は上海で比較的早い時期に設立された有名なミッション系大学である）

上の例文のように，少人数のグループであっても宗教的意義の上で教会の概念が成立する場合や，その共同体としての活動，教会が運営する学校，病院，図書館，養老院などを言い表すときも"教会"を用いる。これらは"教堂"と混用されることはない。

教室・课堂
jiàoshì　kètáng

"教室"は授業が行われる部屋であり，物理的な空間を指す。量詞は"个"や"间"を用い，"教室里"のように後ろに"里"を加えることができる。

1) 教室里很安静，没有一个人说话。
   Jiàoshìli hěn ānjìng, méiyou yí ge rén shuōhuà.
   （教室の中はとても静かで，1人として話をしている人はいない）

2) 这间教室不太大，有 30 个座位。
   Zhè jiān jiàoshì bú tài dà, yǒu sānshí ge zuòwèi.
   （この教室はそう広くなく，30席あるだけだ）

3) 今天我们在 121 教室上课。
   Jīntiān wǒmen zài yāo'èryāo jiàoshì shàngkè.
   （今日私たちは 121 教室で授業がある）

"课堂"は教室内で行われる教学行为や授業活動それ自体を指す。"课堂上"のように"上"をつけて言われることが多い。

4) 在课堂上同学们听课都很认真。
   Zài kètángshang tóngxuémen tīngkè dōu hěn rènzhēn.
   （授業中，生徒たちはとても熱心に授業に耳を傾けていた）

5) 课堂上学生很活跃，课堂气氛很好。
   Kètángshang xuésheng hěn huóyuè, kètáng qìfen hěn hǎo.
   （授業において生徒たちはとても活き活きとしており，クラスの雰囲気はとても良い）

"课堂"は知識を得ることのできる場所や活動を比喩的に一種の「教室」として表すことができる。

6) 社会是个大课堂。
　　Shèhuì shì ge dà kètáng.
　　(社会は大きな教室です)

7) 广大农村是我们的好课堂。
　　Guǎngdà nóngcūn shì wǒmen de hǎo kètáng.
　　(広大な農村は私たちのよき教室です)

このように"教室"と"课堂"はほとんど互換性がない。

接见・会见
jiējiàn　huìjiàn

いずれも公式に人に面会する意味に使われるが、社会的地位の高い者が下位の者に面会する場合は置き換えられる。外交用語としても使われる。

1) 市领导接见（／会见）了会议的代表。
　　Shì lǐngdǎo jiējiàn (/huìjiàn) le huìyì de dàibiǎo.
　　(市の指導者が会議の代表者と会った)

2) 主席会见（／接见）了外宾。
　　Zhǔxí huìjiàn (/jiējiàn) le wàibīn.
　　(主席は外国の要人と会見した)

"接见"は一般的に「社会的地位の高い者が下位の者に面会する場合」のみ使われるが、"会见"は面会する両者の地位関係に関係なく使える。そのため、以下の場合は"接见"に置き換えられない。

3) 我会见（／＊接见）了几位老朋友。
　　Wǒ huìjiànle jǐ wèi lǎopéngyou.
　　(昔からの友人何人かに会った)

"接见"は要望に応えて面会する意味をもち、受け身文に使われる。"会见"は受け身文に使われない。

4) 经理答应接见（／＊会见）我们。
　　Jīnglǐ dāying jiējiàn wǒmen.
　　(社長が我々との面会に応じた)

5) 年轻时，他曾被国家主席接见（／＊会见）过。
   Niánqīng shí, tā céng bèi guójiā zhǔxí jiējiànguo.
   （若い頃，彼は国家主席に会ったことがある）

节省・节约
jiéshěng　jiéyuē

　どちらも「節約する」の意味をもち，労力，時間，金銭，財物，資源などを対象とし互換できる場合が多い。ともに程度副詞 "很" hěn（とても）や "非常" fēicháng（非常に）などの修飾を受けることができる。
　"节省" は基本的に "省" shěng（省く）の意味に重点が置かれ，たとえ使うべきものであっても，なるべく少なく使うか，使わずに済ませる意を表す。いっぽう "节约" は "约" yuē（抑える）に重きを置き，浪費せず倹約し，使うべきものは使い，使うべきでないものを減らす意を表す。

1) 我们必须节约资源，才能有更好的发展。
   Wǒmen bìxū jiéyuē zīyuán, cái néng yǒu gèng hǎo de fāzhǎn.
   （我々は資源を節約せねばならない，それでこそさらなる発展ができる）

2) 节省不必要的开支
   jiéshěng bú bìyào de kāizhī
   （不要な支出を切り詰める）

　1) は "节省" も可能であるが，比較的広い範囲で重々しい表現の場合 "节约" が多く用いられる。2) は対象がそもそも不要な支出であり，"节省" が使われることが多い。
　"节省" は日常生活一般の場面で用いられることが多く，"节约" よりやや口語的である。

3) 使用这种折叠床非常节省空间。
   Shǐyòng zhè zhǒng zhédiéchuáng fēicháng jiéshěng kōngjiān.
   （こういう折りたたみ式ベッドを使えばスペースを大幅に節約することになる）

4) 为了节省时间，请各位把发言控制在三分钟之内。
   Wèile jiéshěng shíjiān, qǐng gèwèi bǎ fāyán kòngzhìzài sān fēnzhōng zhī nèi.
   （時間を節約するために，皆さま発言は3分以内におさめてください）

5) 在吃穿上你不要太节省了。
   Zài chīchuānshang nǐ búyào tài jiéshěng le.
   （衣食の面であまりに倹約しすぎるな）

6) 在不改变内容的情况下，节省篇幅。
　　Zài bù gǎibiàn nèiróng de qíngkuàng xia, jiéshěng piānfu.
　　（内容を変更しないという状況の下で，紙面を節約する）

"节约"は，しばしば団体，工場，企業，民族，国家，社会など大きな規模をもつものが主体となり，その対象も範囲が広い。

7) 开展增产节约（／＊节省）运动
　　kāizhǎn zēngchǎn jiéyuē yùndòng
　　（増産節約運動を展開する）

"增产节约"は"增加生产，厉行节约"zēngjiā shēngchǎn, lìxíng jiéyuē（生産を増やし，節約を励行する）の略語で，1950年代頃よりスローガンとしてよく使われた。

8) 节约（／＊节省）光荣，浪费可耻。
　　Jiéyuē guāngróng, làngfèi kěchǐ.
　　（節約は光栄なことであり，浪費は恥ずべきことである）

9) 我们要勤俭节约（／＊节省），建设节约（／＊节省）型社会。
　　Wǒmen yào qínjiǎn jiéyuē, jiànshè jiéyuēxíng shèhuì.
　　（我々は勤勉と節約につとめ，節約型社会を建設せねばならない）

10) 倡导节约（／＊节省）观念，树立文明新风。
　　Chàngdǎo jiéyuē guānniàn, shùlì wénmíng xīnfēng.
　　（節約の観念を提唱し，文明の新風を打ち立てよう）

7)～10) のように，"节约"にはそれ自体に美徳の意味が含まれる。また"观念"guānniàn（観念），"意识"yìshí（意識）などの抽象的な意味の言葉と組み合わせてスローガンなどに使われることも多い。このような場合には"节省"は使わない。

结构・构造
jiégòu　　gòuzào

ともに「仕組み」，「構造」という意味をもつが，観察の視点が異なる。
　"结构"は構成部分の結合の仕方や配列方式に視点がある。ものの内部を立体的に見るときの「仕組み」，「構造」である。芸術作品など抽象的なことにも用いる。「仕組み」，「構成」，「構造」と訳す。

1) 原子结构（／＊构造）
　　yuánzǐ jiégòu
　　（原子構造）

2) 社会结构（／＊构造）
   shèhuì jiégòu
   (社会構造。社会の仕組み)

3) 结构改革（／＊构造）
   jiégòu gǎigé
   (構造改革)

4) 结构严密（／＊构造）
   jiégòu yánmì
   (構成がしっかりしている)

5) 文章的结构（／＊构造）
   wénzhāng de jiégòu
   (文章の構成)

6) 钢筋混凝土结构（／＊构造）
   gāngjīn hùnníngtǔ jiégòu
   (鉄筋コンクリート構造)

7) 全剧结构（／＊构造）在脑中浮现出来。
   Quán jù jiégòu zài nǎo zhōng fúxiànchulai.
   (劇全体の構成が頭に浮かんだ)

"构造"は各部分の組み合わせ，あるいは組み合わせによって全体がどのようにできているか，構成部分の相互関係に視点がある。多く自然界のものなど，具体的なものについて用いる。「構造」，「構成」と訳す。

8) 人体构造（／＊结构）
   réntǐ gòuzào
   (人体構造，人体がどのようにできているか)

9) 地层的构造（／＊结构）
   dìcéng de gòuzào
   (地層のできかた，構造)

10) 汉字的构造
    Hànzì de gòuzào
    (漢字の構造)

11) 音节构造
    yīnjié gòuzào
    (音節の構造)

この他にも"细胞"xìbāo や"结晶"jiéjīng などとも結びつく。また"构造"は動詞として「複数のものを組み合わせ構造体を作る」という意味で用いることができる。

12) 我们今天也可以按照一定的方式构造成一个新字。
　　 Wǒmen jīntiān yě kěyǐ ànzhào yídìngde fāngshì gòuzàochéng yí ge xīnzì.
　　 (我々は今日でも一定の方式に基づいて新しい漢字を作ることができる)

结果・后果・成果
jiéguǒ　hòuguǒ　chéngguǒ

　ともに名詞であり、物事が一定の段階まで発展して、最後の状態に達したことを表す際に用いられるが、その状態に関する評価の判断はそれぞれ異なる意味合いをもつ。
　"结果"は中性的で、"后果"は「悪い結果」、"成果"はプラスの評価の意味で使われる。プラス評価の事柄を表す際に、"结果"と"成果"の間に互換性の生じる可能性は相当高い。

1) 这次的成绩，都是你平时刻苦努力的结果（／＊后果／成果）。
　　 Zhè cì de chéngjì, dōu shì nǐ píngshí kèkǔ nǔlì de jiéguǒ (/chéngguǒ).
　　 (今回の成績はすべてあなたが普段、苦労して頑張った結果である)

2) 那件事的处理结果（／＊后果／＊成果）并不让人满意。
　　 Nà jiàn shì de chǔlǐ jiéguǒ bìng bú ràng rén mǎnyì.
　　 (その件についての解決結果はあまり喜ばしいものではない)

　"结果"という語自身には積極あるいは消極的な意味を表す含意はなく、中性的な意味を表しているが、事柄の積極的な意味合いを表す際には、1) のように"成果"との互換は可能である。しかし、2) のような消極的なことを表している文においては両語の互換は難しくなる。

3) 他的科研项目已经取得了一定的成果（／＊后果／结果）。
　　 Tā de kēyán xiàngmù yǐjīng qǔdéle yídìng de chéngguǒ (/jiéguǒ).
　　 (彼の科研プロジェクトはすでに一定の成果をあげている)

　3) では"结果"との互換も可能であるが、"成果"のほうが"结果"よりプラスに評価されているというニュアンスの違いがみられる。

4) 如果现在不努力，后果（／＊结果／＊成果）不堪设想。
　　 Rúguǒ xiànzài bù nǔlì, hòuguǒ bùkān shèxiǎng.
　　 (今のうち努力しなければ、大変なことになる)

5) 脱离群众，一意孤行的作法，将带来严重后果（／*结果／*成果）。
Tuōlí qúnzhòng, yí yì gū xíng de zuòfǎ, jiāng dàilai yánzhòng hòuguǒ.
（民衆から離れた独断専行のやり方は重大な結果をもたらす）

4）と5）のような悪い結果を想定して話す場面では"结果"，"成果"との互換は難しくなり，"后果"しか使えない場合が多い。

なお，"结果"は接続詞としての働きもある。この場合，ほかの語彙との互換性はない。

6) 他从小时候开始就想上北大，结果（／*后果／*成果）还真考上了。
Tā cóng xiǎoshíhou kāishǐ jiù xiǎng shàng Běidà, jiéguǒ hái zhēn kǎoshàng le.
（彼は幼いときからずっと北京大学に行きたがっていたが，本当に受かった）

7) 我给他打过好几次电话，结果（／*后果／*成果）他都没在家。
Wǒ gěi tā dǎguo hǎojǐ cì diànhuà, jiéguǒ tā dōu méi zài jiā.
（何回も彼に電話をかけたが，ずっと留守だった）

解释・说明
jiěshì　shuōmíng

ともに不明確な内容を明確に「説明する」という共通義をもつ。

現象や原因などを説明するときには，"说明"にも置き換え可能であるが，"解释"が使われることが多い。

1) 多年来，科学家提出多种假设来解释（／说明）人体自燃现象。
Duō nián lái, kēxuéjiā tíchū duō zhǒng jiǎshè lái jiěshì (／shuōmíng) réntǐ zìrán xiànxiàng.
（長年，科学者は多くの仮説を立てて人体発火現象を説明してきた）

2) 研究人员解释（／说明），这可能就是老鼠体重减轻的原因。
Yánjiū rényuán jiěshì (／shuōmíng), zhè kěnéng jiùshì lǎoshǔ tǐzhòng jiǎnqīng de yuányīn.
（研究者はこれがすなわちネズミの体重が減少した原因であろうと説明した）

また，"解释"は「物事の背後の構造や深い意味を解き明かす」場合に多く使われる。"词句"cíjù（語句），"诗"shī（詩），"含义"hányì（含意），"法律"fǎlǜ（法律）などを説明するときに，人が納得できるようにその「言葉に含まれる意味などを説明する」，この場合には"解释"しか使われない。

3) 你能否给我解释（／*说明）一下这首诗的含义？
Nǐ néngfǒu gěi wǒ jiěshì yíxià zhè shǒu shī de hányì?

(この詩の意味を解説してもらえますか)

さらに，"解释"には言い訳するという意味があるが，"说明"にはない。

4) 事实摆在眼前，你就别解释（／＊说明）了。
   Shìshí bǎi zài yǎnqián, nǐ jiù bié jiěshì le.
   (事実が明らかになっているのだから，言い訳するのはやめなさい)

"说明"は「事実を明らかにするために説明する」場合に使われる。

5) 食品包装上应说明（／＊解释）用料、食用方法。
   Shípǐn bāozhuāngshang yīng shuōmíng yòngliào、shíyòng fāngfǎ.
   (食品の包装には，原材料，食べ方が説明されているべきである。)

また，"说明"には「物語る，立証する，証明する」という意味があるが，"解释"にはない。事実を述べた後に"这说明～"の形で使われることも多い。

6) 他的话前后矛盾，这说明（／＊解释）他在说谎。
   Tā de huà qiánhòu máodùn, zhè shuōmíng tā zài shuōhuǎng.
   (彼の話には矛盾がある，うそをついている証拠だ)

7) 网上购物人数增加说明（／＊解释）因特网对商界的影响日益增强。
   Wǎngshang gòuwù rénshù zēngjiā shuōmíng yīntèwǎng duì shāngjiè de yǐngxiǎng rìyì zēngqiáng.
   (インターネットショッピングをする人が増加しているのは，インターネットの商業界に対する影響が日増しに大きくなっていることを物語っている)

尽管・不管
jǐnguǎn bùguǎn

品詞はともに接続詞で，両者ともに"管"の文字があるが，意味と用法はまったく異なる。

"尽管"は事実は認めるが，それによって結論は影響を受けないことを表す。「…ではあるけれども」，「…だが」の意味。"尽管"の後ろに事実を述べ，逆接の"但是"dànshì（しかし），"可是"kěshì（しかし），"却"què（かえって）などで受ける。

1) 尽管（／＊不管）他得了癌症，可是他仍然坚持继续工作。
   Jǐnguǎn tā déle áizhèng, kěshì tā réngrán jiānchí jìxù gōngzuò.
   (彼は癌にかかったのに，頑張って仕事を続けている)

2) 尽管（／＊不管）他试了很多方法，但是他的爱人还是离开他了。
   Jǐnguǎn tā shìle hěn duō fāngfǎ, dànshì tā de àiren háishì líkāi tā le.

（彼はいろいろ方法を試したが，彼の奥さんはやはり彼から離れてしまった）

"不管"はどのような条件のもとでも，結論は変わらないことを表す。「～にもかかわらず」の意味。"不管"の後ろには，"谁"，"什么"，"怎么"などの疑問詞，「"多／多么／再"＋形容詞」の形式，「肯定＋否定」("V不V"，"A不A")の形式，"～还是～"などをともなう。

3) 不管（／＊尽管）谁说什么，我都不相信。
　　Bùguǎn shéi shuō shénme, wǒ dōu bù xiāngxìn.
　　（誰が何を言おうと，私は信じません）

4) 不管（／＊尽管）下多大的雨，他从来不打伞。
　　Bùguǎn xià duō dà de yǔ, tā cónglái bù dǎ sǎn.
　　（どんなひどい雨が降っても，彼は傘をさしたことがない）

5) 不管（／＊尽管）你参加不参加，都要事先通知一声。
　　Bùguǎn nǐ cānjiā bù cānjiā, dōu yào shìxiān tōngzhī yì shēng.
　　（参加するにしろしないにしろ，とにかく事前に連絡をください）

6) 不管（／＊尽管）嫁得好不好，女人都应该学会经济独立。
　　Bùguǎn jiàde hǎobuhǎo, nǚrén dōu yīnggāi xuéhuì jīngjì dúlì.
　　（よい結婚であるかどうかにかかわらず，女性は経済的な独立を学ぶべきである）

7) 不管（／＊尽管）他来还是不来，大会都照常举行。
　　Bùguǎn tā lái háishì bù lái, dàhuì dōu zhàocháng jǔxíng.
　　（彼が来ても来なくても，大会は通常どおりに行われる）

近代・现代・当代
jìndài　xiàndài　dāngdài

いずれも時代区分を示す言葉である。一般に1840年～1919年（アヘン戦争が始まった年から五四運動が起こった年まで）を"近代"，1919年～1949年（五四運動が起こった年から新中国が成立した年まで）、または1919年～現在までを"现代"，1949年から現在までを"当代"と呼ぶ。

1) 中国近代（／＊现代／＊当代）史，通常指以晚清为开端，中国面对内忧外患的一段历史。
　　Zhōngguó jìndàishǐ, tōngcháng zhǐ yǐ Wǎn Qīng wéi kāiduān, Zhōngguó miànduì nèi yōu wài huàn de yí duàn lìshǐ.
　　（中国近代史とは通常，清朝末期に始まり，中国が内憂外患に直面した時期の歴史のことである）

文の中で上記三つを置き換えることは場合によって可能だが，その際それぞれが意味するものは一般に異なるものとなる。

2) 中国当代（／近代／現代）作家中你最喜欢谁的作品？
Zhōngguó dāngdài (/jìndài/xiàndài) zuòjiā zhōng nǐ zuì xǐhuan shéi de zuòpǐn?
（1949年から現代／1840年から1919年／1919年から1949年もしくは現代までの作家の中でどの作家の作品が一番好きですか）

上記の文で"当代"を用いるならば，答えは今も存命の作家となる可能性が高い。"現代"を用いるならほとんどはすでに亡くなった作家になるだろう。"近代"ももちろん用いることは可能だが，中国の"近代"文学中，好きな作家の作品という問いかけはやや不自然である。中国"近代"の作家名を知る人はそれほど多くはない。

"現代"は「近代的な」，「モダンな」という意味でも使われる。

3) 四个现代（／＊近代／＊当代）化
sì ge xiàndàihuà
（四つの近代化）

4) 后现代（／＊近代／＊当代）
hòu xiàndài
（ポストモダン）

经常・总是
jīngcháng zǒngshì

どちらも「いつも」，「しょっちゅう」を意味し，互換性が非常に高い。品詞はともに副詞である。

"经常"は動作行為が重複して発生し，頻度が高いことを表す。「常に」，「しょっちゅう」。"总是"とほぼ言い換えられる。

1) 爸爸经常（／总是）看电视看到睡着了。
Bàba jīngcháng (/zǒngshì) kàn diànshì kàndào shuìzháo le.
（お父さんはしょっちゅうテレビを見ながら寝てしまっている）

2) 年纪大了，最近经常（／总是）忘东忘西的。
Niánjì dà le, zuìjìn jīngcháng (/zǒngshì) wàng dōng wàng xī de.
（年をとったので，最近しょっちゅう物忘れをしている）

"总是"は動作行為が恒常的であったり，習慣的であったりすることを表す。「いつも，しょっちゅう」。「変わることなく，一定不変に」。

3) 他上班总是（／经常）迟到。
   Tā shàngbān zǒngshì (/jīngcháng) chídào.
   (彼はいつも仕事に遅刻している)

4) 我最近总是（／经常）犯困没精神。
   Wǒ zuìjìng zǒngshì (/jīngcháng) fànkùn méi jīngshen.
   (私は最近いつも眠くて，あまり元気がない)

「いつも」，「しょっちゅう」を表す場合，"经常"と"总是"は置き換えられることが多いが，置き換えられない場合もある。

5) 她总是（／＊经常）那么美丽，那么引人注目。
   Tā zǒngshì nàme měilì, nàme yǐn rén zhù mù.
   (彼女はいつも美しくて，人の注目を集めている)

ある状態が変化することなく，ずっとそのまま保たれている場合，"总是"は使えるが，"经常"は使えない。

经过・通过
jīngguò tōngguò

ともに「あるところを通過する」という意味だが，"经过"は「通り過ぎる」，"通过"は「通り抜ける」。この意味においては互換性はない。

1) 到银行去得经过（／＊通过）邮局。
   Dào yínháng qù děi jīngguò yóujú.
   (銀行に行くには郵便局を通っていきます)

銀行に行く人は郵便局の中を突き抜けていくわけではない。郵便局の前を通り過ぎていくのだ。こうした時用いるのは"经过"で，"通过"は使えない。

2) 这里正在修路，汽车无法通过（／＊经过）。
   Zhèli zhèngzài xiūlù, qìchē wúfǎ tōngguò.
   (ここは工事中なので車は通れません)

工事中の道の前を通り過ぎることができないと言っているのではない。工事中の道そのものを通っていくことができないと言っている。こうした時用いるのは"通过"で，"经过"は使えない。以下も同様である。

3) 每当想起他亲切的话语，一股暖流就会通过（／＊经过）我的全身。
   Měi dāng xiǎngqi tā qīnqiè de huàyǔ, yì gǔ nuǎnliú jiù huì tōngguò wǒ de quánshēn.
   (彼のやさしい言葉を思い出すたびに，暖かさが私の全身を貫く)

次のような文の場合"经过","通过"の両方を使うこともできるが、意味するところは異なる。

4) 从学校到我家，要经过（／通过）一片树林。
   Cóng xuéxiào dào wǒ jiā, yào jīngguò (/tōngguò) yí piàn shùlín.
   (学校から家まで林を通っていかなければなりません)

"经过"を用いるならば「林のそばを通り過ぎていく」、"通过"ならば「林の中を通り抜けていく」となる。

"经过"には「時間を経過する」という意味があり、この場合後ろに時間が示されることが多い。"通过"にはこうした用法はない。

5) 他们的试验经过（／＊通过）3年才取得了成功。
   Tāmen de shìyàn jīngguò (/＊tōngguò) sān nián cái qǔdéle chénggōng.
   (彼らの実験は3年を経てやっと成功した)

"经过","通过"はともに介詞としても用いられ、手段などを示して後ろにその結果を導く。この意味の時は互換性がある。

6) 经过（／通过）讨论，大家一致同意他提出的方案。
   Jīngguò (/tōngguò) tǎolùn, dàjiā yízhì tóngyì tā tíchū de fāng'àn.
   (討議を経て全員一致で彼の案に賛成した)

7) 经过（／通过）选举，产生了本届人民代表大会的主席。
   Jīngguò (/tōngguò) xuǎnjǔ, chǎnshēngle běn jiè rénmín dàibiǎo dàhuì de zhǔxí.
   (選挙を経て今期の人民代表大会主席が誕生した)

ただし上記のような文で互換性をもつのは、示される手段が「討論、選挙、学習、分析、思考、努力、理解、調査」などに限られ、同じ手段であっても「通訳や外交手段」などになると、"经过"は使えず"通过"のみとなる。

8) 他们通过（／＊经过）翻译进行了交谈。
   Tāmen tōngguò (/＊jīngguò) fānyì jìnxíngle jiāotán.
   (彼らは通訳を介して会談した)

9) 双方同意通过（／＊经过）外交手段来解决问题。
   Shuāngfāng tóngyì tōngguò (/＊jīngguò) wàijiāo shǒuduàn lái jiějué wèntí.
   (双方は外交手段をもって問題の解決にあたることに同意した)

6),7)と8),9)の違いは、要するに手段に時間的経過、プロセスがあるかどうかということで、先に挙げた「討論、選挙、学習、分析、思考、努力、理解、調査」などはいずれも時間的経過、プロセスを必要とするが、「通訳、外交手段」などは

時間的経過とは無関係である。"经过"は時間的経過がある場合にのみ用いることができ、"通过"はそうしたこととは無関係に用いることができる。

经验・经历
jīngyàn jīnglì

"经验"も"经历"も動詞と名詞を兼ねた品詞ではあるが、"经验"は名詞としての使い方が圧倒的に多く、一方"经历"は、名詞としても動詞としても、頻繁に用いられる。

1) 他在地方医院积累了丰富的临床经验。
   Tā zài dìfāng yīyuàn jīlěile fēngfù de línchuáng jīngyàn.
   （彼は地方の病院で多くの臨床経験を積んだ）

2) 在北京的留学生活是一段难忘的经历。
   Zài Běijīng de liúxué shēnghuó shì yí duàn nánwàng de jīnglì.
   （北京での留学生活は忘れられない経験だ）

"经验"は実践を通して得られた知識や技能で、"经历"は主に体験してきたこと、見聞したことの過程にウエイトが置かれることが多い。例文2) は、北京で勉強しながら、見たり聞いたりしてさまざまなことを体験してきたその過程を指すが、角度を変えて"留学期间积累了很多汉语学习经验。"Liúxué qījiān jīlěile hěn duō Hànyǔ xuéxí jīngyàn.（留学中中国語の勉強のコツを覚えた）とすると、"经验"も使える。つまり留学したことはただの"经历"だが、勉強法を身につけるなど知識、技能としての"学习经验"が生まれると、それが"经验"に収斂されるのだ。先に"经历"があっての"经验"といってもよい。極端な言い方をすれば、"经历"と"经验"はそれぞれ過程と結果（中味）という側面を担っていると言えよう。

次の例はより端的に"经验"と"经历"の違いを表している。

3) 你是有过各种各样的经历，但是经历不等于经验，我们需要的是有经验的人。
   Nǐ shì yǒuguo gèzhǒng gèyàng de jīnglì, dànshì jīnglì bù děngyú jīngyàn, wǒmen xūyào de shì yǒu jīngyàn de rén.
   （君は確かにいろんなことをやってきたけれど、経歴は経験とは違う。私たちは経験のある人材が欲しいのです）

"经验"は動詞としての特性は強くない。一方"经历"は、動詞として大活躍している。

4) 经历了很多事以后，她变得成熟了。
   Jīnglìle hěn duō shì yǐhòu, tā biànde chéngshú le.

（彼女はさまざまな経験を経て，大きく成長した）

5) 经历了泡沫经济的洗礼，投资家变得更谨慎了。
Jīnglìle pàomò jīngjì de xǐlǐ, tóuzījiā biànde gèng jǐnshèn le.
（バブル経済を経験して，投資家はより慎重になった）

上記の例文は「経験」と訳すことが可能で，逆に言えば，日本語の「～を経験した」という文は，中国語の"经历"が用いられるケースが多いとも言える。しかし「経験」がすべて"经历"と訳せるわけではない。次の対訳のように，文字面に捉われず文脈に合った適切な表現を見つけることが大切であろう。

6) 高速道路での運転を初めて経験した。
"我第一次上了高速公路。"
Wǒ dìyī cì shàngle gāosù gōnglù.

7) 断水と停電に見舞われた毎日で，大変な経験でした。
"每天不是断水就是停电，我们吃尽了苦头。"
Měitiān bú shì duànshuǐ jiù shì tíngdiàn, wǒmen chījìnle kǔtou.

同じ「経験」でも,「離婚経験あり」と「教員経験あり」とでは中味が大きく違う。「離婚経験」は離婚したことがあるという意味,「教員経験」は「教育に携わって，経験を積んだ」という中味こそ核心だ。前者は"经历过离婚"jīnglìguo líhuān,"离过婚"líguo hūn, 後者は"有教学经验"yǒu jiàoxué jīngyàn,"当过老师"dāngguo lǎoshī と訳すことができる。

精彩・出色
jīngcǎi　chūsè

ともに作品や演技などに対して普通のレベルを超えて非常によいことを表す。
"精彩"は具体的に細かい点を賞賛する。素晴らしい，優秀で，感動的で，ひときわ目立つ。作品や言論，演技などのほかに，よく番組や出し物，試合，展示，場面，パーティーなどに対して用いる。具体的な人物や事物に対してはあまり用いられない。

1) 那绝对是一部精彩（／＊出色）的荒诞剧。
Nà juéduì shì yí bù jīngcǎi de huāngdànjù.
（あれは絶対に素晴らしいファンタスティック劇だ）

2) 今天的比赛真精彩（／＊出色）。
Jīntiān de bǐsài zhēn jīngcǎi.
（今日の試合はとても素晴らしかった）

3) 外面的世界很精彩（／＊出色）。
   Wàimiàn de shìjiè hěn jīngcǎi.
   (外の世界はとても素晴らしい)

"出色"は統括的に評価する。人の能力や行為が並外れてよい，突出していて非凡である。人柄，貢献，技巧，仕事，生産，および事物の品質などに対して用いる。

4) 他是一名非常出色（／＊精彩）的运动员。
   Tā shì yì míng fēicháng chūsè de yùndòngyuán.
   (彼は非常に優秀なスポーツ選手だ)

5) 他们出色（／＊精彩）地完成了任务。
   Tāmen chūsè de wánchéngle rènwu.
   (彼らはみごとに任務を遂行した)

6) 他平时成绩很出色（／＊精彩）。
   Tā píngshí chéngjì hěn chūsè.
   (彼はふだん成績がたいへんよい)

7) 这是全球最出色（／＊精彩）的公司。
   Zhè shì quánqiú zuì chūsè de gōngsī.
   (これは世界一優秀な会社だ)

ただし，人などの演技に対して評価をするとき，どちらもいえる。

8) 她的表演很精彩（／出色）。
   Tā de biǎoyǎn hěn jīngcǎi (／chūsè).
   (彼女の演技はとても素晴らしかった)

精密・精细・精致
jīngmì　jīngxì　jīngzhì

いずれも形容詞で，「きめ細かく神経が行き届いていて，優れているさま」を描写する。"精"（優れている，完璧である）でくくられたこの3語の「優れているさま」がどの面で優れているのかを，あとに続く"密""细""致"によって区別する。

"精密"は事物の仕組みや組み立てなどに手抜かりがなく，寸分の狂いもなく精度高く仕上がっているさまを表す。機器，メーター類，構造など，また測量，計算，観察といった行為などをも描写評価する。重ね型は一般に使わない。

1) 我们这儿的仪表都极其精密，半点误差都没有。
   Wǒmen zhèr de yíbiǎo dōu jíqí jīngmì, bàndiǎn wùchā dōu méiyǒu.

(ここの計器はきわめて精度が高く，少しの狂いもない)

2) 他们精密（／精细）地计算了那个工程所需要的经费总额。
　　Tāmen jīngmì (/jīngxì) de jìsuànle nàge gōngchéng suǒ xūyào de jīngfèi zǒng'é.
　　(彼らはそのプロジェクトの必要経費の総額を綿密に計算した)

"精细"はいかなる面においても細かく注意が行き届き，細心周到であることを表す。
細心の注意深さをもって細工された工芸品などの事物のほか，そのような態度で事にあたる人の行為や思考，人の気質や性格をも描写できる。重ね型は"精精细细"である。

3) 这些玉器雕工精细（／精致），至今完好如新。
　　Zhèxiē yùqì diāogōng jīngxì (/jīngzhì), zhìjīn wánhǎo rú xīn.
　　(これらの玉器は彫りが細かく精巧で，今でも完全無欠だ)

4) 再精细的人也有疏忽的时候。
　　Zài jīngxì de rén yě yǒu shūhu de shíhou.
　　(どんなに細かく気のつく注意深い性格の人でも，うっかりすることはある)

5) 她精精细细地挑选了她自己的婚纱。
　　Tā jīngjīngxìxì de tiāoxuǎnle tā zìjǐ de hūnshā.
　　(彼女はためつすがめつして自分のウェディングドレスを選んだ)

"精致"は細かいところまで行き届き手を抜いていない緻密なさまを表すが，"精密"の物理的，機械的な緻密さとは異なり，こちらの緻密さは繊細かつ優美な趣や味わい深い雰囲気などに注目する。芸術品や料理や各種デザイン，室内装飾など空間のしつらえ等々，そこから人が受ける味わいや趣，雰囲気といった側面で描写する。重ね型は一般にあまり使用しない。

6) 那个博物馆展览的工艺品件件都很精致（／精细）。
　　Nàge bówùguǎn zhǎnlǎn de gōngyìpǐn jiànjiàn dōu hěn jīngzhì (/jīngxì).
　　(あの博物館に展示されている工芸品はどれもみな非常に味わい深く美しい)

7) 花灯我想买传统的，那种塑料灯看起来不精致。
　　Huādēng wǒ xiǎng mǎi chuántǒng de, nà zhǒng sùliàodēng kànqilai bù jīngzhì.
　　(飾り灯籠は昔ながらのを買いたい，ビニール製のはどうも風情がなくて)

なお，上記例文中2)，6)は"精细"に，3)は"精致"に置き換え可能であるが，それは，対象をどの側面に注目して，どの側面から描写評価するかの違いによる。

景色・景致・景观
jǐngsè　jǐngzhì　jǐngguān

いずれも「景色」,「風景」の意味をもつ。
"景色"は基本的に目に入る大自然の好ましい風景,眺めをさす。人が作り出した風景を含む場合は,自然風景に溶け込み一体化している景色をさす。遠くまで広く見渡し,目に入ってくる一面の風景のことをいう。大パノラマであり,具体的なある風景のことを表すことはできず,意味の重点は一望する大自然の眺めに置かれている。

1) 整个草原一派金秋景色。
   Zhěnggè cǎoyuán yí pài jīnqiū jǐngsè.
   (草原一面が秋の景色になった)

2) 海上看日出,景色极美。
   Hǎishàng kàn rìchū, jǐngsè jí měi.
   (海から日の出を見ると,景色がとても美しい)

"景致"は景色の中にある特別な味わい,おもしろみや,山水風物,名所旧跡などのスポットをさす。風景や,風物から生まれた繊細さ,情緒を感じさせるものである。より具体的で,ある見どころを内包している。

3) 岛上有一处好景致,叫花沟。
   Dǎoshang yǒu yí chù hǎo jǐngzhì, jiào huāgōu.
   (島に絶景スポットが一カ所あり,花溝という)

4) 洞内有卧虎岩、二龙把门等景致。
   Dòngnèi yǒu wòhǔ yán、èr lóng bǎmén děng jǐngzhì.
   (鐘乳洞には寝そべる虎の形をした岩,門を守る二匹の竜等の見どころがある)

またある生き生きとした場面,情景が特有で,見どころがあるものもさす。

5) 在苹果主产区,上万名果农骑着摩托车进进出出已经成了当地一大景致。
   Zài píngguǒ zhǔchǎnqū, shàng wàn míng guǒnóng qízhe mótuōchē jìnjìnchūchū yǐjīng chéngle dāngdì yí dà jǐngzhì.
   (りんごの主要産地で,万にのぼる果樹栽培農家がバイクに乗って出たり入ったりする様子はすでに当地の大きな風物詩の一つになった)

"景观"はある場所またはある類型をなす自然の景色や,人工的な観賞価値のある風物のことをいう。意味の重点は観賞の価値がある点にあり,小さくて繊細なもの,情緒があるという意を特に表せない点で,"景致"と異なる。

6) 团城在当年是皇帝的观景台。这一景观已保持了数百年。
   Tuánchéng zài dāngnián shì huángdì de guānjǐngtái. zhè yī jǐngguān yǐ bǎochíle shù bǎi nián.
   (団城は当時皇帝の展望台であった。この景観はすでに数百年の歴史をもつ)

7) 街头雕塑也是这个都市的景观之一。
   Jiētou diāosù yě shì zhège dūshì de jǐngguān zhī yī.
   (街頭の彫刻もこの都市の景観の一つである)

また，"景观"は独特な特徴をもっている地表上のある部分，自然や政治，文化，歴史などの要素で発展し形成されたものを表す場合もある。主として地形の観点から眺めた「自然景観」と，耕地，交通路，市街地などの「人工的景観」に分けられる。よく，"岩溶景观" yánróng jǐngguān（カルスト地形），"人文景观" rénwén jǐngguān，"经济景观" jīngjì jǐngguān，"市场景观" shìchǎng jǐngguān，"动物景观" dòngwù jǐngguān などのように，複合名詞の構成要素になることが多い。"景色"，"景致"にこの使い方はない。

8) 眼前是一望无际的草原景观。
   Yǎn qián shì yí wàng wú jì de cǎoyuán jǐngguān.
   (目の前は見渡す限り果てしない草原風景だ)

9) 长江三峡的自然，人文景观是中华民族的宝贵财富。
   Chángjiāng sānxiá de zìrán, rénwén jǐngguān shì Zhōnghuá mínzú de bǎoguì cáifù.
   (長江三峡の自然，人文景観は中華民族の貴重な財産である)

"景色"は一望できる自然の風景，その眺望全体をさしているのに対し，"景致"は自然風景でも人文的風物でも，その風景を構成する一個一個のもの，その構造，気品，位置づけなどがよいことを表現している。たとえば，小さい庭園の風景は"景致很好" jǐngzhì hěn hǎo と言っていいが，"景色很好"とは言いづらい。

"景观"は"景致"と同じように自然，人工的なものどちらもさすが，具体的な一つの事物や風物も"景观"と表現することもできる。"景观"は見る価値のあるものに重点が置かれているのに対し，"景致"はきれいで繊細，しかもおもむきがあることに重点が置かれている。複合名詞の構成要素として使えるのは"景观"だけであろう。

旧居・故居
jiùjū　　gùjū

ともにかつて住んでいた住居をさす。
"旧居"はまだ生きている人の住居についてもいい，特に有名人でなくてもよい。

1) 这个假期我回以前的旧居（/＊故居）看了看。
   Zhège jiàqī wǒ huí yǐqián de jiùjū kànlekàn.
   （私はこの休みに以前住んでいた所に行ってみた）

2) 蒋经国旧居（/故居）正式开放。
   Jiǎng Jīngguó jiùjū (/gùjū) zhèngshì kāifàng.
   （蒋経国の旧居は正式に公開された）

"故居"はかなり以前のもので，多くはすでに故人となった有名人が家族とともに暮らした所についていう。尊敬の気持ちも込められる。

3) 我们参观了鲁迅先生的故居。
   Wǒmen cānguānle Lǔ Xùn xiānsheng de gùjū.
   （私たちは魯迅の旧居を見学した）

就・便
jiù　biàn

"就"は書き言葉でも話し言葉でも使えるが，"便"は書き言葉でしか使えない。"便"はすべて"就"に置き換えられるが，"就"がすべて"便"に置き換えられるとは限らない。現在"便"の使用範囲は旧白話文と比べ，だいぶ狭くなってきている。

以下のⅠ～Ⅵの意味においては，二語とも用いることができる。

Ⅰ. 短時間内にある動作または状態が発生するであろうことを表す。時間を表す言葉がないと，"便"は使えない。「すぐに，じきに」

1) 这个店还有两天就（/便）关门了。
   Zhège diàn hái yǒu liǎng tiān jiù (/biàn) guān mén le.
   （この店はあと二日で閉まってしまう）

Ⅱ. ある事柄の発生が早いことや，ずっと前に行われたことを強調する。「すでに，もう，とっくに，早くも」

2) 她早上四点半就（/便）起床了。
   Tā zǎoshang sì diǎn bàn jiù (/biàn) qǐchuáng le.
   （彼女は早朝4時半にはもう起きた）

3) 她自幼就（/便）失去了父母。
   Tā zì yòu jiù (/biàn) shīqùle fùmǔ.
   （彼女は小さい頃に両親をなくした）

Ⅲ. 二つの動作が間を置かずに行われることを表す。「ただちに，すぐに」

    4) 一进旅馆，我就（／便）给公司拨了电话。
       Yí jìn lǚguǎn, wǒ jiù (/biàn) gěi gōngsī bōle diànhuà.
       (旅館に入るとすぐ会社に電話をかけた)

    5) 出门不一会儿，她的双手就（／便）冻得失去了知觉。
       Chūmén bù yíhuìr, tā de shuāngshǒu jiù (/biàn) dòngde shīqùle zhījué.
       (家を出てほどなく，彼女の両手は寒さで感覚がなくなった)

Ⅳ. ある条件の下では自然と後の結果または効果がもたらされることを表す。「～ならば～だ，～であるから～となる」

    6) （只要）吃下这药，病就（／便）会好起来的。
       (Zhǐyào) chīxia zhè yào, bìng jiù (/biàn) huì hǎoqilai de.
       (この薬を飲めば，病気はきっとよくなる)

Ⅴ. 肯定の語気を強める，他を排除する意を表す。「ほかでもなく，まさしく，とりもなおさず」

    7) 银行旁边就（／便）是邮局。
       Yínháng pángbiān jiù (/biàn) shì yóujú.
       (銀行の隣が郵便局だ)

Ⅵ. 仮定や譲歩を表す。「たとえ～であっても，よしんば～でも」

    8) 你就（／便）浑身是嘴，也说不清了。
       Nǐ jiù (/biàn) shì húnshēn shì zuǐ, yě shuōbuqīng le.
       (たとえあなたの全身が口であっても，はっきり説明することはできなくなった)

次の場合は"便"は使えない。

①範囲を限定する。「だけ，しか～ない」

    9) 就他一个人没来。
       Jiù tā yí ge rén méi lái.
       (彼だけが来なかった)

②断固とした態度を表す。

    10) 我就不相信他会做这种事儿。
       Wǒ jiù bù xiāngxìn tā huì zuò zhè zhǒng shìr.
       (彼がこういうことをするなんて絶対信じない)

11) 不去，就不去。
    Bú qù, jiù bú qù.
    (行かないったら，絶対行かない)

③物事の成り行きを述べるときに単独で文の先頭に置く"就这样"。「こうして，このようにして」

12) 就这样，她留在了台湾，他去了大陆。
    Jiù zhèyàng, tā liúzàile Táiwān, tā qùle dàlù.
    (こうして，彼女は台湾に残り，彼は大陸に渡った)

④容認やどちらでもかまわないという語気を表す。

13) 丢了就丢了，着急也没用。
    Diūle jiù diūle, zháojí yě méiyòng.
    (なくなったらなくなったでいい，焦っても仕方がない)

就业・就职
jiùyè　jiùzhí

"就业"の"业"は"行业"hángyè（職業）の意味であり，「"行业"に就く」，すなわち「就職する」という意味である。これに関連して，"待业"dàiyè（就職を待つ→職を探している）や，"无业"wúyè（職業が無い→無職である）という語も存在する。

1) 中国政府高度重视妇女、青年和残疾人就业问题。
   Zhōngguó zhèngfǔ gāodù zhòngshì fùnǚ, qīngnián hé cánjírén jiùyè wèntí.
   (中国政府は女性や若者，身障者の就職問題を重要視している)

2) 现在，就业比较困难，不少下岗职工希望能自己开一个小商店、小餐馆。
   Xiànzài, jiùyè bǐjiào kùnnan, bù shǎo xiàgǎng zhígōng xīwàng néng zìjǐ kāi yí ge xiǎo shāngdiàn, xiǎo cānguǎn.
   (今，就職がわりと難しく，職を失った多くの人が自分の店や食堂を開きたがっている)

"就职"は「"职"に就く」。"职"は"职位"zhíwèi（地位，役目）といった具体的な「職位」を表し，よって"就职"は「"职位"に就く」という意味であり，ある具体的な任務に就くことを表す。特に，比較的高い職位に就く場合が多い。"兼职"jiānzhí（兼職する）や"罢职"bàzhí（免職する），"辞职"cízhí（辞職する）という語もある。

3) 张市长在掌声中发表了就职演说。
   Zhāng shìzhǎng zài zhǎngshēng zhōng fābiǎole jiùzhí yǎnshuō.

（張市長は拍手の中，就任演説を行った）

4) 奥巴马2009年1月在国会宣誓就职后，将举行庆祝仪式。
Àobāmǎ èr líng líng jiǔ nián yīyuè zài guóhuì xuānshì jiùzhí hòu, jiāng jǔxíng qìngzhù yíshì.
（2009年1月，オバマ大統領は国会で就任の宣誓を行い，その後祝賀式典が行われる）

以下の2つの例は"就业"，"就职"ともに文として成立するが，意味合いが違う，5)は"不想参加工作"bù xiǎng cānjiā gōngzuò，6) は"不想得到这个职位"bù xiǎng dédào zhège zhíwèi の意味である。

5) 我现在不想就业，想去读博士研究生。
Wǒ xiànzài bù xiǎng jiùyè, xiǎng qù dú bóshì yánjiūshēng.
（私は今，就職するつもりはない。博士課程に進もうと思っている）

6) 我现在不想就职，想去读博士研究生。
Wǒ xiànzài bù xiǎng jiùzhí, xiǎng qù dú bóshì yánjiūshēng.
（私は今このポジションに就くつもりはない。博士課程に進もうと思っている）

日本語の「就職率」は，"就业率"jiùyèlǜ で，就职率 jiùzhílǜ とは言わないことになる。しかし，日本語の影響から，最近では"就职率"という語も見かける。今後，"就职率"の出現に留まらず，"就职活动"や"再就职"の類を目にする日もそう遠くはないかもしれない。

举行・进行
jǔxíng jìnxíng

いずれも集会や催しなどを行うという意味があるが，交渉や会談を行う場合は置き換えられる。

1) 两国领导人举行（／进行）了会谈。
Liǎngguó lǐngdǎorén jǔxíng (/jìnxíng) le huìtán.
（両国の指導者は会談を行った）

2) 双方将就这一问题进行（／举行）谈判。
Shuāngfāng jiāng jiù zhè yī wèntí jìnxíng (/jǔxíng) tánpàn.
（双方はこの問題について交渉する予定だ）

"进行"は活動を持続的に行うことをあらわし，"正在"と一緒に使うことができる。"举行"は活動の時間，場所，参加者を明記する場合が多い。

3) 会议正在进行（／＊举行）之中。
   Huìyì zhèngzài jìnxíng zhī zhōng.
   （会議はただいま進行中だ）

4) 比赛无法进行（／＊举行）下去了。
   Bǐsài wúfǎ jìnxíngxiaqu le.
   （試合は続けられなくなった）

5) 十月我们要举行（／＊进行）一次辩论会。
   Shíyuè wǒmen yào jǔxíng yí cì biànlùnhuì.
   （十月に弁論大会を予定している）

"进行"は動詞を目的語にとることができる。例6)も動詞性目的語と見なす。"举行"は名詞を直接とることができる。

6) 他们已经进行（／＊举行）了详细的调查。
   Tāmen yǐjīng jìnxíngle xiángxì de diàochá.
   （彼らはすでに詳しく調査した）

7) 进行（／＊举行）研究
   jìnxíng yánjiū
   （研究する）

8) 他们决定今年举行（／＊进行）婚礼。
   Tāmen juédìng jīnnián jǔxíng hūnlǐ.
   （彼らは今年結婚式を挙げると決めた）

"进行"は動詞の後にさらに目的語をとることはできず，その場合は，"对 duì…进行…"の形式を用いる。

9) 对这个问题进行调查（＊进行调查这个问题）
   duì zhège wèntí jìnxíng diàochá
   （この問題に対する調査を行う）

卷・裹・包・缠
juǎn guǒ bāo chán

いずれも「巻く」という動作を示す動詞である。

1) 他头上用毛巾卷（／裹／包／缠）了几圈儿。
   Tā tóushang yòng máojīn juǎn (/guǒ/bāo/chán) le jǐ quānr.
   （彼は頭にタオルを巻いている）

例 1) の "毛巾" のような布や紙類が巻く道具になる場合は，"卷"，"裹"，"包"，"缠" のいずれも使うことができる。しかしニュアンスは異なる。

"卷" は，一方の端が内側になるようにぐるぐる巻く，それ自体を回らせるという意味を表す。また袖などの「端をまいて上げる」という意味があり，この場合は日本語の「まくる」の意味に相当する。巻く道具や対象そのものを巻き上げる場合，"卷" は使えるが，"裹"，"包"，"缠" は使えない。

2) 医生把小女孩右手的袖子卷（／＊裹／＊包／＊缠）起来了。
　　Yīshēng bǎ xiǎonǚhái yòushǒu de xiùzi juǎnqilai le.
　　（お医者さんは女の子の右腕の袖をまくり上げた）

3) 照片被太阳晒得卷（／＊裹／＊包／＊缠）了起来。
　　Zhàopiàn bèi tàiyang shàide juǎnleqilai.
　　（写真が日に当たって反り返った）

"裹" と "包" は，「中に入れる」，「くるむ」という共通項を含意し，置き換えられることが多い。しかし，"包" は「全体を覆う」という性質も有し，包む対象が完全に見えないようにすることに重点が置かれる。

4) 我这是第一次包饺子。
　　Wǒ zhè shì dìyī cì bāo jiǎozi.
　　（餃子を包むのは，今回が初めてだ）

"裹" は服などを体にはおる，かけるという意味で使う場合がある。例 5) と例 6) では，"裹" を使うことによって，動作の対象（体，子供）を守るようにくるむというニュアンスが現れる。

5) 她身上裹着大衣。
　　Tā shēnshang guǒzhe dàyī.
　　（彼女はオーバーで体をくるんでいる）

6) 怎么又给孩子裹上斗篷了。
　　Zěnme yòu gěi háizi guǒshang dǒupeng le.
　　（どうしてまた子どもにマントを着せたのだ）

"缠" は「くるくると巻きつける」という意味で使われることが多く，巻く道具も糸や針金，電線などのような類のものが一般的である。

7) 托运家具要缠草绳。
　　Tuōyùn jiājù yào chán cǎoshéng.
　　（家具を運送するためには縄でくくらなければならない）

8) 用铁丝缠了几道。
   Yòng tiěsī chánle jǐ dào.
(針金で幾重にも巻き付ける)

7)と8)では，"卷"も使えるが，その場合は「巻く」という動作より，道具（ここでは縄や針金）の形の変化に重点が置かれる。それに対し，"缠"のほうが何を使って巻き付けるのかという，道具そのものに関心があることが示されている。

觉得・认为・想・看
juéde rènwéi xiǎng kàn

この四つの動詞はいずれも「～と思う」の意味を表す。たとえばある問題について「こうすべきだと思う」と言う場合には，この4つのいずれも使えるが，意味的には"认为"→"看"→"想"→"觉得"の順にフォーマルからインフォーマルになる。

1) 我认为（／看／想／觉得）应该这样做。
   Wǒ rènwéi (/kàn/xiǎng/juéde) yīnggāi zhèyàng zuò.
(私はこうすべきだと思う)

"认为"はある情報や知識をもとに判断を下し，意見を主張するという意味がある。たとえば会議の場で正式な提案や見解を求められる，あるいは発言する場合に用いられ，「感覚で」どう思うかのような「軽い」「気楽な」考えを述べる際には使わない。「感覚」として「思う」場合は"觉得"，あるいは「目で見てどんな印象をもつか」を表す"看"が使える。

2) 我觉得（／看）这件衣服不错。
   Wǒ juéde (/kàn) zhè jiàn yīfu búcuò.
(この服はなかなかいいと思う)

"想"は例2)には使いにくい。"认为"，"看"，"觉得"が「正しいかどうか」あるいは「よいかどうか」を判断するのに対し，"想"は頭の中で思案する，考えを巡らすことを表わし，主に具体的にどのようにするかという「アイデア」などを述べる際に使われる。そのため，単に「よいかどうか」を主張する際には，"想"はあまり使われず，相手に具体的にどうすべきかを提案する時にこそ相応しい。この場合（例4）参照）は"认为"，"看"，"觉得"も使用可である。

3) 我觉得（／看／认为）这样做不对。
   Wǒ juéde (/kàn/rènwéi) zhèyàng zuò bú duì.
(このようにするのは正しいとは思わない)

4) 我想（／觉得／看／认为）你最好找他谈谈。
   Wǒ xiǎng (/juéde/kàn/rènwéi) nǐ zuìhǎo zhǎo tā tántan.
   (彼と話したほうがいいと思う)

否定形では，"想"，"觉得"，"看"，"认为"のいずれも"不"を使って否定できる。

5) 我不这么想（／觉得／看／认为）。
   Wǒ bú zhème xiǎng (/juéde/kàn/rènwéi).
   (私はそうは思わない)

以上から次のようにまとめることができる：

「判断・認識して」主張を述べるにあたり「…と思う」場合	"认为"
「目でみてどんな印象をもつのか」，「主語の立場からどう見るか」を言う場合	"看"
「具体的にどのようにするか」，または「どういう状況か」を推測して「思う」場合	"想"
「感じて」「直感・感覚」で「思う」場合	"觉得"

疑問詞を使う文では注意が必要だ。

6) 你怎么想（／认为／看／＊觉得）？
   Nǐ zěnme xiǎng (/rènwéi/kàn)?
   (あなたはどう思いますか)

"怎么"は「やり方」，「方法」をたずねる疑問詞である。"觉得"のような「感覚」には「やり方」，「方法」が考えられないので"怎么"を使って質問できない。
　もう一点，"想"は"你～怎么样？"のように用いると意味が異なり「～したい」を表す。

7) 你觉得（／认为／看）怎么样？
   Nǐ juéde (/rènwéi/kàn) zěnmeyàng?
   (どう思いますか)

8) 你想怎么样？
   Nǐ xiǎng zěnmeyàng?
   (どうしたいのですか)

例8)では"想"を用いて，「どのようにすれば」よいかという「アイデア」をたずねていることになり，"你想怎么样？"は具体的にどうするのかを聞いている。そのため文の全体は「どうしたいか」をたずねたことになる。

开始・开头・开端
kāishǐ　kāitóu　kāiduān

ともに名詞として「はじめ」という意味をもつ。
「よいスタート」は"好的开始（／开头／开端）"hǎo de kāishǐ（/kāitóu/kāiduān）で，どれでもいえる。

だが，重大あるいは抽象的な事柄の始まりを表す場合は，"开端"をよく使う。"开端"は時間的には一定の幅があり，書き言葉によく用いられる。

1) 这是中国近代史的开端。
   Zhè shì Zhōngguó jìndàishǐ de kāiduān.
   （これが中国近代史の始まりである）

"开始"は事柄よりも時間的な始まりに重きをおく。

2) 这仅仅是工作的开始。
   Zhè jǐnjǐn shì gōngzuò de kāishǐ.
   （これは仕事の手始めにすぎない）

3) 开始我一点儿也听不懂。
   Kāishǐ wǒ yìdiǎnr yě tīngbudǒng.
   （最初はまったく何を言っているのか分からなかった）

"开始"は動詞の用法もある。

4) 现在开始（／＊开头／＊开端）上课。
   Xiànzài kāishǐ shàngkè.
   （今から授業を始めます）

"开头"は事柄の始まりに重きをおく。

5) 这本书从开头到结尾我能一字不漏地背下来。
   Zhè běn shū cóng kāitóu dào jiéwěi wǒ néng yí zì bú lòu de bèixialai.
   （この本を最初から最後まで一字も漏らさず暗記できる）

6) 这支歌儿我只会唱个开头（／＊开始／＊开端）。
   Zhè zhī gēr wǒ zhǐ huì chàng ge kāitóu.
   （この歌の最初のところだけ歌える）

7) 昨天看电影我去晚了，没看到开头（／＊开始／＊开端）。
   Zuótiān kàn diànyǐng wǒ qùwǎn le, méi kàndào kāitóu.
   （きのうの映画は開始時間に間に合わなかったので，はじめのところは見ていない）

开始~・~起来
kāishǐ　　　　qǐlai

どちらも「～し始める」という意味を表す。

1) 曾祖母又｛结巴起来／开始结巴｝了。
   Zēngzǔmǔ yòu {jiēbaqilai/kāishǐ jiēba} le.
   (曾祖母はまたどもり始めた)

2) 老马担心得｛叹起气来／开始叹气｝。
   Lǎo Mǎ dānxīnde {tànqi qǐ lai/kāishǐ tànqì}.
   (馬さんは心配でため息をつき始めた)

例1)，2)は"～起来"でも"开始～"でも言えるが，"～起来"の場合は，「はじまって，さらに進行する」ことを表すのに対して，"开始～"という場合は，「開始」を強調することになる。
　また，「ある意志をもって」，「ある計画のもとに」何かを始めること，何かが始まることを表す場合は"开始～"を使い，"～起来"は使えない。
"开始～"は「動作を開始すること」にポイントがあり，したがって後ろの動詞は主体がコントロールできるものでなければならない。3)のように習慣的，恒常的に行っていることを始める場合や，4)，5)のようにこれから何か始めようとする場合は，いずれも主体の意思によるものであるから，"开始～"を使い，"～起来"は使わない。

3) 我们每天早上8点开始上课。（／＊起来）
   Wǒmen měitiān zǎoshang bā diǎn kāishǐ shàngkè.
   (私たちは毎朝8時から授業がある)

4) 下星期一中国人民建设银行总行营业部正式开始营业。（／＊起来）
   Xiàxīngqīyī Zhōngguó rénmín jiànshè yínháng zǒngháng yíngyèbù zhèngshì kāishǐ yíngyè.
   (来週の月曜日，中国人民建設銀行本店営業部は正式に営業を開始する)

5) 他们准备明日开始攻击。（／＊起来）
   Tāmen zhǔnbèi míngrì kāishǐ gōngjī.
   (彼らは明日攻撃を開始する予定だ)

逆に，突然予期せぬ出来事が起こったり，主体の意思に関わらず何かが始まったりした場合には6)～8)のように"～起来"を用い，"开始～"は使えない。ただ，予期どおりになるときは，"开始～"を使う場合もある。

6) 热带的雨季，天气变化无常，有时烈日当空，却会突然下起雨来。（／

＊开始）
Rèdài de yǔjì, tiānqì biànhuà wúcháng, yǒushí lièrì dāngkōng, què huì tūrán xiàqi yǔ lai.

（熱帯の雨季は天気が目まぐるしく変わり，太陽がカンカン照りつけたかと思うと，突然雨が降ったりする）

7) 车刚开出院子，王二贵的手机突然响了起来。（／＊开始）
   Chē gāng kāichu yuànzi, Wáng Èrguì de shǒujī tūrán xiǎngleqilai.
   （車が敷地からを出ると，王二貴の携帯が突然鳴り始めた）

8) 一句话把屋子里的人引得都笑了起来。（／＊开始）
   Yí jù huà bǎ wūzili de rén yǐnde dōu xiàoleqilai.
   （ひと言が部屋中みんなの笑いを引き起こした）

動詞が後ろに"着"をとることができない瞬間動詞の場合には，"开始～"を用い，変化の開始，起こりを強調する。この場合"～起来"は使えない。

9) 这个时候，一座残缺不全的庙宇开始出现。（／＊起来）
   Zhège shíhou, yí zuò cánquē bùquán de miàoyǔ kāishǐ chūxiàn.
   （その時，不完全な廟が現れ出た）

10) 随着接触渐渐增多，我最初见到毛泽东的那种神秘感开始消失，因而也更觉得毛泽东平易近人。（／＊起来）
    Suízhe jiēchù jiànjiàn zēngduō, wǒ zuìchū jiàndào Máo Zédōng de nà zhǒng shénmìgǎn kāishǐ xiāoshī, yīn'ěr yě gèng juéde Máo Zédōng píng yì jìn rén.
    （付き合いがだんだん増えるにつれて，私が最初に目にした毛沢東の謎めいた感じは消えていき，毛沢東は気さくで親しみやすい人だとより思うようになった）

"开始～"のポイントは「動作の開始」にあり，"～起来"のポイントは6)～8)の例文にあるように「雨が降り出した」，「鳴り始めた」，「笑いを引き起こした」というように事態が「はじまって，さらに進行する」ことにある。そのため瞬時に終わってしまう9)，10)のような瞬間動詞には"～起来"は使えない。
"开始～起来"もあるが，例えば，

11) 这是1979年开始发展起来的。
    Zhè shì yī jiǔ qī jiǔ nián kāishǐ fāzhǎnqilai de.
    （これは1979年から発展してきた）

12) 居民们开始组织起来。
    Jūmínmen kāishǐ zǔzhīqilai.
    （住民たちはまとまりはじめた）

この場合の"～起来"は「～し始める」ことを表すのではなく，「目的達成」等

を表している。"开始"は「～し始める」ことを表している。

また，形容詞の場合，たとえば"开始热起来了"kāishi rèqilai le（暑くなり始めた）の"起来"は「～し始める」だが，"开始"は「スタート」を強調している。

このほかに"～起来"には,「～してみると」の意味を表す用法があるが，"开始～"にはない。

13) 这个东西用起来很方便。
Zhège dōngxi yòngqilai hěn fāngbiàn.
（これは，使ってみると便利だ）

开拓・开辟
kāituò　kāipì

ともに動詞として「開拓する，切り開く」という共通義をもつ。"新途径"xīn tújìng（新しい道），"新局面"xīn júmiàn（新局面），"新领域"xīn lǐngyù（学術等の新領域），"市场"shìchǎng（市場），"前景"qiánjǐng（将来の見込み），"道路"dàolù（道）などを目的語とする。

1) 中国改革开放和现代化建设不断开拓（／开辟）新局面。
Zhōngguó gǎigé kāifàng hé xiàndàihuà jiànshè búduàn kāituò (/kāipì) xīn júmiàn.
（中国の改革開放と現代化建設は絶え間なく新局面を切り開いている）

2) 希拉克鼓励法国中小企业开拓（／开辟）中国市场。
Xīlākè gǔlì Fǎguó zhōngxiǎo qǐyè kāituò (/kāipì) Zhōngguó shìchǎng.
（シラク大統領は，フランス中小企業に中国市場を開拓するよう激励した）

"开拓"にはすでに存在する範囲を拡大発展させる（小→大）という意味合いが，"开辟"には，無いところから新しく作る（無→有）という意味合いがある。

"开辟"の目的語には，"专栏"zhuānlán（コラム欄），"航线"hángxiàn（航路），"路线"lùxiàn（路線），"革命根据地"gémìng gēnjùdì（革命拠点），"战线"zhànxiàn（戦線），"财源"cáiyuán（財源）などがある。これらは,「創設する」意味で使われる（無→有）。また冒頭に列挙した"新途径"や"新局面"のような抽象的な意味の語とは異なり，具体的な意味の語である。このような，具体的な意味の目的語には，"开拓"は用いられない。

3) 他在报上开辟（／＊开拓）了专栏。
Tā zài bàoshang kāipìle zhuānlán.
（彼は新聞にコラム欄を開設した）

4) 今年 3 月奥地利航空公司将开辟（／＊开拓）上海航线。
   Jīnnián sānyuè Àodìlì hángkōng gōngsī jiāng kāipì Shànghǎi hángxiàn.
   （今年 3 月，オーストリア航空は上海航路を開設する）

さらに，"开辟"には，名詞として「開闢（宇宙の始まり）」の意味がある。宇宙の始まりもまた，「無→有」を示すものである。"历史"，"新纪元"，"新时代"などは，「歴史や新時代が築かれた」という意味では「無→有」であるので，"开辟"が用いられる。それに対し，"未来"は，先への拡がり（小→大）をイメージさせるため，"开拓"が用いられる。

5) 从此开辟（／＊开拓）了破冰航行的历史。
   Cóngcǐ kāipìle pòbīng hángxíng de lìshǐ.
   （ここから砕氷航行の歴史が作られた）

6) 我们应当珍惜这段文化交流，以温故创新开拓（／＊开辟）未来。
   Wǒmen yīngdāng zhēnxī zhè duàn wénhuà jiāoliú, yǐ wēn gù chuàng xīn kāituò wèilái.
   （我々は今回の文化交流を大切にし，古きを温め新しきを創造し，未来を切り開いていかなければならない）

开心・高兴
kāixīn　gāoxìng

いずれも「たのしい」，「うれしい」の意味である。

1) 看你开心（／高兴）的，像捡了个大元宝。
   Kàn nǐ kāixīn (/gāoxìng) de, xiàng jiǎnle ge dà yuánbǎo.
   （そんなにうれしそうにして，大金でも拾ったの）

形容詞として使うとき，基本的に同じ意味であるが，程度の上では"开心"のほうが強い。"高兴"は内心の喜びも表し，"见到（／认识）你很高兴" jiàndào (/rènshi) nǐ hěn gāoxìng（お会いできてうれしいです）のように，社交辞令として使う場合もある。"开心"は「うきうきして」「楽しくてたまらない」という，外見から見ても分るような気分の高まりを表す。

2) 小丽怎么了，好像不太开心（／高兴）呢。
   Xiǎolì zěnme le, hǎoxiàng bú tài kāixīn (/gāoxìng) ne.
   （麗ちゃんはどうしたの。ちょっとつまらなそうだね）

"不太开心"は，楽しくない，つまらないという意味だが，"不太高兴"だと，あまり嬉しくない様子である。つまり"高兴"は外面的な快楽気分より，内面的な喜

び（時に態度や言葉で表しにくいこともある）に重きを置く。

3) 别高兴得太早，好戏还在后头呢。（△开心）
   Bié gāoxìng de tài zǎo, hǎoxì hái zài hòutou ne.
   （喜ぶのはまだ早いよ。この先なにがあるか分らないから）

　一方，"开心"はとにかく笑えるほど楽しい。そのため，「"开心"＋名詞」の形で，たとえば"开心果"（人を楽しくさせる人），"开心丸儿"（人をなぐさめたり笑わせる話やもの），"开心网"（笑い話のホームページ）などの熟語も多い。
　"开心"も"高兴"も重ね型がある。形容詞として使うときはAABB型で，動詞として使うときはそれぞれAAB型とABAB型である。

4) 别想那么多，整天开开心心（／高高兴兴的）的，比什么都好。
   Bié xiǎng nàme duō, zhěngtiān kāikāixīnxīn (／gāogāoxìngxìng) de, bǐ shénme dōu hǎo.
   （あれこれ余計なことを考えないで，毎日楽しく過ごせれば何よりです）

5) 说点儿好玩儿的，让大家开开心（／高兴高兴）吧。
   Shuō diǎnr hǎowánr de, ràng dàjiā kāikāixīn (／gāoxìnggāoxìng) ba.
   （なにか面白いことを言って，みなを楽しませようよ）

"开心"には，動詞で「冗談を言う」，「からかう」，「気晴らしする」などの意味もある。この場合はよく"拿……开心"，"寻开心"という慣用句を使う。動詞"开心"はVO構造であり，"开开心"という重ね型が使える。

6) 你们就别拿我开心（／＊高兴）了。
   Nǐmen jiù bié ná wǒ kāixīn le.
   （もう僕のことをからかわないでくれ）

7) 别整天闷在家里，出去开开心吧。
   Bié zhěngtiān mènzài jiāli, chūqu kāikāixīn ba.
   （一日中家に閉じこもっていないで，外に出て気晴らしでもしておいで）

"高兴"には「好きで…する」の意味もある。さらに自分の意のままにするという意味も含まれる。恋人同士の喧嘩でよく聞かれるセリフはこうである。

8) A：你怎么这样?
   　 Nǐ zěnme zhèyàng?
   　 （何でこんなことするの）

   B：我高兴，你管得着嘛!
   　 Wǒ gāoxìng, nǐ guǎndezháo ma!
   　 （私の勝手でしょ。ほっといてよ）

开展・展开
kāizhǎn　zhǎnkāi

いずれも活動や運動を小から大へと組織的に押し進めていくことを表し，対象が"活动"huódòng，"讨论"tǎolùn，"比赛"bǐsài，"工作"gōngzuò，"批评"pīpíng，"争论"zhēnglùn の場合は置き換えられる。
"开展"は人の視点で物事を進める，展開する。"展开"は物事の視点から物事が繰り広げられ，進められることを表す意味合いが強い。

1) 我们展开（／开展）了大规模的宣传活动。
   Wǒmen zhǎnkāi (/kāizhǎn) le dàguīmó de xuānchuán huódòng.
   （私たちは大がかりなPR活動をした）

2) 大家开展（／展开）了讨论。
   Dàjiā kāizhǎn (/zhǎnkāi) le tǎolùn.
   （みんなで議論を繰り広げた）

"展开"は活動や運動を大がかりに展開していく，繰り広げることである。

3) 二者展开（／＊开展）了激烈的搏斗。
   Èrzhě zhǎnkāile jīliè de bódòu.
   （両者の間で激しい戦いが繰り広げられた）

"开展"は後に様態補語を伴い，程度を表すことができるが，"展开"はそれ自体に，大規模に繰り広げるという程度の意味を含むので，補語を伴うことはできない。"开展"は後に方向補語を伴うこともできる。

4) 活动开展（／＊展开）得不错。
   Huódòng kāizhǎnde búcuò.
   （活動はまずまずの展開だ）

5) 这个活动今后还要开展（／＊展开）下去。
   Zhège huódòng jīnhòu hái yào kāizhǎnxiaqu.
   （この活動は今後も引き続き行っていく）

6) 竞赛已经开展（／＊展开）起来了。
   Jìngsài yǐjīng kāizhǎnqilai le.
   （競争が展開されはじめた）

"展开"は「ものを広げる」意味をもつが，"开展"はこの意味がない。

7) 展开（／＊开展）报纸
   zhǎnkāi bàozhǐ

（新聞を広げる）

8) 展开（／＊开展）双手
   zhǎnkāi shuāngshǒu
   （両手を広げる）

9) 展开（／＊开展）笑容
   zhǎnkāi xiàoróng
   （笑顔を見せる）

砍・劈・剪・切・割・锯
kǎn　pī　jiǎn　qiē　gē　jù

"砍"は，刀やおので打ち下ろすように切る。
"劈"は，刀やおのなどで縦に割る。

1) 砍木头
   kǎn mùtou
   （材木を切る）

　 砍柴
   kǎn chái
   （柴を刈る）

2) 劈柴
   pī chái
   （薪を割る）

"砍"は本体から切り離す意味もあるが，"劈"にはない。"劈"は第三声の読み方もあり，その場合は「本体から手でむしりとる，はぎとる」意になる。

3) 把树枝砍下来
   bǎ shùzhī kǎnxialai
   （木の枝を切り落とす）

　 把树枝劈下来
   bǎ shùzhī pǐxialai
   （木の枝を手で折りとる）

"剪"は，はさみを使って切る。

4) 剪（／＊切）头发
jiǎn tóufa
（髪を切る）

剪（／＊切）指甲
jiǎn zhǐjia
（爪を切る）

"切"は，刃物を押したり引いたりして切る。

5) 把黄瓜切（／＊剪）成丝儿
bǎ huánggua qiēchéng sīr
（キュウリを細切りにする）

切（／＊割）西瓜
qiē xīguā
（スイカを切る）

"割"は，物の一部分を切り取る，または，切れ目を入れる。

6) 割（／＊切／＊砍）麦子
gē màizi
（鎌で麦を刈る）

割（／＊切／＊砍）草
gē cǎo
（鎌で草を刈る）

"锯"は，のこぎりで切る。

7) 用电锯锯断钢筋
yòng diànjù jùduàn gāngjīn
（電動のこぎりで鉄筋を切断する）

锯（／砍）木头
jù (/kǎn) mùtou
（のこぎりで材木を切る）

看・见・看见
kàn　jiàn　kànjiàn

1) 我每天都看（／＊见／＊看见）电视新闻。
   Wǒ měitiān dōu kàn diànshì xīnwén.
   （私は毎日テレビのニュースを見る）

2) 谁也没见（／看见／看）过她的笑容。
   Shéi yě méi jiàn (/kànjiàn /kàn) guo tā de xiàoróng.
   （誰も彼女の笑顔を見たことがない）

"看"は見ようとする意志や目的をもって見る。名詞，動詞，節などを目的語としてとることができ，補語をつけることもできる。

3) 大家聚精会神地看着画家当场作画。
   Dàjiā jù jīng huì shén de kànzhe huàjiā dāngchǎng zuò huà.
   （みな一心に画家のデモンストレーションを見ている）

4) 我没看过这部小说，能借给我看看吗？
   Wǒ méi kànguo zhè bù xiǎoshuō, néng jiègěi wǒ kànkan ma?
   （私はこの小説を読んだことがないのですが，貸してもらえますか？）

5) 孩子们看动画片看得津津有味。
   Háizimen kàn dònghuàpiàn kànde jīnjīn yǒu wèi.
   （子供たちは興味津々な様子でアニメーションを見ていた）

6) 他眼睛刚动了手术，看不了书。
   Tā yǎnjing gāng dòngle shǒushù, kànbuliǎo shū.
   （彼は目の手術を受けたばかりなので，本を読むことができない）

"看见"は「動作"看"＋結果補語"见"」で，動作の結果，対象が「眼に映る」ことを表す。"看到"とも言える。

7) 小伙子一看见她就大声喊了起来。
   Xiǎohuǒzi yí kànjiàn tā jiù dàshēng hǎnleqilai.
   （若者は彼女を見かけると，すぐ大声で叫んだ）

8) 最后他离开了家，没有人再看见过他。
   Zuìhòu tā líkāile jiā, méiyǒu rén zài kànjiànguo tā.
   （最後に彼は家を出て，誰も二度と再び彼を見ることはなかった）

9) 这个人好像在哪儿看见过。
   Zhège rén hǎoxiàng zài nǎr kànjiànguo.

（この人は，どこかで見たことがあるようだ）

"见"は「目に入る」,「見かける」の意味で，シテ（動作主）の意志や目的とは関係なく，対象が目に入って見えることで，後に補語を続けることができる。

10) 我刚才见他去小张那儿了。
    Wǒ gāngcái jiàn tā qù Xiǎo Zhāng nàr le.
    （私はさっき彼が張さんのところに行ったのを見かけた）

11) 你去上海，见好看的衣服给我买一件。
    Nǐ qù Shànghǎi, jiàn hǎokàn de yīfu gěi wǒ mǎi yí jiàn.
    （上海に行くのなら、きれいな洋服を見かけたら一着私に買っておいてください）

12) 你在北京见到他了吗？
    Nǐ zài Běijīng jiàndào tā le ma?
    （北京で彼に会いましたか）

13) 老高见得多，经验丰富。
    Lǎo Gāo jiànde duō, jīngyàn fēngfù.
    （高さんは博識で経験が豊富だ）

"看"は持続性の動作動詞で，副詞"在"zài，"正在"zhèngzài などを前に置くことができるが，"看见"の前には置けない。

14) 我去的时候，他正在看电视。
    Wǒ qù de shíhou, tā zhèngzài kàn diànshì.
    （私が行ったとき，彼はちょうどテレビを見ていた）

"看"は"不"，"没"で否定し，"看见"は"没"で否定する。この違いは，"听" tīng（聞く）と"听见"tīngjiàn（聞こえる），"闻"wén（においをかぐ）と"闻见"wénjiàn（においがする）などにも同様に言える。

15) 我去北京时，她刚好出差了，很遗憾没看见她。
    Wǒ qù Běijīng shí, tā gānghǎo chūchāi le, hěn yíhàn méi kànjiàn tā.
    （私が北京に行った時，彼女はちょうど出張に行っていて，会えなくてとても残念だった）

"看见"は間に"得"de，"不"bu を挿入し，可能または不可能を表すことができる。

16) 你看得见黑板上的字吗？
    Nǐ kàndejiàn hēibǎnshang de zì ma?
    （あなたは黒板の字が見えますか）

看・看望
kàn　kànwàng

　どちらも人に会う意味を表し，会う対象に対する特別な気持ちや，会う人や会う場所などに制約がある。
　"看"を用いる場合には次のような条件を満たさなければならない。
　仕手は相手に対する懐かしい気持ちをもち，または相手を案ずる気遣いや思いやりの感情を抱き，もしくは相手の慶事を祝うため，自発的に親戚や友人などの人に会う。

1) 女儿结婚以后，常常回来看父母，父母也常常去看女儿。
　　Nǚ'ér jiéhūn yǐhòu, chángcháng huílai kàn fùmǔ, fùmǔ yě chángcháng qù kàn nǚ'ér.
　　(娘は結婚後，よく両親に会いに来て，両親もよく娘に会いに行きます)

2) 他从奥运会拿到冠军回来，刚一到家就有很多朋友来看他。
　　Tā cóng Àoyùnhuì nádào guànjūn huílai, gāng yí dào jiā jiù yǒu hěn duō péngyou lái kàn tā.
　　(オリンピックで金メダルを取って家に帰って来たら，多くの友達が祝いに来ました)

3) 昨天我们去医院看张华了。
　　Zuótiān wǒmen qù yīyuàn kàn Zhāng Huá le.
　　(昨日，病院に張華さんを見舞いに行きました)

　"看"を用いる時には二つの点に注意しなければならない。
　一つは，仕手が相手のいる所に出向いて行くということ。つまり，下記の言い方は成り立たない。

4) ＊我想看你，你能来我家吗？

　二つ目は仕手が相手に会う目的は自分のことのためではないということ。次の会話を考えてみよう。

5) 妹妹：哥哥，星期天我想去看看你。
　　　　　Gēge, xīngqītiān wǒ xiǎng qù kànkan nǐ.
　　　　　(お兄さん，日曜日に会いに行きたいんだけど)

　　哥哥：你不用特意来了。
　　　　　Nǐ búyòng tèyì lái le.
　　　　　(わざわざ来なくていい)

　　妹妹：其实，是我的电脑出了毛病，想让你给修修。
　　　　　Qíshí, shì wǒ de diànnǎo chūle máobìng, xiǎng ràng nǐ gěi xiūxiu.

(実は，パソコンが壊れて，修理してもらいたいの)

哥哥：我就知道你不是来看我。
Wǒ jiù zhīdao nǐ bú shì lái kàn wǒ.
(わざわざ僕に会いに来るはずがないって最初から思ってたよ)

"看望"は"看"とほぼ同じ意味であるが，一般に，正式または公式な場合に用いる。

6) 天皇和皇后到神户看望灾区人民。
Tiānhuáng hé huánghòu dào Shénhù kànwàng zāiqū rénmín.
(天皇皇后両陛下は神戸に被災者をお見舞いにゆかれました)

7) 除夕之夜国家领导人去看望首钢工人。
Chúxī zhī yè guójiā lǐngdǎorén qù kànwàng Shǒugāng gōngrén.
(大晦日の夜に国の指導者は首都鉄鋼の労働者を見舞った)

補足であるが，単なる好奇心や興味から"看"を使う場合は「会う」ではなく，「見る」になる。

8) 为了能看一眼那位大明星，她在机场等了五个小时。
Wèile néng kàn yì yǎn nà wèi dà míngxīng, tā zài jīchǎng děngle wǔ ge xiǎoshí.
(あの大スターを一目見るために，彼女は空港で5時間待った)

看不起・看不上
kànbuqǐ　　kànbushàng

"看不起"は，「軽視する，見くびる」という意味である。

1) 如果总让别人让着你，即使赢了，也不光彩，别人也会看不起你的。
Rúguǒ zǒng ràng biéren ràngzhe nǐ, jíshǐ yíngle, yě bù guāngcǎi, biéren yě huì kànbuqǐ nǐ de.
(もしいつも人に譲ってもらってばかりでは，勝利したとしても，面目がないばかりか，人に見くびられてしまう)

2) 古代中国人为何看不起商人阶层？
Gǔdài zhōngguórén wèihé kànbuqǐ shāngrén jiēcéng?
(古代の中国人はなぜ商人階級を見下げていたか)

"看不上"は「気に入らない」という意味である。

3) 对方公司提出几种材料让他挑选，但他都看不上。
Duìfāng gōngsī tíchu jǐ zhǒng cáiliào ràng tā tiāoxuǎn, dàn tā dōu kànbushàng.

（相手の会社は彼に選んでもらうために，何種類かの材料を提供したが，彼は全部気に入らなかった）

4) 难道是成都的房子，他一个都看不上？
   Nándào shì Chéngdū de fángzi, tā yí ge dōu kànbushàng?
   （まさか彼は成都の物件をひとつも気に入らなかったのだろうか）

"看不上"は，気に入らない理由が，対象となる人や事物を軽蔑しているからである場合，"看不起"と入れ替えることができる。

5) 她总是和老师生气，说老师看不上（／看不起）她。
   Tā zǒngshì hé lǎoshī shēngqì, shuō lǎoshī kànbushàng (/kànbuqǐ) tā.
   （彼女はいつも先生に腹を立て，先生が自分のことを馬鹿にしていると言っていた）

6) 我就最看不上（／看不起）溜须拍马的人了。
   Wǒ jiù zuì kànbushàng (/kànbuqǐ) liū xū pāi mǎ de rén le.
   （私はおべっかを使う人がもっとも嫌いだ）

気に入らない理由が，対象となる人や事物にたいして「満足できない」という場合，"看不起"と入れ替えることはできない。

7) 本地企业一个月1000元的工资，他根本看不上（／＊看不起）。
   Běndì qǐyè yí ge yuè yì qiān yuán de gōngzī, tā gēnběn kànbushàng.
   （当地の企業の一カ月の給料が1000元というのは，彼はまったく気に入らない）

8) 如果连样板间您都看不上（／＊看不起）就不能找这家公司了。
   Rúguǒ lián yàngbǎnjiān nín dōu kànbushàng, jiù bù néng zhǎo zhè jiā gōngsī le.
   （もしモデルルームさえ気に入らないのなら，この会社には頼めない）

看法・意见
kànfa　yìjian

どちらも物事に対する見方や考え方を表す。"看法"は"意见"より語気が軽く，口語的である。

1) 我们可以谈一谈自己的看法（／意见）。
   Wǒmen kěyǐ tányitán zìjǐ de kànfa (/yìjian).
   （自分の考えを言ってみましょう）

2) 你对这件事有什么看法（／意见）？
   Nǐ duì zhè jiàn shì yǒu shénme kànfa (/yìjian)?
   （この件についてどのような考えをお持ちですか）

"意见"が表わす考えは，他人に提示することを前提としている。このため"发表"fābiǎo（発表する），"征求"zhēngqiú（求める），"听取"tīngqǔ（聴取する），などの語と組み合わせて使われる。また，ある考えに基づいて何かをする，という場合にも"意见"が使われる。

3) 向用户发放征求意见卡。
Xiàng yònghù fāfàng zhēngqiú yìjian kǎ.
（利用者に意見カードを発送する）

4) 向职工了解情况，听取意见。
Xiàng zhígōng liǎojiě qíngkuàng, tīngqǔ yìjian.
（従業員の情況を理解し，意見を聴取する）

5) 我觉得他说得很有道理，便决定按他的意见办。
Wǒ juéde tā shuōde hěn yǒu dàoli, biàn juédìng àn tā de yìjian bàn.
（私は彼の言うことはもっともだと思い，彼の提案に沿って行うことに決めた）

"意见"の量詞には"个"ge，"条"tiáo が用いられる。"看法"には"条"は使われない。

6) 我很同意这个看法（／意见）。
Wǒ hěn tóngyì zhège kànfa (/yìjian).
（私はこの考えに賛成する）

7) 在经过一段时间的讨论之后，他们提出了20多条意见（／*看法）。
Zài jīngguò yí duàn shíjiān de tǎolùn zhī hòu, tāmen tíchūle èrshí duō tiáo yìjian.
（一定時間の協議を経て，彼らは20数カ条の意見を提出した）

"看法"，"意见"は相手や事柄に対する不満や異議，否定的な見方を表す意味でも使われる。

8) 他对这件事很有看法（／意见）。
Tā duì zhè jiàn shì hěn yǒu kànfa (/yìjian).
（彼はこの件についてとても不満だ）

「大いに不満である」ことを"意见很大"というが，"看法很大"とはいわない。

9) 有些问题一直没有解决，群众意见（／*看法）很大。
Yǒuxiē wèntí yìzhí méiyou jiějué, qúnzhòng yìjian hěn dà.
（いくつかの問題がずっと解決されないままであり，民衆の不満は高まっている）

看上 ・ 看中
kànshang　kànzhòng

　いずれも何かが気に入ること。モノが気に入ったり、人が気に入ったり、どちらも微妙な区別がある。
　男女の間で「相手をみそめる、好きになる」時は"看上"が使われる。しかし、上役が部下を「ある任務の適任者として気に入る」ような場合は"看中"を使うのが普通である。

1) 田中看上了一个中国姑娘。
　　Tiánzhōng kànshangle yí ge Zhōngguó gūniang.
　　（田中さんはある中国女性を好きになった）

2) 经理看中了小王，让她给自己当秘书。
　　Jīnglǐ kànzhòngle Xiǎo Wáng, ràng tā gěi zìjǐ dāng mìshū.
　　（社長は王さんが気に入り、彼女を自分の秘書にした）

　このように"看上"はともかく「好きになる」ことだが、"看中"は後継者をさがすとか、仕事をまかせられる人を求めるとか、何か目的があって適任者を物色しているときに用いられる。息子の嫁にぴったりの娘を見つけたというときは"看中"のほうだ。娘の婿にふさわしいときも同じだ。

3) 她看中了和她同一个办公室的小李了，想让她做自己的儿媳妇。
　　Tā kànzhòngle hé tā tóng yí ge bàngōngshì de Xiǎo Lǐ le, xiǎng ràng tā zuò zìjǐ de érxífu.
　　（彼女は自分と同じ部屋の李さんが気に入った、彼女を自分の息子の嫁にと考えた）

4) 林妈妈一眼便看中了这位未来女婿。
　　Lín māma yì yǎn biàn kànzhòngle zhè wèi wèilái nǚxù.
　　（林さんは会うなりこの未来の娘婿が気に入った）

　このように"看中"は、ある条件があり、それに適合し、いわば「眼鏡にかなう」わけだ。次の例のように、映画監督から気に入られる等というのも、ある役柄にかなう者として選ばれるわけだから"看中"になる。

5) 我自信凭我的实力和特有的气质，总有一天会被导演看中的。
　　Wǒ zìxìn píng wǒ de shílì hé tèyǒu de qìzhì, zǒng yǒu yì tiān huì bèi dǎoyǎn kànzhòng de.
　　（私は自分の実力と独特の気質からみて、いつかきっと監督の目に止まるという自信があった）

　一方の"看上"は男性が女性を好きになったり、気に入ったり、あるいは一目惚

れしたなどというときによく使われる。

6) 见面第一眼，我就看上了她。
Jiànmiàn dìyī yǎn, wǒ jiù kànshangle tā.
（初対面でもう彼女に一目惚れだった）

面白いことに，女性が男性を気に入る，好きになるというときには"看中"のほうが使われることが多い。女性の裡にはどこか「未来の旦那様」を想定し，要件を満たすにふさわしい男性の登場を心待ちにしているところがあるのかも知れない。

7) 他在山阳区马作村做木工活时，被一位姑娘看中了，于是，这位姑娘有了一位好伴侣。
Tā zài Shānyángqū Mǎzuòcūn zuò mùgōng huó shí, bèi yí wèi gūniang kànzhòng le, yúshì, zhè wèi gūniang yuǒle yí wèi hǎo bànlǚ.
（彼は山陽区の馬作村で大工仕事をしていたときに，ある娘に見初められた。かくてこの娘はよき伴侶を得ることとなった）

それに対して「男性→女性」のときは"看上"が多く，「ぱっと見て好きになる」，「見初める」というケースが多い。その女性の性格とか能力とか資格とかではなく，敢えて言えば「見目麗しい」のであろう。このように"看上"は特定の条件が前面に出てくるわけではないので，「たまたま，偶然に，何かの縁で（好きになった，見初めた）」といった言い方がよくされる。
"看中"は一定の要件にかなうわけだから，個別の能力，資格を気に入るのでもよい。つまり，部分的でありうる。

8) 一位老师看中了林健的才华和毅力，经常带他到自己家中看书，并给予指导。
Yí wèi lǎoshī kànzhòngle Lín Jiàn de cáihuá hé yìlì, jīngcháng dài tā dào zìjǐ jiā zhōng kàn shū, bìng jǐyǔ zhǐdǎo.
（ある教師は林健の才能と根性が気に入り，よく彼を自分の家に連れてゆき本を見せたりして指導した）

またモノやコトを「気に入る」場合，どちらも使われるが，"看上"ならともかく，「パッと見て気に入ってしまった」のだし，"看中"ならやはり条件にかなって目をつけたのである。「金儲け」や「ビジネス」なら条件も明確であろう。

9) 今年2月，张健在北京一家超级市场看上一块款式新颖的"欧米茄"手表，便以498元的价格买下。
Jīnnián èryuè, Zhāng Jiàn zài Běijīng yì jiā chāojí shìchǎng kànshang yí kuài kuǎnshì xīnyǐng de "Oūmǐjiā" shuǒbiǎo, biàn yǐ sì baǐ jiǔshíbā yuán de jiàgé mǎixià.
（今年の2月，張健さんは北京のあるスーパーでデザインの新しい「オメガ」の腕時計が気に入り，498元で購入した）

10) 某外商 D 老板看中了中国录相带市场，分两次投入资金共计 400 万美元。
    Mǒu wàishāng D lǎobǎn kànzhòngle Zhōngguó lùxiàngdài shìchǎng, fēn liǎng cì tuórù zījīn gòngjì sì bǎi wàn měiyuán.
    (ある外国企業のD社長は中国のビデオテープ市場に目をつけ，二度にわたり合計400万ドルの投資をした)

看做・看成
kànzuò　kànchéng

いずれも「"把"bǎ + A +"看做／看成"+ B」の形で，「AをBと見なす（見る）」という意味を表す。"看做是" kànzuò shì, "看成是" ともいう。

1) 我把参加高考看做（／看成）对自己的一次考验。
   Wǒ bǎ cānjiā gāokǎo kànzuò (/kànchéng) duì zìjǐ de yí cì kǎoyàn.
   (私は大学受験を自分に対する試練だと思っている)

2) 他把照顾邻居老人看成（／看做）自己的责任。
   Tā bǎ zhàogù línjū lǎorén kànchéng (/kànzuò) zìjǐ de zérèn.
   (彼は自分の責任として近所のお年寄りの面倒を見ている)

"看做"は意識的にAをBと見なす場合に限られ，不注意による見間違いなどの場合には用いられない。"看成"はどちらの場合でもよい。

3) 昨天考试的时候，我一紧张，把 100 看成（／＊看做）了 10。
   Zuótiān kǎoshì de shíhou, wǒ yì jǐnzhāng, bǎ yì bǎi kànchéngle shí.
   (昨日の試験では，緊張して100を10と見まちがえてしまった)

4) 注意不要把有效期错看成（／＊看做）生产日期。
   Zhùyì búyào bǎ yǒuxiàoqī cuò kànchéng shēngchǎn rìqī.
   (有効期間を間違えて製造日と見ないように注意しよう)

"被" bèi の形にも用いられる。

5) 拥有汽车被看做（／看成）是身份的象征。
   Yōngyǒu qìchē bèi kànzuò (/kànchéng) shì shēnfen de xiàngzhēng.
   (マイカーを持つことは社会的地位の象徴とされている)

慷慨・大方
kāngkǎi　dàfang

形容詞として使われ，いずれも器量が大きい，ものや金に対してけちではないという意味が含まれている。

1) 每次我向他借钱的时候，他总是那么慷慨（／大方），不问原因。
   Měicì wǒ xiàng tā jièqián de shíhou, tā zǒngshì nàme kāngkǎi (/dàfang), bú wèn yuányīn.
   (いつも私が彼からお金を借りる時，彼は理由も聞かず，気前よく貸してくれる)

動詞といっしょに使う時，"慷慨"は通常動詞の前におく。たとえば"慷慨解囊" kāngkǎi jiěnáng (気前よくお金を出す)，"慷慨相助" kāngkǎi xiāngzhù (気前よく手助けする)。一方，"大方"は通常動詞の後ろにおく。たとえば"出手大方" chūshǒu dàfang (気前よく金を出す)。

2) 当朋友遇到困难时，她总是慷慨相助。
   Dāng péngyou yùdào kùnnan shí, tā zǒngshì kāngkǎi xiāngzhù.
   (友達が困難に遭遇した時，彼女はいつも気前よく手助けする)

3) 他出手大方，从不计较这几个钱。
   Tā chūshǒu dàfang, cóng bù jìjiào zhè jǐ ge qián.
   (彼はいつも気前よく出し，お金に頓着しない)

"慷慨"はまた，義憤に燃えて意気が高ぶるという意味がある。

4) 这首诗是多么慷慨激昂振奋人心啊。
   Zhè shǒu shī shì duōme kāngkǎi jī'áng zhènfèn rénxīn a.
   (この詩はなんと人の心を高ぶらせるのだろう)

5) 他慷慨陈词赢得了台下众人的阵阵掌声。
   Tā kāngkǎi chéncí yíngdéle táixià zhòngrén de zhènzhèn zhǎngshēng.
   (彼の意気軒昂たるスピーチは観衆からひとしきりの拍手を得た)

"大方"はまた，人のおおらかで自然な挙動を表し，かたくるしくなく，わざとらしくないという意味をもつ。この時の"大方"は重ねて使える。

6) 她不愧是一位名演员，在台上的一举一动都很大方。
   Tā búkuì shì yí wèi míngyǎnyuán, zài táishang de yì jǔ yí dòng dōu hěn dàfang.
   (彼女は有名な女優だけあって，舞台上の一挙一動みな悠然としている)

7) 如果你真的做错了，就大大方方地去道个歉。
   Rúguǒ nǐ zhēnde zuòcuò le, jiù dàdàfāngfāng de qù dào ge qiàn.

（もしあなたが本当に間違ったのなら，すなおに謝ったほうがいい）

"大方"はまた，もののデザインや色が俗っぽくなく，品があるということを形容する。

8) 这件衣服的款式既优雅又大方。
   Zhè jiàn yīfu de kuǎnshì jì yōuyǎ yòu dàfang.
   （この服のデザインは優雅で俗っぽくない）

9) 这套木质家具沉稳大方，工艺精良。
   Zhè tào mùzhì jiājù chénwěn dàfang, gōngyì jīngliáng.
   （この木製の家具は落ち着いた雰囲気で品があって造りもよい）

靠・凭
kào　píng

ともに介詞として「人やものの力によって〜をする」という意味をもつが，"靠"の「によって」は「頼る，依存する」意味合いが強く，"靠"の対象は依存先である。依存であるから"靠"という動作のシテ（動作主）の無力が含意されることがある。"凭"はそうした意味やニュアンスをもたないので，シテの依存性が強い文では"凭"を使うことができない。

1) 我家靠（／＊凭）丈夫的工资维持生活。
   Wǒ jiā kào zhàngfu de gōngzī wéichí shēnghuó.
   （我が家は夫の給料で暮らしを立てている）

2) 他靠（／＊凭）别人帮助才进了大学。
   Tā kào biéren bāngzhù cái jìnle dàxué.
   （彼は人の援助にすがってやっと大学に入った）

"凭"の「によって」は「〜に基づく，〜を根拠にする」で，"凭"の対象は依存先ではなく，行動の拠り所であり，拠って立つ根拠である。"凭"という動作のシテは，その拠り所や根拠を使ってその動作を行う。"靠"はこうした意味をもたない。

3) 凭（／＊靠）事实做出判断。
   Píng shìshí zuòchu pànduàn.
   （事実に基づいて判断する）

4) 凭（／＊靠）考试成绩分班。
   Píng kǎoshì chéngjì fēnbān.
   （試験の成績でクラス分けをする）

以下のように"靠"と"凭"どちらも使える文もあるが，上記のような違いがあるので，ニュアンスが異なってくる。

5) 我希望你们靠（／凭）自己的勤奋努力、聪明才智去获得成功。
Wǒ xīwàng nǐmen kào (/píng) zìjǐ de qínfèn nǔlì, cōngming cáizhì qù huòdé chénggōng.
(皆さんが自分の勤勉さや努力，聡明さや才知で成功をかち得ることを願っています)

6) 劳动人民靠（／凭）智慧和双手创造世界。
Láodòng rénmín kào (/píng) zhìhuì hé shuāngshǒu chuàngzào shìjiè.
(労働者たちは知恵とその両手によって世界を創造する)

5) の場合，"靠"を使えば"你们"は自らの"勤奋努力、聪明才智"に依存し，それに頼って成功をかち得ることを求められている。"凭"を使うなら"你们"は自らの"勤奋努力、聪明才智"を拠り所，根拠とし，それを使って成功をかち得ることを求められている。6) の場合も，"靠"を使えば"劳动人民"は自らの"智慧和双手"に依存し，それに頼って世界を創造する。"凭"を使うなら"劳动人民"は自らの"智慧和双手"を拠り所，根拠とし，それを使って世界を創造する。

また，"凭"には"凭什么"という反語的な表現があるが，"靠"にはこのような用法はない。

7) 你凭（／＊靠）什么跟我要钱？
Nǐ píng shénme gēn wǒ yào qián?
(いったい何の権利があって私にお金を要求するの！)

可不是・就是
kěbushì　jiùshì

"可不是"と"就是"は，肯定や同意を表す応答語として会話によく用いられる。どちらも相手の発話に対して「そうだ」，「そのとおりだ」と強く肯定するが，ニュアンスが多少異なっている。
"就是"は相手の言ったことを肯定するだけでなく，相手の発言内容を「自分も知っていた」，「自分もそう感じていた」と主張する。

1) A：真流氓，说着说着就没正经。
Zhēn liúmáng, shuōzhe shuōzhe jiù méi zhèngjing.
(本当に柄が悪いわね，話しているとすぐふざけるのだから)

B：就是（／可不是），我也觉得他们特下流。
Jiùshì (/Kěbushì), wǒ yě juéde tāmen tè xiàliú.
(そうなのよ，あいつらって本当に下品よね)

"就是"を用いると「そうなのよ（わたしもそう思っていた）」という語気が前面にでる。一方"可不是"を用いる場合，自分が相手の発言内容を知っていたかどうかは関係なく，単に相手に対する同意，肯定を表す。

2) A：好像要下雨了。
　　　Hǎoxiàng yào xiàyǔ le.
　　　（雨が降りそうだね）

　　B：可不是（／就是），天气预报说今天要下雨。
　　　Kěbushì (Jiùshì), tiānqì yùbào shuō jīntiān yào xiàyǔ.
　　　（そうね，天気予報では今日雨だって言ってたわ）

"可不是"は「雨が降りそうだね」というAの発言に対しての肯定。"就是"に置き換えると，「私もそう思っていた」，「私も知っていた」という意味が強くなる。"可不是"は単純な同意，肯定なので，発言内容が相手から初めて知らされた場合でも用いることができる。

3) A：你脸上有墨水！
　　　Nǐ liǎnshang yǒu mòshuǐ!
　　　（顔に墨がついているよ）

　　B：(看镜子) 可不是（／＊就是）。
　　　　　　　　Kěbushì.
　　　（〈鏡を見て〉本当だ）

BはAに「顔に墨がついている」と指摘され，鏡を見て初めてその事実に気づき，「あなたの言うとおりだ」と"可不是"を使って応答している。日本語にする時は「本当だ」などと訳した方が適切である。"就是"は自分も知っていたことを主張する肯定なので，3)のように相手の発言内容が未知情報の場合，用いることはできない。

4) A：今天是我们的结婚纪念日。
　　　Jīntiān shì wǒmen de jiéhūn jìniànrì.
　　　（今日は私たちの結婚記念日よ）

　　B：(看月历) 可不是（／＊就是）。
　　　　　　　　Kěbushì.
　　　（〈カレンダーを見て〉本当だ）

5) A：这里打错一个字。
　　　Zhèli dǎcuò yí ge zì.
　　　（ここ1字打ち間違っているよ）

B：(一看)可不是(／＊就是)，把它改过来吧。
　　　Kěbushì, bǎ tā gǎiguolai ba.
（〈見て〉ほんとだ，打ち直そう）

"可不是"を用いる場合，Aの発話内容がBにとって①既知情報，②未知情報の二つのパターンがある。

6) A：好像要下雨了。

　　B①：可不是(／就是)，天气预报说今天要下雨。

　　②：(看天空)可不是(／＊就是)。

①は"就是"に置き換え可能である。②では，BはAに「雨が降りそうだ」と指摘され空を見て初めてその事実に気づいていることから，Aの発話はBにとって未知情報であったと考えられる。したがって，"就是"には置き換え不可である。

このように"可不是"は相手の発話が自分にとって既知情報でも未知情報であっても用いられる。

一方"就是"は相手の発話が既知情報の場合のみ肯定することができる。3), 4), 5)の例も以下のようにコンテキストを変えAの発話内容をBにとって既知情報にすれば，"就是"を用いることができる。

7) A：你脸上有墨水！
　　（顔に墨がついているよ）

　　B：就是。我睡觉的时候小孩儿弄的。
　　　Jiùshì. Wǒ shuìjiào de shíhou xiǎoháir nòng de.
　　（そうなのよ。私が寝ているとき，子供がいたずらをしたの）

8) A：今天是我们的结婚纪念日。
　　（今日は僕らの結婚記念日だ）

　　B：就是。你现在才想起来？
　　　Jiùshì. Nǐ xiànzài cái xiǎngqilai?
　　（そうよ。今思い出したの？）

9) A：这里打错一个字。
　　（ここ打ち間違っているよ）

　　B：就是。这里还有一个。
　　　Jiùshì. Zhèli hái yǒu yí ge.
　　（そうなのよ。こっちにももうひとつあるの）

次の例では，まずBが最初の発話B①で自分の意見を述べている。Bの意見を「そ

のとおり」,「正しい」と肯定したAに対して,Bは"就是"を用いて応答する.

10) B①：我可不记得老师说过这事不能办。他说过吗？
   Wǒ kě bú jìde lǎoshī shuōguo zhè shì bù néng bàn. Tā shuōguo ma?
   (僕は先生がやってはいけないと言っていた記憶はまったくないけどな。そう言っていた？)

   A：没有，我记得他当时答应得挺痛快的。
   Méiyǒu, wǒ jìde tā dāngshí dāyingde tǐng tòngkuai de.
   (言ってないわよ。とても快く承知していたと思うけど)

   B②：就是（／＊可不是）。
   Jiùshì.
   (そうだろう)

上の例は①でBが自分の意見，予想を述べ，それをAが肯定しているというコンテキストがある。Bは"就是"でAの発話内容と①で述べた自分の予想を両方肯定して,「ほらやっぱり，私の言ったとおりだ」と主張している。
　以下に"可不是"と"就是"の意味をまとめる。
"可不是" 相手の発話内容を「そうだ」,「正しい」と肯定する応答語。相手の発話内容が未知情報でも既知情報でも使える。
"就是" 相手の発話内容を自分も知っていたと主張する応答語。相手の発話内容が自分にとって既知情報である場合のみ使える。

渴望・希望・盼望・期望
kěwàng　xīwàng　pànwàng　qīwàng

"渴望"は，願望や欲求の実現を切実に強く望む。「渇望する」,「切望する」の意味である。大体において実現が難しいことについて，激しく，切実に待ち望むことをいう。強いインパクトがあり,主に書面語に使う。たとえば，"～自由"～ zìyóu（自由），"～新生"～ xīnshēng（新生），"～见到亲人"～ jiàndào qīnrén（家族に会うこと），"求知的～" qiúzhī de ～（知識への欲求）など。

1) 每个人都渴望和平。
   Měi ge rén dōu kěwàng hépíng.
   (誰もが平和を強く望んでいる)

2) 我渴望飞——飞出爱情的牢笼，飞到广阔自由的天地里去。
   Wǒ kěwàng fēi—fēichu àiqíng de láolóng, fēidào guǎngkuò zìyóu de tiāndìli qu.
   (私は飛んでいきたいと切に願う。愛の束縛を打ち破り，広く自由な世界へ飛び出すのだ)

"希望"は，具体的な目的の達成や状況の出現を望む。「希望する」,「望む」の意味である。立場や相手，対象を問わず広く用いられる。自分についても他人についても，書面語でも口語でも使い，使用制限は比較的少ない。

3) 希望（／＊渴望）你长大后能够继承父业，做一名优秀的教师。
   Xīwàng nǐ zhǎngdà hòu nénggòu jìchéng fùyè, zuò yì míng yōuxiù de jiàoshī.
   （あなたが大きくなったら，父親の仕事を継いで優秀な教師になることを望んでいる）

例3)のような遠い将来のことについて，"渴望"は使えない。
"渴望"の内容は大体自分や自分の家族に関係することが多いが，"希望"はより広く用いられる。

4) 我们希望（／＊渴望）环境意识能成为每个公民的自觉意识。
   Wǒmen xīwàng huánjìng yìshi néng chéngwéi měi ge gōngmín de zìjué yìshi.
   （私たちは，環境に対する意識がすべての人の自覚的な意識となることを望んでいる）

"渴望"の目的語は"自由"zìyóu，"生活"shēnghuó，"成功"chénggōng など名詞であることが許されるのに対し，"希望"の目的語はフレーズや節でなければならない。たとえば，"得到自由"dédào zìyóu（自由を得る），"生活幸福"shēnghuó xìngfú（生活が幸福である），"能够成功"nénggòu chénggōng（成功できる），"变得富有"biànde fùyǒu（裕福になる）など。

"盼望"は実現を一心に期待する，あるいはその到来を待つこと。「待ち望む」の意味で，「待つ」ことに重点があり，その対象は年月，情報，人，手紙，卒業，退院，子どもの成長などであることが多い。

5) 孩子们每天都在盼望着新年的到来。
   Háizimen měitiān dōu zài pànwàngzhe xīnnián de dàolái.
   （子供たちは毎日新年の到来を待ち望んでいる）

6) 她盼望母亲早日恢复健康。
   Tā pànwàng mǔqin zǎorì huīfù jiànkāng.
   （彼女は母が早く健康を回復することを待ち望んでいる）

7) 盼望了半天，结果却很令人失望。
   Pànwàngle bàntiān, jiéguǒ què hěn lìng rén shīwàng.
   （長い間待ち望んでいたが、結果にはまったくがっかりさせられた）

"期望"は理想や志などの実現を望む。その対象は重みのある事柄の場合が多い。一般に目上の人から目下の人に，団体から個人に対して用いる。「期待する」,「望みをかける」の意味で，自分自身に対しては使わない。

8) 每一个父母都期望自己的孩子能够成材。
   Měi yí ge fùmǔ dōu qīwàng zìjǐ de háizi nénggòu chéngcái.

(どの親も自分の子供にひとかどの人物になってほしいと望む)

9) 祖国期望着我们，亲人也期望着我们。
Zǔguó qīwàngzhe wǒmen, qīnrén yě qīwàngzhe wǒmen.
(祖国は私たちに期待しており，家族も私たちに期待している)

"期望"は主語または目的語としても使う。"不辜负…的期望" bù gūfù … de qīwàng の表現パターンがよく用いられる。

10) 他们对这工作热情很高，期望很大。
Tāmen duì zhè gōngzuò rèqíng hěn gāo, qīwàng hěn dà.
(彼らはこの仕事にたいへん意欲があり，期待も大きい)

11) 我们不能辜负大家对我们的期望。
Wǒmen bù néng gūfù dàjiā duì wǒmen de qīwàng.
(私たちはみなの期待に背くことはできない)

肯定・一定
kěndìng　yīdìng

どちらも文中で連用修飾語になり，「きっと」，「必ず」という話し手の判断や推測を表す。

1) 他明天肯定（／一定）来。
Tā míngtiān kěndìng (/yídìng) lái.
(彼は明日きっと来る)

2) 我肯定（／一定）把这件事告诉他。
Wǒ kěndìng (/yídìng) bǎ zhè jiàn shì gàosu tā.
(必ず彼にこの事を伝えます)

"肯定"は疑いをさしはさむ余地がないという話し手の客観的判断を表す。すでに起こった事柄について断言するときには，"肯定"が使われることが多い。

3) 这种话肯定是他说的。
Zhè zhǒng huà kěndìng shì tā shuō de.
(この話は間違いなく彼が言ったことだ)

4) 你肯定是被他骗了！
Nǐ kěndìng shì bèi tā piàn le!
(あなたは彼にだまされたに違いないよ)

"肯定"は主語の前におくこともできるが，"一定"は主語の後にしかおけない。

5) 别走了，肯定（／＊一定）他不在。
   Bié zǒu le, kěndìng tā bú zài.
   (行くのはやめた方がいい，彼はきっといないよ)

6) 别走了，他肯定（／一定）不在。
   Bié zǒu le, tā kěndìng (/yídìng) bú zài.

"一定"は話し手の主観的な確信を表す。これから起きることに対する推測や願望などには"一定"が使われることが多い。

7) 爸爸昨天打电话说春节一定回来。
   Bàba zuótiān dǎ diànhuà shuō Chūnjié yídìng huílai.
   (父は昨日電話で春節には必ず帰ると言った)

8) 我相信你们一定能够成功。
   Wǒ xiāngxìn nǐmen yídìng nénggòu chénggōng.
   (君たちは必ず成功すると信じている)

"一定"は相手への依頼や要求を表す文にも使える。"肯定"にはこの用法はない。

9) 你一定（／＊肯定）记住我的话！
   Nǐ yídìng jìzhù wǒ de huà!
   (私の言ったことを覚えておきなさい)

10) 你一定（／＊肯定）要来开会。
    Nǐ yídìng yào lái kāihuì.
    (必ず会議に来てください)

文中で連体修飾語になる場合は，両者の意味は異なる。"肯定"は「はっきりした，明確な」という意味を表し，"一定"は「一定の，特定の」という意味を表す。

11) 希望你给我一个肯定（／＊一定）的答复。
    Xīwàng nǐ gěi wǒ yí ge kěndìng de dáfu.
    (明確な返事をもらいたい)

12) 达到了一定（／＊肯定）的标准。
    Dádàole yídìng de biāozhǔn.
    (一定の基準を満たしている)

恐怕・可能
kǒngpà　kěnéng

ともに副詞であり，ある事柄や現象に関して，その理由や先行きなどについて有りそうなことを推測する。「おそらく」，「ひょっとして」。この場合，相互の互換性は非常に高い。

1) 今天他没有来参加会议，恐怕（／可能）是生病了。
   Jīntiān tā méiyou lái cānjiā huìyì, kǒngpà (/kěnéng) shì shēngbìng le.
   （今日，彼は会議に参加していない。病気かもしれない）

2) 看这样子，恐怕（／可能）又要下一场大雪了。
   Kàn zhè yàngzi, kǒngpà (/kěnéng) yòu yào xià yì cháng dà xuě le.
   （このぶんでは，また大雪が降りそうだ）

以上のように，二つの言葉が共用できるのはその出来事がマイナスの事柄やあまり好ましくない結果をもたらす可能性の高い場合であり，その逆の場合，"恐怕"は使いにくくなる。

3) 你把这件事情跟领导说说，可能（／＊恐怕）会同意的。
   Nǐ bǎ zhè jiàn shìqing gēn lǐngdǎo shuōshuo, kěnéng huì tóngyì de.
   （このことを上司に話してみたら，承諾してもらえるかもしれないよ）

4) 他可能（／＊恐怕）非常高兴地接受你的邀请。
   Tā kěnéng fēicháng gāoxìng de jiēshòu nǐ de yāoqǐng.
   （彼は喜んであなたの誘いを受け入れるかもしれない）

さらに，"可能"は"很"hěn や"非常"fēicháng，"不"bù などといった副詞の修飾を受けて，「可能性が高い」や「そんな可能性がない」という意味を表すことができるが，"恐怕"にはこのような用法はみられない。

5) 小王很可能（／＊恐怕）已经离开日本回国了。
   Xiǎo Wáng hěn kěnéng yǐjīng líkāi Rìběn huíguó le.
   （王さんはすでに日本を離れて帰国しただろう）

6) 他的病情很可能（／＊恐怕）得动大手术。
   Tā de bìngqíng hěn kěnéng děi dòng dà shǒushù.
   （彼の病状だと，大きな手術を受けなければならない可能性が高い）

このほかに，"可能"には「可能性」という名詞の用法もあるが，"恐怕"にはない。

7) 我始终觉得有这个可能（／＊恐怕）。
　　Wǒ shǐzhōng juéde yǒu zhège kěnéng.
　　（私はずっとこのような可能性があると思っていた）

8) 做任何事情都有两种可能（／＊恐怕），成功或者失败。
　　Zuò rènhé shìqing dōu yǒu liǎng zhǒng kěnéng, chénggōng huòzhě shībài.
　　（いかなることをするにも成功と失敗という二つの可能性がある）

他方，"恐怕"には「何かを恐れたり，心配したりする」といった動詞の働きがあり，この際，"可能"に置き換えるとニュアンスが変わる。

9) 明天恐怕（／可能）会降温，你多穿点儿衣服吧。
　　Míngtiān kǒngpà (/kěnéng) huì jiàngwēn, nǐ duō chuān diǎnr yīfu ba.
　　（明日気温が下がる恐れ／可能性があるから，たくさん着たほうがいいよ）

口气・口吻
kǒuqi　kǒuwěn

いずれも口調，口ぶりの意味であるが，"口气"は語気，話の勢いに重点がある。

1) 他平时很注意观察老人说话的口吻（／口气）和走路的姿势。
　　Tā píngshí hěn zhùyì guānchá lǎorén shuōhuà de kǒuwěn (/kǒuqi) hé zǒulù de zīshì.
　　（彼は普段，お年寄りの話しぶりや歩き方を注意深く観察している）

2) 口气（／＊口吻）好大！
　　Kǒuqi hǎo dà!
　　（でかい口をたたくもんだ）

3) 她假装父亲的口气（／＊口吻）写了封信。
　　Tā jiǎzhuāng fùqin de kǒuqi xiěle fēng xìn.
　　（彼女は父親の口調を装って手紙を書いた）

また，"口气"は言外の意味も含む。

4) 听你这口气（／＊口吻），好像我犯了严重的错误。
　　Tīng nǐ zhè kǒuqi, hǎoxiàng wǒ fànle yánzhòng de cuòwù.
　　（君の口ぶりを聞くと，まるで私が重大な過失を犯したようだ）

5) 你去探探他的口气（／＊口吻），看他什么意见。
　　Nǐ qù tàntan tā de kǒuqi, kàn tā shénme yìjian.
　　（彼がどんな考えか，話しぶりから探ってみて）

"口吻"は口ぶり，話しぶり，話しぶりからうかがえる感情や態度で，人への接し方に重点がある。書面語に用いられることが多い。

6) 他说话总带着嘲讽的口吻（／＊口气）。
　　Tā shuōhuà zǒng dàizhe cháofěng de kǒuwěn.
　　（彼はいつも人をばかにしたような口ぶりで話す）

7) 以幽默的口吻（／＊口气）回答了这个问题。
　　Yǐ yōumò de kǒuwěn huídále zhège wèntí.
　　（ユーモラスな口ぶりで質問に答えた）

捆・包・扎
kǔn　bāo　zā

いずれも「しばる」，「束ねる」という意味をもつ動詞である。

1) 捆（／包／扎）包儿
　　kǔn (/bāo/zā) bāor
　　（梱包する）

"捆"は，ばらばらになっているものを紐や縄でひとくくりに束ねること，あるいは人や動物をしばって動けないようにすることを意味する。力を入れてくくることが多い。

2) 捆柴火
　　kǔn cháihuo
　　（薪を束ねる）

3) 我力气小，捆不紧。
　　Wǒ lìqi xiǎo, kǔnbujǐn.
　　（私は力が弱いので，きつくしばれない）

"包"は，中に入れる，全体を覆うように包みこむことを意味する。対象が完全に見えないような状態にすることに重点が置かれる。

4) 售货员用旧报纸把葡萄酒包了起来。
　　Shòuhuòyuán yòng jiù bàozhǐ bǎ pútaojiǔ bāoleqilai.
　　（店員は新聞紙でワインを包んだ）

5) 我这是第一次包饺子。
　　Wǒ zhè shì dìyī cì bāo jiǎozi.
　　（餃子を作るのは，今回が初めてだ）

"扎"は，まとまった形に束ねることやきれいに結ぶことを意味する。

6) 她用粉红色的丝带把花扎了起来。
　　Tā yòng fěnhóngsè de sīdài bǎ huā zāleqilai.
　　（彼女はピンク色のリボンで花を束ねた）

7) 她原来是短发，现在扎起小辫来了。
　　Tā yuánlái shì duǎnfà, xiànzài zāqi xiǎobiàn lai le.
　　（彼女は以前ショートヘアだったが，今はおさげを結うようになった）

なお，「しばる」，「束ねる」という意味合いにおいては，"扎"は単独で使われる範囲がある程度限られており，"捆扎"や"包扎"のように，"捆"や"包"と組み合わせて用いられることが多い。

8) 她很快就捆扎好了包裹。
　　Tā hěnkuài jiù kǔnzāhǎole bāoguǒ.
　　（彼女は素早く荷物を梱包した）

9) 他用绷带简单地包扎了一下伤口。
　　Tā yòng bēngdài jiǎndān de bāozāle yíxià shāngkǒu.
　　（彼は傷口にとりあえず包帯を巻いた）

以上見てきたように，"捆"，"包"，"扎"は，「しばる」，「束ねる」という共通項を含んでいるが，それぞれ表しているニュアンスが異なっている。また，"捆"と"扎"は細い紐状のものを用いることが多いのに対し，"包"は布や紙などの平たいものを使うことがほとんどである。

最後に例1) を用いて，"捆"，"包"，"扎"の使い方におけるニュアンスの違いを簡単に説明する。

"捆包儿"は，「力を入れてしばる」ことに重点が置かれる。
"包包儿"は，「包みを作った」という状態が強調される。
"扎包儿"は，「まとまった形になるようにくくる」というニュアンスが現れる。

扩大・扩展・扩张
kuòdà　kuòzhǎn　kuòzhāng

いずれも「拡大する」，「広げる」という意味をもつ。
"扩大"は「規模や範囲が小から大に広がること」を表す。面積，体積などのほか，抽象的なものにもよく使われる。人の自発的行為にも，事物の自然な変化にも用いることができる。

1) 扩大双方合作交流的空间。
   Kuòdà shuāngfāng hézuò jiāoliú de kōngjiān.
   (双方の提携交流の範囲を広げる)

2) 由于全球变暖，沙漠面积在不断扩大。
   Yóuyú quánqiú biànnuǎn, shāmò miànjī zài búduàn kuòdà.
   (地球温暖化により，砂漠の面積が拡大し続けている)

3) 读书多了，视野也会随之扩大。
   Dúshū duō le, shìyě yě huì suízhī kuòdà.
   (本をたくさん読めば，それにつれて視野も広がる)

"扩展"は具体的事物によく用いられ，平面的に，また線状に伸張してゆくイメージがある。

4) 近几年铁路向四面八方扩展。
   Jìn jǐ nián tiělù xiàng sì miàn bā fāng kuòzhǎn.
   (ここ数年鉄道路線は四方八方に広がった)

5) 火势向四面扩展。
   Huǒshì xiàng sìmiàn kuòzhǎn.
   (火が四方に広がる)

次のような抽象的事物の場合には"扩展"は使われない。

6) 扩大（／＊扩展）影响
   kuòdà yǐngxiǎng
   (影響を広げる)

"扩张"は強く広げていくことを表す。野心や勢力範囲などを強く主張し広げるというような使い方をし，悪い意味を含むことが多い。また，"张"zhāng は「張る」の意味があるので，人体の器官で管状のものを拡張したり，それ自体が膨張し拡張する場合によく使われる。

7) 国际社会谴责该国扩张领土。
   Guójì shèhuì qiǎnzé gāi guó kuòzhāng lǐngtǔ.
   (国際社会はその国の領土拡張を非難した)

8) 扩张（／＊扩大／＊扩展）血管
   kuòzhāng xuèguǎn
   (血管を広げる)

"扩大"や"扩展"は「張る」の意味をもたないため，8) のような場合は用いられない。

L

来・以来
lái　yǐlái

ともに時間量を表す数量フレーズの後ろに置き，過去のある時点から発話時点までの時間量を表す。書き言葉として，報道記事や講演，論文などによく用いられ，両者は置き換えられる場合がある。

1) 三个月来（／以来），我的汉语口语水平有了很大提高。
   Sān ge yuè lái (/ yǐlái), wǒ de Hànyǔ kǒuyǔ shuǐpíng yǒule hěn dà tígāo.
   (この三カ月間，私の中国語の会話レベルは大きく進歩した)

2) 感谢你多年来（／以来）对我工作的支持。
   Gǎnxiè nǐ duōnián lái (/ yǐlái) duì wǒ gōngzuò de zhīchí.
   (私の仕事に対する長い間のご支援を感謝します)

3) 这就是李明来到日本几个月来（／以来）的感受。
   Zhè jiù shì Lǐ Míng láidào Rìběn jǐ ge yuè lái (/ yǐlái) de gǎnshòu.
   (これが，李さんが日本に来て数カ月たっての感想です)

"来"は時間量を表す言葉の後ろにしか用いられないのに対して，"以来"は時間量を表す言葉の後ろに用いられるほか，年，月などの時点の後ろにも，また，物事の始まりを表す動詞フレーズや主述フレーズなどの後ろにも用いられる。"以来"を用いると，時間の開始点を強調するニュアンスが読み取れる。

4) 1999年以来（／＊来），我一直在国外生活。
   Yī jiǔ jiǔ jiǔ nián yǐlái, wǒ yìzhí zài guówài shēnghuó.
   (1999年から，私はずっと海外で暮らしている)

5) 进入十二月份以来（／＊来），感冒的人越来越多了。
   Jìnrù shíèr yuèfèn yǐlái, gǎnmào de rén yuè lái yuè duō le.
   (12月に入ってから，風邪を引く人が増えた)

6) 这是我参加工作以来（／＊来）第一次回老家。
   Zhè shì wǒ cānjiā gōngzuò yǐlái dìyī cì huí lǎojiā.
   (仕事に就いて以来，今回が初めての帰郷だ)

7) 展览会开幕以来（／＊来），每天要接待几万名观众。
   Zhǎnlǎnhuì kāimù yǐlái, měitiān yào jiēdài jǐ wàn míng guānzhòng.
   (展覧会が開幕して以来，毎日何万人もの観客を受け入れている)

"以来"は起点を表す"从"cóng，"自"zì，"自从"zìcóng（～から）等の前置詞と組み合わせることができるが，"来"はできない。

8) 从四月份以来（／＊来），这种产品的销量逐渐增加。
   Cóng sì yuèfèn yǐlái, zhè zhǒng chǎnpǐn de xiāoliàng zhújiàn zēngjiā.
   (四月以降、この製品の売り上げは徐々に増えている)

9) 自 1985 年以来（／＊来），他一直坚持记日记，从未间断。
   Zì yī jiǔ bā wǔ nián yǐlái, tā yìzhí jiānchí jì rìjì, cóng wèi jiànduàn.
   (1985 年以来、彼はずっと日記を続けていて、中断したことがない。)

10) 自从这学期开学以来（／＊来），他一次也没有迟到过。
    Zìcóng zhè xuéqī kāixué yǐlái, tā yí cì yě méiyou chídàoguo.
    (今学期始まって以来、彼は一回も遅刻したことがない)

11) 中国自古以来（／＊来）就是一个统一的多民族国家。
    Zhōngguó zì gǔ yǐlái jiù shì yí ge tǒngyī de duōmínzú guójiā.
    (中国は昔から統一された多民族国である)

上の例文の前置詞を取っても文の意味は変わらない。ともに用いることによって、開始点がさらに強調される。しかし、近年は、「時間量＋"以来"」という表現は次第に「時間量＋"来"」に取って代わられる傾向がある。

来往・来往・往来
láiwǎng　láiwang　wǎnglái

"来往" láiwǎng, "往来" ともに人や車などが行ったり来たり、通行することを表す。置き換えられるが、"来往" は多く話し言葉に用い、"往来" はやや固い表現となる。

1) 来往（／往来）的船很多。
   Láiwǎng (/wǎnglái) de chuán hěn duō.
   (行き交う船が多い)

2) 人群往来（／来往）不断。
   Rénqún wǎnglái (/láiwǎng) búduàn.
   (人の往来が絶えない)

"来往" láiwang, "往来" は、ともに交際する、おたがいを訪問することを表す。"来往" は私的な交際をいうが、"往来" は公的な場合に用いることが多く、丁重な感じをもつ。

3) 两家人也常常来往（／＊往来）。
   Liǎng jiā rén yě chángcháng láiwang.
   (両家の人たちはよく行き来している)

4) 少和这种人来往（／往来）。
   Shǎo hé zhè zhǒng rén láiwang (/wǎnglái).
   (あのような人たちとの付き合いは控えよ)

5) 两个城市开始了友好往来（／＊来往）。
   Liǎng ge chéngshì kāishǐle yǒuhǎo wǎnglái.
   (二つの都市は友好的な交流を始めた)

"来往"は重ね型をつくるが，"往来"はつくらない。ただし，通行する意味の láiwǎng は "来来往往" に，交際する意味の láiwang は "来往来往" と型が異なる。

6) 来来往往（／＊往来）的人马车辆
   láiláiwǎngwǎng de rénmǎ chēliàng
   (行き交う人馬や車)

7) 你跟他们来往来往（／＊往来），交交朋友吧。
   Nǐ gēn tāmen láiwangláiwang, jiāojiao péngyou ba.
   (彼らと付き合って，友だちになってごらんなさい)

"来往" láiwang は補語を伴うことができるが，"往来"は伴わない。

8) 你跟他来往（／＊往来）得多吗？
   Nǐ gēn tā láiwang de duō ma?
   (彼と交流が多いですか)

9) 我和他来往（／＊往来）快两年了。
   Wǒ hé tā láiwang kuài liǎngnián le.
   (彼と付き合ってもうすぐ2年になる)

老・旧・古
lǎo　jiù　gǔ

いずれも「古い」という意味をもつ。

1) 老书 lǎoshū；旧书 jiùshū；古书 gǔshū

1) はいずれも「古い本」という意味だが，"老书"は「古い本，昔の本」，"旧书"は「(新品ではない，一度誰かに読まれたという意味も含めた) 古本」，"古书"は「古書，古典」といった意味をもつ。

2) "马上就要考试了，你说看老书有用吗？" "我觉得新老书区别不大。"
   "Mǎshàng jiùyào kǎoshì le, nǐ shuō kàn lǎoshū yǒuyòng ma?" "Wǒ juéde xīn lǎo shū qūbié bú dà."
   (「もうすぐ試験だけど，昔の参考書でも役に立つかな」「新しいのも古いのもそんなに変わらないと思うよ」)

3) 把这些书卖给旧书店。
   Bǎ zhèxiē shū màigěi jiùshūdiàn.
   (これらの本を古本屋に売る)

4) 修复古书需要特殊技术。
   Xiūfù gǔshū xūyào tèshū jìshù.
   (古書の修復には特殊な技術が必要だ)

"新" xīn（新しい）に対しての「古さ」を表す場合，"老" と "旧" は置き換えられることが多い。

5) 这套房子太老（／旧）了。
   Zhè tào fángzi tài lǎo (/jiù) le.
   (この家はとても古い)

"老" は，「長い時間を経ている＝由緒のある」というプラス評価を表す場合もある。"旧" にはこの意味はない。

6) 这是有名的老店。
   Zhè shì yǒumíng de lǎodiàn.
   (こちらは有名な老舗だ)

つきあいの古さや，野菜などが古くなることにも "老" が使われる。

7) 他是我的老朋友。
   Tā shì wǒ de lǎopéngyou.
   (彼は私の古い友人だ)

8) 玉米太老了，不好吃了。
   Yùmǐ tài lǎo le, bù hǎochī le.
   (トウモロコシはひねておいしくなくなってしまった)

"旧" は時間の経過や使用頻度などにより，表面の色や形状，性能などが劣化することを表す。「旧式」や「時代遅れ」のようなマイナスの意味ももつ。

9) 把那些旧杂志都扔了吧。
   Bǎ nàxiē jiù zázhì dōu rēng le ba.
   (あれらの古い雑誌は全部捨ててしまいなさいよ)

10) 厂里的旧设备该换了。
　　Chǎngli de jiù shèbèi gāi huàn le.
　　（工場内の旧設備は取り換えるべきだ）

11) 他的思想有点儿旧了。
　　Tā de sīxiǎng yǒudiǎnr jiù le.
　　（彼の考え方はいささか時代遅れだ）

"古"は一般に単独では使えず、固定したフレーズや、他の語と結びつく形で用いられる。

12) 古董 gǔdǒng（骨董）；古庙 gǔmiào（古寺）；古文 gǔwén（文語文）

13) 这种风俗古得很。
　　Zhè zhǒng fēngsú gǔde hěn.
　　（こうした風習はとても古いものだ）

14) 我国最古的木构建筑。
　　Wǒ guó zuì gǔ de mùgòu jiànzhù.
　　（我が国最古の木造建築）

老家・故乡・家乡
lǎojiā　gùxiāng　jiāxiāng

"老家"、"故乡"、"家乡"は日本語の「ふるさと」に近い意味をもつが、使い分けがある。

"老家"は口語で用いられ、仕事や結婚などにより他郷に離れて暮らす人が、郷里やふるさとの家を指す場合に用いられる。

1) 我老家（／＊故乡／＊家乡）在北京。
　　Wǒ lǎojiā zài Běijīng.
　　（私の実家は北京です）

"老家"は自分も住んだことのある場所が前提だが、必ずしも出生地とは限らない。また"外地"wàidì（外地）であれば、そこが都市でもかまわないが、2)のように"老家"が同一市内などの場所で「離れて」いない場合は使えない。

2) ＊我住在北京东城区，老家是北京西城区。
　　Wǒ zhùzài Běijīng Dōngchéngqū, lǎojiā shì Běijīng Xīchéngqū.
　　（私は北京市東城区に住んでいるが、実家は北京市西城区だ）

また"老家"は"故乡"、"家乡"にはない"籍贯"jíguàn（原籍）の意味をもつ。

3) 我住在北京，老家（／＊故乡／＊家乡）是四川。
   Wǒ zhùzài Běijīng, lǎojiā shì Sìchuān.
   （私の家は北京だが，原籍は四川だ）

"故乡"，"家乡"はいずれも日本語の「故郷，ふるさと」の意味をもち，同じように使える場合もある。

4) 思念故乡（／家乡）
   sīniàn gùxiāng (/jiāxiāng)
   （故郷を懐かしく思う）

5) 热爱故乡（／家乡）
   rè'ài gùxiāng (/jiāxiāng)
   （故郷を心から愛する）

"家乡"は気取らぬ素朴な言葉で，一族が代々暮らす土地を親しみを込めて言う。"家乡"のいう「ふるさと」は日本語の「くに」や「いなか」がもつニュアンスに近い。

6) 因为这里和俺家乡不同，什么都讲阔绰的。
   Yīnwei zhèli hé ǎn jiāxiāng bù tóng, shénme dōu jiǎng kuòchuò de.
   （ここは私たちのくにと違って何でも派手にしたがりますので）（鲁迅《非攻》）

石川啄木が「ふるさとの　なまりなつかし停車場の…」と詠んだ「ふるさと」がまさに"家乡"である。この「ふるさとの…，郷土の…」の意味の"家乡"を"老家"，"故乡"に替えることはできない。

7) 家乡（／＊老家／＊故乡）口音
   jiāxiāng kǒuyīn
   （お国訛り）

8) 家乡（／＊老家／＊故乡）风味儿
   jiāxiāng fēngwèir
   （郷土料理）

9) 家乡（／＊老家／＊故乡）土产
   jiāxiāng tǔchǎn
   （ふるさとの特産）

一方"故乡"は文学的で上品な書面語である。その土地を離れて久しい者が懐旧の念を込めて，生まれ故郷や，長く暮らした場所を言う。そこに家がすでになくても，昔の面影を留めていなくてもかまわない。11) は"家乡"でなく，"故乡"を用いることで鲁迅のその地に寄せる懐旧の念が伝わる。

10) 举头望明月，低头思故乡（／＊家乡）。
   Jǔ tóu wàng míngyuè, dītóu sī gùxiāng.
   (頭を挙げて明月を望み，頭をたれて故郷を思う)（李白《静夜思》）

11) 我冒了严寒，回到相隔二千余里，别了二十余年的故乡去。
   Wǒ màole yánhán, huídào xiānggé èr qiān yú lǐ, biéle èrshí yú nián de gùxiāng qù.
   (私は厳寒の中を，二千余里離れた二十余年ぶりの故郷へ帰った)（魯迅《故郷》）

言葉が表す空間的範囲については"家乡"がせいぜい訛り，特産を同じくする範囲を言うのに対し，"故乡"ははるかに広い範囲を指すことができる。

12) 我的故乡（／＊家乡／＊老家）是中国。
   Wǒ de gùxiāng shì Zhōngguó.
   (私の故郷は中国です)

老师・教师
lǎoshī　jiàoshī

"老师"は幼稚園から大学まで学校の先生をさす。尊敬の気持ちを含むが，自分をさしてもよい。

1) 幼儿园老师
   yòu'éryuán lǎoshī
   (幼稚園の先生)

   中学老师
   zhōngxué lǎoshī
   (中学・高校の先生)

2) 历史老师
   lìshǐ lǎoshī
   (歴史の先生)

3) 我是老师。
   Wǒ shì lǎoshī.
   (私は先生です)

"教师"は職業として教学に携わる者という面を強調した言い方で，"大学教师"（大学の先生，大学教師）や"英语教师"（英語の先生，英語教師）などと使う。

"老师"は広く話し言葉で使われ，"教师"は正式な言い方で，そのぶんやや固い語感がある。以下の例はいずれも"老师"に置き換えられない。

4) 我喜欢教师这个工作。
   Wǒ xǐhuan jiàoshī zhège gōngzuò.
   (私は教師の仕事が好きです)

5) 每年的 9 月 10 号是中国的教师节。
   Měinián de jiǔyuè shí hào shì Zhōngguó de jiàoshījié.
   (毎年の 9 月 10 日は中国の教師節です)

6) 放暑假的时候，有的学生当家庭教师。
   Fàng shǔjià de shíhou, yǒu de xuésheng dāng jiātíng jiàoshī.
   (夏休みになると，ある学生は家庭教師をする)

"老师"は単独で呼びかけに用いたり，名前の後につけられるが，"教师"はできない。

7) 王老师（／＊教师），您好！
   Wáng lǎoshī, nín hǎo!
   (王先生，こんにちは)

"老师"は一種の敬意を含んだ言い方であることから，近年は必ずしも教育界の人でなくても，年齢が高く，学識や専門を持つ人に対して使うことがある。

8) 现在请著名导演苏建国老师给我们讲话。
   Xiànzài qǐng zhùmíng dǎoyǎn Sū Jiànguó lǎoshī gěi wǒmen jiǎnghuà.
   (ただいまより著名な映画監督であります蘇建国先生の講演をお願いいたします)

冷・凉
lěng　liáng

どちらも気温の低さを表す。"冷"は"凉"よりも温度が低い。たとえば，零下 20 度の「寒さ」は"冷"で表し，"凉"は使われない。

1) 今天零下 20 度，真冷（／＊凉）啊！
   Jīntiān língxià èrshí dù, zhēn lěng a!
   (今日はマイナス 20 度だ，本当に寒いなあ)

"冷"は気温や天候など，直接触らなくても感じられる温度の低さを表す。

2) 天气预报说，明天冷空气到来气温下降。
   Tiānqì yùbào shuō, míngtiān lěng kōngqì dàolái qìwēn xiàjiàng.
   (天気予報によれば，明日は寒気が流れ込み，気温が下がる)

直接触れた感覚や経験的な冷たさを表す場合には"凉"が使われる。

3) 地上太凉，坐在椅子上吧。
   Dìshang tài liáng, zuòzài yǐzishang ba.
   (床は冷たい，椅子に座りなさい)

したがって，以下の"冷"と"凉"はおきかえられない。

4) 你的手很凉，是不是有点儿冷？
   Nǐ de shǒu hěn liáng, shìbushì yǒudiǎnr lěng?
   (手が冷たいけど，ちょっと寒いんじゃない？)

直接触れずに感じる冷たさを表すことから，"冷"は態度や対応が冷たいという派生義をもつ。

5) 他的态度冷得让人不敢靠近。
   Tā de tàidu lěngde ràng rén bù gǎn kàojìn.
   (彼の態度は冷ややかで，人を寄せつけない)

6) 他冷冷地说："对不起，我没空儿。"
   Tā lěnglěng de shuō: "Duìbuqǐ, wǒ méi kòngr."
   (彼はそっけなく，「悪いが時間がないんだ」と言った)

にぎやかでない，人気がないなどにも"冷"が使われる。

7) 原来冷冷清清的家突然变得热闹起来了。
   Yuánlái lěnglěngqīngqīng de jiā tūrán biànde rènaoqilai le.
   (ひっそりとしていた家が，突然にぎやかになった)

8) 原来最不受欢迎的冷门课，一下变成了热门课了。
   Yuánlái zuì bú shòu huānyíng de lěngmén kè, yíxià biànchéngle rèmén kè le.
   (もともと一番人気のなかった科目が，あっという間に大人気の科目に変わってしまった)

"凉"は温かいものの温度が下がり，冷めることにも使われる。がっかりしたり，失望したなど，心が冷めることにも"凉"が使われる。

9) 菜太热，凉了再吃吧！
   Cài tài rè, liáng le zài chī ba!
   (この料理はとても熱いので，冷めてから食べなさい)

10) 听到落榜的消息，她的心都凉了。
    Tīngdào luòbǎng de xiāoxi, tā de xīn dōu liáng le.
    (不合格の知らせを聞いて，彼女はがっかりした)

离休・退休・退职・辞职
líxiū　tuìxiū　tuìzhí　cízhí

"离休"とは，新中国成立以前に中国共産党の活動に従事した幹部が職位を離れ休養すること。"离休"する年齢は55歳～65歳とされ，職位や性別により異なる。"离休"後も原則として政治的な待遇は変わらず，在職中と同額の給料が支給される。また，医療，住居，交通，生活必需品などについて，規定に準じさまざまな優遇措置を受けられる。

1) 他离休后，过着安闲的晚年生活。
　　Tā líxiū hòu, guòzhe ānxián de wǎnnián shēnghuó.
　　(彼は引退後，のんびりした晩年を送っている)

2) 没想到他离休了还那么忙。
　　Méi xiǎngdào tā líxiū le hái nàme máng.
　　(引退後も彼がまだそんなに多忙だとは思いもしなかった)

"退休"とは，国の定める年齢に達した者が退職すること。既定の年齢は45歳～60歳，職位や性別，職務内容の危険性などにより，"退休"が認められる年齢や勤続年数は異なる。病気やけがなどの理由により早期退職する場合には，医療機関の証明，関係部門の承認を必要とする。退職後も一定額の給料が支給され，規定の社会保障制度を受けられる。

3) 每个国家的法定退休年龄是不一样的。
　　Měi ge guójiā de fǎdìng tuìxiū niánlíng shì bù yíyàng de.
　　(国によって法定退職年齢は異なる)

4) 现在很多富裕退休者迁到乡村和小城镇过着宁静的生活。
　　Xiànzài hěn duō fùyù tuìxiūzhě qiāndào xiāngcūn hé xiǎo chéngzhèn guòzhe níngjìng de shēnghuó.
　　(現在多くの裕福な退職者が農村や地方都市に移り住み，静かな生活を送っている)

"退职"とは，"退休"の年齢や規定に達していない者が，病気やけがなどの理由により関係部門の承認を経て退職すること。"退职"後の待遇は"退休"より劣る。

5) 因病退职，在家疗养。
　　Yīn bìng tuìzhí, zài jiā liáoyǎng.
　　(病気のため退職し，自宅で療養する)

6) 他退职后在上海开一个广东饭馆。
　　Tā tuìzhí hòu zài Shànghǎi kāi yí ge Guǎngdōng fànguǎn.
　　(彼は退職後，上海で広東料理の店を開いた)

"辞职"とは，自ら願い出て職を辞すること。(解雇される場合は"辞退"cítuìという。)

7) 公司竭力挽留，他仍向公司提出了辞职。
Gōngsī jiélì wǎnliú, tā réng xiàng gōngsī tíchūle cízhí.
(会社は懸命に引きとめたが，彼はやはり辞表を出した)

8) 他觉得这个工作没什么前途，就辞职了。
Tā juéde zhège gōngzuò méi shénme qiántú, jiù cízhí le.
(彼はこの仕事は将来性がないと思い，辞職した)

力气・力量
lìqi   lìliang

どちらも人や動物の筋肉が生み出す力や体力を意味する。「力が強い」，「力がある」などをいう場合は，"力气"と"力量"のどちらも使える。

1) 别看他个子小，力气（／力量）可很大。
Biékàn tā gèzi xiǎo, lìqi (/lìliang) kě hěn dà.
(彼は小柄だが，力は強い)

2) 大象很有力气（／力量）。
Dàxiàng hěn yǒu lìqi (/lìliang).
(ゾウはとても力持ちだ)

"力气"が表す力は体力や気力など，具体的な力に限定される。話し言葉で用いられることが多い。

3) 我连说话的力气都没有了。
Wǒ lián shuōhuà de lìqi dōu méiyǒu le.
(私は声を出す力すらなかった)

4) 力气不够，拿不动。
Lìqi bú gòu, nábudòng.
(力が足りず，動かせない)

"力量"は具体的な力にも使えるが，人や集団が発揮する抽象的な能力や，事物から発せられる作用や効果を指す場合に使われることが多い。

5) 一个人的力量（／*力气）是有限的。
Yí ge rén de lìliang shì yǒuxiàn de.
(個人の力には限界がある)

6) 大家的支持就是我们力量（／＊力气）的源泉。
　　Dàjiā de zhīchí jiùshì wǒmen lìliang de yuánquán.
　　（みなさんの支持が私たちの力の源だ）

7) 艺术具有很大的力量（／＊力气）。
　　Yìshù jùyǒu hěn dà de lìliang.
　　（芸術は大きな力をもっている）

　一部の語は"力气"または"力量"のどちらかとのみ結びつく。
"花"huā，"费"fèi，"卖"mài，"下"xià などは"力气"と結びつき，労力や努力を費やすことを表す。このとき，組織や集団などが主語になる場合もある。

8) 学好一门外语是需要花力气（／＊力量）的。
　　Xuéhǎo yì mén wàiyǔ shì xūyào huā lìqi de.
　　（外国語をマスターするには努力が必要だ）

9) 他干活很卖力气（／＊力量）。
　　Tā gànhuó hěn mài lìqi.
　　（彼は一生懸命仕事をする）

10) 政府和企业界一定要下力气（／＊力量）减少失业。
　　Zhèngfǔ hé qǐyèjiè yídìng yào xià lìqi jiǎnshǎo shīyè.
　　（政府と企業は，失業者を減らす努力をしなければならない）

　"力量"は抽象的な能力を表し，"贡献"gòngxiàn，"发挥"fāhuī などと結びつく。さらに，比喩的な用法として，能力をもつ人材を指すこともできる。

11) 为国家的发展和繁荣贡献力量（／＊力气）。
　　Wèi guójiā de fāzhǎn hé fánróng gòngxiàn lìliang.
　　（国家の発展と繁栄のため力を捧げる）

12) 我们需要培养新生力量（／＊力气）。
　　Wǒmen xūyào péiyǎng xīnshēng lìliàng.
　　（私たちは新しい力を育成しなければならない）

例如・比如
lìrú　bǐrú

　ある事物や事柄について述べた後，"例如"，"比如"以下が具体例であることを示す。この用法では言い換えることができる。ただし，"例如"は多く書き言葉に，"比如"は書き言葉と話し言葉どちらにも用いられる。

1) 田径运动的项目很多，例如（／比如）跳高、跳远、百米赛跑等。
   Tiánjìng yùndòng de xiàngmù hěn duō, lìrú (/bǐrú) tiàogāo, tiàoyuǎn, bǎi mǐ sàipǎo děng.
   （陸上競技には多くの種目がある．たとえば走り高跳び，走り幅跳び，百メートル走などだ）

2) 今年经济不景气，比如（／例如）公司倒闭率和失业率都比往年高。
   Jīnnián jīngjì bù jǐngqì, bǐrú (/lìrú) gōngsī dǎobìlǜ hé shīyèlǜ dōu bǐ wǎngnián gāo.
   （今年は不景気で，たとえば会社の倒産率や失業率はいずれも例年を上回っている）

"比如"には比喩の用法があるが，"例如"にはない。

3) 学习总得循序渐进，比如（／＊例如）吃饭，总不能一口吃成个胖子。
   Xuéxí zǒng děi xúnxù jiànjìn, bǐrú chī fàn, zǒng bù néng yì kǒu chīchéng ge pàngzi.
   （勉強というものは段階を踏んで一歩一歩進まなければならない，たとえば食事でも，一口食べたからといって太りはしないように）

"比如"は"比如说"bǐrú shuō の形をとることが多い。"例如说"とは言わない。

4) 比如说他吧，就是一个典型的老好人。
   Bǐrú shuō tā ba, jiùshì yí ge diǎnxíng de lǎohǎorén.
   （たとえば彼だけど，典型的なお人よしだ）

粒・颗
lì　kē

"粒"も"颗"も量詞として使われ，ともに丸いツブ状のものを数える。たとえば，

A 一{粒／颗}{种子 zhǒngzi／葡萄 pútao／沙子 shāzi}

この点で両者は共通するが，"颗"の方は実は「顆粒状」のもの，という捉え方では律しきれない。たとえば，

B 手榴弹 shǒuliúdàn；炸弹 zhàdàn；钉子 dīngzi；图章 túzhāng

なども"颗"によって数えることができる。これらの名詞は容積において大きく，形体もまちまちであるが，それでも「円柱形」とでも称すべき共通性を見出すことができよう。少なくとも「顆粒状」をはるかに越えている。

この他，球状の"糖"táng（アメ）や"鸡蛋"jīdàn（卵），"西瓜"xīguā（すいか），さらに"人头"réntóu，"脑袋"nǎodai（人の頭）なども"颗"で数えることができる。

1) 你有几颗脑袋？
   Nǐ yǒu jǐ kē nǎodai?
   （頭がいくつあると思っているんだ？→命しらずめ）

"颗"によって数えられる名詞の範囲はこれに止まらず，

C　星星 xīngxing；心 xīn；人造卫星 rénzào wèixīng

などまで含まれる。しかし，これら ABC の名詞はいずれも立体的なものであり，容積や形状の差異にすぎないが，"颗"はさらに，平面的な円形をも，範囲に取り込む。すなわち斑点やソバカス，ホクロなども"颗"が使える。

2) 白净净的脸上几颗淡淡的雀斑，更增添了她的魅力。
   Báijìngjìng de liǎnshang jǐ kē dàndàn de quèbān, gèng zēngtiānle tā de mèilì.
   （白い顔にいくつか淡いソバカスがあり，それがいっそう彼女の魅力になっていた）

それに対して，"粒"の方は文字通りツブ状のものに限られる。したがって，

3) 一粒钻石
   yí lì zuànshí

   一颗钻石
   yì kē zuànshí

では"粒"の方が小粒のダイヤというニュアンスがあるし，

4) 一粒花生
   yí lì huāshēng

   一颗花生
   yì kē huāshēng

では"粒"は一粒のピーナツだが，"颗"の方は，殻つきのものを表すことができる。さらに"粒"は一般的に名詞に固体としての堅さを要求するが，"颗"にはそのような制限がない。

5) 一颗露水
   yì kē lùshuǐ

   一颗雨点
   yì kē yǔdiǎn

いずれも液体であり，これらの"颗"を"粒"に変えることはできない。このように"汗水" hànshuǐ，"露水" lùshuǐ，"雨点" yǔdiǎn など，いずれも"粒"は使えないが，次のような例は存在する。

6) 汗水在他那络腮胡子根上聚成了一粒粒晶亮的露珠。
Hànshuǐ zài tā nà luòsāi húzi gēnshang jùchéngle yílìlì jīngliàng de lùzhū.
(汗は彼のあごヒゲのところで粒粒のキラキラと輝く露の玉になった)

これは"汗水"hànshuǐ から"露珠"lùzhū に変わったわけで，このように，水から珠に変われば"粒"で数えることが可能になる。同様に，

"露珠"lùzhū；"雨珠"yǔzhū；"汗珠"hànzhū；"泪珠"lèizhū

などいずれも OK で，比喩としての珠である。
　以上から，量詞"颗"が使える名詞群は，その内に量詞"粒"を使える名詞群をほぼ含むと言うことができる。
"粒"とは本来「米粒」のことであり，小粒なものが"粒"で数えられ，そこには「ごく小粒の／ほんのわずか」とか「取るに足らぬ／ちっぽけ」という含意が生じやすい。たとえば，

7) 一粒老鼠屎，搞坏一锅汤。
Yí lì lǎoshǔ shǐ, gǎohuàile yì guō tāng.
(ほんの一粒のネズミの糞が，鍋一杯のスープをダメにする)

この例でも，"颗"を用いて"一颗老鼠屎"yì kē lǎoshǔ shǐ と言えないことはない。しかし"颗"では「ごくごく小粒の」という表現効果は薄れる。

脸・脸蛋儿・脸盘儿
liǎn　liǎndànr　liǎnpánr

"脸"は，額からあごまで，顔全体をさす。"脸蛋儿"は頬，とくに子供の頬をいうことが多い。また子供の顔全体をさすこともある。"脸盘儿"は顔のかたち，輪郭をさす。
　三者のこのような意味の違いにより，同じ動詞と組み合わせてみると，言えるものと言えないものがある。たとえば，「顔を洗う」を中国語で表現してみると，まず"脸"は使用できる。

1) 他正在洗脸（／*脸蛋儿／*脸盘儿）呢。
Tā zhèngzài xǐ liǎn ne.
(彼は顔を洗っている)

そして，子供に対して愛情を込めて言う際には，"脸蛋儿"も使うことができる。

2) 儿子，瞧你脏的，快去把脸（／脸蛋儿／*脸盘儿）洗干净！
Érzi, qiáo nǐ zāng de, kuài qù bǎ liǎn (/liǎndànr) xǐgānjìng!

(息子よ、こんな汚くてどうしたんだ。早く顔を洗ってきなさい)

なお、"脸"には「体面」、「メンツ」の意味、さらに「顔の表情」の意味もあるが、"脸蛋儿"と"脸盘儿"にはない。

3) 没脸（／＊脸蛋儿／＊脸盘儿）见人。
Méi liǎn jiàn rén.
(面目が立たない。合わせる顔がない)

4) 他给父母丢脸（／＊脸蛋儿／＊脸盘儿）了。
Tā gěi fùmǔ diū liǎn le.
(彼は両親に恥をかかせた)

5) 她苦着脸（／＊脸蛋儿／＊脸盘儿）说"怎么办呀?!"
Tā kǔzhe liǎn shuō "Zěnme bàn ya?!"
(彼女は顔をゆがめて「どうしよう」と言った)

形容詞との組み合わせにおいても制限がある。たとえば同じ形容詞"小"に修飾されても、以下のように意味の違いがあることが分かる。

6) 现在的审美观认为小脸（／＊脸蛋儿／脸盘儿）好看。
Xiànzài de shěnměiguān rènwéi xiǎo liǎn (/liǎnpánr) hǎokàn.
(現在の審美観によれば小顔のほうがきれいと思われる)

7) 红红的小脸（／脸蛋儿／＊脸盘儿）温暖我的心窝。
Hónghóng de xiǎo liǎn (/liǎndànr) wēnnuǎn wǒ de xīnwō.
(その赤くて可愛い顔が僕の心を温めてくれた)

脸色・神色
liǎnsè　shénsè

"脸色"と"神色"はともに人の表情、顔色を表し、互換性がある。

1) 听到那个名字，他的脸色（／神色）突然就变了。
Tīngdào nàge míngzi, tā de liǎnsè (/shénsè) tūrán jiù biàn le.
(その名前を聞いた瞬間、彼の顔色が変わった)

上の例1)では両者は置き換えられるが、例2)、3)、4)の"神色"を"脸色"に置き換えることはできない。

2) 小孩的脸上满是惊恐的神色（／＊脸色）。
Xiǎohái de liǎnshang mǎn shì jīngkǒng de shénsè.

(子供の顔は恐怖でいっぱいだ)

3) 她静静坐着，眼光低垂，流露出伤感的神色（／＊脸色）。
   Tā jìngjìng zuòzhe, yǎnguāng dī chuí, liúlùchū shānggǎn de shénsè.
   (彼女は静かに座って，視線を落とし，悲しそうな顔をしている)

4) 在神色（／＊脸色）匆忙的人群中迷失了自己。
   Zài shénsè cōngmáng de rénqún zhōng míshīle zìjǐ.
   (せわしそうな顔つきをしている人々の中で，自分を見失った)

なぜなら，人の心理や精神状態，主に不安，驚き，怒り，疑いなどの内心の動きを表わしたものを言う場合，"神色"は目や視線，表情の動きなどをも含むからである。それに対して，"脸色"が指すのは顔色からうかがえるものだけである。しかも，例2) のようなすでに"脸"（顔）という言葉のある文では，"脸色"は表現が重複してしまうので使えない。

しかし"脸色"は，"神色"には含まれない意味と使い方をもっている。まず，健康のよしあしを示す顔の色である。

5) 脸色红润
   liǎnsè hóngrùn
   (血色がよい)

6) 脸色腊黄
   liǎnsè làhuáng
   (顔色が黄みを帯びている)

"脸色"はまた，色を表す言葉と併用し，人の心理と精神状態を表すことができる。

7) 脸色煞白
   liǎnsè shàbái
   (〈恐怖で顔色が〉真白になった)

8) 脸色发青
   liǎnsè fāqīng
   (〈あまりの怒りで〉顔色が青白くなった)

9) 脸色娇红
   liǎnsè jiāohóng
   (〈好きな人の前で恥ずかしくて〉顔が赤くなった)。

さらに，"脸色"は"看…脸色"，"给…脸色看"の表现がある。不愉快な顔をする，人の顔色をうかがうということに用いられる。

10) 那个店员遇到只摸不买的顾客，就会给人脸色看。
Nàge diànyuán yùdào zhǐ mō bù mǎi de gùkè, jiù huì gěi rén liǎnsè kàn.
（あの店員は，商品を触るだけで買わない客に，いつも露骨に嫌な顔をする）

11) 他不想一辈子看人脸色工作。
Tā bù xiǎng yíbèizi kàn rén liǎnsè gōngzuò.
（彼は一生，人の顔色をうかがいながら仕事したくないと思っている）

聊天儿・谈话
liáotiānr tánhuà

いずれも二人またはそれ以上の人が話をする意味であり，一人で一方的に意見を述べる場合には用いない。いずれも「動詞＋目的語」の構造で，間にほかの成分を挿入することができる。

1) 我没事儿很喜欢找朋友聊天儿（／＊谈话）。
Wǒ méi shìr hěn xǐhuan zhǎo péngyou liáotiānr.
（用事がない時，私は友だちとおしゃべりをするのが好きだ）

2) 老师说要找你谈话（／＊聊天儿）。
Lǎoshī shuō yào zhǎo nǐ tánhuà.
（先生が君に話があると言っていたよ）

"聊天儿"は「おしゃべりをする」，「雑談する」意味で，これといった目的をもたずに，自由に話をする。くつろいだときや用事のないときに，気楽におしゃべりをすることをいい，正式の場合には用いない。重ね型は"聊聊天儿"で，動詞"聊"に補語はつかず，時間詞は"聊"と"天儿"の間に入れる。

3) 他们一边吃饭一边聊天儿。
Tāmen yìbiān chī fàn yìbiān liáotiānr.
（彼らは食事をしながらおしゃべりをしている）

4) 我们兴奋地聊了一晚上天儿。
Wǒmen xīngfèn de liáole yì wǎnshang tiānr.
（私たちは夢中になって一晩中語り明かした）

5) 她在办公室和同事们聊了一会儿天儿才走。
Tā zài bàngōngshì hé tóngshìmen liáole yíhuìr tiānr cái zǒu.
（彼女は事務室で同僚たちとしばらく雑談していった）

6) 大家都在忙，你们聊什么天儿？
Dàjiā dōu zài máng, nǐmen liáo shénme tiānr?

(みなが忙しいのに，あなたたちは何をおしゃべりしているの)

"谈话"は二人またはそれ以上の人が，ある目的やテーマをもって話をする意味である。補語は動詞"谈"の後ろにつける。

7) 部长正在和一位来访的客人谈话。
   Bùzhǎng zhèngzài hé yí wèi láifǎng de kèren tánhuà.
   (部長は一人の来客と話をしている)

8) 上次和那个中国朋友谈过话以后，我们又通了好几封信。
   Shàngcì hé nàge Zhōngguó péngyou tánguo huà yǐhòu, wǒmen yòu tōngle hǎo jǐ fēng xìn.
   (前回あの中国人の友だちと話し合ったあと，私たちは何通も手紙のやりとりをした)

9) 今天有事，又谈不成话了。
   Jīntiān yǒu shì, yòu tánbuchéng huà le.
   (今日は用事があって，また話をすることができなくなってしまった)

10) 为解决问题，我们找李师傅谈过几次话。
    Wèi jiějué wèntí, wǒmen zhǎo Lǐ shīfu tánguo jǐ cì huà.
    (問題を解決するため，私たちは李さんと何度か話をした)

"谈话"は主語，目的語，また名詞の修飾語として使うことができる。"聊天儿"にはこの用法はない。

11) 谈话是在友好的气氛中进行的。
    Tánhuà shì zài yǒuhǎo de qìfen zhōng jìnxíng de.
    (会談は友好的な雰囲気の中で進められた)

12) 我无意中听到了他们的谈话。
    Wǒ wúyì zhōng tīngdàole tāmen de tánhuà.
    (私は偶然彼らの話を聞いてしまった)

13) 千万不要把这次谈话的内容告诉别人。
    Qiānwàn búyào bǎ zhè cì tánhuà de nèiróng gàosu biérén.
    (くれぐれも今回の話の内容を他の人に言わないでください)

了解・理解
liǎojiě　lǐjiě

いずれも「わかる」という意味をもつ動詞だが，"了解"は「わかる」度合が浅く，その対象の表層部分が「わかる」。表層部分について「知っている」ということ。

一方"理解"は「わかる」度合が深く，対象の表層より深いところが「わかる」。深い部分，本質的な部分を「理解している」ということ。

1) 我想了解（／＊理解）一下这个公司的情况。
   Wǒ xiǎng liǎojiě yíxià zhège gōngsī de qíngkuàng.
   （この会社の状況について知りたい）

2) 我能理解（／＊了解）她现在的心情。
   Wǒ néng lǐjiě tā xiànzài de xīnqíng.
   （彼女の今の気持ちはよくわかる）

"了解"が「わかる」対象はたとえば1）であるならば，この会社の規模や経営状態や経営者についてなど，いわば情報，すなわち相手の状況に関する知識である。これに対して"理解"が「わかる」対象は，2）でいうなら彼女の心の中，心情，気持ちである。彼女がどういう名前でどういう仕事をしていてどういう人間関係をもっているかなどといった情報面ではない。

3) 老师应该了解（／理解）学生的想法。
   Lǎoshī yīnggāi liǎojiě (/lǐjiě) xuésheng de xiǎngfa.
   （教師は学生の考え方を知っていなければならない）

この文は"了解"，"理解"どちらも使えるがニュアンスが異なる。"了解"なら「学生の考え方とは一般にどういうものなのか，学生はおおよそどんな考え方をするものなのかなどについて知っている」という意味になり，"理解"なら「学生の考え方について，何故そういう考え方をするかなどについて深くわかっている」という意味になる。ここでも"了解"は事の表層における情報面について知っている，知識があるということであり，"理解"は対象の表面ではない，より深い部分がわかるということである。

"理解"は対象の表層より深い部分，本質的なといってもよい部分が「わかる」ということなので，そこから「同情する」，「共鳴する」という意味をもつこともある。3）の文でも"理解"を用いるならそうしたニュアンスを伴う。

4) 我们都能理解（／＊了解）你的苦衷。
   Wǒmen dōu néng lǐjiě nǐ de kǔzhōng.
   （あなたの辛さは私たち皆よくわかっています）

5) 我完全能理解（／＊了解）当时你采取的行动。
   Wǒ wánquán néng lǐjiě dāngshí nǐ cǎiqǔ de xíngdòng.
   （当時あなたがとった行動について私は本当によくわかります）

上記4），5）の例文には単なる「理解」を超えた同情や共鳴の響きがある。こうした文に"了解"は使えない。

上記のような意味の違いから"了解","理解"それぞれが「わかる」対象も異なってくる。"了解"は性格,特徴,ニーズ,状況,プロセス,原因,病状,国情,歴史,真相など事の情報に関わることに用いられる。"理解"は道理や概念など抽象的かつ本質的なことがらや心情,要求,意志,立場など人の精神や境遇などに用いられる。

また"了解"は"经常～"jīngcháng,"普遍～"pǔbiàn,"～清楚"qīngchu,"～一下"yíxià などとともに使うことができるが,これらは"理解"と使われることはない。"理解"は"深刻～"shēnkè,"正确～"zhèngquè,"～不了"buliǎo"～错了"cuòle, などとともに使うことができるが,これらは"了解"と使われることはない。

流畅・流利
liúchàng　liúlì

いずれも形容詞で,言語,朗読,会話など語句のつながりが自然で,スムーズであることを意味する。

"流畅"は「文章や文学作品などの流れがなめらかである,流麗である」の意味である。"流利"より水準が高い。

1) 这篇散文,语言自然而流畅。
   Zhè piān sǎnwén, yǔyán zìrán ér liúchàng.
   (この散文の文章は自然でかつ流麗だ)

2) 他的文学作品,特点是文笔流畅。
   Tā de wénxué zuòpǐn, tèdiǎn shì wénbǐ liúchàng.
   (彼の文学作品の特徴は文章のタッチが流麗なことである)

3) 他的散文,内容细腻而真实,文字准确而流畅。
   Tā de sǎnwén, nèiróng xìnì ér zhēnshí, wénzì zhǔnquè ér liúchàng.
   (彼の散文は,内容が細やかで真に迫っており,タッチが正確で流麗である)

4) 先生的文笔相当好,文章流畅而朴实,娓娓道来。
   Xiānsheng de wénbǐ xiāngdāng hǎo, wénzhāng liúchàng ér pǔshí, wěiwěi dào lái.
   (氏の文章は素晴らしく,流麗で素朴であり,生き生きとしている)

"流利"は「話しぶりや文章にスピードがあってよどみない,流暢である」の意味である。書面語についても使われるが,話し方がはやくはっきりしていることをいう場合が多い。

5) 文章的极致是寓简练于流利之中。
   Wénzhāng de jízhì shì yù jiǎnliàn yú liúlì zhī zhōng.
   (文の極致は流暢な言葉使いの中にも簡潔であることである)

6) 这剧本中的对话相当流利。
　　Zhè jùběn zhōng de duìhuà xiāngdāng liúlì.
　　(この台本の会話はかなりテンポがよい)

"流畅"，"流利"いずれも「敏捷だ」，「生気がある」の意味がある。"流畅"は血液，歩調，音楽，舞踊，絵画の線などの流れがスムーズであることに用いられる。

7) 那些演员的动作十分自如流畅。
　　Nàxiē yǎnyuán de dòngzuò shífēn zìrú liúchàng.
　　(団員達の動作は非常になめらかで流れるようだ)

8) 以尽可能流畅的笔调把这些事件记载下来。
　　Yǐ jǐn kěnéng liúchàng de bǐdiào bǎ zhèxiē shìjiàn jìzǎixialai.
　　(できるかぎり流暢な筆致でこれらの出来事を記録しておく)

9) 你再看这爱奥尼亚柱，柱式多么雅致，线条多么流畅。
　　Nǐ zài kàn zhè Ài'àoníyàzhù, zhùshì duōme yǎzhì, xiàntiáo duōme liúchàng.
　　(このイオニア式の柱を見てみると，オーダーはなんと美しく，ラインはなんと滑らかなことだろう)

"流利"はよく弁舌や，話す，書く，読むなどの動作を表現する。"流畅"より使用範囲が狭く，おもに話すことについて用いられる。

10) 她自幼随父亲来华生活，怪不得她讲着一口流利的中国话。
　　Tā zìyòu suí fùqin lái Huá shēnghuó, guàibude tā jiǎngzhe yì kǒu liúlì de Zhōngguóhuà.
　　(彼女は小さい時から父親と中国で生活していた。道理で流暢な中国語を話すわけである)

11) 她用流利的英语回答了记者连珠炮般的提问。
　　Tā yòng liúlì de Yīngyǔ huídále jìzhě liánzhūpào bān de tíwèn.
　　(彼女は流暢な英語で記者たちの続けざまの質問に答えた)

12) 他能够十分流利地背诵大段的文章。
　　Tā nénggòu shífēn liúlì de bèisòng dàduàn de wénzhāng.
　　(彼はかなり長い文章をすらすらと暗誦できる)

楼梯・台阶
lóutī　táijiē

両方とも階段を指すが，建物に付随して，フロアーを移動するために使う階段は"楼梯"である。"楼梯"は長いものもあるし短いものもあるが，"台阶"は家の門の

前など屋外にある階段を指すため，短いのが多い。そのため，以下の例文のように，「階段をのぼる」という際に，"楼梯"と"台阶"はそれぞれ異なる中国語の動詞と組み合わせる。

1) 爬楼梯（／＊台阶）也是个很好的锻炼。
   Pá lóutī yě shì ge hěn hǎo de duànliàn.
   （階段をのぼることもいい運動ですね）

2) 等电梯太慢了，咱们走楼梯（／＊台阶）吧。
   Děng diàntī tài màn le, zánmen zǒu lóutī ba.
   （エレベーターを待つのは時間かかるので，階段で行きましょう）

3) 从院子里上三蹬台阶（／楼梯）才能进正门。
   Cóng yuànzili shàng sān dèng táijiē (/lóutī) cái néng jìn zhèngmén.
   （庭からさらに3段の階段を上ってやっと正門の入り口に入る）

また"台阶"は抽象的な段階を指すことができる。

4) 今年本地区的经济发展又上了一层新台阶（／＊楼梯）。
   Jīnnián běn dìqū de jīngjì fāzhǎn yòu shàngle yì céng xīn táijiē.
   （今年当地区の経済発展はまた新たなステップをのぼった）

5) 给他个台阶（／＊楼梯）下。
   Gěi tā ge tiájiē xià.
   （彼に助け舟を出してあげた）

旅行・旅游・游览
lǚxíng　lǚyóu　yóulǎn

いずれも動詞として機能し，「旅をする」という基本義をもつ。
"旅行"と"旅游"は，ともに自動詞である。よって，このふたつの動詞の直後に目的語を置くことはできない。

1) 我们这次开着车去旅行（／旅游）了。
   Wǒmen zhècì kāizhe chē qù lǚxíng (/lǚyóu) le.
   （今回，私たちは車で旅行をした）

2) ×今年秋天我们打算去旅行（／旅游）北京。
   Jīnnián qiūtiān wǒmen dǎsuàn qù lǚxíng Běijīng.

そのため，場所を明示したい場合は，以下の二通りの方法を用いる。

その1：動詞"去"+場所を表す語+"旅行（／旅游）"

3) 今年秋天我们打算去北京旅行（／旅游）。
   Jīnnián qiūtiān wǒmen dǎsuàn qù Běijīng lǚxíng (/lǚyóu).
   (今年の秋，私たちは北京へ旅行に行くつもりだ)

その2：前置詞"到"+場所を表す語+"旅行（／旅游）"

4) 今年秋天我们打算到北京旅行（／旅游）。
   Jīnnián qiūtiān wǒmen dǎsuàn dào Běijīng lǚxíng (/lǚyóu).
   (今年の秋，私たちは北京へ旅行に行くつもりだ)

意味的には，"旅行"は観光だけでなく，視察や出張など公務や業務で旅に出る場合にも使えるが，"旅游"は観光目的に特化した言い方になる。
もうひとつ，観光に特化した意味をもつ"游览"という動詞がある。これは他動詞なので，場所を表す名詞を目的語として"游览"の直後に置くことができる。

5) 在日本，我先后游览了京都、奈良和广岛。
   Zài Rìběn, wǒ xiānhòu yóulǎnle Jīngdū, Nàiliáng hé Guǎngdǎo.
   (日本では，京都，奈良そして広島を次々と観光旅行した)

M　马上・立刻・立即
mǎshàng　lìkè　lìjí

この三つの副詞の中で，使う頻度は"马上"が一番高い。"立即"は，ほとんど書面語として使われ，使用頻度は一番低い。ニュアンス的には，この三つの副詞は例外なく動作や現象がすぐに発生することを表すが，発生するまでの時間は，"立刻"が一番短い。"马上"は話し手が心理的に短いと感じていればよく，時間的範囲はかなり広い。

1) 看你，马上（／＊立刻／＊立即）就要做爸爸了，还这样孩子气。
   Kàn nǐ, mǎshàng jiùyào zuò bàba le, hái zhèyàng háiziqì.
   (もうすぐ父親になるっていうのに，まだそんな子供みたいに)

2) 你在这儿等我一会儿，我马上（／＊立刻／＊立即）回来。
   Nǐ zài zhèr děng wǒ yíhuìr, wǒ mǎshàng huílai.
   (ここで待っていてください，すぐ戻るから)

公文や命令などには当然"立即"が一番相応しい。

3) 宣判死刑，立即执行。
   Xuānpàn sǐxíng, lìjí zhíxíng.

（死刑を宣告し，ただちに執行する）

4) 立即与以取缔。
　　Lìjí yúyǐ qǔdì.
　　（ただちに取り締まる）

　　次の例文で述べるような緊急状態の場合には，動作を行うまでの時間が一番短い"立刻"が最適だと思われる。

5) 有五个人要立刻做手术。
　　Yǒu wǔ ge rén yào lìkè zuò shǒushù.
　　（5人はただちに手術する必要がある）

6) 还好司机在看见小狗的瞬间立刻踩了刹车。
　　Háihǎo sījī zài kànjiàn xiǎogǒu de shùnjiān lìkè cǎile shāchē.
　　（幸い運転手は子犬を見た瞬間即刻急ブレーキをかけた）

埋（买）单・结账
mái (mǎi) dān　jiézhàng

　　ともに「清算する」，「勘定する」という意味をもつ。"埋（买）单"はインフォーマルな口語で，広東語に由来する。飲食や娯楽消費の，その場における勘定に使われる。規範的には"埋单"だが，よく"买单"と言われる。

1) 上次就是你请的客，这次该我来买单了。
　　Shàngcì jiùshi nǐ qǐng de kè, zhè cì gāi wǒ mǎidān le.
　　（前回はおごってもらったから，今回は私が払うよ）

"埋（买）单"は比喩的な使い方もある。

2) 总有一天，你要为自己不求上进的人生态度买单。
　　Zǒng yǒu yì tiān, nǐ yào wèi zìjǐ bù qiú shàngjìn de rénshēng tàidu mǎidān.
　　（いつかきっと努力しなかったことへのつけが回ってくるはずだ）

"结账"は必ずしも現金で清算するとは限らない。フォーマルな言葉として特定の時期に行う清算の意味でも用いられる。

3) 结账之后，现金很快会汇入贵公司账户。
　　Jiézhàng zhī hòu, xiànjīn hěn kuài huì huìrù guìgōngsī zhànghù.
　　（清算後，現金はすみやかに御社の口座に振り込まれます）

4) 奖金会在月底结账时一起支付。
Jiǎngjīn huì zài yuèdǐ jiézhàng shí yìqǐ zhīfù.
（ボーナスは月末清算時に一緒に支払われる）

"请结账" Qǐng jiézhàng は言えるが、"埋（买）单" máidān は決して "请" をつけては言えない。

买卖・生意
mǎimai shēngyi

どちらも「商売」を表す名詞で、"做买卖" zuò mǎimai、"做生意" zuò shēngyi という形で「商売をする」という動詞フレーズになる。
"买卖" は話し言葉でよく使われ、"生意" は話し言葉のほかに、正式な場合や書き言葉でもよく用いる。次のように置き換えられる場合が多い。

1) 这几天生意（／买卖）不错，许多外国人都来这里买东西。
Zhè jǐ tiān shēngyi (/mǎimai) búcuò, xǔduō wàiguórén dōu lái zhèli mǎi dōngxi.
（ここ数日商売は好調で、たくさんの外国人がみんなここで買い物をしてくれる）

2) 我这是小买卖（／生意），赚不了多少钱。
Wǒ zhè shì xiǎo mǎimai (/shēngyi), zhuànbuliǎo duōshao qián.
（小口の商いだからね、たいして儲かりません）

"买卖" はモノの「売り買い」、つまり基本的には「モノとお金の交換」による商売を表す。洋服屋とか、果物屋とか、食堂などはすべて "买卖" の範疇になる。これに対し、"生意" の指す範囲は "买卖" より広く、経済活動一般を表す。理髪店とか、占いとか、写真館、車の洗浄、広告業、旅行業、ふつうの会社など、営利を目的としたサービスを提供するビジネス一般が含まれる。

3) 受中日关系恶化的影响，旅游业最近生意（／*买卖）不好。
Shòu Zhōng Rì guānxi èhuà de yǐngxiǎng, lǚyóuyè zuìjìn shēngyi bù hǎo.
（日中関係悪化の影響で、旅行業は最近うまくいってない）

4) 你们广告产业生意（／*买卖）一直很兴旺吧。
Nǐmen guǎnggào chányè shēngyi yìzhí hěn xīngwàng ba.
（おたく広告業界は不況知らずだろう）

したがって "买卖" のほうがどちらかといえば小口の商売というイメージがある。

5) a 他的女儿在日本做生意。
Tā de nǚ'ér zài Rìběn zuò shēngyi.

b　他的女儿在日本做买卖。
　　　　Tā de nǚ'ér zài Rìběn zuò mǎimai.
　　（彼の娘は日本で商売をしている）

くらべると，bのほうが小さな商売をしている感じをうける。
　商品の種類を冠した「名詞＋"生意"」という形では"手机生意"shǒujī shēngyi（携帯ビジネス），"药品生意"yàopǐn shēngyi（薬品関係の仕事），"汽车生意"qìchē shēngyi（車ビジネス）などと言い，いずれも"买卖"に置き換えられない。

6) 去年做工艺品生意，收入好极了。
　　Qùnián zuò gōngyìpǐn shēngyi, shōurù hǎojí le.
　　（去年は工芸品ビジネスを手がけたが，いい収入になった）

7) 想不到今年春节租车生意这么好。
　　Xiǎngbudào jīnnián Chūnjié zūchē shēngyi zhème hǎo.
　　（今年の春節でタクシーがこんなに儲かるとは予想外だったよ）

他にも，それぞれ独自のコロケーションがある。たとえば"生意人"shēngyirén（商売人）とも"买卖人"mǎimairén ともいうが，"生意经"shēngyijīng（商売の極意）や"生意场"shēngyichǎng（ビジネスの場）は"生意"しか言えない。また"买卖"には「お店」という意味があり，"开了一家买卖"kāile yì jiā mǎimai（一軒お店を始めた）などともいうが，"生意"にはこのような用法はない。

次の例における"买卖"は「売買する」という動詞であり，発音も mǎimài となり，後が軽声ではなく，別語である。

8) 在这个网站上，什么都可以买卖。
　　Zài zhège wǎngzhànshang, shénme dōu kěyǐ mǎimài.
　　（このサイトでは売買できないものはありません）

满足・满意
mǎnzú　mǎnyì

いずれも「満足する」という意味をもち，述語として使われる場合は，程度副詞の修飾を受けることが多い。

1) 只要有了这些，我就感到很满足（／满意）了。
　　Zhǐyào yǒu le zhèxiē, wǒ jiù gǎndào hěn mǎnzú (／mǎnyì) le.
　　（このぐらいがあれば，〈私は〉もう満ち足りている）

2) 在这种情况下，有些投资者不太满意（/满足），是可以理解的。
   Zài zhèzhǒng qiángkuàng xià, yǒuxiē tóuzīzhě bú tài mǎnyì (/mǎnzú), shì kěyǐ lǐjiě de.
   （このような状況では、一部の投資家が満足していないのは、理解できることである）

「満足する」とは、人の仕事ぶりやサービス、態度などに対して、申し分ないと評価することである。そこで「さまざまなことについて申し分なく、意にかない、言うことがないと心から感じる」状態を"満意"で表す。日本語にすればこちらが「満足する」である。

3) 追求客户满意（/＊满足）是我们公司的一贯目标。
   Zhuīqiú kèhù mǎnyì shì wǒmen gōngsī de yíguàn mùbiāo.
   （顧客満足の追求は弊社の一貫した目標である）

4) 茶叶是先品茶满意（/＊满足）后再付款。
   Cháyè shì xiān pǐnchá mǎnyì hòu zài fùkuǎn.
   （お茶は先に賞味して、気に入ってからお金を頂戴する）

それに対して、「すでに十分足りていて、これ以上もう何も望まない」と表現したい場合は、一般に"満足"を使う。これは"満足"の"足"が「足りる」という意味をもつことに起因しているとも考えられる。

5) 女人有些清瘦，脸上洋溢着一丝温暖而满足（/＊满意）的幸福。
   Nǚrén yǒuxiē qīngshòu, liǎnshang yángyìzhe yì sī wānnuǎn ér mǎnzú de xìngfú.
   （女は少しほっそりしていて、顔にはほんのりと暖かな満ち足りた表情を浮かべている）

6) 他可以在快乐的时候不告诉我，但是一定要在不开心的时候告诉我，我便满足（/？满意）。
   Tā kěyǐ zài kuànlè de shíhou bú gàosu wǒ, dànshì yídìng yào zài bù kāixīn de shíhou gàosu wǒ, wǒ biàn mǎnzú.
   （彼は、楽しいときに私に何も言わなくてもいい、しかしつらいときに必ず言ってくれれば、私はそれで満足だ）

"满意"は述語になった時目的語をとることは少ないが、目的語をとる場合はその前に定語（連体修飾語）がおかれる。

7) 2009年最满意（/＊满足）哪件事情？
   Èr líng líng jiǔ nián zuì mǎnyì nǎ jiàn shìqing?
   （2009年、〈あなたが〉最も満足していることは？）

8) 我不满意（/＊满足）他的做法，不一定是他不对。
   Wǒ bù mǎnyì tā de zuòfǎ, bù yídìng shì tā bú duì.

（私は彼のやり方に不満をもっているが，必ずしも彼が間違っているとは限らない）

一方，"满足"には使役の意味がある。かつ目的語は"条件"tiáojiàn，"需求"xūqiú，"欲望"yùwàng，"好奇心"hàoqíxīn などに限られる。

9) 父母如何满足孩子的好奇心。
   Fùmǔ rúhé mǎnzú háizi de hàoqíxīn.
   （父母はいかにして子供の好奇心を満たすか）

10) 俄罗斯巨富花钱的欲望还没有完全被满足。
    Éluósī jùfù huā qián de yùwàng hái méiyou wánquán bèi mǎnzú.
    （ロシアの大金持ちの金を使う欲望はまだ完全に満たされていないのだ）

9) は「子供を満足させる」，10) は「大金持ちを満足させる」という使役義が出る。

余談になるが，"满足"は，"心满意足"という熟語と，また"以……为满足"という形でよく文中に現れる。

11) 幸福，没有量的限制，只要心满意足。
    Xìnfú, méiyǒu liàng de xiànzhì, zhǐyào xīn mǎn yì zú.
    （幸せには，量的な制限はなく，ただ心が満ち足りていさえすればよいのだ）

12) 眼光总是注视着未来的他不以此为满足。
    Yǎnguāng zǒngshì zhùshìzhe wèilái de tā bù yǐ cǐ wéi mǎnzú.
    （いつも未来を見据えている彼がこれで満足するわけがない）

慢慢・渐渐
mànmàn　jiànjiàn

いずれも行為，動作や状態がゆっくりと変化することを表す。

1) 天气慢慢（／渐渐）暖和起来了。
   Tiānqì mànmàn (/jiànjiàn) nuǎnhuoqilai le.
   （天気はしだいに暖かくなってきた）

1) では，"慢慢暖和起来"は暖かくなる速度がゆるやかであることを表し，"渐渐暖和起来"は寒い状態から暖かい状態へ，徐々に移行していくさまを表している。"慢慢"は速度が遅く，ゆるやかであることを表す。速度についてのみいう場合には"慢慢"が使われ，"渐渐"は使われない。

2) 蜗牛慢慢（／＊渐渐）地爬。
   Wōniú mànmàn de pá.

(カタツムリがゆっくりと這っている)

3) 他慢慢（＊渐渐）地点了点头。
　　Tā mànmàn de diǎnlediǎn tóu.
　　(彼はゆっくりと頷いた)

"渐渐"は程度や数量がだんだんに，少しずつ変化していくさまを表す。

4) 树上的石榴渐渐变红了。
　　Shùshang de shíliú jiànjiàn biàn hóng le.
　　(木になっているザクロの実はだんだん赤くなっていった)

5) 人口从城市中心渐渐向近郊远郊分散。
　　Rénkǒu cóng chéngshì zhōngxīn jiànjiàn xiàng jìnjiāo yuǎnjiāo fēnsàn.
　　(人口は都市の中心部から徐々に近郊や郊外へ分散していった)

"慢慢"は意図的に動作を遅くしたり，相手に動作を遅くするよう要求する場合にも使われる。"渐渐"は意図的な動作や命令文には使えない。

6) 你先走，我还要慢慢（／＊渐渐）走，等我的朋友呢。
　　Nǐ xiān zǒu, wǒ hái yào mànmàn zǒu, děng wǒ de péngyou ne.
　　(先に行ってください，私はゆっくり行きます。友達を待っているんでね)

7) 别着急，慢慢（／＊渐渐）说。
　　Bié zháojí, mànmàn shuō.
　　(あわてないで，ゆっくり話しなさい)

8) 你带回去慢慢（＊渐渐）吃。
　　Nǐ dàihuiqu mànmàn chī.
　　(持ちかえってゆっくりお食べなさい)

"渐渐"は文中で連用修飾語にしかなれないが，"慢慢"は連用修飾語のほかに，連体修飾語や"的"を伴い述語になることもできる。

9) 她用慢慢（／＊渐渐）的语调跟孩子说话。
　　Tā yòng mànmàn de yǔdiào gēn háizi shuōhuà.
　　(彼女はゆっくりした口調で子供と話す)

10) 他走路总是慢慢（／＊渐渐）的。
　　Tā zǒulù zǒngshì mànmàn de.
　　(彼の歩く速度はいつもゆっくりだ)

没懂・不懂
méi dǒng　bù dǒng

"你懂了吗？" Nǐ dǒng le ma?（わかりましたか）と聞かれた時，わからなければ中国人は普通"没懂"と返事をし，"不懂"とは言わないという。"没懂"と"不懂"はどう違うのだろうか？

1) 你没懂我的心。
　　Nǐ méi dǒng wǒ de xīn.

2) 你不懂我的心。
　　Nǐ bù dǒng wǒ de xīn.

　1) と 2) はともに「あなたは私の気持ちがわからない」という意味だが，ニュアンスが異なる。1) は「あなたは私の気持ちがわかっていない」。2) は「あなたは私の気持ちが根っからわからない」。1) は「わかる」ということが起きていない，「わかる」というレベルに達していないということ。2) は「わかる」ということの全き否定，「わかる」という要素がゼロであるということ。

　"没"と"不"はいずれも否定の表現だが，前者は動作や行為がまだ事実として発生していないことを表し，後者は"懂"のような非動作動詞の前に置かれる時は否認，つまり，その動詞が表す状態を認めないという意味を表す。"没懂"と"不懂"の違いもここに起因していると思われる。

3) 最起码的道理都不懂（／＊没懂）。
　　Zuì qǐmǎ de dàolǐ dōu bù dǒng.
　　（最低限の道理もわかっていない）

4) 连起码的原理都不懂（／没懂）。
　　Lián zuì qǐmǎ de yuánlǐ dōu bù dǒng (／méi dǒng).
　　（基礎的な原理さえわかっていない）

　"道理"とは一般に根本的な原理の意味で，誰にとっても自明のこと。一方"原理"はものごとの仕組みなど，瞬間的にわかって当たり前のことではなく，わかるまでにプロセスを必要とする。このようにプロセスを必要とするものは"没懂"も使うことができ，"道理"のように自明で，わかるまでにプロセスを必要としないものは"没懂"を使うことができない。

5) 我不懂（／＊没懂）电脑。
　　Wǒ bù dǒng diànnǎo.
　　（私はパソコンがわからない）

6) 你说的有关电脑的原理部分我不懂（／没懂）。
　　Nǐ shuō de yǒuguān diànnǎo de yuánlǐ bùfen wǒ bù dǒng (/méi dǒng).
　　(あなたの言うパソコンに関する原理については私はわからない)

7) CCTV 评论员根本不懂（／＊没懂）足球。
　　CCTV pínglùnyuán gēnběn bù dǒng zúqiú.
　　(中央電視台の解説員はサッカーというものがまるっきりわかっていない)

8) CCTV 评论员说的有关足球的第一部分我不懂（／没懂）。
　　CCTV pínglùnyuán shuō de yǒuguān zúqiú de dì yī bùfen wǒ bù dǒng (/méi dǒng).
　　(中央電視台の解説員によるサッカーに関する最初の部分の話は私にはわからない)

"电脑"や"足球"もまた"道理"同様"没懂"は使えず、"有关电脑的原理部分"や"有关足球的第一部分"にすると"没懂"が使えるようになる。これも後者はわかるまでにプロセスがあると感じられるからであり、一方前者は「パソコン」や「サッカー」の具体的な内容を指しているのではなく、「パソコンなるもの」、「サッカーというもの」ということであり、「パソコン」や「サッカー」の根本原理を意味している。わかるかわからないかは一瞬で判断がつき、プロセスとは無縁の対象と意識されることによって"没懂"は使えないのだと思われる。

つまり、わかるのにプロセスの存在を必要としないものは"不懂"しか使えず、プロセスの存在を意識させるものは、ニュアンスの違いはあるが"不懂"、"没懂"の両方が使える。"不懂"を使うと「まったくわからない」、"没懂"を使うと「わかるということが起きていない、わかるというレベルに達していない」というニュアンスになる。

ではなぜ"你懂了吗?"と聞かれた時、"没懂"と返事をし、"不懂"とは言わないのだろうか？"你懂了吗?"という質問は質問以前に必ず何かを説明している。その説明を受けたあと、"不懂"「まるっきりわからない」という答えは生硬に過ぎ、やや礼を失したものとも言え、コミュニケーションの場では用いづらい。そこで"没懂"「わかるレベルに達していません、今のところまだわかっていません」という答えを選ぶのであろう。

没关系・没事儿
méi guānxi　méi shìr

いずれも、"对不起" duìbuqǐ（ごめんなさい、すみません）、"不好意思" bù hǎoyìsi（申し訳ありません）と謝られた時、「いいえ」、「構いません」、「大丈夫です」という意味で同じように使うことができる。

1) a：让您久等了，真不好意思。
   Ràng nín jiǔ děng le, zhēn bù hǎoyìsi.
   (長らくお待たせして，本当に申し訳ありません)
   b：没关系（／没事儿）。
   Méi guānxi (/Méi shìr).
   (いいえ，構いません)

2) a：由于我的失误，给您造成了这么大的麻烦，非常对不起。
   Yóuyú wǒ de shīwù, gěi nín zàochéngle zhème dà de máfan, fēicháng duìbuqǐ.
   (私のミスで大変ご面倒をおかけしてしまい，申し訳ありません)
   b：没关系（／没事儿）。
   Méi guānxi (/Méi shìr).
   (いいえ，大丈夫です)

お詫びに対する返答のほかに，3），4）のように不安や懸念に対して「大丈夫，何でもない」，「気にしなくてよい」と容認する意味で使うこともできる。

3) 一次没考好没关系（／没事儿），以后努力就行了。
   Yí cì méi kǎohǎo méi guānxi (/méi shìr), yǐhòu nǔlì jiù xíng le.
   (一回くらい試験がうまくいかなくても大丈夫，これから頑張ればそれでいい)

4) 碰破了点儿皮，没关系（／没事儿）。
   Pèngpòle diǎnr pí, méi guānxi (/méi shìr).
   (ぶつけてちょっと皮がむけただけなので，大丈夫です)

"没事儿"が口語で使われる点を除けば，"没关系"と"没事儿"の使い分けには違いを感じないというネイティブも多い。しかし，"没关系"は本来の意味は5）のように"没有关系"méiyǒu guānxi（関係がない）である。"没事儿"にはこの意味はない。5）のように"跟你没关系"gēn nǐ méi guānxi（あなたとは関係がない）ならば気にすることはない。つまり"没关系"は，「あなたと関係がないことだから心配無用」，そこで「大丈夫，構わない」となるのである。

5) 您别误会，我跟这件事儿可没关系（／*没事儿）。
   Nín bié wùhuì, wǒ gēn zhè jiàn shìr kě méi guānxi.
   (誤解しないでください，私はこの件とはまったく関係ありません)

6) 这件事跟你没关系（／*没事儿），你不用管。
   Zhè jiàn shì gēn nǐ méi guānxi, nǐ búyòng guǎn.
   (この件はあなたとは関係ないので，放っておいてください)

一方，"没事儿"は7）のように「大事がない」という意味をもつ。ここでは"没关系"は使えない。

7)（看见一个人摔倒了，跑过去对他说）"没事儿（／＊没关系）吗？"
(Kànjiàn yí ge rén shuǎidào le, pǎoguoqu duì tā shuō) "Méi shìr ma?"
(〈転んだ人を見かけて駆け寄り〉「大丈夫ですか？」)

「大事がない」ことから"没事儿"は8)、9)のように「大したことはないから大丈夫」と事態を控えめに扱い、相手の不安や心配を解くように働く。ここでも相手と関係ないとする"没关系"は使えない。

8) a：你怎么哭了？
　　 Nǐ zěnme kū le?
　　 (どうして泣いたの？)
　 b：没事儿（／＊没关系）。
　　 Méi shìr.
　　 (何でもありません)

9) a：你怎么了？
　　 Nǐ zěnme le?
　　 (どうしたの？)
　 b：没事儿（／＊没关系），就是有点儿头疼。
　　 Méi shìr, jiùshì yǒudiǎnr tóuténg.
　　 (大丈夫，ちょっと頭が痛いだけです)

以上から分かるように、同じ「大丈夫，構いません」であっても、"没关系"は事態を相手と関係がないものとして「大丈夫」と扱い、"没事儿"は事態を小さく控えめに扱って「大丈夫」とする違いがある。

"没事儿"はこのほか感謝に対する返答にも使える。この場合も"确实我做了一点儿事，不过很小" quèshí wǒ zuòle yìdiǎnr shì, búguò hěn xiǎo（私は確かにちょっとしてあげたが，でもそれは小さなこと）という事態を小さく扱うニュアンスをもつ。

10) a：谢谢！
　　　 Xièxie!
　　　 (ありがとう！)
　　b：没事儿（／＊没关系）。
　　　 Méi shìr.
　　　 (どういたしまして)

11) のようにお詫びの言葉が加われば"没关系"も使えるが、この場合の"没关系"は"谢谢"への返答ではなく、"又给你添麻烦了。" Yòu gěi nǐ tiān máfan le.（またあなたに迷惑をかけてしまいました）に対して言うものと考えると理解しやすい。

11) a：谢谢！又给你添麻烦了。
   Xièxie! Yòu gěi nǐ tiān máfan le.
   (ありがとう！またあなたに迷惑をかけてしまいました)
   b：没事儿（／没关系）。
   Méi shìr (/Méi guānxi).
   (いいえ，何でもありません)

没有 · 没
méiyǒu ; méiyou　méi

ともに否定を示し，言い換えられることが多い。
　動詞として使われる場合は，"有"に対しての否定を表し，「持っていない」，「いない」，「存在しない」を意味する。また，比較に用いて，「～に及ばない」，「～ほど～でない」という用法もある。

1) 没有（／没）钱就不能去旅游。
   Méiyǒu (/méi) qián jiù bù néng qù lǚyóu.
   (お金がないと旅行に行かれない)

2) 家里没有（／没）人。
   Jiāli méiyǒu (/méi) rén.
   (家に人はいない)

3) 你没有（／没）他高。
   Nǐ méiyǒu (/méi) tā gāo.
   (君は彼ほど背が高くない)

副詞として使われる場合は，動作や状態が未発生であることを表し，「まだ～していない」，「しなかった」，「したことがない」などの意味をもつ。

4) 他还没有（／没）回来。
   Tā hái méiyou (/méi) huílai.
   (彼はまだ帰って来ていない)

5) 那条毛巾还没有（／没）干。
   Nà tiáo máojīn hái méiyou (/méi) gān.
   (そのタオルはまだ乾いていない)

6) 大家都没有（／没）见过他。
   Dàjiā dōu méiyou (/méi) jiànguo tā.
   (みんな彼に会ったことがない)

"没有"は"没"に比べてよりフォーマルな表現であるため，書き言葉にも多用される。

7) 没有（／＊没）父母就没有（／＊没）我。
　　Méiyǒu fùmǔ jiù méiyǒu wǒ.
　　（親がいなければ私も生まれない）

"没"は"没有"の略語の形をとり，多くは話し言葉に使われる。なお，同じ動詞の間に置いて，反復疑問文をつくる場合や"没～没～"という四字の慣用句を構成する場合は"没"のみ使用される。

8) 听见没（／＊没有）听见？
　　Tīngjiàn méi tīngjiàn?
　　（聞こえましたか）

9) 你别没（／＊没有）完没（／＊没有）了的。
　　Nǐ bié méi wán méi liǎo de.
　　（いつまでもぐずぐずするな）

10) 你这个人怎么没（／＊没有）大没（／＊没有）小的。
　　Nǐ zhège rén zěnme méi dà méi xiǎo de.
　　（君ってほんとうに礼儀というものを知らないね）

每+名詞・名詞の重ね型
měi

ともに「どれも」，「どの～も」という意味を表す。
たとえば"每天"měitiān と"天天"tiāntiān は，どちらも「毎日，日々」という意味をもち，相互に入れ替えが可能である。しかし，若干のニュアンスの違いが生じる。

1) 他每天（／天天）都去上班。
　　Tā měitiān (/tiāntiān) dōu qù shàngbān.
　　（彼は毎日／日々勤めに出かけていく）

上記の例文において"每天"を用いると，多くの日々のなかでどの日をとっても同様に「勤めに行く」という，毎日の様子を単純に描写した文章となる。一方"天天"を用いると，あらゆる日々のなかで一日たりとも例外なく「勤めに行く」という日々が継続していることを，何らかの感情を込めて述べたことになる。次の例文でも同様の違いが生じる。

2) 这本杂志我每期（／期期）都买。
   Zhèi běn zázhì wǒ měiqī (／qīqī) dōu mǎi.
   (この雑誌を私は毎号／どの号も買っている)

"每期"を用いた場合は，単純に毎号購入しているという事実を描写する。一方"期期"を用いると，毎号欠かさずに購入し続けている点を強調する。

名詞の重ね型には，ある決まった言い回しや標語として定着したものが多くみられ，"每"měi＋名詞の形式に置き換えることはできない。

3) 好好学习，天天（／＊每天）向上。
   Hǎohāo xuéxí, tiāntiān xiàngshàng.
   (よく学び，日々向上しよう)

4) 年年（／＊每年）有余。
   Niánnián yǒuyú.
   (どの年もゆとりある暮らしを送れますように)

美好・美丽
měihǎo　měilì

両語とも形容詞で，「美しい」という意をもつ。
"美好"は主に生活，願望，未来，時間など抽象的な事物を形容する。"好"は「すばらしい」の意で，「美しくかつすばらしい」という意味である。

1) 每个人的心里都有自己美好的愿望。
   Měi ge rén de xīnli dōu yǒu zìjǐ měihǎo de yuànwàng.
   (人はみんな心の中に自分の美しい願いをもっている)

2) 我们在一起度过了一个美好的时光。
   Wǒmen zài yìqǐ dùguòle yí ge měihǎo de shíguāng.
   (私たちは一緒にすばらしい時間を過ごした)

3) 美好的未来在等着你们。
   Měihǎo de wèilái zài děngzhe nǐmen.
   (すばらしい未来があなたたちを待っている)

これに対して，"美丽"は主に景色，山河，器物，花，絵，女性などのような具体的な事物を形容する。そのものの外見，形，色，姿がきれいである，美しいと感じさせることをさす。

4) 这是一座美丽的海岛。
   Zhè shì yí zuò měilì de hǎidǎo.
   (これは美しい島である)

5) 这位美丽的姑娘叫阿娜尔罕。
   Zhè wèi měilì de gūniang jiào Ānà'ěrhàn.
   (こちらの美しい娘さんの名はアナルハンです)

6) 我为黄山美丽而险峻的景色所迷倒。
   Wǒ wèi Huángshān měilì ér xiǎnjùn de jǐngsè suǒ mídǎo.
   (私は黄山の美しく，険しい景色に魅了された)

"美丽"は具体的な事物以外，抽象的な事物，たとえば，時間，人生，生命，遠景，青春などを形容する例も見かける。

7) 去开创自己的美好前程，走好自己的美丽人生。
   Qù kāichuàng zìjǐ de měihǎo qiánchéng, zǒuhǎo zìjǐ de měilì rénshēng.
   (自分のすばらしい未来を切り開き，美しい人生をしっかり歩む)

8) 我常会想起上学时的美丽（／美好）时光。
   Wǒ cháng huì xiǎngqi shàngxué shí de měilì (／měihǎo) shíguāng.
   (私はよく学生時代に過ごしたよい時間を思い出す)

この二つの文にある"美丽"は，"美好"に変えてもよいが，ニュアンスは違う。"美丽"は視覚的，聴覚的，感覚的で，景色や，事物，人など，広く有形なものから無形なものまで，美しいと感じさせることを指す。語意は「きれいだ」，「うつくしい」にある。"美好"は人に希望や満足を感じさせること，高尚で，称賛できることについていう，語意は「よい」，「すばしい」に重点がある。

9) 那些童话故事中的天使和美女都是美丽（／美好）和善良的化身。
   Nàxiē tónghuà gùshì zhōng de tiānshǐ hé měinǚ dōu shì měilì (／měihǎo) hé shànliáng de huàshēn.
   (あれらの童話に出てくる天使と美女はみんな美と善良の化身である)

9) に"美丽"を使うと，天使，美女の美しい姿を連想させる。"美好"を用いると，天使，美女の姿とは関係なく，天使，美女たちの善良で，高尚な行為，たとえば，人に希望を与える，窮地から救う，貧しい人を助けるなどが連想される。
二語とも書面語で，"美丽"の使用範囲は"美好"より広い。

美丽・漂亮・好看
měilì　piàoliang　hǎokàn

「綺麗である」,「美しい」という意味ではこの三つが類義関係にある。"美丽"は書面語であり，人を形容する時は女性のみを指すが，"漂亮"と"好看"は口語で，男性にも使える（ただ男性には"英俊"yīngjùn，"帅"shuài，"酷"kù などを使う方がより一般的であり，"漂亮小伙儿"よりも"帅哥"の方が好まれる）。

1) 哥哥的女朋友长得很漂亮（／好看／美丽）。
   Gēge de nǚpéngyou zhǎngde hěn piàoliang (／hǎokàn/měilì).
   （兄の彼女は美人だ）

"美丽"は主に自然の造り出す美しさを表しており，景色，動植物，女性などを形容することが多く，物語や音楽の美しさを表すこともできる。書面語として用いるため，"庄严美丽"，"美丽动人"のように，ほかの言葉と併用されることも多い。

2) 庄严美丽（／＊漂亮／＊好看）的富士山吸引了来自世界各地的游客。
   Zhuāngyán měilì de Fùshìshān xīyǐnle láizì shìjiè gèdì de yóukè.
   （雄大で美しい富士山は世界各地からの観光客を惹きつける）

"漂亮"は主として人為的な美しさを表す。格好やセンスの良さなど，外観的な（鮮やかな）美しさに重点を置き，したがってよく服装や装飾品などを形容する。一方，"好看"はもともと「見た目がきれい」という意味なので，"漂亮"に近い。

3) 你看，这件旗袍真漂亮（／好看／＊美丽）!
   Nǐ kàn, zhè jiàn qípáo zhēn piàoliang (／hǎokàn)!
   （見て，このチャイナドレスは本当にきれい）

"漂亮"は"漂漂亮亮"piàopiaoliāngliāng（発音にご注意！）のように重ね型としても使えるが，"美丽"や"好看"はできない。
"漂亮"と"好看"は「美しい」のほか，それぞれ独自の意味ももち，この場合はたがいに置き換えることができない。具体的に見てみると，まず"漂亮"には「外観の人為的な美しさ」という本来の意味から派生して,「パフォーマンスの格好よさ」を表す「素晴らしい，見事，立派である」という意味がある。

4) 那个任意球实在是太漂亮了。
   Nàge rènyìqiú shízài shì tài piàoliang le.
   （あのフリーキックは本当に見事だった）

さらに"漂亮"には「実行されない口先だけの話」,「うまい話」の意味もある。

5) 那家伙就爱说漂亮话。
   Nà jiāhuǒ jiù ài shuō piàolianghuà.
   （あいつは口先ばかりだ）

　一方，"好看"は「見た目がきれい」のほか，①映画，芝居，小説などが「見ていて面白い」，②「体裁が好い」，「面目が立つ」（="体面"tǐmiàn）などを表すこともできる。

6) 听说那部电影挺好看的。
   Tīngshuō nà bù diànyǐng tǐng hǎokàn de.
   （あの映画はすごく面白いらしい）

7) 儿子考上了名牌大学，当娘的也觉得脸上好看得很。
   Érzi kǎoshàngle míngpái dàxué, dāng niáng de yě juéde liǎnshang hǎokàn de hěn.
   （息子が名門大学に合格したので，母としても得意気だった）

　さらに，「面目が立つ」から派生して，"要…的好看"という慣用句の形で用い，「～に恥をかかせる」，「～を困らせる」という逆の意味を表すこともできる。
　最後に，「清潔である」の意味での「きれい」は，上述の三つの言葉でなく，"干净"gānjìngであることをつけ加えておく。

面孔 · 面貌 · 面目
miànkǒng　miànmào　miànmù

　ともに人の顔つきや顔立ちを表す。"面孔"は精神状態をも含んだ顔の表情をさし，さらにその顔つきの人を指すこともできる。

1) 庄严和蔼的面孔（／＊面貌／＊面目）。
   Zhuāngyán hé'ǎi de miànkǒng.
   （厳かで穏やかな表情）

2) 他老是板着面孔（／＊面貌／＊面目）。
   Tā lǎoshi bǎnzhe miànkǒng.
   （彼はいつも仏頂面をしている）

3) 公司里又多了几张新面孔（／＊面貌／＊面目）。
   Gōngsīli yòu duōle jǐ zhāng xīn miànkǒng.
   （会社にはまた新人が入った）

　"面貌"と"面目"は単に顔の形状や容貌をいう場合もあるが，比喩的に用いて様相，状態，現象などを表すこともできる。"面目"は多く悪い意味（貶義）で人や

事物に用いる。

4) 他面貌（／＊面孔／＊面目）很端正。
Tā miànmào hěn duānzhèng.
（彼は端正な顔立ちだ）

5) 经过这次整顿，全体员工精神面貌（／＊面孔／＊面目）焕然一新。
Jīngguò zhè cì zhěngdùn, quántǐ yuángōng jīngshén miànmào huàn rán yì xīn.
（今回の整理粛清を経て，職員全体の気持ちが一新した）

6) 面目可憎。
Miànmù kě zēng.
（顔つきが憎たらしい）

7) 通过这件事，我终于认清了他的真面目。
Tōngguò zhè jiàn shì, wǒ zhōngyú rènqīngle tā de zhēn miànmù.
（この一件で，ようやく彼の正体が分かった）

"面孔"，"面目"はさらに体面やメンツを表すこともできる。

8) 做了这种事情，还有何面孔（／面目／＊面貌）去见老师和同学！
Zuòle zhè zhǒng shìqing, hái yǒu hé miànkǒng (/miànmù) qù jiàn lǎoshī hé tóngxué!
（こんなことをしてしまって，先生やクラスの仲間に合わせる顔がない）

以上の例文からまとめていうと，"面孔"は基本的に「顔」そのものをさし，表情まで展開できる。"面目"は人に見せる「仮面」に相当するものをさし，マイナス的なニュアンスを含む。"面貌"は全体的なイメージをさし，ほとんど比喩的に用いられる。

面向・面对・面临
miànxiàng miànduì miànlín

"面向"，"面对"，"面临"はともに動詞であるが，そのあとに続く目的語の内容によってそれぞれ異なる意味合いをもつことになる。三者の互換はあまりみられない。"面向"のあとに続く目的語は具体的な物や人などが多く，「顔を向けて，向かって」という意味を表す。

1) 同学们，请面向（／＊面对／＊面临）黑板看一下这个字。
Tóngxuémen, qǐng miànxiàng hēibǎn kàn yíxià zhège zì.
（みなさん，顔を黒板に向けてこの字を見てください）

2) 在场的人们都非常严肃地面向（／＊面对／＊面临）国旗敬了礼。
Zàichǎng de rénmen dōu fēicháng yánsù de miànxiàng guóqí jìngle lǐ.
（その場にいた人々はみんな厳かに国旗に向けて敬礼した）

"面对"に続く目的語は抽象的な意味を表す「現実」や「挑戦」などの名詞が多く，「直面する」，「面する」という意味を表している。

3) 面对（／＊面向／＊面临）他的这种态度，我很失望。
Miànduì tā de zhè zhǒng tàidu, wǒ hěn shīwàng.
（あまりにもひどい彼の態度に対し，私は失望してしまった）

4) 我不知道该如何面对（／＊面向／＊面临）这么残酷的现实。
Wǒ bù zhīdao gāi rúhé miànduì zhème cánkù de xiànshí.
（私は残酷すぎる現実にどう向き合ったらいいのかわからない）

"面临"は「直面している」，「〜の真っただ中にいる」，「〜を目の前にしている」といった意味を表し，そのあとに続く目的語は困難や危険など抽象的な名詞と，"面临毕业"や"面临出国"などこれから遭遇する出来事を表す名詞が多く使われる。

5) 毕业之后，马上就要面临（／＊面向／＊面对）着找工作的问题。
Bìyè zhīhòu, mǎshàng jiù yào miànlínzhe zhǎo gōngzuò de wèntí.
（卒業後，すぐ就職の問題に直面することになる）

6) 由于生态环境的严重损坏，不少野生动物面临（／＊面向／＊面对）着灭绝的危险。
Yóuyú shēngtài huánjìng de yánzhòng sǔnhuài, bù shǎo yěshēng dòngwù miànlínzhe mièjué de wēixiǎn.
（生態系の深刻な破壊で，数多くの野生動物が絶滅の危機にさらされている）

明白了・懂了・知道了・好的
míngbai le　dǒng le　zhīdao le　hǎo de

ともに「わかりました」と訳す。
　意味や内容などに関する相手の説明を聞いた後，「わかりましたか？」に相当する"明白了吗?"あるいは"懂了吗?"と聞かれたら，自分が理解した場合には，それぞれ

1) 明白了。
Míngbai le.

2) 懂了。
Dǒng le.

と答える。ただし"懂了吗?"は目上の人が目下の人に言うときに使い，逆の場合にはあまり使わない。たとえば，授業中，先生が説明した後，

 3) 老师：明白了（／懂了）吗?
   lǎoshī: Míngbai le (／Dǒng le) ma?

 4) 学生：明白了（／懂了）。
   xuésheng: Míngbai le (／Dǒng le).

となるが，逆に，学生が先生に何かを説明した後，先生に

 5) ＊学生：老师，您懂了吗?

と言うと，失礼な感じがする。なぜなら，"懂"の場合は，説明者は自分が説明したことの道理が正しいという前提のもとに，相手に"懂了吗?"と聞く。一方，"明白"の場合は，説明者は自分が話したことの意味が正しく伝わったかどうかを確認するために，"明白了吗?"と聞く。そのため，学生が先生に"您（听）明白了吗?"と聞くことはあっても，"懂了吗?"と聞くと，失礼な印象を与える。

 相手からの報告や，何かをするときの手順の説明に対しては，"知道了"または"好的"と返答する。内容や意味などを理解する必要があるときは，理解したことを示すために"明白了"，"懂了"を使うのに対して，理解するほどのことでなく，情報として了解したことを示すときは，"知道了"，"好的"を使う。"知道了"には「情報として了解した」ということで，客観的かつパブリックな語感があるが，"好的"には「わかった，OK」といったフランクな語感があり，普通は，対等な人あるいは目下の人への返事に使われる。

 6) 职员：局长，计画书给您放在桌子上了。
   zhíyuán: Júzhǎng, jìhuàshū gěi nín fàngzài zhuōzishang le.
   （職員：計画書は局長のデスクの上に置きました）

   局长：知道了（／好的）。
   júzhǎng: Zhīdao le (／Hǎo de).
   （局長：わかった）

 7) 小李：这个要先检查一下儿再复印。
   Xiǎo Lǐ: Zhège yào xiān jiǎnchá yíxiàr zài fùyìn.
   （李：これをチェックしてからコピーして）

   同事：知道了（／好的）。
   tóngshì: Zhīdao le (／Hǎo de).
   （同僚：了解）

8) 母亲：你先去邮局把信寄出去，然后再去补习班。
   mǔqin: Nǐ xiān qù yóujú bǎ xìn jìchuqu, ránhòu zài qù bǔxíbān.
   (母親：先に郵便局に行って手紙を出して、それから補習班に行ってね)

   孩子：知道了（／＊好的）。
   háizi: Zhīdao le.
   (子ども：わかった)

また、相手に何かを頼まれた時には、"好的"と返答できるが、これは、対等な関係の同輩の間で使うことが多いようである。両者に上下関係がある場合は、使いにくい。

9) 小李：小王，你回来时帮我买份报纸。
   Xiǎo Lǐ: XiǎoWáng, nǐ huílai shí bāng wǒ mǎi fèn bàozhǐ.
   (李：王さん、帰りに新聞を買ってきて)

   小王：好的。
   Xiǎo Wáng: Hǎode.
   (王：OK)

10) 爸爸：明明，帮我买份报纸去。
    bàba: Míngming, bāng wǒ mǎi fèn bàozhǐ qu.
    (パパ：明明、新聞を買ってきて)

    孩子：＊好的。

子供は親に"嗯"ng と返事をしてもかまわないが、"好的"というと、「いいよ」といったフランクな語感がある。
また、"知道了"は、目上の人から何かを言い含められたり、言い聞かせられたりした時の返答に使う場合もある。この場合も、"好的"で返事をすると、失礼な印象を与える。

11) 妻子：你今天早点儿回来。
    qīzi: Nǐ jīntiān zǎodiǎnr huílai.
    (妻：今日早めに帰ってきて)

    丈夫：知道了（／好的）。
    zhàngfu: Zhīdao le (/Hǎode).
    (夫：わかった)

12) 妈妈：明明，今天早点儿回来。
    māma: Míngming, jīntiān zǎodiǎnr huílai.
    (ママ：明明、今日早めに帰ってきてね)

孩子：知道了（／＊好的）。
háizi: Zhīdao le.
（子ども：わかった）

摸・碰
mō　pèng

"摸"は「手でさわる」,「なでる」,"碰"は「ぶつける」,「ぶつかる」,「当たる」。両方とも「タッチする」という意味を表すことができるが,"碰"を使うと,ほんの一瞬の「タッチする」であり,"摸"より物との接触部分も時間も短いといえる。また,"摸"でさわる主体は手だが,"碰"は手であってもなくてもよい。

1) 不要摸（／碰）展品。
   Búyào mō (/pèng) zhǎnpǐn.
   （展示品には触れないでください）

2) 你手脏，别摸（／碰）这件衣服。
   Nǐ shǒu zāng, bié mō (/pèng) zhè jiàn yīfu.
   （あなたの手は汚いからこの服に触らないで）

1), 2) いずれも触れる主体は人の手である。

3) 我不小心碰（／＊摸）着了他的伤口。
   Wǒ bù xiǎoxīn pèngzháole tā de shāngkǒu.
   （うっかりして彼の傷口にさわってしまった）

4) 他们高兴得碰（／＊摸）杯祝贺。
   Tāmen gāoxìngde pèngbēi zhùhè.
   （彼らは嬉しくて乾杯して祝福しあった）

3) で彼の傷口に触れたのは手以外も可能性がある。4) で触れあっているのは杯と杯だ。

"碰"は人の行為でなくてもよい。

5) 树枝碰（／＊摸）着了电线。
   Shùzhī pèngzháole diànxiàn.
   （枝が電線にひっかかった）

"摸"は持続的であり,"碰"は瞬間的である。

6) 奶奶摸（／＊碰）着小孙子的头说："你真乖"。
   Nǎinai mōzhe xiǎosūnzi de tóu shuō: "Nǐ zhēn guāi".
   （おばあちゃんは小さな孫の頭をなでて言った。「いい子だね」）

「おばあちゃん」は孫の頭に一瞬触れたわけではない。

7) 你敢碰她一下，我决不饶你。
   Nǐ gǎn pèng tā yíxià, wǒ jué bù ráo nǐ.
   （彼女に指一本でも触れたら許さんぞ）

ここでは一瞬触れることも許さないと言っている。ここでもし"摸"を使うなら「なでまわす」ことを許さないという意味になる。状況によっては使えるかもしれないが、「ちょっとでも触れたら許さない」というこの文全体のニュアンスの中では使いづらい。

"摸"は意識的，"碰"は偶発的。

8) 别摸我！
   Bié mō wǒ!
   （さわらないで）

9) 别碰我！
   Bié pèng wǒ!
   （近づかないで）

8) は意識的にさわるなと言っている。9) は瞬間的，偶発的に触れる状況になることを拒否している。日本語訳としては「さわるな」より「近づくな」に近い。

磨・擦
mó　　cā

"磨"は，ある一定の時間，対象物の同じ個所を繰り返し強く摩擦する動作を表す。その動作の結果，摩擦を加えられたものにはなんらかの変化が起こる。日本語の「こする」，「磨く」，「研ぐ」の意味で用いられることが多い。

1) 我把菜刀磨好了。
   Wǒ bǎ càidāo móhǎo le.
   （私は包丁を研ぎ終わった）

2) 我喜欢那件衬衫，可是领口磨破了。
   Wǒ xǐhuan nà jiàn chènshān, kěshì lǐngkǒu mópò le.
   （あのシャツは気に入ってるけど，首のところが擦り切れてしまった）

"擦"は，短時間に，ごく軽く摩擦する動作を指す。"磨"が相当の回数，摩擦するのに対し，"擦"は，回数が少ない。

3) 我把桌子擦干净了。
Wǒ bǎ zhuōzi cāgānjìng le.
（私はテーブルをきれいに拭いた）

4) 你出了大汗了，把汗水擦一擦吧。
Nǐ chūle dà hàn le, bǎ hànshuǐ cāyicā ba.
（ひどく汗をかきましたね。ちょっと拭きなさいよ）

5) 她一边照镜子一边擦口红。
Tā yìbiān zhào jìngzi yìbiān cā kǒuhóng.
（彼女は鏡を見ながら口紅を塗った）

6) 卖火柴的小女孩擦完了最后一支火柴。
Mài huǒchái de xiǎo nǚhái cāwánle zuìhòu yì zhī huǒchái.
（マッチ売りの少女は最後のマッチを擦ってしまった）

模样・样子
múyàng　yàngzi

いずれも外見をいう。顔立ちや容姿，格好など，人の具体的な外見を示す場合は言い換えられることが多い。

1) 这孩子模样（／样子）像他爸爸。
Zhè háizi múyàng (/yàngzi) xiàng tā bàba.
（この子はお父さん似だ）

2) 从模样（／样子）上看，他顶多二十几岁。
Cóng múyàng (/yàngzi) shang kàn, tā dǐngduō èrshí jǐ suì.
（格好から見ると，せいぜい二十代だ）

"模样"は顔かたち，服装など人の外見をいい，主に生まれつきの容貌や顔だち，身なりなど静的な外見を指す。また，時間や年齢に限って「くらい」や「ほど」の意味をもつ。

3) 他模样不错。
Tā múyàng búcuò.
（あの人は格好いい）

4) 我哥哥虽然模样不怎么样，但性格很好。
　　Wǒ gēge suīrán múyàng bù zěnmeyàng, dàn xìnggé hěn hǎo.
　　（兄は顔はいまいちだが，性格はいい）

5) 等了大概半个钟头模样。
　　Děngle dàgài bàn ge zhōngtóu múyàng.
　　（おおよそ30分ほど待った）

6) 那个人有五十岁模样。
　　Nàge rén yǒu wǔshí suì múyàng.
　　（あの人は五十がらみだ）

"样子"は感情の表れた顔や体全体をいい，動的な外見を述べる時に用いられる。

7) 愁眉苦脸的样子。
　　Chóuméi kǔliǎn de yàngzi.
　　（心配そうな顔つきだ）

8) 看她那个高兴的样子，一定是非常中意的了。
　　Kàn tā nàge gāoxìng de yàngzi, yídìng shì fēicháng zhòngyì de le.
　　（彼女のあの喜びようを見ると，きっととても気に入ったんだ）

さらに，"样子"は人に限らず，ものの外見や形状，ことの様子を示すこともできる。

9) 我就喜欢这双皮鞋的样子。
　　Wǒ jiù xǐhuan zhè shuāng píxié de yàngzi.
　　（私はこの靴の形が好きだ）

10) 看样子，今天也得加班了。
　　Kàn yàngzi, jīntiān yě děi jiābān le.
　　（この様子では今日も残業は避けられないね）

母亲・妈妈・娘
mǔqin　māma　niáng

いずれも「母」のことをいう表現であるが，感情的なニュアンスが異なる。
"母亲"は特別な感情を示すことなく，客観的な表現であるのに対し，"妈妈"や"娘"は，親しさや愛情を含む表現となっている。
"母亲"は書き言葉に多く使われ，呼びかけにはあまり用いない。やや改まった場合では，第三者に対して自分の母を"我母亲" wǒ mǔqin，相手の母親を"你母亲" nǐ mǔqin という。

また、"母亲"には自分を育んでくれた神聖で敬うべきものとして比喩的用法の母があるが、"妈妈"、"娘"にはこのような使い方はない。

1) 祖国，我的母亲！
   Zǔguó, wǒ de mǔqin!
   (祖国、我が母よ)

"妈妈"は話し言葉に多く使われ、呼びかけにも用いる。単に"妈"ということもできる。日常の会話で親しい間柄であれば大人でも自分の母親のことを"我妈妈"、相手の母親のことを"你妈妈"という。夫が自分の妻を指して"孩子他妈（妈）" háizi tā mā (ma) と呼ぶこともある。

"娘"は「お母さん」、「母」の話し言葉で、呼びかけにも用いる。やや古くさい呼び方で、現在は農村部で多く使われる。"娘家" niángjia（既婚女性の実家）、"后娘" hòuniáng（まま母、継母）などの熟語をつくる。

以上の三つの語はそれぞれ次のように対をなしている。

父亲 fùqin ⇔ 母亲
爸爸 bàba ⇔ 妈妈
爹 diē ⇔ 娘

目标・目的
mùbiāo　mùdì

"目标"、"目的"ともに達成したい結果や実現したい願望を表す。
"目标"は、「目標」や「ねらい」といった一定の期間に努力すべき方向性や到達点を表す。得られる結果よりも方向性を示すことに重点がある。
「目標」や「ねらい」は具体的なものでも抽象的なものでもよいが、望ましいものに限られる。

1) 他的最终目标是拿到博士学位。
   Tā de zuìzhōng mùbiāo shì nádào bóshì xuéwèi.
   (彼の最終的な目標は、博士号をとることだ)

2) 公司确立了今年的奋斗目标（／＊目的）。
   Gōngsī quèlìle jīnnián de fèndòu mùbiāo.
   (会社は今年の努力目標を立てた)

"目的"は、「目的」や「目当て」といった行為の意図あるいは求めようとする結果を表す。良い場合にも悪い場合にも用いられる。

3) 青年人应该有明确的学习目的（／目标）。
   Qīngniánrén yīnggāi yǒu míngquè de xuéxí mùdì (/mùbiāo).
   （若者は明確な勉強の目的をもつべきだ）

4) 这些间谍的目的（／＊目标）是获取军事情报。
   Zhèxiē jiàndié de mùdì shì huòqǔ jūnshì qíngbào.
   （このスパイたちの目的は軍事機密を手に入れることだ）

動作行為がすでに終了して、なぜそうしたのかという理由を述べる場合には"目的"しか使わない。

5) 他回老家的目的（／＊目标）是探亲。
   Tā huí lǎojiā de mùdì shì tànqīn.
   （彼は親族訪問のために故郷に戻った）

なお、"目的"は"〜性"〜 xìng や"〜地"〜 dì などを後ろに置いて語を作るが、"目标"にこの用法はない。

6) 目的（／＊目标）地离这儿不远了。
   Mùdìdì lí zhèr bù yuǎn le.
   （目的地はここからもう遠くないよ）

N 拿手・擅长・善于
náshǒu　shàncháng　shànyú

いずれも「得意である、長けている、上手である」などの意味をもつ。
"拿手"は日常の具体的な事柄を指す場合が多く、"擅长""善于"より口語的で、主観的な評価であっても使える。"擅长""善于"は動詞であるが、"拿手"は形容詞なので目的語をもたず、1) のように形容詞述語文、あるいは3) のように連体修飾の形で使われる。また4) のように介詞の"对"duì を用いた言い方もできる。

1) 她做法国菜很拿手。
   Tā zuò Fǎguócài hěn náshǒu.
   （彼女はフランス料理が得意だ）

2) 她擅长（／＊拿手）书法。
   Tā shàncháng shūfǎ.
   （彼女は書道が得意だ）

3) 我最拿手的运动是打排球。
   Wǒ zuì náshǒu de yùndòng shì dǎ páiqiú.
   （私が最も得意なスポーツはバレーボールです）

4) 她对英语不拿手。
   Tā duì Yīngyǔ bù náshǒu.
   (彼女は英語が苦手である)

"拿手"は、"菜"cài（料理）、"戏"xì（劇）、"活"huó（仕事）、"本领"běnlǐng（技，技能）など特定の名詞（句）と結びついて、"的"のいらない連体修飾語を形成する。

5) 这家餐馆的拿手菜是什么？
   Zhè jiā cānguǎn de náshǒucài shì shénme?
   (こちらのレストランのご自慢の料理は何ですか)

6) 弹古筝是她的拿手好戏。
   Tán gǔzhēng shì tā de náshǒu hǎoxì.
   (筝を弾くのは彼女の十八番だ)

次に"擅长"であるが、ただ得意なだけではなく、優れた技能を有したり、ある方面にとりわけ精通している意味合いを含む。つまり専門的な学習や訓練を経て、客観的に誰もが認める能力の高さを指す場合が多い。名詞（句）の他に動詞（句）を目的語にすることもできる。"对"を用いた言い方もできる。また後ろに"于"を加えた表現もできる。

7) 我爸爸能写一手好字，尤其擅长写草书。
   Wǒ bàba néng xiě yì shǒu hǎozì, yóuqí shàncháng xiě cǎoshū.
   (私の父はとても達筆で、とりわけ草書が得意だ)

8) 他对蝶泳特别擅长（／＊善于）。
   Tā duì diéyǒng tèbié shàncháng.
   (彼はバタフライが特に上手である)

9) 这位医生擅长于神经系统疾病的临床治疗。
   Zhè wèi yīshēng shàncháng yú shénjīng xìtǒng jíbìng de línchuáng zhìliáo.
   (こちらの医師は神経系統疾患の臨床治療に長けている)

最後に"善于"は必ず後ろに目的語を伴う。目的語は"言辞"yáncí（言葉）、"辞令"cílìng（応対の言葉）など少数の名詞を除いて、普通は動詞（句）がくる。"擅长"よりももっと広い範囲で、主にその人が生来持ち合わせている能力によって、人間関係や物事をうまくこなすことを表すことが多い。また良くない意味にも使われる。

10) 班主任很善于发挥每个同学的长处。
    Bānzhǔrèn hěn shànyú fāhuī měi ge tóngxué de chángchù.
    (クラス担任は一人一人の学生の長所を発揮させるのがとてもうまい)

11) 她非常善于讨价还价，是个精打细算的人。
    Tā fēicháng shànyú tǎo jià huán jià, shì ge jīng dǎ xì suàn de rén.
    (彼女は値段を掛け合うのが非常に上手で，細かく算盤をはじく人である)

12) 我们要小心像他那样善于（／＊擅长）说谎的人。
    Wǒmen yào xiǎoxīn xiàng tā nàyàng shànyú shuōhuǎng de rén.
    (私たちは彼のような嘘が上手な人には気を付けなければならない)

男人・男的・男士・先生
nánrén nánde nánshì xiānsheng

ともに成人の男性をさす。"男人"と"男的"は日本語の「男」，「男の人」に相当する。性別を強調するときは"男人"を使うが，ふつう"男的"を使う。

1) 他见过这个男人（／男的）。
   Tā jiànguo zhège nánrén (/nánde).
   (彼はその男／男の人に会ったことがある)

2) 一个大男人（／＊男的）怎么这么没出息！
   Yí ge dà nánrén zěnme zhème méi chūxi!
   (男でしょう，なんでこんなにふがいないの！)

"男人"は性別を重点にするため，「夫」の意味を表すこともできる。日本語と同様，中国語も「夫」の具体的な呼び方が多く，「旦那」に相当するのが"男人"であれば，「主人」など丁寧な言い方に相当するのが"先生"である。

3) 听说她男人（／先生）在银行工作。
   Tīngshuō tā nánrén (/xiānsheng) zài yínháng gōngzuò.
   (彼女の旦那さんは銀行で仕事をしているらしい)

"先生"は，その特徴としてもつ言葉の丁寧さにより，男性に対する呼称として日常生活の中で広く使われる。「…先生」，「…さん」，「…氏」のように人の名前や肩書きの後に使用されことも多い。

4) 张先生，好久不见！
   Zhāng xiānsheng, hǎojiǔ bú jiàn!
   (張さん，お久しぶりです)

5) 女士们，先生们！
   Nǚshìmen, xiānshengmen!
   (紳士淑女のみなさん)

"男士"は成年男性の尊称として使われるので，"先生"と同じく人数を数える際に"个"の後に使用できず，"位"と一緒に使う。

6) 外边有两位（／＊个）男士（／先生）一直在等您。
   Wàibian yǒu liǎng wèi nánshì (/xiānsheng) yìzhí zài děng nín.
   （外で二人の男性の方がずっと待っていますが）

しかし，"男士"は呼称ではないため，例4) のように呼びかけには使用できない。逆に，"先生"は次の例文に相応しくない。

7) 男士服装在五层。
   Nánshì fúzhuāng zài wǔ céng.
   （紳士服は5階にある）

また対応する女性をさす語は，順に"女人"nǚrén，"女的"nǚde，"女士"nǚshì となる。ただし"先生"に対しては，その立場などによって"夫人"fūrén，"太太"tàitai，"女士"などに変化する。

难怪・怪不得
nánguài　guàibude

ともに副詞，動詞の用法をもっている。
副詞として「道理で」，「なるほど」と納得できたことを表す。"怪不得"は口語性が強い，"难怪"は書面語的である。

1) 难怪（／怪不得）他的发音那么标准，他留过三年学呢。
   Nánguài (/guàibude) tā de fāyīn nàme biāozhǔn, tā liúguo sān nián xué ne.
   （道理で彼の発音はあんなにきれいなわけだ，3年留学したんだもの）

2) 天气预报说今晚有雨，难怪（／怪不得）这么闷热。
   Tiānqì yùbào shuō jīnwǎn yǒu yǔ, nánguài (/guàibude) zhème mēnrè.
   （天気予報によれば今晩は雨だそうだ，道理でこんなに蒸し暑いわけだ）

動詞として「責められない」，「とがめることができない」という共通義をもつ。"难怪"は目的語があってもなくてもよい。目的語がない時，よく"〜也难怪"の形式をとる。"怪不得"は必ず目的語が必要である。

3) 她刚到这里，生活还不习惯，又没有朋友，想家也难怪（／＊怪不得）。
   Tā gāng dào zhèli, shēnghuó hái bù xíguàn, yòu méiyǒu péngyou, xiǎng jiā yě nánguài.
   （彼女はここに来たばかりで，生活にまだ慣れていないし，友達もいないから，故郷を恋しく思うのも無理がない）

4) 这也难怪（／怪不得）你爸爸，他工作太忙了。
　　Zhè yě nánguài (/guàibude) nǐ bàba, tā gōngzuò tài máng le.
　　（あなたのお父さんをとがめるわけにはいかない，お父さんは忙しすぎるんだよ）

"怪不得"は，とがめられる人または事物が目的語として置かれた場合，発話者がそれについて，責任を負わせるべきではないと主張する文にも使えるが，"难怪"は「相手の気持ちや立場，置かれる状況を察したうえで理解する，許せる」という意を表すため，次の文には使いかねる。

5) 这次全军覆没怪不得团长和政委。是上级指挥的失误。
　　Zhè cì quánjūn fùmò guàibude tuánzhǎng hé zhèngwěi. Shì shàngjí zhǐhuī de shīwù.
　　（今回の全軍潰滅は連隊長と政治委員のせいではない。上級部門の指示の誤りだ）

6) 由此可见，我国目前茶叶出口不景气怪不得国际市场，只能怪自己。
　　Yóu cǐ kějiàn, wǒ guó mùqián cháyè chūkǒu bù jǐngqì guàibude guójì shìchǎng, zhǐ néng guài zìjǐ.
　　（このことから，我が国の目下のお茶の輸出不況は国際市場のせいにするべきではなく，自己責任であることが分かった）

"怪不得"，"难怪"は単独でも使える。

7) "怪不得！"他大声说。
　　"Guàibude!" Tā dàshēng shuō.
　　（「なるほど！」と彼が大声で言った）

8) 噢，难怪，这里正是登高望远的好去处。
　　Ō, nánguài, zhèlǐ zhèngshì dēnggāo wàngyuǎn de hǎo qùchu.
　　（そうか，なるほど！ここはまさしく高いところに登って遠望するのにいいところだ）

难受・难过
nánshòu　nánguò

どちらも形容詞として，「身体の具合が悪い」，「心が痛む」，「心がつらい」という意味合いに使われる。

1) 上下班时真是太拥挤了，夏天时挤起来更难受（／难过）。
　　Shàng xià bān shí zhēn shì tài yōngjǐ le, xiàtiān shí jǐqilai gèng nánshòu (/nánguò).
　　（通勤時間帯は本当にぎゅうぎゅうづめ，夏の時期に混んでくるとさらにつらい）

2) 李先生现在非常想念住在家乡的老母，因为自己不能尽孝心而感到难过（／难受）。
Lǐ xiānsheng xiànzài fēicháng xiǎngniàn zhùzai jiāxiāng de lǎomǔ, yīnwei zìjǐ bù néng jìn xiàoxīn ér gǎndào nánguò (／nánshòu).
（李さんは今故郷に住む母のことが非常に気がかりで，自分が親孝行できないことに心を痛めている）

"难受"は，出来事や身体の苦痛，不調などが「受け入れがたい」ことを表す。"好受"hǎoshòu（受け入れやすい）と対になる言葉であり，話し言葉によく用いられる。

3) 逛街不买东西心里就觉得难受（／*难过）。
Guàngjiē bù mǎi dōngxi xīnli jiù juéde nánshòu.
（街をぶらぶらするだけで買い物をしないと，なんだかやりきれない気持ちになる）

4) 小孩儿长牙前难受得睡不了觉，怎么办？
Xiǎoháir zhǎng yá qián nánshòude shuìbuliǎo jiào, zěnme bàn?
（子供は歯が出てくる前につらくて眠れないが，どうすればいいだろう）

"难受"は身体の不調を訴える言葉とよく連用される。たとえば，"头晕得难受"tóu yūnde nánshòu（頭がくらくらしてつらい），"痒得难受"yǎngde nánshòu（痒くてつらい），"疼得难受"téngde nánshòu（痛くてたまらない）などがある。これは身体がひどい状況に置かれて耐えていかなくてはならないが，「耐えがたく受け入れられない」の意であり，"难过"に置き換えることができない。

一方，"难过"は，心身ともに「過ごしがたい」ことを表し，"好过"hǎoguò（過ごしやすい）と対になる言葉である。ニュアンス的には"难受"よりも程度が高く，そして精神的なダメージに使われることが多い。逆に，身体的なダメージに使われることは"难受"より少なく，話し言葉にも書き言葉にも用いることができる。

5) 艺术团的成员们听到车祸消息后显得非常震惊和难过。
Yìshùtuán de chéngyuánmen tīngdào chēhuò xiāoxi hòu xiǎnde fēicháng zhènjīng hé nánguò.
（芸術団のメンバーたちは自動車事故のニュースを聞いて大きな驚きと悲しみを隠さない）

6) 他没有悲伤，他难过的是自己的教学生涯将要结束了。
Tā méiyǒn bēishāng, tā nánguò de shì zìjǐ de jiàoxué shēngyá jiāng yào jiéshù le.
（彼は悲しくはなかった，つらいのは自分の教学人生がもうすぐ終わるということだった）

例5), 6)のように，精神的なつらさを感じて心が参ってしまう状態は"难过"を使うのが一般的である。

また,"难过"は生活などが苦しい場合にも使われる。これは「(生活を) 過ごしがたい」という意味から来ている用法であろう。

7) 日子越是难过 (／＊难受), 越要提醒自己笑着过。
Rìzi yuè shì nánguò, yuè yào tíxǐng zìjǐ xiàozhe guò.
(日々の暮らしがつらければつらいほど, 笑って過ごすように心がけなくてはならない)

年纪・年龄
niánjì niánlíng

ともに「年齢」の意味を表す。
"年纪"は人の年齢に用いる。

1) 您今年多大年纪 (／年龄) 了?
Nín jīnnián duō dà niánjì (／niánlíng) le?
(あなたは今年おいくつですか)

"年龄"は人のほか, 動植物の生存年数も表すことができる。

2) 树的年龄 (／＊年纪) 同它的年轮总数大体相当。
Shù de niánlíng tóng tā de niánlún zǒngshù dàtǐ xiāngdāng.
(樹齢は年輪の総数にほぼ一致する)

3) 那只猫的年龄 (／＊年纪) 大概是五岁。
Nà zhī māo de niánlíng dàgài shì wǔ suì.
(あの猫はおおよそ5歳くらいだ)

"年纪"と"年龄"は, 年齢の多寡を表す形容詞との結びつきに違いがある。
"年纪"は"大"dà, "小"xiǎo, "轻"qīng は使えるが, "高"gāo は使えない。
"年龄"は"大"dà, "小"xiǎo, "高"gāo は使えるが, "轻"qīng は使えない。

4) 他年纪 (／＊年龄) 轻轻的, 办事却很老练。
Tā niánjì qīngqīng de, bànshì què hěn lǎoliàn.
(彼は年は若いが, 仕事は手慣れている)

"年纪"は"上"shàng と結びつき,「年をとる」という動詞目的語フレーズを作るが, "年龄"は作ることができない。

5) 前面来了一个上了年纪 (／＊年龄) 的男人。
Qiánmiàn láile yí ge shàngle niánjì de nánrén.
(前方から年老いた男が一人やってきた)

6) 人上了年纪（／＊年龄），病就多了起来。
   Rén shàngle niánjì, bìng jiù duōleqilai.
   (年をとって，病気がちになってきた)

"年龄"は，比較的公式的な言い方，公文書，法律条文，学術論文などで用いられる。"年纪"は用いられない。

7) 他还没到退休年龄（／＊年纪），怎么就退休了？
   Tā hái méi dào tuìxiū niánlíng, zénme jiù tuìxiū le?
   (彼はまだ退職年齢でもないのに，どうして退職したんだい)

8) 请填写你的姓名、年龄（／＊年纪）、职业、工作单位及住址。
   Qǐng tiánxiě nǐ de xìngmíng、niánlíng、zhíyè、gōngzuò dānwèi jí zhùzhǐ.
   (あなたの氏名，年齢，職業，勤務先及び住所をご記入下さい)

ほかに，实际年龄 shíjì niánlíng（実際年齢），入学年龄 rùxué niánlíng（入学年齢），结婚年龄 jiéhūn niánlíng（結婚年齢），年龄结构 niánlíng jiégòu（年齢構造），登记表上的年龄 dēngjìbiǎoshang de niánlíng（登記上の年齢），户口上的年龄 hùkǒushang de niánlíng（戸籍上の年齢），规定年龄 guīdìng niánlíng（規定年齢）のように用いられる。

"年纪"は話し言葉にも書き言葉にも用いられるが，"年龄"は，主に書き言葉に用いられる。

年轻・年青
niánqīng niánqīng

ともに形容詞として使われ，いずれも「若い」という意味をもっている。単に実際の年齢が若いことを強調する場合，どちらも用いることができる。

1) 他今年才25岁，很年轻（／年青）。
   Tā jīnnián cái èrshíwǔ suì, hěn niánqīng (／niánqīng).
   (彼は今年25歳になったばかりだ，まだ若い)

2) 趁着年轻（／年青），应该多学习。
   Chènzhe niánqīng (／niánqīng), yīnggāi duō xuéxí.
   (若いうちに，たくさん勉強をしたほうがいい)

"年青"は人にしか使えないが，"年轻"は事物にも使える。たとえば，事物が発生してからまだ間もないことや，活気のあるさまなどを表す場合である。

3) 这门学科还很年轻（／＊年青）。
   Zhè mén xuékē hái hěn niánqīng.

（これは新興の研究分野です）

4) 深圳是一座年轻（／*年青）的城市，生机勃勃。
   Shēnzhèn shì yí zuò niánqīng de chéngshì, shēngjī bóbó.
   （深圳市は若い都市で，活気にあふれている）

また，"年轻"は経験不足で未熟だという「マイナス評価」の意味に用いられるが，"年青"はそのような貶義（悪い意味）をもたない。したがって，下記の例5），6）のような，単に年齢的若さを示すだけの文では"年轻"を"年青"に言い換えることができるが，7）のような文では言い換えられない。

5) 你还年轻（／年青），还不懂得世事艰难。
   Nǐ hái niánqīng (/niánqīng), hái bù dǒngde shìshì jiānnán.
   （君はまだ若いから，世の中の辛さがわからない）

6) 她年轻（／年青）不懂事，您别跟她计较。
   Tā niánqīng (/niánqīng) bù dǒngshì, nín bié gēn tā jìjiào.
   （彼女はまだ若くて何もわからないから，気にしないで下さい）

7) 只要付出就一定会有收获，你这种想法也太年轻（／*年青）了吧。
   Zhǐyào fùchū jiù yídìng huì yǒu shōuhuò, nǐ zhè zhǒng xiǎngfa yě tài niánqīng le ba.
   （努力すれば必ずいい結果になる，あなたのこういう考えは甘すぎるでしょう）

また，比較文には"年青"は使われず，"年轻"のみ用いられる。

8) 他比我年轻（／*年青）5岁。
   Tā bǐ wǒ niánqīng wǔ suì.
   （彼は私より5歳下です）

9) 公司里比他年轻（／*年青）的人没几个。
   Gōngsīli bǐ tā niánqīng de rén méi jǐ ge.
   （会社で彼より若い人は何人もいない）

他に，"年轻"は"年轻轻"niánqīngqīngというABB型の重ね型があるが，"年青"にはない。

10) 他年轻轻的就长了满头白发。
    Tā niánqīngqīng de jiù zhǎngle mǎn tóu báifà.
    （彼はまだまだ若いのに，もう髪が真っ白だ）

総括的に言えば，"年轻"の使われる範囲は"年青"より広い。"年青"が使える場合はほとんど"年轻"に言い換えることができる。

念书・读书・看书
niànshū　dúshū　kànshū

ともに本を読むという意味をもつ。"念书"は，声を出して読む。"读书"は，声を出すかどうかは問わない。"看书"は，声を出さずに読む。

1) 孩子们在教室里大声地念书（／读书／＊看书）。
   Háizimen zài jiàoshìli dàshēng de niànshū (／dúshū).
   （子供たちは教室で大きな声で本を読んでいる）

2) 从对面的教室里传出了读书（／念书／＊看书）声。
   Cóng duìmiàn de jiàoshìli chuánchule dúshū (／niànshū) shēng.
   （向い側の教室から本を読む声が聞こえてきた）

3) 他们在图书馆看书（／＊念书／读书）。
   Tāmen zài túshūguǎn kànshū (／dúshū).
   （彼らは図書館で本を読んでいる）

"念书"と"读书"はともに「（学校で）学ぶ，勉強する」という意味をもつ。この場合，"看书"は使えない。

4) 中国很多父母想让孩子去国外的大学念书（／读书／＊看书）。
   Zhōngguó hěn duō fùmǔ xiǎng ràng háizi qù guówài de dàxué niànshū (／dúshū).
   （多くの中国人の親は子供を国外の大学で勉強しに行かせたがっている）

次のように，（学校で）勉強する意味と本を読む意味，どちらの意味にもとれる場合，"念书"と"读书"と"看书"はたがいに置き換えることができる。

5) 他们家老二从小就不爱念书（／读书／看书）。
   Tāmen jiā lǎo'èr cóng xiǎo jiù bú ài niànshū (／dúshū／kànshū).
   （あの家の二番目の子は小さい時からずっと勉強嫌いだ／読書が嫌いだ）

5) では，小さい時からの勉強は一般的に学校での勉強を指しているため"念书"と"读书"が使え，"念书"，"读书"が使われていたら否定されているから「勉強嫌い」の可能性が高いが，「読書嫌い」の可能性もある。他方，"看书"なら「読書嫌い」の意味しかない。

念头・想法
niàntou　xiǎngfa

"念头"は，短時間で浮かんだ「考え，思いつき，心づもり」などを表す。

"有" yǒu, "出现" chūxiàn, "放弃" fàngqì など，発生や消失を意味する動詞の目的語となることが多い。話し言葉に多く用いられる。

1) 忽然有了一个念头。
   Hūrán yǒule yí ge niàntou.
   (ふとある考えが浮かんだ)

2) 你最好放弃这个念头吧。
   Nǐ zuì hǎo fàngqì zhège niàntou ba.
   (そんな思いつきはやめた方がよいよ)

"想法"は，よく考えた結果得られた「意見，アイディア，構想」などを表す。書き言葉に多く用いる。

3) 他的想法很不错。
   Tā de xiǎngfa hěn búcuò.
   (彼の考えは素晴らしい)

4) 你有什么想法请说出来。
   Nǐ yǒu shénme xiǎngfa qǐng shuōchulai.
   (何かアイディアがありましたらお話し下さい)

5) 她一直有去美国留学的想法。
   Tā yìzhí yǒu qù Měiguó liúxué de xiǎngfa.
   (彼女はずっとアメリカ留学の思いを抱いている)

	轻生的～	打消这个～	独特的～	谈谈你的～	不同的～
念头	○	○	×	×	×
想法	×	×	○	○	○

女儿・姑娘
nǚ ér　gūniang

家族構成を紹介する際に，何人かの娘や息子をもつなどいう場合には，"女儿"も"姑娘"も使用できるが，父母から見ての娘をさす場合以外には，"女儿"は使用できず，"姑娘"しか使えない。

1) 他有俩女儿（／姑娘），没儿子。
   Tā yǒu liǎ nǚ'ér (/gūniang), méi érzi.
   (彼には二人の娘がいる，息子はいない)

2) 街上好多姑娘（／＊女儿）都穿上了春装。
   Jiēshang hǎoduō gūniang dōu chuānshangle chuānzhuāng.
   (街では多くの娘たちはすでに春の装いだ)

"姑娘"は未婚の女性をさすため，さまざまな形容詞と組み合わせると，異なる年齢層の女性をさすことができる。たとえば，"年轻的姑娘" niánqīng de gūniang（若い娘），"小姑娘" xiǎogūniang（幼い女の子，少女），"大姑娘" dàgūniang（年頃の娘），"老姑娘" lǎogūniang（結婚適齢期を過ぎた未婚の女性）などがある。

"女儿"は，親子の関係からいうため，"姑娘"の場合と同じ"大"，"小"といった形容詞を使っても意味が異なり，"大女儿" dà nǚ'ér（上の娘），"小女儿" xiǎo nǚ'ér（下の娘）となる。そもそも両親にとって娘を「若い」か「年配」かのように分類することは不自然だと考えられるので，どのような娘かを述べる場合では，"可爱的女儿" kě'ài de nǚ'ér（可愛い娘）などいえるが，"年轻的女儿"は言わない。また娘がどうであるか，その性格などを述べるときには，以下のように使用できる。

3) 我女儿年轻不懂事，请您多担待。
   Wǒ nǚ'ér niánqīng bù dǒngshì, qǐng nín duō dāndài.
   (うちの娘はまだ若く物事が分からないのです，どうか大目に見てください)

若い女性に声をかけるときは，やはり親子関係とは無縁な"姑娘"しか使えない。

4) 这位姑娘（／＊女儿），您也是在等人吗？
   Zhè wèi gūniang, nín yě shì zài děng rén ma?
   (お嬢さん，あなたもここで誰かを待っているのですか)

女士・女性・女人・妇女・女的
nǚshì　nǚxìng　nǚrén　fùnǚ　nǚde

いずれも女性のことをいう。

"女士"は女性に対する敬称であり，成人女性を指す。外交の場面で外国人女性に対して用いることが多かったが，最近では敬意を含んで広く使われる。よく量詞"位" wèi とともに用いる。また名前の後にもつく。

1) 女士们，先生们，欢迎光临。
   Nǚshìmen, xiānshengmen, huānyíng guānglín.
   (紳士淑女のみなさま，ようこそお越し下さいました)

2) 坐在最右边的那位女士，请您先回答。
   Zuòzài zuì yòubiān de nà wèi nǚshì, qǐng nín xiān huídá.
   (一番右に座っているその女の方，どうぞお答え下さい)

3) 回过头来的是一位气质高雅的女士。
　　Huíguo tóu lai de shì yí wèi qìzhì gāoyǎ de nǚshì.
　　（こちらに振り向いたのは品のいい女性だった）

"女性"は，女性を社会の一員として見るとき，あるいは地域的に広い範囲で女性をとらえたときに用いる。

4) 旧社会的女性
　　jiù shèhuì de nǚxìng
　　（旧社会の女性）

5) 中国女性
　　Zhōngguó nǚxìng
　　（中国の女性）

6) 她是一个有理想有抱负的女性。
　　Tā shì yí ge yǒu lǐxiǎng yǒu bàofù de nǚxìng.
　　（彼女は理想と抱負をもっている女性である）

"女人"も成人女性を指す。また，口語で妻の意味をもつ。そのため，出産，育児などに関わりのある文脈に用いることが多い。

7) 这是他的女人。
　　Zhè shì tā de nǚrén.
　　（こちらは彼の奥さんです）

8) 女人要煮饭生孩子，实在很辛苦。
　　Nǚrén yào zhǔ fàn shēng háizi, shízài hěn xīnkǔ.
　　（女の人は炊事をしたり，子供を産んだり実に大変だ）

"妇女"は成人女性の通称であり,「婦女」を意味する。ほかの名詞とともに用いて，熟語を作ることが多い。

9) 劳动妇女
　　láodòng fùnǚ
　　（働く女性）

10) 妇女杂志
　　fùnǚ zázhì
　　（女性雑誌）

11) 妇女们抱着孩子来看烟花。
　　Fùnǚmen bàozhe háizi lái kàn yānhuā.
　　（女の人たちは子供を抱いて花火を見に来た）

"女的"は話し言葉で用いる。広く女，女性を表す。年齢に制限はない。

12) 你们公司有多少女的？
    Nǐmen gōngsī yǒu duōshao nǔde?
    (君の会社では女性はどのくらいいますか)

13) 她生了个男的还是女的？
    Tā shēngle ge nánde háishì nǔde?
    (彼女が生んだのは男の子，それとも女の子)

以上の語はそれぞれ次のように対をなしている。

男士 nánshì；先生 xiānsheng ⇔ 女士
男性 nánxìng ⇔ 女性
男人 nánrén ⇔ 女人
男的 nánde ⇔ 女的

"妇女"と対をなす語は存在しない。

偶尔・偶然
ǒu'ěr　ǒurán

「まれに，たまに，時たま」などの意を表す"偶尔"と"偶然"の違いをみてゆく。

1) 我爷爷很喜欢喝茶，偶尔（／偶然）也喝点儿咖啡。
   Wǒ yéye hěn xǐhuan hē chá, ǒu'ěr (/ǒurán) yě hē diǎnr kāfēi.
   (おじいちゃんはお茶を飲むのが大好き，でもたまにはコーヒーもちょっと飲む)

2) 她的汉语很好，偶然（／偶尔）也有说错的时候。
   Tā de Hànyǔ hěn hǎo, ǒurán (/ǒu'ěr) yě yǒu shuōcuò de shíhou.
   (彼女の中国語はすばらしい，だけどたまには言い間違えることもある)

上の1)，2)はどちらも事柄の発生が「まれ」であることを言っており，"偶尔"，"偶然"をたがいに置き換えて言うこともできる。しかし，その表す意味に違いがある。

"偶尔"は反義語が"经常"jīngcháng（いつも，しょっちゅう）であることからもわかるように，事柄の発生回数つまり「頻度がまれ」であることをいう。
　なお，"偶尔"には次の3)のように，単独で文頭に置きカンマで区切る（ポーズを置く）言い方もある。"偶然"にはこの用法はない。

3) 偶尔（／＊偶然），妈妈也会发脾气。
   Ǒu'ěr, māma yě huì fā píqi.
   (たまに、母さんがかんしゃくを起こすこともある)

"偶然"は"偶尔"と同様に発生回数がまれであることをいう1)，2)のような場合にも，そこには発生に対する「意外性」がともない，この「意外性」に表現の重点がある。"偶然"の反義語は"必然" bìrán である。

"偶然"にはさらにもう一つ，当たり前であるはずの道理から逸脱した脱条理の「意外性」，つまり「（思いもかけない）偶然」の意味がある。

4) 在旧书摊上，偶然（／＊偶尔）发现了一本有用的工具书，马上买下来了。
   Zài jiùshūtānshang, ǒurán fāxiànle yì běn yǒuyòng de gōngjùshū, mǎshàng mǎixialai le.
   (露天の古本屋で偶然にも有用な参考書を見つけたので，すぐさま買った)

この4)は，あるはずもないような所で思いもかけず貴重な本を見つけた，という脱条理の"偶然"である。

また"偶然"には次の5)，6)のように"偶然间"，"偶然性"という言い方があり，"偶然间"は頻度を，"偶然性"は脱条理を表すといった役割分担がなされている。

5) 海上偶然间出现的幻景，这叫海市蜃楼。
   Hǎishang ǒuránjiān chūxiàn de huànjǐng, zhè jiào hǎishì shènlóu.
   (海上に時たま現れる幻の不思議な光景，これを蜃気楼という)

6) 一切事情的发生都有偶然性与必然性。
   Yíqiè shìqing de fāshēng dōu yǒu ǒuránxìng yǔ bìránxìng.
   (あらゆる事柄の発生には偶然性と必然性がある)

以上見てきたように"偶尔"は意味としては「頻度」だけに向かい，文成分としては連用修飾語（"状语"）として働くこぢんまりとした語である。
一方"偶然"は意味としては「意外性」を軸として頻度の意外性と脱条理の意外性の二方向に向かい，文成分としては連用修飾語（"状语"）として働く以外にも，"很偶然的现象" hěn ǒurán de xiànxiàng（偶然の現象）のように連体修飾語（"定语"）として働き，"很" hěn や"非常" fēicháng などを伴うこともできる。また"遇到她太偶然了" yùdào tā tài ǒurán le（彼女にばったり出会うなんてまったく偶然だ）のように述語（"谓语"）としても働くなど，守備範囲の広い語である。

拍・捶・敲・打
pāi　chuí　qiāo　dǎ

四つとも「たたく」と訳される動詞である。
"拍"は手のひらや平たいもので軽くたたく。

1) 如果感到幸福你就拍拍手。
   Rúguǒ gǎndào xìngfú nǐ jiù pāipai shǒu.
   (幸せなら手をたたこう)

2) 很多妈妈习惯于拍着宝宝入睡。
   Hěn duō māma xíguàn yú pāizhe bǎobao rùshuì.
   (多くの母親が赤ちゃんをとんとんして寝かせようとする)

3) 小朋友们在院子里拍皮球。
   Xiǎopéngyoumen zài yuànzili pāi píqiú.
   (子どもたちが庭でまり突きをしている)

鳥が羽をぱたぱたさせることも"拍"を用いる。

4) 那只鸟突然拍拍翅膀飞走了。
   Nà zhī niǎo tūrán pāipai chìbǎng fēizǒu le.
   (あの鳥は急にぱたぱたと羽をはばたかせて飛んでいった)

"捶"はこぶし，棒，槌などでたたく。

5) 爷爷叫我给他捶捶背。
   Yéye jiào wǒ gěi tā chuíchui bèi.
   (祖父に背中をたたくように言われた)

6) 在江南一些地区仍然有捶衣服的习惯。
   Zài Jiāngnán yìxiē dìqū réngrán yǒu chuí yīfu de xíguàn.
   (江南の一部の地域ではいまだに洗濯物をたたいて洗う習慣が残っている)

"敲"は音を出すために，鐘，太鼓，どら，ドア，テーブルなどを指や棒状の物でたたく，打つ，打ち鳴らす。

7) 外面有人敲门。
   Wàimiàn yǒurén qiāo mén.
   (外で誰かがドアをノックしている)

8) 墙上的钟已经敲（/打）了十二点了。
   Qiángshang de zhōng yǐjīng qiāo (/dǎ) le shí'èr diǎn le.

(壁の時計がすでに12時を鳴らした)

"打"はこぶしや手のひら，あるいは器具を使って強くたたく。打つ。

9) 用竹竿把树上的枣子打下来。
   Yòng zhúgān bǎ shùshang de zǎozi dǎxialai.
   (竹竿で木に実っているなつめをたたきおとしてください)

10) 街上敲锣打鼓，好不热闹。
    Jiēshang qiāo luó dǎ gǔ, hǎo bú rènao.
    (町じゅう銅鑼や太鼓の音が鳴り響いて，実に賑やかだ)

11) 他被人打了一巴掌。
    Tā bèi rén dǎle yì bāzhang.
    (彼はびんたされた)

"打（／敲）鼓"のように，音をならすために対象物をたたく場合は，"打"と"敲"どちらも用いられるが，"敲"はコツコツと小刻みにたたく特徴がある。"打"は力いっぱいたたくイメージである。

盘・碟・碗
pán dié wǎn

いずれも料理や飯などを入れる器のことをいう。三者の組み合わせで食器の総称を示す熟語を作る。

1) 盘碗
   pánwǎn
   (皿と碗。食器の総称)

2) 杯盘碗碟
   bēi pán wǎn dié
   (コップ，平皿，茶碗，小皿を網羅した食器の総称)

"盘"は料理を盛る大きい平皿をさす。また，物を載せて運ぶための盆も"盘"という。多くは丸い形である。

3) 鱼盘
   yúpán
   (魚料理を盛る楕円形の大皿)

4) 茶盘
   chápán
   (茶器を載せる盆)

"碟"は"盘"より小ぶりの平皿をさす。小皿。主菜を盛る皿ではなく，取り皿，受け皿などの用途が多い。

5) 餐碟
   cāndié
   (取り皿)

6) 茶碟
   chádié
   (ティーカップの受け皿)

"碗"は口が広く，底のすぼまった形の器をさす。カップ。碗。ボウル。

7) 茶碗
   cháwǎn
   (湯飲み茶碗)

8) 汤碗
   tāngwǎn
   (スープを盛る大きい深鉢)

9) 饭碗
   fànwǎn
   (ご飯茶碗)

"盘"，"碟"はふつう単独では使わず総称として"盘子"pánzi，"碟子"diézi という。いずれも「形状や用途＋"盘"／"碟"／"碗"」の語構成で使われることが多い。

10) 果盘
    guǒpán
    (果物を盛る器)

11) 味碟
    wèidié
    (調味料を入れる小皿)

12) 海碗
    hǎiwǎn
    (特大どんぶり)

胖・肥
pàng　féi

　人間は太るのが好きではないらしい。少しでも肉付きがよくなるとユーウツになる人が多い。そのくせ、飼っているブタや牛の肉付きがよくなると「コエタ、コエタ」と喜ぶ。
　中国語の"胖－肥"も日本語の「太っている～こえている」にほぼ対応する。"胖"（太ッテイル）の意味が単純であるのに対し、"肥"（コエテイル）の方が多義的であるのまで似ている。すなわち"胖"には、次のような"肥"の用法はない。

1) 土地很肥
    tǔdì hěn féi
    （土地がコエている）

2) 用粪肥田
    yòng fèn féi tián
    （糞を施し田畑をコヤス）

3) 肥了自己的腰包
    féile zìjǐ de yāobāo
    （私腹をコヤス）

4) 衣服有点儿肥
    yīfu yǒudiǎnr féi
    （服が少し大きい）

　類義語として問題になる場合も、両者の使い分けは比較的はっきりしている。次の例で"胖－肥"の置き換えは不可である。

5) 她最近可胖了。
    Tā zuìjìn kě pàng le.
    （彼女、最近太ったね）

6) 他们把牛养的很肥。
    Tāmen bǎ niú yǎngde hěn féi.
    （彼らは牛をまるまると太らせた）

　すなわち、
　"胖"……人間に対して
　"肥"……動物に対して
と大雑把にとらえることができる。ところで動物といっても、"蚊子" wénzi（カ）、"蛇" shé（ヘビ）、"蚂蚁" mǎyǐ（アリ）、"知了" zhīliǎo（セミ）

などの昆虫類には"肥"は適用されない。"肥"がよく使われる動物は，"牛"niú（ウシ），"马"mǎ（ウマ），"羊"yáng（ヒツジ），"猪"zhū（ブタ），"鸡"jī（ニワトリ），"鸭"yā（アヒル），"鹅"é（ガチョウ），"鱼"yú（サカナ）など，まず「肉」をもたねばならない。肉とは人が食する可能性のあるものである。すなわち"肥"は「肉に脂肪が多い，脂がのっている」ことが本義であり，その結果として「肉付きが良い」，「丸々と肥えている」という外形を呈する。次の例はよくこの本義を表している。

7) 你爱吃肥的，还是爱吃瘦的？
Nǐ ài chī féi de, háishi ài chī shòu de?
（あなたは脂身が好きか赤身が好きか）

「ダイエット」は"减肥"jiǎnféi と言い"减胖"jiǎnpàng とは言わない。肉についた余分な脂肪をとるからである。

一方，"胖"の方は「外形が丸々と膨らんでいる」ことが要件である。しかも人間について用いるのが原則であるから，動物に"胖"を使った場合は，擬人化，さもなければペットとして可愛いというような感情移入がある。

8) 这只小狗真胖。
Zhè zhī xiǎogǒu zhēn pàng.
（この子犬はほんとに丸々としている）

9) 你家小猫胖的真可爱。
Nǐ jiā xiǎomāo pàngde zhēn kě'ài.
（おたくの子猫は丸々と太っていてほんとに可愛い）

10) 看，那只熊猫胖乎乎的，在睡觉呢。
Kàn, nà zhī xióngmāo pànghūhū de, zài shuìjiào ne.
（ごらん，あのころころしたパンダ，寝ているよ）

"胖"はまた人間の身体部分にも用いられる。この場合も，外形的に全体が丸々としていること，すなわち形態上，比較的独立した部分に限られる。たとえば，

11) 胖圆脸
pàng yuán liǎn
（丸々と太った顔）

12) 胖乎乎的小手
pànghūhū de xiǎoshuǒ
（丸々とした小さいな手）

13) 胖手掌
pàng shǒuzhǎng

（ふっくらとした手）

などはよいが，"脖子"bózi（くび）や"腿"tuǐ（もも）は"胖／瘦"pàng/shòu を使わず，"粗／细"cū/xì を用いるのが通常で，これらは外形的にも独立した個としての丸みを欠くゆえであろう。

陪・带・领・跟
péi dài lǐng gēn

"陪"は，お供する行為であり，甲が乙の相伴をして行動することを表し，乙が行動の主役である場合に用いる。

1) 我陪你去。
   Wǒ péi nǐ qù.
   （私がお供いたします）

2) 明天我想去医院，你能陪我去吗？
   Míngtiān wǒ xiǎng qù yīyuàn, nǐ néng péi wǒ qù ma?
   （明日病院に行くつもりですが，一緒に行ってくれますか）

"陪"と逆に主語に主導権がある場合では，"带"あるいは"领"を使う。

3) 我要带（／领）孩子去医院。
   Wǒ yào dài (/lǐng) háizi qù yīyuàn.
   （子供を病院に連れていかなければ）

"领"は前に立って引率するとの行為であり，ニュアンス的には相手をお連れする，または案内するという丁寧，謙譲の語感が生じる。これに対して，"带"も同じく主導権は主語にあるが，本来，物を携帯するという意味を表すため，相手側は完全に主導権をもたないというニュアンスをもつ。

4) 我在前头给大家领（／＊带）道儿。
   Wǒ zài qiántou gěi dàjiā lǐngdàor.
   （わたしが前に立って皆さんに道案内をします）

5) 他被公安带（／＊领）走了。
   Tā bèi gōng'ān dàizǒu le.
   （彼は公安に連れて行かれた）

"带"は完全に相手をリードするという特徴からさらに意味的に発展して，"带孩子" dài háizi（子守をする），"带学生"dài xuésheng（弟子を世話する）のような使い方もある。

"跟"はほかの三つと違って，後ろからついていく，後に従うとの意味である。以下の例文からも分かるように，この四つの動詞は同じ構文に使用できるし，日本語に訳せば大体同じ訳文にもなるが，中国語ではやはりそれぞれ違うニュアンスを表している。

6) 我陪（／带／领／跟）你去。
   Wǒ péi (/dài/lǐng/gēn) nǐ qù.
   (わたしはあなたを伴って／連れて／ご案内して／ついていく→一緒に行きましょう)

碰见・遇见
pèngjiàn　yùjiàn

ともに「出会う」を意味する。
「偶然出会う」という意味の場合は，目的語が人，動物，事柄にかかわらず，置き換えることができる。

1) 我在街上碰见（／遇见）了一个朋友。
   Wǒ zài jiēshang pèngjiàn (/yùjiàn) le yí ge péngyou.
   (街で友人にばったり会った)

2) 今天早上在山里我碰见（／遇见）了一只熊。
   Jīntiān zǎoshang zài shānli wǒ pèngjiàn (/yùjiàn) le yì zhī xióng.
   (今朝，山でクマに出くわした)

3) 我碰见（／遇见）了一件有意思的事。
   Wǒ pèngjiàn (/yùjiàn) le yí jiàn yǒu yìsi de shì.
   (すごくおもしろいことに出くわした)

このように"碰见"と"遇见"はほとんどの場合置き換え可能であるが，単なる出会いでなく，その出会いがきっかけで人生が変わるような深みのある出会い，という意味あいを添えたい場合は，"遇见"が使われることが多い。

4) 遇见你的时候没有想到这一天会到来。遇见你是我今生最美丽的回忆。
   Yùjiàn nǐ de shíhou méiyou xiǎngdào zhè yì tiān huì dàolái. Yùjiàn nǐ shì wǒ jīnshēng zuì měilì de huíyì.
   (あなたと出会った頃は，こんな日がくるとは思わなかった。あなたに巡り合ったことは私の人生で最も美しい思い出です)

5) 在我二十三岁时，遇见了我人生中的伴侣。
   Zài wǒ èrshísān suì shí, yùjiànle wǒ rénshēng zhōng de bànlǚ.
   (23歳の時，私は人生の伴侶に出会った)

6) 我去参加舞会时，希望在那里遇见我心目中的白马王子。
   Wǒ qù cānjiā wǔhuì shí, xīwàng zài nàli yùjiàn wǒ xīnmù zhōng de báimǎ wángzǐ.
   （ダンスパーティに参加した時，そこで理想の白馬の王子に巡り合いたいと願っていた）

批评・批判
pīpíng　pīpàn

ともに「批判する」，「批評する」の意を表す。
　"批评"は良い点も悪い点も同じように指摘して論じる。欠点や誤りに対して意見する，叱責するという意でも用いられる。

1) 文艺批评
   wényì pīpíng
   （文芸批評）

2) 他经常早退，受到上司的批评。
   Tā jīngcháng zǎotuì, shòudào shàngsī de pīpíng.
   （彼はよく早退するので，上司の叱責を受けた）

3) 在会上，他做了深刻的自我批评。
   Zài huìshang, tā zuòle shēnkè de zìwǒ pīpíng.
   （彼は会議で厳しい自己批判をした）

　"批判"は主に敵対的なものに使い，誤った思想や言論，行為に対して分析を加え否定することを表す。"批评"よりも批判の度合いが強い。

4) 批判虚无主义思想。
   Pīpàn xūwú zhǔyì sīxiǎng.
   （ニヒリズム思想を批判する）

5) 文化大革命期间，许多知识分子被冠以莫须有的罪名而受到批判。
   Wénhuà dàgémìng qījiān, xǔduō zhīshi fènzǐ bèi guàn yǐ mòxūyǒu de zuìmíng ér shòudào pīpàn.
   （文化大革命中，多くのインテリがありもしない罪で批判された）

骗・欺骗・欺诈
piàn　qīpiàn　qīzhà

"骗"と"欺骗"と"欺诈"はともに「欺く」，「騙す」という意味である。"骗"

は一般的に話し言葉として用いられるのに対して，"欺骗"と"欺诈"は書き言葉として使われる。人を騙して，金銭あるいは物質的な利益を得ようとする場合は"骗"，"欺骗"と"欺诈"のいずれも用いることができる。

1) 消费者如何断定自己被欺诈（／骗／欺骗）了？
   Xiāofèizhě rúhé duàndìng zìjǐ bèi qīzhà (/piàn/qīpiàn) le?
   （消費者はどうやって自分が騙されたかどうかを判断するのか）

2) 许多民工常常被骗（／欺骗／欺诈），干了活竟拿不到工资。
   Xǔduō míngōng chángcháng bèi piàn (/qīpiàn/qīzhà), gànle huó jìng nábudào gōngzī.
   （数多くの出稼ぎ農民工はしばしば騙され，働いた賃金をもらえなかった）

金銭あるいは物質的な利益を得るためではなく，他の目的を達成するために虚言あるいは何らかの手段で人を騙す場合，"欺诈"を用いることはできず，"骗"，"欺骗"を使用する。

3) 我为自己竟学会了撒谎，学会了骗（／欺骗／＊欺诈）母亲而难过。
   Wǒ wèi zìjǐ jìng xuéhuìle sāhuǎng, xuéhuìle piàn (/qīpiàn) mǔqīn ér nánguò.
   （私は自分が嘘をつくことを覚えて，お袋を騙すようになったことを悲しく思う）

目的語が"自己"の場合も，"欺诈"を用いることができない。これは自分を「欺く」ことはあっても，自分から「金銭をだまし取る」ことはないからである。

4) 不要试图骗（／欺骗／＊欺诈）别人或者自己。
   Búyào shìtú piàn (/qīpiàn) biéren huòzhě zìjǐ.
   （他人あるいは自分を騙すことを試みてはならない）

2音節語である"欺骗"と"欺诈"は連体修飾語になったり，接尾辞の"性"を加えたりすることができるが，"骗"はできない。

5) 有的人利用欺骗（／欺诈／＊骗）手段骗取初学者的金钱。
   Yǒude rén lìyòng qīpiàn (/qīzhà) shǒuduàn piànqǔ chūxuézhě de jīnqián.
   （一部の人は詐欺行為で初心者の金を巻き上げる）

6) 以水晶玻璃冒充名贵钻石、名贵蓝宝石是一种欺诈（／欺骗／＊骗）行为。
   (Yǐ shuǐjīng bōli màochōng míngguì zuànshí, míngguì lánbǎoshí shì yìzhǒng qīzhà (/qīpiàn) xíngwéi.
   （人工水晶を高価なダイヤモンドやサファイアと偽ることは詐欺行為である）

7) 这是一种欺骗（／欺诈／＊骗）性行为，使许多顾客上当受骗。
   Zhè shì yì zhǒng qīpiàn (/qīzhà) xìng xíngwéi, shǐ xǔduō gùkè shàngdàng shòupiàn.
   （これは一種の詐欺行為であって，たくさんのお客さんを騙した）

"骗"のあとには"进"，"到"，"人"などの補語を用いて2音節語ができるが，"欺骗"と"欺诈"はできない。

8) 他称自己被美国人骗（／＊欺骗／＊欺诈）进了汽车，又上了飞机。
Tā chēng zìjǐ bèi Měiguórén piànjinle qìchē, yòu shàngle fēijī.
（彼は自分がアメリカ人に騙されて，車に乗せられ，それから飛行機に乗ったと言った）

9) 中国民工被骗（／＊欺骗／＊欺诈）到伊拉克。
Zhōngguó míngōng bèi piàndào Yīlākè.
（中国の農民工は騙され，イラクに連れて行かれた）

10) 他们施展阴谋，将大家骗入（／＊欺骗／＊欺诈）赛马场内。
Tāmen shīzhǎn yīnmóu, jiāng dàjiā piànrù sàimǎchǎng nèi.
（彼らは陰謀をめぐらして，みんなを騙して競馬場に入れさせた）

最後に"骗"と"欺骗"の違いを見てみよう。"骗"の目的語は一般的に具象名詞であるが，"欺骗"の目的語は抽象名詞，具象名詞のどちらでもよい。また"骗"は騙す対象と騙しとるモノを目的語としてとることができるが，"欺骗"は騙す対象しか目的語にとれない。

11) 骗（／＊欺骗）钱
piàn qián
（金を騙しとる）

12) 欺骗（／骗）债权人和社会公众。
Qīpiàn (/piàn) zhàiquánrén hé shèhuì gōngzhòng.
（債権者と社会の民衆を騙した）

13) 他们企图借保护环境的名义欺骗（／＊骗）国际舆论。
Tāmen qǐtú jiè bǎohù huánjìng de míngyì qīpiàn guójì yúlùn.
（彼らは環境保護の名義を借りて，国際世論を騙すことを企んでいる）

普通・一般
pǔtōng　yībān

"普通"，"一般"はいずれも「ふつうである」という意味で次のように使われる。

1) 他们去了一家很普通（／一般）的咖啡馆坐了一会儿。
Tāmen qùle yì jiā hěn pǔtōng (/yìbān) de kāfēiguǎn zuòle yíhuìr.
（彼らはごくふつうの喫茶店へ行って少し休んだ）

2) 我们学校的制服样式普通（／一般），可是价钱倒挺贵。
   Wǒmen xuéxiào de zhìfú yàngshì pǔtōng (/yìbān), kěshì jiàqián dào tǐng guì.
   (私たちの学校の制服は，デザインはふつうだが値段のほうはとても高い)

しかし"普通"と"一般"が表わす「ふつう」はまったく同じというわけではない。"普通"は，「どこにでもある，よく見かける」，「特殊ではない」という「ふつう」であり，"一般"は，「よくも悪くもないレベル」，「取り立てて言うべき点がない」という「ふつう」である。つまり，"普通"は「よくある，よく見かける」ふつう，"一般"は「ランクが平凡」なふつうである。

たとえば，1) で"普通"を使えば「よく見かける」喫茶店，"一般"を使えば「高級ではない」喫茶店のニュアンスを表す。したがって「どこにでもある，いる」という意味で使う3)，4) では"普通"を"一般"で言い換えることはできない。

3) 那就是白杨树，西北极普通（／＊一般）的一种树，然而实在不是平凡的一种树。
   Nà jiù shì báiyángshù, Xīběi jí pǔtōng de yì zhǒng shù, rán'ér shízài bú shì píngfán de yì zhǒng shù.
   (あれがポプラの木で，中国北西部では珍しくない木だが，しかし実は平凡な木ではない)

4) 我们都是普通（／＊一般）劳动者，谁也不能搞特权。
   Wǒmen dōu shì pǔtōng láodòngzhě, shéi yě bù néng gǎo tèquán.
   (私たちはみなどこにでもいる労働者だ，誰も特権など振えない)

"一般"がもつ「よくも悪くもない」という意味は，「特に良いわけではない」と婉曲なマイナス表現に使われることも多い。"普通"にはこの意味がない。

5) 我儿子的成绩很一般（／＊普通），一点儿也不突出。
   Wǒ érzi de chéngjì hěn yìbān, yìdiǎnr yě bù tūchū.
   (息子の成績はそこそこで，ちっとも良くない)

6) 这种照相机质量一般（／＊普通）比不上日本名牌。
   Zhè zhǒng zhàoxiàngjī zhìliàng yìbān, bǐbushàng Rìběn míngpái.
   (このカメラの品質はごくふつうで，日本のブランドものには及ばない)

このほか"一般"は「〜と同様に」という意味をもつが，"普通"にはない。

7) 姐俩长得一般（／＊普通）高，都是一米六五。
   Jiě liǎ zhǎngde yìbān gāo, dōu shì yì mǐ liùwǔ.
   (姉二人は同じような背丈で，1メートル65センチある)

8) 他有钢铁一般（／＊普通）的意志。
   Tā yǒu gāngtiě yībān de yìzhì.
   (彼は鉄のように堅い意思を持っている)

また"一般"は「一般的には」「通常は」という意味をもつが，"普通"にはない。

9) 我家附近的商店一般（／＊普通）晚上十点关门。
   Wǒ jiā fùjìn de shāngdiàn yībān wǎnshang shí diǎn guānmén.
   (家の近くの商店は，通常は夜 10 時までやっている)

10) 一般（／＊普通）来说，这种病都应该动手术。
    Yībān lái shuō, zhè zhǒng bìng dōu yīnggāi dòng shǒushù.
    (一般的に言うと，この病気は手術をしなければならない)

文法的なふるまいについては，"普通"が 11)，12) のように重ね型にできるのに対して"一般"はできないという違いがある。

11) 我买的都是些普普通通的东西，没有一件高档的。
    Wǒ mǎi de dōu shì xiē pǔpǔtōngtōng de dōngxi, méiyǒu yí jiàn gāodàng de.
    (私が買った品物はみんなありふれた物で，高級品はひとつもない)

12) 她虽是个普普通通的工人，却有着非常高尚的品质。
    Tā suī shì ge pǔpǔtōngtōng de gōngrén, què yǒuzhe fēicháng gāoshàng de pǐnzhì.
    (彼女はごくごくふつうの労働者だが，とても立派な人柄だ)

ただし，口語では 13) のように答えとして"一般般"のような言い方がある。

13) "你看这件衣服怎么样？" "一般般。"
    "Nǐ kàn zhè jiàn yīfu zěnmeyàng?" "Yībānbān."
    (「ねぇ，この服どう？」「まぁふつうだね」)

Q 齐・全
    qí　quán

ともに「揃っている」の意味を表す。人，物が揃っていることをいう時，"齐"と"全"は補語として置き換えられる場合がある。

1) 那套邮票我终于收集齐（／全）了。
   Nà tào yóupiào wǒ zhōngyú shōujíqí (/quán) le.
   (やっとあの切手のセットを全部集めた)

2) 东西都买全（／齐）了吗?
   Dōngxi dōu mǎiquán (/qí) le ma?
   (物を買い揃えた？)

3) 人来齐（／全）了，开始吧。
   Rén láiqí (/quán) le, kāishǐ ba.
   (人がそろったので，始めよう)

　両者は形容詞と副詞として用いられるが，意味や使い方にはいくつかの相違点がある。
　形容詞の場合，"齐"は例4）のように，人の考えや意思が「一致している」，「同じである」も表せる。

4) 只要心齐（／＊全），一定能办成事。
   Zhǐyào xīn qí, yídìng néng bànchéng shì.
   (心が一つになれば，事がきっとうまくいく)

　ある基準，たとえば形，大きさ，高さ，長さなどが揃っていることを強調する時，"齐"は用いられるが，"全"は用いられない。

5) 这双筷子怎么长短不齐?
   Zhè shuāng kuàizi zěnme chángduǎn bù qí?
   (この箸，なんで長さがそろってないの？)

　一方，下の例のように，"全"は「欠けたところがない」，「豊富で，揃っている」を強調する。この場合，"齐"に置き換えることができない。

6) 这幅画没得到很好的保存，有些残破不全（／＊齐）了。
   Zhè fú huà méi dédào hěn hǎo de bǎocún, yǒuxiē cánpò bù quán le.
   (この絵は大切に保管されていなかったため，破損していて不完全な状態になっている)

7) 你去北京图书馆找找，那儿的藏书很全（／＊齐）。
   Nǐ qù Běijīng túshūguǎn zhǎozhao, nàr de cángshū hěn quán.
   (北京図書館へ探しに行ってみて，あそこの蔵本はとても豊富にそろっている)

　また，"全"は連体修飾語として，組織，地域などの名詞を"的"なしで直接修飾することができる。「全体の，全部の，あらゆる」の意味を表す。"齐"はこのような使い方がない。

8) 全家
   quánjiā
   (一家全体)

全公司
quángōngsī
(全社)

全社会
quánshèhuì
(世間全体)

全年
quánnián
(年間, 年中)

　副詞の場合, 両者とも連用修飾語として用いられるが, それぞれ含む意味が違う。"齐"は例9)のように「同時に」,「一斉に」の意味を表す。

9) 春天来了, 百花齐 (／＊全) 放。
　　Chūntiān lái le, bǎi huā qí fàng.
　　(春が来た, 各種の花が一斉に咲きそろった)

　"全"は一つの範囲の中で例外がないことを指し,「みんな」,「すべて」,「完全に」の意味を表す。

10) 上了车我才发现, 车厢里全 (／＊齐) 是女的。
　　Shàngle chē wǒ cái fāxiàn, chēxiāngli quán shì nǚde.
　　(電車に乗ってから気が付いた, 車内は全員女性だった)

　また, "全"は100%であることを指し,「まったく」,「完全に」の意味を表すこともできる。"齐"はこのような使い方がない。

11) 全新的西装
　　quán xīn de xīzhuāng
　　(真新しいスーツ)

　　全棉的衬衫
　　quán mián de chènshān
　　(綿100％のブラウス)

　　全麻的连衣裙
　　quán má de liányīqún
　　(麻100％のワンピース)

　　全真模拟考试
　　quán zhēn mónǐ kǎoshì
　　(本番さながらの模擬試験)

其实・实际上
qíshí　shíjìshang

ともに実際の状況あるいは事実の本質を述べる。「実際は」,「実際のところ」という日本語に相当する。

1) 不少人担心学外语会不会很难，其实（／实际上）只要方法正确会很简单的。
   Bùshǎo rén dānxīn xué wàiyǔ huìbuhuì hěn nán, qíshí (/shíjìshang) zhǐyào fāngfǎ zhèngquè huì hěn jiǎndān de.
   (外国語を学ぶことは難しいのではないかと心配する人も少なくないが，実は方法さえ正しければ簡単だ)

"其实"は前文を受けてそれに対する反論，修正，補充を加え，多く逆接の語気をもつ。つまり話し手が自分の思うことを前面に出した言い方で，その述べる内容は必ずしも事実と合致するとは限らない。

"实际上"は後文に述べられた状況が事実であることに重点があり，「ほんとうは」,「間違いなく」といったニュアンスを含む。

2) 你还不了解他，其实（／＊实际上）他人很好。
   Nǐ hái bù liáojiě tā, qíshí tā rén hěn hǎo.
   (君は彼のことをまだよく知らない，実は彼はいい人だよ)

例2）では，いい人かどうかは話し手の個人的な判断であり，かなり主観的な意見と言える。事実と合致するかどうかより相手の意見との違いを述べたい場面であり，"实际上"は相応しくない。

3) 别看他满脸皱纹，实际上（／其实）还不到五十岁。
   Bié kàn tā mǎnliǎn zhòuwén, shíjìshang (/qíshí) hái bú dào wǔshí suì.
   (彼は顔がしわだらけだが，実際のところ五十前だ)

4) 原定计划是三个月完成，实际上（／＊其实）只用了两个月。
   Yuándìng jìhuà shì sān ge yuè wánchéng, shíjìshang zhǐ yòngle liǎng ge yuè.
   (当初の計画では3カ月で完成の予定だったが，実際には2カ月しかかからなかった)

例3）と例4）両方とも事実を述べているが，例3）では前半の部分に"别看"がある。この言葉の使用により，相手を話に引き込んで，そして反対の意見を述べるという文型になる。つまり，文の全体は相手と違う意見を述べる特徴をもち，"其实"も使えるようになる。例4）は，単純に事実を述べているため，"其实"は相応しくない。次の例文も文頭の"别看"と同じ機能をもつ"说是"があるため，"其实"も使える。

5) 说是刚盖好，实际上（／其实）搁那儿都 3 年了。
　　Shuōshì gāng gàihǎo, shíjìshang (/qíshí) gē nàr dōu sān nián le.
　　（新しく建てられたものと言っているけど，実は 3 年もほったらかしだよ）

"实际上"は名詞の前にも置くことができるが，"其实"はその用法がない。

6) 钱是我哥出的，他才是实际上（／＊其实）的房主。
　　Qián shì wǒ gē chū de, tā cái shì shíjìshang de fángzhǔ.
　　（家を買うお金を出したのは兄なので，兄が実際の持ち主だ）

其他・其它・其余
qítā　qítā　qíyú

"其他"は一定範囲以外の人や事物を指す。一般に不定の対象を指すときに用いる。「その他」，「そのほか」に相当する。"其它"は"其他"と同義であるが，対象は事物に限られ，人には用いない。白話文では一律に"其他"が使われている。

1) 除了他不去，其他（／＊其它）人都去。
　　Chúle tā bú qù, qítā rén dōu qù.
　　（彼が行かないだけでほかの人はみんな行く）

2) 其他（／其它）地方的园林，我也去过一些。
　　Qítā (/qítā) dìfang de yuánlín, wǒ yě qùguo yìxiē.
　　（ほかの所の庭園にも私は行ったことがある）

"其余"は全体の中で残った人または事物を指す。"其他"と比べて，指し示す対象の範囲や数量が明確である。日本語の「残りの部分」，「あとの～」に相当する。そのため，上記の例 1) には使えるが，ほとんど"其余的人"のように名詞との間に"的"が挟まれる。例 2) の場合では，「その他の残りの庭園」を指すわけで，具体的な庭園の数を把握しなければならず，この例ではその前提がないので，"其余"はふさわしくない。次の 2 つの例文からもこの特徴が分かる。

3) 小李和小张在下棋，其余（／其他）的人在打牌。
　　Xiǎo Lǐ hé Xiǎo Zhāng zài xiàqí, qíyú (/qítā) de rén zài dǎpái.
　　（李さんと張さんは碁を打ち，あとの人はトランプをしている）

4) 现在有点儿忙，咱们其他（／＊其余）时间再聊吧。
　　Xiànzài yǒudiǎnr máng, zánmen qítā shíjiān zài liáo ba.
　　（今ちょっと忙しいので，また別の時間に話しましょう）

同じ部屋にいる人数を把握できるので，例 3) には"其余"も使える。話すため

に使える時間が全体的にどのぐらいあるのかは特に明確にしていないため，例4）には"其余"は使えない。もし次の例のように全体の時間の長さを把握した上でいうなら，当然"其余"のほうがもっと相応しい。

5) 这一整天我除了买烟出去了一趟，其余时间都在屋里。
Zhè yì zhěngtiān wǒ chúle mǎi yān chūqule yí tàng, qíyú shíjiān dōu zài wūli.
(その日は一日中，1回たばこを買いに出た以外，ずっと部屋にいた)

起码・至少
qǐmǎ　zhìshǎo

両方とも最低または最小の限度を表すが，品詞からみると，"起码"は形容詞であり，"至少"は副詞である。よって，以下の例文のように，"至少"は動詞や形容詞の前において使用できるが，名詞の前には使えない。"起码"にはこのような制限がない。

1) 这项工程起码（／至少）要两年才能完成。
Zhè xiàng gōngchéng qǐmǎ (/zhìshǎo) yào liǎng nián cái néng wánchéng.
(この工事は完成までに少なくとも2年はかかる)

2) 连起码（／*至少）的知识都不具备，怎么接这个活儿？
Lián qǐmǎ de zhīshi dōu bú jùbèi, zěnme jiē zhège huór?
(最低限の知識さえないのに，どうやってこの仕事を引き受けるのか)

数字を表す言葉の前にはどちらも使える。

3) 他起码（／至少）四十岁了。
Tā qǐmǎ (/zhìshǎo) sìshí suì le.
(彼は少なくとも40歳になっている)

また副詞"最"zuìの後に現れ，「最低限」という程度を強調することができるのは"起码"しかない。これは"至少"という言葉の構造からみれば分かる。"至少"は「副詞＋形容詞」であるため，その前にさらにほかの程度を表す副詞は使用できないと考えられる。

4) 最起码（／*至少）也该说声"谢谢"。
Zuì qǐmǎ yě gāi shuō shēng "xièxie".
(少なくともありがとうぐらいは言うべきじゃないの)

恰好・恰巧
qiàhǎo　qiàqiǎo

"恰好"は，時間，場所，数量などの条件が一致することを表す。多くは，「望むところ」や「具合よく」など，一致することに力点が置かれる。

1) 他来的时候，我恰好（／＊恰巧）在家。
   Tā lái de shíhou, wǒ qiàhǎo zài jiā.
   (彼が来たとき私はちょうどいい具合に家にいた)

2) 你要看的书恰好（／＊恰巧）我这里有。
   Nǐ yào kàn de shū qiàhǎo wǒ zhèli yǒu.
   (君が読みたがっていた本はちょうど私のところにある)

3) 距离恰好（／＊恰巧）五百米。
   Jùlí qiàhǎo wǔ bǎi mǐ.
   (距離はちょうど500メートルだ)

"恰巧"は，時間や機会などの条件が「偶然」に一致する。偶然性に力点が置かれる。

4) 你不是要找小张吗？恰巧（／＊恰好）他也来了。
   Nǐ bú shì yào zhǎo Xiǎo Zhāng ma? Qiàqiǎo tā yě lái le.
   (張さんを探していたんじゃないの？　ちょうど来たよ)

5) 今天我上街买东西，恰巧（／＊恰好）碰上一个老朋友。
   Jīntiān wǒ shàngjiē mǎi dōngxi, qiàqiǎo pèngshang yí ge lǎopéngyou.
   (今日町へ買い物にでかけたところ，偶然，昔の友だちに会った)

なお"恰巧"は，好ましくない場合にも用いられ，「折悪しく」の意味を表す。"恰好"は，好ましくない場合には普通使われない。

6) 我去海边游泳，恰巧（／＊恰好）遇上大雨。
   Wǒ qù hǎibiān yóuyǒng, qiàqiǎo yùshang dàyǔ.
   (海に泳ぎに行ったが，折あしくひどい雨に降られてしまった)

7) 昨天我去找小李，他恰巧（／＊恰好）不在。
   Zuótiān wǒ qù zhǎo Xiǎo Lǐ, tā qiàqiǎo bú zài.
   (昨日私は李さんを尋ねたが，あいにく不在だった)

また，"恰好"は補語になりうるが，"恰巧"はなりえない。

8) 你来得恰好（／＊恰巧），我刚做好菜呢。
   Nǐ láide qiàhǎo, wǒ gāng zuòhǎo cài ne.
   （ちょうどいいときに来たね，料理を作ったところなんだ）

9) 正好一个小时做完了这张卷子，时间掌握得恰好（／＊恰巧）。
   Zhènghǎo yí ge xiǎoshí zuòwánle zhè zhāng juànzi, shíjiān zhǎngwòde qiàhǎo.
   （ぴったり一時間でこの答案が書けた。時間はちょうどだった）

千万・万万
qiānwàn　wànwàn

どちらも副詞として機能し，相手に忠告したり，依頼したり，言い含めたりする時に使われる。おもに命令文に用いられて連用修飾語となり「必ず」，「絶対」，「決して」などの意味を表す。

"万万"は否定文にのみ用いられ，"不可"bùkě（～してはいけない），"不能"bù néng（～してはならない），"不要"búyào（～するな）などと呼応する場合が多く，"千万"よりも語気が強い。

1) 刚下了雪，路滑，开车一定要小心，万万（／千万）不可粗心大意。
   Gāng xiàle xuě, lù huá, kāichē yídìng yào xiǎoxīn, wànwàn (/qiānwàn) bùkě cū xīn dà yì.
   （雪が降ったばかりで，道が滑りやすいから，車の運転には十分注意し，絶対に油断してはいけない）

2) 减肥时，万万（／千万）不能吃高热量食物。
   Jiǎnféi shí, wànwàn (/qiānwàn) bù néng chī gāo rèliàng shíwù.
   （ダイエット中は，決して高カロリーの食べ物を食べてはならないよ）

3) 明天就要入学考试了，你今晚万万（／千万）不要再熬夜了。
   Míngtiān jiùyào rùxué kǎoshì le, nǐ jīnwǎn wànwàn (/qiānwàn) búyào zài áoyè le.
   （明日はいよいよ入学試験だから，今夜は絶対にもう徹夜をするな）

一方，"千万"は肯定文にも用いることができる。

4) 千万（／＊万万）要保重身体！
   Qiānwàn yào bǎozhòng shēntǐ!
   （くれぐれもお体をお大切に！）

5) 去海外旅游，千万（／＊万万）当心小偷儿！
   Qù hǎiwài lǚyóu, qiānwàn dāngxīn xiǎotōur!
   （海外旅行に行くときは，重ね重ねスリには気をつけて！）

"万万"は平叙文に用いて、"没有料到"méiyou liàodào（思いもよらない）、"想不到"xiǎngbudào（予想もできない）、没想到"méi xiǎngdào（予想もつかない）などと呼応し、「まったく、少しも（想像だにしなかった）」というニュアンスを表すこともできる。しかし、"千万"は命令文にしか用いることができず、このような用法はない。

6) 拒绝调动岗位被解除劳动合同是他万万（／＊千万）没有料到的。
   Jùjué diàodòng gǎngwèi bèi jiěchú láodòng hétong shì tā wànwàn méiyou liàodào de.
   （転勤を拒否して勤務契約を解除されるなんて、彼にはまったく思いもよらないことだった）

7) 我万万（／＊千万）想不到，出卖我的竟是我最好的朋友。
   Wǒ wànwàn xiǎngbudào, chūmài wǒ de jìng shì wǒ zuì hǎo de péngyou.
   （私を売ったのがよりにもよって一番の親友だったなんて、私には予想もできなかった）

签字・签名
qiānzì　qiānmíng

どちらも「自分の名前を書く」ことには違いないが、答案用紙に名前を書いたり、ノートに自分の名前を書くことは"写上自己的名字"xiěshang zìjǐ de míngzi といい、"签名"や"签字"とは言わない。

たとえばスターがファンの要求に応えて「サインをする」のは"签名"という。本の著者がサインするのも"签名"である。これらは一般に、サインすることによって法律的責任が生じるようなケースではない。

1) 签过名的来宾可以去领一份纪念品。
   Qiānguo míng de láibīn kěyǐ qù lǐng yí fèn jìniànpǐn.
   （ご署名が済みました来賓の方はどうぞ記念品をお受け取り下さい）

2) 他很喜欢找明星签名。
   Tā hěn xǐhuan zhǎo míngxīng qiānmíng.
   （彼はスターのサインを集めるのが好きだ）

卒業式でたがいにサインしあって記念とするのも"互相签名留念"hùxiāng qiānmíng liúniàn と"签名"を使う。

これに対して"签字"は契約書とか領収書などにサインすることで、法律的な責任や義務を負う正式な場合に用いられる。

3) 这份文件需要领导签字。
   Zhè fèn wénjiàn xūyào lǐngdǎo qiānzì.
   （この書類には上役のサインが必要です）

4) 他不得不在离婚协议上签字。
   Tā bùdébù zài líhūn xiéyìshang qiānzì.
   (彼は離婚協定書に署名せざるを得なかった)

ここまで正式な文書でなくとも，たとえばサインをすることで「同意」や「了承」，「承諾」などの態度を明確にし，責任の所在を表明するのにも"签字"が用いられる。生徒に通信簿を家庭に持たせ，父兄が眼を通しましたという証拠にサインする場合などもそうで，この時はサインだけでなく，さらに家庭からのコメントを加えたりもする。

ただし，実際の使用例では"签名"も書類や領収書などにサインするという意味で用いられている例は少なくないようである。

5) 请核对款额后在取款单上签字（／签名）。
   Qǐng héduì kuǎn'é hòu zài qǔkuǎndānshang qiānzì (/qiānmíng).
   (金額をお確かめの上，現金引き落とし書にサインしてください)

前后・先后
qiánhòu　xiānhòu

"前后"はある決まった時点の少し前か後のあいだをさす。日本語の「前後」，「〜頃」の意味である。時点を表わす語の後につく。対して"先后"は先後の順序をいう。「相次いで」，「前後して」を意味し，動詞の前に置く。2語は働きが異なり，基本的に入れ替えることができない。

1) 五一前后（／＊先后），我可能去中国。
   Wǔ Yī qiánhòu, wǒ kěnéng qù Zhōngguó.
   (メーデーのころ私は中国へ行くかもしれません)

2) 兄弟俩先后（／＊前后）考上了大学。
   Xiōngdì liǎ xiānhòu kǎoshàngle dàxué.
   (兄と弟は相次いで大学に合格した)

次の文は両者の違いを示す好例である。

3) 春节前后，他先后去了法国和德国。
   Chūnjié qiánhòu, tā xiānhòu qùle Fǎguó hé Déguó.
   (彼は春節休みのあいだに相次いでフランスとドイツへ行きました)

"前后"は時間としての初めから終りまでをさすこともできる。「前後」，「総じて」，「すべて」の意味である。

4) 造这栋房子前后（／＊先后）只用了半年时间。
   Zào zhè dòng fángzi qiánhòu zhǐ yòngle bàn nián shíjiān.
   （この家を建てるのは合わせて半年しかかからなかった）

5) 他前后（／＊先后）去过十多次中国。
   Tā qiánhòu qùguo shí duō cì Zhōngguó.
   （彼は前後十数回中国に行っている）

"前后"は時間のほか，場所の「前方」と「後方」を表す用法もあるが，"先后"はあくまで時間の順序をさしており，空間の位置関係を示すことはない。

6) 学校的前后各有一道大门。
   Xuéxiào de qiánhòu gè yǒu yí dào dàmén.
   （学校の前と後ろにそれぞれ大きな門がある）

7) 处理问题应该分先后缓急。
   Chǔlǐ wèntí yīnggāi fēn xiānhòu huǎnjí.
   （ことを処理するときは前後緩急を考えるべきだ）

注意したいのは日本語の「前後」は概数を意味することもできるが，この場合，中国語では"前后"でも"先后"でもなく，"左右"zuǒyòu（"3个小时左右"sān ge xiǎoshí zuǒyòu 3 時間前後，"100 米左右"yì bǎi mǐ zuǒyòu 100 メートル前後）か"上下" shàngxià（"30 岁上下" sānshí suì shàngxià 30 歳前後）を用いる点である。（"左右"と"上下"の欄目を参照されたい）

瞧・瞅・盯・望・看
qiáo chǒu dīng wàng kàn

ともに視線を対象に向けることを表す動詞である。

"瞧"は「細かに見る」という意味をもつ。短時間の動作に用いることが多く，持続性・継続性の動作（たとえば，本を読んだりテレビを見たりなど）には使えない。話し言葉に多く用い，要求や命令の文脈でよく使われる。

1) 你瞧！
   Nǐ qiáo!
   （ほら，見て）

2) 让我瞧一瞧。
   Ràng wǒ qiáoyiqiáo.
   （ちょっと見せてください）

3) 他瞧了我一眼。
   Tā qiáole wǒ yì yǎn.
   (彼はちらっと私を見た)

"瞅"は注意深く視線を向けることを示す。短時間の動作で，感情を含むこともある。北方の話し言葉の色彩をもつ。

4) 瞅也不瞅。
   Chǒu yě bù chǒu.
   (目もくれない)

5) 他老偷偷地瞅你，大概喜欢你吧。
   Tā lǎo tōutōu de chǒu nǐ, dàgài xǐhuan nǐ ba.
   (彼はいつもあなたをちらちら見ているわ，きっとあなたのこと好きなのよ)

"盯"は集中して一点をじっと見ること，視界の中のある部分だけに専心することを示す。また，"盯"には注意する，もしくは後ろから監視するという使い方もある。

6) 一动不动地盯着。
   Yí dòng bú dòng de dīngzhe.
   (身じろぎもせずに見つめている)

7) 我盯了很久，眼睛都花了。
   Wǒ dīngle hěn jiǔ, yǎnjing dōu huā le.
   (あまり長いこと見ていたので，目がかすんでしまった)

8) 先盯住这个人，别让他跑了。
   Xiān dīngzhù zhège rén, bié ràng tā pǎo le.
   (あいつから目を離すな，逃がすんじゃないぞ)

"望"は高いところや離れたところ，遠くを見る意味を表す。希望や失望の念を含むこともある。ふつう単独では用いない。

9) 望着窗外。
   Wàngzhe chuāngwài.
   (窓の外を眺める)

10) 用羨慕的眼光望着他。
    Yòng xiànmù de yǎnguāng wàngzhe tā.
    (羨望のまなざしで彼を見る)

"看"は広く「見る」という動作を指す。視線を対象に向けるという動作の過程に重点を置き，ほかの語に比べ，持続性を示す。また，「見る」ことから，「判断する」，「看病する」，「訪問する」など多くの意味をもつ。見ることだけでなく，見て理解

することから「読む」という意味にも用いられる。

11) 看电视。
    Kàn diànshì.
    (テレビを見る)

12) 看书。
    Kàn shū.
    (本を読む)

13) 你看!
    Nǐ kàn!
    (ほら，見て)

14) 他看了我一眼。
    Tā kànle wǒ yì yǎn.
    (彼は私をちらっと見た)

「見る」という意味合いにおいては"看"がもっとも広く使われる。"看"は動作の過程，"瞧"は動作の短さ，"瞅"は注意深さ，"盯"は集中して見つめること，"望"は離れていることをそれぞれ強調する。
"瞧"，"瞅"，"望"，"看"は重ね型になったり，後ろに"一下"yíxià（ちょっと），"一眼"yì yǎn（ひと目）を伴ったり，結果補語"见"jiàn を伴って"瞧见"，"瞅见"，"望见"，"看见"の形になる。"盯"はいずれの形にもならない。

亲密・亲热
qīnmì　　qīnrè

この二つの言葉の意味は一見同じように思われるが，例文をよく見ると，使い方の違いがある。
"亲密"は，ある関係が密接であることを表す。

1) 他们俩从美国留学回来后成了亲密（／＊亲热）的朋友。
   Tāmen liǎ cóng Měiguó liúxué huílai hòu chéngle qīnmì de péngyou.
   (彼らはアメリカ留学から帰った後，親密な友だちになった)

2) 五十年代中苏关系亲密（／＊亲热）无间。
   Wǔshí niándài Zhōng Sū guānxi qīnmì wújiàn.
   (五十年代の中ソ関係はとても親密であった)

"亲密"は直接動詞とつなげて使うことができる。

3) 春天来了，让我们和大自然亲密（／＊亲热）接触吧！
   Chūntiān lái le, ràng wǒmen hé dàzìrán qīnmì jiēchù ba!
   （春が来た，体いっぱい大自然に触れよう）

4) 在和人亲密（／＊亲热）交往前要先了解他的喜好。
   Zài hé rén qīnmì jiāowǎng qián yào xiān liáojiě tā de xǐhào.
   （人と親密に交際する前にまずその人の好みを知る必要がある）

"亲热"は非常に仲がよく，打ち解けて親しいことを表す。

5) 他亲热（／＊亲密）地向孩子们打着招呼。
   Tā qīnrè de xiàng háizimen dǎzhe zhāohu.
   （彼は温かく子供たちに声をかけた）

6) 老同学见面总是很亲热（／＊亲密）。
   Lǎotóngxué jiànmiàn zǒngshì hěn qīnrè.
   （旧友は再会すればいつも懐かしい）

"亲热"はまた動詞として使うことができ，主に親子関係や恋人の間の親密な行為を表す。

7) 乖儿子，快去跟爸爸亲热（／＊亲密）一下。
   Guāi érzi, kuài qù gēn bàba qīnrè yíxià.
   （いい子だから早く行ってお父さんを温かく迎えなさい）

8) 他们没有地方亲热。
   Tāmen méiyǒu dìfang qīnrè.
   （二人はべたべたする場所がない）

"亲密"と"亲热"はともに重ねて使うことができる。"亲密"はAABBとしか重ねられない。この場合，形容詞である。"亲热"はAABBとABABの二つの重ね方がある。前者は形容詞で後者は動詞である。

9) 她们是青梅竹马，从小就亲亲密密的。
   Tāmen shì qīng méi zhú mǎ, cóngxiǎo jiù qīnqīnmìmì de.
   （彼らは幼なじみで，幼少の時から仲良しだった）

10) 新婚夫妇就应当亲亲热热的。
    Xīnhūn fūfù jiù yīngdāng qīnqīnrèrè de.
    （新婚の夫妻は仲むつまじくあるべきだ）

11) 乖儿子，快去跟爸爸亲热亲热。
    Guāi érzi, kuài qù gēn bàba qīnrèqīnrè.
    （いい子だから早く行ってお父さんを温かく迎えなさい）

亲切・热情・热心
qīnqiè　rèqíng　rèxīn

いずれも態度を示す形容詞である。
"亲切","热情"はともに表情,態度,まなざし,話し方などに心がこもっていることを表す。

1) 亲切（／热情）的目光
   qīnqiè (/rèqíng) de mùguāng
   (心のこもったまなざし)

2) 亲切（／热情）地打招呼
   qīnqiè (/rèqíng) de dǎ zhāohu
   (親しく挨拶する)

"亲切"は親しさや懐かしさといった「身近かで親しみのある」側面を強調する。人に親しみを感じさせ,真心をこめて接する様子を表し,よく親が子に,先生が学生に,などのように上位の者が下位の者に対して,関心があって懇切であることに用いられる。また,物事が身近かで懐かしく感じられることにも用いられる。

3) 张老师对学生很亲切。
   Zhāng lǎoshī duì xuésheng hěn qīnqiè.
   (張先生は学生にとても親切だ)

4) 回到家乡，一切都那么亲切。
   Huídào jiāxiāng, yíqiè dōu nàme qīnqiè.
   (故郷に帰ると,何もかも身近かで親しく思われる)

"热情"は態度が「積極的」であることを強調し,本人が意欲的であり情熱的であることに重点がある。

5) 他对工作积极热情。
   Tā duì gōngzuò jījí rèqíng.
   (彼は仕事に積極的で熱意をもつ)

"热心"はある物事に対し,進んで力を注ぐことを表す。態度が「積極的」であることを強調する点では,"热心"は"热情"と同様な使い方をするが,"热情"は人の態度や行為など,人に使うことが多いのに対し,"热心"は人に配慮することや人を助けることなど,事柄と共起して使用することが多い。

6) 热心地辅导学生
   rèxīnde fǔdǎo xuésheng

（熱心に学生を指導する）

7) 热心地参加社会活动
   rèxīnde cānjiā shèhuì huódòng
   （社会活動に熱心に参加する）

また，"热心"には動詞としての用法があるが，"亲切"，"热情"にはない。

8) 热心幼儿教育
   rèxīn yòu'ér jiàoyù
   （幼児教育に熱心である）

9) 热心公益事业
   rèxīn gōngyì shìyè
   （公益事業に熱心である）

轻视・蔑视
qīngshì   mièshì

"轻视"と"蔑视"はともに「見下す」，「見下げる」という意味がある。

1) 为什么美学理论往往青睐于悲剧而蔑视（／轻视）喜剧？
   Wèi shénme měixué lǐlùn wǎngwǎng qīnglài yú bēijù ér mièshì (/qīngshì) xǐjù?
   （なぜ美学理論は往々にして悲劇をひいきして，喜劇を軽んじるのだろう）

2) 这首诗表现了他轻视（／蔑视）金钱的豪爽性格。
   Zhè shǒu shī biǎoxiànle tā qīngshì (/mièshì) jīnqián de háoshuǎng xìnggé.
   （この詩は彼の金銭を軽んじる豪放な性格を示している）

"轻视"には「重要だと思わない」，「重視しない」，「軽く見る」という意味があるが，"蔑视"はこのような意味をもっていない。

3) 流感对发展中国家的危害尤其不可轻视（／*蔑视）。
   Liúgǎn duì fāzhǎnzhōng guójiā de wēihài yóuqí bùkě qīngshì.
   （インフルエンザが発展途上国にもたらす危害については決して軽視してはいけない）

4) 贫困使一些家庭轻视（／*蔑视）对子女的教育。
   Pínkùn shǐ yìxiē jiātíng qīngshì duì zǐnǚ de jiàoyù.
   （貧困は一部の家庭に子供の教育を軽んじさせる）

"蔑视"と"轻视"はどちらも「ものごとをあなどる」，「見下げる」という意味をもっているが，"蔑视"は"轻视"より強く軽蔑する感情を含んでいる。

5) 大凡饭没吃饱的人是不会蔑视（／轻视）物质的。
   Dàfán fàn méi chībǎo de rén shì bú huì mièshì (/qīngshì) wùzhì de.
   （そもそもお腹いっぱい食べていない人が、物質を軽んじるわけがない）

6) 婚礼后，丈夫蔑视（／轻视）她，婆母更是横眉冷对。
   Hūnlǐ hòu, zhàngfu mièshì (/qīngshì) tā, pómǔ gèng shì héng méi lěng duì.
   （結婚式後、夫は彼女を無視し、お姑さんはさらに冷たい態度で接している）

以上の二つの例の中の"蔑视"は"轻视"と言い換えられるが、"蔑视"は軽蔑や侮蔑の意味をもち、一方"轻视"は"蔑视"より見下す程度が軽く、ニュアンス上は"轻视"のほうが優しく感じる。

また強い怒りや軽蔑を表す文においては"蔑视"を"轻视"に言い換えることはできない。

7) 他蔑视（／＊轻视）敌人的暗杀威胁。
   Tā mièshì dírén de ànshā wēixié.
   （彼は敵による暗殺と脅迫を蔑視していた）

8) 她高昂着头，蔑视（／＊轻视）着凶神般的敌人。
   Tā gāo'ángzhe tóu, mièshìzhe xiōngshén bān de dírén.
   （彼女は頭を高高とあげて、凶悪な敵を蔑んだ）

"轻视"と"蔑视"は同一文中で並列して用いられることがあるが、"蔑视"の方が軽蔑の感情が強く、増幅してゆくより強烈な感情を表現するため、一般的に"蔑视"は"轻视"の後ろに置かれる。

9) 西方现当代文艺社会学是从一片轻视乃至蔑视之中重新崛起的。
   Xīfāng xiàndāngdài wényì shèhuìxué shì cóng yí piàn qīngshì nǎizhì mièshì zhī zhōng chóngxīn juéqǐ de.
   （西洋の現当代文芸社会学は軽視ないし蔑視の中から再び立ち上がったのだ）

10) 要永远摈弃轻视、蔑视、敌视邻国的错误政策。
    Yào yǒngyuǎn bìnqì qīngshì, mièshì, díshì línguó de cuòwù zhèngcè.
    （隣国を軽視、蔑視、敵視するといった間違った政策を永遠に放棄しなければならない）

倾向・趋势
qīngxiàng　qūshì

ともに「物事の発展する方向」を表す。《现代汉语词典》で調べると、"倾向"は"趋势"と書いてあり、中日辞書で"趋势"をひくと、「傾向」と訳してある。しかし、中国語ではこの二つの言葉の使い分けははっきりしている。

"倾向"は，主に物事が対立している二つの方向の「片方に傾いて発展する」ことを示す。ある程度の主観性をもっているので，よく思想，政策，態度について用いられる。

"趋势"は，客観的な物事の発展の趨勢に用いられる。歴史，状況，社会などによく使われる。

1) 中国的中小学教育里，有一种只重视学习轻视运动的**倾向**（／＊趋势）。
   Zhōngguó de zhōngxiǎoxué jiàoyùli, yǒu yì zhǒng zhǐ zhòngshì xuéxí qīngshì yùndòng de qīngxiàng.
   （中国の小中学校教育には，勉強ばかり重視して運動を軽視するという傾向がある）

2) 一些内部员工谴责这家公司有性别歧视**倾向**（／＊趋势）。
   Yìxiē nèibù yuángōng qiǎnzé zhè jiā gōngsī yǒu xìngbié qíshì qīngxiàng.
   （何人かの社員がこの会社の性差別傾向を非難した）

3) 今年，大米的出口显示出上升的**趋势**（／＊倾向）。
   Jīnnián, dàmǐ de chūkǒu xiǎnshìchu shàngshēng de qūshì.
   （今年，米の輸出は上昇する情勢である）

4) 他密切注意医疗技术方面的最新**趋势**（／＊倾向）。
   Tā mìqiè zhùyì yīliáo jìshù fāngmiàn de zuì xīn qūshì.
   （彼は常に医療技術の最新の趨勢に注目している）

"倾向"は"不良"，"错误"，"危险"のような主観性のある語と結びつくことができる。"趋势"はよく"总"，"必然"，"发展"のような客観的で一般性を強調する言葉につく。

5) 廉政最重要的是杜绝用人唯亲的不良**倾向**（／＊趋势）。
   Liánzhèng zuì zhòngyào de shì dùjué yòng rén wéi qīn de bùliáng qīngxiàng.
   （清廉な政治に一番大事なのは，親戚，縁故の関係によって人を任用するという不正な傾向を根絶することである）

6) 忽视文化差异是中国城市化的一个危险**倾向**（／＊趋势）。
   Hūshì wénhuà chāyì shì Zhōngguó chéngshìhuà de yí ge wēixiǎn qīngxiàng.
   （文化の違いを無視するのが中国の都市化にある一つの危険な傾向である）

7) 任何人也改变不了历史发展的总**趋势**（／＊倾向）。
   Rènhé rén yě gǎibiànbuliǎo lìshǐ fāzhǎn de zǒng qūshì.
   （どんな人でも歴史の発展の全体的な趨勢を変えることはできない）

8) 当今世界，经济全球化已经成为经济发展的必然**趋势**（／＊倾向）。
   Dāngjīn shìjiè, jīngjì quánqiúhuà yǐjīng chéngwéi jīngjì fāzhǎn de bìrán qūshì.
   （現在の世の中，経済のグローバル化は経済発展の必然的な趨勢になった）

他に，"倾向"は動詞としても用いられる。"倾向于"という表現で，「〜に傾く」,「〜に考えや気持ちが傾いている」の意味を表す。"趋势"は名詞だけで，動詞としては用いられない。

9) 这份报纸近来倾向于报道一些花边消息。
　　Zhè fèn bàozhǐ jìnlái qīngxiàng yú bàodào yìxiē huābiān xiāoxi.
　　（最近，この新聞はゴシップ報道に傾くようになった）

10) 她对语言的强烈兴趣使她倾向于从事翻译工作。
　　Tā duì yǔyán de qiángliè xìngqu shǐ tā qīngxiàng yú cóngshì fānyì gōngzuò.
　　（語学に大変興味を持っているため，彼女は翻訳の仕事のほうに気持ちが傾いている）

清楚・明白
qīngchu　míngbai

ともに「はっきりしている」,「わかりやすい」という意味をもち，形容詞および動詞としての用法がある。

1) 这个问题老师讲得很清楚（／明白）。
　　Zhège wèntí lǎoshī jiǎngde hěn qīngchu (/míngbai).
　　（この問題を先生ははっきりと説明してくれた）

2) 我不清楚（／明白）你的意思。
　　Wǒ bù qīngchu (/míngbai) nǐ de yìsi.
　　（あなたの言うことがわからない）

"清楚"は，態度，情勢，関係などが曖昧ではない，はっきりしていること，また，輪郭，痕跡，音声などがくっきりとして識別しやすいことを表す。「明瞭ではっきりしている」ことに重点がある。歴史，思想，立場などといった抽象的な事柄に使えるほか，声，筆跡，線など具体的な事物にも用いられる。

3) 她的态度很清楚，就是不愿意做我的朋友。
　　Tā de tàidu hěn qīngchu, jiùshì bú yuànyì zuò wǒ de péngyou.
　　（彼女の態度ははっきりしている，僕と付き合いたくないのだ）

4) 这清楚地表明了他们的立场。
　　Zhè qīngchu de biǎomíngle tāmen de lìchǎng.
　　（このことは彼らの立場をはっきりと示している）

5) 大家要把字写清楚。
　　Dàjiā yào bǎ zì xiěqīngchu.
　　（みなさん，字ははっきりと書かなければなりません）

"明白"は，内容，理由，意味，言葉，行為などが難しくなく理解しやすく，はっきりさせたい事柄について正しい判断や理解が得られることを表す。「分かりやすさ」に重点を置く。抽象的な事柄に使うことが多いが，"清楚"より使用範囲が狭い。

6) 道理明白极了。
　　Dàolǐ míngbai jí le.
　　(理由は非常に分かりやすい)

7) 我讲不明白，还是你讲吧!
　　Wǒ jiǎngbumíngbai, háishì nǐ jiǎng ba!
　　(私は分かりやすく話せないから，やはりあなたが話してください)

8) 用浅显明白的话语加以说明。
　　Yòng qiǎnxiǎn míngbai de huàyǔ jiāyǐ shuōmíng.
　　(平易で分かりやすい言葉で説明をする)

以下の例9)では，"清楚"と"明白"のいずれも使えるが，"清楚"では，内容それ自体が理解しやすいことが強調されるのに対し，"明白"では，内容の表示ぶりが相手にとって理解しやすいことに重点が置かれる。

9) 内容很清楚(／明白)。
　　Nèiróng hěn qīngchu (/míngbai).
　　(内容ははっきりしている)

"明白"には「率直に」，「オープンに」という意味もある。

10) 明白地提出了自己的看法。
　　Míngbai de tíchūle zìjǐ de kànfa.
　　(自分の意見を率直に出した)

また，"明白"は人について「かしこい」，「分別のある」ことを表すが，"清楚"にこの用法はない。

11) 你是个明白人，不用多说。
　　Nǐ shì ge míngbairén, búyòng duō shuō.
　　(あなたは聡明な人だから，あれこれ言うまでもない)

動詞としての用法では，"清楚"と"明白"のいずれも「分かる」という意味になるが，"清楚"は，ことの全体のプロセスや状況をよく理解していることを示し，"明白"は，分からなかったことが分かるようになったということを強調する。
　例12)では，"清楚"を使用する場合は，「話した内容の流れやいきさつが分かる」ということを示すが，"明白"を用いる場合は，「話した内容の中身が分かるようになる」というニュアンスになる。

12) 你清楚（／明白）他说了什么吗？
　　Nǐ qīngchu (/míngbai) tā shuōle shénme ma ?
　　（彼が何を言ったか分かりましたか）

去・走
qù　zǒu

"去"は「ある場所に向かう」，"走"は「その場を去る」。

1) 我去北京。
　　Wǒ qù Běijīng.
　　（私は北京に行きます）

2) 咱们走吧。
　　Zánmen zǒu ba.
　　（出かけましょう）

"去"は「今いる場所から別の場所に移る」という意味で，目的意識が明確。したがって後ろに場所を示す語や目的を表わす動詞フレーズが置ける。"走"は「その場を離れる」という意味で，これから向かう場所については意識にない。したがって後ろに場所を示す語や目的を表わす動詞フレーズは置けない。

3) 我去（／＊走）食堂。
　　Wǒ qù shítáng.
　　（私は食堂に行く）

4) 我去（／＊走）爬山。
　　Wǒ qù páshān.
　　（私は山登りに行く）

以下の例文は「家を出てどこかに行く」という状況を"去"と"走"を使って表現している。

5) 我走（／＊去）了，马上回来。我就去（／＊走）一下，天不黑我就回来了。
　　Wǒ zǒu le, mǎshàng huílai. Wǒ jiù qù yíxià, tiān bù hēi wǒ jiù huílai le.
　　（出かけるね。すぐ帰るから。ちょっと行ってくるだけだよ。暗くならないうちに帰るから）

"去"を使えば目的地が意識され，"走"を使えばその場を離れることが意識される。上記の例文の"去"と"走"を交換することはできない。もし最初の"我走了"を"我去了"とするなら，まず目的地を提示するなど前提が必要で，前提なしに突然"我

去了"とするのは不自然である。"我走了"ならばそうした前提は必要ない。また、"走"と"一下"は共起しないので、"我就去一下"を"我就走一下"に置き換えることもできない。

趣味・兴趣
qùwèi　xìngqù

　両方ともに名詞であり、「趣味」、「面白み」、「興味」を意味するが、使い方が異なり、おたがいに置き換えることができない。"趣味"は、「事柄自体」がもつ面白みやおもむきを指し、それによって人に興味をもたせ、人を楽しませる。対して"兴趣"は物事に対して「人間」がもつ特別な興味や関心である。

1) 这本小说写得很有趣味（／＊兴趣），你可以读一下。
   Zhè běn xiǎoshuō xiěde hěn yǒu qùwèi, nǐ kěyǐ dú yíxià.
   （この小説はとても面白く書かれている。ちょっと読んでみたら）

2) 我对小说一点儿都不感兴趣（／＊趣味）。
   Wǒ duì xiǎoshuō yìdiǎnr dōu bù gǎn xìngqù.
   （私は小説には全然興味がない）

　例1）は小説自体が面白いと表現し、例2）では小説自体が面白いかどうかは問題でなく、話し手である私が小説というものに興味をもっていないことを言っている。"兴趣"を使うとき、常に"对～"と組み合わせて、動詞は"有"のほかに、"抱有"bàoyǒu、"产生"chǎnshēng、"感"gǎn、"怀着"huáizhe などを前に置くが、"趣味"の前にふさわしい動詞は、基本的に"有"、"没有"のみである。

3) 很多日本人都对中国的历史文化感兴趣。
   Hěn duō Rìběnrén dōu duì Zhōngguó de lìshǐ wénhuà gǎn xìngqù.
   （多くの日本人は中国の歴史や文化に興味をもっている）

4) 他的讲话很有趣味，吸引了满堂的听众。
   Tā de jiǎnghuà hěn yǒu qùwèi, xīyǐngle mǎntáng de tīngzhòng.
   （彼の話は大変面白く、聴衆一同を引き付けた）

　注意したいのは、"趣味"は日中同形語でありながら、意味が異なっている点である。「物事のもっている味わい、情趣」という意味では似ているが、日本語は例5）のように、風景などについて言うことが多く、しかも現代ではこの用法はほとんど廃用に瀕している。一方、中国語ではもっぱら話や映画、劇作、文芸作品など言語と関わるものに用い、風景を指すときは"情趣"qíngqù を使う。

5) さびた眺望で，また一種の趣味がある。（二葉亭四迷『浮雲』）
   这景色虽然萧肃，却也别有一番情趣。（／＊趣味）
   Zhè jǐngsè suīrán xiāosù, què yě bié yǒu yī fān qíngqù.

「趣味のよさ」などと言う場合の「物事の味わいを感じとる力」や「好み」の意味では，日本語と中国語の意味が重なるが，中国語では基本的に"趣味高雅" qùwèi gāoyǎ（上品な趣味），"低级趣味" dījí qùwèi（悪趣味），"趣味相投" qùwèi xiāngtóu（趣味が合う）などのような慣用句の形になっている。

6) 从房间的摆设中，可以看出主人趣味高雅。
   Cóng fángjiān de bǎishè zhōng, kěyǐ kànchū zhǔrén qùwèi gāoyǎ.
   （部屋の調度品からも，主人の趣味のよさがうかがえる）

さらに日本語の「趣味」は最も普通には「専門としてではなく，楽しみとしてする事柄」の意味を有するが，それを中国語に言い換えると"趣味"ではなく，"爱好" àihào となる。つまり「趣味はピアノを弾くこと」は，"爱好弹钢琴"または"我的爱好是弹钢琴"と訳す。

一方，日本語の「興味」はほぼ中国語の"兴趣"と一致する。

全・尽・满
quán jǐn mǎn

いずれも副詞的な用法をもっている。
"全"は動詞もしくは動詞句の前に現れた場合，述べる範囲内のすべてを含み例外のないことを指す。

1) 阳光全被门前的高楼挡住了。
   Yángguāng quán bèi ménqián de gāolóu dǎngzhù le.
   （日差しが門の前のビルにすっかり遮られてしまった）

2) 模特儿穿的衣服全是新来的产品。
   Mótèr chuān de yīfu quán shì xīn lái de chǎnpǐn.
   （マネキンが着ている服はすべて新しく入荷したものだ）

また，形容詞の前に使われる場合は，程度がきわめて高いことを意味する。

3) 这是一种全新的音乐。
   Zhè shì yī zhǒng quán xīn de yīnyuè.
   （これはいままでにない音楽だ）

なお，"全"は"不" bù，"没" méi の前に用いられると完全否定を，後ろに用い

られると部分否定を表す。

4) 班里的同学全没去。
   Bānli de tóngxué quán méi qù.
   （クラスメートの誰も行かなかった）

5) 班里的同学没全去。
   Bānli de tóngxué méi quán qù.
   （クラスメートのすべてが行ったわけではない）

"尽"は後に単音節形容詞をとることが多く，可能な限り最大限度を尽くすことを表す。後ろは"早"zǎo，"先"xiān，"快"kuài，"速"sù などの積極的意味をもつ語に限られることが多い。これらはもはや単語化している。

6) 请尽早答复。
   Qǐng jǐnzǎo dáfu.
   （早急なご返事お待ちしております）

7) 这个问题请尽快解决。
   zhège wèntí qǐng jǐnkuài jiějué.
   （この問題はできるだけ早く解決されるように）

また，「全て，〜するばかり」という意味の"尽"は主に動詞の前に使われ発音は jìn となる。単一の動作行為が持続していることや繰り返されていることを表す。

8) 那个孩子每天尽玩网络游戏。
   Nàge háizi měitiān jìn wán wǎngluò yóuxì.
   （あの子は毎日ネットゲームばかりしている）

9) 你尽吃肉，不怕发胖吗?
   Nǐ jìn chī ròu, bú pà fāpàng ma?
   （肉ばかり食べて，太るのが心配じゃないの）

後ろに"是"を取る場合は，物事のすべての範囲を概括する役割があり，誇張したニュアンスに用いられる。

10) 桌子上尽是土。
    Zhuōzishang jìn shì tǔ.
    （机の上がほこりだらけだ）

"满"は主に程度のはなはだしいことを表す。原義は容量の飽和点に達しているさま，いっぱいに満ちているイメージをもつ。

11) 他满以为我一定会来。
　　Tā mǎn yǐwéi wǒ yídìng huì lái.
　　(彼は私が来るものとばかり思い込んでいる)

12) 看上去她对这份工作的面试满有把握。
　　Kànshangqu tā duì zhè fèn gōngzuò de miànshì mǎn yǒu bǎwò.
　　(彼女はこの仕事の面接にかなり自信を持っているようだ)

全部・全体
quánbù　quántǐ

ともに部分や個体の総和，全部，すべてという意味をもつ。
"全部"は各部分の総和で，「個体の寄せ集め」を表す。

1) 他打算把剩下的苹果全部（／＊全体）送给朋友。
　　Tā dǎsuàn bǎ shèngxia de píngguǒ quánbù sònggěi péngyou.
　　(彼は残ったリンゴをすべて友達にあげるつもりだ)

2) 去看电影的人，全部（／＊全体）都是年轻人。
　　Qù kàn diànyǐng de rén, quánbù dōu shì niánqīngrén.
　　(映画を見に行った人はみんな若者だ)

3) 由于拆迁，这一带的居民全部（／＊全体）搬走了。
　　Yóuyú chāiqiān, zhè yídài de jūmín quánbù bānzǒu le.
　　(立ち退きのため，このあたりの住民はみんな引っ越した)

"全体"は単に個体の寄せ集めではなく，それぞれの個体を一つの確かな存在と見なした上で，その組織的な集合体を指す。多く人について用いられ，人の集団を指す。

4) 全体（／＊全部）起立，奏国歌。
　　Quántǐ qǐlì, zòu guógē.
　　(全員起立，国歌演奏)

5) 市政府全体（／＊全部）人员参加了植树活动。
　　Shìzhèngfǔ quántǐ rényuán cānjiāle zhíshù huódòng.
　　(市政府の全員が植樹のイベントに参加した)

人以外に使われる場合も"全体"はある統一感やシステムを有する「全体」を指す。

6) 我们看问题不但要看到部分，而且要看到全体（／＊全部）。
   Wǒmen kàn wèntí búdàn yào kàndào bùfen, érqiě yào kàndào quántǐ.
   （われわれが問題を見るには，部分を見るばかりでなく全体も見なければならない）

全部・所有・一切
quánbù　suǒyǒu　yīqiè

ともに「すべて（の）」，「全部（の）」，「あらゆる」という意味をもつ。
三語の文法機能を表に示すと，以下の通りである。

	主語	述語	目的語	連体修飾語	連用修飾語	補語
全部（状語名詞）	×	×	○	○	○	×
所有（区別詞）	×	×	×	○	×	×
一切（代名詞）	○	×	○	○	×	×

"全部"は目的語になれるが，この場合"全部"の前によく動詞"是"を用い，ひとつの事物の全体を指す。そのため，"一部分"，"一个方面"などの，部分を表す表現と対照されて出てくることが多い。

1) 这只是一部分，并不是全部。
   Zhè zhǐ shì yíbùfen, bìng bú shì quánbù.
   （これはわずか一部だけで，全部ではない）

三語の共通機能は名詞を修飾するところにあるが，常に三語で相互に置き換えられるとは限らない。

2) 我们这里所有的办公室都用上了电脑。
   Wǒmen zhèli suǒyǒu de bàngōngshì dōu yòngshangle diànnǎo.
   （ここにあるすべての事務室が全部コンピューターを使っている）

"办公室"は，一つの独立した個体である。この個体が，ある一定範囲内に（特に範囲が明示されていなくてもよいが）複数存在している状態で，"所有"を用いると，独立に存在している個々の個体を意識しながら，その総和を強調することになる。この例では，「一つ一つの"办公室"が漏れなくコンピューターを使っている」と強調していることになる。このような場合，"全部"と"一切"はふつうは使わない。

3) 他把全部（／所有）的精力都放在了写作上。
   Tā bǎ quánbù (/suǒyǒu) de jīnglì dōu fàngzàile xiězuòshang.
   （彼はすべての力を創作に注ぎ込んだ）

"精力"のような，個別数量詞には修飾されず，集合量詞の修飾を受けられる名詞は，渾然一体とした総体を表し，1個，2個，3個というふうに数えることができず，個体に分けることもできない。このような語に"全部"を使うと，"精力"そのものの全体を強調することになり，"所有"を用いると，上で見たように"精力"を構成している内部にあるすべての物を強調することになる。"一切"は使えない。

4) 一切（／所有）困难都是可以克服的，办法总比困难多。
　　Yíqiè (/Suǒyǒu) kùnnan dōu shì kěyǐ kèfú de, bànfǎ zǒng bǐ kùnnan duō.
　（あらゆる困難は克服できる，方法はつねに困難より多いのだ）

"一切"の語意は「ありとあらゆるもの」を強調することにあり，"一切"を用いると，「困難」でさえあれば，いかなる種類，性質を問わず，その全部を概括することになる。すでに出た困難も含めれば，これから出るあるいは出る可能性のあるもの，予想のできるもの，予想のできないものも含める。具体性がない。
　これに対し，"所有"を使うと，すでに存在しているさまざまな困難があって，そのすべての総和を指している。"所有"の語意は主に同一資格をもつ個体の総和，すなわち存在する固体の X_1，X_2，X_3……X_n が一個も漏れなくという，そのすべてを強調することにある。具体性がある。
　"全部"は一定の範囲が必要で，修飾する名詞が特定の物でないと難しい。独立した個体からなる総体というとらえ方をせず，渾然一体とした総体としてとらえるため，上の文にはなじまないと考えられる。

5) 旅行中发生的全部（／所有／一切）费用由我负担。
　　Lǚxíngzōng fāshēng de quánbù (/suǒyǒu/yíqiè) fèiyòng yóu wǒ fùdān.
　（旅行中に発生したすべての費用は私が負担する）

例5) は三語とも使える。"全部"を使うと，発話者は意識的にすでに発生した"費用"をひとつの総体として見て，その全体を指して言っていることになる。"所有"を使うと，すでに発生した費用が複数存在していることを前提にして，発話者がそれを意識しながら，複数存在している費用を一個一個漏れなく総括して，その総和を指して言っていることになる。"一切"を使う場合，費用を総体または複数の個体として見るのではなく，すでに存在している，これから出てくる，また存在の可能性のある，ありとあらゆる種類の費用を指すことになる。
　図で示すと，以下のようになる。

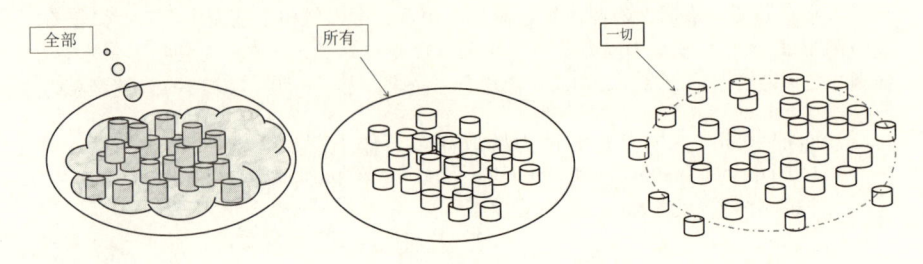

466

"全部"と"所有"は名詞を修飾する場合,"的"をつけたりつけなかったりするが,"一切"には通常"的"をつけない。

缺点・毛病・错误
quēdiǎn　máobìng　cuòwù

いずれもマイナスの意味をもち,口語でも書面語でも用いられる。下記の文では3語とも使える。

1) 谁都可能有缺点（／毛病／错误）。
   Shéi dōu kěnéng yǒu quēdiǎn (/máobìng/cuòwù).
   (誰でも欠点があるだろう／誰でも過ちを犯す可能性がある)

しかし,この3語は意味的には決して同じではないため,使用の場面はしばしば異なる。

まず,人について言う場合。"缺点"は「短所」という意味がある。人間誰でも1つや2つは短所があるだろう。一方,"毛病"は「悪い癖,あるいは悪い習慣」という意味があり,すべての人が悪い癖または悪い習慣をもっているとは限らない。そして,"错误"は「過ち」の意味である。したがって,下記のような例では"缺点"しか使えない。

2) 人人都有缺点（／＊毛病／＊错误）。
   Rénrén dōu yǒu quēdiǎn.
   (誰でも欠点がある)

"缺点"と"毛病"は物について言及することができる。ただし,意味は異なり,前者は「足りない点」,「欠点」,後者は「故障」,「不具合」の意味になる。

3) 最近新上市的手机也有缺点（／毛病／＊错误）。
   Zuìjìn xīn shàngshì de shǒujī yě yǒu quēdiǎn (/máobìng).
   (最近市場に出たばかりの携帯にも足りない点／不具合がある)

4) 我的电脑出毛病（／＊缺点／＊错误）了。
   Wǒ de diànnǎo chū máobìng le.
   (私のパソコンが故障した)

5) 这衣服做得好像有点儿毛病（／＊缺点／＊错误），穿起来不舒服。
   Zhè yīfu zuòde hǎoxiàng yǒudiǎnr máobìng, chuānqilai bù shūfu.
   (この服の作りはちょっと不具合があるようで,着心地が悪い)

また,"毛病"は「ちょっとした病気」を指す場合がある。これは"缺点"や"错

誤"にはない意味である。

6) 我最近关节炎的毛病（／＊缺点／＊错误）又犯了。
　　Wǒ zuìjìn guānjiéyán de máobìng yòu fàn le.
　　（私は最近関節炎の持病がまた再発した）

下記のように人の欠点を表す時に、もしその欠点が習慣的なものであれば"缺点"より"毛病"の方がより相応しい。

7) 他有爱说谎的毛病（／缺点／＊错误）。
　　Tā yǒu ài shuōhuǎng de máobìng (／quēdiǎn).
　　（彼は嘘を言う癖がある）

8) 她的毛病（／缺点／＊错误）是有钱就花。
　　Tā de máobìng (／quēdiǎn) shì yǒu qián jiù huā.
　　（彼女の悪いところはお金があったらすぐ使ってしまうところだ）

"毛病"と"错误"はともに間違った言動を指すことができるが、前者はその言動が不適切であることを指すのに対し、後者はその言動が過ちであることを指す。

9) 你妈妈说的话没毛病（／＊缺点／＊错误），是你的不对。
　　Nǐ māma shuō de huà méi máobìng, shì nǐ de búduì.
　　（あなたのお母さんの言っていることは間違っていない、間違っているのはあなたのほうだ）

10) 这样说犯了原则性的错误（／＊缺点／＊毛病）。
　　Zhèyàng shuō fànle yuánzéxìng de cuòwù.
　　（このような発言は根本的な過ちを犯している）

11) 那篇报道有错误（／＊缺点／＊毛病）。
　　Nà biān bàodào yǒu cuòwù.
　　（あの報道には誤りがある）

最後に文法上の用法だが、"错误"は「"错误"＋名詞」という形式で、名詞を修飾することができるが、"毛病"と"缺点"はこのような使い方がない。たとえば、"错误的认识" cuòwù de rènshi（誤った認識）、"错误的思想" cuòwù de sīxiǎng（誤った思想）、"错误的行为" cuòwù de xíngwéi（誤った行い）などのような場合である。

缺乏・缺少
quēfá　quēshǎo

あるべき事物や人員が不足することを表すとき、両者ともに用いることができる。

1) 我还缺乏（／缺少）经验，请多多指教。
   Wǒ hái quēfá (/quēshǎo) jīngyàn, qǐng duōduō zhǐjiào.
   （私はまだ経験不足なので，ぜひともいろいろ教えてください）

2) 日本人普遍缺少（／缺乏）睡眠。
   Rìběnrén pǔbiàn quēshǎo (/quēfá) shuìmián.
   （日本人の多くは睡眠が不足している）

ただ"不可缺少"は慣用句であり，"不可缺乏"とは言わない。

3) 人类生存不可缺少阳光、空气和水。
   Rénlèi shēngcún bùkě quēshǎo yángguāng, kōngqì hé shuǐ.
   （人類が生きるために太陽，空気，水はなくてはならない）

また足りないものを具体的な数量で表すときは"缺乏"ではなく，"缺少"を使う。

4) 学校还缺少（／＊缺乏）一名英语教师。
   Xuéxiào hái quēshǎo yì míng Yīngyǔ jiàoshī.
   （学校にはまだ英語教諭が一名足りない）

5) 她暑假想去美国短期留学，可是还缺少（／＊缺乏）三千美元。
   Tā shǔjià xiǎng qù Měiguó duǎnqī liúxué, kěshì hái quēshǎo sān qiān Měiyuán.
   （彼女は夏休みにアメリカへ短期留学しに行きたいが，あと3000ドル足りない）

一方，"缺乏"はより抽象的な事物，あるいは人間の集合体に用いる。目的語を伴わずに単独で述語になることもできる。

6) 他们对目前严峻的形势缺乏（／△缺少）认识。
   Tāmen duì mùqián yánjùn de xíngshì quēfá (/△ quēshǎo) rènshi.
   （彼らは目の前の厳しい現実に対する認識が足りなかった）

7) 偏僻山区教师很缺乏（／＊缺少）。
   Piānpì shānqū jiàoshī hěn quēfá.
   （僻地の山村では教師が非常に不足している）

却・倒
què　dào

"却"と"倒"はともに，逆接関係や一般的な道理に反することを示す「反対に」，「むしろ」，「かえって」といった意味や予想外の語気を表す副詞用法をもっている。「…だが」，「…だけれども」といった逆接関係を表すとき，"却"はふつう前に文があり，その前文に対する逆接的な内容を客観的に述べる。それに対し，"倒"は

単文でも成立し、後に望ましい意味の語句が続くのが多く見られ、話し手の主観を含み、常識や予想に反した場合に用いられる。

なお、この二語はともに"可是"、"但是"、"然而"などの接続詞の後に用い、逆接の意味を強調する用法をもっているが、この場合、"却"は主に書き言葉に、"倒"は主に話し言葉に用いられる。

1) 南半球是夏天，北半球却（／＊倒）是冬天。
   Nánbànqiú shì xiàtiān, běibànqiú què shì dōngtiān.
   （南半球は夏だが、北半球は冬だ）

2) 我不想去，他却（／＊倒）非要我去。
   Wǒ bù xiǎng qù, tā què fēi yào wǒ qù.
   （私は行きたくないが、彼がぜひとも行けという）

3) 这个菜很好看，却（／＊倒）不怎么好吃。
   Zhège cài hěn hǎokàn, què bù zěnme hǎochī.
   （この料理は見かけはたいへんよいが、それほどおいしくない）

4) 厂子不大，可是生产的产品却（／倒）挺受欢迎。
   Chǎngzi bú dà, kěshì shēngchǎn de chǎnpǐn què (/dào) tǐng shòu huānyíng.
   （工場は小さいが、作り出す製品は人気を呼んでいる）

5) 他虽然有病，精神倒（／却）还不错。
   Tā suīrán yǒu bìng, jīngshen dào (/què) hái búcuò.
   （彼は病気だが、元気な方だ）

「かえって」、「反対に」などの常識に反する意味、または「意外にも」、「なんと」などの予想外の語気を表すとき、二語はほぼ置き換えられるが、ニュアンスとしては、"倒"はより一層話し手の主観を前面に出す。

6) 刚想去找他，他倒（／却）来了。
   Gāng xiǎng qù zhǎo tā, tā dào (/què) lái le.
   （彼を訪ねようと思っていた矢先、なんと彼がやって来た）

7) 大家正着急，他倒（／却）想出个好办法。
   Dàjiā zhèng zháojí, tā dào (/què) xiǎngchu ge hǎo bànfǎ.
   （みんなが気をもんでいると、意外や彼がいい方法を思いついた）

"倒"にはほかに、「同意しかねる」、「納得できない」、あるいは譲歩、命令、催促、難詰などのさまざまな語気を表す用法があるが、こうした用法は"却"にはない。

8) 这个包好倒好，就是太贵了。
   Zhège bāo hǎo dào hǎo, jiùshì tài guì le.

(このバッグはいいにはいいですが，やはり高すぎる)〈譲歩〉

9) 你倒去还是不去啊?
   Nǐ dào qù háishi bú qù a?
   (いったい行くの，行かないの)〈難詰〉

群・伙・帮・班
qún huǒ bāng bān

ともに群れているものを数える量詞として用いる。
"群"は人にも動物にも用いる。

1) 一群牛
   yì qún niú
   (ウシの群れ)

2) 一群小鸟儿
   yì qún xiǎoniǎor
   (小鳥の群れ)

3) 一大群男女宾客
   yí dà qún nánnǚ bīnkè
   (大勢の男女の客)

4) 一群赌徒
   yì qún dǔtú
   (ギャンブラーの一群)

5) 一群孩子在院子里堆雪人。
   Yì qún háizi zài yuànzili duī xuěrén.
   (子供たちが庭で雪だるまを作っている)

"伙"，"帮"，"班"は人に限られる。
"伙"はある目的のために集団を形成しているグループを指す。本来は中性詞だが，マイナスイメージをもつものに使われることが多い。

6) 三个一群，五个一伙
   sān ge yì qún, wǔ ge yì huǒ
   (3人ひとかたまり，5人ひと群れ／3人とか5人のグループになって)

7) 那伙年轻人特别爱唱爱闹。
   Nà huǒ niánqīngrén tèbié ài chàng ài nào.

（あの若者たちは歌ったり騒いだりが大好きだ）

8) 一路上总会遇到几伙土匪。
   Yílùshang zǒng huì yùdào jǐ huǒ tǔfěi.
   （道中いつも匪賊〈ひぞく〉に出くわす）

"帮"は共通の目的や性格をもって集団を形成しているグループを指す。

9) 一帮小孩儿
   yì bāng xiǎoháir
   （子供たちの一群）

10) 一帮（／伙）强盗
    yì bāng (/huǒ) qiángdào
    （強盗の一団）

11) 一帮旅客
    yì bāng lǚkè
    （一団の旅人）

12) 一大帮人
    yí dà bāng rén
    （大勢の人）

"班"は学業，勤務，共同体などで，なんらかに組織編成された集団を指す。

13) 两班学生
    liǎng bān xuésheng
    （二クラスの学生）

14) 一班战士
    yì bān zhànshì
    （一分隊の兵士）

15) 咱们村里这班年轻人真有力气。
    Zánmen cūnli zhè bān niánqīngrén zhēn yǒu lìqi.
    （我が村のこの若者たちはほんとうに力が強い）

R 然后・接着
ránhòu　jiēzhe

いずれも接続詞で，二つのことが前後して起こることを表すが，"然后"は「前

の動作が終わってから」に重点を置くのに対し、"接着"は「前の動作に続いて（次の動作が起こる）」に重点を置く。

1) 我们要了一壶茶，然后（／接着）点了三菜一汤。
Wǒmen yàole yì hú chá, ránhòu (/jiēzhe) diǎnle sān cài yì tāng.
（私たちはお茶を頼み、それから料理三品とスープを頼んだ）

2) 我们沉默了很久，接着（／然后），她告诉我这几年她是怎么生活的。
Wǒmen chénmòle hěn jiǔ, jiēzhe (/ránhòu), tā gàosu wǒ zhè jǐ nián tā shì zěnme shēnghuó de.
（しばらくの沈黙の後、彼女はここ数年の生活ぶりを話しはじめた）

しかし、前のことが終わらないと次のことが起こらない場合、前のことが終了するのが前提条件である場合は、"然后"は使えるが、"接着"は使わない。特に命令文で「終わらせないと次のことをしてはいけない」との含意がある時は、"接着"を使うことはできない。

3) 先写作业然后（／＊接着）再看电视。
Xiān xiě zuòyè ránhòu zài kàn diànshì.
（宿題をしてからテレビを見なさい）

"然后"は本来の意味が「然る後（しかるのち）」なので、「先の動作が終わってから」という場合は"然后"が使われる。"接着"には「〜を受けて、続きとして」との意味もあるので、前の動作がまだ終わらない場合も使える。この場合は"然后"で置き換えられない。

4) 案子还没有查完，要接着（／＊然后）查下去，不能手软！
Ànzi hái méiyou cháwán, yào jiēzhe cháxiaqu, bù néng shǒuruǎn!
（事件の捜査はまだ終わっていない、続けて調べなければならない。手を抜いてはならない）

なお"然后"は接続詞として常に複文にしか使えず、"接着"は単文にも使える。

5) 下面我们接着（／＊然后）研究具体的行动计划。
Xiàmian wǒmen jiēzhe yánjiū jùtǐ de xíngdòng jìhuà.
（続いて、具体的な行動計画について話し合いましょう）

抽象的な物事の順序を表す時は、"然后"は使えるが、"接着"は使えない。

6) 对于我来说，重要的是成绩，然后（／＊接着）才是奖牌。
Duìyú wǒ lái shuō, zhòngyào de shì chéngjì, ránhòu cái shì jiǎngpái.
（私にとって、大事なのはいいタイムを出すことで、メダルを取るのは二の次だ）

忍不住・禁不住
rěnbuzhù　jīnbuzhù

いずれも「動詞＋"不"＋"住"」（可能補語の否定形）の形で，「耐えられず」，「こらえきれず」などの意味があり，連用修飾語として使うことができる。

1) 听了他的话，我们都忍不住（／禁不住）笑了。
   Tīngle tā de huà, wǒmen dōu rěnbuzhù (/jīnbuzhù) xiào le.
   （彼の話を聞いて，わたしたちは皆こらえきれずに笑いだした）

2) 想起往事，她忍不住（／禁不住）掉下了眼泪。
   Xiǎngqi wǎngshì, tā rěnbuzhù (/jīnbuzhù) diàoxiale yǎnlèi.
   （昔のことを思い出して，彼女は耐えられずに涙を流した）

"忍"は「我慢する」，「耐える」の意味で，"忍不住"は「我慢しようとしたが，うまくできず，結局（感情を）表した」というニュアンスがある。一方，"禁不住"には「我慢する」というニュアンスはない。

3) 我拼命想忍住不笑，却还是忍不住笑了出来。
   Wǒ pīnmìng xiǎng rěnzhù bú xiào, què háishì rěnbuzhù xiàolechulai.
   （私は一生懸命笑わないように我慢したが，耐えきれずに笑いだした）

4) 孩子努力想忍住眼泪，可看到流血的膝盖，还是忍不住哭了起来。
   Háizi nǔlì xiǎng rěnzhù yǎnlèi, kě kàndào liúxiě de xīgài, háishì rěnbuzhù kūleqilai.
   （子供は一生懸命涙をこらえたが，膝から血が出ているのを見て，我慢できずに泣き出した）

客観的な原因で自分の体をコントロールできず，何らかの動作や感情表現をした時には，"忍不住"しか使えない。

5) 洋葱太辣，我忍不住（／＊禁不住）直流眼泪。
   Yángcōng tài là, wǒ rěnbuzhù zhí liú yǎnlèi.
   （玉ねぎはとても辛くて，私は涙が止まらない）

"忍不住"は単独で述語として使うことができる。

6) 他说如果我能老老实实坐五分钟，就奖我一块巧克力，可是才一分钟我就忍不住（／＊禁不住）了。
   Tā shuō rúguǒ wǒ néng lǎolǎoshíshí zuò wǔ fēnzhōng, jiù jiǎng wǒ yí kuài qiǎokèlì, kěshì cái yì fēnzhōng wǒ jiù rěnbuzhù le.
   （彼はもし私がおとなしく5分間座っていることができたらチョコレートをあげると言ったが，私はたった1分で我慢できなくなってしまった）

"禁不住"は「あふれる自分の感情を抑えきれず外へ表出した」ことを意味する。単独で述語として使うことができず、後ろにはしばしば"～笑了起来"xiàoleqilai（笑いだした）、"～哭了起来"kūleqilai（泣きだした）、"～流下泪来"liúxia lèi lai（涙を流した）など感情表現をつける。"不禁"bùjīn、"不由（得）"bùyóu (de) とほぼ同じ意味になる。

7) 故事的情节太感人了，我禁不住流下泪来。
   Gùshi de qíngjié tài gǎnrén le, wǒ jīnbuzhù liúxia lèi lai.
   （ストーリーがとても感動的で、私は思わず涙を流した）

そして、"禁不住"にはもう一つの使い方がある。「（人やものに）力がなく支えきれない、持ちこたえられない」という意味で、後ろに名詞、動詞、センテンスなどを置くことができる。"忍不住"にはこの使い方がない。

8) 快下来！这凳子可禁不住你的重量。
   Kuài xiàlai! Zhè dèngzi kě jīnbuzhù nǐ de zhòngliang.
   （早く降りなさい。この腰かけはあなたの体重に耐えられないよ）

9) 她从小身子单薄，禁不住冻的。
   Tā cóng xiǎo shēnzi dānbó, jīnbuzhù dòng de.
   （彼女は小さい時から体が弱くて、寒さに耐えられない）

10) 又坏了？再结实的鞋也禁不住你这么穿啊！
    Yòu huài le? Zài jiēshi de xié yě jīnbuzhù nǐ zhème chuān a!
    （また破れたの？どんなに丈夫な靴でもお前みたいな履き方をしたらもたないよ）

认识・知道・了解
rènshi　zhīdao　liǎojiě

いずれも、ある人や事物について「知っている」ことを示す動詞である。
"认识"は、人や事物を「見知る」、「見て分かる」。目的語は名詞か名詞句が多い。

1) 我不认识这个牌子的车。
   Wǒ bú rènshi zhège páizi de chē.
   （私はこのブランドの車を知らない）

2) 他认识站在那边的老头。
   Tā rènshi zhànzài nàbiān de lǎotóu.
   （彼はあそこに立っている老人を知っている）

"知道"は、人や事物について「何かの情報や知識を知っている」、「分かっている」。

目的語は名詞句，動詞句，主述句をとる。

- 3) 你知道李小龙吗？
  Nǐ zhīdao Lǐ Xiǎolóng ma?
  （君はブルース・リーを知っている？）

- 4) 妈妈不知道怎么用这款新型的微波炉。
  Māma bù zhīdao zěnme yòng zhè kuǎn xīnxíng de wēibōlú.
  （母はこの新型の電子レンジの使い方が分からない）

- 5) 他知道我家在哪儿。
  Tā zhīdao wǒ jiā zài nǎr.
  （彼は私の家がどこにあるのかを知っている）

"了解"は，人や事物について「深く知っている」，「理解している」。目的語には多く名詞か名詞句をとる。

- 6) 她非常了解她丈夫的性格。
  Tā fēicháng liǎojiě tā zhàngfu de xìnggé.
  （彼女は夫の性格をよく知っている）

また，"了解"は「調べる」，「調査する」の意味ももつ。

- 7) 我这次来主要是想了解一下整件事情的经过。
  Wǒ zhè cì lái zhǔyào shì xiǎng liǎojiě yíxià zhěng jiàn shìqing de jīngguò.
  （私が今回来たのは，主にこの出来事の経緯について調べるためだ）

"认识"と"知道"と"了解"はどれも「知っている」と訳される。しかし，次のように，それぞれの表す「知っている」の意味は異なっている。

- 8) 你认识（／知道／了解）李小龙吗？
  Nǐ rènshi (/zhīdao/liǎojiě) Lǐ Xiǎolóng ma?
  （君はブルース・リーを知っている？）

"认识"の場合は"李小龙"という人物と実際に面識があるかどうかを，"知道"は"李小龙"についての情報をもっているかどうかを，"了解"は"李小龙"の性格や個性などについて深く理解しているかどうかを，聞いている。

认为・以为
rènwéi yǐwéi

ともに動詞として用いられ，「…と思う」，「…と考える」という共通義をもつ。

古代中国語では"以为"は"认为"と同じ意味として用いられたが，現代中国語では，"以为"は"认为"と大きく異なる。また，話し言葉に用いる"以为"は思っていたことが現状に合致していないことを表し，"认为"に置き換えることができない。さらに，予想外の語気を強める"还"と一緒に使うことが多い。

1) 我还以为（／*认为）你不会来呢。
　　Wǒ hái yǐwéi nǐ bú huì lái ne.
　（あなたは来ないと思った）

2) 我以为（／*认为）你是日本人呢!
　　Wǒ yǐwéi nǐ shì Rìběnrén ne!
　（君のことを日本人かと思いましたよ）

3) 她以为（／*认为）登山很容易，没想到还有这么多学问。
　　Tā yǐwéi dēngshān hěn róngyì, méi xiǎngdào hái yǒu zhème duō xuéwen.
　（彼女は登山なんて簡単なことだと思っていた，こんな多くの知識が必要とは思いもしなかった）

書き言葉として用いられる"以为"は，逆説の文脈に使うのが一般的である。"以为～，其实～" qíshí（～だと思われるが，実は～）というふうに使う。こういう場合では，"认为"に置き換えることができるが，"以为"を用いた方が認識と現状とのギャップをいっそう際立たせる。

4) 人们靠什么来建立命题，学者们有不同看法。一些人以为（／认为）主要靠句法知识，一些人以为（／认为）语义起决定作用。其实两者都是不可缺少。
　　Rénmen kào shénme lái jiànlì mìngtí, xuézhěmen yǒu bùtóng kànfa. Yìxiē rén yǐwéi (／rènwéi) zhǔyào kào jùfǎ zhīshi, yìxiē rén yǐwéi (／rènwéi) yǔyì qǐ juédìng zuòyòng. Qíshí liǎngzhě dōu shì bùkě quēshǎo.
　（どのように命題を立てるのか，学者によって認識が異なる。一部分の学者は文法知識によるものだと考え，一部分の学者は意味的特徴が大きく働いていると考えている。実際，両者とも不可欠なのだ）

5) 日语的书面语使用一些汉字，很多人以为（／认为）日语和汉语相近，日语好学，其实这是误解，汉语和日语是两种完全不同的语言。
　　Rìyǔ de shūmiànyǔ shǐyòng yìxiē hànzì, hěn duō rén yǐwéi (／rènwéi) Rìyǔ hé Hànyǔ xiāngjìn, Rìyǔ hǎo xué, qíshí zhè shì wùjiě, Hànyǔ hé Rìyǔ shì liǎng zhǒng wánquán bùtóng de yǔyán.
　（日本語の書き言葉にも漢字があるため，多くの人は日本語と中国語が似ていて，日本語は学びやすいと考えているが，実はこれは誤解である。中国語と日本語はまったく異なる言語である）

一方，"认为"は個人あるいは組織が以下に述べられる命題に対して思考，分析

を経たあとに下した判断の場合に用い，語気は断定的である。「…と思う，…と考える」。

6) 我认为（／＊以为）这是一个错误的决定。
   Wǒ rènwéi zhèshì yí ge cuòwù de juédìng.
   （これは間違った決定だと思う）

7) 会议认为（／＊以为），开展全民健身运动是目前最应该做的。
   Huìyì rènwéi, kāizhǎn quánmín jiànshēn yùndòng shì mùqián zuì yīnggāi zuò de.
   （会議では，今最もやるべき事として国民全体の健康を保つための運動をする，という認識で一致した）

8) 马克思主义者认为（／＊以为），实践是检验真理的唯一标准。
   Mǎkèsī zhǔyìzhě rènwéi, shíjiàn shì jiǎnyàn zhēnlǐ de wéiyī biāozhǔn.
   （マルクス主義者たちは，実践は真理を検証する唯一のものだと考えている）

9) 我认为（／＊以为）你不应该去。
   Wǒ rènwéi nǐ bù yīnggāi qù.
   （あなたは行くべきではないと思う）

"以为"の主語は個人または複数の人のどちらでもいいが，団体や組織が主語になることはできない。そして，判断や推測の対象は一般的な事である場合が多い。一方，"认为"の主語は個人に限らず，団体や組織でもよい。判断や考えの内容は政治，経済などのような改まったことに用いる場合もあれば，例9）のような，日常的なことに用いることもできる。

任务・工作
rènwu　gōngzuò

いずれも「仕事」，「業務」，「任務」などといった意味をもつ名詞として用いられる。

1) 分配工作（／任务）
   fēnpèi gōngzuò (/rènwu)
   （仕事を分配する）

2) 教学任务（／工作）
   jiàoxué rènwu (/gōngzuò)
   （教育の業務）

例1）と例2）において，ともに"任务"と"工作"は置き換えることができるが，意味の違いがある。例1）で，"工作"の場合は職業としての生計を立てていくた

めの仕事であるのに対して，"任务"の場合は上司から命じられた行うべき任務のことを指す。このような違いから，例3) のように二語が一緒に用いられる場合もある。

3) 根据科学的办法共同努力完成规定的工作任务。
   Gēnjù kēxué de bànfǎ gòngtóng nǔlì wánchéng guīdìng de gōngzuò rènwu.
   (効率的な方法で決められた仕事の責務を協力して果たす)

上述のように，"任务"は上から与えられた受け持つべき仕事や果たすべき責任を表すが，一方，"工作"は仕事，活動，職業，職務，業務，任務，役目などといった幅広い意味をもっている。

4) 学生的任务是努力学习。
   Xuésheng de rènwu shì nǔlì xuéxí.
   (学生の務めは一生懸命勉強することだ)

5) 上级把艰巨的任务交给了我们。
   Shàngjí bǎ jiānjù de rènwu jiāogěile wǒmen.
   (上級機関は我々にきわめて困難な任務を与えた)

6) 我在找工作。
   Wǒ zài zhǎo gōngzuò.
   (私は職を探している)

7) 他从事科学研究工作。
   Tā cóngshì kēxué yánjiū gōngzuò.
   (彼は科学研究の仕事に従事している)

8) 城市的绿化工作搞得很好。
   Chéngshì de lǜhuà gōngzuò gǎode hěn hǎo.
   (街の緑化事業がよく進んでいる)

また，"任务"は課せられた仕事の量を表すことができる。"工作"はある目的のために，事前に行う説得，働きかけの意味もあり，"做工作"として用いることが多い。

9) 我们工厂今年的生产任务已经超额完成。
   Wǒmen gōngchǎng jīnnián de shēngchǎn rènwu yǐjīng chāo'é wánchéng.
   (我々の工場では今年の生産ノルマはすでに超過達成している)

10) 我经常给同学做工作。
    Wǒ jīngcháng gěi tóngxué zuò gōngzuò.
    (私は普段からクラスメートに働きかけや説得をしている)

ほかに，"工作"は動詞の用法があり，「働く」,「仕事をする」ことを表す。また，例 12)のように作業機械自体についてもいう。"任务"には動詞用法がない。

11) 他每天都工作到深夜。
   Tā měitiān dōu gōngzuòdào shēnyè.
   (彼は毎日夜中まで働いている)

12) 推土机正在工作。
   Tuītǔjī zhèngzài gōngzuò.
   (ブルドーザーは作業中である)

容易・好
róngyì　hǎo

どちらも動詞の前に置き，その動作が「しやすい，するのが容易だ，簡単だ」ということを表す。

1) 这篇文章很容易懂，不用再作解释。
   Zhè piān wénzhāng hěn róngyì dǒng, búyòng zài zuò jiěshì.
   (この文章はとても分かりやすく，これ以上説明する必要がない)

2) 那个店很容易找。
   Nàge diàn hěn róngyì zhǎo.
   (あのお店は見つけやすい)

3) 这个也许比较好懂一些。
   Zhège yěxǔ bǐjiào hǎo dǒng yìxiē.
   (これが比較的分かりやすいかもしれない)

4) 他们家很好找。
   Tāmen jiā hěn hǎozhǎo.
   (彼らの家は見つけやすい)

ほかに"容易唱／好唱"(歌いやすい)，"容易回答／好回答"(答えやすい)，"容易学／好学"(学びやすい)，"容易记／好记"(覚えやすい) などもある。ただ，結果補語などが後ろにつく時は，「～しやすい」の意味として，"容易"を用いることはできるが，"好"を用いることはできない。"容易摔倒"(転びやすい)，"容易学会"(マスターしやすい) は言うが，"好摔倒"，"好学会"は言えない。

否定の場合は"不"を"容易"と"好"の前に置き，否定する。

「…する可能性が大きい」，「……しがちである」という意味を表すとき，言い変え

れば蓋然性を表す場合は，"容易"を用いる。後にくる内容が普通人間の意図するところではない，好ましくないことが多い。この場合，"好"に置き替えることはできない。

5) 这种说法容易引起误会。
   Zhè zhǒng shuōfǎ róngyì yǐnqǐ wùhuì.
   (このような言い方は誤解を招きやすい)

6) 看这种书很容易学坏。
   Kàn zhè zhǒng shū hěn róngyì xuéhuài.
   (このような本を読むとすぐに悪いことを覚えてしまう)

ほかに"容易得罪人"róngyì dézuì rén（人の感情を害しがちだ），"容易退色"róngyì tuìsè（色あせしやすい），"容易坏"róngyì huài（腐りやすい）なども"好"に置き換えることができない。

次の7）と8）は"容易"と"好"の後ろがどちらも"听清楚"であるが，表す意味が違う。

7) 张老师说话容易听清楚，马老师说话就不容易听清楚。
   Zhāng lǎoshī shuōhuà róngyì tīngqīngchu, Mǎ lǎoshī shuōhuà jiù bù róngyì tīng qīngchu.
   (張先生の話は聞き取りやすいが，馬先生の話は聞き取りにくい)

8) 他把身子往前凑凑，好听清楚他们究竟在说什么。
   Tā bǎ shēnzi wǎng qián còucou, hǎo tīngqīngchu tāmen jiūjìng zài shuō shénme.
   (彼らが一体何を言っているのかを聞き取るため，彼は体をちょっと前のほうへ寄せた)

つまり，7）の場合は「〜しやすい」の意を表すが，8）は「〜するために」という意味，つまり目的を表す。目的を表すときは，"容易"を使わないということになる。

また，姿，形，音，味，感じなどが心地よいことを表す場合は"好〜"を用い，"容易〜"に置き換えることはできない。"好看"，"好闻"，"好听"，"好吃"，"好喝"などがある。

柔和・温柔
róuhé　wēnróu

"柔和"と"温柔"はいずれも「優しい，穏やかだ」という意味をもつ。

1) 她说话的语调非常柔和（／温柔），但是态度却很坚决。
   Tā shuōhuà de yǔdiào fēicháng róuhé (/wēnróu), dànshì tàidu què hěn jiānjué.
   (彼女の口調はとてもソフトだが，態度は毅然としている)

2) 妈妈用柔和（／温柔）的目光看着我。
   Māma yòng róuhé (/wēnróu) de mùguāng kànzhe wǒ.
   (お母さんは優しい眼差しで私を見ている)

3) 她柔和（／温柔）地劝他听大家的意见。
   Tā róuhé (/wēnróu) de quàn tā tīng dàjiā de yìjian.
   (彼女は彼にみんなの意見を聞くように優しく言って聞かせた)

"温柔"は人が「情愛をもっていて優しい」ことに重点があり，"柔和"は人に限らず「激しくなく，穏やかである」，「人に心地よいと感じさせる」ことに重点がある。人に関して"柔和"が使えるのは，1）～3）のように口調や眼差し，態度などについて言う場合に限られる。「優しい人」，「穏やかな人」のように人自身が「優しい」という場合には 4）～6）のように"温柔"を使い，"柔和"は使えない。

4) 他对妻子很温柔（／＊柔和）。
   Tā duì qīzi hěn wēnróu.
   (彼は奥さんにとても優しい)

5) 温柔（／＊柔和）的母亲最美。
   Wēnróu de mǔqin zuì měi.
   (優しい母親が一番素晴らしい)

6) 她想要找温柔（／＊柔和）的人结婚。
   Tā xiǎng yào zhǎo wēnróu de rén jiéhūn.
   (彼女は優しい人を見つけて結婚したいと思っている)

一方，人ではないモノが「穏やかである」，「心地よく感じさせて優しい」という場合には"柔和"を使い，"温柔"は使えない。

7) 柔和（／＊温柔）的绿色
   róuhé de lǜsè
   (柔らかな感じの緑色)

8) 柔和（／＊温柔）的咖喱风味
   róuhé de gālí fēngwèi
   (マイルドなカレー風味)

9) 柔和（／＊温柔）防晒露
   róuhé fángshàilù

（マイルド日焼け止めローション）

ただし，人以外のモノでも「優しい心をもつ」と見立てが可能であれば，10)，11) のように"温柔"も使うことができる。その場合"柔和"では春風や陽光が「(強烈ではなくて) 穏やかである」，"温柔"では春風や陽光が「(慈母のように) 優しい」というニュアンスの違いがある。

10) 柔和（／温柔）的春风
 róuhé (/wēnróu) de chūnfēng
 （優しい春風）

11) 冬天柔和（／温柔）的阳光
 dōngtiān róuhé (/wēnróu) de yángguāng
 （冬の穏やかな陽光）

"柔和"は形のあるモノが「柔らかい」という意味をもつ。"温柔"にはこの用法はない。

12) 这块布料摸起来感觉很柔和（／＊温柔）。
 Zhè kuài bùliaò mōqilai gǎnjué hěn róuhé.
 （この布地は触ってみるととても柔らかい）

散・散
sǎn　sàn

中国語のなかには漢字がいっしょで，声調の違いによって意味が変わる単語が少なくない。

第三声の"散"sǎn は，形容詞または形容詞に近い自動詞で，一まとまりでなく分散しているさまを表す。「ばらばらである，散らばっている，ほどけている」。

1) 队伍走散了。
 Duìwǔ zǒusǎn le.
 （隊列がばらばらになった）

2) 包裹散了。
 Bāoguǒ sǎn le.
 （包みがほどけてしまった）

3) 木箱散了。
 Mùxiāng sǎn le.
 （木箱がばらばらになった）

4) 这个公园的树种得很散。
   Zhège gōngyuán de shù zhòngde hěn sǎn.
   （この公園の樹木はあちこちに散らばって植えてある）

第4声の"散"sàn は動詞で，集まっているものが分散する，または，分散させることを表す。目的語をとれる。「散らばる，散らす，まく」

5) 散会！
   Sànhuì!
   （解散！）

6) 散传单
   sàn chuándān
   （ビラをまく）

7) 快把窗户打开，散散烟。
   Kuài bǎ chuānghu dǎkāi, sànsan yān.
   （早く窓を開けて煙を追い出しなさい）

この例のように，声調を異にし，意味用法の違うペアは多い。たとえば，"好" hǎo よい（形容詞）と"好" hào 好む（動詞），"数" shù かず（名詞）と"数" shǔ 数える（動詞），"种" zhǒng 種類，たね（量詞・名詞）と"种" zhòng 植える（動詞），"凉" liáng 涼しい，冷たい（形容詞）と"凉" liàng 冷ます（動詞）など。

商量 · 商榷 · 讨论
shāngliang　shāngquè　tǎolùn

いずれも動詞である。意味的には似ているものの，使い方が異なる。
"商量"は「意見を交換する」，「相談する」，「打合わせる」。話し言葉によく用いる。

1) 这件事得跟父母商量一下。
   Zhè jiàn shì děi gēn fùmǔ shāngliang yíxià.
   （このことは親に相談しなければならない）

2) 商量来商量去还是没解决问题。
   Shāngliang lái shāngliang qù háishi méi jiějué wèntí.
   （あれこれ相談したが結局解決していない）

3) 咱们商量商量今后怎么办好。
   Zánmen shāngliangshāngliang jīnhòu zěnme bàn hǎo.
   （私たちは今後どうしたらいいか話し合おう）

上の例のように，相談相手は介詞"跟"gēn（"和"hé）で導く。相談する内容は目的語とする。

"商榷"は「検討する」，「討議する」。専門性の高い内容を書く時あるいは話す時に用いる。また，他人の見解の誤りを指摘するときの婉曲的な表現としても用いられる。

4) 这是一个值得进一步研究和商榷的问题。
   Zhè shì yí ge zhíde jìn yí bù yánjiū hé shāngquè de wèntí.
   （これはさらなる研究と検討に値する問題である）

5) 就通货膨胀问题与王教授商榷。
   Jiù tōnghuò péngzhàng wèntí yǔ Wáng jiàoshòu shāngquè.
   （インフレの問題について王教授と意見を交換する）

6) 对此见解还有诸多疑惑，对所提证据也有商榷的余地。
   Duì cǐ jiànjiě hái yǒu zhūduō yíhuò, duì suǒ tí zhèngjù yě yǒu shāngquè de yúdì.
   （この見解についてまだ多くの疑問点があり，提供された証拠についても検討する余地がある）

7) 拜读了吴先生的论著之后，我们觉得对吴先生的观点仍有商榷的必要。
   Bàidúle Wú xiānsheng de lùnzhù zhī hòu, wǒmen juéde duì Wú xiānsheng de guāndiǎn réng yǒu shāngquè de bìyào.
   （呉先生の著書を拝読して，呉先生の観点について，まだ討議する必要があると思います）

8) 几经商榷和再三斟酌之后，他们决定签订此合同。
   Jǐjīng shāngquè hé zàisān zhēnzhuó zhī hòu, tāmen juédìng qiāndìng cǐ hétong.
   （再三の検討と斟酌をした結果，彼らはこの契約にサインするのを決めた）

"讨论"は「討論する」，「議論する」。あるテーマについて意見を出し合って議論を行う場合に"讨论"を用いる。討論の内容は一般的なことから重要なことまでさまざまで，必ずしも面と向かって議論するのではなく，論文などを通して議論する場合も"讨论"と言う。さらに"讨论"は"番"fān，"些"xiē，"种"zhǒng といった量詞，または"的"の後ろに置くことができる。

9) 我们分组讨论一下吧。
   Wǒmen fēnzǔ tǎolùn yíxià ba.
   （私たちはグループに分かれて議論しましょう）

10) 学界一直都在讨论这个问题。
    Xuéjiè yìzhí dōu zài tǎolùn zhège wèntí.
    （学界ではずっとこの問題について議論している）

11) 我们今天的这番讨论很有意义。
    Wǒmen jīntiān de zhè fān tǎolùn hěn yǒu yìyì.
    (我々の今日のこの討論はとても有意義である)

12) 这些讨论是很必要的。
    Zhèxiē tǎolùn shì hěn bìyào de.
    (この討論はきわめて必要である)

13) 我们继续前面的讨论吧。
    Wǒmen jìxù qiánmiàn de tǎolùn ba.
    (先ほどの討論を続けましょう)

上・去
shàng　qù

いずれも動詞で「行く」という共通義をもつ。下記のような場所を表す名詞の前には"去"と"上"のどちらを用いてもよい。ただし，"上"の方がより口語的な表現となる。

1) 他去（／上）医院了。
   Tā qù (/shàng) yīyuàn le.
   (彼は病院に行った)

2) 他去（／上）学校了。
   Tā qù (/shàng) xuéxiào le.
   (彼は学校に行った)

3) 他去（／上）北京了。
   Tā qù (/shàng) Běijīng le.
   (彼は北京に行った)

4) 他去（／上）洗手间了。
   Tā qù (/shàng) xǐshǒujiān le.
   (彼はお手洗いに行った)

しかし，"上班" shàngbān，"上学" shàngxué，"上课" shàngkè といった言葉では"上"しか使えず，"去班"，"去学"，"去课"とは言わない。これらの"上班"，"上学"，"上课"などは，公のパブリックなところへゆく活動とも言えるだろう。その意味では"上"の方位詞としての「うえ」という意味合いが残っているとも考えられる。一方，"去"は単なる「〜へ行く」という行為を表す。
　また次のような連動文においては，今度は"去"しか前に置けない。

5) 他去（✓／＊上）上班了。
   Tā qù shàngbān le.
   (彼は会社に行った)

6) 咱们去（✓／＊上）上街走走。
   Zánmen qù shàngjiē zǒuzou.
   (私たちは街へ行きぶらぶらしましょう)

7) 孩子去（✓／＊上）上学了。
   Háizi qù shàngxué le.
   (子どもが学校に行った)

8) 打铃了，赶紧去（✓／＊上）上课吧。
   Dǎlíng le, gǎnjǐn qù shàngkè ba.
   (チャイムが鳴った，早く授業に行こう)

　上の文は，すべて"去上～"の形式であるが，もちろん"去"はその他の動詞の前におくことができる。"去"と"上"の文法上の大きな違いは"上"の後ろは名詞目的語を必ず取らなければならない点である。一方，"去"は目的語なしでもよいし，動詞の前に置くこともできる。

9) 我先去（✓／＊上）了。
   Wǒ xiān qù le.
   (私は先に行くね)

10) 你们去（✓／＊上）参加的话，我也去（✓／＊上）。
    Nǐmen qù cānjiā dehuà, wǒ yě qù.
    (あなたたちが参加するなら私も行く)

11) 你跟我一起去（✓／＊上）买东西不？
    Nǐ gēn wǒ yìqǐ qù mǎi dōngxi bù?
    (一緒に買い物に行きませんか)

　"上"には，"上菜"，"上网"といった固定的な用法があり，この場合も"去"に置き換えることができない。

12) 先上什么菜，后上什么菜是有一定规矩的。
    Xiān shàng shénme cài, hòu shàng shénme cài shì yǒu yídìng guīju de.
    (どの料理を先に出し，どの料理を後に出すかには一定の決まりがある)

13) 上（✓／＊去）网查查吧。
    Shàngwǎng chácha ba.
    (ネットで調べましょう)

上当 · 受骗
shàngdàng　shòupiàn

どちらも「騙される」という意味をもつ。"上当受骗"として使われることもある。"上当"は，口語で使われることが多い。

1) 你要小心，不要受骗（／上当）了。
   Nǐ yào xiǎoxīn, búyào shòupiàn (／shàngdàng) le.
   (気をつけて，騙されないように)

2) 去黑市换钱，很容易上当（／受骗）。
   Qù hēishì huàn qián, hěn róngyì shàngdàng (／shòupiàn).
   (闇市場で両替すると，騙されやすい)

3) 什么样的人会容易上当受骗？
   Shénmeyàng de rén huì róngyì shàngdàng shòupiàn?
   (どんなタイプの人が騙されやすいですか？)

4) 这时她才感觉上当受骗了。
   Zhè shí tā cái gǎnjué shàngdàng shòupiàn le.
   (このときやっと，彼女は騙されたことに気づいた)

"上当"には，何らかの策略を考え，相手を陥れ，罠にはめる，その結果，相手が騙されるという意味あいがあり，策略面を強調する。

5) 他是个大骗子，你上了他的当了。
   Tā shì ge dà piànzi, nǐ shàngle tā de dàng le.
   (彼は大嘘つきです，あなたは彼の策略にはまったのです)

6) 白雪公主上了王后的当，吃了有毒的苹果。
   Báixuě gōngzhǔ shàngle wánghòu de dàng, chīle yǒudú de píngguǒ.
   (白雪姫は王妃の策略にはまって，毒入りのりんごを食べた)

一方，"受骗"には，相手の言うことを信用してしまい，騙されるという意味あいが強い。

7) 他是个大骗子，你受了他的骗了。
   Tā shì ge dà piànzi, nǐ shòule tā de piàn le.
   (彼は大嘘つきです，あなたは彼を信じてだまされた)

8) 白雪公主受了王后的骗，吃了有毒的苹果。
   Báixuě gōngzhǔ shòule wánghòu de piàn, chīle yǒudú de píngguǒ.
   (白雪姫は王妃を信用して騙されて，毒の入ったりんごを食べた)

したがって，相手の言うことを信用して騙された場合は，"受骗"を使う。

9) 他说他没结过婚，原来他的孩子都三岁了，我受骗（／＊上当）了。
   Tā shuō tā méi jiéguo hūn, yuánlái tā de háizi dōu sān suì le, wǒ shòupiàn le.
   (彼は結婚していないと言ったのに，実は3つになる子供がいて，私は彼の言葉を信じて騙された)

10) 你竟然相信算卦的胡说八道，这不是甘心受骗（／＊上当）吗？
    Nǐ jìngrán xiāngxìn suànguà de hú shuō bā dào, zhè bú shì gānxīn shòupiàn ma?
    (あなたはなんと占い師の言葉を信じた，これはすすんで騙されたということではないか？)

"上当"には，相手に勝利するための策略，作戦が功を奏したという意味合いもあり，敵を欺く戦略を称賛する語感がある。

11) 诸葛亮"草船借箭"是《三国演义》中最精彩的故事之一。草船借箭后，曹操知道上当了。
    Zhūgě Liàng "cǎo chuán jiè jiàn" shì «Sānguó yǎnyì» zhōng zuì jīngcǎi de gùshi zhī yī. Cǎo chuán jiè jiàn hòu, Cáo Cāo zhīdao shàngdàng le.
    (諸葛亮の草船借箭の計は『三国志演義』の中で最もいきいきとした故事のひとつである。草船借箭の計のあと，曹操は諸葛亮の策略にみごとにはまったことを知った)

12) 士兵们进入山谷之后，才发现他们上当了，敌人早在这里埋伏好了！
    Shìbīngmen jìnrù shāngǔ zhīhòu, cái fāxiàn tāmen shàngdàng le, dírén zǎo zài zhèli máifuhǎo le!
    (兵士たちは渓谷に入ったあと，敵の策略にはまったことに気づいた，敵はとっくにそこに待ち伏せていた！)

子供がエイプリルフールに冗談で騙したり，悪ふざけで騙したりする場合も，あらかじめ策略を考えて騙すので，"上当"を使う。

13) 孩子们大叫："你上当啦，愚人节的傻瓜。"
    Háizimen dà jiào: "Nǐ shàngdàng la, Yúrénjié de shǎguā."
    (子供たちが叫んだ。「やーい，ひっかかった。エイプリルフールだよー」)

14) 愚人节，我又上了一次当。
    Yúrénjié, wǒ yòu shàngle yí cì dàng.
    (エイプリルフールに，私はまた騙された)

谁・什么人
shéi　shénme rén

　どちらも「人」を指すという点において共通点がある。しかし，両者は使う文脈が異なり，それぞれの意味的特徴をもつ。
　"谁"はどの人かを特定するときに用いる。下記の例のような特定の人を指す場合は"谁"しか使えない。

1) 谁（／＊什么人）能帮我一下吗？
   Shéi néng bāng wǒ yíxià ma?
   (誰か手伝ってくれませんか)

2) 妈妈和爸爸的意见不一致，我不知听谁（／＊什么人）的好。
   Māma hé bàba de yìjian bù yízhì, wǒ bù zhī tīng shéi de hǎo.
   (母と父の意見が一致していないので，どちらの意見を聞けばいいのか分からない)

　また"谁"は以下のような慣用句で用いられ，時には人でなくコトを指すこともできる。"什么人"はこのような用法がない。

3) 咱俩谁（／＊什么人）跟谁（／＊什么人）啊！
   Zán liǎ shéi gēn shéi a!
   (あなたと私の仲じゃないですか)

4) 两派之间谁（／＊什么人）是谁（／＊什么人）非，没办法弄清楚。
   Liǎng pài zhījiān shéi shì shéi fēi, méi bànfǎ nòngqīngchu.
   (二つの派閥のどちらが道理に反しているのか，明らかにできない)

5) 企业的发展与员工个人的发展是相辅相成的，谁（／＊什么人）也离不开谁（／＊什么人）。
   Qǐyè de fāzhǎn yǔ yuángōng gèrén de fāzhǎn shì xiāng fǔ xiāng chéng de, shéi yě líbukāi shéi.
   (企業と社員個人はおたがいに助け合い，発展成長するものであり，どちらも切り離すことができない)

　"谁"はさらに反語文に用いることができる。これも"什么人"にはない用法である。

6) 谁（／＊什么人）不想去呀！那么好的地方我当然想去。
   Shéi bù xiǎng qù ya! Nàme hǎo de dìfang wǒ dāngrán xiǎng qù.
   (誰が行きたくないもんか，あんな素晴らしいところにはもちろん行きたいよ)

　"什么人"は"谁"と比べて，その使用が単純で「人」以外を指すことができない。

"什么人"は「どのような人」であり，人の性質，職業，身分や社会的あるいは親族としての関係などを尋ねるときに用いる。

7) "他是你什么人（／*谁）？" "他是我妹妹的丈夫。"
   "Tā shì nǐ shénme rén?" "Tā shì wǒ mèimei de zhàngfu."
   (「彼はあなたのどういう〈関係の〉方ですか？」「私の妹の夫です」)

8) 要培养什么人（／*谁），这是应该重视的问题。
   Yào péiyǎng shénme rén, zhè shì yīnggāi zhòngshì de wèntí.
   (どういう人を育てたいのか，これは重視すべき問題である)

下記のような日常的な言い方では，"谁"と"什么人"のどちらも用いる事が可能である。

9) 你找谁（／什么人）？
   Nǐ zhǎo shéi (/shénme rén)?
   (どなたにご用ですか／どういう人を捜していますか？)

10) 她对谁（／什么人）都很热情。
    Tā duì shéi (/shénme rén) dōu hěn rèqíng.
    (彼女は誰／どういう人に対しても親切です)

11) "你们家都有什么人（／谁）？" "爸爸、妈妈和我。"
    "Nǐmen jiā dōu yǒu shénme rén (/shéi)?" "Bàba, māma hé wǒ."
    (「あなたの家の家族構成は？」「父，母と私です」)

12) "你老家还有什么人（／谁）？" "还有我母亲和我妹妹一家人。"
    "Nǐ lǎojiā hái yǒu shénme rén (/shéi)?" "Hái yǒu wǒ mǔqin hé wǒ mèimei yìjiā rén."
    (「あなたの実家には今誰がいるの？」「母と妹家族がいます」)

"谁"と"什么人"はそれぞれの意味的特徴があり，多くの場合は異なる文脈に用いる。たがいに置き換えられる場合でもニュアンスが異なる。"谁"は特定の人を指し，"什么人"は人の性質，職業，社会的な地位などを指す。下記の例においては，"谁"より"什么人"の方がより適切であろう。

13) 到那儿后要联系什么人（／谁），要和什么人（／谁）打招呼，要给什么人（／谁）送礼，这也是很有学问的。
    Dào nàr hòu yào liánxì shénme rén (/shéi), yào hé shénme rén (/shéi) dǎ zhāohu, yào gěi shénme rén (/shéi) sònglǐ, zhè yě shì hěn yǒu xuéwen de.
    (そっちに行ったらどういう人／誰に連絡し，どういう人／誰に挨拶をし，どういう人／誰にプレゼントをあげるべきか，これにもけっこう要領がいる)

神奇・奇妙
shénqí qímiào

どちらも想定外, 普通でないことを表す。"神奇"は不思議で神秘的であることを形容し, "奇妙"はたいへん珍しく見事であることを形容するというニュアンスの違いがある。

1) 魔术师变了一个神奇（／奇妙）的魔术。
   Móshùshī biànle yí ge shénqí (/qímiào) de móshù.
   (マジシャンは不思議なマジックを披露した)

2) 桂林壮丽的景色让人领略到大自然的神奇（／奇妙）。
   Guìlín zhuànglì de jǐngsè ràng rén lǐnglüèdào dàzìrán de shénqí (/qímiào).
   (桂林の壮大な景色は人々に大自然の神秘を感じさせる)

"神奇"はその人が特別な学識や技能をもつことを表すことができる。

3) 福尔摩斯是一个神奇（／＊奇妙）的侦探。
   Fú'ěrmósī shì yí ge shénqí de zhēntàn.
   (シャーロックホームズは不可思議な探偵である)

4) 孙悟空有着可以上天入地的神奇（／＊奇妙）法力。
   Sūnwùkōng yǒuzhe kěyǐ shàng tiān rù dì de shénqí fǎlì.
   (孫悟空は天に昇り地に潜る不思議な能力をもつ)

"土地", "国家", "力"を形容する場合は"神奇"を使う。

5) 印度是一个古老而神奇（／＊奇妙）的国家。
   Yìndù shì yí ge gǔlǎo ér shénqí de guójiā.
   (インドは歴史があり, 神秘的な国である)

6) 丝绸之路位于一片神奇（／＊奇妙）的土地。
   Sīchóu zhī lù wèiyú yí piàn shénqí de tǔdì.
   (シルクロードは神秘的な道のりである)

生病・得病・犯病
shēngbìng débìng fànbìng

いずれも「病気になる」という意味を表す。

1) 小心生病（／得病／犯病）
   xiǎoxīn shēngbìng (/débìng/fànbìng)
   （病気に注意）

"生"（発生する），"得"（得る），"犯"（犯す，侵害する）というそれぞれの動詞の違いにより，意味に違いが生じる。
"生病"は，内部から病気が生まれることに重点を置く。

2) 经常运动的人不容易生病。
   Jīngcháng yùndòng de rén bù róngyì shēngbìng.
   （いつも運動している人は病気になりにくい）

3) 她动不动就生病。
   Tā dòngbudòng jiù shēngbìng.
   （彼女は病気がちです）

"得病"は「外からうつる」という意味が出てくる。

4) 他不幸得了传染病。
   Tā búxìng déle chuánrǎnbìng.
   （彼は不幸にも伝染病にかかってしまった）

5) 听说他得了一场大病。
   Tīngshuō tā déle yì cháng dàbìng.
   （聞くところによると彼は大変な病気になったそうです）

"犯病"は持病が再発する，古い悪習が再発するという意味をもつ。よって，慢性的でない病気には使えない。

6) 她又犯老毛病了。
   Tā yòu fàn lǎo máobìng le.
   （彼女はまた持病が再発した）

一般に「病気になる」ことの総称としては"生病"が，具体的な病名を述べる場合には"得病"が多く用いられる。

7) 生病，是细胞在喊救命。
   Shēngbìng, shì xìbāo zài hǎn jiùmìng.
   （病気になるということは，細胞が助けを呼んでいることなのだ）

8) 她得了急性肾病，住了两个月的院。
   Tā déle jíxìng shènbìng, zhùle liǎng ge yuè de yuàn.
   （彼女は急性腎臓病にかかり，2ヵ月入院した）

なお話し言葉の習慣では，北方において"得病"がよく使われるようである。

生命 ・ 性命
shēngmìng　xìngmìng

いずれも「命」という共通義をもつ。"生命"はあらゆる生物の命を表し，指すのは命そのものだけではなく，生物体がもつ活動能力も含まれる。したがって比喩的に使うことができる。"性命"は多く人間の命を表す。

1) 献出了宝贵的生命（／＊性命）。
   Xiànchule bǎoguì de shēngmìng.
   （尊い命を捧げた）

2) 新的生命（／＊性命）马上就要诞生了。
   Xīn de shēngmìng mǎshàng jiù yào dànshēng le.
   （新しい命が間もなく誕生する）

3) 生命（／＊性命）是宝贵的，我们每个人都应该珍惜。
   Shēngmìng shì bǎoguì de, wǒmen měi ge rén dōu yīnggāi zhēnxī.
   （命は尊いものであり，我々は命を大事にしなければならない）

4) 保护环境，挽救珍奇动物的生命（／＊性命）。
   Bǎohù huánjìng, wǎnjiù zhēnqí dòngwù de shēngmìng.
   （環境を保護し，貴重な動物の命を助ける）

5) 他的政治生命（／＊性命）已经到了尽头。
   Tā de zhèngzhì shēngmìng yǐjīng dàole jìntóu.
   （彼の政治生命はもう終わりだ）

"性命"を用いる場合は慣用的な用法を除いて，ほとんどの場合"生命"に置き換えることができる。

6) 他又面临着一次性命（／生命）攸关的考验。
   Tā yòu miànlínzhe yí cì xìngmìng (／shēngmìng) yóuguān de kǎoyàn.
   （彼は再び人命にかかわる試練に直面している）

7) 如果不是抢救及时，他恐怕就性命（／生命）难保了。
   Rúguǒ bú shì qiǎngjiù jíshí, tā kǒngpà jiù xìngmìng (／shēngmìng) nánbǎo le.
   （もし応急手当をしなかったら，彼は恐らく命がなかっただろう）

8) 他为了挽救一个小姑娘的性命（／生命）而受了伤。
   Tā wèile wǎnjiù yí ge xiǎogūniang de xìngmìng (／shēngmìng) ér shòule shāng.

（彼はあの子の命を救ったために怪我をした）

"性命"は"丢了"，"送了"の目的語になることができるが，"生命"はこのような使い方がない。

9) 若不是抢救及时，差点儿送了性命（／＊生命）。
   Ruò bú shì qiǎngjiù jíshí, chàdiǎnr sòngle xìngmìng.
   （もし救助が遅かったら，命を失うところだった）

10) 那次车祸，他险些丢了性命（／＊生命）。
    Nà cì chēhuò, tā xiǎnxiē diūle xìngmìng.
    （あの車の事故で，彼は命を落とすところだった）

省得・免得
shěngde miǎnde

"省得"と"免得"は接続詞である。次のような構造の複文に現れる。

　　W，省得／免得 X。

"省得"と"免得"はともに後節の先頭に置き，「前節に述べる行為（W）の目的は，後節にいう好ましからざる情況（X）の発生を避けるためである」ことを表す。

1) 早点儿回去，省得妈妈着急。
   Zǎo diǎnr huíqu, shěngde māma zháojí.
   （早く帰りなさい，お母さんが心配しないように）

2) 写封信，免得家里惦记。
   Xiě fēng xìn, miǎnde jiāli diànji.
   （手紙を出しなさい，お家の人が心配しないように）

2語は多くの場合，置き換えが可能である。

3) 你应当把重要的事记下来，免得（／省得）忘记。
   Nǐ yīngdāng bǎ zhòngyào de shì jìxialai, miǎnde (/shěngde) wàngjì.
   （大事なことは書いておきなさい，忘れないように）

4) 知道有知道的好处，蒙在鼓里也未尝不好，省得（／免得）伤心。
   Zhīdao yǒu zhīdao de hǎochù, méngzài gǔli yě wèicháng bù hǎo, shěngde (/miǎnde) shāngxīn.
   （知るには知る良さがあるが，知らないというのも悪いことばかりとは限らない，心を痛めずにすむ）

違いは"省得"のほうは，"省"shěngの一字があるように，「"省得"以下のことをやらずに済む，省ける」という場合に多く使われる。「手間が省ける，時間が省ける，お金が省ける，気遣いが省ける」などという場合で，次のような例がその典型である。

5) 有夜市就方便多了，我可以每天夜里来吃你的馄饨，省得晚上做饭了。
Yǒu yèshì jiù fāngbiàn duō le, wǒ kěyǐ měitiān yèli lái chī nǐ de húntun, shěngde wǎnshang zuòfàn le.
(夜店があれば便利だね。毎晩ここに来てあんたのワンタンを食べることができるし，そうすりゃ夜ご飯を作るのも省けるし)

6) 旧课本能用就用旧的吧，省得再花钱买新的。
Jiù kèběn néng yòng jiù yòng jiù de ba, shěngde zài huā qián mǎi xīn de.
(使えるんなら旧い教科書を使おう，そうすれば新しいのをわざわざお金を出して買わなくても済む)

このようにXは日常的によくしていることが多い。"做饭"や"花钱"，つまり，"费时"fèishí（時間がかかる），"费钱"fèiqián（お金がかかる），"费力"fèilì（労力がかかる），"费心"fèixīn（気遣いする）などで，手間暇かかる厄介事，つまり「好ましくないこと」が多いのだが，その程度は比較的軽い傾向にある。

他方，"免得"は「なぜWをするかというとXを避けるため」である。"省得"はXをしなくて済む，手間が省けるという程度であったが，"免得"はその発生を逃れるため，避けるためである。勢い，Xは起こっては大変なことが多く，マイナスイメージが強い。

7) 机器要保养好，免得出毛病。
Jīqì yào bǎoyǎnghǎo, miǎnde chū máobing.
(機器は保守点検が大事だ，故障しないためにも)

8) 你们把木头放到屋里去，免得小孩子常常跌倒!
Nǐmen bǎ mùtou fàngdào wūli qu, miǎnde xiǎoháizi chángcháng diēdǎo!
(木材は家の中に入れてくれ，子どもがつまづいて倒れないように)

9) 要是他失败了呢，就把教训告诉别人，免得他们再走弯路。
Yàoshi tā shībài le ne, jiù bǎ jiàoxùn gàosu biéren, miǎnde tāmen zài zǒu wānlù.
(もし彼が失敗したなら，その教訓を人に教えればよい，あとの人たちが回り道をしないように)

"省得"は口語でよく使われるが"免得"は口語でも書面語でも用いられる。

盛大・隆重
shèngdà　lóngzhòng

どちらも「盛大である」ことを意味し，品詞はともに形容詞。双方の互換性も非常に高い。

1) 圣诞节是欧美各国最盛大（／隆重）的节日。
   Shèngdànjié shì Ōu Měi gèguó zuì shèngdà (/lóngzhòng) de jiérì.
   (クリスマスは，欧米各国最大の記念日です)

2) 婚礼很隆重（／盛大）。
   Hūnlǐ hěn lóngzhòng (/shèngdà).
   (婚礼はとても華やかだ)

この双方の使い分けは，発話者が「盛大」と感じるポイントで区別される。
規模の大きさに重点が置かれるのが"盛大"であり，"规模"guīmó と組み合せて用いられることも多い。

3) 港澳和内地妇女界朋友首次在北京举行规模盛大（／＊隆重）的聚会。
   Gǎng Ào hé nèidì fùnǚjiè péngyou shǒucì zài Běijīng jǔxíng guīmó shèngdà de jùhuì.
   (香港マカオおよび内陸の婦人界の友人が初めて北京で盛大な集会を開いた)

4) 在纽约，华侨华人举行了盛大（／＊隆重）的庆祝游行迎接猴年到来。
   Zài Niǔyuē, huáqiáo huárén jǔxíngle shèngdà de qìngzhù yóuxíng yíngjiē hóu nián dàolái.
   (ニューヨークでは華僑や中国系住民が盛大な祝賀パレードを行い，申年を迎えた)

一方，"规模隆重"という組み合せにはならない。
"隆重"が表す「盛大さ」は，規模よりもそのきらびやかな豪華さや厳粛さを連想させたり，その行事の正統性や格式の高さを意識するのが特徴的だ。

5) 摆满鲜花的天安门广场举行隆重（／＊盛大）的升旗仪式。
   Bǎimǎn xiānhuā de Tiān'ānmén guǎngchǎng jǔxíng lóngzhòng de shēngqí yíshì.
   (一面生花に飾られた天安門広場で厳かな掲揚式典が執り行われた)

6) 中国各界隆重（／＊盛大）纪念全国人民代表大会成立 50 周年。
   Zhōngguó gèjiè lóngzhòng jìniàn Quánguó Rénmín Dàibiǎo Dàhuì chénglì wǔshí zhōunián.
   (中国各界は全国人民代表大会成立 50 周年を盛大に記念した)

ゆえに，国を挙げての行事や活動，威厳のある式典など政治色の強い文章には"隆重"が多く登場する。"中共"Zhōnggòng や"国家"guójiā など権威ある機関が"庆

祝"，"举行"，"纪念"等する時は"隆重"に行われるのである。

また，用法上では6) のように"隆重"は連用修飾語になることができるが，"盛大"にこの用法はない。

时候・时间・时刻
shíhou　shíjiān　shíkè

いずれも名詞で，時点，時間の長さを表すことができる。"时候"と"时间"は置き換えることができる場合がある。

1) 时候（／时间）不早了，快睡吧。
   Shíhou (/shíjiān) bù zǎo le, kuài shuì ba.
   (もう遅いから早く寝なさい)

2) 明天这个时候（／时间），请你再来一次。
   Míngtiān zhège shíhou (/shíjiān), qǐng nǐ zài lái yí cì.
   (明日のこの時間にもう一度来てください)

"时候"が指している時間はあいまいであり，"时间"が指している時間ははっきりしている。

3) 飞机起飞的时候（／＊时间）请系好安全带。
   Fēijī qǐfēi de shíhou qǐng jìhǎo ānquándài.
   (飛行機が離陸する時はシートベルトをきちんと締めてください)

4) 飞机起飞的时间（／＊时候）是 13 点 15 分。
   Fēijī qǐfēi de shíjiān shì shísān diǎn shíwǔ fēn.
   (飛行機の離陸の時間は 13 時 15 分です)

下のようなあいまいな時点を表す「…の時」の場合では"时候"しか使えない。

5) 上课的时候（／＊时间）不要看手机。
   Shàngkè de shíhou búyào kàn shǒujī.
   (授業の時は携帯を見ないでください)

6) 她高兴的时候（／＊时间）喜欢唱歌。
   Tā gāoxìng de shíhou xǐhuan chànggē.
   (彼女はご機嫌な時に歌を歌うのが好きだ)

7) 上大学的时候（／＊时间）他非常活跃。
   Shàng dàxué de shíhou tā fēicháng huóyuè.

498

(大学の時、彼は非常に活発だった)

8) 那个时候（／＊时间）她瘦瘦的。
   Nàge shíhou tā shòushòu de.
   (あの時、彼女は痩せていた)

"时间"は「時間」の意味である。また「時期」を表すこともできる。さらに抽象的、比喩的に使うことができる。下記の例において、"时候"に置き換えることはできない。

9) 用了多长时间（／＊时候）？
   Yòngle duō cháng shíjiān?
   (どのぐらい時間がかかりましたか)

10) 现在是北京时间（／＊时候）十点整。
    Xiànzài shì Běijīng shíjiān shí diǎn zhěng.
    (北京時間10時ちょうどです)

11) 打算用五年的时间（／＊时候）写完这本书。
    Dǎsuàn yòng wǔ nián de shíjiān xiěwán zhè běn shū.
    (五年間でこの本を完成させる予定です)

12) 最宝贵的是时间（／＊时候）。
    Zuì bǎoguì de shì shíjiān.
    (いちばん大事なものは時間です)

13) 时间（／＊时候）就是生命，时间（／＊时候）就是金钱。
    Shíjiān jiù shì shēngmìng, shíjiān jiù shì jīnqián.
    (時間は命であり、金である)

"时刻"は名詞であり副詞でもある。多くの場合形容詞（句）に修飾され、普通は異なる限定した時点をいう。"时刻"は"时间"との互換性がないが、"时候"と置き換えることができる場合がある。たとえば、"在…时刻／时候"の文型の時である。

14) 在这个时刻（／时候／＊时间）我们不能犹豫。
    Zài zhège shíkè (/shíhou) wǒmen bù néng yóuyù.
    (こういう時に躊躇してはいけない)

"时刻"の前にはよく"关键"guānjiàn（肝心な）、"严肃"yánsù（厳粛な）、"幸福"xìngfú（幸福な）、"美好"měihǎo（美しい）、"难忘"nánwàng（忘れがたい）、"困难"kùnnan（困難な）、"最佳"zuì jiā（最良の）といった修飾語がつく。副詞として使う場合は、「絶えず」、「いつも」の意味を表す。また"时时刻刻"のような重ね型もある。下のような文脈では"时间"と"时候"に置き換えることができない。

15) 最紧张的时刻（／*时间／*时候）就要来了。
    Zuì jǐnzhāng de shíkè jiù yào lái le.
    (まもなく一番緊張する時がやってくる)

16) 在生命的最后时刻（／*时间／*时候），他想说什么呢?
    Zài shēngmìng de zuìhòu shíkè, tā xiǎng shuō shénme ne?
    (命の最後の時、彼は何を言いたかったのか)

17) 时刻（／*时间／*时候）关心两国的关系。
    Shíkè guānxīn liǎng guó de guānxi.
    (絶えず両国の関係に関心を持っている)

18) 应该时时刻刻（／*时间／*时候）保持警惕。
    Yīnggāi shíshíkèkè bǎochí jǐngtì.
    (どんな時でも警戒すべきだ)

この3語において，否定辞"没有"の後ろに置くことができるのは"时间"だけである。また，"一段"の修飾を受けることができるのも"时间"だけである。

19) 没时间（／*时候／*时刻）上网聊天。
    Méi shíjiān shàngwǎng liáotiān.
    (チャットする時間がない)

20) 这一段时间（／*时候／*时刻）我很忙。
    Zhè yí duàn shíjiān wǒ hěn máng.
    (この頃とても忙しい)

时间・时光
shíjiān shíguāng

「すばらしい時間を過ごした」という文にある「時間」を中国語にするとどうなるだろう。ほとんどの学生が"时间"と訳したが，ここでは"时光"を使うべきである。
辞書を調べると，どちらも「時間」という意味がある。

1) 他平生大部分时光（／时间）都是在校园里度过的。
    Tā píngshēng dàbùfen shíguāng (／shíjiān) dōu shì zài xiàoyuánli dùguò de.
    (彼は一生の大部分の時間をキャンパスで過ごした)

2) 不要浪费时间（／时光）。
    Búyào làngfèi shíjiān (／shíguāng).
    (時間を浪費してはいけない)

「時間」は，どの時期か，どの期間か，いつからいつまでの間かが具体的に明示されていない場合は，"时光"，"时间"どちらを使ってもいい。ただし，ニュアンスは違う。"时光"は抽象的な時間を指し，「光陰」，「年月」であると理解すればよい。"时间"は，一時間，一分，一秒の具体的な時間を指し，「時間」そのものをいう。また"时光"は文学的色彩が濃厚で，詩情に満ちた感じをあたえる。"时间"は平淡で，客観的，具体的な描写調である。

3) 午饭时间是12点到1点，只有一个小时。
   Wǔfàn shíjiān shì shí'ér diǎn dào yī diǎn, zhǐ yǒu yí ge xiǎoshí.
   （お昼の時間は12時から1時までで，1時間しかない）

4) 现在是上课时间。
   Xiànzài shì shàngkè shíjiān.
   （今は授業時間だ）

5) 永远不要忘记这一段幸福美好的时光。
   Yǒngyuǎn búyào wàngjì zhè yí duàn xìngfú měihǎo de shíguāng.
   （この幸せですばらしい時間を決して忘れてはいけない）

6) 这两年是我生活当中最快乐的时光。
   Zhè liǎng nián shì wǒ shēnghuó dāngzhōng zuì kuàilè de shíguāng.
   （この二年間は私の生活の中で一番楽しい時期だった）

3)，4) の"时间"を"时光"に，5)，6) の"时光"を"时间"に置き換えることはできない。3)，4) は，具体的で起点と終点があるその間の長さのことを指し，示された時間は明確で，数量あるいは数字で表記している。このような，授業や勤務，食事など，ある一定の区切られた長さの時を表わす場合は，"时间"を使う。
"时光"は，おもにある特定の，短くて意義のある，忘れがたい重要な時間を指し，よく前に修飾語がつく。"美好"，"幸福"，"快乐"のようなプラスのイメージを表わす語以外，"艰难"，"寂寞"，"困惑"のようなマイナスのイメージを表わす語も排除しない。意義深い何らかの期間をいう場合，"时光"を用いる。これが冒頭にある文の中国語訳では"时光"を使うべきとした理由である。
"时光"は，「生活」や，「時期」，「時代」の意味もある。"时间"にはない。

7) 我们过上了丰衣足食的好时光。
   Wǒmen guòshangle fēng yī zú shí de hǎo shíguāng.
   （私たちは衣食豊かなよい生活を過している）

8) 你们这一代赶上了好时光。
   Nǐmen zhè yí dài gǎnshangle hǎo shíguāng.
   （あなたたちの世代はいい時代にめぐりあった）

"时间"は時の流れの中の，ある一点も表わす。"时光"にこの用法はない。

9) 现在的时间是凌晨五点。
Xiànzài de shíjiān shì língchén wǔ diǎn.
(現在の時間は明け方の五時だ)

时尚・时髦・时兴
shíshàng　shímáo　shíxīng

いずれも「時代の流行」，「流行している」という意味を表す。"时尚"と"时髦"は「お洒落，モダン，今風，当世風」の意味を表すこともできる。"时髦"は80年代まではよく使われていたが，90年代，特に2000年以降は使う人がだんだん少なくなり，その代わりに"时尚"や"潮"cháo（今風，当世風）を用いる傾向がある。"时尚"はもともと書き言葉に用いられた表現であるが，90年代以降には話し言葉にもしばしば用いられ，使用範囲がますます広くなった。これらの語と比べ，"时兴"の使用についてはここ数十年では特に変化はない。

"时尚"と"时髦"は"追求"zhuīqiú，"赶"gǎnの目的語となることができる。しかし，"追求（/赶）时兴"とは言わない。

1) 追求时尚（/时髦/＊时兴）的外观是本届展览会的特点。
Zhuīqiú shíshàng (/shímáo) de wàiguān shì běnjiè zhǎnlǎnhuì de tèdiǎn.
(モダンな外観を追求するのは今回の展示会の特徴だ)

2) 他和许多年轻人一样喜欢赶时髦（/时尚/＊时兴）。
Tā hé xǔduō niánqīngrén yíyàng xǐhuan gǎn shímáo (/shíshàng).
(彼は多くの若者と同じく，流行を追うのが好きだ)

また"时尚"，"时髦"は形容詞述語文となることができ，多くの場合，ファッションを指すのに用いる。

3) 她的穿着很时尚（/时髦/＊时兴）。
Tā de chuānzhuó hěn shíshàng (/shímáo).
(彼女のファッションはとても今風である)

"时尚"，"时髦"，"时兴"はともに"话题"huàtí，"话"huàを修飾できる。

4) 这是当今时尚（/时髦/时兴）的话题。
Zhè shì dāngjīn shíshàng (/shímáo/shíxīng) de huàtí.
(これはいま流行っている話題だ)

5) 当下一句时兴（/时尚/时髦）的话是：梦想成真。
　　Dāngxià yí jù shíxīng (/shíshàng/shímáo) de huà shì: mèngxiǎng chéngzhēn.
　　（今流行っている言葉は「夢がかなう」である）

"时尚"は，"时尚家具" shíshàng jiājù（流行の家具，スタイリッシュな家具）；"时尚消费" shíshàng xiāofèi（上質な生活をするための消費）；"时尚生活" shíshàng shēnghuó（上質な生活スタイル）；"时尚用品" shíshàng yòngpǐn（お洒落な生活用品）；"时尚运动" shíshàng yùndòng（流行っているスポーツ）；"时尚杂志" shíshàng zázhì（流行雑誌）のように，二文字の名詞と組み合わせて，四字熟語として用いられることが多い。また"一种"や"新"の修飾を受けることができ，多くの場合，90年代以降に中国で現れた新しい出来事などを表す文脈に用いる。

6) 自驾游成为一种新时尚（/＊时髦/＊时兴）。
　　Zìjiàyóu chéngwéi yì zhǒng xīn shíshàng.
　　（自家用車で旅行するのが流行っている）

7) 如今网上购物已经成为一种时尚（/＊时髦/＊时兴）。
　　Rújīn wǎngshàng gòuwù yǐjīng chéngwéi yì zhǒng shíshàng.
　　（今はネットショッピングが流行っている）

8) 喜庆日献血，在青岛成为一种健康时尚（/＊时髦/＊时兴）。
　　Xǐqìngrì xiànxuě, zài Qīngdǎo chéngwéi yì zhǒng jiànkāng shíshàng.
　　（お祝いの日に献血することが青島では体にいい事として流行っている）

9) 在网上"过年"既时尚（/＊时髦/＊时兴）又省钱。
　　Zài wǎngshàng "guònián" jì shíshàng yòu shěngqián.
　　（ネットで正月の挨拶をするのは今風なことであり，なおかつ節約もできる）

"时兴"と"时尚"，"时髦"とのもっとも顕著な違いは"时兴"には動詞用法があり，さらに目的語を取ることもできるという点である。

10) 广州市民时兴（/＊时髦/＊时尚）节前出发旅游。
　　Guǎngzhōu shìmín shíxīng jiéqián chūfā lǚyóu.
　　（広州の人々は祝日の前に旅行にでかけるのが流行っている）

11) 当时，在城市时兴（/＊时髦/＊时尚）过一阵子。
　　Dāngshí, zài chéngshì shíxīngguo yízhèngzi.
　　（当時，都会では一時的に流行っていた）

1)～9) までの例からも分かるように，"时尚"の使用範囲は"时髦"より広い。さらに"时尚"の方は外面的なことだけではなく，内面的なことも含まれている。また，"时髦"を使う人は減りつつある。80年代や90年代以降に生まれた人はよく"潮" cháo を用いる。

12) 2014年什么最潮？
　　Èr líng yī sì nián shénme zuì cháo?
　　（2014年は何が一番流行っている？）

实行・执行・推行
shíxíng　zhíxíng　tuīxíng

いずれも「行う」という共通義をもち，目的語をとることができる。まず，同じ目的語をとった時どのように意味が違うか見てみよう。1），2），3）は"政策"を目的語とした時の例である。

1) 实行自由市场政策。
   Shíxíng zìyóu shìchǎng zhèngcè.
   （自由市場の政策を実行する）

2) 正确制定和执行货币政策具有非常重要的意义。
   Zhèngquè zhìdìng hé zhíxíng huòbì zhèngcè jùyǒu fēicháng zhòngyào de yìyì.
   （通貨政策を正しく設定し，実施することには大変重要な意義がある）

3) 中国自20世纪70年代末开始推行计划生育政策。
   Zhōngguó zì èrshí shìjì qīshí niándàimò kāishǐ tuīxíng jìhuà shēngyù zhèngcè.
   （中国では20世紀1970年代末から計画生育政策を推し進めている）

簡単に言えば，"实行"は「実行する」，"执行"は「執行する」，「実施する」，"推行"は「広める」，「普及させる」という意味である。"实行…政策"は，現在，ある政策がすでに行われていること，たとえば，"实行A"ならば，Aがすでに現実であることを強調する。対象は広く，政策や法令以外の方面でも用いる。下の例4），5），6）では，普及させるという意味で用いるのでもなければ，政策や命令などを実施するという意味で用いるのでもない。現在行われているという意味で用いているので"实行"しか使えない。

4) 中国目前实行（／＊推行／＊执行）的是九年制义务教育。
   Zhōngguó mùqián shíxíng de shì jiǔniánzhì yìwù jiàoyù.
   （中国は現在九年間の義務教育を実行している）

5) 实行（／＊推行／＊执行）法官选举制。
   Shíxíng fǎguān xuǎnjǔzhì.
   （裁判官の選挙制を行っている）

6) 几乎所有公司都实行（／＊推行／＊执行）每周五天工作制。
   Jīhū suǒyǒu gōngsī dōu shíxíng měizhōu wǔ tiān gōngzuòzhì.

（ほとんどの会社は週休二日制を実施している）

"执行"は規定事項を実施する，執行する，という意味である。対象は政策，命令，法律などに限られる。補語とともに使うことがある。"命令"mìnglìng，"任务"rènwu，"合同"hétong といった語が目的語となる場合は"执行"がふさわしく"实行"，"推行"は使えない。

7) 执行（／＊实行／＊推行）领导的命令。
　　Zhíxíng lǐngdǎo de mìnglìng.
　　（上の命令を遂行する）

8) 我们必须坚决地贯彻执行（／＊实行／＊推行）中央的指示。
　　Wǒmen bìxū jiānjué de guànchè zhíxíng zhōngyāng de zhǐshì.
　　（我々は断固として中央の指示をやり通さねばならない）

9) 你去执行（／＊实行／＊推行）这项任务。
　　Nǐ qù zhíxíng zhè xiàng rènwu.
　　（君はこの任務を遂行しなさい）

10) 你必须负责执行（／＊实行／＊推行）这个合同。
　　Nǐ bìxū fùzé zhíxíng zhège hétong.
　　（君はこの契約を履行するという責任を果たさなければならない）

"推行"は比較的広い範囲で，上から下へ，一定の方法を用いて推し進める，普及させることを表す。主に，政策，制度などに用いる。"实行"と置き換えられる場合があるが，意味あいが変わるので注意。なお，下のような場合は"执行"に置き換えることはできない。

11) 推行（／实行／＊执行）新的操作方法。
　　Tuīxíng (/shíxíng) xīn de cāozuò fāngfǎ.
　　（新しい操作方法を普及させる／行っている）

12) 中国从1996年开始推行（／实行／＊执行）公务员制度。
　　Zhōngguó cóng yī jiǔ jiǔ liù nián kāishǐ tuīxíng (/shíxíng) gōngwùyuán zhìdù.
　　（中国では1996年から公務員制度を普及させた／実行している）

13) 有些国家推行（／实行／＊执行）"终身教育"。
　　Yǒuxiē guójiā tuīxíng (/shíxíng) "zhōngshēn jiàoyù".
　　（いくつかの国では「生涯教育」を普及させている／行っている）

实在・的确・确实
shízài　díquè　quèshí

この３語はいずれも副詞「確かに（〜だ）」という意味において共通する。互換性も高い。

1) 这本书确实（／的确／实在）不错，值得一看。
   Zhè běn shū quèshí (/díquè/shízài) búcuò, zhíde yí kàn.
   （この本は確かによい。読む価値がある）

"实在"は「本当に」や「すごく」などと訳され，述語の程度を高める場合も用いられる。とくに相手に面と向かって謝罪や感謝の意を表すとき，日本語では「誠にすみません」，「本当にありがとうございます」のように言うが，中国語ではその程度を高めるときに"实在"が用いられる。このような用法は，"的确"や"确实"にはない。

2) 我没有故意要惹你生气的意思，实在（／＊的确／＊确实）抱歉。
   Wǒ méiyǒu gùyì yào rě nǐ shēngqì de yìsi, shízài bàoqiàn.
   （怒らせるつもりはありませんでした。本当に申し訳ありません）

3) 你辛苦了，实在（／＊的确／＊确实）太谢谢你了。
   Nǐ xīnkǔ le, shízài tài xièxie nǐ le.
   （お疲れさまでした。本当にありがたく思います）

一方，"的确"と"确实"は「確かに」，「間違いなく」などと訳され，その文で述べていることの「確かさ，真実性」を示す副詞として用いる。相手の疑問に答える場合や，人の意見に反論する場合に多く用いられる。

4) 老王给我打过电话吗？我怎么不知道？——老王的确（／确实／＊实在）打过电话来找你，当时你不在家。
   Lǎo Wáng gěi wǒ dǎguo diànhuà ma? Wǒ zěnme bù zhīdao? —— Lǎo Wáng díquè (/quèshí) dǎguo diànhuà lai zhǎo nǐ, dāngshí nǐ bú zài jiā.
   （王さんから電話があったのか？どうしてわからなかったんだろう？——王さんから確かにあなたあてに電話がありましたが，そのときあなたは家にいなかったんですよ）

5) 他是日本人吗？我怎么觉得他是韩国人呢？——他的确（／确实／＊实在）是日本人。
   Tā shì Rìběnrén ma? Wǒ zěnme juéde tā shì Hánguórén ne? —— Tā díquè (/quèshí) shì Rìběnrén.
   （彼は日本人なの？　どうして韓国人だと思ってしまったのだろう？——彼は確かに日本人だよ）

6) 虽然昨天他一直护理妈妈，可是他的确（／确实／＊实在）有时间做作业。
Suīrán zuótiān tā yìzhí hùlǐ māma, kěshì tā díquè (/quèshí) yǒu shíjiān zuò zuòyè.
（昨日彼は母親を看病していたが，宿題をする時間は確かにあった）

"的确"と"确实"は，直後にコンマを付ければ文頭に置いて文副詞として用いられる。"实在"にはこのような用法はない。

7) 的确（／确实／＊实在），汉语方言的表达方式十分复杂。
Díquè (/Quèshí), Hànyǔ fāngyán de biǎodá fāngshì shífēn fùzá.
（確かに，中国の方言の言い回しは複雑だ）

副詞として用いるときは，"的确"と"确实"は相互に置き換え可能であるが，"确实"には形容詞としての用法もあり，この場合は置き換えられない。

8) 这条消息很确实（／＊的确）。
Zhè tiáo xiāoxi hěn quèshí.
（この情報は確かである）

"实在"も形容詞としての用法があるが，"确实"が主に事物について用いられるのに対して，"实在"は主に人について用いられる。

9) 他很实在，不会对你撒谎。
Tā hěn shízài, bú huì duì nǐ sāhuǎng.
（彼は正直な人で，あなたにウソをついたりしない）

食堂・餐厅・饭馆・菜馆
shítáng　cāntīng　fànguǎn　càiguǎn

"食堂"は会社や工場，学校の中にある食堂を指し，内部の人が利用し外で食べるより安いのが一般的である。社員食堂や学生食堂である。

1) 我们学校食堂菜的种类很多。
Wǒmen xuéxiào shítáng cài de zhǒnglèi hěn duō.
（私たちの学校の食堂は料理の種類が多い）

2) 我们单位食堂的伙食不太好吃。
Wǒmen dānwèi shítáng de huǒshí bútài hǎochī.
（うちの職場の食堂の料理はあまりおいしくない）

3) 一般大学里都有留学生专用的留学生食堂。
Yìbān dàxuéli dōu yǒu liúxuéshēng zhuānyòng de liúxuéshēng shítáng.

（普通大学には留学生専用の食堂がある）

"餐厅"は，多くの場合，ホテル，娯楽設備，百貨店，ショッピングセンター，船，駅，空港の中にある食事をするところを指す。学校や会社の中にある食堂を"餐厅"と言うこともでき，その場合は"食堂"より高級なイメージとなる。また，マクドナルドやケンタッキーのようなファーストフード店のことを"快餐厅"と言う。家族が一緒に食事をするダイニングルームを"餐厅"と言うこともできる。

4) 晚上去尚嘉购物中心里的天泰餐厅吃，好吗？
   Wǎnshang qù Shàngjiā gòuwù zhōngxīnli de Tiāntài cāntīng chī, hǎo ma?
   （夜，尚嘉ショッピングセンターの中にある天泰レストランで食べようか？）

5) 温泉的餐厅里提供自助餐。
   Wēnquán de cāntīngli tígōng zìzhùcān.
   （温泉のレストランにはバイキングある）

6) 午饭去肯德基快餐厅吃吧。
   Wǔfàn qù Kěndéjī kuàicāntīng chī ba.
   （お昼はケンタッキーで食べよう）

7) 他家的餐厅在二楼。
   Tā jiā de cāntīng zài èr lóu.
   （彼の家のダイニングは二階にある）

"饭馆"は，路地や目立たないところにある規模の小さな料理店を指す。多くの場合，小規模経営で食事のメニューも少ないが，"饺子饭馆"（餃子レストラン）というような特徴のある店もある。

8) 听说那家小饭馆很有人气。
   Tīngshuō nà jiā xiǎo fànguǎn hěn yǒu rénqì.
   （聞くところによるとあの小さな料理屋はとても人気があるそうだ）

9) 这家饭馆里的饺子有二十多种。
   Zhè jiā fànguǎnli de jiǎozi yǒu èrshí duō zhǒng.
   （ここのレストランの餃子は種類が二十以上ある）

10) 这条街上大小饭馆有五十余家。
    Zhè tiáo jiēshang dàxiǎo fànguǎn yǒu wǔshí yú jiā.
    （この通りには大小50軒余りのレストランがある）

"菜馆"は"饭馆"と同じような規模で"…菜馆"というふうに，店の名前として用いられることが多い。その名前には料理の特徴を表すものもあれば，どういう人が経営をしているのかを名前から推測できるものもある。

11) 东北菜馆
Dōngběi càiguǎn
(東北料理屋)

12) 湖北菜馆
Húběi càiguǎn
(湖北料理屋)

13) 祖母菜馆
Zǔmǔ càiguǎn
(祖母料理屋)

14) 家常菜馆
Jiācháng càiguǎn
(家庭料理屋)

15) 兄弟菜馆
Xiōngdì càiguǎn
(兄弟料理屋)

…，是不是？ …是不是…？ 是不是…？
shì bu shì

"是不是"疑問文は，自分の推測を聞き手に確認する意味をもっている。"是不是"を用いた構文は多くの意味を表し得るが，ここで扱うのは「～でしょ？」と話し手の推測を聞き手に確認する用法の"是不是"に限り，以下のような"是不是"については扱わない。

・我不知那些演员是不是美国人。
（それらの俳優がアメリカ人であるかどうか知らない）

・白马是不是马?
（白馬は馬ですか）

なお，用例1)の"她是不是汉语老师？"には二義性がある。反復疑問文としての，まったく予断を含まないオープンな疑問文としてのそれ「彼女は中国語の先生ですか」と，もう一つ，話し手の推測を聞き手に確認する用法の"她是不是（是）汉语老师？"「彼女は中国語の先生でしょ？」であり，このとき述語の"是"が本来はあるべきところ，それが同音重複により省かれていると考える。

1) 她是不是（是）汉语老师？——是／对，她是汉语老师。
   Tā shì bu shì (shì) Hànyǔ lǎoshī? —— Shì/Duì, tā shì Hànyǔ lǎoshī.
   （彼女は中国語の先生でしょ？——はい，彼女は中国語の先生です）

2) 田中是不是回去了？——是的／对，他回去了。
   Tiánzhōng shì bu shì huíqu le? —— Shì de/Duì, tā huíqu le.
   （田中さんはもう帰ったんでしょ？——はい，彼はもう帰りました）

"是不是"を用いた構文が推測，確認の意味を表す場合，"是不是"の文中での位置には一定の自由度がある。すなわち，"…，是不是？"（文末型），"…是不是…？"（文中型），"是不是…？"（文頭型）の形で，平叙文の述語の前に置かれても，文頭，文末に置かれてもよい。

"是不是"が文頭と文中に置かれる場合，発話内容が真であることを確認する話し手の意図の強い発話である。一方，文末に置かれる場合は，話し手は発話内容が真であると判断しており，追加的に自分の判断が妥当であることをさらに聞き手に確認する意図の強い発話である。

1) *a* 她是汉语老师，是不是？
   Tā shì Hànyǔ lǎoshī, shì bu shì?
   （彼女は中国語の先生です。そうでしょ？）

   b 她是不是（是）汉语老师？
   Tā shì bu shì Hànyǔ lǎoshī?
   （彼女は中国語の先生でしょ？）

   c 是不是她是汉语老师？
   Shì bu shì tā shì Hànyǔ lǎoshī?
   （彼女は中国語の先生でしょ？）

2) *a* 田中回去了，是不是？
   Tiánzhōng huíqu le, shì bu shì?
   （田中さんは帰ったね，そうでしょ？）

   b 田中是不是回去了？
   Tiánzhōng shì bu shì huíqu le?
   （田中さんは帰ったんでしょ？）

   c 是不是田中回去了？
   Shì bu shì Tiánzhōng huíqu le?
   （田中さんは帰ったんでしょ？）

"是不是"の文中での位置によって，推測，確認を表す意味範疇に違いが存在していると考えられる。

文末型"…，是不是？"は話し手の確かな見当を相手に強い語気で確認し，また聞き手の同調を得たいという意味をもっている。したがって，文末型"…，是不是？"は聞き手の存在を前提にしなければならない。文中型"…是不是…？"は，話し手は自分の発話内容が真であることを相手に，あるいは自分で自問自答の形で確認したい意味をもっている。文頭型"是不是…？"は文中型"…是不是…？"と同じように，話し手は自分の発話内容が正しいことを相手に，あるいは自問自答の形で確認したい意味をもっているが，文中型"…是不是…？"と違うところは，話の流れの中でしか使えないことであり，何の予知もなしに，発話の冒頭でいきなり使うのは不自然である。

3) *a*-1 她肯定是汉语老师，是不是？
Tā kěndìng shì Hànyǔ lǎoshī, shì bu shì?
（彼女はきっと中国語の先生です。そうでしょ？）

a-2 她大概是汉语老师，是不是？
Tā dàgài shì Hànyǔ lǎoshī, shì bu shì?
（彼女はたぶん中国語の先生です。そうでしょ？）

b-1 她是不是肯定是汉语老师？
b-2 她是不是大概是汉语老师？ （×）

c-1 是不是她肯定是汉语老师？
c-2 是不是她大概是汉语老师？ （×）

"是不是"は話し手が前もってある事実や状況に対してすでに確かな見通しや見当をもっていて，さらに確証を得たい場合に使われる表現形式で，確実性の高いことを表す語気副詞"肯定"，"一定"などと共起しやすい。文中型"…是不是…？"と文頭型"是不是…？"は，話し手が自分の発話内容が真であることを確認したい場合に使う用法で，文中では，同じ推量，確認を表す副詞でも，確実性の低い"大概"，"也许"，"可能"，"恐怕"などとは共起しにくい。そのため，例3)のb-2とc-2は非文になる。一方，文末型"…，是不是？"は聞き手に自分の判断が妥当であることを付加疑問の形で問う発話で，発話内容についての真偽判断は問題にしていないため，語気副詞との共起についてはあまり制限が見られない。かくて文末型では確実性の高い副詞から確実性の低い副詞まで，数多くの語気副詞と共起できる。

以下もその例である。

4) *a*-1 田中肯定回去了，是不是？
Tiánzhōng kěndìng huíqu le, shì bu shì?
（田中さんはきっと帰ったね，そうでしょ？）

a-2 田中大概回去了，是不是？
Tiánzhōng dàgài huíqu le, shì bu shì?

　　　　（田中さんはたぶん帰ったね，そうでしょ？）

　　b-1 田中是不是肯定回去了？
　　b-2 田中是不是大概回去了？（×）

　　c-1 是不是田中肯定回去了？
　　c-2 是不是田中大概回去了？（×）

是不是・是否
shìbushì　shìfǒu

どちらも「～であるかどうか」という疑問や不確定の意味を表す。

1) 她是不是（／是否）比以前漂亮？
   Tā shìbushì (/shìfǒu) bǐ yǐqián piàoliang le?
   （彼女は前よりきれいになったんじゃない？）

2) 我非常喜欢她，但是不知道她是不是（／是否）也喜欢我。
   Wǒ fēicháng xǐhuan tā, dànshì bù zhīdao tā shìbushì (/shìfǒu) yě xǐhuan wǒ.
   （僕は彼女のことがとても好きだが，彼女が僕のことを好きかどうかは知らない）

"是否"は副詞である。そのため，動詞フレーズと形容詞フレーズを修飾することができる。この場合，"是不是"に置き換えられる。

3) 她是否（／是不是）出生在上海？
   Tā shìfǒu (/shìbushì) chūshēngzài Shànghǎi?
   （彼女は上海出身ですか）

4) 你男朋友是否（／是不是）非常幽默？
   Nǐ nánpéngyou shìfǒu (/shìbushì) fēicháng yōumò?
   （あなたの彼氏はとてもユーモラスでしょ）

しかし，"是否"は副詞であるため，名詞フレーズを修飾することができない。一方，"是不是"は動詞"是"の反復形式であるため，後に名詞フレーズを自由にとれる。

5) 她是不是（／＊是否）上海人？
   Tā shìbushì Shànghǎirén?
   （彼女は上海出身ですか）

6) 你男朋友是不是（／＊是否）非常幽默的一个人？
   Nǐ nánpéngyou shìbushì fēicháng yōumò de yí ge rén?

（あなたの彼氏はとてもユーモラスな人でしょう）

"是不是"はまた，付加疑問文に用いられ，事実確認や相手の同意を促す語気を表すことができる。この場合，"是否"と置き換えることができない。

7) 这一年里，我们几乎天天吵架，是不是（／*是否)？
   Zhè yìniánli, wǒmen jīhū tiāntiān chǎojià, shìbushì?
   （この1年間，私たちはほぼ毎日口げんかしていた。そうでしょ）

8) 你很在乎她，是不是（／*是否)？
   Nǐ hěn zàihu tā, shìbushì?
   （あなたは彼女のことをとても気にかけている。そうでしょ）

收・接・受
shōu　jiē　shòu

いずれも動詞で，いろいろな意味をもっているなか，ともに「受ける」，「受け取る」という共通義がある。また，意味が近いので，並列構造の二音節動詞"接收"，"接受"もよく用いられている。
"收"はしかるべき所有者や母体が受け取る場合に用いられる。動作の対象である目的語は主に税金，家賃，料金や物，人である場合が多い。また受取人や所属の明らかなものが多く，そのものは受け取る側に帰属する。

1) 她过生日时收到很多礼物。
   Tā guò shēngrì shí shōudào hěn duō lǐwù.
   （彼女は誕生日の時，たくさんのプレゼントをもらった）

2) 每年9月收会费。
   Měinián jiǔyuè shōu huìfèi.
   （毎年の九月に会費を集める）

3) 本词典收词十万条。
   Běn cídiǎn shōu cí shí wàn tiáo.
   （この辞典には10万語余りが収められている）

"接"は物を手や足で受けとめる直接的な動作を表す場合が多い。また人に接し，それを管理下に置く場合にも用いられる。動作対象の多くは具体的な物や人であり，"收"と違って，目的語が受け取る側に帰属するとは限らず，受け取って他へ回してもよい。

4) 用手接球。
   Yòng shǒu jiē qiú.

(手でボールを受ける)

5) 今年学校接了 200 名新生。
   Jīnnián xuéxiào jiēle èr bǎi míng xīnshēng.
   (今年，学校は新入生 200 名を迎えた)

6) 他在接电话。
   Tā zài jiē diànhuà.
   (彼は電話に出ている)

"受"は他人から与えられた贈り物や賄賂のような具体的なものを受け取る場合に用いられる。また多くは，教育，表彰，励まし，援助などといった抽象的，心理的なことがらを受ける場合に用いられる。また，その目的語は動名詞が主である。

7) 他受过表扬。
   Tā shòuguo biǎoyáng.
   (彼は表彰を受けたことがある)

8) 我受过两次他的帮助。
   Wǒ shòuguo liǎng cì tā de bāngzhù.
   (私は2度彼の援助を受けたことがある)

上述の例から分かるように，"收"，"接"，"受"の三語は「受ける」，「受け取る」という共通義があるが，その意味用法の差を次のようにまとめることができる。
① "收"と"接"は能動的な動作を表すが，"受"は主に受動的な動作を表す。
② 手紙や電報などを受け取るとき，"收"と"接"の二語は使えるが，"受"は使えない。

9) 收（／接／＊受）电报
   shōu (/jiē) diànbào
   (電報を受け取る)

10) 他接（／收／＊受）到了大学的入学通知。
    Tā jiē (/shōu) dàole dàxué de rùxué tōngzhī.
    (彼は大学から合格通知書を受け取った)

11) 他收（／接／＊受）到了父母的来信。
    Tā shōu (/jiē) dàole fùmǔ de láixìn.
    (彼は両親からの手紙を受け取った)

③ "收"と"接"の目的語は具体的なモノ名詞が多いのに対し，"受"の目的語は抽象的なことがら名詞が多い。また，"收"と"接"の目的語になるものについて，"收"は受け取る側に帰属するのに対し，"接"は必ずしも受け取る側に帰属すると

は限らない。

收拾・整理・整顿
shōushi zhěnglǐ zhěngdùn

どれも「片づける」,「整える」,「整理する」という意味を表す。
"收拾"は,「散乱したものを元の状態に戻す」という意味がある。「片付ける」,「整える」,「収拾する」。

1) 收拾碗筷
   shōushi wǎnkuài
   (食器を片付ける)

2) 桌上太乱，收拾（／整理）一下。
   Zhuōshang tài luàn, shōushi (／zhěnglǐ) yíxià.
   (机の上が散らかっているから，片付けなさい)

"收拾"はまた抽象的なものにも用いることができ，この場合はネガティブなものに多く使われる。

3) 收拾残局
   shōushi cánjú
   (事態を収拾する)

4) 收拾烂摊子
   shōushi làntānzi
   (事態を収拾する)

5) 不可收拾的后果
   bù kě shōushi de hòuguǒ
   (収拾しようのない結末)

"整理"は秩序だてて（または系統的に）整える。また，不完全なものを完全にする。「整理する」,「整頓（せいとん）する」。

6) 整理（／收拾）教室
   zhěnglǐ (／shōushi) jiàoshì
   (教室を整頓する)

7) 整理（／收拾）行装
   zhěnglǐ (／shōushi) xíngzhuāng
   (旅支度をする)

8) 整理图书
   zhěnglǐ túshū
   (本を整理する)

9) 整理卡片
   zhěnglǐ kǎpiàn
   (カードを順番に並べる)

10) 整理笔记
    zhěnglǐ bǐjì
    (ノートを整理する)

"整理"はまた抽象的なものにも用いる。この場合は感情や心理状態を表すこともできる。

11) 我需要整理一下心情。
    Wǒ xūyào zhěnglǐ yíxià xīnqíng.
    (私は気持ちを整理する必要がある)

12) 整理不出头绪
    zhěnglǐbuchū tóuxù
    (糸口がつかめない)

"整顿"は、健全な（正常な）秩序ある状態にするという意味を表す。主に、組織、規律、思想など抽象的なものに用いる。「整える」、「正す」、「引き締める」。

13) 整顿（／整理）队列
    zhěngdùn (／zhěnglǐ) duìliè
    (隊列を整える)

14) 整顿校风
    zhěngdùn xiàofēng
    (校風を正す)

15) 整顿治安
    zhěngdùn zhì'ān
    (治安を向上させる)

16) 最近迟到的人很多，一定要好好儿整顿一下纪律。
    Zuìjìn chídào de rén hěn duō, yídìng yào hǎohāor zhěngdùn yíxià jìlǜ.
    (このところ遅刻者が多い、規律をしっかり正さねばならない)

首脑・首长・领袖・领导
shǒunǎo　shǒuzhǎng　lǐngxiù　lǐngdǎo

"首脑"は政府と国家の指導者を指す。最高指導者と最高機関のどちらにも使える。

1) 两国首脑举行会谈。
   Liǎng guó shǒunǎo jǔxíng huìtán.
   (両国の首脳が会談を行う)

2) 首脑机关
   shǒunǎo jīguān
   (最高機関)

"首长"は政府各部門や軍の指導幹部を表す。

3) 团首长
   tuán shǒuzhǎng
   (連隊の高級幹部)

4) "同志们好！""首长好！"
   "Tóngzhìmen hǎo!" "Shǒuzhǎng hǎo!"
   (「みなさん，こんにちは！」「こんにちは！」)

"领袖"は国家や政治団体，大衆組織などの指導者を表し，尊敬の気持ちが込められている。

5) 革命领袖
   gémìng lǐngxiù
   (革命指導者)

6) 领袖人物
   lǐngxiù rénwù
   (指導者)

7) 文坛领袖
   wéntán lǐngxiù
   (文壇の大御所)

"领导"は指導者，リーダーの意で，表現の範囲が一番広く，国のレベルから一般の小さな組織の責任者まで指すことができる。

8) 领导和群众相结合。
   Lǐngdǎo hé qúnzhòng xiāng jiéhé.

（指導者と大衆がともに手を携える）

9) 我们应该请示领导。
　　Wǒmen yīnggāi qǐngshì lǐngdǎo.
　　（私たちは指導者の指示を仰がねばならない）

10) 他是我们的领导。
　　Tā shì wǒmen de lǐngdǎo.
　　（彼は私たちのリーダーです）

"领导"には動詞の用法がある。

11) 领导人民走向胜利。
　　Lǐngdǎo rénmín zǒuxiàng shènglì.
　　（人民の先に立って勝利に導く）

首要・主要
shǒuyào　zhǔyào

いずれも「主要な」,「最も重要な」という意味をもつ形容詞である。関連ある事物または人物の中で最も重要であることを表し,比較の意味を含む。

1) 这是当前的首要（/主要）任务。
　　Zhè shì dāngqián de shǒuyào (/zhǔyào) rènwu.
　　（これは当面の主要な任務だ）

2) 我们面临的主要（/首要）问题是语言不通。
　　Wǒmen miànlín de zhǔyào (/shǒuyào) wèntí shì yǔyán bù tōng.
　　（我々が直面する最重要課題は言葉が通じないことだ）

"首要"は一連の重要なものの中でも,まず第1位に挙げられるものである。文中での用法は連体修飾語に限られる。一方,"主要"は関連ある事物の中で,最も重要な,あるいは決定的な働きをしているという意味をもっている。"次要" cìyào と反対語のペアになり,文中では,連体修飾語にも連用修飾語にもなる。語義は"首要"のほうが重いが,カバーする意味範囲としては,"主要"は"首要"より広く,"首要"を使った構文の中では,多くは"主要"と置き換えることができる。また,"首要"は書き言葉に多く用いられるのに対し,"主要"は話し言葉にも書き言葉にも用いられる。

3) 内容是主要（/＊首要）的,形式是次要的。
　　Nèiróng shì zhǔyào de, xíngshì shì cìyào de.
　　（内容が主であって,形式はその次である）

4) 她是这部电影的主要（／＊首要）演员之一。
   Tā shì zhè bù diànyǐng de zhǔyào yǎnyuán zhī yī.
   （彼女はこの映画の主演女優の一人である）

5) 会议主要（／＊首要）讨论了两个问题。
   Huìyì zhǔyào tǎolùnle liǎng ge wèntí.
   （会議は主として二つの問題について検討した）

"首要"は程度副詞による修飾を受けることができないが，"主要"は副詞"最"の修飾を受けることができる。

6) 我们最主要（／＊首要）的困难并不是钱。
   Wǒmen zuì zhǔyào de kùnnan bìng bú shì qián.
   （我々の最も困っている問題はお金というわけではない）

受欢迎・吃香
shòu huānyíng　chīxiāng

"受欢迎"，"吃香"は「歓迎される」，「人気がある」，「評判がいい」を意味し，1)，2) のように置き換え可能である。主語は人，モノ，どちらでも使える。
"受欢迎"は書面語，口語どちらでも使われるが，"吃香"は口語で使われることが多い。

1) 中岛美嘉在中国很受欢迎（／吃香）。
   Zhōngdǎo Měijiā zài Zhōngguó hěn shòu huānyíng (/chīxiāng).
   （中島美嘉は中国で人気がある）

2) 在海外日本菜很受欢迎（／吃香）。
   Zài hǎiwài rìběncài hěn shòu huānyíng (/chīxiāng).
   （海外で日本料理は人気がある）

意味合いのうえでは，以下のような違いがある。
"吃香"は人を惹きつけるうま味があるといったニュアンスをもち，3)，4) のように人からの受けがよくて「人気がある」という意味になる。したがって，"吃香"を使う場合は，「"在"＋場所」というフレーズを用いて，「人気がある」場所を特定する場合が多い。一方，"受欢迎"は，5) のように能力や性能が良くて客観的に「人気がある」という意味である。

3) 她在领导面前挺吃香。
   Tā zài lǐngdǎo miànqián tǐng chīxiāng.
   （彼女は上司に受けがいい）

4) 在美国金融业很吃香。
   Zài Měiguó jīnróngyè hěn chīxiāng.
   (米国では金融業はおいしい仕事で人気がある)

5) 我们公司的商品很受欢迎。
   Wǒmen gōngsī de shāngpǐn hěn shòu huānyíng.
   (我が社の商品はたいへん評判がいい)

"受欢迎"を用いて誰に人気があるかを示すには，6)，7) のようにその人を"受"と"欢迎"の間にはさむ。

6) 她在公司里受领导的欢迎。
   Tā zài gōngsīli shòu lǐngdǎo de huānyíng.
   (彼女は会社で上司から評判がいい)

7) 台湾小吃和日式菜很受年轻人的欢迎。
   Táiwān xiǎochī hé rìshì cài hěn shòu niánqīngrén de huānyíng.
   (台湾料理と日本料理は若い人に人気がある)

舒服・舒畅・舒适
shūfu　shūchàng　shūshì

"舒"（伸びやかでゆったりとした）を語頭にもつこの三語は，いずれもゆったりと楽な感じの「心地よさ，快適さ」を表すプラス評価の形容詞である。

病院ではまず"你哪儿不舒服?"（どこが具合が悪いのですか）と聞かれることからもわかるように，"舒服"は最も典型的には，具体的な身体部位を対象とした健やかさ，快適さをいう。さらにより広く，人の感覚器官からおのずと生ずる，あるいは感覚器官が何らかの刺激に対して反射的に感受する「楽な心地よさ，快適さ」を広く表す。そこから連動して精神的な心地よさをも表す。重ね型は"舒舒服服"である。

1) 我今天早上胃有点儿不舒服（／＊舒畅／＊舒适），吃了药后感觉舒服（／＊舒畅／＊舒适）多了。
   Wǒ jīntiān zǎoshang wèi yǒudiǎnr bù shūfu, chīle yào hòu gǎnjué shūfu duō le.
   (私は今朝ちょっと胃の具合が悪かったが，薬を飲んだらずいぶん楽になった感じがする)

2) 她总是这么和气，叫我心里舒服（／舒畅／＊舒适）。
   Tā zǒngshì zhème héqi, jiào wǒ xīnli shūfu (/shūchàng).
   (彼女はいつもこんなふうに人当たりが穏やかなので，私をリラックスした気分にさ

せてくれる)

3) 书没看进去，我就舒舒服服地迷瞪过去了。
Shū méi kànjinqu, wǒ jiù shūshūfúfú de mídeng guòqu le.
(本を読み進めることもなく，私は心地よくぼんやりと時を過した)

"舒畅"は人の気分について言い，次の4)，5) のように"心情"xīnqíng（気分，気持）との組み合わせで"心情舒畅"のように言う。胸のつかえがなくなって気持ちがパアッと晴れるような，「胸のすく思い」を表す。
　この「胸のすく思い」の快適さを言うものであるから，"舒服"が"身体舒服"と言うのとは異なり，"身体舒畅"とは言わない。重ね型は一般に使わない。

4) 郁积心头多年的隔阂一扫而光，心情格外舒畅（／＊舒服／＊舒适）。
Yùjī xīntóu duōnián de géhé yì sǎo ér guāng, xīnqíng géwài shūchàng.
(長年のわだかまりがきれいさっぱりなくなって，気持ちがなんともスカッとした)

5) 我不喜欢他傲慢的神情，跟他说话时心情很不舒畅（／＊舒服／＊舒适）。
Wǒ bù xǐhuan tā àomàn de shénqíng, gēn tā shuōhuà shí xīnqíng hěn bù shūchàng.
(私は彼の人を見下したような顔つきが嫌いで，彼と口をきくとすごく嫌な気分になる)

この"舒畅"については，"心情"との組み合わせではなく，たとえば"感到"を用いて言えば，4)，5) も"我感到格外舒服／很不舒服"のように"舒服"に置き換えて言うことができる。

"舒适"は典型的には"环境舒适"huánjìng shūshì と使い，暮らしの設備や環境の整えられ方などが行き届いていて，人がそこに身を置いて快適だと感じる，つまり「身を置く環境の心地よさ，快適さ」を表す。重ね型は一般に使わない。
　次の6) はホテルの設備，しつらえについて述べている"舒适"である。

6) 这家酒店不大，但舒适（／＊舒服／＊舒畅）安静。
Zhè jiā jiǔdiàn bú dà, dàn shūshì ānjìng.
(このホテルは大きくはないが，心地よく整えられていて気持ちが落着く)

"舒服"，"舒畅"，"舒适"の基本的な区別は以上の通りである。ただし，「心地よさ」を表す場合，"舒服"が最も広く使われる。
　なお，特に口語では"舒服"とほとんど同義で"舒坦"shūtan が使われ，"心里很舒坦"や重ねの"舒舒坦坦"shūshūtǎntǎn で"舒舒坦坦地过日子"などのように言うことも多い。

熟悉・了解
shúxī　liǎojiě

ともに「状況や情報を把握している」,「人物をよく知っている」などの意味をもつ動詞である。

置き換えが可能な例：

1) 我对这个公司的情况还不太熟悉（／了解）。
   Wǒ duì zhège gōngsī de qíngkuàng hái bú tài shúxī (/liǎojiě).
   （この会社のことはまだよく知りません）

2) 我们是从小一起长大的，没有比我更了解（／熟悉）他的了。
   Wǒmen shì cóngxiǎo yìqǐ zhǎngdà de, méiyǒu bǐ wǒ gèng liǎojiě (/shúxī) tā de le.
   （私たちは子どもの頃から一緒に育った，私ほど彼を知っている者は他にいない）

置き換えができない例：

3) 结婚以后他才知道，根本没有真正了解（／＊熟悉）对方。
   Jiéhūn yǐhòu tā cái zhīdao, gēnběn méiyou zhēnzhèng liǎojiě duìfāng.
   （彼は結婚して初めて，本当は相手の事を良く知らなかったとわかった）

4) 两国青少年的互访交流增进了对双方文化的了解（／＊熟悉）。
   Liǎngguó qīngshàonián de hùfǎng jiāoliú zēngjìnle duì shuāngfāng wénhuà de liǎojiě.
   （両国の青少年は相互訪問と交流を通じて，互いの文化について理解を深めた）

5) 我不熟悉（／＊了解）这条路，咱们还是走大道吧，免得迷路。
   Wǒ bù shúxī zhè tiáo lù, zánmen háishi zǒu dàdào ba, miǎnde mílù.
   （この道はよく知らないから，大通りを行こう，迷子になると大変だから）

6) 这台新电脑的用法我还不太熟悉（／＊了解），操作起来很费力。
   Zhè tái xīn diànnǎo de yòngfǎ wǒ hái bú tài shúxī, cāozuòqilai hěn fèilì.
   （新しいパソコンの使い方がよくわからないので，手間取っている）

上記の例のように，"了解"は相手の人間性など，より内面的な部分を知っているのに対して，"熟悉"は人間が対象であれば，接触する機会が多い相手について，その人の仕事の内容，趣味などといった表層的な情報をわかっている程度にとどまるケースが多い。5），6）のように道順，場所，使い方（機械など）のような単純な情報に関しては，時間，習熟度との関連性があることに注目したい。"熟悉"は「記憶型情報」に用いられることが多いという側面をもつ。

また，"熟悉"は連体修飾語として，"熟悉的面容" shúxī de miànróng（懐かしい顔，見覚えのある顔），"熟悉的歌曲" shúxī de gēqǔ（懐かしいメロディ，聞き覚えのあ

る歌）のような組合せ連語をつくることができる。

　まとめると、"熟悉"も"了解"も「よく知る」という共通の意味を有するが、"熟悉"は誰でも時間をかければ分かること、生活していれば知り得ることなどに使われ、一定時間そこで時をすごし、人や環境と付き合い、慣れ親しむことが必要である。"熟悉"に到るには知的な思考はいらないかもしれないが、その代わりに一定の時間と繰り返し体験するという別のプロセスが要求される。

　一方、"了解"は、事実、状況、情報、原因など具体的な部分から抽象的な部分まで把握することを指す。人について言えば、人間性、考え方、価値観など人間の内面的な部分をよくわかるという意味で使われる傾向がある。また"了解"は、「調べる」、「問う」などの動詞の意味をもつ。

7) 你去事故现场了解一下情况。
　　Nǐ qù shìgù xiànchǎng liǎojiě yíxià qíngkuàng.
　（事故現場へ行って状況を調べてきてください）

树立・建立・确立
shùlì　　jiànlì　　quèlì

　いずれも「打ち立てる」という意味で、書き言葉としてよく用いられる動詞である。目的語が"目标"の場合にこの三語は置き換えることができる。

1) 他上小学时，已经建立（／树立／确立）了自己的人生目标。
　　Tā shàng xiǎoxué shí, yǐjīng jiànlì (/shùlì/quèlì) le zìjǐ de rénshēng mùbiāo.
　（彼は小学校のころ、すでに自分の人生の目標を打ち立てた）

　"树立"、"建立"、"确立"のなかでは、"建立"の意味範囲が最も広く、目的語が"威信"wēixìn（威信）、"形象"xíngxiàng（イメージ）、"信心"xìnxīn（信念）などの場合は、"树立"と置き換えることができ、目的語が"关系"guānxi（関係）、"制度"zhìdù（制度）などの場合は、"确立"と置き換えることができる。

2) 我们要靠自己的能力建立（／树立／＊确立）自己的威信。
　　Wǒmen yào kào zìjǐ de nénglì jiànlì (/shùlì) zìjǐ de wēixìn.
　（われわれは自分の能力で威信を確立すべきだ）

3) 我们两个公司之间建立（／＊树立／确立）了合作关系。
　　Wǒmen liǎng ge gōngsī zhījiān jiànlì (/quèlì) le hézuò guānxi.
　（わたしたち二つの会社の間で協力関係を打ち立てた）

　"树立"は主に抽象的かつ好ましい物事について用いられる。育成、養成のプロセスを経て、新しい物事がしっかりと定まることを表す。多くは優れた思想、理想、模範、手本、信念、威信など、抽象的な概念に用いられる。

4) 大家要树立必胜的信心。
   Dàjiā yào shùlì bìshèng de xìnxīn.
   (みなさんは必ず勝つという信念を打ち立てなければならない)

5) 我们一定要树立新思想。
   Wǒmen yídìng yào shùlì xīn sīxiǎng.
   (われわれは新しい思想を打ち立てなければならない)

"建立"は何もないところから始めて，努力して作り上げること，形成することを表す。国家，機構，制度，工場，基地などのような具体的な事物を築き上げる場合にも用いられるし，友情，信念，関係，感情などのような抽象的なことを樹立する場合にも用いられる。その意味範囲は三語の中で最も広い。また，好ましい物事についても好ましくない物事についても用いられる。

6) 建立新的工业基地。
   Jiànlì xīn de gōngyè jīdì.
   (新しい工業基地を建設する)

7) 两国建立了邦交。
   Liǎng guó jiànlìle bāngjiāo.
   (両国は国交関係を樹立した)

8) 他们之间建立了深厚的感情。
   Tāmen zhījiān jiànlìle shēnhòu de gǎnqíng.
   (彼らの間で深い友情が結ばれた)

9) 贩毒集团建立了他们的秘密组织。
   Fàndú jítuán jiànlìle tāmen de mìmì zǔzhī.
   (麻薬密売集団は自分らの秘密組織を作り上げた)

"确立"は物事の基礎となるようなものを，十分用意したうえでしっかりしたものに作り上げることを表す。主に制度，地位，組織，理論，思想，考え，目標，方針などのような抽象的な事物に用いられる。

10) 我们要确立正确的世界观。
    Wǒmen yào quèlì zhèngquè de shìjièguān.
    (われわれは正しい世界観を確立する必要がある)

11) 公司要确立一个健全的制度。
    Gōngsī yào quèlì yí ge jiànquán de zhìdù.
    (会社は健全な制度を確立すべきだ)

睡 · 睡觉
shuì　shuìjiào

「ベッドに横になる」という意味で、"睡"と"睡觉"の両方ともよく使われる。

1) 时间不早了，睡（／睡觉）吧。
   Shíjiān bù zǎo le, shuì (／shuìjiào) ba.
   （もう遅いから寝よう）

この文においては、両者の意味はほぼ同じであるが、"了"を加えると、"睡"と"睡觉"のニュアンスの違いが出てくる。

2) 我都睡了，又被他们吵醒了。
   Wǒ dōu shuì le, yòu bèi tāmen chǎoxǐng le.
   （もう寝ついたのに、あいつらのせいでまた起きちゃった）

"了"を伴う"睡了"は「寝ついた」ことを表し、「目覚めた」ことと対立するので、例2) で使用できる。一方、"睡觉"は「ベッドに横になる」行為から「寝つき」さらに「眠る」状態まで全部含めた「睡眠をとる」という行動を指す。"我都睡觉了。" Wǒ dōu shuìjiào le. というと、「ベッドに横になる」ことを指す可能性も考えられる。つまり、"睡了"と"睡觉了"はそれぞれ「寝つく」と「ベッドに横になる」を重点として使用されることが分かる。
そもそも"睡觉"は「"睡"＋"觉"」のような「動詞＋目的語」構造で、一つの動詞としても使えるが、"着"と"过"など動態助詞や、時間の長さを表す語などを使う際には、必ず間をさかれてそれらを中に挟むという特徴をもつ。いわゆる「離合詞」と呼ばれる特別な動詞である。このため、たとえば「三時間寝た」という意味を表すのに、"睡觉"の後に時間を表すフレーズは使用できず、例3) や4) のように言わなければならない。

3) 昨天只睡（／*睡觉）了三个小时。
   Zuótiān zhǐ shuìle sān ge xiǎoshí.
   （昨夜三時間しか寝ていない）

4) 昨天只睡了三个小时（的）觉。
   Zuótiān zhǐ shuìle sān ge xiǎoshí (de) jiào.
   （昨夜三時間しか寝ていない）

また、"睡觉"の間に時間の長さ以外、"一"という数字もよく挟まれる。

5) 昨天美美地睡了一觉。
   Zuótiān měiměi de shuìle yí jiào.
   （昨夜はよく寝た）

「一回の睡眠」の意味として"一觉"には時間の長さが含まれている。前に述べたように，"睡了"は「寝つく」状態に入ったことを指し，単独ではその状態の終了まで表すことはできない。このため，例4)のような「昨日」といった時間詞が文中にあれば，睡眠状態の終了を表すことが必要になる。かくて必ず時間の長さを表すフレーズを"睡了"の後につける。他方，もし，「今から」，「これから」のような"睡了"の開始状態を指す場合，たとえば「彼はお酒を飲んで，気持ちよく寝ついた」のような文においては，特に終了状態をしめす手段を使う必要がない。"他喝了酒，美美地睡了。" Tā hēle jiǔ, měiměi de shuì le.

最後に，"睡"は次の用例のように，場所目的語をとることもできる。

6) 你睡（／＊睡觉）床，我睡（／＊睡觉）沙发。
Nǐ shuì chuáng, wǒ shuì shāfā.
(君はベッドで寝て，僕はソファーで寝るよ)

顺便 · 顺手 · 顺路
shùnbiàn　shùnshǒu　shùnlù

これら3つの単語は，いずれも連用修飾語として使える。日本語にすると，どれも「ついでに」と訳されてしまうが，中国語では使い分けがなされている。
"顺便"はあることを行う際，その便に頼って別のことをすることを表す。労力や時間はたいして要せず，ついでにもう一つのことができる。

1) 下班的路上，顺便买了点儿菜。
Xiàbān de lùshang, shùnbiàn mǎile diǎnr cài.
(会社から帰る途中，ついでに少し野菜を買った)

2) 你去报名时，顺便也给我报一个。
Nǐ qù bàomíng shí, shùnbiàn yě gěi wǒ bào yí ge.
(あなたが申し込みに行く時，ついでに私の分も申し込んでください)

"顺手"はある動作の後あるいは動作と同時に，ちょっと手を伸ばして別の動作をすることを表し，手間がかからない。"顺手"の後の動作は必ず手を使う。

3) 往冰箱里放东西，顺手拿了两个苹果。
Wǎng bīngxiānglǐ fàng dōngxi, shùnshǒu nále liǎng ge píngguǒ.
(冷蔵庫に物を入れるついでに，リンゴを2個取った)

4) 离开教室时，请顺手把灯关上。
Líkāi jiàoshì shí, qǐng shùnshǒu bǎ dēng guānshang.
(教室を出る時，ついでに電気を消してください)

"順路"はある所に行く途中，その近くの別の所に行くことを表す。そこに立ち寄るのに時間はたいしてかからず，余裕をもって行くことができる。

5) 我去开会，顺路去看了看朋友。
Wǒ qù kāihuì, shùnlù qù kànlekàn péngyou.
（私は会議に行くついでに，友達に会いに行った）

6) 我下班，顺路去趟医院。
Wǒ xiàbān, shùnlù qù tàng yīyuàn.
（会社から帰る途中，ついでに病院に行く）

"順便"は用いる範囲が広いので，3) から 6) はどれも"順便"で言い替えることができるが，反対に"順手"，"順路"は用いる範囲が狭いので，1)，2) は"順手"，"順路"で言い換えることはできない。"順便"は前の動作をするついでに後の動作をすることを表すが，"順手"は前の動作をするその手でついでに後の動作をすることに限られ，"順路"は前の動作をする道すがらついでに立ち寄って後の動作をすることに限られている。

なお，"順路"には形容詞の用法もあり，名詞の用法もある。

7) 这次出差正好顺路，我想回家乡看看。
Zhè cì chūchāi zhènghǎo shùnlù, wǒ xiǎng huí jiāxiāng kànkan.
（今回の出張はちょうど良い具合に田舎の近くなので，寄ろうと思っている）

8) 我下班接孩子是顺路。
Wǒ xiàbān jiē háizi shì shùnlù.
（勤めが終わって子どもを迎えに行くのはちょうど帰り道だ）

"順手"は副詞として用いるときに他の意味があるし，形容詞としても用いられるが，"順便"，"順路"とは意味の関連性がないので，ここでは触れないことにした。

顺着・沿着
shùnzhe　yánzhe

"順着"と"沿着"にはともに「〜に沿って」という前置詞的な用法がある。

1) 顺着（／沿着）大路一直往东走。
Shùnzhe (/yánzhe) dàlù yìzhí wǎng dōng zǒu.
（大通りに沿ってまっすぐ東へゆく）

2つの大きな違いは，参考書類では「抽象的なことには"沿着"のみが用いられる」とする。

2) 沿着（／＊顺着）社会主义的革命航道胜利前进！
   Yánzhe shèhuì zhǔyì de gémìng hángdào shènglì qiánjìn!
   （社会主義の革命の道筋に沿って勝利の裡に前進しよう）

他にも，たとえば"沿着党制定的教育方针～"yánzhe dǎng zhìdìng de jiàoyù fāngzhēn（党の定めた教育方針に沿って～）のように，たしかに"沿着"は抽象的なことに使われる。

しかし，これら"沿着"の目的語は党や政府，指導者が決めた政策や方針，路線である。それ故，これは従うべき準則である。その道から離れることは許されない。その意味での「～に沿って」である。

具体的な「道」の場合は"沿着"も"顺着"もともに使われるが，そこにも微妙な違いがある。

3) 打猎的听了，就沿着小路追下去。
   Dǎliè de tīng le, jiù yánzhe xiǎolù zhuīxiaqu.
   （猟師はそれを聞くと，小道に沿って（狼を）追いかけていった）

これは，お馴染みの東郭先生の一場面。東郭先生の示した道に従って猟師が追っていく。「狼の行方を知る」東郭先生の指示は従うべきものゆえ，"顺着"より"沿着"のほうがよい。同じように，

4) 他们使化学沿着正确的轨道发展。
   Tāmen shǐ huàxué yánzhe zhèngquè de guǐdào fāzhǎn.
   （彼らは化学を正しい道筋に沿って発展させるようにした）

5) 汽船沿着航道前进。
   Qìchuán yánzhe hángdào qiánjìn.
   （汽船は航路に従って進んでいった）

正しい道や航路など，目に見えないが，その細い道に沿い，密着し，外れず，離れずに進むことが求められる。単に抽象的だから"沿着"を使うのではないだろう。

抽象的ということであれば，"顺着"が使われる次のような例も十分抽象的であると言えそうだ。

6) 顺着这条线索找下去。
   Shùnzhe zhè tiáo xiànsuǒ zhǎoxiaqu.
   （この手がかりに沿って探しつづける）

7) 顺着这个思路去想。
   Shùnzhe zhège sīlù qù xiǎng.
   （この方向で考える）

8) 我顺着他指的方向继续前进。
   Wǒ shùnzhe tā zhǐ de fāngxiàng jìxù qiánjìn.
   (彼が指さす方に歩み続ける)

"顺着 X"の X にはある方向性があり、仕手はそれにおおむね従った動きをする。両者の意図する（あるいは内包する）動きの向きが一致する。たとえば典型的には

9) 眼泪顺着她的脸往下流。
   Yǎnlèi shùnzhe tā de liǎn wǎng xià liú.
   (涙は彼の頬を伝わって下へと流れ落ちた)

涙は本来、流れ出て下へと落ちて行く。そこに頬があれば、これ幸いとそこを伝わって流れて行く。「ことのついでに」という"顺"の感覚が生きている。
　それゆえ、流れや順序といった方向、ベクトルを有するものが"顺着"の目的語として来やすい。"思路"もそうだし、"血流" xuèliú、"时间顺序" shíjiān shùnxù などもそうである。その流れや順序の方向が仕手のそれとおおむね一致をみるのである。

10) 若是这么顺着水流去，将被冲到哪儿去呀？
    Ruòshì zhème shùnzhe shuǐ liúqu, jiāng bèi chōngdào nǎr qù ya?
    (このまま流れにまかせてゆけば一体どこへ辿り着くのだろう)

11) 整理照片资料应该顺着记忆里的时间顺序排列。
    Zhěnglǐ zhàopiàn zīliào yīnggāi shùnzhe jìyìli de shíjiān shùnxù páiliè.
    (写真の整理は記憶の中の時間の順序に従って行うべきです)

12) 按摩时一定要顺着血流的方向进行，每天坚持五分钟左右，就能见效。
    Ànmó shí yídìng yào shùnzhe xuèliú de fāngxiàng jìnxíng, měitiān jiānchí wǔ fēnzhōng zuǒyòu, jiù néng jiànxiào.
    (マッサージは血流の方向に沿ってしなければなりません。毎日5分ぐらいやれば効果がでます)

13) 顺着妈妈的叫声，在场的人都寻声望去，满脸惊奇。
    Shùnzhe māma de jiàoshēng, zàichǎng de rén dōu xún shēng wàng qù, mǎnliǎn jīngqí.
    (母の叫び声のするほうへ、居合わせた人々は顔を向けた。その表情には驚きといぶかりとがあった)

たとえば例13) は「叫び声が聞こえる。そちらを向く。すると〈仕手〉から〈叫び声〉へというベクトルが生まれ、そちらのほうへ顔が向き、注意力が流れ、移動する」。そういう方向をともなった動きが"顺着"の特徴である。まとめれば次のようになる。

"沿着"はそこに準拠し、そこから離れるべきではなく、そこを常に遵守する。

"顺着"の目的語には流れの方向性があり、それと仕手の移動の方向がおおむね同じなら密着してなくてもよい。

　たとえば"沿着海边走"yánzhe hǎibiān zǒu なら「海岸に密着して波打ち際を進む」のだし、"顺着海边走"shùnzhe hǎibiān zǒu なら「海岸に密着してなくて、やや離れて平行して進む」のでもよい。

说・告诉
shuō　gàosu

　どちらも「(何かを相手に)言う、伝える」という意味をもっている。
　"说"は「(…を)言う、話す」という意味で、前置詞"对"duì、"给"gěi、"向"xiàng などを伴い、話す相手を導入する使い方が多い。しかし、伝えるコトにウェイトを置く動詞のため、伝える相手を言わずに事柄だけを目的語にとることができる。

1) 那位老人想了一下点点头说，我同意。
　　Nà wèi lǎorén xiǎngle yíxià diǎndian tóu shuō, wǒ tóngyì.
　　(その老人は少し考えてから頷いて言った、私は同意します)

2) 他对我们说了假话，是有他的苦衷的。
　　Tā duì wǒmen shuōle jiǎhuà, shì yǒu tā de kǔzhōng de.
　　(彼が私たちにうそを言ったのには、人に言えない苦しい胸の内があるのだ)

　"说"は考えを人に伝えるだけではなく、派生して「(物事の判断や一般的な常識を)説明する、解釈する」意味にもなる。

3) 但是，他的努力不能说是成功的。
　　Dànshì, tā de nǔlì bù néng shuō shì chénggōng de.
　　(しかし、彼の努力が実ったとは言えない)

4) "以人为本"从根本上说，就是以受教育者为本。
　　"Yǐ rén wéi běn"cóng gēnběnshang shuō, jiù shì yǐ shòu jiàoyùzhě wéi běn.
　　(「人を基本とする」は根本的に言えば、教育を受けた者を基本とするということである)

　"告诉"は「(…に)告げる、伝える」という意味である。二重目的語をとり、基本的な使い方は、「"告诉"＋A＋B」となる。"说"とは異なり、伝える相手(A)にウェイトを置く動詞のため、必ず誰に伝えるかを言わなければならない。

5) 我认为我的想法妙极了，我立刻告诉他了。
   Wǒ rènwéi wǒ de xiǎngfa miàojí le, wǒ lìkè gàosu tā le.
   (私は自分の考えがとても巧妙だと思い，すぐに彼に伝えた)

6) 能不能告诉我哪里有银行？
   Néngbunéng gàosu wǒ nǎli yǒu yínháng?
   (どこに銀行があるかを教えてもらえませんか)

7) 老板告诉我，"这本书卖疯了。"
   Lǎobǎn gàosu wǒ, "Zhè běn shū màifēng le."
   (社長は私に言った，「この本は売りに売れている」)

8) 告诉你一个好消息。
   Gàosu nǐ yí ge hǎo xiāoxi.
   (良いニュースを教えてあげる)

"说"には「叱る」意味もあり，たとえば同じ"说他"でも2つの意味にとれる。

9) 今天他表现不好，王老师说他了。
   Jīntiān tā biǎoxiàng bù hǎo, Wáng lǎoshī shuō tā le.
   (今日，彼の行いが良くなかったので，王先生が彼を叱った)

10) 虽然他没有在，王老师说他了。
    Suīrán tā méiyou zài, Wáng lǎoshī shuō tā le.
    (彼はいなかったが，王先生は彼のことを話した)

说・谈・聊
shuō　tán　liáo

まず以下の例文からこの三つの動詞の違いを見てみよう。

1) 我跟她说（／谈／聊）了很长时间。
   Wǒ gēn tā shuō (/tán/liáo) le hěn cháng shíjiān.
   (彼女と長い時間話した)

この文において，ニュアンス的には，"说"を使うと「説明する」の意味が中心になり，"谈"では相手を「説得する」というニュアンスがあり，"聊"に言い換えると，相手と「おしゃべりする」という意味になる。このようなそれぞれの意味上の傾向は，この例文の後にくる文から，さらに明確に見て取ることができる。

2) A 我跟她说了很长时间，她还是不明白。
   Wǒ gēn tā shuōle hěn cháng shíjiān, tā háishi bù míngbai.

(彼女と長い時間話したのに，彼女はまだ分からないままだ)

B 我跟她谈了很长时间，她总算同意了。
　　Wǒ gēn tā tánle hěn cháng shíjiān, tā zǒngsuàn tóngyì le.
　　(彼女と長い時間話した結果，やっと同意してくれた)

C 我跟她聊了很长时间，非常愉快。
　　Wǒ gēn tā liáole hěn cháng shíjiān, fēicháng yúkuài.
　　(彼女と長い時間おしゃべりして，とても楽しかった)

　A文の"说"は相手の知らない事情を説明して，一方的に情報を伝える。B文の"谈"は相手を説得するように事情の説明などもするが，相手から同意，賛成してもらうために，相手の意見も聴いてあげたりして交渉する。C文の"聊"になると，二人とも参加して話題も雰囲気も自由におしゃべりすることを表す。このようなニュアンスの違いにより，命令文で相手から情報がほしい時に，"聊"は使用できず，最も相応しいのは"说"であることが分かる。

3) 你说（／＊聊）！
　　Nǐ shuō!
　　(言いなさい)

"谈"は命令文に現れる際に，重ね型という形で表現されることが多い。

4) 请谈谈你的想法。
　　Qǐng tántan nǐ de xiǎngfa.
　　(あなたの考えを言ってください)

"说"も"聊"も重ねることができる。

5) 你能不能说说具体时间？
　　Nǐ néngbunéng shuōshuo jùtǐ shíjiān?
　　(具体的な時間を教えていただけますか)

6) 咱们找时间聊聊。
　　Zánmen zhǎo shíjiān liáoliao.
　　(いつか時間がある時におしゃべりでもしましょう)

またそれぞれの固定用法にも注意しなければならない。

7) 不要背后说（／＊谈／＊聊）别人坏话。
　　Búyào bèihòu shuō biéren huàihuà.
　　(裏で人の悪口を言ってはいけない)

8) 小王正在谈（／＊说／＊聊）恋爱呢。
   Xiǎo Wáng zhèngzài tán liàn'ài ne.
   （王さんは今恋愛中だよ）

9) 一边喝茶一边聊（／＊说／＊谈）天儿也是一种乐趣。
   Yìbiān hē chá yìbiān liáotiānr yě shì yì zhǒng lèqù.
   （お茶を飲みながらおしゃべりすることは一つの楽しみです）

このようなコロケーションからも前に述べた各動詞の特徴がみられる。一方的に他人の秘密などを勝手にしゃべることは当然"说"の役割であり、「恋愛」のようなたがいに交流する行為には"谈"が一番相応しい。話題の無限さにぴったりなのはやはり"聊"しか浮かばない。

思考・思索
sīkǎo　sīsuǒ

ともに動詞で、「深く考える」という意味をもち、多くの場合は置き換えることができる。

1) 我们要学会思考（／思索）。
   Wǒmen yào xuéhuì sīkǎo (/sīsuǒ).
   （我々は考えることを身につけなければならない）

2) 他反复思索（／思考）这个问题。
   Tā fǎnfù sīsuǒ (/sīkǎo) zhège wèntí.
   （彼はその問題を繰り返し考えた）

"思考"は決定を下すためにあれこれ考え、思考する意味をもつ。時には「検討する」、「推理する」というニュアンスを含む。"思考"の内容は具体的なものもあれば、抽象的なものもある。

3) 这个问题，我还要思考一下。
   Zhège wèntí, wǒ hái yào sīkǎo yíxià.
   （この問題はもう少し考えねばならない）

4) 我反复思考了几遍才决定答复他。
   Wǒ fǎnfù sīkǎole jǐ biàn cái juédìng dáfù tā.
   （私は何度か繰り返し考えてやっと彼に返事をすることにした）

一方、"思索"は長時間考え、筋道を立てて考えを深め、原理を探求し、思索する意味をもっている。また、答えや解決方法を考えるという意味をも含む。"思考"

より語義が重い。"思索"の内容は抽象的なものが多い。

5) 我思索了半天还没有头绪。
　　Wǒ sīsuǒle bàntiān hái méiyǒu tóuxù.
　　（私は長い間考えたが、まだ糸口がつかめない）

6) 勤于思索，发现问题。
　　Qínyú sīsuǒ, fāxiàn wèntí.
　　（絶えず考え、問題点を見いだす）

"思考"は深く考えることに、"思索"は原理や奥義を探求することに重点がある。また"思考"は重ね型の"思考思考"で用いることが多いのに対して、"思索"も重ね型の"思索思索"があるものの、普通あまり使わない。そして、"思考"は話し言葉と書き言葉の両方によく用いるのに対し、"思索"は主に書き言葉に用いる。"思考"は文中では、述語だけでなく、主語、目的語、連体修飾語としても用いられるのに対して、"思索"はこのような用法はもたない。

7) 这个问题等我思考思考（／＊思索思索）再回复你吧。
　　Zhège wèntí děng wǒ sīkǎosīkǎo zài huífù nǐ ba.
　　（この問題はちょっと考えてからまたお返事を致しましょう）

8) 老师给我们留了几道思考（／＊思索）题。
　　Lǎoshī gěi wǒmen liúle jǐ dào sīkǎotí.
　　（先生は私たちにいくつかの思考問題の宿題を課した）

ほかに、"思索"は"不加思索" bù jiā sīsuǒ、"不假思索" bù jiǎ sīsuǒ のような固定用法をもっている。

9) 他不假思索地作出回答。
　　Tā bù jiǎ sīsuǒ de zuòchu huídá.
　　（彼は考えずに、即座に答えた）

死・死亡・去世・逝世・牺牲
sǐ　sǐwáng　qùshì　shìshì　xīshēng

いずれも「命がなくなる」、「息が絶える」ということをさす。
"死"は、死をいう最も一般的で客観的な表現である。

1) 她两年前就死了。
　　Tā liǎng nián qián jiù sǐ le.
　　（彼女は2年前に死んだ）

2) 他们小时候死了母亲。
　　Tāmen xiǎoshíhou sǐle mǔqin.
　　（彼らは小さいとき母親に死なれた）

"死亡"は，一般に書き言葉で，"死亡线" sǐwángxiàn（死線）のように，複合名詞の構成要素になることが多い。

3) 这里的婴儿死亡率很高。
　　Zhèli de yīng'ér sǐwánglǜ hěn gāo.
　　（ここの嬰児死亡率はとても高い）

4) 医生开具了死亡证明书。
　　Yīshēng kāijùle sǐwáng zhèngmíngshū.
　　（医者は死亡診断書を作成した）

"去世"は，一般の人や目上の人，年長者に用いる。やや婉曲な表現である。

5) 我父亲已经去世了。
　　Wǒ fùqin yǐjīng qùshì le.
　　（父はもう亡くなりました）

"逝世"は，偉大な人物や尊敬する人に用いる。"去世"よりも厳粛で重々しい感じがある。

6) 主席已经逝世三十年了。
　　Zhǔxí yǐjīng shìshì sānshí nián le.
　　（主席が世を去られてもう30年になる）

"牺牲"は，上記4語とは少し違い，老衰による死や病死には使わない。正義のために死ぬことをさす。多く戦死をいう。

7) 他儿子在战场牺牲了。
　　Tā érzi zài zhànchǎng xīshēng le.
　　（彼の息子は戦争で死んだ）

"死"は動植物に，"死亡"は事物にも使われる。"去世"，"逝世"，"牺牲"は人の死に限る。

8) 这棵树已经死了。
　　Zhè kē shù yǐjīng sǐ le.
　　（この木はもう枯れてしまった）

9) 世界上至少有一半语言将在下个世纪死亡。
　　Shìjièshang zhìshǎo yǒu yíbàn yǔyán jiāng zài xiàge shìjì sǐwáng.

（世界では少なくとも半数の言語が次の世紀になくなるであろう）

"死"には，"死去"sǐqu，"死过去"sǐguoqu のように補語を伴う用法がある。また"死"は結果補語としても使える。

10) 死去的爱，又复活了。
Sǐqu de ài, yòu fùhuó le.
（死んでしまった愛が，またよみがえった）

11) 一次他病得差点儿死了过去。
Yí cì tā bìngde chàdiǎnr sǐleguoqu.
（あるとき彼は病気であやうく死ぬところだった）

12) 一天没能喝水，快渴死了。
Yì tiān méi néng hē shuǐ, kuài kěsǐ le.
（一日水の補給ができず，あやうく死ぬところだった）

送・寄
sòng　jì

いずれも「モノなどを送る」という意味で使われる。

1) 有喜事要请酒，生了孩子要送红蛋。
Yǒu xǐshì yào qǐng jiǔ, shēngle háizi yào sòng hóngdàn.
（慶事があれば酒をおごり，子供が生まれたら赤い卵を送るべきである）

2) 我想只有他了，不可能是别人给我寄的。
Wǒ xiǎng zhǐyǒu tā le, bù kěnéng shì biéren gěi wǒ jì de.
（彼しかない，ほかの人が送ってくれるはずがないと私は思った）

同じように物品を人に届ける意味をもつが，"送"は届ける方法として運送，郵送，手渡しなど直接，間接を問わない。

3) 打个电话拜个年和请快递公司送束礼仪鲜花，也日趋走俏。
Dǎ ge diànhuà bài ge nián hé qǐng kuàidì gōngsī sòng shù lǐyí xiānhuā, yě rì qū zǒuqiào.
（電話をかけて新年の挨拶をすることと宅急便で儀礼の花束を送ることも，日に日に人気になってきた）

4) 顾客汇款至邮局，然后由邮局通知各公司送货至邮局。
Gùkè huìkuǎn zhì yóujú, ránhòu yóu yóujú tōngzhī gè gōngsī sònghuò zhì yóujú.
（顧客は郵便局に送金し，そして郵便局から各会社に商品を郵便局に送るように通知

する）

5) 若是你能猜得中，我把香油送给你。
Ruò shì nǐ néng cāidezhòng, wǒ bǎ xiāngyóu sòng gěi nǐ.
（もし当てられたら，ごま油をあげるよ）

一方，"寄"は届ける方法として郵便制度を用い，間接的である。

6) 福特公司向全国的小汽车用户直接寄了几百万封推销信。
Fútè gōngsī xiàng quánguó de xiǎoqìchē yònghù zhíjiē jìle jǐ bǎiwàn fēng tuīxiāoxìn.
（フォード社は全国の乗用車顧客に何百万通のダイレクトメールを直接に郵送した）

7) 赚了也有不少的钱，却从未给家人寄过一分一厘。
Zhuànle yě yǒu bùshǎo de qián, què cóng wèi gěi jiārén jìguo yì fēn yì lí.
（お金を相当稼いだが，家にはびた一文を寄越したことがない）

また，"送"の目的語が「届ける物」と「相手」の二つある場合，以下のような表現がある。

8) 我送你两本书。
Wǒ sòng nǐ liǎng běn shū.
（あなたに本を2冊贈ります）

9) 我送两本书给你。
Wǒ sòng liǎng běn shū gěi nǐ.
（あなたに本を2冊贈ります）

10) 请把那两本书送到她家去。
Qǐng bǎ nà liǎng běn shū sòngdào tā jiā qù.
（その2冊の本を彼女の家へ送り届けてください）

11) 那两本书已经送往她家去了。
Nà liǎng běn shū yǐjīng sòngwǎng tā jiā qù le.
（その2冊の本ならもう彼女の家に送り届けた）

搜集・收集・征集
sōují　shōují　zhēngjí

この三語はいずれも「集める」，「収集する」という意味をもつ動詞である。

1) 广泛收集（／搜集／征集）意见。
Guǎngfàn shōují (/sōují/zhēngjí) yìjian.

(広く意見を集める／求める／募る)

　例1) では，三語は置き換えることができるが，日本語訳からも分かるように，同じ「集める」の意味をもっているものの，意味のずれが見られる。
　"収集"の語義が最も軽く，散り散りになったものを一カ所に寄せ集めることに重点がある。
　一方，"捜集"の語義は重く，広範囲にわたって探しながら集め，いろいろな場所から苦心して探し出すことに重点がある。
　また，"征集"は文章や口頭で広く呼びかけて募る，募集することに意味の重点がある。さらに，例2)〜例7) で示すように，収集の対象にも違いが見られる。
　"収集"の意味範囲は広く，その多くは組織的な行動で，集める規模が大きい。また，比較的集めやすい物品や具体的事物，人物などを対象とし，その対象は価値のあるものもあれば，そうでないものもある。

2) 他靠收集（／＊搜集／＊征集）废品为生。
　　Tā kào shōují fèipǐn wéi shēng.
　　(彼は廃品を回収することで生計を立てている)

3) 他暗中收集（／搜集／＊征集）军事情报。
　　Tā ànzhōng shōují (/sōují) jūnshì qíngbào.
　　(彼は秘かに軍事情報を収集している)

　"搜集"は広く探し求める行動で，その対象は物品でも，具体的あるいは抽象的事物でもよいが，ふつう珍しいもの，価値のあるもの，得がたいものに限る。

4) 我很喜欢搜集（／收集／＊征集）昆虫标本。
　　Wǒ hěn xǐhuan sōují (/shōují) kūnchóng biāoběn.
　　(私は昆虫の標本を採取する／集めることが好きだ)

5) 他去年开始到各地搜集（／收集／＊征集）历史资料。
　　Tā qùnián kāishǐ dào gèdì sōují (/shōují) lìshǐ zīliào.
　　(彼は去年から各地に出かけて歴史資料を収集しはじめた)

　"征集"は広告や宣伝などをして，広く募り集める，募集する行動で，その対象は資料，企画案，作品，遺品，写真，意見，署名などのものもあれば，兵士，人員，食糧，物資などのようなものもある。

6) 他们上街征集（／＊收集／＊搜集）募捐。
　　Tāmen shàngjiē zhēngjí mùjuān.
　　(彼らは街頭に出て募金を求める)

7) 现在正在征集（／＊收集／＊搜集）志愿者。
　　Xiànzài zhèngzài zhēngjí zhìyuànzhě.
　（いまボランティアを募集中です）

算・数
suàn　shǔ

"算"は「足し算などの計算をして数える」，"数"は「個数や順番などを一つ一つ数える」ことを指す。日本語の訳はどちらも同じ「数える」になることもあるが，両者は置き換えることはできない。

1) 请你算算（／＊数数），一共多少钱？
　　Qǐng nǐ suànsuan, yígòng duōshao qián?
　（全部でいくらになるか計算してください）

2) 算（／＊数）起来，她离家有一年了。
　　Suànqilai, tā lí jiā yǒu yì nián le.
　（数えてみると彼女が家を出て1年になる）

3) 你数（／＊算）一下来参观的人数。
　　Nǐ shǔ yíxià lái cānguān de rénshù.
　（見学者の人数を数えてみてください）

4) 第三排从左往右数（／＊算），第四个就是李红。
　　Dì sān pái cóng zuǒ wǎng yòu shǔ, dì sì ge jiùshì Lǐ Hóng.
　（3列目を左から右に数えて4人目が李紅さんです）

指を使った動作で弁別すると，3），4）のように指をさして数えるしぐさは"数"，一方，指を折って計算するしぐさは"算"である。

5) 每晚睡觉前掰着指头算一算（／＊数一数），今天又赚了多少钱。
　　Měi wǎn shuìjiào qián bāizhe zhǐtou suànyisuàn, jīntiān yòu zhuànle duōshao qián.
　（毎晩寝る前に，今日はいくらもうかったか指を折って数えてみる）

"算"には「〜とみなす」という意味がある。"数"にはない。

6) 北京不算（／＊数）冷。
　　Běijīng bú suàn lěng.
　（北京は寒いとはいえない）

"数"には「比べてみると一番突出している」という意味がある。"算"にはない。

7) 论成绩小刘数（／＊算）第一。
Lùn chéngjì Xiǎo Liú shǔ dì yī.
（成績でいうなら劉君が一番だ）

索性・干脆
suǒxìng　gāncuì

ともに副詞として「きっぱりと」,「思い切って」という意味を表す。

1) 此时，他深感官大一级压死人，索性（／干脆）不如一走了之。
Cǐshí, tā shēn gān guān dà yì jí yāsǐ rén, suǒxìng (/gāncuì) bù rú yì zǒu liǎo zhī.
（この時，彼は位が1級上なだけでもまったく逆らえず，いっそ思い切ってすたこら逃げ出して終わりにしてしまったほうがよいと痛感した）

2) 你讲阿春这样好，那样也好，干脆（／索性）把她娶过来当老婆不好吗？
Nǐ jiǎng Ā Chūn zhèyàng hǎo, nàyàng yě hǎo, gāncuì (/suǒxìng) bǎ tā qǔguolai dāng lǎopó bù hǎo ma?
（あなたは春ちゃんのここが良い，あそこも良いと言う，いっそのこと結婚して奥さんにしたらいいじゃないの）

"索性"は「いっさい何も顧みず」というニュアンスがあり，基本的に本来そうしたくないが，やむを得ずという屈折した心境を表す。主語の前には置けない。

3) 有鉴于此，曾有人呼吁，索性进口一批车，平抑一下国内车价。
Yǒu jiàn yú cǐ, céng yǒu rén hūyù, suǒxìng jìnkǒu yì pī chē, píngyì yíxià guónèi chē jià.
（このことを踏まえ，かつてある人が，思い切って車を輸入して国内の自動車価格を抑え込むようにと呼びかけた）

4) 既然阿诚另有谋生之路，索性就天高任鸟飞吧。
Jìrán Ā Chéng lìng yǒu móushēng zhī lù, suǒxìng jiù tiān gāo rèn niǎo fēi ba.
（誠君にほかに生計を立てる道があるなら，天高く鳥飛ぶに任せるようにいっそのこと自由にさせましょう）

例3）は「国内の車価格が異常な高さだったので，輸入車を入れよう」と，例4）は「誠君はいくら勧めても聞かないから自由にさせよう」と，どちらも「やむを得ず」という気持ちが含意されている。
一方，"干脆"は形容詞として本来「きっぱりと潔い。てきぱきと明快である」の意があることから，副詞の「思い切って」は積極的かつ前向きに，ある動作を選択したり提案するニュアンスが強い。主語の前に置くこともできる。

5) 有时他竟然想跟师傅说："你们别偷偷摸摸的，干脆成亲吧！"
   Yǒushí tā jìngrán xiǎng gēn shīfu shuō: "Nǐmen bié tōutōumōmō de, gāncuì chéngqīn ba!"
   (時々，彼は師匠に「こそこそしないで思い切って結婚すればいい！」などと言ってのけたくなるのだった)

6) 没找到好工作，干脆考研究生怎么样？
   Méi zhǎodào hǎo gōngzuò, gāncuì kǎo yánjiūshēng zěnmeyàng?
   (いい仕事が見つからないのなら，いっそ大学院を受けたらどうでしょう)

"干脆"は形容詞としての用法もあり，述語，補語，連用修飾語になり，否定形や重ね型をもつ。"索性"は副詞に限られる。

7) 你把你的股票卖掉，他就卖掉了，很干脆。
   Nǐ bǎ nǐ de gǔpiào màidiào, tā jiù màidiào le, hěn gāncuì.
   (あなたが株を売り払ったら，彼もすぐに売り払ってしまった，実に思い切りがいい)

8) 国王一见，兴奋地对她们说："千军万马也不如你们干得干脆利落啊！"
   Guówáng yí jiàn, xīngfèn de duì tāmen shuō: "Qiān jūn wàn mǎ yě bùrú nǐmen gànde gāncuì lìluo a!"
   (国王は見るなり感激して彼女たちに言った。「千軍万馬もあなたたちのようにきれいさっぱり片づけることはできまい！」)

9) 因此，坐牢时我能放开心境，非常干脆地和外界隔绝。
   Yīncǐ, zuòláo shí wǒ néng fàngkāi xīnjìng, fēicháng gāncuì de hé wàijiè géjué.
   (それゆえ，刑務所にいる間，私は心を解き放ち，きれいさっぱり外界と断絶できたのだ)

他・她・它
tā　tā　tā

ともに代名詞で，発音も同じであるが，使い分けがはっきりしているため，難しいものではない。

"他"，"她"は第三人称単数で，話し手，聞き手以外の男性，女性を指す。男性には"他"，女性には"她"と文字の上で書き分ける。性別がはっきりしないとき，または分ける必要のないときは，"他"を使う。

1) 我们公司的经理是香港人，他（／她）今年四十四岁。
   Wǒmen gōngsī de jīnglǐ shì Xiānggǎngrén, tā (/tā) jīnnián sìshísì suì.
   (私の会社の社長は香港の人で，彼／彼女は今年44歳です)

541

2) "谁是你父亲（／母亲）？" "他（／她）是。"
　　"Shéi shì nǐ fùqin (／mǔqin)?" "Tā (／Tā) shì."
　　(「どの人が君のお父さん／お母さんですか」「あの人です」)

複数形は"他们（她们）"tāmenで，同じく文字の上で書き分ける。男女を含む場合は"他们"を用いる。

3) 他的子女都大了，他们现在都在国外工作。
　　Tā de zǐnǚ dōu dà le, tāmen xiànzài dōu zài guówài gōngzuò.
　　(彼の息子や娘はもう大きくなり，彼らは今みな海外で仕事している)

"它"は人間以外の生物や事物をさし，文中ですでに示されているものに用いる。

4) 我养的小狗很可爱，它叫小黑。
　　Wǒ yǎng de xiǎo gǒu hěn kě'ài, tā jiào Xiǎohēi.
　　(僕が飼っているイヌはとてもかわいくて，クロという名前だ)

複数形は"它们"tāmenで，"它"だけで複数を表す場合もある。

5) 20款经典笔记本电脑，你见过它们吗？
　　Èrshí kuǎn jīngdiǎn bǐjìběn diànnǎo, nǐ jiànguo tāmen ma?
　　(20型の傑作ノートパソコン，あなたはそれらを見たことがあるか)

6) 那只是几张纸，它却决定你的命运。
　　Nà zhǐ shì jǐ zhāng zhǐ, tā què juédìng nǐ de mìngyùn.
　　(それは数枚の紙にすぎないが，あなたの運命を決める)

"她"は敬愛の意を表して祖国や学校，国旗をさす場合がある。

7) 日本是我的祖国，她四面环海。
　　Rìběn shì wǒ de zǔguó, tā sìmiàn huán hǎi.
　　(日本は私の祖国で，周りを海に囲まれている)

踏实・扎实
tāshi　zhāshi

いずれも形容詞で，ともに仕事や学習，勉学の態度が確実で，堅実である意味をもっている。

1) 他的工作一贯很踏实（／扎实）。
　　Tā de gōngzuò yíguàn hěn tāshi (／zhāshi).
　　(彼の仕事ぶりは一貫してとても堅実である)

"踏实"は仕事や学習の態度が着実であることを意味すると同時に，その仕事ぶり，勉強ぶりが浮ついていない，真面目であることを表す。ほかに，(気持ちが) 安定して落ち着いている意味ももっている。

2) 他学得很踏实。
   Tā xuéde hěn tāshi.
   (彼は心置きなく勉学に打ち込んでいる)

3) 上了三年级，学习就踏实多了。
   Shàngle sān niánjí, xuéxí jiù tāshi duō le.
   (3年生になったら，ずっと落ち着いて勉強するようになった)

4) 听了你的话，我心里就踏实了。
   Tīngle nǐ de huà, wǒ xīnli jiù tāshi le.
   (あなたの話を聞いて気持ちが落ち着いた)

"扎实"は仕事や勉学の態度が堅実であることを意味すると同時に，その仕事や学問のやり方が，基礎からきちんと手を抜くことなく行われていることに重点がある。ほかに，物体，身体などが丈夫で，しっかりしている意味ももっている。

5) 他学得很扎实。
   Tā xuéde hěn zhāshi.
   (彼は基礎から一歩一歩手堅く学んでいる)

6) 别看他年轻，古文基础却挺扎实。
   Biékàn tā niánqīng, gǔwén jīchǔ què tǐng zhāshi.
   (彼は若いが，古文の基礎がとてもしっかりしている)

7) 这个包做得很扎实。
   Zhège bāo zuòde hěn zhāshi.
   (このかばんはしっかりと作られている)

この二語はともに重ね型になるが，同じ文脈でも，その意味の違いが見られる。

8) 有了踏踏实实的作风，才能搞好工作。
   Yǒule tātāshíshí de zuòfēng, cái néng gǎohǎo gōngzuò.
   (落ち着いたまじめな態度があってこそ，仕事がきちっとやり遂げられる)

9) 有了扎扎实实的作风，才能搞好工作。
   Yǒule zhāzhāshíshí de zuòfēng, cái néng gǎohǎo gōngzuò.
   (一歩一歩着実に積み上げていく姿勢があってこそ，仕事をきちっとやり遂げられる)

太…了・可…了
tài … le　kě … le

いずれも感嘆文に用いて、程度の高いことを強調する文型である。「とても…だ」、「ほんとうに…だ」、「きわめて…だ」といった意味をもっている。

1) 你的意见太对了。
　Nǐ de yìjian tài duì le.
　(あなたの意見はほんとうに正しい)

2) 他性格可好了。
　Tā xìnggé kě hǎo le.
　(彼は性格がとてもよい)

"太…了"は聞き手がいなくても、独り言でも用いるが、"可…了"は基本的に聞き手が必要である。この二つの文型のどちらも、一般にその情報について話し手がよく知っているときに用いる。たとえば、北京に行ったことのある人や北京のことをよく知っている人は次のように発話できるが、そうでない人は使えない。

3) 北京的秋天太（／可）美丽了。
　Běijīng de qiūtiān tài (/kě) měilì le.
　(北京の秋はとても美しい)

4) 天安门广场太（／可）大了。
　Tiān'ānmén guǎngchǎng tài (/kě) dà le.
　(天安門広場はほんとうに広い)

"可…了"はさらに聞き手にとって未知のことや予想外のことを知らせるというニュアンスをもつ。そのため、その情報について、聞き手がすでに熟知していると思われるとき、"太…了"は使えるが、"可…了"は使えない。さらに"可…了"は時には誇張の意味を含む。

5) 你的车太好开了。
　Nǐ de chē tài hǎokāi le.
　(あなたの車はほんとうに運転しやすい)

6) 富士山太好看了。
　Fùshìshān tài hǎokàn le.
　(富士山はほんとうに美しい)

7) 你知道吗？他女朋友可漂亮了。
　Nǐ zhīdao ma? Tā nǚpéngyou kě piàoliang le.

（知ってる？彼のガールフレンドは本当に美人だよ）

程度の高いことを強調する用法以外に，"太…了"は「あまりにも…だ」，「ひどく…だ」，「…すぎる」の意味をもち，多くは望ましくない場合に用いる。一方，"可…了"は「とうとう」，「ついに」，「どうやら」の意味をもち，望んでいたことが実現し，よかったという気持ちを表す。

8) 你写得太简单了。
   Nǐ xiěde tài jiǎndān le.
   （あなたの書き方は簡単すぎる）

9) 好了，完全好了，这下儿我可放心了。
   Hǎo le, wánquán hǎo le, zhèxiàr wǒ kě fàngxīn le.
   （治った，すっかり治った。これでやっと安心した）

态度・表现
tàidu biǎoxiàn

ともに「人の言動や表情，生活や仕事の態度等」を表すことで共通している。

1) 他的态度（／表现）让人非常失望。
   Tā de tàidu (/biǎoxiàn) ràng rén fēicháng shīwàng.
   （彼の態度が人々を失望させた）

"态度"は人の立ち居ふるまいなど，比較的短時間の言動や表情，もしくは物事に対する姿勢を表す。

2) 那么，大学应该采取什么样的态度呢？
   Nàme, dàxué yīnggāi cǎiqǔ shénmeyàng de tàidu ne?
   （では，大学はどんな態度を取るべきなのか）

3) 假如你是一位售货员，顾客就会要求你服务态度要热情、周到。
   Jiǎrú nǐ shì yí wèi shòuhuòyuán, gùkè jiù huì yāoqiú nǐ fúwù tàidu yào rèqíng, zhōudào.
   （あなたが販売員ならば，顧客はあなたの接客態度が親切で，行き届いていることを求める）

4) 期望你们根据自己的知识，用公平的态度，来研究中国当前的问题。
   Qīwàng nǐmen gēnjù zìjǐ de zhīshi, yòng gōngpíng de tàidu, lái yánjiū Zhōngguó dāngqián de wèntí.
   （あなたたちが自分の知識に基づき，公平な態度でもって，中国の当面の問題を研究することに期待する）

例2)は「何か事件のあとで大学がどんな言動をとるか」、例3)は「販売員の立ち居ふるまい」、例4)は「現在の中国における問題を研究するにあたってどんな姿勢で臨むか」、を表している。

一方、"表現"は一定期間を通じて見られる生活や仕事上の態度や作風で、内面にあるものの外面への反映を表す。

5) 她在学校的表现不错。
   Tā zài xuéxiào de biǎoxiàn búcuò.
   (彼女の学校での振る舞いは申し分ない)

6) 一个优秀的人在什么方面表现出色，是一个复杂的问题。
   Yí ge yōuxiù de rén zài shénme fāngmiàn biǎoxiàn chūsè, shì yí ge fùzá de wèntí.
   (優秀な人はどんなところで素晴らしさが現れるか、複雑な問題である)

例5)は「生活の中で見せる態度」、例6)は「いろいろなところで現れる態度」、を表している。

"表現"には他に、「表現する、表す、ひけらかす」という動詞用法がある。

7) 你说她自私，表现在什么地方呢？
   Nǐ shuō tā zìsī, biǎoxiànzài shénme dìfang ne?
   (彼女を身勝手だというけど、どこでそれが分かるんだ？)

8) 我不想表现个人。
   Wǒ bù xiǎng biǎoxiàn gèrén.
   (私は自分をひけらかそうとは思わない)

谈话・说话・讲话
tánhuà　shuōhuà　jiǎnghuà

いずれも「(出来事や、考え、意見などを)言う」という共通の意味で使われている。

1) 无论和朋友谈话（／说话／讲话），还是和陌生人谈话（／说话／讲话），都需要有一个合适的距离。
   Wúlùn hé péngyou tánhuà (/shuōhuà/jiǎnghuà), hái shì hé mòshēngrén tánhuà (/shuōhuà/jiǎnghuà), dōu xūyào yǒu yí ge héshì de jùlí.
   (友達と話をするにも、見知らぬ人と話をするにも、適切な距離を保つ必要がある)

"谈话"は自分の考えや意見などを、相手に分かってもらえるように話すことである。二人あるいはそれ以上の人と話をする場合に用いられ、あるテーマについて相互に意見を述べ、会話を交わす。「話をする」、「話し合う」。

2) 跟儿童进行谈话的时候，必须随机应变。
   Gēn értóng jìnxíng tánhuà de shíhou, bìxū suí jī yìng biàn.
   (子どもと話をするときは，臨機応変に対応すべきである)

3) 先后找他谈（／说）了几次话，他都没听进去。
   Xiānhòu zhǎo tā tán (／shuō) le jǐ cì huà, tā dōu méi tīngjinqu.
   (前後して何度か訪ねて話をしたが，彼は聞き入れてくれなかった)

"说话"は広く「話す」ことを表す。口を開いて何かを言い，相手の人数などは問わない。「話す」，「しゃべる」，「言う」。

4) 当时母亲一听愣住了，许久没有说话。
   Dāngshí mǔqin yì tīng lèngzhù le, xǔjiǔ méiyou shuōhuà.
   (当時，母は聞くなりぽかんとし，しばらく何も言わなかった)

5) 老师说："上课的时候，请大家不要说话。"
   Lǎoshī shuō: "Shàngkè de shíhou, qǐng dàjiā búyào shuōhuà."
   (先生は「みんな授業中におしゃべりしてはいけません」と言った)

また，"说话"は上記の「話す」という本来の使い方以外に，そこから派生して「モノを言う」という意味を表すことができる。

6) 让数字说话——审计，就这么简单。
   Ràng shùzì shuōhuà——shěnjì, jiù zhème jiǎndān.
   (数字にモノを言わせる——会計監査は，こんなにも簡単である)

"讲话"は自分の考えや事の次第などを，大勢の人に伝えるために，一方的に話すことを言う。「話をする」，「発言する」，「挨拶する」。

7) 邓小平在讲话中还历数了这几种现象的表现。
   Dèng Xiǎopíng zài jiǎnghuà zhōng hái lìshǔle zhè jǐ zhǒng xiànxiàng de biǎoxiàn.
   (鄧小平は講話の中でまたこれらの現象の特徴を列挙した)

8) 家长会上，他没有做长篇大论的讲话。
   Jiāzhǎnghuìshang, tā méiyou zuò cháng piān dà lùn de jiǎnghuà.
   (保護者会で彼は長たらしい話はしなかった)

"讲话"は単に「話す」ことを指す場合もあり，この時は"说话"と言い換えられる。

9) 孩子患了抑郁性神经症，哪里也不去，跟谁也不讲话（／说话）。
   Háizi huànle yìyù xìng shénjīngzhèng, nǎli yě bú qù, gēn shéi yě bù jiǎnghuà (／shuōhuà).
   (子供はうつ病にかかり，どこにも行かず，誰とも話さない)

10) 他有时讲话（／说话）不经过大脑，脱口而出伤了别人，自己还不觉得。
　　Tā yǒushí jiǎnghuà (/shuōhuà) bù jīng dànǎo, tuō kǒu ér chū shāngle biéren, zìjǐ hái bù juéde.
　　(時に，よく考えずに思わず口をついて出た言葉で人を傷をつけても，自分は何も気づかないこともある)

特别・特・格外
tèbié　tè　géwài

　三者の副詞用法には，「特に」，「とりわけ」，「格別に」など程度の甚だしさを強調する働きがあり，その互換性はとても高い。

1) 今天特（／特别／格外）热。
　　Jīntiān tè (/tèbié/géwài) rè.
　　(今日は特に暑い)

2) 法国企业界人士也格外（／特／特别）关注中国文化年的活动。
　　Fǎguó qǐyèjiè rénshì yě géwài (/tè/tèbié) guānzhù Zhōngguó wénhuà nián de huódòng.
　　(フランス企業界の有識者もとりわけ中国文化年の活動に注目している)

　"特"は"特别"，"格外"に比べ口語的である。

3) 他说："我们单位福利特好！"
　　Tā shuō: "Wǒmen dānwèi fúlì tè hǎo!"
　　(うちの職場の福利はすごくいい，と彼は言った)

　一方，新聞広告の見出し文などは"特别"，"格外"で表現されることが多い。

4) "格外精致也特别昂贵○○○新品△△△上市"
　　"Géwài jīngzhì yě tèbié ángguì ○○○ xīnpǐn △△△ shàngshì"
　　(精巧さは格別，特別豪華な○○○の新製品△△△が登場)

　"特"，"特别"が程度を強調するのに対し，"格外"は基準を超えている，突出している，という意味を含んでいることから，「比較，対比」を表す構文に使用される。

5) 月全食之后月亮突然比平时格外（／＊特／＊特别）明亮。
　　Yuèquánshí zhī hòu yuèliang tūrán bǐ píngshí géwài míngliàng.
　　(皆既月食の後，月は突然いつもより格段と明るくなる)

　しかし，特定の二者を比較する典型的な比較構文において"格外"は使いにくく，この点には注意したい。

6) 我比他还（／＊格外）高。
   Wǒ bǐ tā hái gāo.
   （私は彼より背が高い）

否定形「"不"＋"特／特別／格外"」を形成する際は，心理動詞と結合し"并" bìng，"怎么" zěnme，"岂" qǐ などと組み合せて語気を強めたり，反語表現として使われることが多い。

7) 他的答复并不特别使人放心。
   Tā de dáfù bìng bú tèbié shǐ rén fàngxīn.
   （彼の回答は，別段人を安心させるものではなかった）

8) 怎能不格外尽心?
   Zěn néng bù géwài jìnxīn?
   （特別に誠意を尽くさないわけがないでしょう）

一方，動作動詞と結合し，「わざわざ」，「特別に」など重点的に何かをするという（"特意"，"特地"に近い）意味があるが，この場合"格外"は使えない。

9) 这件毛衣是妈妈特别（／特／＊格外）为我织的。
   Zhè jiàn máoyī shì māma tèbié (/tè) wèi wǒ zhī de.
   （このセーターは母が私の為にわざわざ編んでくれた物です）

また，同類の事物から一つを取り上げて強調する"特别是……"という用法があるが，これは"特别"のみの表現で，"特是……"や"格外是……"と言うことはできない。（"尤其是……"の意味に近い）

10) 他很擅长外语，特别（／＊特／＊格外）是英语，说得跟美国人差不多一样地道。
    Tā hěn shàncháng wàiyǔ, tèbié shì Yīngyǔ, shuōde gēn Měiguórén chàbuduō yíyàng dìdao.
    （彼は外国語に長けていて，特に英語はほとんどアメリカ人のようだ）

特别・尤其
tèbié　yóuqí

いずれも同類の事物における程度の特別なものを取り出して，「特に」，「とりわけ」の意味で用いられる副詞である。

"特别"は程度が普通以上である，あるいは他と違うことを表すのに対して，"尤其"はある事物や集団の中で突出していることを表し，同種のものの中で比較する場合によく用いられる。

「特に」,「とりわけ」の意味で用いられる場合, この二語は, ほとんど置き換えることができる。ただし, 区別としては, "特別"は他と違うことに重点があり, "尤其"は同類のなかからぬきんでていることに重点がある。文中で,「"尤其"＋名詞」の形で挿入句的に用いることができる。しかし,「"特別"＋名詞」の形にはならず, "特别是"が用いられる。

1) 他喜欢运动，特别（／尤其）喜欢游泳。
   Tā xǐhuan yùndòng, tèbié (/yóuqí) xǐhuan yóuyǒng.
   (彼はスポーツ好きで, とりわけ水泳が好きだ)

2) 她的功课都很好，尤其（／特别）是语文最好。
   Tā de gōngkè dōu hěn hǎo, yóuqí (/tèbié) shì yǔwén zuì hǎo.
   (彼女は成績がみなよいが, 特に国語がよくできる)

3) 大家，尤其（／＊特别／特别是）你，都不要忘记明天六点起床。
   Dàjiā, yóuqí (/tèbié shì) nǐ, dōu búyào wàngjì míngtiān liù diǎn qǐchuáng.
   (みんな, とくに君, 明日は6時起床だということを忘れないように)

"特别"は副詞としての意味用法が"尤其"より広い。「特に」,「とりわけ」の意味以外に「特別に」,「ことのほか」,「わざわざ」の意味として用いられる場合もある。すなわち, "特别"の修飾対象は同類の事物の中のある一つだけとは限らないが, "尤其"の修飾対象は普通, 同類の事物の1つに限る。

4) 这个孩子特别（／尤其）聪明。
   Zhège háizi tèbié (/yóuqí) cōngmíng.
   (あの子は特別賢い)

5) 早晨的空气特别（／＊尤其）新鲜，特别（／＊尤其）干净。
   Zǎochéng de kōngqì tèbié xīnxiān, tèbié gānjìng.
   (早朝の空気は格別に新鮮で, 格別にきれいだ)

6) 这是老师特别（／＊尤其）为他准备的课题。
   Zhè shì lǎoshī tèbié wèi tā zhǔnbèi de kètí.
   (これは先生が彼のためにわざわざ用意した課題である)

次の例のように, 2つをとりあげることもあるが,「抜きんでた人物」としては一類である。

7) B班的口语能力很好，尤其是铃木和山本。
   B bān de kǒuyǔ nénglì hěn hǎo, yóuqí shì Língmù hé Shānběn.
   (B班の会話力はすぐれている, とりわけ鈴木と山本の)

他に, "特别"には形容詞の用法もあり, 述語になったり, 名詞を修飾したりす

ることができるが、"尤其"は副詞用法に限られる。

8) 这个人性格很特别（／＊尤其）。
　　Zhège rén xìnggé hěn tèbié.
　　（この人の性格は変わっている）

9) 这是一列特别（／＊尤其）快车。
　　Zhè shì yí liè tèbié kuàichē.
　　（これは特別急行列車だ）

10) 她也没有什么特别（／＊尤其）的地方。
　　Tā yě méiyǒu shénme tèbié de dìfang.
　　（彼女はなんら変わったところはない）

特地・特意
tèdì　tèyì

いずれも副詞として用い、「わざわざ」、「とくに」という共通の意味をもつ。多くの場合では置き換えることができるが、ただし、それぞれ強調するところが異なる。"特地"は、ある事を達成するためにわざわざある行動を行い、"特意"を用いる場合は、主体的な意思や気持ちがさらに強調される。

1) 他昨晚特地（／特意）来看你，你不在家。
　　Tā zuówǎn tèdì (/tèyì) lái kàn nǐ, nǐ bú zài jiā.
　　（彼は昨晩わざわざ君に会いにきたが、君はいなかった）

2) 这是你的房东特地（／特意）给你送来的。
　　Zhè shì nǐ de fángdōng tèdì (/tèyì) gěi nǐ sònglai de.
　　（これはあなたの大家さんがわざわざ持ってきたものです）

3) 为了写这篇论文，他特地（／特意）去了一趟云南。
　　Wèile xiě zhè piān lùnwén, tā tèdì (/tèyì) qùle yí tàng Yúnnán.
　　（この論文を書くために、彼はわざわざ雲南に行った）

例1)～例3)において、"特地"と"特意"のどちらを用いてもいい。しかし、下記のような意図的にあることを行うという意味を強調する場合では、"特意"を用いるのがふさわしい。

4) 我特意（／＊特地）把他的手机号存了下来。
　　Wǒ tèyì bǎ tā de shǒujīhào cúnlexialai.
　　（私はわざと彼の携帯番号をメモした）

551

5) 你不用特意（／＊特地）说明他们也知道。
　　Nǐ búyòng tèyì shuōmíng tāmen yě zhīdao.
　　(あなたがわざわざ説明しなくても彼らは知っている)

このように，わざわざどこかに行くという行動が伴わないような場合では，"特地"より"特意"を用いたほうがいいと思われる。

6) 他特意加重语气问我是干什么的。
　　Tā tèyì jiāzhòng yǔqì wèn wǒ shì gàn shénme de.
　　(彼はわざわざ語気を強めて「どんな仕事をしているか？」と尋ねた)

7) 怕他们听不见我特意把声音放大。
　　Pà tāmen tīngbujiàn wǒ tèyì bǎ shēngyīn fàngdà.
　　(彼らにちゃんと聞こえるように私はわざわざ声を大きくした)

このように"特意"と"特地"の違いはかなり微妙で，あえて言えば，"意"は意思や気持ちを表し，"地"は場所との関わりが強いと思われる。わざわざある場所に行くときは"特地"を用いることが多い。下記の例8)において，「わざわざ～に行って，わざわざ～をする」のような文脈では，「"特地～"，"特意～"」の順番がよいであろう。逆にすると違和感を生じる。

8) 买之前一个月我特地去专柜考察过，今天到货的时候特意先验货，来回摸了一下皮质，还闻了一下，可以断定是正品。
　　Mǎi zhīqián yí ge yuè wǒ tèdì qù zhuānguì kǎocháguo, jīntiān dào huò de shíhou tèyì xiān yànhuò, láihuí mōle yíxià pízhì, hái wénle yíxià, kěyǐ duàndìng shì zhèngpǐn.
　　(これを購入するひと月前に，私はわざわざ専用売り場まで見に行き，そして今日品物が届いてからは，先にわざわざ皮質を触ったり匂いを嗅いだりして検品をしました，結果これは純正品であると断定できます)

特征・特色・特点・特性
tèzhēng　tèsè　tèdiǎn　tèxìng

"特征"は，人や物の表面にはっきり現れて，他のものと区別する手掛かりになる特徴や標識。具体的なものに多く用いるが，抽象的なものでもよい。日本語の「特徴」と同じ。

1) 这个人的特征是脸上有颗豆大的痣。
　　Zhège rén de tèzhēng shì liǎnshang yǒu kē dòu dà de zhì.
　　(この人の特徴は顔にある豆粒大のほくろです)

2) 这正是这个时代的特征。
   Zhè zhèng shì zhège shídài de tèzhēng.
   (これはまさにこの時代の特徴なのだ)

3) 非洲象有什么特征?
   Fēizhōuxiàng yǒu shénme tèzhēng?
   (アフリカ象はどんな特徴がありますか)

"**特色**"は,事物の表現する独自の傾向や風格。具体的なものに用いる。人に用いることは少ない。長所や優れた点など褒める意味を表すことが多い。また連体修飾語となることができる。「特色」に同じ。

4) 这座宫殿充分体现了中国传统建筑的特色。
   Zhè zuò gōngdiàn chōngfēn tǐxiànle Zhōngguó chuántǒng jiànzhù de tèsè.
   (この宮殿は中国伝統建築の特色を十分に体現している)

5) 他拍的照片很有民族特色。
   Tā pāi de zhàopiàn hěn yǒu mínzú tèsè.
   (彼の撮った写真は民族的特色にあふれている)

6) 请问,贵店有什么特色菜?
   Qǐngwèn, guìdiàn yǒu shénme tèsècài?
   (あのう,こちらの店にはどんなおすすめ料理がありますか)

"**特点**"は,人や事物がもっている独特なところ。具体的なものにも抽象的なものにも使い,使用範囲は広い。よい意味にも悪い意味にも用いる。"特征"と互換できる場合が多い。「特色」,「特徴」。

7) 这种电脑具有操作简单、便于携带等特点。
   Zhè zhǒng diànnǎo jùyǒu cāozuò jiǎndān, biànyú xiédài děng tèdiǎn.
   (このコンピューターは操作が簡単,携帯に便利などの特色をもっている)

8) 他的最大特点就是遇事急躁。
   Tā de zuì dà tèdiǎn jiù shì yùshì jízào.
   (彼の最大の特徴は事が起きるといらだつことだ)

9) 这些犯罪事件都有一个共同的特点。
   Zhèxiē fànzuì shìjiàn dōu yǒu yí ge gòngtóng de tèdiǎn.
   (これらの犯罪事件にはすべて共通の特徴がある)

"**特性**"は,(特定の個人ではなく民族や人類など,集団あるいは生物学上の) 人や,事物がもっている固有の,あるいは特別な性質。「特性」。

10) 保持自己独有的民族特性
    bǎochí zìjǐ dú yǒu de mínzú tèxìng
    (独自の民族特性を持ち続ける)

11) 他们对土壤特性进行了研究。
    Tāmen duì tǔrǎng tèxìng jìnxíngle yánjiū.
    (彼らは土壤の特性について研究した)

12) 象牙有什么特性?
    Xiàngyá yǒu shénme tèxìng?
    (象牙にはどんな特性がありますか)

疼・痛
téng　tòng

ともに病気や傷による肉体的な痛みを表す。

1) 拔牙时没打麻药，疼（／痛）得要命。
   Bá yá shí méi dǎ máyào, téng (/tòng) de yàomìng.
   (抜歯のとき麻酔しなかったので痛くて死にそうだった)

2) 长期按摩，能够治疗胃痛（／疼）、呕吐等疾病。
   Chángqī ànmó, nénggòu zhìliáo wèitòng (/téng), ōutù děng jíbìng.
   (長期にわたってマッサージすると，胃痛や嘔吐などの疾病を治療できる)

"疼"は肉体的な痛みに限られるが，"痛"は悲しみなど精神的な痛みも表す。

3) 我就纳闷了，既然不疼，你哭个什么劲呢?
   Wǒ jiù nàmèn le, jìrán bù téng, nǐ kū ge shénme jìn ne?
   (どうにも腑に落ちません。痛くないならどうして泣いたりするんですか)

4) 最痛的是，他失去了她的爱情。
   Zuì tòng de shì, tā shīqùle tā de àiqíng.
   (最も悲痛なのは，彼は彼女の愛を失ってしまったことだ)

5) 英国女性无意中的一句话刺痛了我们。
   Yīngguó nǚxìng wúyì zhōng de yí jù huà cìtòngle wǒmen.
   (イギリス女性の何気ない一言が私たちにぐさりと突き刺さった)

また，"疼"は動詞として「かわいがる，いとおしむ」という意味をもち，"痛"は副詞として「思いっきり，ひどく，徹底的に」という意味をもつ。

6) 她说："当爷爷的没有不疼孙子的。"
　　Tā shuō: "Dāng yéye de méiyǒu bù téng sūnzi de."
　　(彼女は言った。「孫をかわいがらないおじいさんなんていないよ」)

7) 他把我痛打了一顿。
　　Tā bǎ wǒ tòng dǎle yídùn.
　　(彼は私をひどくなぐった)

"疼"は話し言葉に多く使うのに対して，"痛"は書き言葉に多く使い，四字熟語や固定フレーズを構成する。

8) "妈呀，疼死我了！"
　　"Mā ya, téngsi wǒ le!"
　　(「ワー，痛くて死にそう！」)

9) 这种物质具有改善情绪和镇痛的作用。
　　Zhè zhǒng wùzhì jùyǒu gǎishàn qíngshù hé zhèntòng de zuòyòng.
　　(この物質は情緒改善と鎮痛の働きがある)

　四字熟語は，"痛不欲生" tòng bú yù shēng（生きていられないほど悲しみにくれる）や，"痛定思痛" tòng dìng sī tòng（痛みが収まった後，その痛みを振り返り，教訓とする），"痛痒相关" tòng yǎng xiāng guān（(親しい間柄で) 相手に何かあれば自分も痛痒（つうよう）を感じる）などが挙げられる。
　固定フレーズは，"痛打落水狗" tòngdǎ luòshuǐgǒu（おぼれた犬を徹底的にやっつける），"痛饮庆功酒" tòngyǐn qìnggōngjiǔ（お祝いの酒を思いっきり飲む）などが挙げられる。

提・端・捧
tí　duān　pěng

いずれも「モノを持つ」という意味では，共通している。

1) 这位长老两条手臂甚长，手中提（／端／捧）着一条鱼。
　　Zhè wèi zhǎnglǎo liǎng tiáo shǒubì shèn cháng, shǒu zhōng tí (/duān/pěng) zhe yì tiáo yú.
　　(この長老は両腕がとても長く，手には魚を1尾持っている)

"提"は手や腕で，器物の持ち手やひも状のところを提げて持つことである。

2) 他们用泥罐子提水，浇灌着青苗。
　　Tāmen yòng ní guànzi tí shuǐ, jiāoguànzhe qīngmiáo.
　　(彼らは泥ツボで水をくみ，苗に与えている)

3) 卖野鸭子的一手提鸭，一手拔毛，一会儿就拔净了。
   Mài yě yāzi de yì shǒu tí yā, yì shǒu bá máo, yíhuìr jiù bájìng le.
   (鴨売りは片手で鴨をぶら下げ，片手で毛を抜き，あっという間にきれいにした)

また，"提"には，下から上に持ち上げる手の動作をさす意味もある。

4) 双手提着裤子动不了。
   Shuāngshǒu tízhe kùzi dòngbuliǎo.
   (両手でズボンを引っ張り上げて動けなかった)

"端"は両手または片手で，横あるいは下から水平に保ちつつ，胸の前で持つことである。

5) 我们每个人端着一碗热面呼呼地吃着，心里格外温暖。
   Wǒmen měi ge rén duānzhe yì wǎn rè miàn hūhū de chīzhe, xīnli géwài wēnnuǎn.
   (私たちはみな1人ひとり碗を手に熱々のうどんをふーふーしながら食べ，心の中はとても暖かかった)

6) 照例是端上茶点，在一旁听他们说话。
   Zhàolì shì duānshang chádiǎn, zài yìpáng tīng tāmen shuōhuà.
   (これまで通りに茶菓子を持ってきて，そばで彼らの話を聞いていた)

また，例7) のように，派生してよく使われる慣用フレーズもある。

7) 父母只能骂儿子，不能骂儿媳，否则就显得"一碗水端不平"了。
   Fùmǔ zhǐ néng mà érzi, bù néng mà érxí, fǒuzé jiù xiǎnde "yì wǎn shuǐ duān bù píng" le.
   (父母は叱っていいのは自分の息子だけで，嫁を叱ってはいけない。そうでないと「茶碗の水を水平に持てない」つまり公平に見えないのだ)

"捧"は両手の手のひらを上に向け，すくうような形で持つことである。また，恭しく両手で持つときにも使われる。位置は"端"よりやや胸元に近い。

8) A组学生双手捧着一杯热咖啡，B组学生捧着一杯冰咖啡。
   A zǔ xuésheng shuāngshǒu pěngzhe yì bēi rè kāfēi, B zǔ xuésheng pěngzhe yì bēi bīng kāfēi.
   (Aグループの学生は両手で熱いコーヒーを持ち，Bグループの学生はアイスコーヒーを持っている)

9) 老人说罢，走到里屋捧出一个小木箱子。
   Lǎorén shuō bà, zǒudào lǐwū pěngchu yí ge xiǎo mù xiāngzi.
   (老人は話し終えると，奥の部屋から小さい木箱を一つ持ってきた)

また，"捧"は派生的な用法として，"捧场" pěngchǎng（場を盛り上げる），また，

例 10) のように,「人をもち上げる」という意味をもつ。

10) 娱乐记者可以将明星们捧上天，也可将他们打下地狱。
Yúlè jìzhě kěyǐ jiāng míngxīngmen pěngshàng tiān, yě kěyǐ jiāng tāmen dǎxià dìyù.
(芸能記者はアイドルたちを天高くもち上げることもできるし，彼らを地獄に落とすこともできる)

提前・提早
tíqián　tízǎo

どちらも動詞で，予定の時間を「早める」,「繰り上げる」の意味をもつ。互換できる場合が多い。"提前"は，予定の時間，期限を早めるほかに，順序や順位を繰り上げる場合にも用い，"提早"にはこの使い方はない。"提前"は話し言葉にも書き言葉にも用いる。

1) 时间紧急，所以提前两个小时开会。
Shíjiān jǐnjí, suǒyǐ tíqián liǎng ge xiǎoshí kāihuì.
(時間が迫っているので2時間繰り上げて会議を開く)

2) 有什么消息的话，请提前告诉我。
Yǒu shénme xiāoxi dehuà, qǐng tíqián gàosu wǒ.
(なにか情報があったら前もって私に知らせてください)

3) 他提前五天完成了这个月的销售任务。
Tā tíqián wǔ tiān wánchéngle zhège yuè de xiāoshòu rènwu.
(彼は今月の販売任務を5日繰り上げて達成した)

順位や位置が繰り上がることを表現するときは"提前"しか使わない。

4) 我们公司的排名提前（／＊提早）了六位。
Wǒmen gōngsī de páimíng tíqiánle liù wèi.
(我々の会社の順位は6位繰り上がった)

また次のように前もって祝いの挨拶を述べるときもふつう"提前"を使う。

5) 提前（／＊提早）祝您新年快乐！
Tíqián zhù nín xīnnián kuàilè!
(よいお年をお迎えください)

"提早"は話し言葉に多く用いる。

6) 旅游旺季租车出游请提早预订。
   Lǚyóu wàngjì zū chē chūyóu qǐng tízǎo yùdìng.
   (オンシーズンにレンタカーで旅行に出るなら早めに予約してください)

7) 开学时间提早三天。
   Kāixué shíjiān tízǎo sān tiān.
   (学校の始業日は予定より3日早くなった)

8) 如果不想遇到堵车的话，就得提早两个小时出门。
   Rúguǒ bù xiǎng yùdào dǔchē dehuà, jiù děi tízǎo liǎng ge xiǎoshí chūmén.
   (もし渋滞に巻き込まれたくなかったら2時間早く家を出なくてはいけない)

体育・运动
tǐyù　yùndòng

どちらも「スポーツ」の意がある。

1) 你们家谁喜欢体育（／运动）?
   Nǐmen jiā shéi xǐhuan tǐyù (／yùndòng)?
   (あなたたちの家でスポーツが好きなのは誰ですか)

2) 他从小就擅长体育（／运动）。
   Tā cóng xiǎo jiù shàncháng tǐyù (／yùndòng).
   (彼は小さい時からスポーツが得意です)

"体育"は運動によって体力をつけ，体質を強化することを主要な目的とする教育を指す。スポーツ活動を指すこともある。体育。スポーツ。

3) 小家伙擅长体育，特别是游泳。
   Xiǎo jiāhuo shàncháng tǐyù, tèbié shì yóuyǒng.
   (ちびちゃんは体育，特に水泳に長けている)

4) 这个学期我体育没及格，真让人懊恼。
   Zhège xuéqī wǒ tǐyù méi jígé, zhēn ràng rén àonǎo.
   (今学期，私は体育を落としてしまった)

慣用表現として，"体育老师" tǐyù lǎoshī（体育の先生），"体育界" tǐyùjiè（スポーツ界），"体育用品" tǐyù yòngpǐn（スポーツ用品），"体育竞赛" tǐyù jìngsài（体育競技），"保健体育" bǎojiàn tǐyù（保健体育）などが挙げられる。

"运动"は各種スポーツの総称で，スポーツ活動それ自体もさす。登山や碁，将棋など娯楽性の強いものまで広範囲のものを含む。スポーツ。運動。

5) 向学生传授基本的运动知识、技能，培养他们锻炼身体的良好习惯。
   Xiàng xuésheng chuánshòu jīběn de yùndòng zhīshi, jìnéng, péiyǎng tāmen tuànliàn shēntǐ de liánghǎo xíguàn.
   (学生に基本的な運動知識，技能を伝授し，身体を鍛えるという良い習慣を身につけさせる)

6) 棒球运动正在中国得到推广和普及。
   Pàngqiú yùndòng zhèng zài Zhōngguó dédào tuīguǎng hé pǔjí.
   (野球は中国で今まさに促進され普及されている)

"运动"は「(物の) 運動」，そして「(大衆むけの) 宣伝活動」などの意味ももっている。

7) 这和没有意识的自然界的运动相比，显然是要复杂得多。
   Zhè hé méiyǒu yìshi de zìránjiè de yùndòng xiāngbǐ, xiǎnrán shì yào fùzá de duō.
   (これは無意識的な自然界の運動に比べ，明らかにはるかに複雑である)

8) 第一次世界大战后，兴起了殖民地、半殖民地国家的民族解放运动。
   Dìyīcì shìjiè dàzhàn hǒu, xīngqǐle zhímíngdì, bànzhímíngdì guójiā de mínzú jiěfàng yùndòng.
   (第一次世界大戦後，植民地，半植民地国家の民族解放運動が盛んになっていった)

"运动"の慣用表現としては，"运动会" yùndònghuì（スポーツ大会，競技会），"运动员" yùndòngyuán（スポーツ選手），"田径运动" tiánjìng yùndòng（陸上競技）などが挙げられる。

"体育"は名詞用法に限られるが，"运动"には動詞用法もある。

9) 每天吃完晚饭，他都运动运动再睡觉。
   Měitiān chīwán wǎnfàn, tā dōu yùndòngyùndòng zài shuìjiào.
   (毎日夕飯後，彼は少し運動してから寝るようにしている)

替・为・给
tì　wèi　gěi

いずれも介詞として名詞や人称代詞と結びつき，動作や行為の受益者を導く。「…のために」。このとき，言い換えが可能である。
"替"は，行為の対象が人であることが多い。動詞が心理動詞の場合は"为"と言い換えられるが，"给"には言い換えられない。

1) 我替（／为／给）你抄了一份。
   Wǒ tì (/wèi/gěi) nǐ chāole yí fèn.

(僕が君のために書き写した)

2) 你一定要替（／为／给）我们班争个第一。
   Nǐ yídìng yào tì (/wèi/gěi) wǒmen bān zhēng ge dì yī.
   (僕らのクラスのためにきっと1位をとってくれよ)

3) 你别替（／为／＊给）我担心。
   Nǐ bié tì (/wèi) wǒ dānxīn.
   (私のことで心配しないで)

"为"は，人，事物ともに行為の対象になる。"给"よりも正式な言い方となる．

4) 为（／替／给）祖国争光。
   Wèi (/Tì/Gěi) zǔguó zhēngguāng.
   (祖国のために栄光を勝ち取る)

5) 他总是为（／替／＊给）别人着想。
   Tā zǒngshì wèi (/tì) biéren zhuóxiǎng.
   (彼はいつもまず人のためを考える)

"给"の行為の対象は人であることが多い。話し言葉に多く用いる。

6) 我给你们照相吧。
   Wǒ gěi nǐmen zhàoxiàng ba.
   (あなたたちに写真を撮ってあげましょう)

7) 字太小了，请你给我放大一点儿。
   Zì tài xiǎo le, qǐng nǐ gěi wǒ fàngdà yìdiǎnr.
   (字が大変小さいので，少し拡大してください)

"为"は"替"と同じ意味をもつほか，目的や原因などを導く。「…のために」，「…の原因で」。

8) 为实现世界和平作出贡献。
   Wèi shíxiàn shìjiè hépíng zuòchu gòngxiàn.
   (世界平和を実現するために貢献する)

9) 为达到目的不怕吃苦。
   Wèi dádào mùdì bú pà chīkǔ.
   (目的達成のためには苦労はいとわない)

10) 你别为这件事烦恼。
    Nǐ bié wèi zhè jiàn shì fánnǎo.
    (あなたはこの事で思い悩まないで)

"给"は"替"と同じ意味をもつほか，次のような用法がある。

①動作や行為の対象を導く。「…に（向かって）」。

11) 学生们给老师送花。
Xuéshengmen gěi lǎoshī sòng huā.
(学生たちは先生に花を贈った)

12) 昨天我给你打电话的时候，你在干什么?
Zuótiān wǒ gěi nǐ dǎ diànhuà de shíhou, nǐ zài gàn shénme?
(昨日私があなたに電話したとき，なにしていたの)

②受け身文で動作の主体を導く。「…に（…される）」。

13) 那本小说给同学拿走了。
Nà běn xiǎoshuō gěi tóngxué názǒu le.
(あの小説は同級生に持っていかれた)

天・日・号
tiān　rì　hào

いずれも「日」（にち）の意味を表す。
"天"は，時間の長さとしての日を表す。一昼夜24時間をさす。一般に数量を表す場合，「数詞＋量詞＋名詞」の形をとるが，"天"は量詞なしで数詞と直接結びつく。このとき，"天"の前の"一"yīは第4声となる。

1) 他一出去就是一天。
Tā yì chūqu jiù shì yì tiān.
(彼は出ていったら一日中帰ってこない)

2) 离考试只剩下两天了。
Lí kǎoshì zhǐ shèngxia liǎng tiān le.
(試験まで2日を残すのみとなった)

3) 她请了十天假回国探亲去了。
Tā qǐngle shí tiān jià huíguó tànqīn qù le.
(彼女は10日間の休みをとって国へ里帰りした)

序数を表す場合は「"第"dì＋数詞＋"天"」となり，"天"の前の"一"は"第"と結びつくので，そのまま第1声となる。

4) 今天是高考的第一天，学生们紧张到了极点。
    Jīntiān shì gāokǎo de dì yī tiān, xuéshēngmen jǐnzhāng dàole jídiǎn.
    （今日は大学入試の第一日目だ，学生たちの緊張は頂点に達している）

"日"，"号"は，時点としての日を表す。1ヵ月の中のある1日をさす。話し言葉では"号"を用いる。"日"，"号"の前の"一"の声調は，序数であるため第1声のままである。

5) 十月一日（／号）是国庆节。
    Shíyuè yī rì (/hào) shì Guóqìngjié.
    （10月1日は国慶節です）

6) 我的生日二月二日（／号）。
    Wǒ de shēngrì èryuè èr rì (/hào).
    （私の誕生日は2月2日です）

7) 九月八日（／号）晚上有空吗？
    Jiǔyuè bā rì (/hào) wǎnshang yǒu kòng ma?
    （9月8日の夜は空いていますか）

"天"や"日"は，"每"měiや"整"zhěngをつけて"每天"měitiān，"每日"měirì（毎日），"整天"zhěngtiān，"整日"zhěngrì（一日中）と言うことができるが，"号"はできない。

8) 他整日（／天／＊号）整夜泡在网吧里玩儿游戏。
    Tā zhěngrì (/tiān) zhěngyè pàozài wǎngbāli wánr yóuxì.
    （彼は昼夜ぶっ通しでネットカフェに入りびたりゲームで遊んでいる）

"天"，"日"は昼間を表すこともある。

9) 夏季天长夜短，对吧？
    Xiàjì tiān cháng yè duǎn, duì ba?
    （夏は昼が長く夜が短いでしょう）

10) 你上日班还是上夜班？
    Nǐ shàng rìbān háishi shàng yèbān?
    （昼間の勤務ですかそれとも夜勤ですか）

11) 长期日夜颠倒的话，身体会吃不消的。
    Chángqī rìyè diāndǎo dehuà, shēntǐ huì chībuxiāo de.
    （長い期間昼夜逆転していたら，身体は堪えられない）

天气・气候・气象
tiānqì　qìhòu　qìxiàng

ともに大気の状態，雨，風，雪など大気中で起こる諸現象を表わす言葉である。"天气"は一定地区内における比較的短期間の具体的な気象状況をさす。多くは一日，数日間，半月内の気候変化をいう。天気。

1) 今天天气不错。
   Jīntiān tiānqì búcuò.
   (今日の天気はなかなかいい)

2) 最近的天气很闷热。
   Zuìjìn de tiānqì hěn mēnrè.
   (このごろの天気は蒸し暑い)

3) 电视每天都会播放主要城市的天气预报。
   Diànshì měitiān dōu huì bōfàng zhǔyào chéngshì de tiānqì yùbào.
   (テレビは毎日主要都市の一週間の天気予報を放映する)

"天气"はある一定の時刻，時という意も表す。"气候"，"气象"にはこの意味はない。

4) 吃过饭，天气已经不早了。
   Chīguo fàn, tiānqì yǐjīng bù zǎo le.
   (食事をしたら，もう遅い時間だった)

"气候"は一定地区内の比較的長期間にわたる観察により得られた概括的な気象状況をさす。長い年月にわたる観察の結果である。気候。天候。

5) 北方冬天的气候比较干燥。
   Běifāng dōngtiān de qìhòu bǐjiào gānzào.
   (北方の冬の気候はわりと乾燥している)

6) 今年气候很异常。
   Jīnnián qìhòu hěn yìcháng.
   (今年の天候はとても異常である)

"气候"には比喩的に政治動向や社会情勢を示す用法がある。また，立派な人物になることを喩える時にもよく使われ，否定文や反語文が多い。"天气"，"气象"にはこの用法はない。

7) 这本书之所以畅销同政治气候也是分不开的。
   Zhè běn shū zhī suǒyǐ chàngxiāo tóng zhèngzhì qìhòu yě shì fēnbukāi de.

(この本がよく売れる理由は政治的動向と切り離せない)

8) 现代社会里环境保护已经成为大气候了。
Xiàndài shèhuìli huánjìng bǎohù yǐjīng chéngwéi dà qìhòu le.
(現代社会では環境保護がすでに社会通念となっている)

9) 缺乏同情心的人成不了什么气候。
Quēfá tóngqíngxīn de rén chéngbuliǎo shénme qìhòu.
(思いやりのない人は大成しない)

"气象"は大気中の各種物理現象と物理状態の総称である。波の高さや地震など天候以外の現象を含み、科学用語に多く用いる。"气象卫星" qìxiàng wèixīng（気象衛星）、"海洋气象台" hǎiyáng qìxiàngtái（海洋気象台）、"气象学" qìxiàngxué（気象学）など。

10) 农学内容包括作物栽培、育种、土壤、气象、肥料、农业病虫害等。
Nóngxué nèiróng bāokuò zuòwù zāipéi, yùzhǒng, tǔrǎng, qìxiàng, féiliào, nóngyè bìngchónghài děng.
(農学の内容は農作物の栽培、育種、土壌、気象、肥料、農業病虫害などを含む)

11) 使用粉底霜可以减少日光曝晒、风、寒冷等气象因素对皮肤的影响。
Shǐyòng fěndǐshuāng kěyǐ jiǎnshǎo rìguāng bàoshài, fēng, hánlěng děng qìxiàng yīnsù duì pífū de yǐngxiǎng.
(ファンデーションを使うと、日差し、風、寒さなどの気象要素の皮膚への影響を軽減できる)

"气象"は様子、状況、形跡などの意も表すが、"天气"、"气候"にはこの意味はない。

12) 那里到处是一片欣欣向荣的气象。
Nàli dàochù shì yí piàn xīn xīn xiàng róng de qìxiàng.
(そこは至るところ活気にあふれた様相を呈している)

挑・抬・扛
tiāo tái káng

いずれも「モノを運ぶ」という基本的意味では、共通している。

1) 这么重的东西，谁也扛（／挑／抬）不动。
Zhème zhòng de dōngxi, shéi yě káng (/tiāo/tái) budòng.
(こんな重いものは誰も運べない)

しかし，運ぶ方法は三者三様である。
"挑"は天びん棒の両端に荷を吊して，一人で担いで運ぶ。

2) 以前他是寒山寺的和尚，扫地挑水都干过。
   Yǐqián tā shì Hánshānsì de héshang, sǎodì tiāo shuǐ dōu gànguo.
   (以前，彼は寒山寺の和尚だった，床を掃いたり水を運んだりなど全部したことがある)

3) 二话没说，那个人挑起两筐苹果就走了。
   Èrhuà méi shuō, nàge rén tiāoqi liǎng kuāng píngguǒ jiù zǒu le.
   (口答えせずに，その人はリンゴをふたかご担いで行ってしまった)

"抬"は基本的に二人以上で運ぶ，あるいは担いで運ぶこと。軽いものなどでは，一人でも"抬"を使うことができる。

4) 突然之间有几个工作人员抬了一台钢琴上来。
   Tūrán zhījiān yǒu jǐ ge gōngzuò rényuán táile yì tái gāngqín shànglai.
   (瞬く間に，何名かのスタッフがピアノを運んできた)

5) 当有两位医护人员来抬我出去的时候，我妈就哭得很厉害。
   Dāng yǒu liǎng wèi yīhù rényuán lái tái wǒ chūqu de shíhou, wǒ mā jiù kūde hěn lìhai.
   (二人の医療スタッフが私を運んで出ていった時，母はひどく泣いていた)

6) 我一个人也能抬上去。
   Wǒ yí ge rén yě néng táishangqu.
   (私一人でも上に運べるよ)

例5)は担架などで病人を運んでいるのである。
"扛"は物を直接肩の上に載せて持ち運ぶことである。

7) 大伙儿你瞧我，我瞧你，就是没有一个敢上去扛木头的。
   Dàhuǒr nǐ qiáo wǒ, wǒ qiáo nǐ, jiù shì méiyǒu yí ge gǎn shàngqu káng mùtou de.
   (みんなおたがいに顔を見合わせ，誰も丸太を運ぼうとしなかった)

8) 把箱子扛在肩上，他乐滋滋地走出了车站。
   Bǎ xiāngzi kángzài jiānshang, tā lèzīzī de zǒuchūle chēzhàn.
   (トランクを肩に載せて，彼はウキウキして駅を出た)

挑・选
tiāo xuǎn

お店で皿を買う。同じような皿の中から1枚選ぶ。こんな時，

1) 我可以挑吗？
   Wǒ kěyǐ tiāo ma?
   （選んでいいですか）

と言う。"挑"を使う。

ちょっとゆがんだ皿を選んだ。お客様は神様である。それがゆがんでいようと、へこんでいようと、私が気に入ったのならそれでいい。

"挑"とは「人の好みや主観、必要で自由に選ぶ」。どこかわがままで、身勝手なところもある。"挑着看" tiāozhe kàn なら「選んで見る。面白いところ、興味のあるところだけパラパラ見る」のだし、"挑着干" tiāozhe gàn なら「選んで仕事をする。楽そうなのを選んでやる」のである。ゆえに、こんなふうに使われることが多い。

2) 不要挑工作。
   Búyào tiāo gōngzuò.
   （仕事を選り好みしてはいけない）

3) 不许挑食。
   Bùxǔ tiāoshí.
   （何でも食べなさい、好き嫌いはいけません）

かたや"选"のほうは「基準があり、それに適したものを選ぶ」。気楽にではなく、むしろ慎重に選ぶ。

4) 选职业
   xuǎn zhíyè
   （職業を選ぶ）

   选房子
   xuǎn fángzi
   （家をさがす）

   选学校
   xuǎn xuéxiào
   （学校を選ぶ）

"选"にはまた「投票や推薦によって選出する」という意味がある。このとき"挑"に置き換えることはできない。

5) 同学们一致选李强当班长。
   Tóngxuémen yízhì xuǎn Lǐ Qiáng dāng bānzhǎng.
   （みんなは一致して李強を班長に選んだ）

また「美人コンテスト」なども"选美" xuǎnměi と言うし、先生に贈り物をする

ようなときも，基準にかなった，社会通念上も人を納得せしめるものを選ばねばならないだろう。

6) 明天是老师的生日，我们在给他选礼物。
   Míngtiān shì lǎoshī de shēngrì, wǒmen zài gěi tā xuǎn lǐwù.
   (明日先生の誕生日なので，私たちはプレゼントを選んでいるところだ)

このように，どちらかというと"选"はフォーマルな語，"挑"は口語的である。気ままに選ぶ"挑"のほうは，前につく修飾語も特徴的だ。

7) 尽情地挑
   jìnqíng de tiāo
   (心ゆくまで選ぶ)

   随意挑
   suíyì tiāo
   (気ままに選ぶ)

   随便挑
   suíbiàn tiāo
   (自由に選ぶ)

これがもし"随便选"suíbiàn xuǎn となれば「基準を無視して勝手に選んでいる」と，なんだか非難めいてくる。

また，"选"はよいものしか選ばぬが，"挑"のほうは「悪いものをつまみ出す」とか，「人のあら探しをする」意味がある。

8) 把坏东西挑到盆子里。
   Bǎ huài dōngxi tiāodào pénzili.
   (悪いものをボールの方へとり出しなさい)

9) 做妻子的不能总挑丈夫的毛病，尤其是在公众面前。
   Zuò qīzi de bù néng zǒng tiāo zhàngfu de máobìng, yóuqí shì zài gōngzhòng miànqián.
   (妻たるもの夫のあら探しばかりしてはいけない，特に公の場では)

夫選びの基準「三カ条」なんてものがあるらしいが，女房や夫や恋人を選ぶのはなぜか"挑"である。

10) 挑老婆
    tiāo lǎopo

    挑丈夫
    tiāo zhàngfu

慎重に選んだつもりでも，結局は好みの皿選びのようなものなのでしょう。
最近，果物を売っている自由市場でこんなプレートを目にした。

11) 不挑，每斤2元。
　　　Bù tiāo, měijīn liǎng yuán.
　　　（選り好みお断り，1斤2元）

果物を手でさわって良いものばかり選ぶ，それはご容赦くださいというのだ。

调皮・顽皮・淘气
tiáopí　wánpí　táoqì

"调皮"，"顽皮"，"淘气"には，形容詞として，主に子供が「腕白である」，「やんちゃである」という共通義がある。また三者とも，動物が「いたずらである」，「やんちゃだ」という時にも使える。

1) 大多数男孩在小时候都比女孩调皮（/顽皮/淘气）好动。
　　　Dàduōshù nánhái zài xiǎoshíhou dōu bǐ nǚhái tiáopí (/wánpí /táoqì) hàodòng.
　　　（大多数の男の子は，女の子に比べやんちゃで，動くことが好きだ）

"调皮"には「機転がきく」というニュアンスがあり，さらに"耍小聪明"shuǎ xiǎocōngming（子供がこざかしくふるまう）という意味としても用い，そこからしばしばマイナスイメージのニュアンスを帯びる。よく使われる"调皮捣蛋"tiáopí dǎodàn（無理難題を吹きかけ騒ぎ立てる）という表現の"捣蛋"は「わざと悶着をおこす」意である。

2) 有一个又聪明又调皮的孩子，想要故意为难那位老人。
　　　Yǒu yí ge yòu cōngmíng yòu tiáopí de háizi, xiǎng yào gùyì wéinán nà wèi lǎorén.
　　　（ある利発でやんちゃな子供が，わざとその老人を困らせようとした）

3) 老师真有办法，把这一班调皮捣蛋的学生调教得有模有样。
　　　Lǎoshī zhēn yǒu bànfǎ, bǎ zhè yì bān tiáopí dǎodàn de xuésheng tiáojiàode yǒu mú yǒu yàng.
　　　（先生はすごいよ，このとんでもない生徒たちをしつけて，なんとか形にしたんだ）

なお，「やんちゃ」の意味からはやや離れるが，"调皮"には「ごまかしをする」という意味や，「悪賢く，対処が難しい」という意味があり，「悪賢い」という意味では，しばしば"狡黠" jiǎoxiá，"狡谲" jiǎojué，"狡狯" jiǎokuài等，「ずる賢い」意の語とともに使われる。

4) 老人又在眨着眼，眼中闪着调皮（／＊顽皮／＊淘气）而狡谲的光芒。
   Lǎorén yòu zài zhǎzhe yǎn, yǎnzhōng shǎnzhe tiáopí ér jiǎojué de guāngmáng.
   （老人は、また目くばせした、目には悪賢く、悪意のこもった光が瞬いていた）

"顽皮"には、"调皮"のような明確なマイナスイメージはない。しかし、若干「頑固で図々しい」ニュアンスを感じる向きもあるようだ。また、三者の中では最も書面語的色彩が強く、物語や劇中の人物、たとえば「孫悟空」の腕白さを表す時などは決まって書面語的色彩の濃い"顽皮"や"机灵顽皮"が使われる。

5) 机灵顽皮（／＊调皮／＊淘气）的孙悟空是中国神话中最受欢迎的人物。
   Jīlíng wánpí de Sūn Wùkōng shì Zhōngguó shénhuà zhōng zuì shòu huānyíng de rénwù.
   （利口で腕白な孫悟空は、中国の神話の中で最も人気がある人物である）

"顽皮"はまた、"风" fēng, "雨" yǔ など事物について「気まぐれでやっかいな様子」を表す。このような擬人法という修辞的色彩の強い文章の中では、"顽皮"がより多く使われる傾向にある。

6) 他每天都像是被顽皮的风吹得到处飞舞的羽毛。
   Tā měitiān dōu xiàng shì bèi wánpí de fēng chuīde dàochù fēiwǔ de yǔmáo.
   （彼は、毎日気まぐれな風に吹かれ至るところに飛び、舞う羽のようだ）

"淘气"は、「"淘" táo（やんちゃである）＋"气" qì（気質）」である。"调皮"、"顽皮"が"调皮（／顽皮）地笑着说"（やんちゃに笑って言う）のように、しばしば連用修飾語として個別の動作などを部分的に修飾するのに対し、"淘气"は「人の気質」を全体的に形容することが多い。三者の中では最も口語的色彩が強く、また、最もマイナスイメージの色彩が少ない。

7) "对对，人小的时候，总是很淘气的！"
   "Duì duì, rén xiǎo de shíhou, zǒngshì hěn táoqì de!"
   （「そうだそうだ、人は小さいころは、やんちゃなものだ」）

"调皮"、"淘气"には、「やんちゃ坊主」の意味で"调皮鬼" tiáopíguǐ、"淘气鬼" táoqìguǐ、"淘气包" táoqìbāo などの言葉がある。しかし書面語的色彩の濃い"顽皮"にはこのような言葉は見られない。

听・听见・听到
tīng　tīngjiàn　tīngdào

いずれも「何かの音が耳に入る」という意味で使われる。

1) 他听（／听见／听到）后，暗暗地想：这件事看来不好办。
   Tā tīng (/tīngjian/tīngdào) hòu, àn'àn de xiǎng: zhè jiàn shì kànlai bù hǎobàn.
   (彼は耳にした後，ひそかに思った，このことはどうも厄介そうだ)

"听"は意識的に耳で聞くことをいう。英語の listen に近い。

2) 没有语言知识就什么都听不懂。
   Méiyǒu yǔyán zhīshi jiù shénme dōu tīngbudǒng.
   (言語知識がなければ何も聞き取れない)

3) 她在偷偷地听房间里的谈话。
   Tā zài tōutōu de tīng fángjiānli de tánhuà.
   (彼女は部屋の中の話し声にこっそり聞き耳をたてている)

"听见"は物音や声が聞こえることをいう。"听"は聞こうとして聞くのに対し，"听见"は聞く意志の有無にかかわらず「聞こえる」状態を表す。英語の hear に近い。

4) 隐隐地听见房间里有音乐的声音传出来。
   Yǐnyǐn de tīngjiàn fángjiānli yǒu yīnyuè de shēngyīn chuánchulai.
   (部屋から音楽の音色が流れてくるのがかすかに聞こえた)

5) 我喊了他一声，他仿佛没听见似的。
   Wǒ hǎnle tā yì shēng, tā fǎngfú méi tīngjiàn shìde.
   (私は大声で彼に呼びかけたが，彼は聞こえなかったようだ)

"听到"は無意識のうちに偶然耳に届くことをいう。

6) 我们现在听到的这句话是不是跟他当时讲的有差别呀？
   Wǒmen xiànzài tīngdào de zhè jù huà shìbushì gēn tā dàngshí jiǎng de yǒu chābié ya?
   (私たちが今聞いたこの話と彼が当時言ったのと何か違いがありますか)

7) 很多朋友听到您要参选，说"好痛快！"
   Hěn duō péngyou tīngdào nín yào cānxuǎn, shuō "Hǎo tòngkuai!"
   (たくさんの友達が，あなたが選挙に立候補すると聞きつけて言った「とてもスカッとした！」)

そのほかに，"听"には"听话" tīnghuà（〈目上や上司の〉言うことをよく聞く）というやや派生的な意味を帯びている単語がある。また，一文字のため，四字熟語や慣用句などで多用される。たとえば，四字熟語の"道听途说" dào tīng tú shuō（道で聞いたことを道ですぐ話す／受け売りで根拠のない話），慣用句の"听风就是雨" tīng fēng jiù shì yǔ（風の音が聞こえれば雨が降ると決めてかかる／うわさを聞いただけですぐ本当だと信じる），"眼观六路，耳听八方" yǎn guān liù lù, ěr tīng bā fāng（目は六つの道路を見て耳は八つの方向を聞く／非常に気が利く）など。

听课・讲课・上课
tīngkè　jiǎngkè　shàngkè

"听课"は文字通り,「講義を聴く→授業を受ける」の意で,「学生」の活動である。学生が主体となり,授業に出て講義を聞くという場合は,基本的には"听课"が使われる。

1) 对学生来讲，认真听课（／？上课）是必须的。
   Duì xuésheng lái jiǎng, rènzhēn tīngkè shì bìxū de.
   (生徒にとっては,真面目に授業を聞くのは当たり前のことだ)

2) 带着问题去听课（／？上课）是取得好成绩的窍门。
   Dàizhe wèntí qù tīngkè shì qǔdé hǎo chéngjì de qiàomén.
   (問題意識をもって授業を受けるのは成績を上げる秘訣だ)

上の2例はいずれも学生が主体であり,かつ授業の内容に耳を傾けるということを意味の重点に置くことから,"上课"に置き換える必然性はなく,不自然である。"讲课"は「講義内容を話す→授業をする」の意で,「先生」の活動である。"讲课"は教師に視点が置かれ,もっぱら「語られる講義内容」と「語る話術,技量」が問題になる。

3) 赵老师讲课（／？上课）从来不看讲稿。
   Zhào lǎoshī jiǎngkè cónglái bú kàn jiǎnggǎo.
   (趙先生は講義をする時に講義原稿を見たことがない)

学生の活動である"听课"は教師の活動である"讲课"と対になり,対立もする。つまり,「先生」と「学生」,「講ずる」と「聴く」とが対比を構成するのである。

4) 讲课（／＊上课）很累，听课也不轻松。
   Jiǎngkè hěn lèi, tīngkè yě bù qīngsōng.
   (講義する側も疲れるが,聴く側も楽ではない)

"上课"には二つの意味があるとされてきた。「授業をする」と「授業を受ける」である。しかし,この二つの行為は常に同時に同じ場所で行われるのであり,一方がなければ,他方も成り立たない行為である。つまり,"上课"は「先生」と「学生」がそれぞれ主体として同時に行う行為なのである。したがって,以下のような例においては"上课"しか使われない。特に,例6）の主語が"师生们"であるという点に注意されたい。

5) 上课的铃声响了。
   Shàngkè de língshēng xiǎng le.
   (授業開始のベルが鳴った)

6) 在这种情况下，师生们被迫把课桌搬到公路上上课。
Zài zhè zhǒng qíngkuàng xià, shīshēngmen bèipò bǎ kèzhuō bāndào gōnglùshang shàngkè.
(この状況で，先生と生徒たちは机を道路に持って行って授業を行うことを余儀なくされた)

次の例のように，授業に出て先生と一緒に行動することも，先生の講義を聴くことも好きだというように読み取れ，"上课"，"听课"のどちらも使用可能になる場合もある。

7) 田中老师的课生动有趣，我们都爱上（／听）他的课。
Tiánzhōng lǎoshī de kè shēngdòng yǒuqù, wǒmen dōu ài shàng (／tīng) tā de kè.
(田中先生の授業は生き生きとして面白く，私たちはみんなその授業が大好きだ)

"听课"は"上课"と比べ，より具体的である。

8) 上课（／*听课）不仅仅是听课（／*上课），还应该动脑筋思考。
Shàngkè bù jǐnjǐn shì tīngkè, hái yīnggāi dòng nǎojīn sīkǎo.
(授業を受けるというのは単に授業を聞くのではなく，ちゃんと頭を使わなければならない)

最後に，辞書には書いていないが，"上课"にはさらにもう一つの重要な用法がある。それは，「予想外の悪い結果によって，または，ある教訓によって勉強になった」「教えてやる，警告を与える」という意味を表すことである。この場合，よく「"给"＋人＋"上了一（堂）课"」の形で使われる。

9) 这次失败给我们上了一堂课。
Zhè cì shībài gěi wǒmen shàngle yì táng kè.
(今回の失敗は私たちに教訓を与えてくれた)

10) 真该给他好好上一课。
Zhēn gāi gěi tā hǎohāor shàng yí kè.
(彼をひどい目に合わせたい)

听说・据说
tīngshuō　jùshuō

いずれも動詞，「ほかの人から聞いた」という意味で，挿入句として使うことができる。文頭に使う時は，用法がほぼ同じである。"据说"は口語と書面語両方に使用できるのに対し，"听说"は主に口語で使用する。

1) 据说（／听说），新火车站要建在离市区 5 公里的地方。
   Jùshuō (/Tīngshuō), xīn huǒchēzhàn yào jiànzài lí shìqū wǔ gōnglǐ de dìfang.
   (新しい駅は都心から 5 キロのところに建設する予定だそうだ)

2) 听说（／据说）你快要结婚了，是吗？
   Tīngshuō (/Jùshuō) nǐ kuàiyào jiéhūn le, shì ma?
   (あなたはもうじき結婚すると聞いたが，そうなのですか？)

間には人を表す名詞や代名詞を入れることが可能である。

3) 据记者说（／听记者说），会议将延期举行。
   Jù jìzhě shuō (/Tīng jìzhě shuō), huìyì jiāng yánqī jǔxíng.
   (記者の話では，会議は延期して行うそうだ)

"听说"が挿入句として使われる時は，文頭または文中に置き，「私はほかの人から聞いた」という意味で，後に"着"，"了"，"过"をつけない。

4) 听说楼上的小保姆还上过大学呢。
   Tīngshuō lóushàng de xiǎo bǎomǔ hái shàngguo dàxué ne.
   (上の階で働いているお手伝いさんは大卒だそうだ)

5) 教音乐的老师听说很有才华。
   Jiāo yīnyuè de lǎoshī tīngshuō hěn yǒu cáihuá.
   (音楽の先生はとても才能があるそうだ)

"据说"は挿入句という 1 つの用法しかない。歴史的資料や伝説によって知ったような直接人から聞いたのではない場合にも使える。出所出典のある場合も，それをあえて言明しない。"听说"にはこのような用法はない。

6) 据说（／*听说）孔子有上千个弟子。
   Jùshuō Kǒngzǐ yǒu shàng qiān ge dìzǐ.
   (孔子には千人近くの弟子がいたそうだ)

7) 据说（／*听说），佛教是汉代由印度传入中国的。
   Jùshuō, Fójiào shì Hàndài yóu Yìndù chuánrù Zhōngguó de.
   (仏教は漢代にインドから中国に伝わったそうだ)

文頭ではなく文中に使う時，"听说"の後ろには動詞句または主語があるセンテンスが使用可能であるのに対し，"据说"の後ろには主語があるセンテンスは使用できない。

8) 这个班通过汉语检定考试的学生据说（／听说）有十几个。
   Zhège bān tōngguò Hànyǔ jiǎndìng kǎoshì de xuésheng jùshuō (/tīngshuō) yǒu shíjǐ ge.

(このクラスには中国語検定試験に受かった学生が十数人いるそうだ)

9) 我们听说（／＊据说）她过去是国家体操队的运动员。
　　Wǒmen tīngshuō tā guòqù shì guójiā tǐcāoduì de yùndòngyuán.
　　(彼女は以前，体操のナショナルチームのメンバーだったそうだ)

"听说"は挿入句以外，センテンスの述語としても使える。

10) 我听说你去年出国了，没想到会在这里遇到。
　　Wǒ tīngshuō nǐ qùnián chūguó le, méi xiǎngdào huì zài zhèli yùdào.
　　(あなたは去年海外に行ったと聞いた。ここで会えるとは思いもよらなかった)

11) 她听说有客人要来，马上开始准备晚饭。
　　Tā tīngshuō yǒu kèrén yào lái, mǎshàng kāishǐ zhǔnbèi wǎnfàn.
　　(彼女は客が来ると聞き，すぐに晩御飯の支度を始めた)

12) 这件事我还没有听说。
　　Zhè jiàn shì wǒ hái méiyou tīngshuo.
　　(この事を，私はまだ聞いていない)

13) 他的事儿我比你听说得早多了。
　　Tā de shìr wǒ bǐ nǐ tīngshuōde zǎo duō le.
　　(彼のことは，私はあなたよりずっと前に聞いていた)

停顿・停止・停留
tíngdùn　tíngzhǐ　tíngliú

"停顿"は，行為や事業などが一時的に中断する意味を表し，時間的に短い場合が多く，目的語をとらない。

1) 因为资金不足，整个工程又停顿下来。
　　Yīnwei zījīn bùzú, zhěnggè gōngchéng yòu tíngdùnxialai.
　　(資金不足で工事全体がまた中断した)

2) 他这项研究一次也没停顿过。
　　Tā zhè xiàng yánjiū yí cì yě méi tíngdùnguo.
　　(彼はこの研究を一度も中断したことがない)

3) 因为情绪过于激动，他在演讲中停顿了三次。
　　Yīnwei qíngxù guòyú jīdòng, tā zài yǎnjiǎng zhōng tíngdùnle sān cì.
　　(感情が高ぶって彼は講演中3回話を中断した)

"停止"は，行為や事業などが停止する。一時的な場合と，永久的な場合がある。多く目的語をとる。

4) 俩人停止了争论。
   Liǎ rén tíngzhǐle zhēnglùn.
   （二人は議論するのを止めた）

5) 因下雨而停止了比赛。
   Yīn xiàyǔ ér tíngzhǐle bǐsài.
   （雨で，試合は中止になった）

6) 虽然经过了一整夜的抢救，他的心脏还是停止了跳动。
   Suīrán jīngguòle yìzhěngyè de qiǎngjiù, tā de xīnzàng háishi tíngzhǐle tiàodòng.
   （一晩中かけての応急手当を施したが，彼の心臓は動きが止まった）

7) 事故后，这座核电站永久地停止了使用。
   Shìgù hòu, zhè zuò hédiànzhàn yǒngjiǔ de tíngzhǐle shǐyòng.
   （事故後この原発は永久に使用停止となった）

"停留"は，行為や事業などがとどまり，停滞して動かない。"停止"が"止"zhǐ（止まる）に重点が置かれ，「とどまる」の意味はないのに対し，"停留"は"留"liú（とどまる）に重点を置く。とどまる時間は一時的である場合が多い。またとどまるところは具体的な場所でも，抽象的な概念でもよい。一般に目的語をとらない。

8) 你准备在美国停留多久？
   Nǐ zhǔnbèi zài Měiguó tíngliú duō jiǔ?
   （アメリカにどのくらい滞在する予定ですか）

9) 目前我们的改革并不彻底，只是停留在表层。
   Mùqián wǒmen de gǎigé bìng bú chèdǐ, zhǐshì tíngliúzài biǎocéng.
   （目下我々の改革はけっして徹底しておらず，表層にとどまっているだけである）

10) 景气回升的年增长率一直停留在 3.4%。
    Jǐngqì huíshēng de nián zēngzhǎnglǜ yìzhí tíngliúzài bǎifēnzhī sān diǎn sì.
    （景気回復の年間成長率はずっと 3.4%にとどまったままだ）

通讯・通信
tōngxùn　tōngxìn

ともに動詞として「通信する」，「情報を送る」意味を表す。
"通讯"は，報道，マスコミ関係に用いることが多い。また名詞として通信，記事，ニュース，レポートなどの意味をもつ。

1) 这家报纸在许多国家有它的通讯（／＊通信）员。
   Zhè jiā bàozhǐ zài xǔduō guójiā yǒu tā de tōngxùnyuán.
   (この新聞は多くの国に通信員をもっている)

"通讯员" tōngxùnyuán の場合は，新聞や雑誌，通信社や放送局などの通信員のことであり，"通信员" tōngxìnyuán は，軍や行政機関の公文書などを配達する連絡員のことを表す。

2) 新华社的全称是新华通讯社。
   Xīnhuáshè de quánchēng shì Xīnhuá tōngxùnshè.
   (新華社の正式名称は新華通信社である)

3) 报上这篇通讯（／＊通信）刊出后，立即产生了强烈的反响。
   Bàoshang zhè piān tōngxùn kānchu hòu, lìjí chǎnshēngle qiángliè de fǎnxiǎng.
   (新聞紙上でこの記事が発表されると，たちまち大反響を呼んだ)

"通信"は，手紙による通信からインターネットなど最新の通信技術や通信事業によるものまで，広く一般的に使われる。

4) 我们已经好久没有通信了。
   Wǒmen yǐjīng hǎojiǔ méiyou tōngxìn le.
   (私たちはすでに長いこと手紙のやりとりをしてない)

"通信"は離合詞であるので，5) のように間に語句を挟むことができるが，"通讯"にはこの用法はない。

5) 在英国留学时，我每个月跟他通一次信。
   Zài Yīngguó liúxué shí, wǒ měi ge yuè gēn tā tōng yí cì xìn.
   (イギリスに留学していた時，私は毎月一回彼と文通していた)

6) 通信技术日新月异。
   Tōngxìn jìshù rì xīn yuè yì.
   (通信技術は日進月歩である)

7) 近年来我们的通信技术已经从模拟通信发展到数字通信了。
   Jìnnián lái wǒmen de tōngxìn jìshù yǐjīng cóng mónǐ tōngxìn fāzhǎndào shùzì tōngxìn le.
   (近年我々の通信技術はすでにアナログ通信から発展してデジタル通信となった)

"～网" wǎng という場合，"通讯网"は報道関係のネットワークをさすのに対し，"通信网"は軍事あるいは民間における一般的なインフラとしての通信網をさす。

同样・一样
tóngyàng　yīyàng

どちらも形容詞として「同じ」,「同様」の意味をもつ。連体修飾語,連用修飾語になる場合は,置き換えることができる。

1) 我们持同样（／一样）的观点。
   Wǒmen chí tóngyàng (/yíyàng) de guāndiǎn.
   （私たちは同じ意見をもっている）

2) 这个自然法则同样（／一样）适用于人类社会。
   Zhège zìrán fǎzé tóngyàng (/yíyàng) shìyòng yú rénlèi shèhuì.
   （この自然の法則は人類社会にも同様にあてはまる）

しかし,例1)のように連体修飾語になる場合,その修飾語を否定する時に,"不一样"とは言うが,"不同样"とは言わない。代わりに"不同"を使ってよい。

3) 我们持不一样（／＊不同样）的观点。
   Wǒmen chí bù yíyàng de guāndiǎn.
   （私たちは違う意見をもっている）

3)' 我们持不同的观点。
   Wǒmen chí bùtóng de guāndiǎn.

形容詞の"同样"は修飾語にのみ用い,述語にはならないが,"一样"は述語にもなれる。

4) 那两个包款式一样（／＊同样），质量不一样（／＊同样）。
   Nà liǎng ge bāo kuǎnshì yíyàng, zhìliàng bù yíyàng.
   （あの二つのカバンは,デザインは同じだが品質は違う）

"同样"はまた,節と節の間に用い,前に述べたことと「同様に」,「同じく」の意味の接続詞的用法がある。"一样"はこのような使い方がない。

5) 孩子要理解父母，同样（／＊一样），父母也应该理解孩子。
   Háizi yào lǐjiě fùmǔ, tóngyàng, fùmǔ yě yīnggāi lǐjiě háizi.
   （子供は親のことを理解する必要があるが,同様に親も子供のことを理解すべきである）

一方,"一样"は"像／如／宛如／仿佛……一样" xiàng/rú/wǎnrú/fǎngfú の組み合わせがあり,比喩的な表現で,物事の相似を示す。日本語の「まるで…のようである」,「…みたいだ」に相当する。"同样"にはこのような使い方はない。

6) 前辈像关爱自己的弟弟一样关爱过我。
　　Qiánbèi xiàng guān'ài zìjǐ de dìdi yíyàng guān'àiguo wǒ.
　　(先輩は僕を本当の弟のように可愛がってくれた)

7) 她的笑容宛如盛开的向日葵一样。
　　Tā de xiàoróng wǎnrú shèngkāi de xiàngrìkuí yíyàng.
　　(彼女の笑顔はまるで満開のひまわりのようだ)

同意・赞成
tóngyì　zànchéng

ともに（人の）主張や行為に対して、反対せずに受け入れることである。

1) 她问我："你家人同意（／赞成）你随我到美国去吗？"
　　Tā wèn wǒ: "Nǐ jiārén tóngyì (/zànchéng) nǐ suí wǒ dào Měiguó qù ma?"
　　(彼女は私に聞いた「あなたの家族はあなたが私についてアメリカに行くことに同意／賛成していますか？」)

2) 笔者也赞成（／同意）这位网友的看法。
　　Bǐzhě yě zànchéng (/tóngyì) zhè wèi wǎngyǒu de kànfa.
　　(筆者もこのネット仲間の考えに大いに賛成／同意する)

しかし、主張や行為の受け入れの程度から見てみると、"同意"は「それならそれでいいよ」と、しいて言えば「仕方なく受け入れる」という受け身の姿勢が感じられる。

3) 应先试着同意对方的看法，然后陈述自己的观点。
　　Yīng xiān shìzhe tóngyì duìfāng de kànfa, ránhòu chénshù zìjǐ de guāndiǎn.
　　(まず相手の見方に同意してから、自分の考えを述べるべきである)

4) 特殊治疗时，必须征得患者或其亲属的同意并签字。
　　Tèshū zhìliáo shí, bìxū zhēngdé huànzhě huò qí qīnshǔ de tóngyì bìng qiānzì.
　　(特殊治療時には、必ず患者もしくはその親族の同意ならびに署名が必要である)

例3)は角が立たないように、まず相手の見方に同意する、例4)は病院での特殊治療は場合によっては命を落とす危険があるので、患者本人またはその親族はそれを承知のうえで仕方なく同意するというニュアンスが見てとれる。

一方"赞成"は、"赞"に「讃える」意があることから、積極的に支持するニュアンスをもち、人の意見や行動を良いものと考え、"同意"よりも受け入れる気持ちが強い。また口語や正式でない場面に使うことが多い。

5) 你赞成"男主外，女主内"的想法吗？
   Nǐ zànchéng "nán zhǔ wài, nǚ zhǔ nèi" de xiǎngfa ma?
   （あなたは「男が外，女は家」という考え方に賛成しますか）

6) 其实她的意思也是赞成我去拍这个戏的。
   Qíshí tā de yìsi yě shì zànchéng wǒ qù pāi zhège xì de.
   （実は彼女の意見も私がこのドラマを演じることに賛成している）

"同意"は，権力者や目上の人が一般人や目下の人の意見，要求，行動に対して「許可する」,「承認する」という意味を表すことができるが，"赞成"にこの意味はない。

7) 本刊对稿件有删改权，不同意删改者请附声明。
   Běnkān duì gǎojiàn yǒu shāngǎiquán, bù tóngyì shāngǎizhě qǐng fù shēngmíng.
   （本刊行物は原稿に添削権をもつ，添削に同意できない者はその旨を添えること）

8) 经本级人民政府同意，督导结果可以向社会公布。
   Jīng běnjí rénmín zhèngfǔ tóngyì, dūdǎo jiéguǒ kěyǐ xiàng shèhuì gōngbù.
   （地元の人民政府の同意を経て，監督指導の結果を社会に公表することができる）

例7) は原稿の添削権に対する出版社の上目線の言い方であり，例8) は権力者の人民政府が一方的に決定していると言える。
そのほかに，日本語同様，"赞成票"という言い方がある。日本語の「同意書」は中国語で"协议"xiéyì と訳される。

9) 如果大会表决获得2／3以上的赞成票，公约和建议书就算正式通过。
   Rúguǒ dàhuì biǎojué huòdé sān fēn zhī èr yǐshàng de zànchéngpiào, gōngyuē hé jiànyìshū jiù suàn zhèngshì tōngguò.
   （大会表决で3分の2以上の賛成票が得られれば，公約ならびに意見書は正式に通過したと見なす）

痛苦・难过・难受
tòngkǔ　nánguò　nánshòu

ともに形容詞で，精神的，肉体的につらく苦しいことを表す。その程度により使い分け，"痛苦"，"难过"，"难受"の順に軽くなる。
"痛苦"は体や心に感じる強い苦しみや痛みのことをいう。程度がいちばん重い。苦しい。つらい。

1) 强烈的背痛与腿痛令他非常痛苦。
   Qiángliè de bèi tòng yǔ tuǐ tòng lìng tā fēicháng tòngkǔ.
   （背中と足の強烈な痛みが彼を非常に苦しめた）

2) 他失恋以后十分痛苦。
   Tā shīliàn yǐhòu shífēn tòngkǔ.
   (彼は失恋してひどく苦しんでいる)

3) 妹妹死后，他痛苦得几乎活不下去了。
   Mèimei sǐ hòu, tā tòngkǔde jīhū huóbuxiàqu le.
   (妹が亡くなってから，彼は生きていられないほどつらかった)

"难过"は精神的にやりきれない気持ちをいうことが多い。程度が"痛苦"より弱い。悲しい。つらい。

4) 没考上大学，他难过得哭了。
   Méi kǎoshang dàxué, tā nánguòde kū le.
   (彼は大学に落ちてつらくて泣いた)

5) 听到老师去世的消息，他非常难过。
   Tīngdào lǎoshī qùshì de xiāoxi, tā fēicháng nánguò.
   (恩師の亡くなったことを聞き，彼はとてもつらかった)

"难受"は程度がいちばん軽く，日常的で五感に生じる感覚についていい，多く時間的に短いことに用いる。気持ちが晴れないことや，気分が悪いこと，または心地よくないことによく用いる。"痛苦"，"难过"は書面語や口語に使うのに対し，"难受"は口語に多く用いられる。

6) 丢了钱包，心里很难受。
   Diūle qiánbāo, xīnli hěn nánshòu.
   (財布をなくして情けない)

7) 胃镜检查可难受了。
   Wèijìng jiǎnchá kě nánshòu le.
   (胃カメラの検査はとても苦しい)

8) 穿着有味儿的衣服，一天都觉得很难受。
   Chuānzhe yǒu wèir de yīfu, yìtiān dōu juéde hěn nánshòu.
   (臭いの付いている服を着ていることで，一日中心地悪かった)

"难过"は動詞として経済的に苦しいことをいう使い方がある。"痛苦"，"难受"にはこの用法はない。

9) 失去了父亲以后，家里的日子比以前更难过了。
   Shīqùle fùqin yǐhòu, jiāli de rìzi bǐ yǐqián gèng nánguò le.
   (父を亡くしてから，家の生計は前よりさらに苦しくなった)

10) 我家当时很穷，日子很难过。
Wǒ jiā dāngshí hěn qióng, rìzi hěn nánguò.
（家は当時非常に貧しかったから，生活が本当に苦しかった）

头・第
tóu　　dì

こんな"物谜"（物あてなぞなぞ）がある。

头一家是针店，　Tóu yì jiā shì zhēndiàn,
第二家是皮店，　dì èr jiā shì pídiàn,
皮店后面是纸店，　pídiàn hòumiàn shì zhǐdiàn,
纸店后边是肉店。　zhǐdiàn hòubian shì ròudiàn.
（一軒目は針屋さん，
二軒目は皮屋さん，
皮屋さんの後ろは紙屋さん，
紙屋さんの後ろは肉屋さん）

このなぞなぞの答えは"栗子"lìzi（クリ）であるが，第一句目の
头一家是针店
の"一"の発音を問題にしたい。「一軒目」であれば序数であるから，yī と第1声であるかに思えるが，事実は tóu yì jiā と"一"は第4声に変調する。
一方，"第一家"なら dì yī jiā と，こちらは理屈どおり第1声である。ともに「一軒目」の意味であるが，このように"一"の声調が異なる。数字が2の場合は違いはさらに顕著になる。

头两家 tóu liǎng jiā —— はじめの二軒
第二家 dì èr jiā —— 二軒目

図示すれば次のようになる。
　　　　　　1　　2　　3　　4……
头两家：　　●　　●　　⇧　　⇧……
第二家：　　⇧　　●　　⇧　　⇧………

"头两家"は最初の二軒（複数）を指し，"第二家"は二軒目（単数）である。つまり，この二つの表現は構造が違う。
　头［两家］
　［第二］家

"头"の場合は，まず数詞が後続量詞と結合し，「数詞＋量詞」で1つの単位を作る。

"一个" yí ge, "两个" liǎng ge と同じである。数詞は量詞の支配圏内にある。ゆえに, 1は変調し, 2は "两" となる。
"第" の場合は, 数詞は先に "第" と結合し, "第" の支配下にある。ゆえに, "一" yī であり, "二" èr である。
結局, 数字が "一" の時 ("头一家" と "第一家") に限って, その指示するところが一致するにすぎない。
"头三脚难踢" tóu sān jiǎo nán tī (最初の三回は蹴りにくい→ものごとは始めがむずかしい)
という諺があるが, これも "第三脚" ではおかしなことになってしまう。

头脑・脑筋
tóunǎo　nǎojīn

"头脑" も "脑筋" も「頭」,「頭脳」と訳されることが多い。

1) 运动员不仅需要有良好的体力，而且要头脑清醒。
   Yùndòngyuán bùjǐn xūyào yǒu liánghǎo de tǐlì, érqiě yào tóunǎo qīngxǐng.
   (スポーツ選手は優れた体力が必要なだけではなく, 頭脳も明晰でなければならない)

2) 他们乐观、开朗，爱动脑筋。
   Tāmen lèguān、kāilǎng, ài dòng nǎojīn.
   (彼らは楽観的で明るく, 頭をよく働かせる)

しかし "头脑" と "脑筋" は, それぞれ「頭」,「頭脳」の異なる側面を指す。
まず "头脑" は一般的に人間が備えている物事を見分ける力, 的確に判断する力を指す。いわゆる「脳の思考力」の意味合いが強い。

3) 他这个人很有头脑（／＊脑筋）。
   Tā zhège rén hěn yǒu tóunǎo.
   (彼はちゃんと考えをもっている人だ)

4) 不要被今天的成功冲昏头脑（／＊脑筋）。
   Búyào bèi jīntiān de chénggōng chōnghūn tóunǎo.
   (今日の成功にのぼせ上がってはいけない)

"脑筋" は「脳」そのものの意味合いが強い。"动" dòng, "伤" shāng, "费" fèi, "换" huàn の目的語として使うことができるが, "头脑" はできない。

5) 请大家一起动动脑筋（／＊头脑）。
   Qǐng dàjiā yìqǐ dòngdong nǎojīn.
   (みなさん, 一緒に考えてみてください)

6) 这件事情真让我伤透脑筋（／＊头脑）。
   Zhè jiàn shìqing zhēn ràng wǒ shāngtòu nǎojīn.
   （この件は本当に頭を悩ませる）

7) 别费脑筋（／＊头脑）了，没有用。
   Bié fèi nǎojīn le, méiyou yòng.
   （これ以上頭を使わないでください。無駄です）

8) 时代不同了，你也该换换脑筋（／＊头脑）了。
   Shídài bù tóng le, nǐ yě gāi huànhuan nǎojīn le.
   （時代は変わったんだ。あなたもそろそろ頭を切り替えないといけないよ）

また、"头脑"は「見分ける力」、「判断する力」を指すため、「すばやい」、「回転が速い」といった意味の形容詞と一緒に使うことができる。しかし"脑筋"はこういった用法はない。

9) 他不仅头脑（／＊脑筋）非常敏捷，而且做事也非常沉稳。
   Tā bùjǐn tóunǎo fēicháng mǐnjié, érqiě zuòshì yě fēicháng chénwěn.
   （彼は頭の回転がとても速いだけではなく、仕事ぶりも非常に冷静沈着である）

10) 你要小心一点，他头脑（／＊脑筋）精明得很。
    Nǐ yào xiǎoxīn yìdiǎn, tā tóunǎo jīngmíngde hěn.
    （気をつけたほうがいいよ。彼は頭がとても切れるから）

さらに、"头脑"は"商业" shāngyè、"经济" jīngjì などの名詞の修飾を受け、特定の分野における能力、特定の分野における思考力を指すことができる。

11) 从小培养孩子们的经济头脑（／＊脑筋）是否正确？
    Cóngxiǎo péiyǎng háizimen de jīngjì tóunǎo shìfǒu zhèngquè?
    （小さい頃から子供たちの経済脳を育てることは正しいだろうか）

头头儿・头目・头子
tóutour　tóumù　tóuzi

"头头儿"は，組織や団体などの責任ある立場の人。話し言葉として，上司，幹部，総括者，責任者などを広くさす。"头儿"ともいう。

1) 这是我们头头儿。
   Zhè shì wǒmen tóutour.
   （こちらがうちのボスです）

2) 他在班里当了一个小头头。
　　Tā zài bānli dāngle yí ge xiǎo tóutour.
　　（彼はクラスでちょっとした役についていた）

3) 请找我们单位的头头儿交涉吧。
　　Qǐng zhǎo wǒmen dānwèi de tóutour jiāoshè ba.
　　（うちの部門の責任者のところへ行って掛け合ってください）

"头头儿"はくだけた表現であり，身内の中の話等の時に使うか，親しみを込めた軽い言い方であるため，正式な場での使用は避けたい。

"头目"は，集団の中心となる人，現代中国語では，多く悪い集団のボスをさす。"小头目"（頭目の下位にいる）という言い方もあり，親分という意。

4) 看样子他是这个地区的一个头目。
　　Kàn yàngzi tā shì zhège dìqū de yí ge tóumù.
　　（見たところやつはこの地区のボスの一人だ）

"头子"は，悪い集団の首領，ボス。話し言葉で用いる。"头目"は中心となる人をさし，必ずしもトップをさすとは限らないが，"头子"はトップのその人一人をさす。

5) 他是一个黑社会头子。
　　Tā shì yí ge hēishèhuì tóuzi.
　　（あの人はやくざの親玉だ）

他には，"土匪头子" tǔfěi tóuzi（土匪の大ボス），"山贼头子" shānzéi tóuzi（山賊の親玉），"海盗头子" hǎidào tóuzi（海賊の親玉），"特务头子" tèwu tóuzi（スパイの親分）などの表現があるが，いずれもネガティブな意味で使われる。

投・扔・甩
tóu　rēng　shuǎi

"投"は，ある目標に向かって投げるという意。「目標」に重点があるので，投げた結果に言及するケースもあり，広く目標物に投げ入れることもいう。

1) 他接连投（／扔／甩）了好几枚手榴弹。
　　Tā jiēlián tóu (/rēng/shuǎi) le hǎojǐ méi shǒuliúdàn.
　　（彼は連続で何個も手榴弾を投げた）

2) 小李的投篮技术很高，投得也很准。
　　Xiǎo Lǐ de tóulán jìshù hěn gāo, tóude yě hěn zhǔn.

(李さんのシュートのスキルが優れていて，命中率も高い)

3) 把选票投进票箱。
Bǎ xuǎnpiào tóujìn piàoxiāng.
(投票用紙を投票箱に入れる)

"扔"は手を振り動かして，持っている物を手から離す，ほうり投げるという意で，使用範囲が最も広い。「手から離す」ことに重点があり，手離して顧みないこともいう。捨てる。

4) 他在中学时曾经是扔铁饼选手。
Tā zài zhōngxué shí céngjīng shì rēng tiěbǐng xuǎnshǒu.
(彼は中学校の時，円盤投げの選手でした)

5) 垃圾不能随便乱扔。
Lājī bù néng suíbiàn luàn rēng.
(ごみは所構わず投げ捨ててはいけない)

6) 她早把俄文扔到一边儿去了。
Tā zǎo bǎ Éwén rēngdào yìbiān qù le.
(彼女はとっくにロシア語の勉強を止めた)

7) 把成绩留给自己，把问题扔给别人的领导不是好领导。
Bǎ chéngjì liúgěi zìjǐ, bǎ wèntí rēng gěi biéren de lǐngdǎo bú shì hǎo lǐngdǎo.
(成果は自分のもの，問題は他人のものという管理責任者は良い責任者とは言えない)

"甩"は振って（または振り回して）物体を飛ばす，という意。

8) 那个小孩儿甩了一墙墨水。
Nàge xiǎoháir shuǎile yì qiáng mòshuǐ.
(その子は壁にインクを飛ばした)

9) 把雨伞上的水甩掉。
Bǎ yǔsǎnshang de shuǐ shuǎidiào.
(傘のしずくを振り落とす)

10) 她把男朋友甩了。
Tā bǎ nánpéngyou shuǎi le.
(彼女はボーイフレンドを振った)

"甩"は目的語をとる場合，目的語との意味関係によって，そのものを「振り回す」のか，「振り回すことでそれを取り除く」のか，二つの意味がある。たとえば"甩手" shuǎi shǒu は「手を振り回す」，「手を振り払う」の意，"甩衣服" shuǎi yīfu は「服を振り回す」（この場合は洗濯物の脱水という意味で使用されることが多い），"甩水"

shuǎi shuǐ はなにかについている水滴を振り落とすという意味になる。また"甩袖而去" shuǎi xiù ér qù（袖を振り払って去って行く），"甩手而去" shuǎi shǒu ér qù（手を振り払って去って行く），"甩手不管了" shuǎi shǒu bù guǎn le（手を振り払って関わるのを止める）のような慣用句的な使い方もある。

突然・忽然
tūrán　hūrán

「いきなり」，「突然」，「急に」の意味を表し，ともに動詞や形容詞を修飾し連用修飾語として用いられる。

1) 孩子突然（／忽然）大哭起来，…
   Háizi tūrán (/hūrán) dà kūqilai, ...
   （子どもは突然大声で泣き出した，…）

2) 她的脸忽然（／突然）红了。
   Tā de liǎn hūrán (/tūrán) hóng le.
   （彼女は急に顔が赤くなった）

　1)，2) では，"突然"も"忽然"も，ともに動作，状況の発生が急で，しかも意外なことを表す。意味的には，"突然"は程度が強く突発的であること，また短時間で発生することを強調し，"忽然"は突発性と意外性を強調し，より口語的であるというニュアンスの違いも見られる。語料庫の用例を見ると，"突然"は"忽然"の倍以上の用例数があることから，"突然"のほうがよく使われていることが分かる。しかし，両者の意味はきわめて近く，意味上から区別するのはかなり難しい。そこで，角度を変えて，文法上の用法からその違いを考える。
"忽然"は副詞で連用修飾語にしかなれない。"突然"は形容詞である。これによって，"突然"と"忽然"は文法上の用法において，その区別がはっきりと分かれる。下記の用例はすべて"突然"が使われ，"忽然"は使われない。

3) 这种情况不突然（／＊忽然）。
   Zhè zhǒng qíngkuàng bù tūrán.
   （このケースは突然のものではない）

4) 他的变化很突然（／＊忽然）。
   Tā de biànhuà hěn tūrán.
   （彼の変化は急です）

5) 那次突然（／＊忽然）事故发生后，他变了。
   Nà cì tūrán shìgù fāshēng hòu, tā biàn le.
   （あの突然の事故が起きてから，彼は変わりました）

6) 他的愤怒来得突然（＊／忽然），让人费解。
   Tā de fènnù láide tūrán, ràng rén fèi jiě.
   (彼の怒りは突然なので，理解しにくい)

　3)では"突然"は副詞の"不"，4)では副詞の"很"と共起し，5)の"突然"は名詞を修飾して連体修飾語に，6)では"得"のあとについて補語になる。しかし，"忽然"は"不忽然"とも"很忽然"とも，また，"忽然事故"とも"来得忽然"とも言うことができない。
　次に，"突然"は主語，述語，目的語になることができる。

7) 突然（／＊忽然）是很突然（／＊忽然），但也不是没有可能。
   Tūrán shì hěn tūrán, dàn yě bú shì méiyǒu kěnéng.
   (突然は突然だが，起こりえないことではない)

8) 事情突然（／＊忽然），还没来得及告诉你。
   Shìqing tūrán, hái méi láidejí gàosu nǐ.
   (急だったので，君に言う時間がなかった)

9) 他的死，我感到很突然（／＊忽然）。
   Tā de sǐ, wǒ gǎndào hěn tūrán.
   (彼の死は突然だったと感じる。)

　7)の"突然"は主語，8)の"突然"は述語，9)の"突然"は目的語である。"忽然"にはこのような用法はない。

团聚・团圆
tuánjù　tuányuán

「団欒」に当たる類義語に"团聚"と"团圆"がある。いずれも別れた後の再会や団欒を意味するが，"团圆"は肉親に限られる（"骨肉团圆" gǔròu tuányuán，"夫妻团圆" fūqī tuányuán，"父子团圆" fùzǐ tuányuán など）。"团聚"の範囲はより広い。

1) 春节是中国人阖家团圆（／团聚）的日子。
   Chūnjié shì Zhōngguórén héjiā tuányuán (/tuánjù) de rìzi.
   (春節は中国人にとって一家団欒の日である)

2) 校庆之际，毕业了三十年的校友们又团聚（／＊团圆）在一起了。
   Xiàoqìng zhī jì, bìyèle sānshí nián de xiàoyǒumen yòu tuánjùzài yìqǐ le.
   (学校創立記念日に際し，卒業して三十年経った同窓が，また一堂に集まった)

"团聚"は目的語をとることができるが，"团圆"はできない。

3) 要想团聚（／*团圆）民众，首先要获得民心。
   Yào xiǎng tuánjù mínzhòng, shǒuxiān yào huòdé mínxīn.
   (民衆を結束させるには，民心を掌握することが第一である)

"团聚"は"聚"（集まる，集める）という動詞的な要素が強いのに対し，"团圆"は本来二つの文字がともに「丸い」の意味をもち，形容詞としても使える。重ね型の"团团圆圆"も可能である。

4) 除夕的晚餐，也称"团圆饭"，是中国人过年必不可少的节目。
   Chúxī de wǎncān, yě chēng "tuányuánfàn", shì Zhōngguórén guònián bì bù kě shǎo de jiémù.
   (大晦日の晩餐は，「団欒飯」とも呼ばれており，中国人にとっては年越しに欠かせないものである)

5) 对爷爷奶奶来说，与儿孙们一起团团圆圆地过个年，比什么都开心。
   Duì yéye nǎinai lái shuō, yǔ érsūnmen yìqǐ tuántuányuányuán de guò ge nián, bǐ shénme dōu kāixīn.
   (おじいさんおばあさんにとっては，孫たちと一緒に一家団欒の年越しができるのは，なによりの楽しみである)

"团聚"は動詞で，重ね型は"团聚团聚"である。"团圆"は動詞として使うとき，"团圆团圆"も可能である。

6) 好久没见了，趁过年，咱们老朋友也团聚团聚怎么样?
   Hǎojiǔ méi jiàn le, chèn guònián, zánmen lǎo péngyou yě tuánjùtuánjù zěnmeyàng?
   (お正月だし，われわれ友人同士もこの機会に久しぶりに再会してはいかが)

7) 你们小夫妻老是这么分居两地打工，也该团圆团圆（／团聚团聚）了吧。
   Nǐmen xiǎo fūqī lǎoshì zhème fēnjū liǎngdì dǎgōng, yě gāi tuányuántuányuán (／tuánjùtuánjù) le ba.
   (あなたたち夫婦は若いのに，仕事のために長らく別居していて，そろそろ一緒に暮らすことを考えたらどう)

そして"团圆"には本来の「真ん丸」という意味も生きている。

8) 小妹长了一张团圆脸，看上去很讨人喜欢。
   Xiǎomèi zhǎngle yì zhāng tuányuán liǎn, kànshangqu hěn tǎo rén xǐhuan.
   (妹は丸い顔をして，とても愛くるしい)

団体・集団・集体
tuántǐ　jítuán　jítǐ

"团体"は，組織化され，営利を目的としない集団のことを指し，共通の目的，志向の下にまとまり，統率がとれていることに重点がある。マイナスイメージでは用いない。

1) 这个慈善会是一个民间团体。
   Zhège císhànhuì shì yí ge mínjiān tuántǐ.
   (この慈善会は民間団体である)

2) 这是一个保护妇女儿童权利的团体。
   Zhè shì yí ge bǎohù fùnǚ értóng quánlì de tuántǐ.
   (これは女性，子供の権利を守る団体である)

3) 自由体操的团体赛将在明天下午举行。
   Zìyóu tǐcāo de tuántǐsài jiāng zài míngtiān xiàwǔ jǔxíng.
   (新体操の団体戦は明日午後に行われる)（"团体赛" ⇔ "个人赛" gèrénsài 個人戦）

"集团"は，組織化され，営利を目的とする集団である場合が多い。ともに行動する点に重点があり，マイナスイメージでも用いる。会社や組織の名前によく見られる。

4) 宝钢集团是中国大型钢铁企业集团之一。
   Bǎogāng jítuán shì Zhōngguó dàxíng gāngtiě qǐyè jítuán zhī yī.
   (宝鋼グループは中国の大手鉄鋼メーカーグループの１つである)

5) 最近北京市公安局抓获一个重大盗窃集团。
   Zuìjìn Běijīngshì gōng'ānjú zhuāhuò yí ge zhòngdà dàoqiè jítuán.
   (最近北京市公安局は大型窃盗団を摘発した)

"集体"は，組織化されていない集団。"团体"と同じく"个人" gèrén（個人）に対応するが，"团体"が統率とまとまりを重視するのに対し，"集体"は単に多くの人の集合体をさす。

6) 中国的大学生大部分都住集体宿舍。
   Zhōngguó de dàxuéshēng dàbùfen dōu zhù jítǐ sùshè.
   (中国の大学生のほとんどは学生寮に住んでいる)

7) 她不太适应这里的集体生活。
   Tā bútài shìyìng zhèli de jítǐ shēnghuó.
   (彼女はここの集団生活にあまりなじめない)

8) 集体利益大于个人利益。
   Jítǐ lìyì dàyú gèrén lìyì.
   (集団の利益は個人の利益より重要だ)

推測・猜測
tuīcè　cāicè

　"推測"は「すでに明らかとなっている事実から筋道をたてて推し量る」ときに用いる。一方，"猜測"は"推測"と異なり，「根拠がない推測，または直接的な根拠とならない事柄に基づく主観的な想像による」ときに用いられる。
　1)〜2)は，すでに明らかになった事実から推し量っているので"推測"を用いる。

1) 根据古墓的这些特点，考古专家推测（／＊猜测）其为东晋墓葬。
   Gēnjù gǔmù de zhèxiē tèdiǎn, kǎogǔ zhuānjiā tuīcè qí wéi Dōng Jìn mùzàng.
   (古墓のこれらの特徴から，考古学者は東晋時代のものだと推測した)

2) 预报官员根据卫星图像推测（／＊猜测）明天可能会出现晴天。
   Yùbào guānyuán gēnjù wèixīng túxiàng tuīcè míngtiān kěnéng huì chūxiàn qíngtiān.
   (天気予報士は，衛星画像から明日は晴れると予測した)

　これに対して3)〜5)のように，話者（や筆者）がその内容を主観的な想像であるとし，否定的に考えているときには"猜測"が用いられる。

3) 外媒猜测（／推测）这个机器人将用于战争。
   Wàiméi cāicè (/tuīcì) zhège jīqìrén jiāng yòngyú zhànzhēng.
   (外国メディアは，このロボットを戦争に使用するつもりだと考えている)

4) 卫星照片现人影？ UFO 爱好者猜测（／推测）这可能是外星人。
   Wèixīng zhàopiàn xiàn rényǐng? UFO àihàozhě cāicè (/tuīcè) zhè kěnéng shì wàixīngrén.
   (衛星写真に人影？ UFO 愛好者は宇宙人と推測)

5) 看来自己刚才的猜测（／＊推测）实在有点儿太天真了。
   Kànlái zìjǐ gāngcái de cāicè shízài yǒudiǎnr tài tiānzhēn le.
   (どうやら先ほどの私の推測は，実際のところ幼稚すぎた)

　話者が否定的に感じていなければ，すなわちその推理に正当性があると思っていれば3)や4)のように"推測"を用いることもできる。

腿・脚・足
tuǐ　jiǎo　zú

いずれも「足」を意味する言葉であるが、"腿"と"脚"は指し示す部分が異なり、分けて使われる。

"腿"は、足のつけ根から足首までの部分をさす。英語のlegに相当する。量詞は"条" tiáo、"只" zhī、両足の場合は"双" shuāng。

"大腿"dàtuǐ（もも）；"小腿"xiǎotuǐ（すね）；"腿肚子"tuǐdùzi（ふくらはぎ）；"罗圈腿"luóquāntuǐ（O脚）；"盘腿"pántuǐ（あぐらをかく）；"扯（／拉）后腿"chě（／lā）hòutuǐ（足を引っ張る）

1) 他因为运动过度，损伤了腿部肌肉。
   Tā yīnwei yùndòng guòdù, sǔnshāngle tuǐbù jīròu.
   （彼は運動のしすぎで足の筋肉を痛めた）

2) 日本男人习惯盘腿而坐。
   Rìběn nánrén xíguàn pántuǐ ér zuò.
   （日本人男性はあぐらをかくことに慣れている）

3) 小王想去大城市找工作，她的家人却总是拉她的后腿。
   Xiǎo Wáng xiǎng qù dàchéngshì zhǎo gōngzuò, tā de jiārén què zǒngshì lā tā de hòutuǐ.
   （王さんは大都市に仕事を探しに行きたいのだが、家族がいつも彼女の足をひっぱる）

"脚"は、足首から先の部分をさす。英語のfootに相当する。量詞は"只" zhī、両足の場合は"双" shuāng。

"脚腕子"jiǎowànzi；"脚踝"jiǎohuái（足首、くるぶし）；"脚跟"jiǎogēn（かかと）；"脚心"jiǎoxīn（土踏まず）；"脚掌"jiǎozhǎng（足の裏）；"脚背"jiǎobèi（足の甲）；"踮脚"diǎnjiǎo（つま先立つ）；"失脚"shījiǎo（足を滑らす）；"跳脚"tiàojiǎo（地団駄を踏む）

4) 即使是冬天，他也让孩子赤着脚。
   Jíshǐ shì dōngtiān, tā yě ràng háizi chìzhe jiǎo.
   （たとえ冬であっても彼は子どもを素足にさせている）

5) 顽皮的孩子们在雪地上留下一串串脚印。
   Wánpí de háizimen zài xuědìshang liúxia yí chuànchuàn jiǎoyìn.
   （腕白な子どもたちが雪の上に一連の足あとを残している）

6) 踮起脚尖就能摘到树上的果实。
　　Diǎnqi jiǎojiān jiù néng zhāidào shùshang de guǒshí.
　　(つま先立ちすれば木の果物がもげる)

"足"は，人や動物の足を意味するが，話し言葉では"腿"や"脚"が使われる。多くは単語や成語を形成する。

"足球" zúqiú (サッカー)；"足疗" zúliáo (足の手入れ)；"足迹" zújì (足跡)；"手足无措" shǒu zú wú cuò (手も足も出ない)；"手舞足蹈" shǒu wǔ zú dǎo (小躍りして喜ぶ)；"百足之虫，死而不僵" bǎi zú zhī chóng, sǐ ér bù jiāng (百足の虫〈ムカデ〉は死んでも倒れない。勢力が大きければ，滅びたあとも影響が続くこと)

7) 足浴可以促进人体健康。
　　Zúyù kěyǐ cùjìn réntǐ jiànkāng.
　　(足浴をすることで健康増進できる)

8) 追寻伟大前辈的足迹。
　　Zhuīxún wěidà qiánbèi de zújì.
　　(偉大な先達の足跡をたどる)

9) 他们俩情同手足，总是形影不离。
　　Tāmen liǎ qíng tóng shǒu zú, zǒngshì xíng yǐng bù lí.
　　(彼ら二人は兄弟のように親しくいつも一緒にいて離れない)

"腿"，"脚"，"足"はともに器物の「あし」にも用いる。

桌子腿　zhuōzituǐ　(机やテーブルの脚)
三脚架　sānjiǎojià　(三脚)
三足鼎　sānzúdǐng　(三足の鼎)

拖・拉
tuō　lā

いずれも力を入れてものを移動させる意で使われる。
"拖"は地面や床などに，ものの一部を接触させたまま自分の方へ力を入れて引く。目的語には主に「重くて動かしにくいと感じられるもの」がくる。引っ張る。引きずる。牽引する。

1) 违章停放车辆被清障车拖（／拉）走。
　　Wéizhāng tíngfàng chēliàng bèi qīngzhàngchē tuō (／lā) zǒu.
　　(駐車違反の車はレッカー車に移動された)

2) 从床底下拖（／拉）出一个皮箱。
   Cóng chuángdǐxia tuō (/lā) chu yí ge píxiāng.
   (ベッドの下からトランクを引きずり出す)

3) 拖（／＊拉）着一条长长的尾巴。
   Tuōzhe yì tiáo chángcháng de wěiba.
   (長いしっぽを垂らしている)

4) 拖（／＊拉）地
   tuō dì
   (床にモップをかける)

"拉"は自分の方へ力を入れて引く。目的語には主に「本来引っ張って動かすように作られているもの」がくる。引っ張る。

5) 拉（／＊拖）平板车
   lā píngbǎnchē
   (リヤカーを引く)

6) 拉（／＊拖）弓
   lā gōng
   (弓を引く)

7) 拉（／＊拖）开门
   lākai mén
   (ドアを手前に引いて開ける)

8) 把抽屉拉（／＊拖）开
   bǎ chōuti lākai
   (引き出しを開ける)

9) 拉我一把！
   Lā wǒ yì bǎ!
   (引っ張って！)

10) 明天用我的车帮朋友拉（／＊拖）一点货。
    Míngtiān yòng wǒ de chē bāng péngyou lā yìdiǎn huò.
    (明日私の車で友人の品物を運ぶ)

"拖"は「時間を引き延ばす」意味もあるが、"拉"はこの意味はない。

11) 这件事不能再拖了。
    Zhè jiàn shì bù néng zài tuō le.
    (この件はこれ以上引き延ばせない)

妥当・恰当
tuǒdang　qiàdàng

ともに「適当」の意味を表す。
　"妥当"はほかにも可能な方法や行為が存在し得るが，そのさまざまの可能性のなかで，最も「良い」あるいは「問題がない」，「安全」と話者が認定したものに対して用いる。

1) 这个方法不太妥当。
　　Zhège fāngfǎ bú tài tuǒdang.
　　(この方法はあまり妥当ではないと思いますが)

2) 他们采取了妥当措施解决了困难。
　　Tāmen cǎiqǔle tuǒdang cuòshī jiějuéle kùnnan.
　　(彼らは適当な処置をとって困難を解決した)

3) 办法有的是，我们要好好儿考虑找出个最妥当的。
　　Bànfǎ yǒudeshì, wǒmen yào hǎohāor kǎolǜ zhǎochu ge zuì tuǒdang de.
　　(方法は沢山あるけれども私たちはちゃんと考えて一番妥当な方法を見つけましょう)

　"恰当"は動作する者の主観的な行為が客観的な事実と合うことを強調する。

4) 老师对他的评价很恰当。
　　Lǎoshī duì tā de píngjià hěn qiàdàng.
　　(先生は彼に適切な評価をしている)

5) 请选择恰当的词语完成句子。
　　Qǐng xuǎnzé qiàdàng de cíyǔ wánchéng jùzi.
　　(適当な言葉を選び，文を完成してください)

　"妥当"が主観的な判断，すなわち適不適を表すのに対し，"恰当"は客観的な事実を重視して，動作の選択が正しいこと，すなわち正誤を表す。

6) A 用词不妥当
　　　yòngcí bù tuǒdang
　　　(こんな言い方は妥当ではない)

　　B 用词不恰当
　　　yòngcí bú qiàdàng
　　　(この言葉の使い方は適切ではない)

　Aは文章の内容において，ある言葉の使い方が妥当ではないという意味で，Bは一つ文の文法においてある言葉の使い方が正しくないという意味である。

7) 这个花瓶放在这儿不太妥当（／*恰当）。
   Zhège huāpíng fàngzài zhèr bú tài tuǒdàng.
   （この花瓶をここにおくのはあまり適当ではありません）

この例文では，花瓶をそこに置くのは危険ではないかという，安全性について語っている。つまりその花瓶の置く場所が「問題がないか」を表すわけで，"妥当"が相応しいが，"恰当"は使用できない。

"妥当"は AABB の重ね形を作れるが，"恰当"は重ね形を作れない。

8) 办得妥妥当当。
   Bànde tuǒtuǒdàngdàng.
   （とても周到にやった）

また"妥当"は結果補語として用い，「周到に完了する」の意味がある。"恰当"にこの用法はない。

9) 手续都办妥当了，明天就出发。
   Shǒuxù dōu bàntuǒdang le, míngtiān jiù chūfā.
   （手続きはすべて完了した，明日すぐ出発する）

顽固・固执
wángù gùzhi

いずれも「頑固である」，「かたくなである」という意味をもつ。ある種の信念をもって，変えようとしないことを形容する。

"顽固"を使う場合，考えが保守的で遅れており，新しい事物を受け入れようとしない，あるいは政治立場上では，過ちを固持し続けて硬直しきっていることを指す。立場，思想，態度などを形容する。よく"老顽固"lǎowángù（頑固者），"顽固派"wángùpài（分からずや），"顽固分子"wángù fènzǐ（頑迷分子），"顽固不化"wángù bú huà（どこまでも頑迷である）といわれる。貶義語（悪い意味の言葉）である。

1) 他们执迷不悟，顽固不化，给国家民族造成了巨大损失。
   Tāmen zhí mí bú wù, wángù bú huà, gěi guójiā mínzú zàochéngle jùdà sǔnshī.
   （彼らは頑迷で非を認めず，頑強で悔い改めようとしない，国と人民に莫大な損失をもたらした）

2) 他是个顽固反动的家伙。
   Tā shì ge wángù fǎndòng de jiāhuo.
   （彼は頑強で反動的なやつだ）

"固执"を用いる場合，自分がもともともっているものを固持してやり通す，変わろうとしないことをいう。保守かどうか，新しい事物を受け入れるかどうかとは関係ない。よく性格，(仕事や行動，思想上の)やり方，態度などを形容する。自分の意見に固執して変えようとしないことを指す。貶義語で，程度は頑固より弱い。

3) 他是一个性情固执的老人。
   Tā shì yí ge xìngqíng gùzhi de lǎorén.
   (あの人は性格が非常に頑固な老人だ)

4) 父亲老了，变得很固执。
   Fùqin lǎo le, biànde hěn gùzhi.
   (父は年をとって頑固になった)

5) 徐姐虽然固执，但她事事都听爷爷的。
   Xú jiě suīrán gùzhi, dàn tā shìshì dōu tīng yéye de.
   (徐さんは頑固だが，おじいちゃんの話だと何でも聞く)

4)，5)は性格が頑固なのか，あるいは考えが保守的で頑固なのかなど明確に示していないため，"顽固"に換えられないとは言えない。"顽固"は一般的には，保守的で変化に立ち後れた人または敵に対して用いる。マイナスの意味の語気が強いため，親しい人や特に敬意を示さなければならない人には使わないほうがいいかもしれない。

"顽固"には，治りにくいまたは硬くて変えがたいことを表す使い方もある。"固执"にはない。

6) 这种病很顽固，要根治不容易。
   Zhè zhǒng bìng hěn wángù, yào gēnzhì bù róngyì.
   (この病気は非常に治りにくく，完治するのが難しい)

7) 小心翼翼而又十分坚定地往顽固的花岗石上击打。
   Xiǎo xīn yì yì ér yòu shífēn jiāndìng de wǎng wángù de huāgāngshíshang jīdǎ.
   (慎重にかつ揺るぎなく，頑固な花崗岩を打ち続ける)

"固执"には，「固執する」，「こだわる」という動詞としての使い方がある。"顽固"にはない。

8) 固执己见，不听劝告。
   Gùzhi jǐjiàn, bù tīng quàngào.
   (自分の考えをかたくなに守り，人の忠告を聞き入れない)

晚上・夜里・深夜・夜晚
wǎnshang yèli shēnyè yèwǎn

"晚上"は，日没のころから12時ごろまでを指す。

1) 我今天晚上去看电影。
   Wǒ jīntiān wǎnshang qù kàn diànyǐng.
   (私は今晩映画を見に行く)

2) 他明天晚上不参加宴会。
   Tā míngtiān wǎnshang bù cānjiā yànhuì.
   (彼は明日の夜宴会に参加しない)

"夜里"は，夜10時ごろから早朝4時ごろまでを指す。

3) 他昨天夜里发烧了。
   Tā zuótiān yèli fāshāo le.
   (彼はきのう夜中に熱を出した)

4) 他夜里起来上了三次厕所了。
   Tā yèli qǐlai shàngle sān cì cèsuǒ le.
   (彼は夜中に起きて三回トイレに行った)

"深夜"は，夜の12時前後から早朝4時ごろまでを指し，夜遅いことを強調する。

5) 会议一直开到深夜，仍未结束。
   Huìyì yìzhí kāidào shēnyè, réng wèi jiéshù.
   (会議は深夜にまで及び，まだ終わらない)

6) 我把作业做到深夜才做完了。
   Wǒ bǎ zuòyè zuòdào shēnyè cái zuòwán le.
   (私は宿題を夜中までかかってやっと終えた)

"夜晚"は，暗くなってから深夜までを指すことが多い。

7) 他从清晨工作到夜晚。
   Tā cóng qīngchén gōngzuò dào yèwǎn.
   (彼は朝早くから夜遅くまで働く)

8) 大雨下到夜晚才停下来。
   Dàyǔ xiàdào yèwǎn cái tíngxialai.
   (大雨は夜遅くまで降ってやっと止んだ)

"晚上"、"夜里"、"深夜"は、後に時間を表す語を置くことができるが、"夜晚"はできない。

9) 他昨天加班，晚上（／夜里／深夜／＊夜晚）十二点才回来。
   Tā zuótiān jiābān, wǎnshang (/yèli/shēnyè) shí'èr diǎn cái huílai.
   （彼は昨日残業して、夜12時にやっと帰ってきた）

時刻を問題にするときは、"晚上"、"夜里"を用いる。

10) "你几点来？"——"我晚上（／夜里）十二点去。"
    "Nǐ jǐ diǎn lái?"—— "Wǒ wǎnshang (/yèli) shí'èr diǎn qù."
    （「何時に来るの？」——「夜中の12時に行きます」）

碗・杯・盅
wǎn　bēi　zhōng

"碗"は口が広く、底の方が小さいもので、ご飯を入れる器として"饭碗"fànwǎn（茶碗）がある。また"饭碗"より小さく、お茶を飲むためのふたつきの"茶碗"cháwǎn（湯のみ茶碗）もある。
　中国語では容器に入っている物を数える時、容器を単位とする場合がほとんどである。たとえば、"一碗饭"yì wǎn fàn（1杯のご飯）、"一碗茶"yì wǎn chá（1杯のお茶）、"两碗汤"liǎng wǎn tāng（2杯のスープ）。また、日本語の「どんぶり」にあたるものは"大碗儿"dàwǎnr、"海碗儿"hǎiwǎnr などである。

"杯"はもっとも一般的な容器で、さまざまな形があるが、筒状の部分があるのが特徴である。"茶杯"chábēi（ティーカップ）、"水杯"shuǐbēi（湯のみ）、"酒杯"jiǔbēi（グラス、杯）、"玻璃杯"bōlibēi（ガラスのコップ、グラス）など、主として液体を入れるための容器をいう。ワイングラスはその形から"高脚杯"gāojiǎobēi という言いかたをすることもある。さらに"世界杯"shìjièbēi（ワールドカップ）や、"亚洲杯"Yàzhōubēi（アジアカップ）などのような使い方もある。

"盅"は小さくて丈の低い「おちょこ」のような形のもので、多くは酒を飲むときに使う。"酒盅"jiǔzhōng（酒の杯、盃）。地方によってはお茶を飲むための小さい"茶盅"cházhōng もある。

网上・上网
wǎngshàng　shàngwǎng

この2語は単語レベルで類義語というにはやや抵抗がある。しかし、ある文にお

いては置き換えが可能だ。それは以下のようなケースである。

1) 网上（／上网）买东西很方便。
   Wǎngshàng (/Shàngwǎng) mǎi dōngxi hěn fāngbiàn.
   (ネットで買い物をするのはとても便利です)

2) 最近上网（／网上）聊天儿的人很多。
   Zuìjìn shàngwǎng (/wǎngshàng) liáotiānr de rén hěn duō.
   (最近，チャットをやっている人が多い)

3) 网上（／上网）查的资料不一定准确。
   Wǎngshàng (/Shàngwǎng) chá de zīliào bù yídìng zhǔnquè.
   (ネットで調べた資料は正確とは限らない)

しかし，2語は構造が異なる。"网上"の構造は「名詞＋方位詞」であり，"上网"は「動詞＋名詞」である。上の3例においてはネットを「場所」として捉えることもできれば，ネットに接続するという「行為」としても捉えられるから，たがいに置き換えられたのである。しかし，下記のような場合は，ネットに接続するという行為を表す文脈なので，"上网"しか使えない。

4) 你在家里能上网（／＊网上）吗？
   Nǐ zài jiāli néng shàngwǎng ma?
   (あなたは家ではネットに接続できますか)

5) 你喜欢上网（／＊网上）吗？
   Nǐ xǐhuan shàngwǎng ma?
   (あなたはネットを見るのが好きですか)

6) 现在哪儿都可以上网（／＊网上）。
   Xiànzài nǎr dōu kěyǐ shàngwǎng.
   (今はどこでもネットに接続できます)

他方，「場所」として捉える場合では"上网"は使えず，"网上"を使う。

7) 你在网上（／＊上网）订过飞机票吗？
   Nǐ zài wǎngshàng dìngguo fēijīpiào ma?
   (あなたはネットで航空券の予約をしたことがありますか)

8) 他在网上（／＊上网）用的不是真名。
   Tā zài wǎngshàng yòng de bú shì zhēnmíng.
   (彼はネットで使っている名前は本名ではない)

また，"上网"は動目構造なので動詞の"上"と名詞の"网"を離すことができる。命令文にも用いることができる。

9) 我没上过网。
   Wǒ méi shàngguo wǎng.
   （私はネットに接続したことがない）

10) 我试着上了好几次网，可都没上去。
    Wǒ shìzhe shàngle hǎo jǐ cì wǎng, kě dōu méi shàngqu.
    （ネットに接続しようと思って何回も試みたが，失敗した）

11) 你上网吧。
    Nǐ shàngwǎng ba.
    （ネットに接続してください）

"网上"と"上网"にはそれぞれ固定的な言い方がある。たとえば，"网上购物" wǎngshàng gòuwù（ネットショッピング），"网上书店" wǎngshàng shūdiàn（ネット書店），"网上订票" wǎngshàng dìngpiào（インターネット予約），"无线上网" wúxiàn shàngwǎng（ワイヤレスインターネット），"手机上网" shǒujī shàngwǎng（携帯ネット）などがある。

また"网上"，"上网"と同じ構造を持つものとして"上街" shàngjiē（街に出る），"街上" jiēshang（街）；"上课" shàngkè（授業に出る），"课上" kèshang（授業）；"上班" shàngbān（出勤する），"班上" bānshang（出勤する）などがある。これらも類義語とは本質的に異なる点があるものの，置き換えが可能という点においては共通点がある。

12) 上街（／街上）要小心汽车。
    Shàngjiē (/Jiēshang) yào xiǎoxīn qìchē.
    （外に出る時は車に気をつけなさい）

13) 上课（／课上）不要说话。
    Shàngkè (/Kèshang) búyào shuōhuà.
    （授業中におしゃべりをしてはいけません）

14) 这种事上班（／班上）干不好。
    Zhè zhǒng shì shàngbān (/bānshang) gàn bù hǎo.
    （こういうことは仕事中にやるのは良くない）

往・向・朝
wǎng xiàng cháo

ともに動作の方向を示す前置詞であり，日本語の「へ」や「に」にあたる。

1) 往（／向／朝）右拐，再往（／向／朝）左拐就到了。
   Wǎng (/Xiàng/Cháo) yòu guǎi, zài wǎng (/xiàng/cháo) zuǒ guǎi jiù dào le.
   (右に曲がり，次に左に曲がればすぐだ)

2) 往（／向／朝）那边走一百米左右就是车站。
   Wǎng (/Xiàng/Cháo) nàbiān zǒu yì bǎi mǐ zuǒyòu jiù shì chēzhàn.
   (あっちのほうへ100メートルぐらい歩けば駅です)

"往"は動作の方向を示すだけでなく，"坐" zuò（座る），"躺" tǎng（横になる），"放" fàng（置く）などの動詞で表される動作の移動先までも示す。

3) 她往（／＊向／＊朝）锅里放了一大勺油。
   Tā wǎng guōli fàngle yí dà sháo yóu.
   (彼女はフライパンにたっぷり大匙いっぱいの油を入れた)

4) 她往（／＊向／＊朝）床上一躺就进入了梦乡。
   Tā wǎng chuángshang yì tǎng jiù jìnrùle mèngxiāng.
   (彼女はベッドに入るとすぐ眠りについた)

"往"の後にくるものは，方位詞や場所を表す語句に限られる。上の例の"床"のように場所性をもたない一般名詞の場合には，方位詞などを補う必要がある。"向"と"朝"にこのような制限はない。

5) 小孩儿往我这儿（／＊往我）跑来了。
   Xiǎoháir wǎng wǒ zhèr pǎolai le.
   (子供が私のほうへ駆けてきた)

"向"と"朝"は移動や動きを伴わない，抽象的な方向や静的状態にも用いられる。この場合，"往"には言い換えられない。

6) 向（／朝）工业化的目标前进。
   Xiàng (/Cháo) gōngyèhuà de mùbiāo qiánjìn.
   (工業化の目標へ向かって前進する)

7) 他在门口朝（／向）外站着。
   Tā zài ménkǒu cháo (/xiàng) wài zhànzhe.
   (彼は出入り口で外を向いて立っている)

8) 大门朝（／向）南开。
   Dàmén cháo (/xiàng) nán kāi.
   (正門は南向きだ)

また，"向"，"朝"は，動作の向けられる対象（多くは人）を示す。このとき，"朝"が身体の動きを表す動詞に限られる（例9），11) 参照）のに対し，"向"は抽象動

詞でもよい。

9) 他向（／朝）我挥手。
   Tā xiàng (/cháo) wǒ huīshǒu.
   (彼は私に手を振る)

10) 大家都要向（／＊朝）他学习。
    Dàjiā dōu yào xiàng tā xuéxí.
    (皆は彼に見習うべきだ)

11) 孩子向（／朝）他要了零钱。
    Háizi xiàng (/cháo) tā yàole língqián.
    (子供は彼に小遣いをせびった)

"往"，"向"は，いくつかの単音節動詞の後に置き，複合動詞をつくることができる。"朝"にこの用法はない．

12) 公路通往山里。
    Gōnglù tōngwǎng shānli.
    (道路は山にまで通じている)

13) 公路通向山里。
    Gōnglù tōngxiàng shānli.
    (道路は山のほうへと通じている)

"向右转" xiàng yòu zhuǎn（右へならえ），"向前看" xiàng qián kàn（前へならえ）などの号令は"向"しか使えない。また駅や空港でよく耳にする，行き先を示す「京都行きの電車」，「東京行きのフライト」なども"开往京都的电车" kāiwǎng Jīngdū de diànchē，"飞往东京的航班" fēiwǎng Dōngjīng de hángbān のように表現が定型化されている。

忘・忘记
wàng　wàngjì

"忘"と"忘记"は，ともに「忘れる」，「記憶にない」，「思い出せない」を意味する。多くの場合，1), 2) のように置き換えられる。"忘"と"忘记"はどちらも名詞，動詞（フレーズ）を目的語としてとることができる。"忘"は話し言葉で，"忘记"は書き言葉で使われることが多い。

1) 对不起，我忘（／忘记）了你的名字。
   Duìbuqǐ, wǒ wàng (/wàngjì) le nǐ de míngzi.
   (すみません，お名前を忘れました)

2) 昨天我忘（／忘记）带电脑了。
   Zuótiān wǒ wàng (/wàngjì) dài diànnǎo le.
   (昨日，私はパソコンを持ってくるのを忘れた)

物をどこかに置き忘れたことを表す場合は，3)，4)のように「"忘在"wàngzài＋場所」を使い，「"忘记在"wàngjìzài＋場所」とは言わない。

3) 我去上课时，把钥匙忘（／*忘记）在家里了。
   Wǒ qù shàngkè shí, bǎ yàoshi wàngzài jiāli le.
   (授業に行くときに鍵を家に忘れた)

4) 我发现随身带的一件行李忘（／*忘记）在出租车里了。
   Wǒ fāxiàn suíshēn dài de yí jiàn xíngli wàngzài chūzūchēli le.
   (持っていた荷物をタクシーに忘れたことに気づいた)

"忘"と"忘记"は，5)，6)のように単音節語と一緒に使われるときには，"忘"が使われ，7)，8)のように二音節のもの（"不会"bú huì，"已经"yǐjīng）と一緒に使われるときには，"忘记"を使い安定的な4音節とする傾向がみられる。このような音節数調和の傾向は他にも"念念不忘"や"从不忘记"，"难以忘记"などの慣用句にも見られる。

したがって，9)のように"忘"が，2音節語と一緒に使われるときには，"忘记"だけでなく，2音節語化した"忘了"が使われるパターンもある。

5) 别忘（／*忘记）了明天去学校。
   Bié wàngle míngtiān qù xuéxiào.
   (明日，学校に行くことを忘れないでください)

6) 每个模特都会有难忘（／*忘记）的经历。
   Měi ge mótèr dōu huì yǒu nánwàng de jīnglì.
   (すべてのモデルはみな忘れ難い経歴をもっている)

7) 我们永远不会忘记（／*忘）您的恩情。
   Wǒmen yǒngyuǎn bú huì wàngjì nín de ēnqíng.
   (私たちは永遠にあなたのご恩を忘れません)

8) 我已经忘记（／*忘）疼痛。
   Wǒ yǐjīng wàngjì téngtòng.
   (私はすでに痛みを忘れた)

9) 这件事我完全忘记（／忘了）。
   Zhè jiàn shì wǒ wánquán wàngjì (/wang le).
   (このことは全く私の記憶にない)

"忘"は後によく補語をとることができる。"忘不了" wàngbuliǎo（忘れられない），"忘掉" wàngdiào（きれいに忘れ去る），"忘光" wàngguāng（すべて忘れてしまう），"忘得一干二净" wàngde yìgān èrjìng（すっかり忘れてしまった）のように。しかし"忘记"が補語をとることはまれである。

未必・不必・何必
wèibì　bùbì　hébì

"不必"と"何必"は意味が似ており，"未必"は前者2つとは意味が大きく異なる。"未必"は，"必定" bìdìng（必ず，きっと）の否定であり，「必ずしも…ではない」，「…とは限らない」の意味を表す。書面語に多く用いる。"不一定" bù yídìng と同義である。

1) 你说的未必就对。
   Nǐ shuō de wèibì jiù duì.
   （君の言っていることが必ずしも正しいとは限らない）（＝你说的不一定就对。Nǐ shuō de bù yídìng jiù duì.）

2) 父亲未必就比儿子懂得多。
   Fùqin wèibì jiù bǐ érzi dǒngde duō.
   （父親が息子よりずっと事をわきまえているとは限らない）

3) 我觉得贵的东西未必就好，便宜的未必就差。
   Wǒ juéde guì de dōngxi wèibì jiù hǎo, piányi de wèibì jiù chà.
   （値段の高いものが良いものとは限らないし，安いものが劣っているとも限らないと思う）

"未必"は，単独では使わない。"不一定"は話し言葉に多く用い，単独で使える。

4) 成绩最好的学生最认真吗？——不一定（／＊未必）。
   Chéngjì zuì hǎo de xuésheng zuì rènzhēn ma?　——　Bù yídìng.
   （成績の一番良い学生がもっともまじめですか——そうとも限りません）

"不必"は"必须" bìxū「…しなければならない」の否定で，「…する必要はない」，「…するに及ばない」の意を表す。"用不着" yòngbuzháo と同義である。

5) 明天的会就不必通知他了。
   Míngtiān de huì jiù búbì tōngzhī tā le.
   （明日の集まりは彼に知らせる必要はない）（＝明天的会就用不着通知他了。Míngtiān de huì jiù yòngbuzháo tōngzhī tā le.）

6) 这件事你不必担心。
   Zhè jiàn shì nǐ búbì dānxīn.
   (この事は君は心配するには及ばない)

7) 朋友之间不必溜须拍马，只须真诚对待。
   Péngyou zhī jiān búbì liū xū pāi mǎ, zhǐ xū zhēnchéng duìdài.
   (友達の間ではおべっかを使う必要なんてない，ただ誠実な態度で接することが必要だ)

"何必"は，疑問文の形で反語表現に用い，"不必"と同じく，必要がないことを表す。"不必"より語気が強い。また文末に"呢"neをともなうことが多い。「…する必要があろうか」，「…しなくてもいいではないか」。

8) 何必多此一举呢？
   Hébì duō cǐ yì jǔ ne?
   (それは余計なことじゃないか)

9) 早知今日，何必当初。
   Zǎo zhī jīnrì, hébì dāngchū.
   (こうなるとわかっていたら始めからするんじゃなかった)

10) 你们是好朋友，何必为这件小事闹得不愉快呢？
    Nǐmen shì hǎopéngyou, hébì wèi zhè jiàn xiǎoshì nàode bù yúkuài ne?
    (君たちは仲の良い友だちなのだから，こんな小さなことでけんかして気まずい思いをしなくたっていいじゃないか)

未免・不免・难免
wèimiǎn　bùmiǎn　nánmiǎn

いずれも基本的に「免れない」，「免れがたい」などの意味をもつ。
"未免"は，話し手の主観によって，婉曲に否定的な意見を述べる。「いささか…である」，「…と言わざるを得ない」。

1) 这样处理问题未免过于简单。
   Zhèyàng chǔlǐ wèntí wèimiǎn guòyú jiǎndān.
   (こうした問題の処理の仕方はいいかげんと言わざるを得ない)

2) 对他的评价未免有点太高了。
   Duì tā de píngjià wèimiǎn yǒudiǎn tài gāo le.
   (彼に対する評価はやや高すぎるきらいがある)

3) 因为这种小事辞职，未免太冲动了。
   Yīnwei zhè zhǒng xiǎoshì cízhí, wèimiǎn tài chōngdòng le.
   (こんな小さなことで辞職してしまうなんて，衝動的すぎるといえよう)

"不免"は，客観的に避けられないことを表す。"不由得"bùyóude（思わず）の意味を表すこともある。「…を免れない」，「どうしても…する」。

4) 坐十几个小时的飞机，不免有些疲惫。
   Zuò shíjǐ ge xiǎoshí de fēijī, bùmiǎn yǒuxiē píbèi.
   (十数時間飛行機に乗れば，どうしてもいささか疲れてしまう)

5) 由于紧张，不免脸红起来。
   Yóuyú jǐnzhāng, bùmiǎn liǎn hóngqilai.
   (緊張して思わず顔が赤くなってしまった)

6) 你这样鬼鬼祟祟的，不免让人产生怀疑。
   Nǐ zhèyàng guǐguǐsuìsuì de, bùmiǎn ràng rén chǎnshēng huáiyí.
   (あなたがこのように陰でこそこそやっていると，どうしても人に疑われるのは免れない)

"难免"は，意味は"不免"と同じく，客観的にある結果が避けられない，または避けることが難しいことを述べる。形容詞として"很"の修飾を受けることができ，述語になれる。「免れない」，「…しがちだ」。

7) 经验不多，难免会办错事。
   Jīngyàn bù duō, nánmiǎn huì bàn cuòshì.
   (あまり経験を積んでいないので，どうしてもミスをしてしまう)

8) 初次见面，难免生疏。
   Chūcì jiànmiàn, nánmiǎn shēngshū.
   (初対面なのだから，ぎこちないのも無理はない)

9) 生活当中一些小摩擦是很难免的。
   Shēnghuó dāngzhōng yìxiē xiǎo mócā shì hěn nánmiǎn de.
   (生活の中での小さないざこざは免れがたいものである)

10) 在语言不通的环境下，招致误解是难免的事情。
    Zài yǔyán bù tōng de huánjìng xia, zhāozhì wùjiě shì nánmiǎn de shìqing.
    (言葉が通じない環境においては，誤解を招いてしまうことはよくあることである)

"不免"は，後ろは肯定形に限られるが，"难免"は後ろに肯定形，否定形のどちらもとる。"难免"の後ろの動詞は否定形であっても肯定形と意味は同じになる。

11) 不守交通规则的话，难免｛不出／出｝事故。
　　Bù shǒu jiāotōng guīzé dehuà, nánmiǎn ｛bù chū/chū｝ shìgù.
　　（交通規則を守らなければ，事故を免れない）

位置・地位・位子
wèizhi　dìwèi　wèizi

"位置"は人やものが存在する具体的な場所をさす。

1) 别把位置弄乱。
　　Bié bǎ wèizhi nòngluàn.
　　（みだりに場所を動かさないこと）

2) 请按指定的位置坐。
　　Qǐng àn zhǐdìng de wèizhi zuò.
　　（指定された席にお座りください）

"地位"は人や国家，団体などが占めている位やランクをいう。序列の中の位置である。多く"～（的 de）＋地位"の形で被修飾語となる。

3) 官越大政治地位越高。
　　Guān yuè dà zhèngzhì dìwèi yuè gāo.
　　（役職が高ければ政治的地位も高くなる）

4) 在非洲国家妇女的社会地位很低。
　　Zài Fēizhōu guójiā fùnǚ de shèhuì dìwèi hěn dī.
　　（アフリカの国では女性の社会的地位が非常に低い）

5) 这项技术在国际上占有领先地位。
　　Zhè xiàng jìshù zài guójìshang zhànyǒu lǐngxiān dìwèi.
　　（この技術は世界をリードしている技術である）

"位子"は話し言葉で，人の座る座席をさすが，時に職位にもたとえられる。

6) 今晚的演出已经没有位子了。
　　Jīnwǎn de yǎnchū yǐjīng méiyǒu wèizi le.
　　（今夜の公演の席はもう売り切れです）

7) 给她留个位子。
　　Gěi tā liú ge wèizi.
　　（彼女に席（ポスト）をとっておく）

"位置"は「地位」と訳される抽象的な用法もある。たとえば下の例では，"位置"は「占める位置」をさすのに対し，"地位"のほうは「ランクから見た位置」をさす。

8) 那篇作品在文学史上占有重要的位置（／地位）。
   Nà piān zuòpǐn zài wénxuéshǐshang zhànyǒu zhòngyào de wèizhi (/dìwèi).
   （その作品は文学史上で重要な地位を占めている）

温和・温暖・暖和
wēnhé　wēnnuǎn　nuǎnhuo

いずれも形容詞として気温を指すとき，寒くも暑くもなく，ちょうど快い暖かさを言う。"温和"と"温暖"は気候，風，日差しなどの性質を表し，"暖和"はもっぱらそれより得られた体感温度に重点を置く。"温和"と"温暖"では，"温暖"の方がより暖かい。"温和"は，おだやかで暑くもなく寒くもない。

1) 昆明四季如春，冬天气候也很温和（／温暖／＊暖和）。
   Kūnmíng sìjì rú chūn, dōngtiān qìhòu yě hěn wēnhé (/wēnnuǎn).
   （昆明は一年中春のようで，冬でも暖かい）

2) 今天天气很暖和（／＊温和／＊温暖）。
   Jīntiān tiānqì hěn nuǎnhuo.
   （今日の天気は暖かい）

3) 太阳照在身上很暖和（／＊温和／＊温暖）。
   Tàiyáng zhàozài shēnshang hěn nuǎnhuo.
   （体が日差しを浴びて，とても暖かい）

"温和"と"温暖"はともに，気候や日差しのほか，心情的な温かさも表すが，"暖和"は体が感じる暖かさに限られる。
　心情的な温かさを表す場合，"温和"は性格，態度，言葉，眼差し，笑み，あるいは物事のすすめ方などの「穏やかさ」，「やさしさ」を意味し，"温暖"は友情や思いやり，また集団の雰囲気などの「温かみ」を指すという違いがある。

4) 新买的这件大衣可真暖和（／＊温暖／＊温和）。
   Xīn mǎi de zhè jiàn dàyī kě zhēn nuǎnhuo.
   （新しく買ったこのコートは本当に暖かい）

5) 母亲是一个性情非常温和（／＊温暖／＊暖和）的人。
   Mǔqin shì yí ge xìngqíng fēicháng wēnhé de rén.
   （母は性格が非常に温和な人です）

6) 老师温和（／＊温暖／＊暖和）地看着我说："这次没考好，下次加油吧。"
Lǎoshī wēnhé de kànzhe wǒ shuō: "Zhè cì méi kǎohǎo, xiàcì jiāyóu ba."
（先生は優しく僕を見つめながら言った。「今度の試験が駄目でも，次回頑張りましょう」）

7) 在这个温暖（／＊温和／＊暖和）的大集体里，他不再感到孤独。
Zài zhège wēnnuǎn de dàjítǐli, tā bú zài gǎndào gūdú.
（この温かい団体の中に身を置いて，彼は二度と孤独を感じることはなかった）

動詞として使えるのは"暖和"と"温暖"である（"温和"は不可）。前者は体を暖め，後者は心を温める。"暖和"は後に目的語をとれないが（目的語をとるときは"暖暖"という），"温暖"はかならず目的語を必要とする。

8) 外面太冷了，快进屋暖和暖和（／暖暖身体／＊暖和暖和身体）吧。
Wàimiàn tài lěng le, kuài jìn wū nuǎnhuo nuǎnhuo (/nuǎnnuǎn shēntǐ) ba.
（外はとても寒いから，早く部屋に入って体を温めよう）

9) 这个动人的故事温暖了许多人的心。
Zhège dòngrén de gùshì wēnnuǎnle xǔduō rén de xīn.
（この感動的な物語は多くの人の心を温めた）

问・打听
wèn   dǎting

どちらも知らないことや分からないことを人に尋ねる時に用いる。

1) 问（／打听）电话号码。
Wèn (/Dǎting) diànhuà hàomǎ.
（電話番号を聞く）

2) 问（／打听）去故宫怎么走。
Wèn (/Dǎting) qù Gùgōng zěnme zǒu.
（故宮にはどう行けばよいか尋ねる）

過去の事実や社会，自然現象など，客観的知識を尋ねる場合には"问"を用いる。このとき，"打听"は使わない。

3) 我问（／＊打听）了两个问题。
Wǒ wènle liǎng ge wèntí.
（私は二つ質問した）

4) 他问（／＊打听）了这个案子发生的经过。
   Tā wènle zhège ànzi fāshēng de jīngguò.
   (彼はこの事件の起きた経過を尋ねた)

また，相手に意見や考えを求める場合も"问"を用いる。

5) 他说要向你请示，问（／＊打听）你的意见。
   Tā shuō yào xiàng nǐ qǐngshì, wèn nǐ de yìjian.
   (彼があなたからのご指示が欲しいそうで，ご意見をおうかがいしたいと言っています)

一方，"打听"は個人の消息や状況，所在などを尋ねる場合によく用いられる。目的語としては"消息" xiāoxi，"信息" xìnxī，"去向" qùxiàng，"下落" xiàluò，"情况" qíngkuàng などと相性がよい。

6) 打听他的下落。
   Dǎting tā de xiàluò.
   (彼の行方を尋ねる)

7) 打听学校的地址。
   Dǎting xuéxiào de dìzhǐ.
   (学校の住所を問い合わせる)

文法的には，"问"は二重目的語をとることができるが，"打听"は二重目的語をとらず，介詞を用いて表現する。

8) ｛问医生／向医生打听｝手术的情况。
   ｛Wèn yīshēng／Xiàng yīshēng dǎting｝ shǒushù de qíngkuàng.
   (医者に手術の様子を聞く)

9) ｛问他／跟他打听｝那件事。
   ｛Wèn tā／Gēn tā dǎting｝ nà jiàn shì.
   (彼にそのことについて尋ねる)

このほか，"打听"は結果補語"到" dào と結合し，尋ねた結果，状況や内容を把握できたことを表すが，"问"にこの意味はない。

10) 我才发现下错了站，打听到这儿离天安门已经没有多远，我便决定走着去天安门。
    Wǒ cái fāxiàn xiàcuòle zhàn, dǎtingdào zhèr lí Tiān'ānmén yǐjīng méiyou duō yuǎn, wǒ biàn juédìng zǒuzhe qù Tiān'ānmén.
    (私はようやく停留所を降り間違えたことに気づいたが，天安門までもうさほど遠くはないことがわかったので，天安門まで歩いていこうと決めた)

我怎么知道・我不知道
wǒ zěnme zhīdao　wǒ bù zhīdao

"我怎么知道"と"我不知道"は,知っていることを否定する文として意味が近いが,"我不知道"が客観的な答えであるのに対して,"我怎么知道"は,反語文であり,相手の質問に含意される「知っているだろう」という「前提」を強く否定する文である。そのため,"我不知道"に比べずっと口調が強くて,目上の人やお年寄りなどに使うのは避けるのが望ましい。

1) 老师：王小文同学呢？
　　lǎoshī: Wáng Xiǎowén tóngxué ne?
　　（先生：王小文さんは？）

　　学生：我不知道。
　　（学生：知りません）

　＊学生：我怎么知道？
　　（知るもんか）

2) 爷爷：我的眼镜呢？
　　yéye: Wǒ de yǎnjìng ne?
　　（おじいさん：わしの眼鏡は？）

　　孙子：我不知道。

　＊孙子：我怎么知道？

　1) と2) は"我怎么知道？"で答えても文法的には正しい。しかし,"老师"と"爷爷"に対しては失礼に当たる。
"我怎么知道？"は疑問文の形をとっているが,実質的には反語文である。その特徴として,主語の"我"のほうにプロミネンスがあって（強く発音され）強い否定の意味を表す。「当然知っているだろう」という質問者の前提を頭から否定,言い換えれば相手の質問に反論することにもなり,非常に口調が強い。このため,使用に制約を受けることになる。相手の疑問文に上述した前提が含まれていない場合には,"我怎么知道？"の使用は当を得ない。逆に,前提が存在する場合は,普通の否定回答文を使うと,かえって不自然になることもあるので,要注意である。例3)の中の"他"（彼）は,警察は自分が"首长"（上級指導者）であることを当然知っていると思い込んでいた。例4)のAさんは,Bさんが親友である"他"（彼）の好きな女の子を知っていると思っていた。

3) 他火了,问警察："为什么我的车不能开到礼堂台阶边去？"警察大模

大样地回答:"前面首长的车多得很,摛不下了。""我就不是首长?"他生气了,随口冲出这一句。"你坐这么个上海牌,我怎么知道你是哪一级首长?"
……"Nǐ zuò zhème ge Shànghǎi pái, wǒ zěnme zhīdao nǐ shì nǎ yìjí shǒuzhǎng?"
……(彼は怒って,警察に「どうして私の車は講堂の階段の近くまで行けないんだ」と聞いた。警察は横柄な態度で「前のほうは上級指導者の車でいっぱいだから,もう停める場所はない。」「私だって上級指導者じゃないのか」彼は怒って,思わずそう言った。「こんな"上海"の車に乗っているんじゃ,どれだけ偉いのか/どの階級の上級指導者なのか分かるもんか?」……)

4) A：他喜欢哪个女孩儿?
　　　Tā xǐhuan nǎge nǚháir?
　　　(彼はどの女の子が好きなの?)

　　B：我又不是他肚子里的蛔虫,我怎么知道他喜欢哪个女孩儿?
　　　Wǒ yòu bú shì tā dùzili de huíchóng, wǒ zěnme zhīdao tā xǐhuan nǎge nǚháir?
　　　(僕は彼のお腹の中の回虫じゃあるまいし,知らないよ)

　　A：你不是他的好朋友吗?
　　　Nǐ bú shì tā de hǎo péngyou ma?
　　　(だって,きみは彼の親友じゃないの?)

"我怎么知道"が疑問文への回答としてよく用いられるのに対して,"我不知道"は回答としてよく用いられるほかに,一般的な平叙文としてもよく用いられる。この場合は"我怎么知道"を使うと,やはり不自然になる。

5) 她独自在沙滩上,头发,衣服都湿透了,贴在身上。脸上雨水在流淌,我不知道她是否在哭。
　　…wǒ bù zhīdào tā shìfǒu zài kū.
　　(彼女は1人ぼっちで砂浜に座っていた。髪の毛も服もずぶぬれで,身体に貼りついている。雨が顔を流れ落ちている。彼女が泣いているのかどうか私には分からない)

我们・咱们
wǒmen　zánmen

ともに第一人称複数「わたしたち」を表す。

1) 天不早了,我们(/咱们)找个地方吃饭吧。
　　Tiān bù zǎo le, wǒmen (/zánmen) zhǎo ge dìfang chī fàn ba.
　　(日も暮れたので,どこかで食事にしよう)

2) 咱们（／我们）的家乡一下子变得美丽了。
   Zánmen (/Wǒmen) de jiāxiāng yíxiàzi biànde měilì le.
   (私たちのふるさとは瞬く間に美しくなった)

両者の違いは，"咱们"は話し手と聞き手を含めた双方をいう。"我们"は話し手と聞き手を含めた双方をいう時もあり，話し手のみの場合もあることである。また，"咱们"は話し言葉，"我们"は話し言葉及び書き言葉に用いられる。

3) 你们是山西人，我们（／*咱们）是东北人，咱们都是北方人。
   Nǐmen shì Shānxīrén, wǒmen shì Dōngběirén, zánmen dōu shì běifāngrén.
   (君たちは山西出身，僕たちは東北出身だが，我々はともに北方の人間だ)

4) 我们（／*咱们）暑假去桂林玩儿，你们去哪儿玩儿？
   Wǒmen shǔjià qù Guìlín wánr, nǐmen qù nǎr wánr?
   (私たちは夏休みに桂林に遊びにいくけど，あなたたちはどこに遊びに行くの？)

たとえば，話し相手と別れて帰るときは"我们先走了"Wǒmen xiān zǒu le.（私たちは先に帰ります）と言って挨拶する。明らかに聞き手を含まない時のこの"我们"を"咱们"に置き換えることはできない。

5) "我们（／*咱们）要买东西，你也去吗？""我们（／咱们）一块儿走吧"
   "Wǒmen yào mǎi dōngxi, nǐ yě qù ma?" "Wǒmen (/Zánmen) yíkuàir zǒu ba"
   (「私たち買い物に行くけれど，あなたも行く？」「みんなで一緒に行きましょう」)

"我们"の使用範囲は"咱们"を包含する。例文5）後者の"我们"と同様に，例文3）の"咱们"を"我们"へ置き換えても通用する。

X 希望・愿意
xīwàng　yuànyì

"希望"は「ある目的に到達することや，ある状況が起こることを願う」という意味をもつ動詞。その願いは"希望"のシテ（動作主）自身に対するものであっても他者に対するものであってもよい。

1) 我希望将来能考上北京大学。
   Wǒ xīwàng jiānglái néng kǎoshàng Běijīng dàxué.
   (いつか北京大学に入れたらいいなあと思っている)

2) 希望大家好好儿用功。
   Xīwàng dàjiā hǎohāor yònggōng.
   (どうか皆さん一生懸命勉強してください)

"愿意"は助動詞で「自分の願いと合っているので同意する，受け入れる」という意味をもつ。"希望"の願望は実現するかどうかわからないが，"愿意"の願望は，"我愿意"（私は"愿意"する），あるいは"我愿意～"（私は～を"愿意"する）と言った時点で成立する。

 3) 我愿意跟他结婚。
  Wǒ yuànyì gēn tā jiéhūn.
  （私はこの人と結婚することに同意します）

"希望"にはこうした意味はない。

 4) 我希望能跟他结婚。
  Wǒ xīwàng néng gēn tā jiéhūn.
  （あの人と結婚できたらいいなあ）

以下の"愿意"の用例も「同意する」という意味であるから"希望"を使うことはできない。

 5) 法院的人员曾指着我父母，问我愿意（／＊希望）跟哪个。
  Fǎyuàn de rényuán céng zhǐzhe wǒ fùmǔ, wèn wǒ yuànyì gēn nǎge.
  （裁判所の人は両親を指差して，どちらについていく？と私に聞いた）

"愿意"には"希望"と同様「ある目的に到達することや，ある状況が起こることを願う」という意味もある。その願いは一般に"愿意"のシテ（動作主）自身に対するものであるが，他者に対する場合もある。

 6) 他很愿意去中国工作。
  Tā hěn yuànyì qù Zhōngguó gōngzuò.
  （彼は中国に行って仕事をしたいと思っている）

 7) 他们愿意你留在这儿。
  Tāmen yuànyì nǐ liúzài zhèr.
  （彼らはあなたにここに残ってほしいと思っている）

この意味での"愿意"の願望の度合いは"希望"より強い。また願望の対象はマイナスイメージで捉えられるものであってもよく，その際「喜んで～する」，「～することもいとわない」というニュアンスをもつ。

 8) 我愿意当一名工人。
  Wǒ yuànyì dāng yì míng gōngrén.
  （私は一労働者になることもいとわない）

9) 为了他，我愿意（／＊希望）去海角天涯。
   Wèile tā, wǒ yuànyì qù hǎi jiǎo tiān yá.
   (彼のためなら喜んで地の果てまでも行く)

"希望"の対象は一般にプラスイメージで捉えられるものであり、「～することもいとわない」というニュアンスはないので、上記9) に"希望"を用いると違和感が生じる。

"希望"には「希望」、「見込み、将来性」という意味をもつ名詞としての用法がある。"愿意"にはない。

10) 他们的希望终于实现了。
    Tāmen de xīwàng zhōngyú shíxiàn le.
    (彼らの願いはとうとう実現した)

11) 这个青年很有希望。
    Zhège qīngnián hěn yǒu xīwàng.
    (この若者はかなり見込みがある)

喜欢・爱
xǐhuan　ài

"喜欢"は、人や物に好感をもち、興味があるということに、"爱"は、人や物に深い感情をもつということに重点がある。

1) 他喜欢我。
   Tā xǐhuan wǒ.
   (彼は私のことが好きだ)

2) 他爱我。
   Tā ài wǒ.
   (彼は私のことを愛している)

人の行為、行動に対しても用いることができる。ともに「ある物事をすることを好む」という意を表し、両者は置き換えられる場合が多い。

3) 我喜欢（／爱）看外国电影。
   Wǒ xǐhuan (/ài) kàn wàiguó diànyǐng.
   (私は外国の映画が好きだ)

4) 四川人爱（／喜欢）吃辣的。
   Sìchuānrén ài (/xǐhuan) chī là de.

615

（四川省の人は辛いものが好きだ）

　ある物事をすることを好むと，それがたびたび繰り返し行われるのが普通である。好む度合いによって，"喜欢"と"爱"は使い分けられるが，好感を持ち，興味がある段階であれば，"喜欢"も"爱"もともに用いられる。しかし，"喜欢"は「好きだ」ということは分かるが，たびたびするかどうかは分からない。"爱"であれば，好きというだけではなく，その行為をたびたび行うという意味が伝わる。あるいは，「好き」が高じて，度を超えるようになり，「癖になる」こともしばしばあろう。この場合は，"爱"を用いるのが適切である。これらについて，目的語のタイプ別に3つに分けて考えてみる。

［Aグループ］
　喜欢看书 xǐhuan kàn shū（本が好き）；喜欢听音乐 xǐhuan tīng yīnyuè（音楽が好き）；喜欢下围棋 xǐhuan xià wéiqí（囲碁が好き）；喜欢摄影 xǐhuan shèyǐng（撮影が好き）；喜欢逛街 xǐhuan guàngjiē（町をぶらつくのが好き）

［Bグループ］
　爱干净 ài gānjìng（きれい好き）；爱激动 ài jīdòng（感激しがち）；爱兴奋 ài xìngfèn（興奮しがち）；爱操心 ài cāoxīn（心配性）；爱发愁 ài fāchóu（悩みがち）；爱幻想 ài huànxiǎng（空想好き）

［Cグループ］
　爱撒谎 ài sāhuǎng（よく嘘をつく，うそつき）；爱打孩子 ài dǎ háizi（よく子どもを殴る）；爱摔东西 ài shuāi dōngxi（よく物を投げる）；爱赌博 ài dǔbó（ばくちを打つ癖がある）

　Aグループはいわゆる趣味範囲のことである。これらのフレーズは「好きだ」という意味を表すが，それらの行為をたびたび行うかどうかは定かではない。いずれも"喜欢"を"爱"に変えることが可能で，"爱"を用いると，意味も「好きだ」だけでなく，「よくする」をも表すようになる。
　Bグループは，性格，性質や習慣を表す語が目的語になっている。これらは好きでそうするというより，ついついそうしてしまう，コントロールできないという意味合いのほうが大きく，"爱"で表現するのがふさわしい。Cグループも同様にコントロールできない悪い習性の類であるから，"喜欢"に代えることはできない。
　最後に，さらにその悪い癖を表現する場合に用いられる"好" hào（〜しがち）をあげておく（声調に注意）。"好色" hàosè（好色）などの他，次のように用いられる。

　　"好吃懒做"
　　hào chī lǎn zuò
　　（食うことばかりで仕事嫌いの怠け者）

　　"好逸恶劳"
　　hào yì wù láo

（楽なことを好み，労をいとう）

また，書面語では"嗜"shì（特に好む）がある。"嗜酒成癖"shì jiǔ chéng pǐ（酒びたりになる）という表現がよく例にあげられる。心当たりの人はいないであろうか。やはり，ほどほどがベストであろう。

系统・体系
xìtǒng　tǐxì

どちらも「システム」の意味をもつが，"系统"は，ある目的のもとに合理的に秩序立てられたシステムのことをさす。機関，部門，個体などに着目し，内部の秩序関係や筋道に重点を置く。抽象的な対象にも，具体的な対象にも用いられる。行政，組織，医療，工学など広い分野で用いる。「系統」，「系列」，「システム」。

"行政机关的指挥系统" xíngzhèng jīguān de zhǐhuī xìtǒng（行政機関の指揮系統）；"神经系统" shénjīng xìtǒng（神経系統）；"防御系统" fángyù xìtǒng（防御システム）；"控制系统" kòngzhì xìtǒng（制御システム）；"操作系统（简称OS）" cāozuò xìtǒng（jiǎnchēng OS）（〈IT用語で〉オペレーティングシステム〈略称OS〉）

1) 电脑操作系统可以自己升级吗？
   Diànnǎo cāozuò xìtǒng kěyǐ zìjǐ shēngjí ma?
   （パソコンのOSは自分でバージョンアップできますか）

2) 长期使用有残留农药的蔬果会影响人体的神经系统。
   Chángqī shǐyòng yǒu cánliú nóngyào de shūguǒ huì yǐngxiǎng réntǐ de shénjīng xìtǒng.
   （残留農薬を含んだ野菜や果物を長期間使用すると人体の神経系統に影響する可能性がある）

"体系"は，いくつもの組織や構造，観念などを系統づけ，一つの総体としてとらえたもの。イデオロギーや政治の体制，経済，芸術など，一般に抽象的な対象に用いる。「体系」，「体制」，「システム」。

"思想体系" sīxiǎng tǐxì（思想体系）；"理论体系" lǐlùn tǐxì（理論体系）；"国民经济体系" guómín jīngjì tǐxì（国民経済システム）

3) 各个企业建立质量管理体系。
   Gègè qǐyè jiànlì zhìliàng guǎnlǐ tǐxì.
   （各企業が品質管理システムを構築する）

4) 形成具有地域特色的艺术体系。
   Xíngchéng jùyǒu dìyù tèsè de yìshù tǐxì.

（地域の特色を具えた芸術体系を形作る）

5) 再生能源在可持续能源体系中发挥着重要的作用。
Zàishēng néngyuán zài kě chíxù néngyuán tǐxì zhōng fāhuīzhe zhòngyào de zuòyòng.
（再生可能エネルギーは持続可能なエネルギーのシステムの中で重要な役割を発揮している）

"系统"には名詞の他に形容詞の用法があり，連用修飾語になれるが，"体系"にはそうした使い方はない。

6) 他讲得又系统又生动。
Tā jiǎngde yòu xìtǒng yòu shēngdòng.
（彼は話し方が系統だっていて生き生きしている）

7) 我没有系统地学习过教育理论。
Wǒ méiyou xìtǒng de xuéxíguo jiàoyù lǐlùn.
（私は教育理論を系統的に学んだことはない）

"系统"，"体系"は次のように使い分けることができる。

8) 为了进一步提高供水水质，建立与完善城镇供水系统的安全保障体系。
Wèile jìn yí bù tígāo gōngshuǐ shuǐzhì, jiànlì yǔ wánshàn chéngzhèn gōngshuǐ xìtǒng de ānquán bǎozhàng tǐxì.
（給水の水質をさらに高めるために，都市と町の給水システムの安全保障体制を築き完全なものにする）

下手・动手・着手
xiàshǒu　dòngshǒu　zhuóshǒu

いずれも「着手する」，「とりかかる」などの意味をもつ。"下手"，"动手"は離合詞として間に語句を挟むことができるが"着手"はできない。

"下手"はあることを解決するために「着手する」，「手を下す」といった意味をもつ。負のイメージをもつ語と共起することが多い。

1) 问题复杂，真不知从哪儿下手。
Wèntí fùzá, zhēn bù zhī cóng nǎr xiàshǒu.
（問題が複雑で，どこから手をつけてよいのかまったく分からない）

2) 这种计算机让黑客无从下手。
Zhè zhǒng jìsuànjī ràng hēikè wú cóng xiàshǒu.
（このコンピューターはハッカーが手のつけようがない）

3) 先下手为强，后下手遭殃。
Xiān xiàshǒu wéi qiáng, hòu xiàshǒu zāoyāng.
（先手を打ったほうが勝ち，後手にまわればひどい目に遭う）

4) 反腐下不了手就会丧失人心。
Fǎnfǔ xiàbuliǎo shǒu jiù huì sàngshī rénxīn.
（反腐敗に手が下せないのであれば人心を失うことになる）

3) は諺であるので，他の語に置き換えることはできない。
"下手"は名詞としては「助手」の意味をもつ。

5) 今天的晚餐由我主厨，你打下手。
Jīntiān de wǎncān yóu wǒ zhǔchú, nǐ dǎ xiàshǒu.
（今日の夕食は私がメインで作りますから，あなたは助手をしてください）

"动手"は具体的な動作に「着手する」，「始める」，「とりかかる」ことを意味する。実際に目の前にある仕事や動作を開始する時に用いられるので，後ろの動詞は省略されることが多い。

6) 动手（／＊下手）准备晚饭。
Dòngshǒu zhǔnbèi wǎnfàn.
（夕食の準備にかかる）

7) 等人来齐了再动手（／＊下手／＊着手）。
Děng rén láiqíle zài dòngshǒu.
（人が集まるのを待ってやり始める）

8) 别光说不做，好歹你也动一下手（／＊下一手／＊着一下手）吧。
Bié guāng shuō bú zuò, hǎodǎi nǐ yě dòng yíxià shǒu ba.
（しゃべってばかりでやらないのではだめだ，とにかく取りかかりなさい）

9) 大家动把手（／＊下把手／＊着把手）把教室清扫干净吧。
Dàjiā dòng bǎ shǒu bǎ jiàoshì qīngsǎo gānjìng ba.
（皆さん，掃除にとりかかって教室をきれいにしましょう）

"动手"は上記の意味のほか，「腕力に訴える」，「手を触れる」，「力仕事をする」などの意味ももつ。

10) 君子动口不动手。
Jūnzǐ dòngkǒu bú dòngshǒu.
（君子は言葉を用い，腕力で解決しようとしない）

11) 这个展览品不能动手去摸。
Zhège zhǎnlǎnpǐn bù néng dòngshǒu qù mō.

（この展示品に手を触れてはいけません）

"着手"は日常の仕事，研究，事業から公的機関の政策，方針など，正式な文面まで広く用いられる。業績に結びつくものにとりかかる時に使うことが多い。

12) 下星期就要考试了，我得赶紧着手准备了。
   Xiàxīngqī jiù yào kǎoshì le, wǒ děi gǎnjǐn zhuóshǒu zhǔnbèi le.
   （来週にはもう試験だ，急いで準備にとりかからねば）

13) 政府已经开始着手（／＊下手）解决缺水问题。
   Zhèngfǔ yǐjīng kāishǐ zhuóshǒu jiějué quēshuǐ wèntí.
   （政府はすでに水不足の問題の解決に着手し始めた）

14) 谈生态环保，恐怕也得从小处着手（／＊动手）。
   Tán shēngtài huánbǎo, kǒngpà yě děi cóng xiǎochù zhuóshǒu.
   （生態環境保護を論ずるならば，おそらく小さなところから着手しなければならない）

13)は"动手"にすると，具体的な仕事をスタートさせる意味になる。14)は"小处着手"が一般的であり，"动手"は用いない。

先・首先
xiān　shǒuxiān

いずれも「先に」，「まず」という意味を表し，置き換えられる場合が多い。

1) 我先（／首先）声明一下，我不是大男子主义。
   Wǒ xiān (/shǒuxiān) shēngmíng yíxià, wǒ bú shì dànánzǐ zhǔyì.
   （先に言っておくが，ぼくは亭主関白ではない）

2) 我们应该先（／首先）考虑食品的安全性。
   Wǒmen yīnggāi xiān (/shǒuxiān) kǎolǜ shípǐn de ānquánxìng.
   （私たちはまず食品の安全性を考えなければならない）

"先"と"首先"が置き換えられないのは，以下のような場合である。
　まず"先"は，2つ以上の動作や行為がその発生の順番において，単純に時間的に前後していることを表す。この場合，"首先"との入れ替えは難しい。

3) 你先（／＊首先）起草一个方案，然后我们开个会讨论一下。
   Nǐ xiān qǐcǎo yí ge fāng'àn, ránhòu wǒmen kāi ge huì tǎolùn yíxià.
   （先に案を作ってください。それから会議を開いて検討しましょう）

4) 他们俩是先（／＊首先）结婚，后恋爱。
   Tāmen liǎ shì xiān jiéhūn, hòu liàn'ài.
   (あの二人は先に結婚して、それから恋愛だ)

また"先"は、先行する動作や行為を導入するため、「とりあえず先に」という意味をもつ。"首先"にはこのような意味がない。

5) 先（／＊首先）来杯啤酒吧。
   Xiān lái bēi píjiǔ ba.
   (とりあえずビールをください)

6) 别着急，先（／＊首先）坐下来，慢慢儿说。
   Bié zháojí, xiān zuòxialai, mànmānr shuō.
   (焦らないで。とりあえず坐って、ゆっくり話してください)

一方、"首先"は、2つ以上の動作や行為、事柄の中で最も優先すべきものを導入する働きをもつ。優先すべきものは話者が重要であると判断したものであり、抽象的な事柄にも適用される。この場合、"先"との置き換えは難しい。

7) 他之所以成功，首先（／＊先）是因为他有能力，其次是因为他很努力。
   Tā zhī suǒyǐ chénggōng, shǒuxiān shì yīnwei tā yǒu nénglì, qícì shì yīnwei tā hěn nǔlì.
   (彼が成功したのは、何よりもまず彼自身に能力があること、そして次に努力したことによるものだ)

8) 做人首先（／＊先）应该善良，其次应该诚实。
   Zuòrén shǒuxiān yīnggāi shànliáng, qícì yīnggāi chéngshí.
   (人間はまず優しい心をもち、その次に誠実であるべきだ)

また"首先"は、文頭に置くことができるが、"先"はできない。

9) 首先（／＊先）我代表我个人向大家表示衷心的感谢。
   Shǒuxiān wǒ dàibiǎo wǒ gèrén xiàng dàjiā biǎoshì zhōngxīn de gǎnxiè.
   (まず私は私個人を代表して皆様に心より感謝の意を表します)

10) 减肥可没那么容易，首先（／＊先）忍耐就是一件很辛苦的事情。
    Jiǎnféi kě méi nàme róngyì, shǒuxiān rěnnài jiù shì yí jiàn hěn xīnkǔ de shìqing.
    (ダイエットはそんなに簡単なことではない。何よりもまず我慢するのはとても辛いことだ)

嫌・讨厌
xián   tǎoyàn

　どちらも「嫌う」,「嫌だ」という意味をもつ動詞だが,"嫌"は"讨厌"より嫌う度合が低い。また,文法的な振る舞いにおいても役割分担があり,言い換え可能な構文は限られている。

　謙語文では"嫌","讨厌"のどちらも使えるが,嫌な度合によって両者の使い分けがある。

1) 我女儿嫌(／＊讨厌)那个小伙子老实,跟他分手了。
   Wǒ nǚ'ér xián nàge xiǎohuǒzi lǎoshi, gēn tā fēnshǒu le.
   (娘はあの青年の大人しいところが嫌で,彼と別れた)

2) 他们嫌(／＊讨厌)我年纪大,不让我参加登山队。
   Tāmen xián wǒ niánjì dà, bú ràng wǒ cānjiā dēngshānduì.
   (彼らは私が年寄りだからと,私を登山チームに参加させなかった)

3) 我嫌(／讨厌)她啰唆,不愿意跟她说话。
   Wǒ xián (／tǎoyàn) tā luōsuo, bú yuànyì gēn tā shuōhuà.
   (彼女は話がくどいから,彼女とおしゃべりしたくない)

4) 大家都讨厌(／＊嫌)他爱说谎。
   Dàjiā dōu tǎoyàn tā ài shuōhuǎng.
   (彼はよく嘘をつくから,みんなに嫌われている)

5) 我讨厌(／＊嫌)别人监视我。
   Wǒ tǎoyàn biéren jiānshì wǒ.
   (人に監視されるのが嫌だ)

　上のような謙語文では,構文においては"嫌","讨厌"のどちらも使えるが,意味のニュアンス,つまり嫌な度合によって,1)から6)に行くほど"嫌"は使いにくくなり,逆に"讨厌"が使いやすくなる。1)～5)はどれも人間のある部分または行いが嫌いと言っているが,1) 2)は嫌なことが人の性格,生理的な弱点などであり,本人がコントロールできる行動ではないので,普通"嫌"を用い,"讨厌"は使わない。さらに例をあげると,"嫌他性急"xián tā xìngjí(短気なのが嫌),"嫌他长得难看"xián tā zhǎngde nánkàn(醜いのが嫌),"嫌他脑子笨"xián tā nǎozi bèn(頭が悪いのが嫌),"嫌他家穷"xián tā jiā qióng(家が貧しいのが嫌)等がある。3)はそういう性格の場合もあるが,本人が自分でコントロールできないケースもあるので,話者の認識によって,"嫌"か"讨厌"を選ぶだろう。4) 5)は本人の故意の行動,つまりわざと行なった悪いことなので,普通"讨厌"を使い,"嫌"を使わない。

また、兼語文以外の構文においては、"嫌"は形容詞または動詞の目的語を伴うが、"讨厌"は名詞性の目的語を伴う。また"嫌"はかならず目的語を必要とするが、"讨厌"は目的語が必須ではない。

6) 孙子一来，爷爷就嫌闹。
Sūnzi yì lái, yéye jiù xián nào.
（孫が来ると、祖父はそのうるさいのが嫌になる）

7) 无论我想买什么，妈妈都不嫌贵。
Wúlùn wǒ xiǎng mǎi shénme, māma dōu bù xián guì.
（私が何を欲しいといっても母は値段の高さを気にしない）

8) 我最讨厌说大话的人。
Wǒ zuì tǎoyàn shuō dàhuà de rén.
（私はほらを吹く人が大嫌いだ）

9) 那个人真讨厌。
Nàge rén zhēn tǎoyàn.
（あの人は本当に嫌だ）

構文の違いによって、6)、7) では"讨厌"を用いることができないが、反対に8)、9) では"嫌"を用いることができない。

现在・目前・如今
xiànzài　mùqián　rújīn

「今，現在」を表す時間詞の中で、最も使用頻度の高い"现在"のほかに、やはりかなりの頻度で用いられる語に"目前"，"如今"がある。

1) 现在（／＊目前／＊如今）下午两点一刻。
Xiànzài xiàwǔ liǎng diǎn yí kè.
（いま午後2時15分です）

2) 现在（／目前／如今）物价飞涨1斤青菜2块！
Xiànzài (/Mùqián/Rújīn) wùjià fēizhǎng yì jīn qīngcài liǎng kuài!
（このところ物価急騰で、葉もの1斤が2元！）

上の1) は"目前"，"如今"との置き換えはできないが、2) は置き換えが可能である。それがなぜかを考えるにあたって、まず「現在」とは何をいうのかをみておく。

たとえば《现代汉语词典》（第6版）の語義には次のように記されている。「発話

時のその時を指し，ときには発話前後の長短一定の時間帯を含む（「過去」と「未来」から区別する）」

これを単純に二等辺三角形でイメージするなら，次のようになろう。

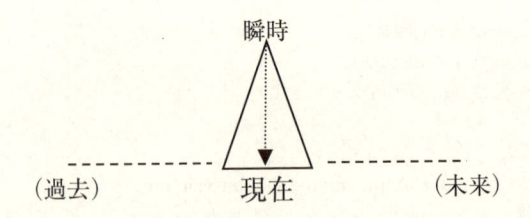

　　　　　　　　　　　瞬時

　　　　- - - - - - - △ - - - - - - -
　　　　　（過去）　　現在　　　（未来）

　上記「発話時のその時」とはまさに例文1）の場合であり，この時刻の一瞬を指す現在とは即過去となり即未来に移行してしまう。
　そこで，この一瞬の時を示す基軸を中心に，その前後に一定の時間幅をとって「現在」として設定しておかなければ，さまざまな身の周りの事がらを言い表すのには具合がわるい。「ときには発話前後の長短一定の時間帯を含む（過去と未来から区別する）」とは，上図底辺部を現在と設定するということである。
　たとえば"現在上课"（今から授業をはじめます）が「今から，これから」だからといって"現在"は未来をも表すのではなく，上図底辺の未来部分にはみ出して設定したところの現在である。
　上例2）の"現在"は瞬時ではなく，「このところ」である。これは"目前"，"如今"の置き換えが可能である。そこで，まず"目前"とは何かをみてゆく。

　3) 南极洲是目前（／现在／＊如今）唯一没有常住居民的大洲。
　　　Nánjízhōu shì mùqián (/xiànzài) wéiyī méiyǒu chángzhù jūmín de dàzhōu.
　　　（南極大陸は今のところまででは常住の居住民のいない唯一の大陸である）

　4) 目前（／现在／＊如今），世界上只发现5例原始鸟类的化石。
　　　Mùqián (/Xiànzài), shìjièshang zhǐ fāxiàn wǔ lì yuánshǐ niǎolèi de huàshí.
　　　（今のところ，原始鳥類の化石は世界でわずか5例しか発見されていない）

　この3），4）は上図二等辺三角形底辺部の現在内での発話ではあるが，3）は今後の気候変動や化学技術の新歩発展などで，また4）は新たな発見などで，いずれも今後どうなるかはわからないが「今のところまででは」と発話時現在までに議論を止めているが，それは逆に言えば「今後は予測不能」ということであり，「未来」を意識していることになる。すなわちその視界は上図破線部で示す先行きの未来にまで達している発話といえる。
　次に"如今"はどうであろうか。

　5) 如今（／现在／目前）的年轻人结婚越来越晚了。
　　　Rújīn (Xiànzài/Mùqián) de niánqīngrén jiéhūn yuè lái yuè wǎn le.

(今どきの若者は結婚するのがますます遅くなってきている)

6) 事到如今（／＊现在／＊目前），已经是骑虎难下了。
Shì dào rújīn, yǐjīng shì qí hǔ nán xià le.
(事ここにいたっては，もう今さら引くに引けない)

この"如今"については「多少の感慨をこめて」(『岩波中国語辞典』)や「多く以前と比較するときに使う」(『簡明中日辞典』東方書店) などの記述も見られるように，以前と比べて，以前とは違って「今や，今では，この頃は」という時に使う。その視界は"目前"とは逆に，先の図の過去を示す破線部に向いて広がり，以前を振りかえりながらそれとの比較で現在をとらえている発話である。なお，6)"事到如今"は慣用語である。

以上から，同じく「今」を言う語であっても，"目前"は時の推移による未知の変容へのかすかな予感をもった未来透視型，"如今"は時の経過にともなって生じた変容に対する多少の感慨をこめた過去回想型の語であるといえよう。

例文3) ～5) がすべて"现在"で言えることについても，また"目前"，"如今"との置き換えの可否についても，発話者の視界の到達範囲がどこに置かれているかによって使い分けがなされるものといえる。

相反・反而
xiāngfǎn　fǎn'ér

"相反"と"反而"は両者とも複文において後の節に用いられ，「逆に」，「かえって」，「反対に」という意味を表す。

前後の節の主語が同一で，後の節の主語が省略され，かつ，前の節で否定詞または否定表現（"不但不（没有）……"や"非但不（没有）……"）が用いられている場合，後の節には"相反"と"反而"のどちらも使える。

1) 失败没有吓倒他，相反（／反而）更坚定了他的信心。
Shībài méiyou xiàdǎo tā, xiāngfǎn (/fǎn'ér) gèng jiāndìngle tā de xìnxīn.
(彼は失敗に打ちひしがれなかったばかりか，逆に一層自信を強めた)

2) 你这样说不但不能解决问题，相反（／反而）会影响团结。
Nǐ zhèyàng shuō búdàn bù néng jiějué wèntí, xiāngfǎn (/fǎn'ér) huì yǐngxiǎng tuánjié.
(君の考えでは問題を解決できないだけでなく，かえって団結に影響を及ぼす)

"相反"の前には"恰恰"，"正好"，"正"，"刚好"などを加えることができるが，"反而"の前にはできない。

3) 我父亲非但没有责怪我，恰恰相反，还给了我不少鼓励。
   Wǒ fùqin fēidàn méiyou zéguài wǒ, qiàqià xiāngfǎn, hái gěile wǒ bùshǎo gǔlì.
   (父は私を非難しないばかりか、まったく逆に大いに私を励ましてくれさえした)

"相反"は接続詞であるため、後の節の文頭、主語がある場合は主語の前に置く。一方"反而"は副詞であるため、主語の前に置かない。

4) 错过了战机就可能打败仗，相反（／＊反而），抓住了战机就可能打胜仗。
   Cuòguòle zhànjī jiù kěnéng dǎ bàizhàng, xiāngfǎn, zhuāzhùle zhànjī jiù kěnéng dǎ shèngzhàng.
   (戦機を逸すれば負け戦になる恐れがあり、逆に、戦機をつかめば勝ち戦にすることができる)

5) 我不解释还好，我一解释，他反而（／＊相反）更生气了。
   Wǒ bù jiěshì hái hǎo, wǒ yì jiěshì, tā fǎn'ér gèng shēngqì le.
   (釈明しないうちはまだよかったが、釈明したら、彼はかえって一層怒りだした)

"反而"は書き言葉にも話し言葉にも使える。副詞であるため、複文でない文にも使える。

6) 说多了反而不好，你就别说了。
   Shuō duō le fǎn'ér bù hǎo, nǐ jiù bié shuō le.
   (しゃべり過ぎるとかえってよくないから、もう言わないで)

7) 你自己不对反而怨别人不好，你说你是怎么回事儿?
   Nǐ zìjǐ bú duì fǎn'ér yuàn biéren bù hǎo, nǐ shuō nǐ shì zěnme huí shìr?
   (自分が悪いのに、逆に人のせいにするなんて、一体どういうことなの?)

"相反"は形容詞でもある。「反対の」、「逆の」という意味で、連体修飾語、述語になれる。

8) 他向相反的方向走去。
   Tā xiàng xiāngfǎn de fāngxiàng zǒuqù.
   (彼は反対の方向へ向かって進んでいった)

9) 他们两个的性格完全相反。
   Tāmen liǎng ge de xìnggé wánquán xiāngfǎn.
   (彼ら二人の性格はまったく逆である)

箱・盒・匣
xiāng　hé　xiá

いずれも「はこ」,「ケース」など入れ物を意味する。基本的に,その大きさによって使い分けられる。

"箱"は,比較的大型の箱あるいは方形の入れ物を指す。
"手提箱" shǒutíxiāng（トランク）,"冰箱" bīngxiāng（冷蔵庫）,"烤箱" kǎoxiāng（オーブン）,"信箱" xìnxiāng（郵便受け）など。
"油箱" yóuxiāng（燃料タンク）,"水箱" shuǐxiāng（水槽,水タンク）のように乗り物や建物に装備されるような大型のものも表す。

"盒"は,比較的小型の箱あるいは入れ物を指す。方形とは限らず,平たい形が多い。ふたがあることが多く,引き出し式のものもある。
"铅笔盒" qiānbǐhé（筆箱）,"火柴盒" huǒcháihé（マッチ箱）,"饭盒" fànhé（弁当箱）,"香皂盒" féizàohé（石けん箱）,"眼镜盒" yǎnjìnghé（眼鏡ケース）など。

"匣"は,比較的小型で方形の箱を指す。ふたがあることが多い。しかし,現在はあまり使われない。
"镜匣" jìngxiá（鏡のついた化粧箱）,"梳妆匣" shūzhuāngxiá（化粧小箱）,"风匣" fēngxiá（ふいご）,"药匣" yàoxiá（薬箱）など。

いずれも古い時代の生活用品,道具であり,現代ではあまり見かけられなくなった物が多い。"镜匣"は"镜台" jìngtái（鏡台）,"梳妆匣"は"梳妆台" shūzhuāntái（化粧台,鏡台）,"药匣"は"药箱" yàoxiāng（救急箱）を用いる方が現代の生活様式に合っている。

現代で使われる用例としては,"黑匣子" hēixiázi（ブラックボックス）,"话匣子" huàxiázi（おしゃべり）などが挙げられる。
"黑匣子"は,"飞行数据记录仪" fēixíng shùjù jìlùyí（フライトデータレコーダー）と"驾驶舱话音记录器" jiàshǐcāng huàyīn jìlùqì（コックピットボイスレコーダー）の通称。"话匣子"は,元は蓄音機を指したが,その後ラジオも意味するようになり,比喩的に「おしゃべり」や「おしゃべりな人」を表す。

1) 他的话匣子一打开，就不容易结束。
　　Tā de huàxiázi yì dǎkāi, jiù bù róngyì jiéshù.
　　（いったん彼のおしゃべりが始まると,簡単には終わらない）

三者の大きさは,"箱"がもっとも大きく,"盒"と"匣"を比べると,いくらか"盒"の方が小さめなイメージとなるようだ。

2) 桌上放着她那只盖子打开的皮箱，箱子里露出她的化妆用品盒和随身

带着的几本书。
Zhuōshang fàngzhe tā nà zhī gàizi dǎkāi de píxiāng, xiāngzili lòuchu tā de huàzhuāng yòngpǐnhé hé suíshēn dàizhe de jǐ běn shū.
(机の上にはふたが開いた彼女のトランクが置かれたままで，中の化粧道具箱や持ち歩いている数冊の本が丸見えだった)

3) 他把手伸进箱子，从箱底取出一个小木匣，匣盖可以活动，活象儿童玩具盒子。
Tā bǎ shǒu shēnjin xiāngzi, cóng xiāngdǐ qǔchu yí ge xiǎo mùxiá, xiá gài kěyǐ huódòng, huóxiàng értóng wánjù hézi.
(彼は箱に手を伸ばすと，箱の底から小さな木箱を一つ取り出した。箱のふたは可動式で，まるで子供のおもちゃ箱のようだった)

4) 这是利用日本漆匣作为外包装，匣内错落有序地摆放10层锦盒。
Zhè shì liyòng Rìběn qīxiá zuòwéi wài bāozhuāng, xiánèi cuòluò yǒu xù de bǎifàng shí céng jǐnhé.
(これは日本の漆ケースを外箱として，その中に美しい箱が順序よく10層重なりあって入っています)

文法的には，いずれも箱に入ったものを数える量詞として用いる。

5) 一箱苹果
yì xiāng píngguǒ
(リンゴ一箱)

6) 一盒烟
yì hé yān
(タバコ一箱)

7) 两匣点心
liǎng xiá diǎnxin
(菓子二折り)

また，名詞としてはいずれも単用することはなく，単語として使うときは"箱子"，"盒子"，"匣子"のように接尾辞"子"ziを付けて用いる。

详细・仔细
xiángxì　zǐxì

「詳しい」，「綿密である」，「細やか」などの意味があり，述語，補語，修飾語などになることができる。
連用修飾語の働きをする時，いずれも"地"を省いて直接修飾することができる。

1) 发言人详细（／仔细）回答了记者们的提问。
   Fāyánrén xiángxì (／zǐxì) huídále jìzhěmen de tíwèn.
   （スポークスマンは，こと細かに記者たちの質問に答えた）

2) 他详细（／仔细）分析了明年经贸工作的形势。
   Tā xiángxì (／zǐxì) fēnxīle míngnián jīngmào gōngzuò de xíngshì.
   （彼は来年の経済と貿易事業の情勢を綿密に分析した）

"详细"は，事柄の内容や状況について，詳しく周到である，こと細かであることを強調する。とくに，"内容"nèiróng，"资料"zīliào，"计划"jìhuà，"过程"guòchéng，"数字"shùzì などが細かい点に常用される。対義語は，"简略"jiǎnlüè（簡略である，おおまかである）。

3) 一份详细的报告。
   Yí fèn xiángxì de bàogào.
   （1通の詳細なレポート）

4) 他的信写得很详细。
   Tā de xìn xiěde hěn xiángxì.
   （彼の手紙はこと細かに書かれている）

5) 详细地介绍了这里的情况。
   Xiángxì de jièshàole zhèli de qíngkuàng.
   （ここの状況を詳しく紹介した）

"仔细"は，人が事に当たる態度が，細心で綿密であることを言う。したがってモノを修飾せず，ヒトについて形容する。対義語は，"马虎"mǎhu（いいかげんである，おおざっぱである）。

6) 这个人很仔细。
   Zhège rén hěn zǐxì.
   （あの人は細かいことに気がつく）

7) 这本书我看得非常仔细。
   Zhè běn shū wǒ kànde fēicháng zǐxì.
   （この本は，私はとても念入りに読んだ）

8) 仔细听着。
   Zǐxì tīngzhe.
   （注意深く聞きなさい）

このように，「内容が細かく，緻密である」のが"详细"，「動作主が注意深く，細心である」のが"仔细"であることから，"详细"が「モノ」を，"仔细"が「ヒト」

を描写できる点が両者の大きな違いである。

文法的には，どちらも AABB 型の重ね型の修飾語になれる。

9) 他花了一个晚上，详详细细写了一份建议书。
   Tā huāle yí ge wǎnshang, xiángxiángxìxì xiěle yí fèn jiànyìshū.
   (彼は一晩かけて，一通の提案書を詳細に書いた)

10) 在这一个多月里，他仔仔细细考虑了自己后半生。
    Zài zhè yí ge duō yuèli, tā zǐzǐxìxì kǎolùle zìjǐ hòubànshēng.
    (この一カ月あまり，彼は自分の後半生をじっくりと考えた)

想・要
xiǎng yào

ともに助動詞として動作者の意志を表す用法がある。多くの場合言い換えることもできる。例えば，

1) 我想（／要）去中国留学。
   Wǒ xiǎng (／yào) qù Zhōngguó liúxué.
   (私は中国へ留学に行きたい)

しかし，次の場合は"想"しか使えない。

2) 我想（／＊要）帮她的忙，可是我无能为力。
   Wǒ xiǎng bāng tā de máng, kěshì wǒ wú néng wéi lì.
   (彼女を助けたいが，力に余ります)

3) 我的心太乱，想（／＊要）哭也哭不出来。
   Wǒ de xīn tài luàn, xiǎng kū yě kūbuchūlai.
   (私の心はあまりにも乱れていて，泣きたくても泣けません)

例2)，3) には，動作主の意志が明らかに願望にとどまり，行動または実現する可能性がないという共通点がある。このような場合，"想"しか使えず，"要"は使えない。
"想"はただの思いでもよく，静的な心理状態を表すため，程度副詞"特别"，"非常"，"很"，"真"，"太"などの修飾を受けられる。"要"は受けられない。
　一方，次の場合は"要"しか使えない。
　まず，"要"の前に"一定"，"执意"，"非"，"硬"，"偏"，"就"，"决心"，"坚决"，"竭力"，"无论如何"，"说什么也"などの修飾語がある場合。この時，"要"を"想"に置き換えることはできない。それは，これらの修飾語によって動作主の意志が強

化され，必ず意志を実現しようという動作主の決心が表れているからである。

4) 这次一定要（／*想）找他好好儿谈谈，让他改邪归正。
   Zhè cì yídìng yào zhǎo tā hǎohāor tántan, ràng tā gǎi xié guī zhèng.
   （今度こそ彼としっかり話し，悔い改めるようにさせるつもりです）

5) 她不顾一切地要（／*想）收养这孩子。
   Tā búgù yíqiè de yào shōuyǎng zhè háizi.
   （彼女はためらうことなく，その子を引き取ることを申し出た）

また，すでに行動で意志を示した場合も"要"しか使えない。

6) 他跟我聊了一会儿，起身告辞要（／*想）走。
   Tā gēn wǒ liáole yíhuìr, qǐshēn gàocí yào zǒu.
   （彼は私とちょっとお喋りし，立ちあがって帰ろうとした）

7) 孩子哭着喊着要（／*想）找妈妈。
   Háizi kūzhe hǎnzhe yào zhǎo māma.
   （子どもは泣きわめいてお母さんを呼んでいる）

例6) では，"起身告辞"で「帰ろう」という意志を，7) では，"哭着喊着"で「お母さんに会いたい」という意志を示している。

以上のことをまとめると，動作主の願望にとどまり，実現する可能性がない意志は"想"でしか表せず，一方動作主の必ず実現しようという意志がある場合やすでに行動で意志を示した場合は"要"でしか表せないということである。これにより，"想"より"要"は意志が強いということが明らかである。そのため，人との関係が生じる場合，どちらを選ぶのかが問題になる。

8) 星期天我想（／*要）去拜访您，您有时间吗？
   Xīngqītiān wǒ xiǎng qù bàifǎng nín, nín yǒu shíjiān ma?
   （日曜日にちょっとうかがいたいですが，ご都合はいかがでしょうか）

9) 我要（／*想）让他看看我的厉害。
   Wǒ yào ràng tā kànkan wǒ de lìhai.
   （彼に目にもの見せてやろう）

10) 星期天我要（／想）去你那儿，可以吗？
    Xīngqītiān wǒ yào (/xiǎng) qù nǐ nàr, kěyǐ ma?
    （日曜日に君のところに行きたいけど，いい？）

例8) では"拜访您"の文脈から分かるとおり，頼む相手に遠慮しなければならないため，意志を強く示してはいけない。この場合，"想"のほうがよく，"要"は相手に失礼なニュアンスとなる。反対に9) では動作主の意志を無理に押し通そう

631

詳細・仔細｜想・要

という場面であるため、"要"がふさわしい。10)では"去你那儿"の文脈から分かるとおり、頼む相手に遠慮する必要も無理に意志を通す必要もないため、"想"でも"要"でも構わない。

なお、"想"よりも"要"のほうが意志が強いということにより、"要"の否定形は"不要"ではなく、"不想"を用いる。弱い意志が否定されると、いうまでもなく強い意志も否定されるわけである。

想念・思念・怀念
xiǎngniàn　sīniàn　huáiniàn

いずれも心の中で忘れられず、「懐かしむ」意味をもつ。
"想念"は、別れた人や離れた土地などをたびたび思い出し、会いたい、見たいと望む気持ちをあらわす。対象は存命の人や具体的な場所や環境である場合が多い。「恋しがる」、「懐かしむ」、「思い慕う」。

1) 他在国外生活了二十年，非常想念（／思念）自己的祖国。
   Tā zài guówài shēnghuóle èrshí nián, fēicháng xiǎngniàn (/sīniàn) zìjǐ de zǔguó.
   (彼は国外で生活して20年になり、祖国を大変懐かしんでいる)

2) 他们一直很想念（／思念／＊怀念）远方一个人生活的女儿。
   Tāmen yìzhí hěn xiǎngniàn (/sīniàn) yuǎnfāng yí ge rén shēnghuó de nǚ'ér.
   (彼らは遠くで一人で暮らしている娘のことをずっと思っている)

3) 我回国以后，很想念（／思念）你们。
   Wǒ huíguó yǐhòu hěn xiǎngniàn (/sīniàn) nǐmen.
   (私は帰国してからあなた方のことをたいへん恋しく思っています)

"思念"は敬意が含まれ"想念"よりやや深い感情をもち重々しさがある。故人に対しても使う。話し言葉には"想念"、書き言葉には"思念"を用いることが多い。

4) 这首歌表达出了作者对家乡无限的思念之情。
   Zhè shǒu gē biǎodáchule zuòzhě duì jiāxiāng wúxiàn de sīniàn zhī qíng.
   (この歌は作者の故郷に対する限りない恋しさの情が伝わってくる)

5) 毕业生心中充满着对恩师和学友的思念与感激。
   Bìyèshēng xīnzhōng chōngmǎnzhe duì ēnshī hé xuéyǒu de sīniàn yǔ gǎnjī.
   (卒業生は恩師と学友への思いと感謝で心の中がいっぱいであった)

"怀念"は、過ぎ去ったことを永遠に心に留め置いて懐かしく思う意味を表す。深い感情がこめられ、敬意や重々しさを伴う。対象はすでに逝去した人や再現が難しいことである場合が多い。生活、年月、時代、祝日なども対象となり得る。書き言

葉に多い。「しのぶ」,「慕う」,「懐かしむ」。

6) 中秋节要到了，我思念我的亲人，我怀念我的爷爷和奶奶。因为他们去年已经永远地离开了我们。
Zhōngqiūjié yào dào le, wǒ sīniàn wǒ de qīnrén, wǒ huáiniàn wǒ de yéye hé nǎinai. Yīnwei tāmen qùnián yǐjīng yǒngyuǎn de líkāile wǒmen.
（もうすぐ中秋節，肉親を思い，祖父母のことが偲ばれる。彼らとは昨年永遠のお別れとなってしまったから）

7) 我很怀念童年时期无忧无虑的生活。
Wǒ hěn huáiniàn tóngnián shíqī wú yōu wú lǜ de shēnghuó.
（私は幼年時代のなんの憂いも心配もなかった生活がとても懐かしい）

8) 开始怀念过去是一个人将要老去的标志。
Kāishǐ huáiniàn guòqù shì yí ge rén jiāng yào lǎo qù de biāozhì.
（昔のことを懐かしがりだすのは人がもうすぐ老いていくしるしである）

9) 事业成功之后更加怀念曾经努力奋斗的日子。
Shìyè chénggōng zhī hòu gèngjiā huáiniàn céngjīng nǔlì fèndòu de rìzi.
（事業が成功した後になって，かつて頑張った日々への懐かしさがさらにつのる）

削・剥
xiāo　bāo

ともに動詞として「むく」という共通義をもつ。
"削"は刀で物の表面を削る，むく。"削面"，"刀削面"は包丁でそぐようにして切った麺（めん）のことである。

1) 用小刀削苹果皮。
Yòng xiǎodāo xiāo píngguǒpí.
（ナイフでリンゴの皮をむく）

2) 来二两刀削面。
Lái èr liǎng dāoxiāomiàn.
（刀削麺を100グラムください）

3) 那次火山爆发把山头削掉了一千多米。
Nà cì huǒshān bàofā bǎ shāntóu xiāodiàole yì qiān duō mǐ.
（あの噴火で山が千メートル以上削り取られてしまった）

"削"は複合語や成語では「xuē」と発音する。

4) 我们应该削减经费。
   Wǒmen yīnggāi xuējiǎn jīngfèi.
   （我々は経費を削減するべきだ）

5) 其势力逐渐削弱。
   Qí shìlì zhújiàn xuēruò.
   （その勢力がだんだん弱まっている）

6) 她想削发为尼。
   Tā xiǎng xuēfà wéi ní.
   （彼女は剃髪して出家しようとしている）

"剥"は手で動植物の外側にある皮あるいは殻をむく，取る。

7) 剥花生
   bāo huāshēng
   （落花生の殻をむく）

8) 剥玉米
   bāo yùmǐ
   （とうもろこしの皮をむく）

9) 剥洋葱
   bāo yángcōng
   （玉葱をむく）

10) 剥蛋壳
    bāo dànké
    （卵の殻をむく）

11) 剥光衣服
    bāoguāng yīfu
    （丸裸にはぎとる）

"剥"は複合語や成語では「bō」と発音する

12) 剥削
    bōxuē
    （搾取する）

13) 盘剥
    pánbō
    （過酷に搾取する）

14) 生吞活剥
   shēngtūn huóbō
   (他人の理論や経験，方法などを無批判にうのみにする)

15) 剥夺选举权
   bōduó xuǎnjǔquán
   (選挙権を剥奪する)

消息・情报
xiāoxi　qíngbào

いずれも名詞として「人や物事に関するニュースまたは情報」という意味をもつ。"情报"は多くの場合，「機密性を帯びた情報」を表す。一方，"消息"は"情报"と比べ，機密性がなく，ある人物もしくは事柄に関する情報である。

1) 我们已掌握了敌人的情报（／＊消息）。
   Wǒmen yǐ zhǎngwòle dírén de qíngbào.
   (われわれはすでに敵の情報を手にした)

2) 公司派李小姐去打探竞争公司的情报（／＊消息）。
   Gōngsī pài Lǐ xiǎojiě qù dǎtàn jìngzhēng gōngsī de qíngbào.
   (会社は李さんを差し向けライバル会社の情報を探らせた)

3) 新华社最新消息（／＊情报），奥运火炬已经传递到了大庆。
   Xīnhuáshè zuìxīn xiāoxi, Àoyùn huǒjù yǐjīng chuándìdàole Dàqìng.
   (新華社の最新の報道によれば，聖火はすでに大慶に到着した)

4) 消息（／＊情报）灵通的张先生对公司的事无所不知。
   Xiāoxi língtōng de Zhāng xiānsheng duì gōngsī de shì wú suǒ bù zhī.
   (消息通の張さんは会社のことで知らないことはない)

また，"消息"は「便り，音信」の意味もある。

5) 我们分开以后3年了，他杳无消息（／＊情报）。
   Wǒmen fēnkāi yǐhòu sān nián le, tā yǎo wú xiāoxi.
   (別れて3年になるが，彼からは杳として便りがない)

6) 你有小刘的消息（／＊情报）吗？大学毕业以后一直没见过他。
   Nǐ yǒu Xiǎo Liú de xiāoxi ma? Dàxué bìyè yǐhòu yìzhí méi jiànguo tā.
   (劉さんのことを何か知っている？大学を卒業した後，ずっと会っていないんだ)

以下の例では，どのような情報，ニュースなのかを詳しく説明していないので，

どちらも使える。

7) 小李提供的消息（／情报）最准确。
   Xiǎo Lǐ tígōng de xiāoxi (/qíngbào) zuì zhǔnquè.
   (李さんからの情報が一番正確である)

小时・钟头
xiǎoshí　zhōngtóu

ともに名詞で，時を数える単位として「時間」の意味を表す。
"钟头"は書き言葉と話し言葉の両方に用いられるが，書面ではもっぱら"小时"を用いる。

1) 这辆自行车修起来挺麻烦，估计几个小时（／钟头）修不完。
   Zhè liàng zìxíngchē xiūqilai tǐng máfan, gūjì jǐ ge xiǎoshí (/zhōngtóu) xiūbuwán.
   (この自転車は修理を始めたらなかなか厄介で，おそらく数時間では修理しきれないだろう)

2) 现在人太多，一个小时（／钟头）以后再来吧。
   Xiànzài rén tài duō, yí ge xiǎoshí (/zhōngtóu) yǐhòu zài lái ba.
   (今は人が多すぎるから，1時間したらまた来なさい)

"小时"は，量詞"个"ge を省いて数詞と直接結びつく言い方が可能である。しかし，"钟头"は量詞"个"を省くことはできない。

3) 工作八个小时（／钟头）
   gōngzuò bā ge xiǎoshí (/zhōngtóu)
   (八時間働く)

4) 几小时（／＊钟头）
   jǐ xiǎoshí
   (何時間)

5) 一天二十四小时（／＊钟头）
   yì tiān èrshísì xiǎoshí
   (一日二十四時間)

歇・休息
xiē　xiūxi

　"歇"を辞書で引くとイコール"休息"と記述してある。どちらも「休む」である。だが、"歇"の本来の意味は、「動作をやめる」と考えるべきだ。

　"歇手" xiē shǒu；"歇脚" xiē jiǎo；"歇工" xiē gōng；"歇肩" xiē jiān

　"歇手"は「手の動きを止める→手を休める」、"歇脚"は「脚の動きを止める→脚を休める」、"歇工"は「仕事をやめる」、"歇肩"は「肩の荷物を下ろす」だ。
　いずれも、肉体労働をやめる、具体的な動きをやめる、それがイコール「体を休める」ことにつながる。
　"你一边歇着去。" Nǐ yìbiān xiēzhe qù. といえば、余計なことはしないで、わきで休んでな、という語気だし、"歇歇你的嘴吧。" Xiēxie nǐ de zuǐ ba. も余計なおしゃべりは止めなということだ。いずれも何かをしていて、その動きを止めるのである。「何かをやめる」ことから「休む、休息する」意味が出てくる。

　これに対して、"休息" xiūxi はそれ自体が一つの意図的な行為である。たとえば、歌や踊りの合間に "现在休息十分钟。" Xiànzài xiūxi shí fēnzhōng.（これより10分間の休憩です）という。観客は別にそれまで肉体的動きをしていたわけではないから、ここで「具体的な動きをやめる」"歇"を使ってはおかしいわけだ。
　"休息"は動作の欠如ではなく、意図的に「休息をとる」ことで、そこから時には「療養する」や「眠る」という意味になる。

1) 他在家休息了十天。
　　Tā zài jiā xiūxile shí tiān.
　　（彼は家で10日間休養した）

2) 因病休息了一年。
　　Yīn bìng xiūxile yì nián.
　　（病気のため1年間療養した）

3) 你早点儿休息吧。
　　Nǐ zǎodiǎnr xiūxi ba.
　　（早めにお休み）

　時間的にも、いつ休みをとるかが定まっていたり、"休息时间" xiūxi shíjiān（休憩時間）も制度として組み込まれている場合が多い。

4) 你每天几点休息？
　　Nǐ měitiān jǐ diǎn xiūxi?

（あなたは毎日何時に休みますか）

"休息"は後に「真目的語」はとれない。要するに「ある動作を止める」という意味は"休息"にはない。"休息十分种"のように数量補語なら可能だ。

"休息"の反義語というか，対になる語は，あえて言えば"工作"gōngzuòである。

5) 小林善于休息，也善于工作。
   Xiǎo Lín shànyú xiūxi, yě shànyú gōngzuò.
   （林君は休みもよくとり，仕事もよくできる）

6) 休息是为了更好地工作。
   Xiūxi shì wèile gèng hǎo de gōngzuò.
   （休息はさらによく仕事をするためだ）

いずれも「良く学び，よく遊べ」という意味合いがある。一方の"歇"にはそういう対語が思いつかない。

鞋・靴
xié xuē

"鞋"はスリッパやサンダルのようなものから，くるぶしまでを覆うくらいの丈の短い靴をさす。また，一般的に靴をさすときにも用いる。

1) 涼鞋
   liángxié
   （サンダル）

2) 拖鞋
   tuōxié
   （スリッパ，サンダル，ぞうり）

"靴"は雨天や乗馬のときに用いるような，くるぶし以上を覆う丈の長い靴をさす。

3) 雨靴
   yǔxuē
   （雨靴，ゴム長靴）

4) 高筒靴
   gāotǒngxuē
   （ロングブーツ）

"鞋"は単独で使えるが，"靴"は接尾詞の"子"ziをつけて用いる。

638

5) 他没穿鞋。
   Tā méi chuān xié.
   (彼は靴を履いていない)

6) 她今天穿靴子来了。
   Tā jīntiān chuān xuēzi lái le.
   (今日, 彼女はブーツを履いてきた)

写・记・填・画
xiě　jì　tián　huà

"写"は, 文字を書く, 文章を作るというような意味で用いられる。

1) 写汉字
   xiě hànzì
   (漢字を書く)

2) 写散文
   xiě sǎnwén
   (随筆を書く)

3) 写草字
   xiě cǎozì
   (草書体で書く)

"记"は, 話や出来事などを記録する, 書き留めるという意味である。

4) 记日记
   jì rìjì
   (日記をつける)

5) 记在本子上
   jìzài běnzishang
   (ノートに記録する)

"填"は, 書類などの空欄に事項を書き込む, 記入するという意味で使われる。

6) 填姓名
   tián xìngmíng
   (姓名を記入する)

7) 填履历表
   tián lǚlìbiǎo
   （履歴書を書く）

"画"は，絵を描く，線や記号などを書くというような場合に使用される。

8) 画油画
   huà yóuhuà
   （油絵をかく）

9) 画问号
   huà wènhào
   （クエスチョンマークを書く）

10) 画一条线
    huà yì tiáo xiàn
    （線を1本引く）

谢谢・谢・感谢
xièxie　xiè　gǎnxiè

"谢谢"は「どうもありがとう」の意味で，誰かに感謝する，あるいは日常的な挨拶言葉として用いる。

1) "这本书送给你。" "噢，谢谢！"
   "Zhè běn shū sònggěi nǐ." "Ō, xièxie!"
   （「この本あげる」「まあ，ありがとう」）

2) 谢谢你的来信。
   Xièxie nǐ de lái xìn.
   （お手紙ありがとうございます）

"谢"も感謝する意味である。"谢谢"が口頭で直接相手に礼を言うのに多く用いられるのにたいし，"谢"は客観的叙述文にのみ用いられ，相手に直接礼を述べるのには使われない。

3) 这点儿小事就不用谢了。
   Zhè diǎnr xiǎo shì jiù búyòng xiè le.
   （このくらいの事で礼には及ばない）

4) 要谢就谢你的班主任。
   Yào xiè jiù xiè nǐ de bān zhǔrèn.

（感謝するなら担任の先生に感謝しなさい）

"感谢"も感謝する意味であるが、あらたまった場で用いることが多い。客観的叙述にも直接礼を言う場合にも用いられる。

5) 感谢贵国的援助。
　　Gǎnxiè guì guó de yuánzhù.
　　（貴国のご援助に感謝いたします）

6) 我从心里感谢大家。
　　Wǒ cóng xīnli gǎnxiè dàjiā.
　　（心からみなさんに感謝しております）

"感谢"と"谢"はアスペクト助詞や補語をとることができる。

7) 我已经代你感谢（／谢／＊谢谢）过他们了。
　　Wǒ yǐjīng dài nǐ gǎnxiè (/xiè) guo tāmen le.
　　（彼らにはもうすでに、あなたに代わってお礼を言っておきました）

8) 你怎么感谢（／谢／＊谢谢）起我来了，是他帮的你。
　　Nǐ zěnme gǎnxiè (/xiè) qi wǒ lai le, shì tā bāng de nǐ.
　　（何を私に礼を言っているのですか、手伝ったのは彼ですよ）

また、"感谢"は名詞的にも用いられる。"谢谢"にこのような用法はない。

9) 向各位来宾表示衷心的感谢（／＊谢／＊谢谢）。
　　Xiàng gèwèi láibīn biǎoshì zhōngxīn de gǎnxiè.
　　（ご来賓の皆様に心から感謝の意を表します）

心里・心中
xīnli　xīnzhōng

「心の中、胸中」を表す"心里"と"心中"は、一般に"心里"は「話し言葉」、"心中"は「書き言葉」であるとされているが、この二語の違いを考えてみる。

次の1) 2) のように、"心里"、"心中"はたがいに置き換え可能な場合が多い。

1) 心里（／心中）有话就直说。
　　Xīnli (/Xīnzhōng) yǒu huà jiù zhíshuō.
　　（言いたいことがあれば、思ったままをはっきり言いなさい）

2) 当时我心中（／心里）充满了对母亲的爱。
　　Dāngshí wǒ xīnzhōng (/xīnli) chōngmǎnle duì mǔqin de ài.

641

（当時私の心中は母を思う気持ちで満たされていた）

そこでまず，"心里"を"心中"に置き換え難い場合から考えてみる。

3) 吃药后，心里（／＊心中）好受一些了。
Chīyào hòu, xīnli hǎoshòu yìxiē le.
（薬を飲んだら，胸のあたりが少し楽になった）

4) 我老感觉头痛，心里（／＊心中）烧，有时头晕，是不是有什么病?
Wǒ lǎo gǎnjué tóutòng, xīnli shāo, yǒushí tóuyūn, shìbushì yǒu shénme bìng?
（私はいつも頭痛がし胸やけがして，時にめまいがする，何か病気だろうか）

5) 说心里（／＊心中）话，我压根儿不想干这个活儿。
Shuō xīnlihuà, wǒ yàgēnr bù xiǎng gàn zhège huór.
（本音を言えば，私ははじめっからこの仕事はしたくなかったんだ）

上の3)，4)の"心里"は胸の不快や胸焼けなどが生ずる身体部位の「胸部」をいい，5)の"说心里话"はイディオムで「本音を言えば」である。
これらは胸部の身体的な不快や苦痛，また気持ちに奥深く根ざしているその人の本心といった，いずれも身体に根ざした感覚や本音を直に言う直接表現の日常語である。これらの"心里"は"心中"には置き換え難い。

このように根底に「身体性」をもつ"心里"は，さらにその人固有の考えや記憶や喜怒哀楽など精神活動，心理活動を直接言い表すのにも広く用いられる。先の2)の"心中"を"心里"に置き換えた場合，そこには"心里"が本来的にもつ「身体性」に裏打ちされた直接表現の意味が働くものと考えられる。
つまり，"心里"は精神活動や心理活動を言う場合においても，「気取りなし」の日常語，その人の直接表現であることを示すマーカーであるといえよう。

"心中"については先の1)，2) や次の6)，7)，8) からも窺われるように，話し言葉としてもかなり普通に用いられる。

6) 同学们，你的心中（／心里）有清晰而长远的目标吗?
Tóngxuémen, nǐ de xīnzhōng (/xīnli) yǒu qīngxī ér chángyuǎn de mùbiāo ma?
（学生のみなさん，自身の心にはっきりとした長期的な目標を持っていますか）

7) 他面对赞赏和指责声说，"我只不过说了心中（／心里）想说的话。"
Tā miànduì zànshǎng hé zhǐzéshēng shuō, "Wǒ zhǐ búguò shuōle xīnzhōng (/xīnli) xiǎng shuō de huà."
（賞賛と非難の声をあびて彼は言った，「私はただ言いたいことを言ったまでだ」と）

8) 我心中（／心里）时时涌动着对哈尔滨故乡的怀念。
Wǒ xīnzhōng (/xīnli) shíshí yǒngdòngzhe duì Hā'ěrbīn gùxiāng de huáiniàn.

(私の胸中にはしばしば故郷ハルビンへの懐かしさが湧き上がってくるのです)

6) は学生たちを導き諭すという立場からの発話であり，7) は不特定多数を対象に，親疎でいえば疎の人々へ向けた発言と考えられる。また8) では自身の胸中にしばしば現れる現象を観察把握し，客観視して述べている。このようなシチュエーションにおいて，先ずは"心中"が選ばれているのである。

ここから，"心里"が「身体性」に裏打ちされた話し手の直接表現，「気取りなし」の日常語であるのとは異なり，"心中"は聞き手に対して一定の心理的距離感——つまり聞き手との関係性への判断を経てことばを発する場合や，あるいはまた己の胸中を対象化して客観視するなど「一定の距離感」をもって語る場合などに用い，いわば「よそゆき感」を帯びた脱直接表現，脱日常表現といえよう。

なお，"心中"には次の9) のように，"心目中"（人や物に対して元来有している決まった見方）の意味がある。"心里"にはこのような意味はない。

9) 龙象征龙腾盛世，也是中国人心中（／*心里）的神物。
　　Lóng xiàngzhēng lóngténg shèngshì, yě shì Zhōngguórén xīnzhōng de shénwù.
　　(龍は隆盛繁栄の象徴であり，中国人の心に描く超能力の吉祥像でもある)

新闻・消息
xīnwén　xiāoxi

"新闻"と"消息"は，いずれも名詞として，人や事物に関する「ニュース，情報」の意味をもつ。
"新闻"は新聞社，通信社，テレビ，ラジオなど報道機関による国内外の最新の情報やニュースを表し，公式的な意味合いをもつ。

1) 新闻（／*消息）播送完了。
　　Xīnwén bōsòng wán le.
　　(これでニュースを終わります〈番組終了時のアナウンサーの言葉〉)

"采访新闻" cǎifǎng xīnwén（ニュースを取材する），"新闻工作者" xīnwén gōngzuòzhě（ジャーナリスト，報道記者），"新闻广播" xīnwén guǎngbō（ニュース放送），"新闻发言人" xīnwén fāyánrén（スポークスマン）などの熟語は"消息"には置き換えられない。

2) 昨晚，日本广播协会就在晚间新闻时间播送了上述消息。
　　Zuówǎn, Rìběn guǎngbō xiéhuì jiù zài wǎnjiān xīnwén shíjiān bōsòngle shàngshù xiāoxi.
　　(昨晩，NHKは夕方のニュース番組で前述のニュースを放送した)

2）では，"新闻"がニュース番組全体を指すのに対し，"消息"は個別情報を表している。同様に，"新华社消息" Xīnhuáshè xiāoxi（新華社情報），"中央气象台的最新消息" Zhōngyāng qìxiàngtái de zuìxīn xiāoxi（中央気象台の最新情報）などのように，報道番組などの中で通信社や気象台からの情報を採り上げる際に"消息"が使われる。

"新闻"は「最近起きた出来事」，「（社会における）新しい話題」という意味でも用いられる。「新しさ」に重点が置かれる。"消息"は必ずしも新しい情報とは限らない。また非公式な情報も含む。

  3）最近咱们学校有什么新闻（／＊消息）吗？讲给我听听。
    Zuìjìn zánmen xuéxiào yǒu shénme xīnwén ma? Jiǎnggěi wǒ tīngting.
    （最近，私達の学校には，何かニュースがありますか。ちょっと聞かせて下さい）

  4）通过网络，他掌握了大量的消息（／新闻）。
    Tōngguò wǎngluò, tā zhǎngwòle dàliàng de xiāoxī (／xīnwén).
    （インターネットを通じて，彼は大量の情報をつかんだ）

  4）で"消息"を用いた場合，その情報は新しいものに限らないが，"新闻"を用いた場合には，新しい情報でなければならない。
"消息"はまた，「漏れ伝わってきた情報」，「知らせ」，「音信」を表す。"新闻"にはこのような意味はない。

  5）公司收到了全国各地传来的消息（／＊新闻）。
    Gōngsī shōudàole quánguó gèdì chuánlái de xiāoxi.
    （会社は全国各地から寄せられてきた情報を受け取った）

  6）我的手机收到一条消息（／＊新闻）。
    Wǒ de shǒujī shōudào yì tiáo xiāoxi.
    （私の携帯電話は，一通の知らせを受け取った）

  7）他走后没有消息（／＊新闻）。
    Tā zǒu hòu méiyǒu xiāoxi.
    （彼が去ってからずっと音沙汰がない）

"消息"と組み合わされる語は次の通りである。
  "打听消息" dǎting xiāoxi（消息を尋ねる）；"小道消息" xiǎodào xiāoxi（うわさ，口コミ）；"消息灵通人士" xiāoxi língtōng rénshì（消息筋）

行・对・是
xíng　duì　shì

"行"は，相手の誘いや依頼，お伺いなどに同意する返事である。

1) 明天我们一起吃午饭吧？—— 行，明天见。
   Míngtiān wǒmen yìqǐ chī wǔfàn ba? —— Xíng, míngtiān jiàn.
   (明日お昼ご飯をご一緒しませんか —— いいですよ，じゃあまた明日)

2) 请您把快门按一下。—— 行。
   Qǐng nín bǎ kuàimén àn yíxià. —— Xíng.
   (シャッターを押していただけますか —— いいですよ)

3) 这件事儿就这么决定了。—— 行。
   Zhè jiàn shìr jiù zhème juédìng le. —— Xíng.
   (この件はこのように決定ということで —— はい)

"好"も同義で使える。さらに"行"も"好"も，否定はともに"不行"と言い，"不好"とは言わない。

"对"は，相手の言っている事を正しいと認める返事で，否定には"不"を用いる。

4) 去北京大学要换车吧？—— 对。
   Qù Běijīng dàxué yào huàn chē ba? —— Duì.
   (北京大学へ行くには乗り換えますよね —— はい)

5) 昨天他没来吗？—— 对，昨天他没来。
   Zuótiān tā méi lái ma? —— Duì, zuótiān tā méi lái.
   (昨日彼は来なかったのでしょうか —— はい，昨日彼は来ませんでした)

6) 明天有空吧？—— 对，明天有空。
   Míngtiān yǒu kòng ba? —— Duì, míngtiān yǒu kòng.
   (明日は時間あるでしょ —— はい，明日は時間があります)

7) 冰箱也在那儿吗？—— 对，冰箱、洗衣机都在那儿。
   Bīngxiāng yě zài nàr ma? —— Duì, bīngxiāng, xǐyījī dōu zài nàr.
   (冷蔵庫もそこにありますか —— はい，冷蔵庫も洗濯機もすべてそこにあります)

8) 他不吃牛肉吗？—— 对，他不吃。
   Tā bù chī niúròu ma? —— Duì, tā bù chī.
   (彼は牛肉は食べないのですか —— はい，食べません)

返事としての"是"には，二つの意味がある。一つは，命令に従う返事で，"行"や"好"のかしこまった言い方。上官に対して，軍隊などで使用する。

もう一つは，相手の言っている事が正しいと認める返事で，"对"のかしこまった言い方である。会社の上司と部下の場合は，両者の関係が親しいのなら，返事は"行"や"好"，"对"で構わない。"是"という返事は相手に他人行儀な感じを与える。

9) 你就是剩下最后一个人，也得接着打下去！—— 是！
   Nǐ jiùshì shèngxia zuìhòu yí ge rén, yě děi jiēzhe dǎxiaqu! —— Shì!
   （最後の一人になろうと，戦い続けろ —— はっ）

10) 立即撤回！—— 是！
    Lìjí chèhuí! —— Shì!
    （ただちに撤退せよ —— はっ）

11) 快点将命令传达下去！—— 是！立刻传令！
    Kuài diǎn jiāng mìnglìng chuándáxiaqu! —— Shì! Lìkè chuánlìng!
    （早く命令を伝達せよ —— はっ，ただちに伝令します）

12) 明天你一定别迟到！—— 是！经理。
    Míngtiān nǐ yídìng bié chídào! —— Shì! Jīnglǐ.
    （明日は絶対に遅刻するな —— はっ，社長）

性格・脾气
xìnggé píqi

"性格"は長い時間をかけて作られていく態度や行動における心理的な特徴のこと。一方"脾气"は"性格"の一部ではあるが，情緒的，気分的な側面における特徴のこと。互換性がある場合も多い。

1) 她的性格（／脾气）很温柔。
   Tā de xìnggé (/píqi) hěn wēnróu.
   （彼女は優しい人だ）

2) 我很了解我丈夫的性格（／脾气）。
   Wǒ hěn liǎojiě wǒ zhàngfu de xìnggé (/píqi).
   （夫がどんな性格か私はよくわかっている）

"脾气"は以下の文のように情緒や気分を超える範疇の特徴については使えない。

3) 他性格（／*脾气）开朗、热情大方。
   Tā xìnggé kāiláng, rèqíng dàfang.
   （彼は性格が明るく，親切でおおらかだ）

4) 家长应该注重培养孩子良好的性格（／＊脾气）。
   Jiāzhǎng yīnggāi zhùzhòng péiyǎng háizi liánghǎo de xìnggé.
   (親は子供の良い性格を育てることに力を入れるべきだ)

"脾气"はよく"好","不好"とともに用いられる。

5) 他的脾气（／＊性格）很好，从不跟人争吵。
   Tā de píqi hěn hǎo, cóng bù gēn rén zhēngchǎo.
   (彼は穏やかな人でこれまで人と喧嘩をしたことがない)

6) 他的脾气（／＊性格）很坏，一不高兴就骂人。
   Tā de píqi hěn huài, yí bù gāoxìng jiù mà rén.
   (彼はかんしゃくもちで，腹を立てるとすぐ人を怒鳴る)

つまり"脾气好","脾气不好"とは「性格がいい」とか「性格が悪い」という意味ではなく，「怒りっぽくなく穏やか」とか「怒りっぽい」という人の気分を表わしている。

"性格"は個人の特性を越えた民族性にも使えるが，"脾气"にはそのような用法はない。

7) 东方人的性格（／＊脾气）和西方人很不同。
   Dōngfāngrén de xìnggé hé xīfāngrén hěn bùtóng.
   (東洋人の性格は西洋人とはかなり違う)

"脾气"は動植物や機械にも使えるが，"性格"にはそのような用法はない。

8) 要想丰收，就要摸清农作物的脾气（／＊性格）。
   Yào xiǎng fēngshōu, jiù yào mōqīng nóngzuòwù de píqi.
   (豊作を望むなら農作物の特徴を把握することだ)

9) 他慢慢摸熟了这机器的脾气（／＊性格）。
   Tā mànmàn mōshúle zhè jīqì de píqi.
   (彼はだんだんとこの機械の癖をのみこんだ)

"脾气"には「かんしゃく」という意味もある。"性格"にはそうした意味はない。

10) 他最近常发脾气（／＊性格）。
    Tā zuìjìn cháng fā píqi.
    (彼は近ごろしょっちゅうかんしゃくを起こす)

幸亏・幸好
xìngkuī　xìnghǎo

どちらも副詞として用いられ「幸いなことに,運よく」という意味を表す。"不然" bùrán,"否则" fǒuzé,"要不" yàobu といった接続詞や,"才" cái,"总算" zǒngsuàn などの副詞とよく呼応して用いられる。一般的に主語の前に置かれることが多い。

"幸亏"は"亏"「～のおかげで」の意味から,後ろで取りあげる人物に感謝の気持ちを述べる。そのため"幸好"での言い換えは可能だが,"幸亏"を用いる方がより自然である。

1) 幸亏（／幸好）你提醒我，不然就要误事了。
   Xìngkuī (/Xìnghǎo) nǐ tíxǐng wǒ, bùrán jiù yào wùshì le.
   (あなたからのご指摘のおかげだ,そうでなければ,失敗するところだった)

2) 幸亏（／幸好）妈妈让我带了雨伞，我才没被雨淋着。
   Xìngkuī (/Xìnghǎo) māma ràng wǒ dàile yǔsǎn, wǒ cái méi bèi yǔ línzhe.
   (母が傘を持たせてくれたので,雨に濡れずにすんだ)

3) 幸亏（／幸好）这位司机经验丰富，我们才避免了一场交通事故。
   Xìngkuī (/Xìnghǎo) zhè wèi sījī jīngyàn fēngfù, wǒmen cái bìmiǎnle yì cháng jiāotōng shìgù.
   (幸運にもこちらの運転手さんが経験豊富だったので,私たちは交通事故を免れることができた)

一方"幸好"は話し言葉でよく用いられ,人為的ではなく,偶然幸運にめぐまれたというニュアンスが強い。

4) 幸好（／＊幸亏）你砸了脚，要是砸了脑袋，那不就没命了吗？
   Xìnghǎo nǐ zále jiǎo, yàoshi zále nǎodài, nà bú jiù méi mìng le ma?
   (君がぶつけたのが足でよかったよ,もし頭をぶつけていたら,命にかかわるところだったのでは？)

5) 着火时，幸好（／幸亏）家里没人，所以谁也没受伤。
   Zháohuǒ shí, xìnghǎo jiāli méi rén, suǒyǐ shéi yě méi shòushāng.
   (火事の時,幸いにも家に人はいなかったので,誰もけがをしなかった)

また,"幸好"は単独で用いることができるが,"幸亏"にこの用法はない。

6) 幸好，幸好（／＊幸亏，幸亏）。
   Xìnghǎo, xìnghǎo.
   (〈電車に間に合うなどして〉よかった,よかった)

修改・修正・纠正・改正
xiūgǎi　xiūzhèng　jiūzhèng　gǎizhèng

"修改"は文章や原稿などを改める，直す意味である。「改める」ことを強調し，その結果が正しいか否かは問題とはしない。

1) 修改稿件
   xiūgǎi gǎojiàn
   （原稿を手直しする）

2) 修改法律
   xiūgǎi fǎlǜ
   （法律を改正する）

"修正"は文章，字句，方向などの誤りやずれを直して正しくする，修正する意味である。

3) 法律修正案
   fǎlǜ xiūzhèng'àn
   （法律の修正案）

4) 修正航向
   xiūzhèng hángxiàng
   （航路を修正する）

例3）と例4）の"修正"は"修改"に言い直すことができるが，"修改"の場合はただ法案と航路を改めるという意味であるのに対し，"修正"はもっと理に適う法案にする，もともと行くべき正しい航路に戻るというニュアンスになる。

"纠正"は行動や方法上の誤り，欠点を直して正しくする，是正する意味で使われる。

5) 纠正发音
   jiūzhèng fāyīn
   （発音を直す）

6) 纠正姿势
   jiūzhèng zīshì
   （姿勢を正しくする）

7) 这种错误倾向必须及时纠正。
   Zhè zhǒng cuòwù qīngxiàng bìxū jíshí jiūzhèng.
   （このような誤った傾向はただちに是正しなければならない）

"改正"は行動や方法上の誤りや欠点を正す意味である。"纠正"が他人の誤り，欠点を直すのに対して，"改正"は一般的に自ら自身の誤り，欠点を直すことに用いられる。

8) 你帮我纠正（／＊改正）一下发音吧。
Nǐ bāng wǒ jiūzhèng yíxià fāyīn ba.
(私の発音を直してください)

9) 只有改正（／＊纠正）自身缺点，才能进步。
Zhǐyǒu gǎizhèng zìshēn quēdiǎn, cái néng jìnbù.
(自分自身の欠点を直してこそ進歩することができる)

また"修正"，"纠正"，"改正"は動補構造であるため，後に補語を用いることができない。"修改"は補語を用いることができる。

10) 作文里的病句我都修改（／＊修正／＊改正／＊纠正）好了。
Zuòwénli de bìngjù wǒ dōu xiūgǎihǎo le.
(作文の中の文法的に間違っている文は全部改めた)

许多・很多
xǔduō　hěn duō

"许多"と"很多"はともに数量の多いことを表し，名詞を直接修飾することができる。"许多"は数詞で，"很多"は「程度副詞＋形容詞」のフレーズである。

1) 许多（／很多）书
xǔduō (/hěn duō) shū
(たくさんの本)

2) 许多（／很多）问题
xǔduō (/hěn duō) wèntí
(多くの問題)

"许多"は述語にならず，"不"bùと"不是"bú shìの修飾を受けない。それにたいし，"很多"は述語になり，"不"と"不是"の修飾を受ける。

3) 公园里的人很多（／＊许多）。
Gōngyuánli de rén hěn duō.
(公園は人がいっぱいた)

4) 我知道的不是很多（／＊许多）。
Wǒ zhīdao de bú shì hěn duō.

（私が知っていることはさほど多くない）

5) 这方面的具体情况，了解的人并不很多。
   Zhè fāngmiàn de jùtǐ qíngkuàng, liǎojiě de rén bìng bù hěn duō.
   （この方面の具体的な状況を詳しく知っている人はさほど多くない）

"许多"は指示詞"这"zhè, "那"nà, "这么"zhème, "那么"nàme の修飾を受ける。"很多"は指示詞の修飾を受けられない。

6) 现在还考虑不了那许多（／＊很多）。
   Xiànzài hái kǎolǜbuliǎo nà xǔduō.
   （今はまだそんなに多くのことを考えられない）

7) 光奖状就得了这么许多（／＊很多）。
   Guāng jiǎngzhuàng jiù déle zhème xǔduō.
   （賞状ばかりこんなにたくさんもらった）

重ね型では，"许多"は"许许多多"と"许多许多"の二つの形がある。"很多"は"很多很多"の形しかない。ただし，"很多很多"は重ね型ではなく，繰り返し用法である。

8) 流传着许许多多的故事。
   Liúchuánzhe xǔxǔduōduō de gùshi.
   （多くの話が伝えられている）

9) 他讲了许多许多。
   Tā jiǎngle xǔduōxǔduō.
   （彼は多くのことを語った）

10) 很多很多的商品
    hěn duō hěn duō de shāngpǐn
    （たくさんの商品）

学・学习
xué　xuéxí

いずれも「何かを勉強する，学ぶ」という意味もつ。この意味ではどちらも同じように使える。

"学（／学习）历史" xué (／xuéxí) lìshǐ （歴史を学ぶ）
"学（／学习）开车" xué (／xuéxí) kāichē （車の運転を習う）

ここで「何か」は"历史"lìshǐ(歴史)や"汉语"Hànyǔ(中国語)のような名詞であってもよいし、"开车"kāichē(車を運転する→車の運転)や、"修汽车"xiū qìchē(車を修理する→車の修理)、"打太极拳"dǎ tàijíquán(太極拳をする→太極拳)のような動詞句でもかまわない。

1) 我决定到中国去学(／学习)汉语。
Wǒ juédìng dào Zhōngguó qù xué (/xuéxí) Hànyǔ.
(私は中国に行って中国語を勉強することにした)

"学"が"学习"と異なるのは、具体的に学ぶ対象の存在が必須であることだ。したがって、1)で学ぶ対象となる目的語"汉语"がなければ、次の1)' のように動詞は"学习"しか用いることができず、"学"は使えない。

1)' 我决定到中国去学习(／＊学)。
Wǒ juédìng dào Zhōngguó qù xuéxí.
(私は中国に行って勉強することにした)

2)は一見、"学"の対象となる目的語が無いように見えるが、2)が言えるためには3)のように聞き手と話し手の間で、具体的に学ぶ対象の存在が了解されていることが前提である。もしそれが無ければ"学了什么?"xuéle shénme?(何を勉強したの?)のような疑問を誘発してしまう。

2) 我学了三年。
Wǒ xuéle sān nián.
(私は3年勉強した)

3) 你学汉语学了几年?
Nǐ xué hànyǔ xuéle jǐ nián?
(あなたは中国語を何年勉強しましたか?)

"学"は具体的に学ぶ対象の存在が必要である。しかし、会話において文脈から聞き手と話し手の間に具体的に学ぶ対象が明らかな場合、たとえば"我想学打太极拳。" Wǒ xiǎng xué dǎ tàijíquán.(太極拳を習いたい)のような話の流れがあり、学ぶ対象が双方に了解されている場面であれば、それに続いて先の1)' も言うことができる。

一方、"学习"は、具体的に学ぶ対象が明示されていない一般的な広い意味での「勉強(する)」、「学習(する)」を表すことができる。

4) 你们要好好学习(／＊学)，天天向上。
Nǐmen yào hǎohāo xuéxí, tiāntiān xiàngshàng.
(君たちはしっかり勉強して、日々向上しなければならない)

5) 学习(／＊学)开始了。
Xuéxí kāishǐ le.

（勉強が始まった）

6) 最近学习（／＊学）很紧张。
Zuìjìn xuéxí hěn jǐnzhāng.
（最近勉強が忙しい）

また，"学"には，"学习"にない用法として，"学她的声音" xué tā de shēngyīn（彼女の声をまねる）のように動詞で「まねる」という意味がある。何かを「まねる」には，具体的にまねる対象の存在が必須である。具体的な対象の存在を必要とする点で，動詞"学"（学ぶ）の用法とつながっている。

7) 她很有表演才能，学个老头，学个老太太，学什么像什么！
Tā hěn yǒu biǎoyǎn cáinéng, xué ge lǎotóu, xué ge lǎotàitai, xué shénme xiàng shénme!
（彼女は本当に演技の才能がある，おじいさんのまねをしたり，おばあさんのまねをしたり，なんでもそっくりだ！）

なお"学"は「まねる」という意味で用いる場合，文を目的語にできる。

8) 学老太太说话
xué lǎotàitai shuō huà
（おばあさんの話しぶりをまねる）

学会・学好・掌握
xuéhuì　xuéhǎo　zhǎngwò

"学会"と"学好"はいずれも動詞"学"に結果補語"会"と"好"をつけた言葉であり，「できるまで学ぶ」，「身につける」という意味であるが，"学会"は学習や訓練などを通じて，技術や技能を習得することに重点を置いているのに対して，"学好"は学習や練習を通じて，うまいレベルまで上達することに重点を置いている。

1) 我学会了骑自行车。
Wǒ xuéhuìle qí zìxíngchē.
（私は自転車に乗れるようになった）

2) 我一定要学好汉语。
Wǒ yídìng yào xuéhǎo Hànyǔ.
（私は必ず中国語をうまく使えるように学ばなければならない）

1) のように，"学会"は行為そのものを身体で覚える意味に使うので，行為そのものを表わす動詞句を目的語にすることが多い。2) の"学好"は習得したその物事を高いレベルで駆使できる意味に使うので，目的語は名詞でも動詞句でも良い。

技術や技能を覚えたことに重点を置く場合は"学会"しか使えない。

3) 婴儿学会站了。
　　Yīng'ér xuéhuì zhàn le.
　　（赤ちゃんは立てるようになった）

4) 他最近刚学会开车。
　　Tā zuìjìn gāng xuéhuì kāichē.
　　（彼は最近車の運転ができるようになったばかりだ／運転免許を取ったばかりだ）

3) と 4) はいずれも高いレベルまで上達したという話ではないので，"学好"は使えない。

5) 我想学好唱歌，实现我的歌星梦。
　　Wǒ xiǎng xuéhǎo chànggē, shíxiàn wǒ de gēxīng mèng.
　　（私はうまく歌えるように習って，スター歌手になる夢を実現したい）

6) 不学好外语，就不能做翻译工作。
　　Bù xuéhǎo wàiyǔ, jiù bù néng zuò fānyì gōngzuò.
　　（外国語をしっかりと勉強しないと，通訳の仕事はできない）

5) と 6) ともに高いレベルまで習得することを強調しているので，"学会"よりも"学好"が適切である。ただし，"学会"の概念の範囲は比較的広く，初歩的に身につけた場合も，うまいレベルまでできた場合も指すので，"学好"と重なる部分がある。したがって，"他学会了打网球，而且学好了。"は不自然である。この場合は，"他学会了打网球，而且打得很好。"のように様態補語を伴うのが多い。

"掌握"もときには「身につける」，「マスターする」に訳されるが，行為そのものを身体で覚える"学会"，その高い習熟度を表わす"学好"とは異なり，その物事の道理，知識，方法などを理解し，それに精通して自在に操ることができるところに重点を置いている。目的語は名詞に限られる。

7) 他掌握三门外语。
　　Tā zhǎngwò sān mén wàiyǔ.
　　（彼は3つの外国語を操ることができる）

8) 她很快就掌握了操作的要领。
　　Tā hěn kuài jiù zhǎngwòle cāozuò de yàolǐng.
　　（彼女はすぐに操作の要領をつかんだ）

"掌握"は具体的な物事以外に，抽象的なものにも多く使われる。

10) 要建设文明社会，必须掌握科学文化知识。
Yào jiànshè wénmíng shèhuì, bìxū zhǎngwò kēxué wénhuà zhīshi.
(文明社会を築こうとするなら，必ず科学技術と文化的知識を身につけなければならない)

Y 严格・严厉
yángé　yánlì

どちらも「厳しい」,「厳格だ」という意味を表す形容詞である。

1) 他有一个严厉（／严格）的父亲和一个慈祥的母亲。
Tā yǒu yí ge yánlì (/yángé) de fùqin hé yí ge cíxiáng de mǔqin.
(彼には厳格な父と優しい母がいる)

2) 他用严厉（／*严格）的目光扫了一下会场。
Tā yòng yánlì de mùguāng sǎole yíxià huìchǎng.
(彼は厳しい視線で会場を見渡した)

3) 关于北方四岛领土问题，此次日本首相比以往措辞严厉（／*严格）。
Guānyú běifāng sìdǎo lǐngtǔ wèntí, cǐcì Rìběn shǒuxiàng bǐ yǐwǎng cuòcí yánlì.
(北方領土問題について，日本の首相はこれまでにない厳しい発言をした)

4) 她嫌那所女子学校校规过于严格（／*严厉）没有报考。
Tā xián nà suǒ nǚzǐ xuéxiào xiàoguī guòyú yángé, méiyou bàokǎo.
(彼女はその女子校の校則の厳しさを嫌って受験しなかった)

例 1）は置き換えることは可能だが，"严格"が具体的な基準，指標などを遵守，適用する厳格さ，要求の側面が強いのに対して，"严厉"は表情や言葉遣い，態度，姿勢など目に見える形の厳しさを示すことが多い。

連用修飾語として用いられる"严格"と"严厉"も同様の区別がある。

5) 政府严厉打击利用网络的非法证券交易。
Zhèngfǔ yánlì dǎjī liyòng wǎngluò de fēifǎ zhèngquàn jiāoyì.
(政府はネットを利用した違法な株式取引を厳しく取り締まっている)

6) 对申请上市企业要严格审查，以保证上市企业质量。
Duì shēnqǐng shàngshì qǐyè yào yángé shěnchá, yǐ bǎozhèng shàngshì qǐyè zhìliàng.
(上場企業の質を維持するために，新規上場申請をする企業の資格に対して厳しい審査を行う)

例 5）は政府が示す相手側への姿勢，態度の厳しさを表しており，例 6）は企業の財務諸表，経営内容が上場基準を満たしているかどうかを厳しく審査するという

意味を表す。

　上記の用例からもう一つわかることがある。この二つのことばが関わる対象の性質が異なっている点である。

　"严厉"の後に来る品詞は往々にして"批判"pīpàn（批判），"谴责"qiǎnzé（非難），"制裁"zhìcái（制裁），"打击"dǎjī（取締る），"惩处"chéngchǔ（処罰）など敵対視する，また良いと思わぬ事象，対象への処分，対応を表す意味の動詞が圧倒的に多い。

　"严格"は，どちらかというと物事の実質的な中身（規則，条例，制度，資格など）に対して厳格な基準で臨むことに重きが置かれ，"遵守"zūnshǒu（遵守），"管理"guǎnlǐ（管理），"审查"shěnchá（審査），"控制"kòngzhì（制御），"要求"yāoqiú（要求）などの動詞と一緒に使うことが多い。

　また"严格"には，"严厉"にはない動詞としての使い方がある。

7) 全国各地煤矿都应严格安全管理操作规程。
　Quánguó gèdì méikuàng dōu yīng yángé ānquán guǎnlǐ cāozuò guīchéng.
　（全国各地の炭鉱は安全作業管理規定を厳しくしなければならない）

8) 严格考勤制度，杜绝随便请假、无故缺勤现象。
　Yángé kǎoqín zhìdù, dùjué suíbiàn qǐngjià, wúgù quēqín xiànxiàng.
　（勤怠制度を厳しく管理し，頻繁な休暇取得や無断欠勤を無くす）

　ただし，この場合，目的語になる語は"规章制度"guīzhāng zhìdù（規程），"条例"tiáolì（条例），"规定"guīdìng（規程），"纪律"jìlù（紀律）などの熟語でなければならないという制限がある。

眼光・眼力
yǎnguāng　yǎnlì

　"眼光"の基本義は「視線」の意味であり，"眼力"のほうは「視力」の意味である。

1) 只要能有口饭吃，我是不太在意别人瞧我时的眼光（／*眼力）的。
　Zhǐyào néng yǒu kǒu fàn chī, wǒ shì bú tài zàiyì biérén qiáo wǒ shí de yǎnguāng de.
　（ご飯さえ食べられるなら，私を見る他人の視線はあんまり気にしない）

2) 真没想到，百岁老人的眼力（／*眼光）这么好，名片上的小字还能看得清。
　Zhēn méi xiǎngdào, bǎi suì lǎorén de yǎnlì zhème hǎo, míngpiànshang de xiǎo zì hái néng kàndeqīng.
　（百歳の老人の視力がこんなに良く，名刺の小さい字も読めるなんて，驚きだ）

"眼光"には「観点」,「見方」という意味がある。"眼力"はこのような意味をもたない。

3) 大批年轻专家改用新历史眼光（／＊眼力）看待文化思想史课题。
Dàpī niánqīng zhuānjiā gǎi yòng xīn lìshǐ yǎnguāng kàndài wénhuà sīxiǎngshǐ kètí.
（多くの若い専門家は新しい歴史的な観点から文化思想史の課題を考え直している）

4) 我有意换一种眼光（／＊眼力）去看看外面的世界。
Wǒ yǒuyì huàn yì zhǒng yǎnguāng qù kànkan wàimiàn de shìjiè.
（私は違う観点で世界を見ることを心掛けている）

"眼光"と"眼力"には共通の意味もある。それは「判断力」,「眼力」,「識別能力」という場合で、このとき基本的には両者は置き換えて使うことができる。

5) 村里人都说我有眼力（／眼光），找了个好对象。
Cūnli rén dōu shuō wǒ yǒu yǎnlì (／yǎnguāng), zhǎole ge hǎo duìxiàng.
（村人は私に見る目があるので、いい相手を見つけたと口を揃えて言っている）

しかしながら"眼光"と"眼力"は微妙な違いがある。"眼光"はいろいろな選択肢の中からいい選択ができるというニュアンスであり、一方"眼力"は真偽，良し悪しなどで正しい判断ができるというニュアンスである。

6) 服装小店的经营状况如何，跟进货人的眼光很有关系。
Fúzhuāng xiǎodiàn de jīngyíng zhuàngkuàng rúhé, gēn jìnhuòrén de yǎnguāng hěn yǒu guānxi.
（洋服ショップの経営状況は、仕入れのセンスに大きく関わっている）

7) 店主眼力很好，只要告诉他你的尺码和要求，他就能帮你找到满意的款式。
Diànzhǔ yǎnlì hěn hǎo, zhǐyào gàosu tā nǐ de chǐmǎ hé yāoqiú, tā jiù néng bāng nǐ zhǎodào mǎnyì de kuǎishì.
（オーナーのセンスがとてもよく、君のサイズと希望さえ言えば、満足できる服を勧めてくれる）

例6)はたくさんのアイテムから、よく売れるいいものを選ぶ意味で"眼光"が使われた。例7)はオーナーがお客さんのスタイル、好みを考えて、「正しい」商品、つまり本当にお客さんのサイズや要求に合う商品を勧める意味で"眼力"を用いる。もちろん7)の例で"眼光"を用いることもできるが、ニュアンスが微妙に違ってくる。"眼光"の場合はオーナーのセンスが普通の人より良く、お客さんに合うたくさんの服装から、よりよいものを選んでくれるという意味合いになる。

また"眼力"は「ものの本質や真実を見抜く」時に用いることができるが、"眼光"はこのような場合には使用できない。

8) 就算最有眼力（／＊眼光）的人，也绝对没法子看出她的真实年纪。
Jiùsuàn zuì yǒu yǎnlì de rén, yě juéduì méi fǎzi kànchu tā de zhēnshí niánjì.
（かなりな目利きの人でも，彼女の実年齢は絶対見抜けない）

9) 一般的老美要能看出谁是中国人就算是眼力（／＊眼光）不错了，没想到这个老美还能从中国人中区分出北京人来。
Yībān de lǎo Měi yào néng kànchu shéi shì Zhōngguórén jiù suàn shì yǎnlì búcuò le, méi xiǎngdào zhège lǎo Měi hái néng cóng zhōngguórén zhōngjiān qūfēnchu Běijīngrén lai.
（普通のアメリカ人で，誰かを中国人と見抜くことができれば，すでに目利きと言えるだろうが，さらに中国人の中の北京人とまで分かってしまうとは驚いた）

"眼光"は先々を見通してよい判断を下し，先見の明があるという時に用いられるが，この場合には"眼力"は用いられない。

10) 脱贫致富的希望在教育，舍得花钱办教育是有眼光（／＊眼力）的表现。
Tuōpín zhìfù de xīwàng zài jiàoyù, shěde huā qián bàn jiàoyù shì yǒu yǎnguāng de biǎoxiàn.
（教育は貧困から脱出させ，人を豊かにする希望をもたらしてくれるゆえ，お金を教育事業に投資することは先見性のある判断である）

"眼光"は複数の意味があり，覚えにくいと思われるかもしれないが，実際三つの意味は基本義から派生されたものである。"眼光"は基本的には「視線，まなざし」であり，そこからあるまなざしで見ること，つまり「観点，見方」の意味が派生し，さらに視線がのびて，遠くまで見通すことから，「将来への見方，先見の明」という意味につながっている。

要求・请求・恳求
yāoqiú　qǐngqiú　kěnqiú

いずれも要望を出すときに使う言葉で，相手に「～してほしい」と求める意味である。動詞としても名詞としても使える。語頭の"要"，"请"，"恳"によって求める口調が異なるので，使い分けが必要である。

"要"は「～しなければいけない」という強制する意味があるので，"要求"は，目下の人に対して要望を出す時や，相手に譲れない条件を出すときに使う。自分に対して使ってもよい。場合によっては命令の意味合いがある。

1) 老师要求学生起立回答问题。
Lǎoshī yāoqiú xuésheng qǐlì huídá wèntí.
（先生は学生に起立して質問に答えるように求めた）

2) 他对自己的要求非常高。
   Tā duì zìjǐ de yāoqiú fēicháng gāo.
   (彼は自分に対する要求がとても高い)

"请"は「どうか」，「なにとぞ」の意味なので，"请求"は，「どうか～してください」と相手に物事を丁寧に頼むときに使う。目下の者から目上の者へ，または同等の立場の者に対して使うのが一般的である。"要求"より婉曲で丁寧である。

3) 她请求公司给她一天假。
   Tā qǐngqiú gōngsī gěi tā yì tiān jià.
   (彼女は会社に一日休暇をくれるように求めた)

4) 学校接受了学生们的请求。
   Xuéxiào jiēshòule xuéshengmen de qǐngqiú.
   (学校側は学生側の要望を承諾した)

"恳"は心のこもった，懇ろな態度を表わす言葉なので，"恳求"は切に頼む，懇願するときに使う。

5) 我再三恳求他帮忙。
   Wǒ zàisān kěnqiú tā bāngmáng.
   (私は何度も彼に助けてもらいたいと頼んだ)

6) 父母答应了儿子去中国留学的恳求。
   Fùmǔ dāyingle érzi qù Zhōngguó liúxué de kěnqiú.
   (両親は中国へ留学したいという息子の懇願を承諾した)

以上の例文では，2) だけは，自分に対する要望なので，"请求"や"恳求"に置き換えることはできないが，ほかは置き換えても間違いとは言えない。ただし，表わす意味合いはまったく違ってくる。1) は"请求"，"恳求"に置き換えると，まったく手に負えない学生に向かってお願いするという情けない教師の姿になる。3)～6) は"要求"に置き換えると，要望を出す側は非常に傲慢であることを表わし，3) と 4) を"恳求"に置き換えると要望を出す側のさらにへりくだった態度を表わす。

5) と 6) は"请求"に置き換えても丁寧さはかわらないが，"恳求"ほど懇ろなニュアンスではなくなる。すなわち，要望を出す側の気持ちによって使い分けるのである。

7) 他要求公司给他涨工资。
   Tā yāoqiú gōngsī gěi tā zhǎng gōngzī.
   (彼は会社に賃金の引き上げを要求した)

8) 他请求公司给他涨工资。
Tā qǐngqiú gōngsī gěi tā zhǎng gōngzī.
(彼は会社に賃金を引き上げてくれるよう要望を出した)

9) 他恳求公司给他涨工资。
Tā kěnqiú gōngsī gěi tā zhǎng gōngzī.
(彼は会社に賃金を引き上げてくださいと懇願した)

7) の彼は非常に強気で会社に要望を出しているのに対して，8) は丁寧に要望を出している。9) はさらにへりくだって，切に頼んでいる意味合いである。

そのため，"帮助" bāngzhù（助け），"支援" zhīyuán（支援，救援），"原谅" yuánliàng（許す，容認）など，相手から恩恵を受ける意味合いの要望には "要求" は使わないのが一般的である。

また，"要求" の前には修飾語として "强烈" qiángliè（強く），"坚决" jiānjué（堅く），"严格" yángé（厳しく）といった程度を表わす副詞がよく使われるのに対して，"请求" と "恳求" の前には "再三" zàisān（再三），"多次" duōcì（何度も）といった回数を表わす修飾語がよく使われる。

摇摆・摇晃・颠簸
yáobǎi　yáohuang　diānbǒ

"摇"，"摆"，"晃"，いずれも「揺れる」，「揺らす」という意味がある。"摆" に時計などの振り子の意味があることから，"摇摆" は，「(振り子のように)一定の方向性を保つ往復運動をする揺れ」に多く使う。"摇晃" は「定まった方向性を持たない不規則な揺れ，細かな揺れ」を表すことが多い。

"颠簸" は上下の揺れを表す。

まず "摇摆" と "摇晃" の揺れを確認し，その後，"颠簸" を見ていこう。

【往復性】リズミカルで単調な往復運動，同一動作の繰り返しは "摇摆"。

1) 节拍器的指针左右摇摆（／＊摇晃）着。
Jiépāiqì de zhǐzhēn zuǒyòu yáobǎizhe.
(メトロノームの針が左右にカチカチと動いている)

2) 她摇摆（／＊摇晃）着身体舞动。
Tā yáobǎizhe shēntǐ wǔdòng.
(彼女はクネクネとディスコダンスを踊っている)

だが，リズミカルな単調運動でも，揺れ幅により様子が異なる。

3) 在演唱会上，大家随着音乐摇摆（/？摇晃）着荧光棒。
   Zài yǎnchànghuìshang, dàjiā suízhe yīnyuè yáobǎizhe yíngguāngbàng.
   （コンサートで音楽に合わせてゆ〜らゆらとペンライトを揺らしている）（細かく振っているなら"摇晃"）

【揺れ幅】相対的に揺れ幅の大きな時は"摇摆"。小刻みな時は"摇晃"。

4) 春风吹过来，柳枝摇摇摆摆（/＊摇摇晃晃）的。
   Chūnfēng chuīguolai, liǔzhī yáoyáobǎibǎi de.
   （春風に，ゆら〜ゆら〜と柳の枝がたなびく）

5) 客船遇到了大台风左右来回地摇摆（/＊摇晃），我们在船里站不稳。
   Kèchuán yùdàole dàtáifēng zuǒyòu láihuí de yáobǎi, wǒmen zài chuánli zhànbuwěn.
   （客船は台風で大揺れをし，船内の我々は立っていることもできない）

6) 床在摇晃（/＊摇摆），我就知道又地震了。
   Chuáng zài yáohuang, wǒ jiù zhīdao yòu dìzhèn le.
   （ベッドがカタカタ揺れ，また地震だと分かった）

【安定性】物体それ自体が安定していない様子，不安定な揺れ，ぐらつきには"摇晃"を使う。"摇摆"は使わない。

7) 这个孩子坐不住一直摇晃（/＊摇摆）着脑袋，被老师批评了一顿。
   Zhège háizi zuòbuzhù yìzhí yáohuangzhe nǎodai, bèi lǎoshī pīpíngle yí dùn.
   （その子はずっと落ち着きなくきょろきょろもぞもぞしていて，先生に叱られた）

8) 突然一阵摇晃（/＊摇摆），书架上的花瓶掉下来了。
   Tūrán yízhèn yáohuang, shūjiàshang de huāpíng diàoxialai le.
   （急にグラグラっときて，本棚の花瓶が落ちてきた）

【方向性】左右，前後，斜めなど，三次元空間を複雑に行き来する揺れには"摇晃"を使う。"摇摆"は使わない。

9) 他喝醉了，走路摇摇晃晃（/＊摇摇摆摆）的。
   Tā hēzuì le, zǒulù yáoyáohuànghuàng de.
   （彼は酔って千鳥足だ）

オリンピックの閉会式で，8の字や左右，自由に旗を振る様は,

10) 现在日本队摇晃（/＊摇摆）着小旗子进场了。
    Xiànzài Rìběnduì yáohuangzhe xiǎoqízi jìnchǎng le.
    （今，日本チームが旗を振りながら入場してきた）

11) 我国的新型新干线的安定性特别高，车在行驶时，不会有摇晃（/＊

摇摆）的感觉。
Wǒguó de xīnxíng Xīngànxiàn de āndìngxìng tèbié gāo, chē zài xíngshǐ shí, bú huì yǒu yáohuang de gǎnjué.
（我が国の新型新幹線はきわめて高い安定性を備えておりますから、走行中は、揺れを感じないでしょう）

さて、上述の"摇摆"、"摇晃"に比して、"颠簸"の揺れは限定的だ。

12) 卡车在山路上颠簸了两个多小时才达到了目的地。
Kǎchē zài shānlùshang diānbǒle liǎng ge duō xiǎoshí cái dádàole mùdìdì.
（トラックは山道をガタガタと2時間あまり、ようやく目的地に着いた）

このように、上下の揺れなら"摇摆"、"摇晃"でなく"颠簸"だ。そうなると、飛行機の揺れは、離陸するまでの滑走路は"颠簸"だし、離陸後も、下からポンポンと揺れているのは"颠簸"である。遊園地の飛行機ならば"摇摆"も使える。

13) 今天坐飞机的时候，遇到了气流颠簸得很厉害。
Jīntiān zuò fēijī de shíhou, yùdàole qìliú diānbǒde hěn lìhai.
（今日の飛行機は気流の関係でひどく揺れた）

最後に心の揺れについて考えてみよう。白か黒か、右に左に心が揺れる時、ぐらつく時は"摇摆"になる。

14) 应该不应该退役，心里在摇摆不定，做不了决定。
Yīnggāi bù yīnggāi tuìyì, xīnli zài yáobǎi búdìng, zuòbuliǎo juédìng.
（引退すべきか否か、心が揺れて、決めかねている）

15) 在大是大非前面，他总不摇摆。
Zài dà shì dà fēi qiánmiàn, tā zǒng bù yáobǎi.
（白黒はっきりさせる時に彼は決してぐらつかない）

咬・啃
yǎo　kěn

"咬"、"啃"はともに「歯でものをかむ」、「かじる」という意味をもつ動詞である。"咬"の方は「パクッとかむ」の意味に近く、"啃"は「ガリガリかじる」ほうである。

1) 咬一口 ｛馒头／面包／包子／苹果｝
yǎo yì kǒu ｛mántou／miànbāo／bāozi／píngguǒ｝

マントウやパン、パオズ、リンゴなどを口を開けてパクリと食べる動きである。対

象をかんだ結果，その一部分が全体から離されるか否かは重要ではない。

2) 狗咬了我的腿
gǒu yǎole wǒ de tuǐ
（犬が私の足をかんだ）

3) 蛇咬了农夫一口
shé yǎole nóngfū yì kǒu
（へびが農夫をガブリとかんだ）

　パンとマントウは全体から分離されるが，犬や蛇にかまれても肉が食いちぎられるとは限らない。
　結局，"咬"は「上下の歯を噛み合わせて物をおさえ，力を入れること」である。力を入れる目的は対象物をかみ砕いたり，その一部分を分離させるのが主であるが，次のような例もある。

4) 咬上了嘴唇
yǎoshàngle zuǐchún
（くちびるをかみしめた）

5) 小孩子咬手指头
xiǎoháizi yǎo shǒuzhǐtou
（子供が指をくわえる）

　対象物がともに仕手の身体部位であり，この場合はかみ切るのが目的ではない。同じく身体部位でも次の場合は，対象物が存在しない。

6) 咬紧牙关
yǎojǐn yáguān
（歯をくいしばる）

"啃"の方は「歯を対象物（多くは硬いもの）にあて，繰り返し少しずつかじる」ことと定義される。犬が骨をかじる，ネズミが引き出しをかじる，トウモロコシを歯でかいて食べるなどが典型的な"啃"の動作である。

7) 狗啃骨头
gǒu kěn gǔtou
（犬が骨をかじる）

8) 老鼠把抽屉啃坏了
lǎoshǔ bǎ chōuti kěnhuài le
（ネズミが引き出しをかじってダメにした）

9) 啃老玉米
    kěn lǎo yùmǐ
    （ひねたトウモロコシをかじる）

トウモロコシにはしんがあり，一口に"咬"するわけにはいかない。ただし，対象物が硬いか否かはそれほど重要ではない。たとえば

10) 拾西瓜皮啃
    shí xīguā pí kěn
    （スイカの皮を拾ってかじる）

11) 啃书本
    kěn shūběn
    （本にかじりつく）

12) 啃了两年外语
    kěnle liǎng nián wàiyǔ
    （外国語を二年間学んだ）

13) 这事你啃不动
    zhè shì nǐ kěnbudòng
    （この仕事は君には歯がたたない）

一方"咬"は，上下からしっかりおさえる，固定されてから力を入れているという基本義から「ペンチややっとこではさむ」，「歯車を噛み合わせる」，「ボルトにナットをかみ合せる」といった派生義が生まれる。"咬"の主体「歯」が「ペンチ」，「やっとこ」，「歯車」…などに置き換えられたのであるが，かみ合わせて物をおさえるという動作に変わりはない。
  犬や蛇が"咬"する（パクリとかみつく）のはわかるが，蚊やヒルに食われるのも"咬"というのは少し意外な気もする。

14) 被蚊子咬了一夜
    bèi wénzi yǎole yí yè
    （一晩中蚊に食われた）

15) 腿让蚂蟥咬流血了
    tuǐ ràng mǎhuáng yǎo liúxuě le
    （ヒルに食われて足から血がでた）

これも足や皮膚を「しっかりおさえられ，固定されて」食われる点に着目しているのだろう。ハチに刺されるのは瞬間的で，"咬"は使わず，"蜇"zhē という。
  なお"嚼"jiáo というのは「口の中にあるものを歯でそしゃくする」ことである。

要…了・快…了・快要…了・就要…了
yào … le　kuài … le　kuàiyào … le　jiù yào … le

"要…了"は「もうすぐ…する」という意味である。「…」の部分には，動詞（句），形容詞（句）が入る。

1) 要下雨了。
   Yào xiàyǔ le.
   （雨が降りそうだ）

2) 天要黑了，快走吧！
   Tiān yào hēi le, kuài zǒu ba!
   （まもなく日が暮れる，早く行こう）

"快…了"と"快要…了"も「もうすぐ…する」という意味であるが，時間がより切迫している感じを表す。"快…了"より"快要…了"のほうが語気が柔らかい。"快要…了"の「…」には動詞（句），形容詞（句）が入る。"快…了"の「…」には動詞（句），形容詞（句）のほかに数量詞，時や季節を表すような名詞も入る。

3) 他快（／快要）毕业了。
   Tā kuài (/kuàiyào) bìyè le.
   （彼はもうじき卒業する）

4) 天快（／快要）亮了。
   Tiān kuài (/kuàiyào) liàng le.
   （まもなく夜が明ける）

5) 女儿快（／*快要）十岁了。
   Nǚ'ér kuài shí suì le.
   （娘はまもなく10歳になる）

6) 快（／*快要）春节了。
   Kuài Chūnjié le.
   （もうすぐ春節だ）

"就要…了"はさらに時間が切迫していることを強調する。「…」には動詞（句），形容詞（句）が入る。

7) 会议就要结束了。
   Huìyì jiù yào jiéshù le.
   （会議はほどなく終わる）

"就要…了"は時間詞，あるいは時間を表す副詞とともに用いることができる。"快

要…了"は"已经"yǐjīng,"都"dōu に限られ，具体的な時間を表す語とは用いられない。

8) 太阳已经就要（／快要）下山了。
   Tàiyáng yǐjīng jiù yào (/kuàiyào) xià shān le.
   (日はもうほどなく山に沈む)

9) 七月底就要（／*快要）放暑假了。
   Qīyuèdǐ jiù yào fàng shǔjià le.
   (7月末には夏休みになる)

"要…了"と"就要…了"には二つの文を接続させる機能もある。

10) 你不快一点儿的话，要（／就要／*快／*快要）迟到了。
    Nǐ bú kuài yìdiǎnr dehuà, yào (/jiù yào) chídào le.
    (もう行かないと遅刻してしまうよ)

也许・恐怕
yěxǔ   kǒngpà

どちらも，ある事柄について推測していることを示す副詞である。
"也许"は「もしかしたら…かもしれない」の意味で，後には肯定形も否定形も来ることができる。"恐怕"は「おそらく」，「たぶん」の意味で，よくない結果を予想して，不安や心配の気持ちを含む。後ろには多く否定形を伴う。

1) 我们要是现在就出发，也许（／*恐怕）还来得及。
   Wǒmen yàoshi xiànzài jiù chūfā, yěxǔ hái láidejí.
   (もし今すぐ出発するのなら，まだ間に合うかもしれない)

2) 他病得很严重，也许（／恐怕）已经没有办法了。
   Tā bìngde hěn yánzhòng, yěxǔ (/kǒngpà) yǐjīng méiyǒu bànfǎ le.
   (彼の病気はたいへん重いので，もしかしてもう手の施しようがないかもしれない)

3) 这件事情恐怕（／也许）没有这么简单吧。
   Zhè jiàn shìqing kǒngpà (/yěxǔ) méiyou zhème jiǎndān ba.
   (このことはおそらくこんなに簡単ではないだろう)

4) 那么大的工程，短时间之内恐怕（／也许）很难完成。
   Nàme dà de gōngchéng, duǎn shíjiān zhī nèi kǒngpà (/yěxǔ) hěn nán wánchéng.
   (あんなに大きい工事は，短時間で完成させるのはおそらく難しいだろう)

"也许"は文の中で繰り返し使うことができるが，"恐怕"はできない。

5) 也许（／＊恐怕）明天出发，也许（／＊恐怕）后天出发，总之现在还不确定。
　　Yěxǔ míngtiān chūfā, yěxǔ hòutiān chūfā, zǒngzhī xiànzài hái bú quèdìng.
　　（明日出発するかもしれないし，あさって出発するかもしれない，つまり今はまだ決まっていない）

一般・一样・同样
yībān　yīyàng　tóngyàng

いずれも，複数のものが区別なく同じであることを表わす。「…と同じである」。"一样"は単独で述語となるが，"一般"と"同样"は単独で述語にならない。

1) 你的手机跟我的一样。
　　Nǐ de shǒujī gēn wǒ de yíyàng.
　　（あなたの携帯電話は私のと同じだ）

2) 我们俩的爱好一样。
　　Wǒmen liǎ de àihào yíyàng.
　　（私たち二人の趣味は同じだ）

3) 她妹妹跟她一样（／一般／同样）聪明。
　　Tā mèimei gēn tā yíyàng (／yìbān/tóngyàng) cōngming.
　　（彼女の妹さんは彼女と同じように聡明だ）

1) と2) は"一样"が単独で述語となっているので，"一般"と"同样"に置き換えることはできない。3) は置き換えられるが，口語では"一般"と"同样"より"一样"を使うことが多い。ただし，似通ったものにたとえて比喩として述べる場合は，"一般"も単独で述語となる。"同样"は使えない。

4) 老师们照顾留学生就像对自己的孩子一样（／一般）。
　　Lǎoshīmen zhàogù liúxuéshēng jiù xiàng duì zìjǐ de háizi yíyàng (／yìbān).
　　（先生たちはまるで自分の子供と同じように留学生の面倒をみている）

5) 热烈的掌声如同雷鸣一般（／一样）。
　　Rèliè de zhǎngshēng rútóng léimíng yìbān (／yíyàng).
　　（熱烈な拍手はまるで雷鳴のようだ）

"一样"，"一般"，"同样"はそれぞれ修飾語としても使うことができる。名詞を修飾して「同じ〜だ」を表わす場合は，"一样"と"同样"は使えるが，"一般"は使えない。似通ったものにたとえて名詞，動詞または形容詞を修飾する場合は，"一样"と"一般"を使い，"同样"は使えない。

6) 这两台电脑一样（／同样）价钱。
   Zhè liǎng tái diànnǎo yíyàng (／tóngyàng) jiàqian.
   （この二台のパソコンは同じ値段だ）

7) 高铁像飞一般（／一样）地向前驶去。
   Gāotiě xiàng fēi yìbān (／yíyàng) de xiàng qián shǐqù.
   （新幹線はまるで飛ぶように前に走っていった）

8) 他汉语说得跟中国人一样（／一般）流利。
   Tā Hànyǔ shuōde gēn Zhōngguórén yíyàng (／yìbān) liúlì.
   （彼の中国語は中国人と同じように流暢だ）

上の用法以外に、"一般"には「普通である」、「一般的である」の意味もある。この場合も単独で述語となる。"一样"と"同样"にはこの使い方はない。

9) 那个电影很一般。
   Nàge diànyǐng hěn yìbān.
   （あの映画はどうってことない）

10) 我一般周六和周日都在家。
    Wǒ yìbān zhōuliù hé zhōurì dōu zài jiā.
    （私はふだん土曜日と日曜日は家にいる）

一边…一边… ・ 一面…一面… ・ 又…又…
yībiān … yībiān …　　yīmiàn … yīmiàn …　　yòu … yòu …

"一边…一边…"と"一面…一面…"は、同時に二つ以上の動作や行為をすることを表す。"…"には動詞（句）が入り、形容詞（句）は入らない。主に"一边…一边…"は話し言葉に、"一面…一面…"は書き言葉に用いる。

1) 她一边（／一面）听，一边（／一面）作笔记。
   Tā yìbiān (／yímiàn) tīng, yìbiān (／yímiàn) zuò bǐjì.
   （彼女は聞きながらメモをとる）

2) 我们一边（／一面）划船，一边（／一面）欣赏风景。
   Wǒmen yìbiān (／yímiàn) huáchuán, yìbiān (／yímiàn) xīnshǎng fēngjǐng.
   （私たちはボートをこぎながら景色を楽しむ）

"一边…一边…"の"一"は省略できるが、"一面…一面…"では省略できない。なお、"边…边…"ではふつう動詞が入り、動詞句が入ることはない。"一边…一边…"では動作の主体が同一者でなくともよいが、"边…边…"では同一者に限られる。

3) 你就边干边学吧。
   Nǐ jiù biān gàn biān xué ba.
   (君は働きながら学びなさい)

4) 他们一边（／＊边）跳，我们一边（／＊边）唱。
   Tāmen yìbiān tiào, wǒmen yìnbiān chàng.
   (彼らが踊り，我々が歌う)

"又…又…"は，交互に二つ以上の動作や行為をする。"…"には動詞（句）だけでなく，形容詞（句）も入り，複数の状況が存在する，あるいは複数の性質を兼ね備えていることを表す。並列される動作や性質は同類の範囲内に限られる。

5) 又哭又闹（／＊又哭又跑）
   yòu kū yòu nào
   (泣いたりわめいたり)

6) 又雄伟又庄严
   yòu xióngwěi yòu zhuāngyán
   (雄大でしかも荘厳だ)

一定・必定
yīdìng　bìdìng

いずれも意志の固いことを表す。「必ず」，「きっと」，「絶対に」の意味である。"一定"は口語にも文章語にもよく使われるが，"必定"は表現がやや固く，文章語として使われることが多い。"必定"は"一定"より一層確信が高く，意志が堅いニュアンスがある。"一定"は相手に要求するときにも使うが，"必定"にはその用法はない。

1) 我一定（／必定）帮你。
   Wǒ yídìng (/bìdìng) bāng nǐ.
   (私は必ずあなたを助けます)

2) 大家明天一定来啊。
   Dàjiā míngtiān yídìng lái a.
   (みなさん，明日必ず来てくださいね)

3) 你一定要好好儿休息。
   Nǐ yídìng yào hǎohāor xiūxi.
   (あなたは絶対にゆっくり休まなければいけない)

また，ともにある事柄についての「確かだ」，「間違いない」との確信を表す意味

もある。"一定"は話し手の主観的な見方を表し，"必定"は話し手の判断，推論の正しさを確信して強調する。"必定"のほうが断定的である。

4) 这个新产品一定（／必定）很受欢迎。
   Zhège xīn chǎnpǐn yídìng (/bìdìng) hěn shòu huānyíng.
   (この新商品はきっと／必ずや人気が出るに違いない)

5) 明天的比赛你们必定（／一定）会赢的。
   Míngtiān de bǐsài nǐmen bìdìng (/yídìng) huì yíng de.
   (明日の試合はあなたたちが絶対に／きっと勝つに決まっている)

6) 他一定（／必定）不相信这是真的。
   Tā yídìng (/bìdìng) bù xiāngxìn zhè shì zhēn de.
   (彼はきっと／絶対にこれを本当だとは信じないだろう)

"一定"には形容詞の用法もあるが，"必定"は副詞の用法のみである。

7) 我们的汉语水平有了一定的提高。
   Wǒmen de Hànyǔ shuǐpíng yǒule yídìng de tígāo.
   (われわれの中国語のレベルはある程度の上達がみられた)

8) 哪个公司都有一定的规章制度。
   Nǎge gōngsī dōu yǒu yídìng de guīzhāng zhìdù.
   (どの会社にも一定の規約や制度がある)

また，"一定"は"不"bùで否定して"不一定"と言えるが，"必定"の否定形は"不必"búbì か"未必"wèibì を使い，どちらも「必ずしも～しない」，「必ずしも～ではない」の意味である。

一会儿・不一会儿
yīhuìr　　bù yīhuìr

"一会儿"も"不一会儿"も「ちょっとの間」，「まもなく」の意を表す。"不一会儿"は"一会儿"よりもさらに時間が短いことを表し，それほど時間がかからないことを強調する。ともに主語の前にも後ろにも置ける。

1) 他一会儿（／不一会儿）就把作业做完了。
   Tā yíhuìr (/bù yíhuìr) jiù bǎ zuòyè zuòwán le.
   (間もなく彼は宿題をやり終えた)

2) 妈妈出去买菜，一会儿（／不一会儿）就回来了。
   Māma chūqu mǎi cài, yíhuìr (/bù yíhuìr) jiù huílai le.

(母は買い物に出かけて，ほどなく戻ってきた)

3) 雪下得真大，一会儿（／不一会儿）地上就全白了。
Xuě xiàde zhēn dà, yíhuìr (/bù yíhuìr) dìshang jiù quán bái le.
(ひどく雪が降り，あっという間に地面が真っ白になった)

　日本語に訳すと，上の例では"一会儿"と"不一会儿"との違いがあまりはっきりしないが，中国語の語感としては，"一会儿"より"不一会儿"の方がより時間が短く感じられる。
　"一会儿"は過去のことにも未来のことにも使えるが，"不一会儿"は未来のことには使えない。

4) 他什么时候走的？——他来了一会儿（／不一会儿）就走了。
Tā shénme shíhou zǒu de?—— Tā láile yíhuìr (/bù yíhuìr) jiù zǒu le.
(彼はいつ帰ったの？——来てしばらくいましたが，すぐに帰りました)

5) 什么时候出发？——一会儿（／＊不一会儿）就出发。
Shénme shíhou chūfā?—— Yíhuìr jiù chūfā.
(いつ出発しますか？——まもなく出発します)

6) 一会儿（／＊不一会儿）散步去吧。
Yíhuìr sànbù qù ba.
(少ししたら散歩に出かけよう)

　"一会儿"はまた，話し手には「それほど短くない」と感じられる時間を表すこともできる。特に「"有"＋"一会儿"」の形でよく用いられ，「短くない」ことを強調するニュアンスがある。他方，"不一会儿"は「短い」ことを特に強調するのみであり，そのような用法はない。

7) 你等了多长时间？——我等了一会儿（／＊不一会儿）了。
Nǐ děngle duō cháng shíjiān?—— Wǒ děngle yíhuìr le.
(どれくらい待ったのですか。——しばらく待っていました)

8) 他出去有一会儿（／＊不一会儿）了，怎么还不回来？
Tā chūqu yǒu yíhuìr le, zěnme hái bù huílai?
(彼が出かけてしばらくになるのに，なぜまだ戻ってこないのだろう)

　7) は，時間量があまり短くない意を表す。8) も，彼が出かけた後の「時間量が短くない」ことを強調している。
　"一会儿～，一会儿～"の形で連用修飾語として「～したかと思うと～する」，「～したり～したり」の意を表すことができるが，"不一会儿"にはこういう用法がない。

9) 这几天天气真反常，一会儿冷一会儿热。
   Zhè jǐ tiān tiānqì zhēn fǎncháng, yíhuìr lěng yíhuìr rè.
   （ここ数日，暑かったり寒かったりで，天気が異常です）

10) 小猫钓鱼很不专心，一会儿捉蜻蜓，一会儿捉蝴蝶。
    Xiǎomāo diàoyú hěn bù zhuānxīn, yíhuìr zhuō qīngtíng, yíhuìr zhuō húdié.
    （子猫は釣りに集中できなくて，トンボを追いかけたり，蝶々を追いかけたりした）

一起・一块儿・一齐
yīqǐ　　yīkuàir　　yīqí

"一起"と"一块儿"と"一齐"はともに「一緒に」行動することを表す。また，"一块儿"は話し言葉に用いる。

1) 我们一起（／一块儿／一齐）留在这里。
   Wǒmen yìqǐ (/yíkuàir/yìqí) liúzài zhèli.
   （私たちは一緒にここに残ります）

2) 大家一起（／一块儿／一齐）动手。
   Dàjiā yìqǐ (/yíkuàir/yìqí) dòngshǒu.
   （みんな一緒にやり始める）

ただし，一定の期間のことを述べる場合は，"一齐"は使えない。

3) 我们一起（／一块儿／＊一齐）实习过半年。
   Wǒmen yìqǐ (/yíkuàir) shíxíguo bàn nián.
   （私たちは半年間一緒に実習したことがある）

ある状態が「同時に，いっせいに」生じる場合は，"一齐"に限られ，他の語による言い換えはできない。

4) 各个考场一齐（／＊一块儿／＊一起）开考。
   Gègè kǎochǎng yìqí kāikǎo.
   （各試験場で同時にテストを開始した）

5) 广场上一齐（／＊一块儿／＊一起）放起焰火。
   Guǎngchǎngshang yìqí fàngqi yànhuǒ.
   （広場でいっせいに花火が打ち上げられた）

"一起"と"一块儿"は名詞としても使われ，同じ場所，同じ所を表す。"一齐"は名詞として使われることがない。

6) 我们现在住在一起（／一块儿／＊一齐）。
Wǒmen xiànzài zhùzài yìqǐ (/yíkuàir).
（私たちは現在同じ所に住んでいる）

一生・一辈子
yīshēng　yībèizi

どちらも生まれてから死ぬまでの一生涯を表す。品詞はともに名詞。主語，連体修飾語，連用修飾語，補語の働きをする。

<主語>

1) 人的血型一般来说一辈子（／一生）都是不变的。
Rén de xuèxíng yìbān lái shuō yíbèizi (/yìshēng) dōu shì bú biàn de.
（一般的には，人の血液型は生涯変わらない）

<連体修飾語>

2) 考大学是孩子一辈子（／一生）的大事。
Kǎo dàxué shì háizi yíbèizi (/yìshēng) de dàshì.
（大学受験は子供の一生の重大事だ）

<連用修飾語>

3) 她的眼神让我一辈子（／一生）也不可能忘记。
Tā de yǎnshén ràng wǒ yíbèizi (/yìshēng) yě bù kěnéng wàngjì.
（彼女の目は一生忘れられないものとなった）

<補語>

4) 那位老人辛勤劳动了一辈子（／一生）。
Nà wèi lǎorén xīnqín láodòngle yíbèizi (/yìshēng).
（そのご老人は生涯勤勉に働いた）

双方の互換性は高いが，"一辈子"が口語的である反面，"一生"は書面語的でフォーマルな表現に使われるのが特徴である。
たとえば，人物の事績紹介文や公式的な報道文が例に挙げられる。

5) ○○○（18＊＊—19＊＊）一生独身，没有妻子儿女。
○○○（18＊＊—19＊＊）yìshēng dúshēn, méiyǒu qīzi érnǚ.
（○○○（18＊＊—19＊＊）生涯独身，妻子無し）

6) 有专家估计，美国人平均一生的工作时间比德国、法国或意大利人多40%。
Yǒu zhuānjiā gūjì, Měiguórén píngjūn yìshēng de gōngzuò shíjiān bǐ Déguó、Fǎguó huò Yìdàlìrén duō bǎi fēn zhī sìshí.
（専門家の推測によれば，アメリカ人の一生涯の平均勤労時間はドイツ、フランス、イタリア人に比べ40％多い）

また，英雄的な人物や烈士を称える特徴的な言葉，たとえば"光荣"guāngróng,"光辉"guānghuī,"革命"gémìng,"奋斗"fèndòu,"战斗"zhàndòu などの単語との組み合わせにも決まって"一生"が用いられる。

7) 雷锋同志光辉的一生是为人民服务的一生，是艰苦奋斗的一生。
Léi Fēng tóngzhì guānghuī de yìshēng shì wèi rénmín fúwù de yìshēng, shì jiānkǔ fèndòu de yìshēng.
（雷峰同志の輝かしい一生は人民のために奉仕し，苦しみに耐えながら奮闘した一生であった）

また，動植物や昆虫など人間以外の生き物や自然界にも"一生"が用いられる。

8) 恒星一生（／＊一辈子）的大部分时间都停留在主序星阶段。
Héngxīng yìshēng de dàbùfen shíjiān dōu tíngliúzài zhǔxùxīng jiēduàn.
（恒星の一生の大部分は主系列星に位置する）

用法上では，"一生"は後に方位詞をつけて用いられることが多く，"中"との結合が非常に多い。また，"当中"や"里"と組み合わさる例もある。

9) 这是我一生中最幸福的时刻。
Zhè shì wǒ yìshēng zhōng zuì xìngfú de shíkè.
（これは私の人生において最高に幸せな時です）

10) 人的一生里能有这样的朋友，是福气。
Rén de yìshēngli néng yǒu zhèyàng de péngyou, shì fúqi.
（一生のうちにこのような友を得られたことは幸せである）

他方，"一辈子"はほとんど単独で使われる。"里"と組み合わさる場合もあるが，非常に少ない。

動詞 + 一下・動詞の重ね型
yīxià

ともにごく短時間ある動作をすることを表す。

1) 让我想一下（／想想）。
   Ràng wǒ xiǎng yíxià (／xiǎngxiang).
   （ちょっと考えさせて下さい）

動詞の重ね型は，一般にコントロール可能な動作にしか用いられないが，"一下"にはこのような制限はない。

2) 她的心扑通跳了一下。
   Tā de xīn pūtōng tiàle yíxià.
   （彼女の心臓がドキッとした）

3) 老张愣了一下，忽然紧紧握住了我的手。
   Lǎo Zhāng lèngle yíxià, hūrán jǐnjǐn wòzhùle wǒ de shǒu.
   （張さんはちょっとあっけにとられたが，突然私の手をぎゅっと握りしめた）

方向動詞の"来"lái，"去"qù，"回"huí など，およびこれらが方向補語としてついたものは重ね型にならないが，"一下"は付加することができる。

4) 小王，你来一下。
   Xiǎo Wáng, nǐ lái yíxià.
   （王君，ちょっとおいで）

5) 爸爸，你上来一下。
   Bàba, nǐ shànglai yíxià.
   （お父さん，ちょっと上がってきて）

6) 明天我要回一下家，可以吗？
   Míngtiān wǒ yào huí yíxià jiā, kěyǐ ma?
   （明日ちょっと家に帰りたいのですが，構いませんか）

"一下"はほかに，「数詞"一"yī＋動量詞」と見るべき用法があり，動作の回数（1回）を表す。非持続性動詞の後に用いられたときにこの用法となり，"一"以外の数詞もとれる。

7) 他猛地站起身，推了我一下。
   Tā měngde zhànqi shēn, tuīle wǒ yí xià.
   （彼は急に立ち上がると，私をひと突きした）

8) 时钟"当当"敲了四下。
   Shízhōng "dāng dāng" qiāole sì xià.
   （時計が「ボーン，ボーン」と四回鳴った）

動詞の重ね型には，「気ままに」，「気軽によく…する」意味を表す場合があり，この場合"一下"には言い換えられない。

9) 他退了休以后，平常看看书，下下棋，和老朋友聊聊天儿，倒也不寂寞。
   Tā tuìle xiū yǐhòu, píngcháng kànkan shū, xiàxia qí, hé lǎopéngyou liáoliao tiānr, dào yě bú jìmò.
   （彼は現役を退いてからは，ふだんは本を読んだり，将棋を指したり，友だちとたわいのない話をしたりして，さほど寂しそうでもない）

一些・有些
yīxiē　yǒuxiē

ともに日本語の「一部」，「いくらか」，「いくつか」，「少し」に相当する。文の主語か主語の修飾語になる時，置き換えられる場合がある。

1) 这家公司的销售人员，有些（／一些）是理科出身，有些（／一些）是文科出身。
   Zhè jiā gōngsī de xiāoshòu rényuán, yǒuxiē (/yìxiē) shì lǐkē chūshēn, yǒuxiē (/yìxiē) shì wénkē chūshēn.
   （この会社の営業スタッフは，一部は理系出身で，一部は文系出身である）

2) 据说，一些（／有些）慢性疼痛病来自遗传。
   Jùshuō, yìxiē (/yǒuxiē) mànxìng téngtòng bìng láizì yíchuán.
   （一部の慢性痛症は遺伝だそうだ）

"一些"は数量詞であり，不定の量を表すことができるし，"一些"だけでも目的語になれる。"有些"は代詞，副詞であり，そのままの形で目的語になれないし，「"有些"＋名詞」の形でも目的語になれない。よって，例3)，4)のような文では，"一些"を"有些"に置き換えることができない。

3) 他发表了一些（／*有些）论文。
   Tā fābiǎole yìxiē lùnwén.
   （彼はいくつかの論文を発表した）

4) 我们带了很多零食，分给他们一些（／*有些）吧。
   Wǒmen dàile hěn duō língshí, fēngěi tāmen yìxiē ba.
   （私たちはお菓子をいっぱい持ってきているから，彼らに少し分けてあげよう）

また，"一些"は比較文に用い，形容詞のあとに付いて，「少し」，「ちょっと」を表す。"有些"にはこのような使い方がない。

5) 我年纪比他大一些（／*有些）。
   Wǒ niánjì bǐ tā dà yìxiē.
   （私は彼よりちょっと年上だ）

6) 今天的汇率比昨天好一些（／＊有些）。
   Jīntiān de huìlǜ bǐ zuótiān hǎo yìxiē.
   （今日のレートは昨日より少し良くなった）

"有些"は副詞として，よく「"有些"＋形容詞／動詞」の形で，マイナスのニュアンスをもつ動詞や形容詞を修飾し，程度が軽い（少し，いささか）という意味を表す。この場合，もちろん数量詞の"一些"との置き換えはできない。

7) 菜已经有些（／＊一些）凉了。
   Cài yǐjīng yǒuxiē liáng le.
   （おかずがちょっと冷めてしまった）

8) 她有些（／＊一些）讨厌吃面时发出声音的人。
   Tā yǒuxiē tǎoyàn chī miàn shí fāchū shēngyīn de rén.
   （彼女はラーメンを食べる時に音を出す人がちょっと嫌いだ）

9) 我还有些（／＊一些）不习惯美国的生活。
   Wǒ hái yǒuxiē bù xíguàn Měiguó de shēnghuó.
   （私はアメリカの生活にまだ少し慣れない）

"一些"は形容詞や動詞と併用する時，「形容詞／動詞＋"一些"」の形で，数量が少ないことを示す。この場合，"有些"との置き換えはできない。

10) 这个价钱贵了一些（／＊有些）。
    Zhège jiàqián guìle yìxiē.
    （この値段はちょっと高い）

11) 洪水稍微退了一些（／＊有些）。
    Hóngshuǐ shāowēi tuìle yìxiē.
    （洪水はほんのいくぶんか退いた）

12) 他的事情，我只知道一些（／＊有些）。
    Tā de shìqing, wǒ zhǐ zhīdao yìxiē.
    （彼のことは，私はほんの少し知っているだけだ）

一再・再三
yīzài　zàisān

どちらも「たびたび」，「何度も」の意味をもつ副詞であり，例1）のように互換性がある。

1) 尽管我再三（／一再）提醒她别忘了吃药，她还是忘了吃。
   Jǐnguǎn wǒ zàisān (/yízài) tíxǐng tā bié wàngle chī yào, tā háishi wàngle chī.
   (彼女に薬を飲むのを忘れないように何度も注意したが，彼女はやはり飲むのを忘れてしまった)

両者の相違点を調べると，"一再"は消極的でマイナスのことに使い，"再三"は中性的なことや積極的でプラスのことに使うという説が多くみられる。しかし，例2) では，マイナスのことだが"再三"が用いられ，例3) ではプラスのことだが"再三"が用いられない。なぜだろうか。

2) 他因为一再（／再三）违反公司规定，被解雇了。
   Tā yīnwei yízài (/zàisān) wéifǎn gōngsī guīdìng, bèi jiěgù le.
   (彼は何度も会社の就業規則に違反したため，首になった)

3) 这支球队一再（／*再三）获胜，进入了决赛。
   Zhè zhī qiúduì yízài huòshèng, jìnrùle juésài.
   (このチームは何回も勝って，決勝戦に進んだ)

それは両者のあとにくる動詞の特徴に関係がある。その動詞が自主的な動詞（他動詞，意志動詞など）なら，"一再"も"再三"も用いられる。非自主的な動詞（自動詞，行為動詞の受け身，状態動詞など）の場合は，"一再"は用いられるが，"再三"は用いられない。

4) 梦想一再（／*再三）化为泡影，他彻底绝望了。
   Mèngxiǎng yízài huàwéi pàoyǐng, tā chèdǐ juéwàng le.
   (夢が何度もシャボン玉のように消えてしまって，彼は完全に絶望した)

5) 康德的理论在中国哲学中一再（／*再三）得到了肯定。
   Kāngdé de lǐlùn zài Zhōngguó zhéxué zhōng yízài dédàole kěndìng.
   (カントの理論は中国の哲学において何回も評価された)

6) 他再三（／一再）肯定了康德的理论对中国哲学的借鉴意义。
   Tā zàisān (/yízài) kěndìngle Kāngdé de lǐlùn duì Zhōngguó zhéxué de jièjiàn yìyì.
   (彼はカントの理論は中国の哲学に参考になったと何度も評価した)

一般的に，"一再"は過去のことに用い，将来のことには使えないが，"再三"は過去のことにも将来のことにも使える。

7) 明天开会的时候，我会再三（／*一再）强调这件事情。
   Míngtiān kāihuì de shíhou, wǒ huì zàisān qiángdiào zhè jiàn shìqing.
   (明日の会議で，この件を繰り返し強調するつもりだ)

8) 我一再（／再三）强调了这件事的重要性。
   Wǒ yízài (/zàisān) qiángdiàole zhè jiàn shì de zhōngyàoxìng.
   (私はこの事の重要性を何度も強調した)

また、"再三"は動詞のあとにつくことができるが、"一再"はできない。

9) 我斟酌再三（／＊一再），还未做出决定。
   Wǒ zhēnzhuó zàisān, hái wèi zuòchu juédìng.
   (あれこれ思いめぐらしたがまだ決心がつかない)

10) 他考虑再三（／＊一再），结果辞掉了工作。
    Tā kǎolǜ zàisān, jiéguǒ cídiàole gōngzuò.
    (彼は何度も考えた、そして辞職した)

一直・一向・向来
yìzhí　yīxiàng　xiànglái

動詞や形容詞を修飾してものごとが途切れなく続く「ずっと」を表す副詞には、"一直"、"一向"や"向来"などがある。

"一直"は動作や行為、性質や状態などが時間的に「途切れることなく続く」ことを表し、過去の一定期間、過去から現在まで続く一定期間、未来にまで続く期間のいずれにも使うことができる。動詞を修飾する場合、一般には動作性の動詞が多く使われ、時間詞のあるときには一般に"一直"を使う。

1) 我在这儿一直（／＊一向／＊向来）工作到1979年，60岁才退休。
   Wǒ zài zhèr yìzhí gōngzuòdào yī jiǔ qī jiǔ nián, liùshí suì cái tuìxiū.
   (私はここで1979年までずっと働き、60歳でリタイアした)

2) 从现在一直（／＊一向／＊向来）到明年是买股票的好时期。
   Cóng xiànzài yìzhí dào míngnián shì mǎi gǔpiào de hǎo shíqī.
   (今からずっと来年までは株の買い時だ)

"一直"はこのような時間的な「ずっと」を基本とし、そこからさらに次の3)、4)のように、方向や範囲、つまり「空間的に途切れることなく続く」ことにも使う。

3) 一直（／＊一向／＊向来）顺着河沿往东走，就到了。
   Yìzhí shùnzhe héyán wǎng dōng zǒu, jiù dào le.
   (ずっと川辺に沿って東に歩いて行けば着きます)

4) 坐位上，过道上，一直（／＊一向／＊向来）到门口，全挤满了听众。
   Zuòwèishang, guòdàoshang, yìzhí dào ménkǒu, quán jǐmǎnle tīngzhòng.

（座席も通路も，ずっと入り口まで聴衆でぎっしりだ）

　"一向"は動作や行為，また性質や状態などが時間的に「途切れることなくずっと続く」こと，あるいは習慣的にそうなっていることも表すが，"一直"と比べ使用範囲が狭く，時間的には未来については使えない。また空間的な方向や範囲についても使えない。動詞は一般に非動作性の動詞を修飾する。
　この"一向"にはほかに"这一向他身体不太好"（このところ彼は体調が思わしくない）のような名詞用法もある。

5) 好久不见，你一向（／一直／＊向来）好吧。
　　Hǎojiǔ bújiàn, nǐ yíxiàng (/yìzhí) hǎo ba.
　　（お久しぶりです，お元気そうですね）

6) 我妹妹一向（／一直／向来）都很注意穿着入时。
　　Wǒ mèimei yíxiàng (/yìzhí/xiànglái) dōu hěn zhùyì chuānzhuó rùshí.
　　（私の妹はこれまでずっといつだってファッショントレンドをしっかりチェックしている）

　上の5) は前に会った時から今までの期間を指して「お元気そうで何より」といった感じであり，6) も，これまでずっとそうなのだということである。

　次に，"向来"の「ずっと」は，動作行為の連続性に向けられているのではなく，性質や傾向などが「もとのまま，そのまま」で今にいたるまで不変であることを表す。過去から現在までの期間について用い，"两个小时"，"这几年"など期間限定の語があるときには使えない。また空間的な方向や範囲にも使わない。

7) 我爸爸向来（／一直／一向）就是说一不二的。
　　Wǒ bàba xiànglái (/yìzhí/yíxiàng) jiùshì shuō yī bú èr de.
　　（父は元来一度言ったことは絶対に曲げない人なのだ）

8) 她向来（／一直／一向）心直口快，有什么说什么。
　　Tā xiànglái (/yìzhí/yíxiàng) xīn zhí kǒu kuài, yǒu shénme shuō shénme.
　　（彼女はもともと思ったことをズバッという人で，何かあるとすぐそれを口に出す）

　以上から，"一直"と"一向"はともにその使用可能時間内において，動作，行為，状態などが時間に沿って途切れずに進みゆく「ずっと」である。そして"一直"は一般に動作性の連続を，"一向"は一般に習慣など非動作性の連続を表すといった役割分担がなされている。
　対する"向来"の視点は時間的連続性にあるのではなく，もともとの性質や傾向などが今にいたるまで不変，「そのままである」点に置かれている。

　なお，上の5) ～ 8) で"一直"，"一向"，"向来"との置き換えができる場合，それは話し手がこの三語のどの視点で言っているのかによる。

医生・大夫
yīshēng　dàifu

"医生"は職業の正式呼称として用いる場合の「医師，医者」であり，"大夫"は正式呼称以外で使う場合の「医者，先生」である。

次の1），2）は正式呼称としての"医生"である。

1) 他在职业栏里填的是"医生"。
   Tā zài zhíyèlánli tián de shì "yīshēng".
   (彼は職業欄に「医師」と記入した)

2) 医生就是掌握医药知识，以治病为业的人。
   Yīshēng jiù shì zhǎngwò yīyào zhīshi, yǐ zhìbìng wéi yè de rén.
   (医者とは医療と医薬の知識を身につけて，病を治すのを職業とする人である)

"医生"は正式呼称以外でも使えるが，直接の呼びかけには"大夫"を使う。

下の3），4），5）は"医生"，"大夫"のどちらを用いても成り立つ場合である。

3) 这个孩子病得不轻，请赶快找个医生（／大夫）来。
   Zhège háizi bìngde bù qīng, qǐng gǎnkuài zhǎo ge yīshēng (/dàifu) lai.
   (この子はなまやさしい病気じゃない，急いでお医者さんを呼んできてください)

4) 通过张大夫（／医生）几个月的治疗，妈妈的病情显著好转了。
   Tōngguò Zhāng dàifu (/yīsheng) jǐ ge yuè de zhìliáo, māma de bìngqíng xiǎnzhù hǎozhuǎn le.
   (張先生の数カ月の治療で，母の病状は目にみえてよくなった)

5) 俗话说"医者父母心"，这就是说医生（／大夫）对病人有父母对子女那样的慈爱心肠。
   Súhuà shuō "yīzhě fùmǔxīn", zhè jiùshì shuō yīshēng (/dàifu) duì bìngrén yǒu fùmǔ duì zǐnǚ nàyàng de cí'ài xīncháng.
   (ことわざに"医者父母心"というのがあるが，これはつまりお医者さんは病人に対して親が子に対するような慈愛の心を持っているということだ)

次の6），7）は直接の呼びかけであり，日本語でもそうであるように，"医生"に置き換えることはできない。

6) 李大夫，我大牙疼，请给我看看。
   Lǐ dàifu, wǒ dàyá téng, qǐng gěi wǒ kànkan.
   (李先生，奥歯が痛むのです，診察をお願いします)

7) 她着急地问, "大夫, 您认为他的病情怎么样？"
   Tā zháojí de wèn, "Dàifu, nín rènwéi tā de bìngqíng zěnmeyàng?"
   (彼女は慌てた様子で「先生, 彼の病状はどうなのでしょうか」と尋ねた)

医院・病院
yīyuàn   bìngyuàn

いずれも「病院」であるが, "医院"は主に総合的な病院をさし, "病院"は"传染病院"(伝染病病院), "精神病院"(精神病院) など, 特定の病気を専門に治療する病院をさす。

1) 市第一人民医院, 地处市中心, 是该市最老的医院之一, 拥有 800 张病床。
   Shì Dìyī Rénmín yīyuàn, dìchǔ shì zhōngxīn, shì gāishì zuì lǎo de yīyuàn zhī yī, yōngyǒu bā bǎi zhāng bìngchuáng.
   (市第一人民医院は, 市の中心にあり, 最も古い病院の一つであり, 病床数は 800 を数える)

2) 现在, 他不仅要在传染病院忙碌, 还得到市里其他医院指导。
   Xiànzài, tā bùjǐn yào zài chuánrǎn bìngyuàn mánglù, hái děi dào shìli qítā yīyuàn zhǐdǎo.
   (現在, 彼は伝染病病院で忙しいだけでなく, 市内の他の病院へ出向き指導しなければならない)

総合病院か専門病院かを問わず一般的に「病院」という場合には, "送进医院" sòngjìn yīyuàn (病院に連れていく) のように, "医院" を用いる。

3) 我昨天看见他去医院 (／＊病院) 了。
   Wǒ zuótiān kànjiàn tā qù yīyuàn le.
   (私は昨日彼が病院に行くのを見かけた)

4) 我下午到医院 (／＊病院) 看病去。
   Wǒ xiàwǔ dào yīyuàn kànbìng qù.
   (私は午後病院に診察を受けに行く)

なお, 専門や対象が限られても "病院" を使うことは少なく, "医院" という場合が多いのが現状である。

"妇产医院" fùchǎn yīyuàn (産婦人科病院);"儿童医院" értóng yīyuàn (小児病院);"肿瘤医院" zhǒngliú yīyuàn (がん専門病院);"精神病医院" jīngshénbìng yīyuàn (精神科病院)

依靠・依赖・依附
yīkào　yīlài　yīfù

　いずれも動詞として用い，他人や事物を頼りにするという共通の意味をもつ。"依靠"は中性的な言葉で，ほめる意味もけなす意味もない。一方，"依赖"は自立せずに人に頼りきる，依存する。主に好ましくない場合に用いる。

1) 你不要什么都依靠（／依赖）别人。
   Nǐ búyào shénme dōu yīkào (/yīlài) biéren.
   （何でも人に頼るのはよくない）

2) 这种产品完全依靠（／依赖）进口是不行的。
   Zhè zhǒng chǎnpǐn wánquán yīkào (/yīlài) jìnkǒu shì bùxíng de.
   （この製品を完全に輸入だけに頼るのはよくない）

3) 他什么都依靠（／依赖）父母。
   Tā shénme dōu yīkào (/yīlài) fùmǔ.
   （彼は何でも両親に頼っている）

　上のような文脈において，"依靠"と"依赖"は両方とも使えるが，ニュアンスがかなり異なる。例3）において，"依靠"を用いる場合は，話し手が中立な立場で物事を客観的に述べているが，"依赖"を用いる場合は話し手の批判の気持ちが含まれている。
　「頼る」ことを良いこととして捉える文脈では"依赖"は使えず，"依靠"を用いなければならない。

4) 灾区人民依靠（／＊依赖）自己的双手重建家园。
   Zhāiqū rénmín yīkào zìjǐ de shuāngshǒu chóngjiàn jiāyuán.
   （被災者たちは自らの手で郷里を再建した）

5) 我们厂依靠（／＊依赖）高科技实现了全自动化。
   Wǒmen chǎng yīkào gāokējì shíxiànle quánzìdònghuà.
   （我々の工場は現代の高い科学技術によって全自動化を実現した）

6) 这个问题我们还是依靠（／＊依赖）组织来解决吧。
   Zhège wèntí wǒmen háishi yīkào zǔzhī lái jiějué ba.
   （この問題についてはやはり組織に頼って解決しましょう）

7) 父母相继去世，他觉得自己一点儿依靠（／＊依赖）都没有了。
   Fùmǔ xiāngjì qùshì, tā juéde zìjǐ yìdiǎnr yīkào dōu méiyǒu le.
   （親が相次いで亡くなり，彼はもう何も頼るものがないと感じた）

一方,「頼る」ことを悪いこととして捉える文脈では"依赖"しか使えない。

8) 他依赖（／＊依靠）性太强。
   Tā yīlàixìng tài qiáng.
   (彼は依存心が強すぎる)

9) 现在有些年轻人对手机过分依赖（／＊依靠）。
   Xiànzài yǒuxiē niánqīngrén duì shǒujī guòfèn yīlài.
   (最近,一部の若者は携帯に依存しすぎている)

「頼り切る,依存する」ということを良いこととして捉える,または単なる事実として捉える場合もある。

10) 幼儿对父母有依赖心理是很正常的。
    Yòu'ér duì fùmǔ yǒu yīlài xīnlǐ shì hěn zhèngcháng de.
    (幼児が親に対して依存心をもっているというのは正常なことである)

11) 城乡之间互相联系,互相依赖。
    Chéngxiāng zhījiān hùxiāng liánxì, hùxiāng yīlài.
    (都会と農村はたがいに連携しあい,たがいに依存しあっている)

"依附"は文章語に用いることが多い。「依存する」,「従属する」,「付着する」という意味を表す。

12) 她们在经济上依附于丈夫。
    Tāmen zài jīngjìshang yīfù yú zhàngfu.
    (彼女たちは経済面で夫に依存している)

13) 职工对企业的依附程度日益减弱。
    Zhígōng duì qǐyè de yīfù chéngdù rìyì jiǎnruò.
    (社員の企業に対しての依存度は日増しに弱まっている)

14) 婴幼儿与母亲的依附关系很密切。
    Yīngyòu'ér yǔ mǔqin de yīfù guānxi hěn mìqiè.
    (乳幼児と母親は密接な依存関係にある)

15) 这是依附在树上的植物。
    Zhè shì yīfùzài shùshang de zhíwù.
    (これは樹に寄生する植物です)

遗憾・可惜
yíhàn　kěxī

ともに形容詞として残念な気持ちを表すが，"遗憾"は力が及ばないまたはどうしようもない状況による残念，遺憾な気持ちを表す。口語でも文章語でもよく用いられる。"可惜"はもったいないという角度から惜しい気持ちを表し，口語でよく用いられる。

1) 这次没能见到你，真是太遗憾（／*可惜）了！
   Zhè cì méi néng jiàndào nǐ, zhēn shì tài yíhàn le!
   （今回お目にかかることができなくて，本当に残念です）

2) 很遗憾（／*可惜），这事我帮不了你。
   Hěn yíhàn, zhè shì wǒ bāngbuliǎo nǐ.
   （残念ながら，この件については助けてあげられません）

3) 这么精彩的节目你没看到，真遗憾（／可惜）。
   Zhème jīngcǎi de jiémù nǐ méi kàndào, zhēn yíhàn (/kěxī).
   （こんなにすばらしい番組が見られなくて，本当に残念だ）

4) 这包还能用，扔了可惜（／*遗憾）。
   Zhè bāo hái néng yòng, rēngle kěxī.
   （この鞄はまだ使えるから，捨てるのはもったいない）

5) 他才十几岁，死得太可惜（／*遗憾）了。
   Tā cái shíjǐ suì, sǐde tài kěxī le.
   （彼はまだ10代だよ。死んでしまうなんて本当に残念だ）

外交部のスポークスマンの発言でよく耳にする"对此我们深表遗憾"duì cǐ wǒmen shēn biǎo yíhàn は外交の場ではしばしば用いられる不満や抗議を訴える文言である。

また，"可惜"は主語や動詞句の前に置くことができるが，"遗憾"にはこの用法がない。

6) 昨天的晚会热闹极了，可惜（／*遗憾）你没来。
   Zuótiān de wǎnhuì rènaojí le, kěxī nǐ méi lái.
   （昨日のパーティはすごく盛り上がったよ。来られなくて残念だったね）

7) 你的意见非常好，可惜（／*遗憾）说得太晚了。
   Nǐ de yìjian fēicháng hǎo, kěxī shuōde tài wǎn le.
   （君の意見はすばらしいが，残念ながら言うのが遅すぎる）

"遗憾"は悔い，心残りの意味で名詞としても働くが，"可惜"は名詞の働きがない。

8) 由于我的过失，给女儿留下了终生的遗憾。
　　Yóuyú wǒ de guòshī, gěi nǚ'ér liúxiàle zhōngshēng de yíhàn.
　　（私の過ちで，娘に一生の悔いを残してしまった）

以来・以后
yǐlái　yǐhòu

両者は「ある時点よりあと」という意味で共通する。置き換えられる場合がある。

1) 大学毕业以来（／以后），我一直在国外生活。
　　Dàxué bìyè yǐlái (／ yǐhòu), wǒ yìzhí zài guówài shēnghuó.
　　（大学を卒業してから，私はずっと海外で暮らしている）

"以来"は過去のある時点から現在までの比較的長い時間の推移を指し，「…して以来，…（して）からこの方」，「…にわたって，ここ…の間ずっと」の意味を表す。"以后"は現在あるいはある時点を基準とし，その後の時間を指して，「以後，その後，今後」の意味を表す。

したがって，"以来"が過去にのみ用いるのに対し，"以后"は過去でも未来でも用いることができる。

2) 听说新年以后（／＊以来）消费税要上涨。
　　Tīngshuō xīnnián yǐhòu xiāofèishuì yào shàngzhǎng.
　　（お正月のあと，消費税が上がるそうだ）

3) 8月以后（／以来），他去了好几个地方旅游。
　　Bāyuè yǐhòu (／yǐlái), tā qùle hǎojǐ ge dìfang lǚyóu.
　　（8月のあと，彼はいくつかのところへ旅行に行った）

"以后"は単独でも用いるが，"以来"は単独では使えない。

4) 以后（／＊以来），我得自己照顾自己了。
　　Yǐhòu, wǒ děi zìjǐ zhàogù zìjǐ le.
　　（これからは，自分の面倒は自分で見るしかない）

また，"以后"は「…してから…する」という動作の順序を表すことができる。このような使い方は，"以来"にはない。

5) 他写完这篇文章以后（／＊以来）又改了改。
　　Tā xiěwán zhè piān wénzhāng yǐhòu yòu gǎilegǎi.
　　（彼はその文を書き終えてから，またちょっと修正した）

「時点を示す語句＋"以来"」の形で「…以来」,「…のあと」を表す時，その時点はよく「世紀」,「年」,「月」のような大きい時間単位になるが,「午前…時」,「…時」,「…時…分」のようなより具体的，正確な時点の場合は，"以来"はあまり使われず，"以后"がよく使われる。

6) 12月以来（／以后），感冒的人越来越多了。
   Shí'èr yuè yǐlái (/ yǐhòu), gǎnmào de rén yuè lái yuè duō le.
   （12月以降，風邪を引く人が増えてきた）

7) 十二点以后（／＊以来）就没电车了。
   Shí'èr diǎn yǐhòu jiù méi diànchē le.
   （十二時以降，電車はないよ）

议论・讨论・探讨
yìlùn　tǎolùn　tàntǎo

いずれも「（人や事柄について）考えや意見などを述べる」という基本的な意味をもつ。

1) 这个问题如果英文表达有困难，不妨用中文进行探讨（／讨论／议论）。
   Zhège wèntí rúguǒ Yīngwén biǎodá yǒu kùnnan, bùfáng yòng Zhōngwén jìnxíng tàntǎo (/tǎolùn/yìlùn).
   （この問題について英語で表現するのが難しいなら，中国語で検討（議論／話し合い）してもかまいません）

ある問題について考えや意見などを述べる際，重要な問題もあれば，ごく一般的な問題もあり，さらに，巷で交わされる噂話に過ぎないような話題も勿論該当する。細かいニュアンスの違いは後ほど説明するとして，簡単に区別すると，問題解決の必要性に応じて"议论"⇒"讨论"⇒"探讨"という順番に使い分け，右に行くほど問題解決の必要性が高まっていく傾向がある。

2) 隐约中，他能听到有人在低声议论某位贵族夫人曾经经历过的不幸。
   Yǐnyuē zhōng, tā néng tīngdào yǒu rén zài dīshēng yìlùn mǒu wèi guìzú fūren céngjīng jīnglìguo de búxìng.
   （ある貴婦人がかつて経験した不幸を誰かが低い声でほそぼそ取り沙汰しているのがどこからともなく聞こえてきた）

3) 在交流中，老师们积极发言，讨论得非常热烈，各自谈了他们对"学生教育"的理念和方法的理解。
   Zài jiāoliú zhōng, lǎoshīmen jījí fāyán, tǎolùnde fēicháng rèliè, gèzì tánle tāmen duì "xuéshēng jiàoyù" de lǐniàn hé fāngfǎ de lǐjiě.

(交流では，先生たちは積極的に発言し，非常に熱い討論が行われ，「学生教育」の理念と方法に対する各自の理解を語った)

4) 亚洲各国进一步探讨了扩大金融合作的可能性。
Yàzhōu gèguó jìnyíbù tàntǎole kuòdà jīnróng hézuò de kěnéngxìng.
(アジア各国はさらに金融連携拡大の可能性について検討した)

例2) はおしゃべりするような噂話のようなものである。例3) はある問題について話し合いをして討論すること。例4) は緊急性のあるテーマについて，手間ひまをかけても解決したい問題であるとわかる。
　違う角度から見ると，非正式な場面では"议论"が使われる。「人や物事の良し悪しや是非など」に関してあれやこれやと意見や考えを言うことである。

5) 附近拉三轮车的师傅还围在大门前七嘴八舌地议论着刚才发生的一切。
Fùjìn lā sānlúnchē de shīfu hái wéizài dàmén qián qī zuǐ bā shé de yìlùnzhe gāngcái fāshēng de yíqiè.
(このあたりで三輪車引きをしているおっちゃんたちはまだ玄関前で輪になって，あれやこれやと先ほど起きた出来事を議論している)

一方，"讨论"，"探讨"は基本的に正式な場面で使われ，複数の人が意見交換して議論を進めることである。

6) 双方领导人将讨论加强两国在经济、双边关系以及其他领域的合作。
Shuāngfāng lǐngdǎorén jiāng tǎolùn jiāqiáng liǎngguó zài jīngjì, shuāngbiān guānxi yǐjí qítā lǐngyù de hézuò.
(双方の指導者は両国の経済，相互関係及びその他領域での連携の強化について意見交換する予定である)

7) 我们首先要探讨的是禁忌现象与文化心理之间的关系。
Wǒmen shǒuxiān yào tàntǎo de shì jìnjì xiànxiàng yǔ wénhuà xīnlǐ zhī jiān de guānxi.
(私たちがまず検討すべきなのはタブー現象と文化心理の関係である)

"探讨"の"探"は「探し求める」という意味で，多数が参加する"讨论"と違い，個人で関心のある問題を深く掘り下げて研究するといったものを指すことができる。よって，非常に具体的なテーマについて，その実現可能性を検討したり，特定の出来事の原因を探ったりするなど，問題探求に用いられる。

8) 本文仅就中国工会之特色做一点粗浅的探讨。
Běnwén jǐn jiù Zhōngguó gōnghuì zhī tèsè zuò yìdiǎn cūqiǎn de tàntǎo.
(本論は中国労働組合の特色に関する一研究である)

"议论"には"议论文" yìlùnwén，"议论纷纷" yìlùn fēnfēn（議論百出する）などの定型表現がある。"议论文"は議論を主な表現形式とする文体，いわゆる日本の論

述文にあたる。"议论纷纷"yìlùn fēnfēn は考えがまとまらないことを表す。これらは，他の二語にはない用法である。

"讨论"は複数による意見交換ということから，最近のウェブ上ではさまざまな"讨论区"tǎolùnqū（フォーラム）が見られる。"美容讨论区"měiróng tǎolùnqū（美容フォーラム），"时政讨论区"shízhèng tǎolùnqū（時事政治フォーラム），"动漫综合讨论区"dòngmàn tǎolùnqū（アニメ総合フォーラム），"旅游讨论区"lǚyóu tǎolùnqū（旅行フォーラム）など，不特定多数の人が意見を書き込むことができる。また，議論が白熱化すると，"热门讨论"rèmén tǎolùn になる。

なお，"讨论"も"探讨"も，1つの特定の問題について見解を述べることができるので，"专题讨论"zhuāntí tǎolùn，"专题探讨"zhuāntí tàntǎo という使い方もある。

意思・意义
yìsi　　yìyì

どちらも名詞として，言葉や話・事柄などの「伝えようとする意味」を表す。

1) 这句话表达了什么意思（／意义）?
　Zhè jù huà biǎodále shénme yìsi (／yìyì)?
　（本論文はどういう意味ですか）

"意思"は，表面上の意味だけでなく，言外の「考えや意図」までを含意することが可能である。一方，"意义"は，気持ちや考えまではカバーしない。

2) 我不明白你说的意思（／＊意义）。
　Wǒ bù míngbai nǐ shuō de yìsi.
　（私には君の言っている意味がわからない）

3) 你这是什么意思（／＊意义）?
　Nǐ zhè shì shénme yìsi?
　（お前いったい，どういうつもりなんだ）

2) では，訳は「意味」でも，「考え，意図」を指す。とくに"不明白"や"不懂"を伴った場合，単純に相手の言葉の意味が理解できないことを表すだけでなく，「納得がいかない」,「受け入れがたい」気持ちを含めることができる。3) も 2) と同様，"意思"は「つもり＝考え，意図」の意味で使われ，相手に対する「不満やなじり」を伴う問いかけとなる。この意味では，"意义"は使えない。

専門用語として「言葉のもつ辞書的意味」を表すには，"词汇意义"cíhuì yìyì（語彙的意味）や"意义和用法"yìyì hé yòngfǎ（意味と用法）のように"意义"を用いる。"意义"は書面語的色彩が非常に強く，口語的である"意思"には，このような用法はない。

4) 这部词典，一般词汇之外，也收了一些常见的方言词语、方言意义（／＊意思）。
Zhè bù cídiǎn, yìbān cíhuì zhī wài, yě shōule yìxiē chángjiàn de fāngyán cíyǔ、fāngyán yìyì.
（この辞典には，一般の語彙以外に，よく使われる方言や方言的意味を収めた）

"意义"は，言葉や行動がもつ「価値や重要性」を表すことができ，「価値がある」というニュアンスを含む。"意思"には，このような意味はない。

5) 这是一部富有教育意义（／＊意思）的影片。
Zhè shì yí bù fùyǒu jiàoyù yìyì de yǐngpiàn.
（これは教育的意義に富んだ映画です）

6) 这次活动有什么意义？
Zhè cì huódòng yǒu shénme yìyì?
（この活動にはどのような意味〈重要性〉があるのですか）

6) の"意义"は"意思"への置き換えが不可能というわけではない。その場合は文意が大きく変わる。

7) 这次活动有什么意思？
Zhè cì huódòng yǒu shénme yìsi?
（この活動に，どんな意味があるっていうんだ？）

"有什么意思"は反語で，"没有什么意思"（何の意味もない）の意となる。
　なお"意义"は，主に正式な場で「価値や重要性」を表す際，"深远"、"巨大"、"伟大"、"重大"、"历史"、"国际"、"现实"などの語と組み合わせて用いられることが多い。

8) 这是一次具有伟大历史意义（／＊意思）的大会。
Zhè shì yí cì jùyǒu wěidà lìshǐ yìyì de dàhuì.
（これは偉大な歴史的意味をもつ大会である）

应该・应当・应・该
yīnggāi　yīngdāng　yīng　gāi

"应该"、"应当"は「当然…すべきだ」という意味である。話し言葉にも書き言葉にも用いる。「本分や職責上から，当然…すべきだ」の意味を強調したいときには"应该"を，「道理から言って，当然…すべきだ」と強調したいときには"应当"を用いる。しかし，その語義の違いはわずかであり，用法もまったく同じであるため，よく混用される。

1) 不用谢，这是我应该（／应当）做的。
   Búyòng xiè, zhè shì wǒ yīnggāi (/yīngdāng) zuò de.
   （どういたしまして，これは当然私がやるべきことです）

2) 犯了错误，应当（／应该）引以为戒。
   Fànle cuòwù, yīngdāng (/yīnggāi) yǐn yǐ wéi jiè.
   （誤りを犯したら，戒めとすべきだ）

"应"は語気が"应该""应当"より穏やかで，書き言葉に限られる。四字句に多く使われる。

3) 应有尽有
   yīng yǒu jìn yǒu
   （あるべきものは全部揃っている）

4) 如有错误，应即改正。
   Rú yǒu cuòwù, yīng jí gǎizhèng.
   （誤りがあれば，すぐ改めるべきだ）

"该"は"应该""应当"より口語的である。動詞であるため，後に目的語をとることができる。"是…的" shì…de 文型において，"应该""应当"は単独で「…」のところに用いることができるが，"该"は単独では使えない。

5) 下一个该你了。
   Xià yí ge gāi nǐ le.
   （次は君の番だ）

6) 我们做这些事是应该（／应当／＊该）的。
   Wǒmen zuò zhèxiē shì shì yīnggāi (/yīngdāng) de.
   （私たちはこの事をやるべきだ）

"该"は前に"又" yòu をつけることができる。この用法は"应该""应当""应"にはない。

7) 明天又该（／＊应该／＊应当／＊应）上班了。
   Míngtiān yòu gāi shàngbān le.
   （明日にはまた出勤しなければならない）

また"应该""应当""该"には次の2つの用法があるが，"应"にはない。

①単独で問いに対する答えとなる。

8) "咱们｛应该不应该／应当不应当／该不该｝帮助他？"，"｛应该／应

当／该}",
"Zánmen {yīnggāi bù yīnggāi/yīngdāng bù yīngdāng/gāibugāi} bāngzhù ta?",
"{yīnggāi/yīngdāng/gāi}"
(「我々は彼を助けるべきかね」「当然だ」)

なお"应该不应该"は"应不应该","应当不应当"は"应不应当"ともいう。

②目的語に主述句をとることができる。

9) 这次 {应该／应当／该} 他去。
　　Zhè cì {yīnggāi/yīngdāng/gāi} tā qù.
　　(今回は彼が行くべきだ)

永远 · 永久
yǒngyuǎn　yǒngjiǔ

"永远"と"永久"はともに「変わらずに」,「限りなく続く」の意味をもっている。

1) 他永久（／永远）地离开了家乡。
　　Tā yǒngjiǔ (/yǒngyuǎn) de líkāile jiāxiāng.
　　(彼は永遠に故郷を離れた)

"永久"は形容詞である。"永远"は副詞で, 名詞を修飾することができないという説明が普通だが, 副詞の"永远"は実際の用例においては"的"をともなって名詞を修飾できる。

"永远的爱" yǒngyuǎn de ài（永遠の愛）;"永远的朋友" yǒngyuǎn de péngyou（永遠の友達）;"永远的回忆" yǒngyuǎn de huíyì（永遠の思い出）;"永远的惩罚" yǒngyuǎn de chéngfá（永遠の懲罰）;"永远的一天" yǒngyuǎn de yì tiān（永遠の一日）;"永远的感动" yǒngyuǎn de gǎndòng（永遠の感動）

上のフレーズでは,"永远"を"永久"に置き換えられるが,下記の"永久"は"永远"に置き換えられない。

"永久的居住地" yǒngjiǔ de jūzhùdì（永住地）;"永久地址" yǒngjiǔ dìzhǐ（永久住所）;"永久居民身份证" yǒngjiǔ jūmín shēnfènzhèng（永久住民身分証）;"永久中立国" yǒngjiǔ zhōnglìguó（永久中立国）;"永久磁铁" yǒngjiǔ cítiě（永久磁石）;"永久疤痕" yǒngjiǔ bāhén（癒えぬ傷跡）

これらの例から,"永远"と"永久"の一つの相違点がわかる。抽象的な感情や状態などが変化なく限りなく続くことを表す時,"永远"と"永久"の両方が使えるが, 一般的には"永远"のほうが多く使われる。一方, 具体的な物事, 現実的な

持続性を指す時，"永久"は使えるが，"永远"は使えない。

2) 这次旅行给我留下了一份永远（／永久）的回忆。
   Zhè cì lǚxíng gěi wǒ liúxiàle yí fèn yǒngyuǎn (／yǒngjiǔ) de huíyì.
   （今回の旅行は私にとっていつまでも忘れられない思い出となった）

3) 数码照片可以永久（／*永远）保存。
   Shùmǎ zhàopiàn kěyǐ yǒngjiǔ bǎocún.
   （デジタル写真は永久に保存することができる）

普遍的真理や規則，また一般的に認められる考え，思想などを指す時，"永远"は使えるが，"永久"は使えない。

4) 从地球上，我们永远（／*永久）看不到月亮的背面。
   Cóng dìqiúshang, wǒmen yǒngyuǎn kànbudào yuèliang de bèimiàn.
   （地球から月の裏側は永遠に見えない）

5) 任何一个三角形的三个角加起来都永远（／*永久）是180度。
   Rènhé yí ge sānjiǎoxíng de sān ge jiǎo jiāqilai dōu yǒngyuǎn shì yì bǎi bāshí dù.
   （どんな三角形でも三つの角度を合わせれば常に180度になる）

また，動詞述語文で，"永远"は時間副詞として否定されることはなく，否定詞は常に後置され"永远不～"の形をとる。他方，形容詞の"永久"は否定詞の前置と後置，両方とも可能である。

6) 大家心里想着什么，我永远不明白。
   Dàjiā xīnli xiǎngzhe shénme, wǒ yǒngyuǎn bù míngbai.
   （皆が心の中で何を考えているのか，私には永遠の謎だ）

7) 这种材料永久不变形。
   Zhè zhǒng cáiliào yǒngjiǔ bú biànxíng.
   （この材料は永久に変形しない）

8) 家用电器不永久保修。
   Jiāyòng diànqì bù yǒngjiǔ bǎoxiū.
   （家庭用電気製品は永久的な修理保証はない）

用处・用途
yòngchù　yòngtú

いずれも名詞で，日本語の「用途」に相当する。以下の例文のように置き換えが可能である。

1) 塑料的用处（／用途）很多。
   Sùliào de yòngchù (/yòngtú) hěn duō.
   (プラスチックの用途は多い)

しかし，両者にはいくつかの使い分けがある。
　一般的に，"用处"は話し言葉に，"用途"は書き言葉に多く使われる。
　また，"用处"は人，物，事に用い，「役割，用い方，使いどころ」を表す。"用途"は物の場合に限られ，「具体的な用途，使い道，使い方」を表す。

2) 他是个毫无用处（／*用途）的人。
   Tā shì ge háo wú yòngchù de rén.
   (彼はぜんぜん役に立たない人だ)

3) 希望我的建议能对你们有些用处（／*用途）。
   Xīwàng wǒ de jiànyì néng duì nǐmen yǒuxiē yòngchù.
   (私のアドバイスが君たちに少しでも役に立てばと思っています)

4) 她无法解释那一千美元的用途（／*用处）。
   Tā wúfǎ jiěshì nà yì qiān Měiyuán de yòngtú.
   (彼女はその千ドルの使い道を説明することができなかった)

したがって，「役割が大きい」，「使い道が多い」などの意味を表す時，"用处"にはよく"多"duō，"大"dà などを使うが，"用途"にはよく"广"guǎn，"广泛"guǎnfàn（広い）を使う。

5) 电的用处（／*用途）可大了。
   Diàn de yòngchù kě dà le.
   (電気の役割は非常に大きい)

6) 计算机的用途（／*用处）极其广泛。
   Jìsuànjī de yòngtú jíqí guǎngfàn.
   (コンピューターの使い道はきわめて広い)

また，"有用处"の形で「役に立つ」，「用途がある」を表す使い方がよく見られるが，"有用途"の組み合わせはあまり見られず，多くは"有…用途"の形で，「…に役に立つ」，「…の使い道をもっている」の意を表す。

7) 据说蜂蜜对胃病治疗有用处（／*用途）。
   Jùshuō fēngmì duì wèibìng zhìliáo yǒu yòngchù.
   (蜂蜜は胃の病気の治療に役に立つそうだ)

8) 据说蜂蜜有治疗胃病的用途（／*用处）。
   Jùshuō fēngmì yǒu zhìliáo wèibìng de yòngtú.

（蜂蜜は胃病の治療に効果ありという）

他に，"用途"の前に"新"xīn，"特殊"tèshū，"典型"diǎnxíng，"指定"zhǐdìng などの連体修飾語がよく用いられる。"用处"にはこのような使い方がない。

9) 公司正在开发这种材料的新用途（／＊用处）。
Gōngsī zhèngzài kāifā zhè zhǒng cáiliào de xīn yòngtú.
（会社はこの材料の新たな使い道を開発している）

10) 这片土地不能用于建造指定用途（／＊用处）以外的建筑。
Zhè piàn tǔdì bù néng yòngyú jiànzào zhǐdìng yòngtú yǐwài de jiànzhù.
（このあたりの土地は指定用途外の建物を建てることはできない）

由于・因为
yóuyú　yīnwei

いずれも前置詞と接続詞の用法がある。"因为"は口語によく使い，"由于"は書き言葉として使うのが多い。前置詞用法は，名詞か名詞性の言葉の前に置いて前置詞句を作り，主語の前後に置いて，原因や理由を表す。後ろによく"就"，"才"，"而"などと呼応して使う。

1) 他因为（／由于）女朋友而放弃了出国工作的机会。
Tā yīnwei (／yóuyú) nǚpéngyou ér fàngqìle chūguó gōngzuò de jīhuì.
（彼は恋人のために外国で仕事をするチャンスを放棄した）

2) 我由于（／因为）工作的关系很早就离开了家乡。
Wǒ yóuyú (／yīnwei) gōngzuò de guānxi hěn zǎo jiù líkāile jiāxiāng.
（仕事の関係で私は早くから故郷を離れた）

3) 这个事故是由于（／因为）司机的大意而引起的。
Zhège shìgù shì yóuyú (／yīnwei) sījī de dàyì ér yǐnqǐ de.
（この事故は運転手の不注意によって引き起こされた）

4) 因为咱们是好朋友，我才告诉你。
Yīnwei zánmen shì hǎopéngyou, wǒ cái gàosu nǐ.
（僕たちが親友だからこそ教えるんだよ）

1），2），3）は口語としても文章語としても捉えられるので，"因为"，"由于"のどちらを使ってもよいが，4）は明らかに話し言葉なので，"由于"に置き換えると不自然になる。

そういう理由ではないと否定する場合は，その前に否定副詞"不"，"没（有）"，"未"を置く。

5) 他从不因为家事影响工作。
　　Tā cóng bù yīnwei jiāshì yǐngxiǎng gōngzuò.
　　(彼は家庭の事情で仕事に影響をきたしたことがない)

6) 孩子们没因为下雨而放弃春游。
　　Háizimen méi yīnwei xiàyǔ ér fàngqì chūnyóu.
　　(子どもたちは雨だから春のピクニックを諦めたわけではない)

7) 这家公司并未由于经济萧条而降低工资。
　　Zhè jiā gōngsī bìng wèi yóuyú jīngjì xiāotiáo ér jiàngdī gōngzī.
　　(この会社は不景気による減給をしなかった)

　接続詞用法は，後ろに動詞や形容詞が述語となる文をとって，因果関係を表す複文に用いられ，原因や理由を表す。複文の後半の先頭に，"因为"には"所以","由于"には"所以"のほかに書き言葉の"因此"や"因而"などと呼応して使われることが多い。"因为"は"因此"や"因而"との呼応表現はあまりない。
　また，後半に接続詞が省略されることもある。

8) 因为他发烧了，所以没来上课。
　　Yīnwei tā fāshāo le, suǒyǐ méi lái shàngkè.
　　(彼は熱を出したので，授業に来なかった)

9) 由于空气污染严重，因而呼吸器官病人增多。
　　Yóuyú kōngqì wūrǎn yánzhòng, yīn'ér hūxī qìguān bìngrén zēngduō.
　　(深刻な大気汚染のため，呼吸器疾患を患う人が増加した)

　"因为"は必ずしも文頭に置くとは限らず，後半に使うこともできるが，"由于"は後半には使えない。

10) 这条路不能通行，因为前面发生了交通事故。
　　Zhè tiáo lù bù néng tōngxíng, yīnwei qiánmian fāshēngle jiāotōng shìgù.
　　(この道は通行できない。この先で交通事故が起こったからだ)

11) 由于前面发生了交通事故，因此（/因而）这条路不能通行。
　　Yóuyú qiánmian fāshēngle jiāotōng shìgù, yīncǐ (/yīn'ér) zhè tiáo lù bù néng tōngxíng.
　　(この先で交通事故が起こったため，この道は通行できない)

　また，"由于…的原因"は言えるが，"因为…的原因"はあまり言わない。

友好・友谊
yǒuhǎo　yǒuyì

"友好"は，多くは形容詞として用いられ「友好的である」という意味である。

1) 友好（／＊友谊）地接待了外国客人。
   Yǒuhǎo de jiēdàile wàiguó kèrén.
   （友好的に外国の客をもてなした）

2) 他们的态度很不友好（／＊友谊）。
   Tāmen de tàidu hěn bù yǒuhǎo.
   （彼らの態度はどうも友好的でない）

"友好"は正式な場面での使用が多い。

3) 两国关系非常友好（／＊友谊）。
   Liǎngguó guānxi fēicháng yǒuhǎo.
   （両国関係はきわめて友好的である）

"友好"は名詞としては「友好関係にある人」それ自体を指す。「友人，知り合い」。
"生前友好" shēngqián yǒuhǎo （生前親交のあった人）

ただし，熟語化されたものはこの限りにあらず，形容詞として「友好的である」の意味になる。
"日中友好" Rì Zhōng yǒuhǎo （日中友好）；"友好国家" yǒuhǎo guójiā （友好国）

4) 中国国家主席即将对欧洲五国进行友好访问。
   Zhōngguó guójiā zhǔxí jíjiāng duì Ōuzhōu wǔ guó jìnxíng yǒuhǎo fǎngwèn.
   （中国国家主席はまもなく欧州五カ国親善訪問の旅に出る）

5) 大熊猫成了中国人民的友好（／友谊）使者。
   Dàxióngmāo chéngle Zhōngguó rénmín de yǒuhǎo (／yǒuyì) shǐzhě.
   （パンダは中国の親善大使となった）

"友谊"は，名詞で「友好的な関係，友情」。名詞としては，"友谊"の方が"友好"より多用される。

"深厚的友谊（／＊友好）" shēnhòu de yǒuyì （深い友情）；"建立友谊（／＊友好）" jiànlì yǒuyì （友好的な関係を構築する）；"友谊（／友好）赛" yǒuyì (／yǒuhǎo) sài （親善試合）

6) 他们的友谊（／＊友好）在迅速地增进。
   Tāmen de yǒuyì zài xùnsù de zēngjìn.

（彼らの友情は急速に深まっている）

7) 他真挚的友谊（／＊友好）使我感动。
　　Tā zhēnzhì de yǒuyì shǐ wǒ gǎndòng.
　　（彼の真摯な友情に私は感動した）

8) 为我们两国人民的友谊（／＊友好）干杯！
　　Wèi wǒmen liǎngguó rénmín de yǒuyì gānbēi!
　　（両国民の友情に乾杯！）

有点儿・一点儿
yǒudiǎnr　yīdiǎnr

ともに「ちょっと〜」、「少し〜」を表すが、そのニュアンスと語順が異なる。

「"有点儿"＋形容詞」
"有点儿"は副詞で、形容詞などの前に置く。程度が低い、あるいは話し手の考える基準から少しずれがあることを表す。多くは話し手にとって不如意なことに用いる。

1) 这件衣服我穿有点儿小。
　　Zhè jiàn yīfu wǒ chuān yǒudiǎnr xiǎo.
　　（この服は私には少し小さい）

2) 他有点儿不听别人的话。
　　Tā yǒudiǎnr bù tīng biéren de huà.
　　（彼はあまり人の言うことをきかない）

3) 我嗓子有点儿干。
　　Wǒ sǎngzi yǒudiǎnr gān.
　　（のどが少しかさかさする）

「"有点儿"＋形容詞」の後に、語気助詞"了"le がつくと、主に状態変化を表す。予想とのずれを表すこともある。

4) 这包子有点儿馊了，别吃了。
　　Zhè bāozi yǒudiǎnr sōu le, bié chī le.
　　（この肉まんはちょっと痛んでいるから、食べちゃだめだよ）

5) 最近枫叶已经有点儿红了。
　　Zuìjìn fēngyè yǐjīng yǒudiǎnr hóng le.
　　（ここ最近カエデが色づいてきた）

6) 今天来得有点儿早了。
   Jīntiān láide yǒudiǎnr zǎo le.
   (今日は少し早く来てしまったなぁ)

「形容詞＋"一点儿"」
"一点儿"は名詞（数量詞とも言われる）で，形容詞などの後に置き補語になる。それまでの状況や現状と比べ，その性質が客観的に「少し～」であることを表す。"快点儿走。"Kuài diǎnr zǒu.（少し急ごう）のように"一"はよく省略される。

7) 这个比那个好一点儿。
   Zhège bǐ nàge hǎo yìdiǎnr.
   (これはそれより少しよい)

8) 我的表快了一点儿。
   Wǒ de biǎo kuàile yìdiǎnr.
   (私の腕時計はちょっと進んでいる)

"一点儿"はまた名詞を修飾する。「"一点儿"＋名詞」

9) 这么（一）点儿钱，恐怕不够用吧。
   Zhème (yì) diǎnr qián, kǒngpà búgòu yòng ba.
   (これだけのお金じゃ，たぶん足りないんじゃないか)

また，"一点儿也（／都）不～"yìdiǎnr yě (/dōu) bù～，"一点儿也（／都）没～" yìdiǎnr yě (/dōu) méi～の形式で「少しも～ない」，「少しも～なかった」を表す。

10) 我一点儿也没有兴趣。
    Wǒ yìdiǎnr yě méiyǒu xìngqu.
    (私はまるで興味を感じなかった)

11) 他的话我一点儿都不懂。
    Tā de huà wǒ yìdiǎnr dōu bù dǒng.
    (彼の言うことは私にはちっとも理解できない)

名詞の前にある"有点儿"は，「動詞"有"＋数詞"一"＋量詞"点儿"」の"一"が省略されたものである。"有（一）本书"yǒu (yì) běn shū と構造上は同じである。

12) 碗里有点儿水。
    Wǎnli yǒu diǎnr shuǐ.
    (お碗の中に少し水が入っている)

有利・有益
yǒulì　yǒuyì

"有利"と"有益"はともに「有利である」,「利益がある」,「ためになる」という意味をもっている。この2つの言葉はよくたがいに置き換えて使われる。

1) 她从事的工作有利（／有益）于社会。
   Tā cóngshì de gōngzuò yǒulì (/yǒuyì) yú shèhuì.
   (彼女がしている仕事は社会のためになっている)

2) 我希望为老百姓做更多有益（／有利）的事。
   Wǒ xīwàng wèi lǎobǎixìng zuò gèng duō yǒuyì (/yǒulì) de shì.
   (私は皆と一緒に,人々のためにもっとたくさん良いことをしたいと願っている)

"有利"は「他より有利である,優れている」という意味をもつ。"有益"はこのような意味をもっていない。

3) 在中国园林中,最好的景点往往置于最有利（／＊有益）的地势上。
   Zài zhōngguó yuánlín zhōng, zuì hǎo de jǐngdiǎn wǎngwǎng zhìyú zuì yǒulì de dìshìshang.
   (中国の庭園では,もっとも美しい景観ポイントはだいたい一番すぐれた地勢のところに設置する)

4) 上海队和辽宁队同积28分的战绩,处于保级成功的有利（／＊有益）地位。
   Shànghǎiduì hé Liáoníngduì tóng jī èrshíbā fēn de zhànjì, chǔyú bǎo jí chénggōng de yǒulì dìwèi.
   (上海チームと遼寧チームはともに28ポイント戦績をあげており,現在のランクを保つのに有利な立場に立っている)

また"有利"は条件や都合がよいさまを表す場合も用いられる。この場合も"有益"は使われない。

5) 这种地质构造有利（／＊有益）于煤和石油等矿产资源的形成。
   Zhè zhǒng dìzhì gòuzào yǒulì yú méi hé shíyóu děng kuàngchǎn zīyuán de xíngchéng.
   (この地質構造は石炭や石油などの鉱物資源の形成に有利である)

6) 植物的这种特性有利（／＊有益）于吸收更多的太阳光进行光合作用,促使植物生长。
   Zhíwù de zhè zhǒng tèxìng yǒulì yú xīshōu gèng duō de tàiyáng guāng jìnxíng guānghé zuòyòng, cùshǐ zhíwù shēngzhǎng.
   (植物のこのような特性はさらに太陽光を吸収し,光合成を行い,植物の生長を促すことに適している)

一方"有益"は「正しい，よいことである」という意味をもつ。"有利"はこのような意味をもっていない。

7) 虚心接受别人有益（／＊有利）的批评，克服自己的弱点。
   Xūxīn jiēshòu biérén yǒuyì de pīpíng, kèfú zìjǐ de ruòdiǎn.
   (素直に他人の有益な指摘を受け入れ，自分の弱点を克服する)

8) 家长引导孩子多接触有益（／＊有利）的事物。
   Jiāzhǎng yǐndǎo háizi duō jiēchù yǒuyì de shìwù.
   (親は子供が有意義な事物を体験するように導く)

"有益"が「有意義」，「価値がある」ことを表す場合も，"有利"とは入れ替えることができない。

9) 支持日本为改善国际环境做出的有益（／＊有利）努力。
   Zhīchí Rìběn wèi gǎishàn guójì huánjìng zuòchu de yǒuyì nǔlì.
   (日本による国際環境の改善への有意義な努力を支持する)

10) 努力做一个对自己、家庭、社会有益（／＊有利）的人。
    Nǔlì zuò yí ge duì zìjǐ, jiātíng, shèhuì yǒuyì de rén.
    (自分，家庭，社会にとって価値ある人間であるよう努力する)

有名・著名
yǒumíng　zhùmíng

ともに形容詞として用いられ，名前が広く知られているという意味を表す。"有名"は"著名"に比べて，知られている程度は一般的で，良い意味にも悪い意味にも用いられる。

1) 他是个有名的学者。
   Tā shì ge yǒumíng de xuézhě.
   (彼は有名な学者だ)

2) 那支曲子老少皆知，非常有名。
   Nà zhī qǔzi lǎoshào jiē zhī, fēicháng yǒumíng.
   (その曲は老いも若きも皆知っていて，たいへん有名である)

3) 他在我们公司是有名的小气鬼。
   Tā zài wǒmen gōngsī shì yǒumíng de xiǎoqìguǐ.
   (彼はわが社ではケチで知られている)

一方"著名"は，名前が特によく知られていて，良い意味で人々に深い印象を与

えていることを表す。多く書き言葉に用いる。

4) 她是一位著名的语言学家。
Tā shì yí wèi zhùmíng de yǔyán xuéjiā.
(彼女は著名な言語学者である)

5) 广东的香蕉最为著名。
Guǎngdōng de xiāngjiāo zuì wéi zhùmíng.
(広東のバナナが一番有名だ)

愉快・快乐
yúkuài kuàilè

いずれも、「楽しい、嬉しい、愉快である」という意味を表す。

1) 在那里他过了很愉快（／快乐）的几天。
Zài nàli tā guòle hěn yúkuài (/kuàilè) de jǐ tiān.
(彼はそこでとても楽しい数日間を過ごした)

2) 那12年是我这辈子最快乐（／愉快）的时期。
Nà shí'èr nián shì wǒ zhè bèizi zuì kuàilè (/yúkuài) de shíqī.
(その12年間は私の一生の中で最も楽しい時期であった)

"快乐"は名詞的にも使えるが"愉快"にはそういった使い方はない。

3) 生活的快乐（／*愉快）就是这样被创造出来的。
Shēnghuó de kuàilè jiùshi zhèyàng bèi chuàngzàochulai de.
(生活の楽しさはこのようにつくられるのだ)

4) 我充分享受着自给自足的快乐（／*愉快）。
Wǒ chōngfèn xiǎngshòuzhe zì jǐ zì zú de kuàilè.
(私は自給自足の楽しさを十分享受している)

"愉快"は"心情"xīnqíng という語と結びつくが、"快乐"は結びつかない。

5) 方才的抑郁不知不觉地消失殆尽，他心情变得愉快（／*快乐）了。
Fāngcái de yìyù bù zhī bù jué de xiāoshī dài jìn, tā xīnqíng biànde yúkuài le.
(さっきの憂鬱は知らず知らずのうちにすっかり消えてしまい、彼は嬉しい気持ちになってきた)

6) 跟她在一起，无论做什么，心情总是非常愉快（／*快乐）。
Gēn tā zài yìqǐ, wúlùn zuò shénme, xīnqíng zǒngshi fēicháng yúkuài.

（彼女といっしょなら何をしても楽しい）

"快乐"は重ね型になるが，"愉快"はならない。

7) 我希望你每天快快乐乐的。
   Wǒ xīwàng nǐ měitiān kuàikuàilèlè de.
   （あなたが毎日楽しく過ごされることを願っています）

8) 人生短暂，我们应该快快乐乐地过好每一天。
   Rénshēng duǎnzàn, wǒmen yīnggāi kuàikuàilèlè de guòhǎo měi yì tiān.
   （人生は短い，私たちは一日一日を楽しく過ごすべきである）

お祝いの言葉を述べる時，習慣的に"快乐"のほうがよく使われる。

9) 祝新年快乐。
   Zhù xīnnián kuàilè.
   （新年おめでとう）

10) 祝圣诞快乐。
    Zhù shèngdàn kuàilè.
    （メリークリスマス）

11) 祝生日快乐。
    Zhù shēngrì kuàilè.
    （お誕生日おめでとう）

缘故・原因
yuángù　yuányīn

"缘故"は多くが口語で使われ，"缘故"の前に，その原因や理由を述べる。具体的には，"…是～的缘故"…shì ～ de yuángù や"由于（／因为）～的缘故，…" yóuyú (/yīnwei) ～ de yuángù, …といった文型が使われる。

1) 他瘦了许多，是因为工作太忙的缘故。
   Tā shòule xǔduō, shì yīnwei gōngzuò tài máng de yuángù.
   （彼がひどく瘦せたのは，あまりにも仕事が忙しいからだ）

2) 由于粗心的缘故，答错了题。
   Yóuyú cūxīn de yuángù, dácuòle tí.
   （うっかりミスで，答えを間違えた）

"原因"は，口語，書面語ともに使う。多くは"原因"の後に，その原因や理由，

発生条件を述べる。
"…（的）原因是～"。また，"…是～（的）原因"という形式もある。

3) 他不想去的真正原因是没有钱。
Tā bù xiǎng qù de zhēnzhèng yuányīn shì méiyǒu qián.
（彼が行きたくない本当の理由は，お金がないからだ）

"原因"は，"主要原因"zhǔyào yuányīn，"根本原因"gēnběn yuányīn，"原因之一"yuányīn zhī yī，"事故的原因"shìgù de yuányīn などの表現をするが，"缘故"はしない。

4) 成绩不好的根本原因是不努力。
Chéngjì bù hǎo de gēnběn yuányīn shì bù nǔlì.
（成績がふるわない根本的な原因は努力不足だ）

5) 丰收的原因之一是引进了新品种。
Fēngshōu de yuányīn zhī yī shì yǐnjìnle xīn pǐnzhǒng.
（豊作の要因の一つに，新種の導入がある）

"原因"は数量詞の修飾を受けるが，"缘故"は受けない。

6) 北京的大气污染，主要有三个原因。
Běijīng de dàqì wūrǎn, zhǔyào yǒu sān ge yuányīn.
（北京の大気汚染は，主に三点の要因がある）

"原因"は，"查"chá，"找"zhǎo，"分析"fēnxī，"说明"shuōmíng，"解析"jiěxī などの動詞の目的語になるが，"缘故"はならない。

7) 我们应该解析这些不良社会现象的产生原因。
Wǒmen yīnggāi jiěxī zhèxiē bùliáng shèhuì xiànxiàng de chǎnshēng yuányīn.
（我々はこうした悪しき社会現象を生み出してしまった要因を解析しなければならない）

"原因"を使うと，比較的硬い表現となる。重大な事物に対しても，また一般的な事物にも使うことができる。使用範囲は"原因"の方が"缘故"より広い。

愿意・想
yuànyì xiǎng

いずれも動詞で，「…したい」という共通義をもつ。"愿意"は「応じる」，「同意する」という意味を表し，「喜んで…する」，「進んで…する」，「…することを望む」というニュアンスが含まれる。一方，"想"は単なる「～したい」という意味を表し，「～応じる」，「～同意する」といった意味はない。下記の1)～3)においては，"愿

"意"と"想"のどちらでも使えるが、ニュアンスが異なる。

1) 你愿意（／想）跟他结婚吗？
   Nǐ yuànyì (/xiǎng) gēn tā jiéhūn ma?
   （あなたは彼との結婚を望みますか／彼と結婚したいですか）

2) 一些富人信仰佛教，他们愿意（／想）把财产捐给慈善机构。
   Yìxiē fùrén xìnyǎng Fójiào, tāmen yuànyì (/xiǎng) bǎ cáichǎn juāngěi císhàn jīgòu.
   （一部分の金持ちは仏教を信じ、彼らは財産を慈善組織に寄付するのを望む／寄付したい）

3) 为了公司的利益，我们愿意（／想）把这份资产转让出去。
   Wèile gōngsī de lìyì, wǒmen yuànyì (/xiǎng) bǎ zhè fèn zīchǎn zhuǎnràngchuqu.
   （会社の利益のため、我々は喜んでこの資産を譲るのを望む／譲りたい）

ところが、下記の4)の例と5)の例のような、「喜んでやる」、「応じる」、「同意する」といった意味しか表さない文脈においては、"愿意"しか使えない。

4) 为了女儿的幸福，即使再苦再累他也愿意（／＊想）。
   Wèile nǚ'ér de xìngfú, jíshǐ zài kǔ zài lèi tā yě yuànyì.
   （娘の幸せのために、どんなに苦しくてもどんなに大変でも彼は喜んでする）

5) 只要跟你在一起，去哪儿我都愿意（／＊想）。
   Zhǐyào gēn nǐ zài yìqǐ, qù nǎr wǒ dōu yuànyì.
   （あなたと一緒ならどこへでも行くわ）

一方、「…したい」、「…する予定」という希望を表す文脈では、"想"しか用いることができない。

6) 我想（／＊愿意）明年暑假去短期留学，不过还没定。
   Wǒ xiǎng míngnián shǔjià qù duǎnqī liúxué, búguò hái méi dìng.
   （私は来年の夏休み短期留学に行きたいと思っているが、ただまだ決めてはいない）

7) 我想（／＊愿意）一个人安静一会儿。
   Wǒ xiǎng yí ge rén ānjìng yíhuìr.
   （しばらく一人で静かにいたい）

また、"想"は"这样"zhèyàn, "那样"nàyàng, "这么"zhème, "那么"nàme の修飾を受けることができる。さらに、目的語を取ることができ、「懐かしむ」の意味をもつ。

8) 这样想（／＊愿意）的话，会觉得问题不那么简单。
   Zhèyàng xiǎng dehuà, huì juéde wèntí bú nàme jiǎndān.
   （こういうふうに考えると、そんな簡単な問題ではないと思えるだろう）

9) 她已经不像刚来的时候那么想（／＊愿意）家了。
   Tā yǐjīng bú xiàng gāng lái de shíhou nàme xiǎngjiā le.
   (彼女は来たころのようなホームシックはなくなった)

10) 孩子太小，会想（／＊愿意）妈妈的。
    Háizi tài xiǎo, huì xiǎng māma de.
    (子どもはまだ小さいので，きっとママのことが恋しくなるでしょう)

さらに，"想"は"想（一）想"というふうに重ねて使うことができる。また，命令文に用いることもできる。また"想好"xiǎnghǎo，"想到"xiǎngdào のように，結果補語がつけられる。こういった用法は"愿意"にはない。

11) 你再好好儿想（一）想（／＊愿意）吧。
    Nǐ zài hǎohāor xiǎng (yi) xiǎng ba.
    (もう少しよく考えてみて下さい)

12) 我已经想（／＊愿意）好怎么办了。
    Wǒ yǐjīng xiǎnghǎo zěnme bàn le.
    (どうすべきかもう考えがまとまった)

まとめると，両方とも仕手の意思を表すが，"愿意"はより心理的に受け入れることを表し，"想"は発想するほうに意味の重心が置かれる。したがって，下記の文脈では置き換えることができない。

13) 我想（／＊愿意）去买东西，你愿意跟我一起去吗？
    Wǒ xiǎng qù mǎi dōngxi, nǐ yuànyì gēn wǒ yìqǐ qù ma?
    (私は買い物に行きたいが，一緒に行きますか)

运动・活动
yùndòng　huódòng

ともに物体の位置が動くことを表す。おもな共通義としては，①運動する，②ある目的のために活動する，行動する，である。

1) 别老呆在家里，出去活动（／运动）一下吧。
   Bié lǎo dàizài jiāli, chūqu huódòng (/yùndòng) yíxià ba.
   (家でごろごろしてばかりしないで，ちょっと運動してくれば)

2) 春天我们城市都要开展植树运动（／活动）。
   Chūntiān wǒmen chéngshì dōu yào kāizhǎn zhíshù yùndòng (/huódòng).
   (春になると，私たちの町では植樹活動が行われる)

「運動」としての差異は以下の通りである。
"运动"は、その運動独自の特定の動きや技能をともなう運動を表す。名詞、動詞として、いわゆる「スポーツ（をする）」を表す。

> 3) 足球是我最喜爱的运动。
> Zúqiú shì wǒ zuì xǐ'ài de yùndòng.
> （サッカーは私の一番好きなスポーツだ）

> 4) 他常常运动，身体很好。
> Tā chángcháng yùndòng, shēntǐ hěn hǎo.
> （彼はいつも運動しているから元気だ）

"活动"は、名詞、動詞として、軽く体を動かすことを含め、特定な動きや技能を必要としない運動一般を表す。
"活动"は目的語をとれるが、"运动"はとれない。

> 5) A：你出去活动活动吧！
> Nǐ chūqu huódònghuódòng ba!
> （ちょっと出て運動していらっしゃい）
>
> B：好的。我到室外活动一下筋骨。
> Hǎo de, Wǒ dào shìwài huódòng yíxià jīngǔ.
> （わかったよ。外でちょっと体を動かしてくるよ）

心理活動や感覚は"活动"で表す。哲学上、物理学上の動きは"运动"で表す。

> 6) 这篇小说细致地描写了主人公的心理活动。
> Zhè piān xiǎoshuō xìzhì de miáoxiěle zhǔréngōng de xīnlǐ huódòng.
> （この小説は、主人公の心模様が精緻に描かれている）

> 7) 地球也在不停地运动，只是我们感觉不到活动。
> Dìqiú yě zài bùtíng de yùndòng, zhǐshì wǒmen gǎnjuébudào huódòng.
> （地球も常に動いている、ただ私たちが感じていないだけだ）

学生運動などと言う時の「行動」としては、両者とも、ある目的をもち行動する意味がある。
"运动"は、組織化された大規模な政治、文化、生産などの活動に使われる。多くは書面語として、正式な場面や硬い表現で使われることが多い。

"技术革新运动" jìshù géxīn yùndòng（技術革新運動）；"天体运动" tiāntǐ yùndòng（天体活動）；"政治运动" zhèngzhì yùndòng（政治運動）

8) 五四运动是中国现代史上一次重要的爱国学生运动。
   Wǔ Sì yùndòng shì Zhōngguó xiàndàishǐshang yí cì zhòngyào de àiguó xuésheng yùndòng.
   （五四運動は中国の現代史上，重要な愛国的学生運動である）

"活动"は，組織化されているか否かや規模の大小に関わらず，ある目的を達成するためにとる活動や奔走を表す。動きまわる，賄賂を贈ったり，コネを使ったりする意味ももつ。口語で使うことが多い。

9) 为了换工作，他上上下下活动着好几个月呢。
   Wèile huàn gōngzuò, tā shàngshàngxiàxià huódòngzhe hǎojǐ ge yuè ne.
   （仕事を替えたくて，この数カ月というもの，彼は上に下にと〈コネを使い〉働きかけをしている）

10) 这事到领导那儿活动一下也没准儿能行呢。
    Zhè shì dào lǐngdǎo nàr huódòng yíxià yě méizhǔnr néng xíng ne.
    （このことは，上司に働きかけてみたら〈賄賂を贈れば〉，うまくいくかもしれない）

"活动"は，形容詞として，「揺れ動く，ぐらつく，固定的でない」という意味もある。"活动床" huódòngchuáng（折りたたみ式ベッド），"活动铅笔" huódòng qiānbǐ（シャープペンシル），"活动房屋" huódòng fángwū（プレハブ住宅）など。

11) 年纪大了，牙齿开始活动起来了。
    Niánjì dà le, yáchǐ kāishǐ huódòngqilai le.
    （歳をとり，歯がぐらつき始めた）

12) 这桌腿有些活动了。
    Zhè zhuōtuǐ yǒuxiē huódòng le.
    （このテーブルはガタついている）

Z 栽・种・植
zāi　zhòng　zhí

いずれも「植える」という共通義がある。
"栽"は，動詞として，苗や木や花を植える，移植する意味がある。「植えつける」ことに意味がある。

1) 把树苗栽（／种／＊植）在院子里。
   Bǎ shùmiáo zāi (/zhòng) zài yuànzili.
   （木の苗を庭に植えた）

2) 这棵树就是热带植物，我担心栽（／种／＊植）不活。
Zhè kē shù jiù shì rèdài zhíwù, wǒ dānxīn zāi (/zhòng) buhuó.
（この木は熱帯植物だから，根付くか心配だ）

"栽子" zāizi（苗，幼苗），"桃栽" táozāi（桃の苗木）など名詞を構成する成分としても使う。

次は"种"だが，こちらは，種を植えるという原義から，苗，草木を植え栽培する，木を植え育てるなど"栽"より広義である。
"种" zhòng（種をまく。苗を植える。花や木を植える。栽培する。）
"种麦子" zhòng màizi（麦を蒔く）；"种玉米" zhòng yùmǐ（トウモロコシを育てる）

3) 在院子里种（栽／＊植）上了绣球花。
Zài yuànzili zhòng (/zāi) shangle xiùqiúhuā.
（庭にアジサイを植えた）

4) 种瓜得瓜，种豆得豆。
Zhòng guā dé guā, zhòng dòu dé dòu.
（瓜を植えれば瓜が生る，豆を植えれば豆が生る。行いに応じた結果が出る。因果応報）

5) 南方种（＊栽／＊植）两季。
Nánfāng zhòng liǎng jì.
（南方では年二回作付けをする）

植えるだけでなく，「田畑を耕作する」という意味もある。"种田" zhòngtián，"种地" zhòngdì（田畑を耕作する。百姓をする）

6) 我爸爸是种庄稼的。
Wǒ bàba shì zhòng zhuāngjia de.
（私の父は百姓だ）

名詞だと声調が変わり，第三声となる。"种子选手" zhǒngzi xuǎnshǒu（シード選手。見込みのある選手）；"种族" zhǒngzú（人種）；"种类" zhǒnglèi（種類）

最後は"植"だが，"植"は，熟語を形成する成分として使われることが多く，単独の動詞としての機能はほとんどない。
"培植" péizhí（栽培する）；"野生植物" yěshēng zhíwù（野生植物）；"植树节" zhíshùjié（植樹デー／3月12日）；"种植业" zhòngzhíyè（栽培業）

"植"は，"活体多米诺肝移植" huótǐ duōmǐnuò gān yízhí（生体肝移植），"骨髓移植" gǔsuǐ yízhí（骨髄移植）のように，医学用語でも使う。

「植える」，「移植する」という基本義のほか，「人材などの育成」という意味もある。

"培植" péizhí（人材などを育成する）。

その時の目的語は，良いものでも悪いものでも良い。

"培植（／栽培）后备力量" péizhí (／zāipéi) hòubèi lìliang（予備軍を育成する）；"培植（／栽培）私人势力" péizhí (／zāipéi) sīrén shìlì（個人的な勢力を築く）

再・又・还
zài yòu hái

動作の状態や重複を表す「また」に相当する表現を，三つの副詞で比べてみる。（三つの副詞は，多機能であり，「また～」以外の働きについては，詳しくは辞書に当たられたい。）

"再"：これから実現すると想定されることに用いる。
"又"：すでに実現したことに用いる。
"还"：動作や状態が持続している。継続性がポイント。心理上の継続も表す。

一度目の動作があり，それをもう一度繰り返す時には"再"がふさわしい。

1) 我希望你以后再来。
   Wǒ xīwàng nǐ yǐhòu zài lái.
   （また来てくださるよう希望します）

"再"は否定詞が前にも後ろにも来る。否定詞が後ろにあるほうが，若干語気が強くなる。二度と…ない。もう…ない。

2) 看了一次，再不（／不再）看了。
   Kànle yí cì, zài bú (／bú zài) kàn le.
   （一度読んだ，もう二度と読まない）

命令文では"再"を使う。

3) 你再跳一回吧！
   Nǐ zài tiào yì huí ba!
   （もう一回飛びなさい）

動量補語や動詞の重ね型があるときは"再"を使う。

4) 这件事我再考虑考虑，明天答复他们。
   Zhè jiàn shì wǒ zài kǎolùkǎolù, míngtiān dáfu tāmen.
   （この件はもう少し考えてみてから，明日彼らに回答する）

すでに起こったことについての動作，状態の重複は"又"になる。

5) 失敗了以后，又试了一次。
   Shībàile yǐhòu, yòu shìle yí cì.
   (失敗した後，またやってみた)

すでに実現したことでも，従属節に現れる場合には，"又"より"再"が多く使われる。

6) 后来再去时，他已经不在了。
   Hòulái zài qù shí, tā yǐjīng bú zài le.
   (あとでまた行ったら，彼はもういなかった)

周期的に発生する事柄や，確実に実現する事柄には"又"を使う。

7) 春天到了，学校又该去春游了。
   Chūntiān dào le, xuéxiào yòu gāi qù chūnyóu le.
   (春になった，学校はまた春の遠足をやるだろう)

書面語で繰り返しを強調する時は，すでに実現したことでも"再"となる。

8) 关于这件事，校长向父母再一次说明了理由。
   Guānyú zhè jiàn shì, xiàozhǎng xiàng fùmǔ zài yí cì shuōmíngle lǐyóu.
   (その件に関しては，校長が保護者に再度説明した)

動作や状態の継続は"还"で表す。
「今日も来たが明日もまた来る」時には，

9) 我明天还来。
   Wǒ míngtiān hái lái.
   (また明日来ます)

"来"という動作自体は継続していないが，話者の心理上，今日から明日へと一本の線がつながっている。"还"はこうした心理上の継続を表現する。
「また」→ 継続 →「まだ」

10) 他还没回来吗?
    Tā hái méi huílai ma?
    (彼はまだ戻っていませんか？)

疑問文では"还"を使う（反語文を除く）。

11) 你怎么还（／*再）看呢?
    Nǐ zěnme hái kàn ne?

711

（なぜまだ見ているのですか？）

"再"と"还"は共起することがある。
「"还"＋助動詞＋"再"＋動詞」

12) -1 你还可以再说两三句。
  Nǐ hái kěyǐ zài shuō liǎng sān jù.
  （もう少しお話しされてもいいですよ）

ちなみに，助動詞との語順は"还"は後ろに助動詞，"再"は前に助動詞。

12) -2 你还可以说两三句。
  Nǐ hái kěyǐ shuō liǎng sān jù.
  （同上）

 -3 你可以再说两三句。
  Nǐ kěyǐ zài shuō liǎng sān jù.
  （同上）

在意・介意
zàiyì   jièyì

ともに「気にする」の意味があり，両方とも"不在意"，"不介意"のように否定の形式で用いることができる。

1) 对他说的那句话你别太在意（／介意）。
  Duì tā shuō de nà jù huà nǐ bié tài zàiyì (／jièyì).
  （彼の言ったことはあまり気にしないで）

2) 不管别人怎么说，我都不会介意（／在意）的。
  Bùguǎn biérén zěnme shuō, wǒ dōu bú huì jièyì (／zàiyì) de.
  （他人が何と言おうと，私は気にしない）

しかしこの2つはたがいに置き換えられない場合が多い。
"在意"は「大切に思う」，「重要視する」という意味がある。

3) 他很在意（／＊介意）自己的外表。
  Tā hěn zàiyì zìjǐ de wàibiǎo.
  （彼は自分の外見をとても気にしている）

4) 你们都已经分手了，可你还那么在意（／＊介意）他呀。
  Nǐmen dōu yǐjīng fēnshǒu le, kě nǐ hái nàme zàiyì tā ya.

(あなたたちはもう別れたのに,まだそんなに彼のことを気にかけるのね)

5) 我觉得他很在意（／＊介意）你。
　　Wǒ juéde tā hěn zàiyì nǐ.
　　(彼はあなたをとても大切に思っていると思う)

上記3),4),5)では,「大切に思っている」という意味であり,"在意"しか使えない。"不在意","满不在意"は,当然「大切に思っていない」という意味を表す。

6) 他从来不在意（／＊介意）我的喜怒哀乐。
　　Tā cónglái bú zàiyì wǒ de xǐ nù āi lè.
　　(彼は私の気持ちを全然何とも思っていない)

7) 老师在批评他，可他却一副满不在意（／＊介意）的样子。
　　Lǎoshī zài pīpíng tā, kě tā què yí fù mǎn bú zàiyì de yàngzi.
　　(先生は彼のことを叱っているのに,彼はまったく気にしない素振りだ)

一方,下記のような場合では"介意"しか使えない。"介意"を用いる場合は,プライバシーやメンツ,プライドなどに関わるような個人的な領域があることを暗示する。たとえば,下記の8)と9)のように,前置きの言葉として用いる場合では,その個人的な領域に入ろうとする時の予告になる。つまり,「個人的な領域に入られる」相手に心理的な準備を与えることになる。

8) 如果您不介意（／＊在意）的话，我想问您一件私事。
　　Rúguǒ nín bú jièyì dehuà, wǒ xiǎng wèn nín yí jiàn sīshì.
　　(差し支えがなければ,個人的なことをお聞きしたいのですが)

9) 如果你不介意（／＊在意）二手车的话，我可以把我的车给你。
　　Rúguǒ nǐ bú jièyì èrshǒuchē dehuà, wó kěyǐ bǎ wǒ de chē gěi nǐ.
　　(もし中古車でもよければ,私の車をあげてもいいよ)

「本来入ってはいけないような個人的な領域に入る」ということは望ましくないことなので,10),11)のような好ましくないことや,不愉快なことを指す場合では"介意"を用いる。

10) 她很介意谈个人家庭问题，还是不要问她了。
　　Tā hěn jièyì tán gèrén jiātíng wèntí, háishi búyào wèn tā le.
　　(彼女は家庭のことを聞かれるのを嫌がるので,やっぱり聞かないほうがいい)

11) 他在心里一直对他女友的过去很介意。
　　Tā zài xīnli yìzhí duì tā nǚpéngyou de guòqù hěn jièyì.
　　(彼は心の中ではずっと恋人の過去を気にしている)

このように,"在意"と"介意"のもっとも大きな違いは,プラスの意味を指す

場合とマイナスの意味を指す場合とにある。話し手の主観において，それぞれ「良いことを気にする」，「悪いことを気にする」という意味であり，肯定文の場合は置き換えにくい。しかし，否定文の場合では，「悪いこと」なのか「良いこと」なのかという意味がはっきりと文脈に示されていなければ，例1)，2)のように"在意"と"介意"とをたがいに置き換えることができる。例1)の「彼の言ったことは気にしないで」ということは，「彼の言ったことを大切に思わなくてもいい」または「彼の言ったことを（悪いこととして）意に介する必要はない」と，両方読み取れる。

遭・受
zāo shòu

ともに「(…を)受ける」，「(…に)あう」，「…される」の意味を表すが，目的語の性質が異なる。

"遭"の目的語は，突発的かつ意外性をもった出来事や，不利益を受けるマイナス評価の名詞（句）に限られる。

"遭天灾"zāo tiānzāi（天災を被る）；"遭火灾"zāo huǒzāi（火災に見舞われる）；"遭不幸"zāo bùxìng（不幸に見舞われる）；"遭毒手"zāo dúshǒu（毒手にかかる）

1) 邀请竟遭到拒绝。
   Yāoqǐng jìng zāodào jùjué.
   （招待は拒絶された）

2) 那位记者惨遭杀害。
   Nà wèi jìzhě cǎnzāo shāhài.
   （その記者は無残にも殺害されてしまった）

3) 他遭敌人毒手，含怨而死。
   Tā zāo dírén dúshǒu, hányuān ér sǐ.
   （彼は敵の手にかかり，無念の最期を遂げた）

"受"の目的語は"批评"pīpíng，"损失"sǔnshī，"打击"dǎjī など被害や不利益を表す語のほか，プラス評価の動詞（句），たとえば"欢迎"huānyíng，"鼓舞"gǔwǔ，"感动"gǎndòng，"启发"qǐfā などもとることができる。

4) 他受老师的批评，已经习惯了。
   Tā shòu lǎoshī de pīpíng, yǐjīng xíguàn le.
   （彼は先生に叱られるのが，もうすっかり慣れっこになっている）

5) 他受过表扬。
   Tā shòuguo biǎoyáng.
   （彼は表彰されたことがある）

"受"はまた，主述句を目的語にとることができる。

6) 这本书很受大家欢迎。
   Zhè běn shū hěn shòu dàjiā huānyíng.
   (この本は人々にたいへん人気がある)

目的語の他にも二点，両者の特徴を挙げる。
"遭"は兼語文を作ることがある。

7) 他遭坏人陷害了。
   Tā zāo huàirén xiànhài le.
   (彼は悪者に陥れられた)

8) 我遭人家白眼。
   Wǒ zāo rénjia báiyǎn.
   (私は皆から白い目で見られている)

"受"は，"很"hěn，"深"shēn，"大"dà などの修飾を受けることがある。

9) 他在单位里很受重视。
   Tā zài dānwèili hěn shòu zhòngshì.
   (彼は職場でとても重く見られている)

10) 他深受大家的敬爱。
    Tā shēn shòu dàjiā de jìng'ài.
    (彼は皆から深く敬愛されている)

早上・早晨・上午
zǎoshang　zǎochen　shàngwǔ

"早上"，"早晨"は日本語の「朝」，"上午"は「午前」に相当する。
また，一般に，"早上"は話し言葉に，"早晨"は話し言葉と書き言葉に用いる。

1) 早上（／上午／＊早晨）好!
   Zǎoshang (／shàngwǔ) hǎo!
   (おはよう)

2) 农民早上（／早晨）起得很早。
   Nóngmín zǎoshang (／zǎochen) qǐde hěn zǎo.
   (農民は朝起きるのが早い)

3) 我上午（／＊早上／＊早晨）在家。
   Wǒ shàngwǔ zài jiā.
   （私は午前中家にいる）

4) 这条街的早晨（／＊早上）十分喧闹。
   Zhè tiáo jiē de zǎochen shífēn xuānnào.
   （この町の朝はとても賑やかだ）

5) 哈尔滨冬日的早晨（／＊早上）最低气温达到零下三十度。
   Hā'ěrbīn dōngrì de zǎochen zuìdī qìwēn dádào língxià sānshí dù.
   （ハルビンの冬の朝は零下30度になる）

　日常生活の中国語では，8，9時頃を境に下記のように使い分けている。
　"早上"，"早晨"ともに夜明けから8，9時頃までをさす。
　"上午"は，午前8，9時頃から正午までをさす。（ただし，公式時間では午前0時から正午までの12時間をさす。）
　したがって，日本語では，「朝10時」とも「午前10時」と言えるし，「朝6時」，「午前6時」とも言えるが，中国語では注意が必要である。

6) 他每天早上（／早晨／＊上午）六点起床。
   Tā měitiān zǎoshang (/zǎochen) liù diǎn qǐ chuáng.
   （彼は毎日朝6時に起きる）

7) 她每天早上（／早晨／＊上午）七点去上班。
   Tā měitiān zǎoshang (/zǎochen) qī diǎn qù shàngbān.
   （彼女は毎日朝7時に出勤する）

8) 小张上午（／＊早上／＊早晨）十点到大阪了。
   Xiǎo Zhāng shàngwǔ shí diǎn dào Dàbǎn le.
   （張さんは午前10時に大阪に着いた）

9) 小李上午（／＊早上／＊早晨）十一点去玩儿了。
   Xiǎo Lǐ shàngwǔ shíyī diǎn qù wánr le.
   （李さんは午前11時に遊びに行った）

怎么・为什么
zěnme　wèi shénme

　"为什么"は原因，理由を尋ねる疑問詞であり，"怎么"も原因，理由を尋ねる意味をもっているので，言い換えてもいい場合もある。

1) 你为什么（／怎么）不换一个方法试一试?
   Nǐ wèi shénme (/zěnme) bú huàn yí ge fāngfǎ shìyishì?
   （どうしてやり方を変えて試してみないのか）

2) 你怎么（／为什么）又迟到了?
   Nǐ zěnme (/wèi shénme) yòu chídào le?
   （どうしてまた遅刻したの）

しかし，意味あいにはやはり違いがある。まず，意味における両者の相違点を考えてみよう。
"怎么"は現状が質問者の認識と異なっており，このような現状があるべきではないという疑問をもって，原因を問うものである。聞き手の答えを求めるだけではなく，自問で終わる場合や，反語の場合もある。

3) 才五月，天怎么（／*为什么）就这么热了?
   Cái wǔyuè, tiān zěnme jiù zhème rè le?
   （まだ五月なのに，なぜこんなに熱いのか）

4) 时间过得怎么（／*为什么）这么快呀?
   Shíjiān guòde zěnme zhème kuài ya?
   （時間の経つのはなぜこんなに早いのか）

5) 我天天在你身边，你干的那些事，我怎么（／*为什么）会不知道?
   Wǒ tiāntiān zài nǐ shēnbiān, nǐ gàn de nàxiē shì, wǒ zěnme huì bù zhīdao?
   （私は毎日あなたの側にいるのだから，あなたがやったそれらのことを知らないわけがあろうか）

自問で終わる場合や反語の場合は質問者は自分の認識と異なっている現状にいぶかりや反撥を示すだけで，答えを求めているわけではない。"为什么"にはこのような使い方はない。
"为什么"は現状が質問者の認識と異なっていなくてもよく，単に原因を知るために尋ねて，必ず答えを求める。

6) 飞机为什么（／*怎么）会飞?
   Fēijī wèi shénme huì fēi?
   （なぜ飛行機は飛べるのだろうか）

7) 2月为什么（／*怎么）只有28天?
   Èryuè wèi shénme zhǐ yǒu èrshíbā tiān?
   （2月にはなぜ28日しかないのですか?）

6），7）のような客観的事象の理由を求める質問は，現状に対する質問者の認識とは関係がなく，単に原因を追求するだけで，"怎么"に言い換えることができない。

"怎么"と"为什么"との根本的な違いは、現状が質問者の認識と異なっているという前提があるかどうかにある。そのため、両方とも用いることができる場合でもニュアンスが違う。冒頭の1)，2)は"怎么"を用いると、質問者から見るとやり方を変えるべきだし、遅刻すべきでないのに、相手がそうしないから質問をしていることになる。"为什么"を用いた場合は、単にその原因を知りたいだけである。

　また、"怎么"と"为什么"の相違はセンテンスの情報伝達にも表れている。あることの原因を尋ねる場合、まずある事態が存在していることが前提である。この存在している事態（命題と言ってもよい）は、話し手は当然知っているが、聞き手は知っている場合もあれば、知らない場合もある。"为什么"を用いるときは、この事態を聞き手も知っていることが必要である。たとえば、先生が生徒に"2月为什么只有28天?"と質問するとき、"2月只有28天"ということは生徒も知っている。一方、"怎么"を用いるときは、聞き手がその事態を知らなくてもいい。たとえば、8)では「あそこで火が出ていること」は聞き手にとっては初耳である。この場合、"怎么"を"为什么"に言い換えることはできない。

8) 你看，那儿怎么（／＊为什么）着火了？
　　Nǐ kàn, nàr zěnme zháohuǒ le?
　　（見て、なぜあそこで火が出ているの）

怎么・怎么样・怎样
zěnme　zěnmeyàng　zěnyàng

　いずれも疑問文、平叙文の中で、方法、状況、性質を表す疑問代詞。"怎样"は書き言葉に多く使い、"怎么样"，"怎么"は書き言葉にも話し言葉にも用いる。

方法：どうやって…

1) 到王府井，我该怎么（／怎么样／怎样）走？
　　Dào Wángfǔjǐng, wǒ gāi zěnme (/zěnmeyàng /zěnyàng) zǒu?
　　（王府井にはどう行きますか？）

状況：どのように…

2) 他怎么（／怎么样／怎样）问，你就怎么（／怎么样／怎样）回答。
　　Tā zěnme (/zěnmeyàng /zěnyàng) wèn, nǐ jiù zěnme (/zěnmeyàng /zěnyàng) huídá.
　　（あなたは、彼が聞いた通りに答えなさい）

性質：どんな…

3) 你们都说那个学生很出色，她到底怎么（／怎么样／怎样）出色呢？
Nǐmen dōu shuō nàge xuésheng hěn chūsè, tā dàodǐ zěnme (/zěnmeyàng /zěnyàng) chūsè ne?
（あなた達は皆，口を揃えてあの学生を褒めますが，彼女はどのように素晴らしいのですか？）

上述の三例に見る通り，三者には互換性がある。だが，使い分けには制限がある。

新情報と旧情報：
「"怎么"＋"了"／"啦"」は未知情報に関する問いを表す。原因や理由を尋ね，新たな事態（新情報）に接していぶかる話し手の気持ちも表す。

4) 别哭，慢慢说，你到底怎么了？
Bié kū, mànmān shuō, nǐ dàodǐ zěnme le?
（泣かないで，ゆっくり話してごらんなさい，いったいどうしたの？）

「"怎么样"／"怎样"＋"了"／"啦"」は既知情報に関し，もう一歩踏み込んだ内容への問いとなる。

5) 他的病最近怎么样（／怎样）了（／啦）？
Tā de bìng zuìjìn zěnmeyàng (/zěnyàng) le (/la)?
（彼の病気は最近どうですか？）

連用修飾語として："怎么"は連用修飾語となり原因を問う。"为什么" wèi shénme に等しい。"怎么样"，"怎样" にはその働きはない。

6) 这么重要的会，他怎么（／*怎么样／*怎样）没参加？
Zhème zhōngyào de huì, tā zěnme méi cānjiā?
（こんな重要な会になぜ彼は参加しなかったのか）

「"怎么"＋動作動詞」は方法を問う。さらに文末に"了"で，原因，理由を問う。

7) 你怎么吃？
Nǐ zěnme chī?
（どうやって食べるの）（方法）

你怎么吃了？
Nǐ zěnme chī le?
（どうして食べちゃったの）（理由）

連体修飾語として："怎么样"，"怎样"は名詞を修飾し連体修飾語を作る。"怎么"が連体修飾語を作ることはほぼない。だが，例外的に"事" shì とは結びつく。

8) 新来的科长是一个怎么样（／怎样）的人?
   Xīn lái de kèzhǎng shì yí ge zěnmeyàng (/zěnyàng) de rén?
   （新しく来た課長はどんな人ですか？）

9) 我也弄不清是怎么一回事呀?
   Wǒ yě nòngbuqīng shì zěnme yì huí shì ya?
   （私にも良く分からない，どういうこと？）

目的語として，補語として："怎么样"，"怎样" は目的語や補語になる。

10) 你们打算怎么样（／怎样）?
    Nǐmen dǎsuan zěnmeyàng (/zěnyàng)?
    （君たちはどうするつもりですか）（目的語）

11) 他英语说得怎么样（／怎样）?
    Tā Yīngyǔ shuōde zěnmeyàng (/zěnyàng)?
    （彼の英語はどうですか）（補語）

否定詞との関係："不怎么样" は "不好" bù hǎo に等しい。"不／没怎么" は "不太" bú tài に等しく，程度の低いことを表す。"不怎样" という表現はない。

12) 你买的这个不怎么样。
    Nǐ mǎi de zhège bù zěnmeyàng.
    （君が買ったこれはたいしたことないよ）

13) 外面不怎么（／＊不怎么样）冷。
    Wàimiàn bù zěnme lěng.
    （外はそれほど寒くない）

14) 上个学期他没怎么（／＊没怎么样）上课。
    Shàng ge xuéqī tā méi zěnme shàngkè.
    （前期，彼はあまり出席していなかった）

独立句："怎么样" と "怎么" は独立句を成し，単独で使える。"怎样" は独立句にはならない。"怎么样" が主節の前にくると問いただしを表し，主節の後だと，意見を求める。"怎么" は主節の前だと，意外性，驚き，不審などを表す。後ろに位置することはない。

15) 怎么样，我说的没错吧?
    Zěnmeyàng, wǒ shuō de méi cuò ba?
    （どうです？私は間違ってないでしょう？）

16) 怎么，这事你还不知道呀?
    Zěnme, zhè shì nǐ hái bù zhīdao ya?

(はぁ？このこと，まだ知らなかったの？)

17) 我们要今天去，怎么样？
　　Wǒmen yào jīntiān qù, zěnmeyàng?
　　(私たちは今日行くつもりですが，いかがでしょう？)

怎么样・什么样
zěnmeyàng　shénmeyàng

　二つとも，名詞の前に置かれて連体修飾語を作ることができる。その場合，後の名詞が表す人やものの性質，または様子について尋ねている。

1) 你们老板到底是什么样（／怎么样）的人？
　　Nǐmen lǎobǎn dàodǐ shì shénmeyàng (／zěnmeyàng) de rén?
　　(あなたの会社の社長はつまるところどのような／どういった人ですか)

　どちらも述語になれるが，次のように，Aの質問に対して，それぞれB1とB2のように回答で違いがみられる。

2) A：哎，你的新家什么样啊？
　　　Āi, nǐ de xīnjiā shénmeyàng a?
　　　(ねえ，あなたの新居はどんな感じ)

　　B1：两个卧室、一个客厅、一个卫生间、一个厨房。卧室朝阳，客厅挺大的。
　　　Liǎng ge wòshì, yí ge kètīng, yí ge wèishēngjiān, yí ge chúfáng. Wòshì cháo yáng, kètīng tǐng dà de.
　　　(寝室二つ，応接間一つ，バスルーム一つにキッチンが一つ。寝室は南向きで，応接間も結構広いです)

　＊B2：我挺满意的。
　　　Wǒ tǐng mǎnyì de.
　　　(わたしはけっこう気に入っていますよ)

　2) Aの"什么样"に対する答えは，「家」の具体的な様子について述べたB1が自然で，話者の評価を述べたB2は答えとして不自然である。

3) A：哎，你的新家怎么样啊？
　　　Āi, nǐ de xīnjiā zěnmeyàng a?
　　　(ねえ，あなたの新居はどう)

　＊B1：两个卧室、一个客厅、一个卫生间、一个厨房。卧室朝阳，客

厅挺大的。

B2：我挺满意的。

3) Aの"怎么样"に対する答えはB2が自然で，B1は不自然である。したがって，4) と5) のように，相手の意向や相手の何かに対する評価，感想を尋ねる場合，"怎么样"を用いる。

4) A：明天怎么样（／＊什么样）？
    Míngtiān zěnmeyàng?
    （明日はいかがですか）

   B：明天我有空儿。
    Míngtiān wǒ yǒu kòngr.
    （明日は時間がありますよ）

5) A：这本小说怎么样（／＊什么样）？
    Zhè běn xiǎoshuō zěnmeyàng?
    （この小説はどうですか）

   B：挺有意思的。
    Tǐng yǒu yìsi de.
    （なかなか面白いですよ）

また"怎么样"は，動詞の前に置き，動作や行為の方式について尋ねる場合に用いることができる。

6) 上海大闸蟹应该怎么样（／＊什么样）吃？
    Shànghǎi dàzháxiè yīnggāi zěnmeyàng chī?
    （上海ガニはどのように食べますか）

そして"怎么样"は，動詞の後に置き，動作や行為の具体的状況や状態について尋ねる場合にも用いることができる。

7) 那件事进行得怎么样（／＊什么样）了？
    Nà jiàn shì jìnxíngde zěnmeyàng le?
    （あの件の進み具合はどうですか）

さらに"怎么样"は，単独で文をなすことができ，発話の最初に現れることができる。

8) 怎么样（／＊什么样）？最近工作还挺顺利吧？
    Zěnmeyàng? Zuìjìn gōngzuò hái tǐng shùnlì ba?

(どうですか？最近仕事のほうはけっこう順調でしょう)

9) 怎么样（／＊什么样）? 我像个歌手吧?
   Zěnmeyàng? Wǒ xiàng ge gēshǒu ba?
   (どう？わたし歌手みたいでしょう)

增加 · 增长 · 增添
zēngjiā　zēngzhǎng　zēngtiān

いずれも「もともとある上にさらに量が増えるまたは量を増やす」という意味をもっている。しかし,"食欲增加"（食欲が増える),"增长知识"（知識が増える),"增添力量"（力が増える）という言い方があっても,"知识增加","增长食欲","增添工资"とは言わない。やはり同じようには使えない部分がある。

"增加"は量を増やす意味であり，その後ろにパーセント，倍数，一般の数量表現など具体的な数量目的語をとることが可能である。抽象的事物にも用いる。増加する。増える。

1) 听说明年要给我们增加（／＊增长／＊增添）工资。
   Tīngshuō míngnián yào gěi wǒmen zēngjiā gōngzī.
   (聞くところによると，来年給料を増やしてくれるそうだ)

2) 学校留学生的人数增加（／＊增长／＊增添）到了三千多。
   Xuéxiào liúxuéshēng de rénshù zēngjiādàole sān qiān duō.
   (学校の留学生の人数が三千名以上に増えた)

3) 不要再给他增加（／＊增长／增添）负担了。
   Búyào zài gěi tā zēngjiā (/zēngtiān) fùdān le.
   (これ以上彼に負担を増やしてはいけない)

"增长"は「物事が内部において発展，増殖し，高まる」という意味を表す。「量が増える」ことを表す場合，後ろにパーセントや倍数のような数量目的語をとることができる。抽象的事物にも用いる。増加する。高まる。増大する。

4) 这个月的产量比上个月增长（／增加／＊增添）了20%。
   Zhège yuè de chǎnliàng bǐ shànggeyuè zēngzhǎng (/zēngjiā) le bǎi fēn zhī èrshí.
   (今月の生産高は先月に比べ20%増えた)

5) 在工作实践中增长（／＊增加／＊增添）才干。
   Zài gōngzuò shíjiàn zhōng zēngzhǎng cáigàn.
   (仕事をこなしていくうちに才能を伸ばす)

6) 这次出国考察增长（／＊增加／＊增添）了见识，开阔了眼界。
   Zhè cì chūguó kǎochá zēngzhǎngle jiànshi, kāikuòle yǎnjiè.
   （今回の海外視察では見識を高め，視野を広めた）

一方，"增添"は「もともとある上に，他の新しい要素，人員，事物などを加える」ことを表す。増やす。加える。添える。

7) 实验室又增添（／＊增加／＊增长）了好多新仪器。
   Shíyànshì yòu zēngtiānle hǎo duō xīn yíqì.
   （実験室ではまた多くの新しい器具を増やした）

8) 你这样做会给父母增添（／增加／＊增长）很多烦恼。
   Nǐ zhèyàng zuò huì gěi fùmǔ zēngtiān (/zēngjiā) hěn duō fánnǎo.
   （あなたのこうした行動は両親に悩みの種を増やすことになるだろう）

9) 这么一布置，增添（／增加／＊增长）了不少节日的气氛。
   Zhème yí bùzhì, zēngtiān (/zēngjiā) le bùshǎo jiérì de qìfen.
   （このように飾りつけたら，祝日の雰囲気が高まった）

"增加"，"增长"，"增添"はいずれも抽象的事物に用いられるが，それぞれ以下の目的語とセットで使われる傾向がある。

【增加】"信心" xìnxīn；"勇气" yǒngqì；"力量" lìliang；"人力" rénlì；"物力" wùlì；"财力" cáilì；"乐趣" lèqù；"产量" chǎnliàng；"负担" fùdān；"麻烦" máfan；"困难" kùnnan

【增长】"知识" zhīshi；"才干" cáigàn；"见识" jiànshi；"产值" chǎnzhí

【增添】"信心" xìnxīn；"勇气" yǒngqì；"力量" lìliang；"负担" fùdān；"烦恼" fánnǎo；"麻烦" máfan；"忧愁" yōuchóu；"乐趣" lèqù；"欢乐" huānlè；"气氛" qìfen

摘・采
zhāi　cǎi

植物を摘みとる動詞に"摘"と"采"がある。
"摘"は「ぱっと目につくもの，目立つもの」を摘む。だから簡単に摘むことができるものが多い。

1) 摘花 zhāi huā；摘葡萄 zhāi pútao；摘西红柿 zhāi xīhóngshì

対象は花であったり，果実である。果実は全体の中でそこが目立つ。それを素手でもぎ取る。そこから，比較的自由に取りはずしができるもの，身につけた帽子や

眼鏡などを体から外すのも"摘"である。

2) 摘口罩 zhāi kǒuzhào（マスクをはずす）；摘帽子 zhāi màozi（帽子を脱ぐ）；
摘手套 zhāi shǒutào（手袋をとる）；摘眼镜 zhāi yǎnjìng（めがねをはずす）

これらを身につけるときには"戴"dài を使う。"戴"の反対が"摘"であり，同じく身につけるでも"穿"chuān の反対は"脱"tuō を使う。"脱"は脱ぐのに一苦労だが，"摘"は簡単に取り外せる。

身につけているものだけでなく，壁などに掛けてある絵や写真，プレートなどを取りはずすのも"摘"が使われる。

3) 摘照片 zhāi zhàopiàn（写真をはずす）；摘画儿 zhāi huàr（絵を取り外す）；
摘门牌 zhāi ménpái（表札をはずす）；摘灯泡 zhāi dēngpào（電球をはずす）

また次の例は，全体から必要な部分を切り取る場合で，やはり"采"は使えない。

4) 摘词 zhāi cí（単語を取り出す）；摘要点 zhāi yàodiǎn（要点を記す）；
摘内容 zhāi nèiróng（内容をまとめる）；摘句子 zhāi jùzi（文を抜き出す）

"摘"と"采"の両方が使えるものはそう多くはない。

5) 摘 zhāi／采 cǎi｛花 huā／桑叶 sāngyè／草莓 cǎoméi｝

"采"は「ある目的をもって，有用なものを，さがして採る」というのが基本義である。同じ「摘む」でも，経験が必要とされるケースが多い。

6) 姐姐是采茶能手，采得比谁都快。
Jiějie shì cǎi chá néngshǒu, cǎide bǐ shéi dōu kuài.
（姉は茶摘みの名人で，誰よりも摘むのがはやい）

そこから，それを専門にする，生業とするという感じがでてくる。

7) 采蘑菇 cǎi mógu（キノコを採る）；采野菜 cǎi yěcài（野生の食用植物を採る）；
采草药 cǎi cǎoyào（薬草を採る）；采珠子 cǎi zhūzi（真珠を採る）

野にあるキノコを採ったり，食べられる野生の植物を探したり，さらに薬草や真珠を採るのは容易ではない。コツもいるし経験もいる。つまり，専門的，玄人的で，熟練が要求される。

8) 蜜蜂采着花蜜。
Mìfēng cǎizhe huāmì.
（蜜蜂が花の蜜を採集している）

専門職人は蜜蜂ばかりではない。茶摘み娘は"采茶女"cǎichánǚ というし，石油採掘工は"采油工"cǎiyóugōng である。

"摘"と違って"采"は隠れているもの，簡単に見つからないものを採る，「採掘する」意味もある。

9) 采煤 cǎiméi（石炭を掘る）；采油 cǎiyóu（石油を掘る）；采铁矿 cǎi tiěkuàng（鉄鉱石を採掘する）

海からも地下からも採る（"从海底采" cóng hǎidǐ cǎi，"从地底下采" cóng dìdǐxia cǎi）が，対象は動かないものに限られる。

こうして見ると"采"は比較的下にあるもの（キノコ，薬草，石炭）についていわれ，"摘"は上の方にあるものに使われる（たとえば「葡萄をもぐ」や「星をとる」など），という傾向があるようだが，たとえば同じく地べたにあるものでも「瓜」や「スイカ」，「カボチャ」などはやはり"摘"をつかうので，「素手で容易にもぎ取れる」ものは"摘"としておくべきだろう。

10) 哥哥摘了两个大南瓜回来。
    Gēge zhāile liǎng ge dà nánguā huílai.
    （兄は大きなカボチャを二つもいできた）

一方"采"のほうは「よいものを注意深く探し求める」ということから，同じく「花をつむ」でも"摘"とは微妙なニュアンスの違いが生まれる。"摘"は気の向くまま手軽な感じで，"采"のほうはより心を込めるようなニュアンスがある。

11) 这花是采给谁的？
    Zhè huā shì cǎigěi shéi de?
    （この花はどなたへあげようと摘んできたの？）

疑問が一つある。"棉花"にはなぜ"摘"を使うのか。

12) 东边那块棉花地已经摘过去了。
    Dōngbian nà kuài miánhuadì yǐjīng zhāiguoqu le.
    （東のあの綿花畑はもう摘み終わった）

これは綿花が，まるで果物をもぐように，その形態が見やすく，簡単に摘めるからではないか。

招呼・呼・叫
zhāohu　hū　jiào

動詞の「呼ぶ」を比べる。
"招呼"は，声や身振り，手振りなどによって「呼ぶ」，「声をかける」，「知らせる」こと。

1) 你招呼她一声。
   Nǐ zhāohu tā yì shēng.
   (彼女に一声かけてください)

2) 他打着手势，招呼大家快来。
   Tā dǎzhe shǒushì, zhāohu dàjiā kuài lái.
   (彼は手招きして，早く来るようみんなを呼んだ)

ちなみに"招呼"には，あいさつする意味もある。"打招呼"（言葉や動作であいさつする）

3) 他没打招呼就走了。
   Tā méi dǎ zhāohu jiù zǒu le.
   (彼は挨拶さえしないで行ってしまった)

"呼"は，口，鼻から，肺の中の空気を体の外に出すことで，"吸" xī と対をなす。「大声で叫ぶ」，「呼ぶ」，「呼び付ける」。あるいは，音の媒体を通して呼ぶ。

4) 用手机呼他。
   Yòng shǒujī hū tā.
   (携帯電話で彼を呼ぶ)

次の5）は，ポケベル時代によく使われたフレーズだが，今でも使う。今ではいくぶん気安い調子，軽い感じの声かけになる。

5) 有事你呼我！
   Yǒu shì nǐ hū wǒ!
   (何かあったら連絡してください)

"叫"は，直接，肉声で「声をかける」や，あるいは音（笛，ラッパ，汽笛など）で「呼ぶ」，「呼びつける」ことを表す。機械音も含むので，声が届く範囲に限らず，対象物との距離は近くても遠くても使える。電子レンジ，洗濯機等，家電製品の呼び出し音も含む。

6) 有事叫我！
   Yǒu shì jiào wǒ!
   (何かあったら呼んでください)（方法は問わない）

メールであれラインであれ（方法を問わず）連絡しなさいという意味になる。"叫"は人や物を「…と呼ぶ」，「称する」の意味をもつ。

7) 以后怎么叫你？
   Yǐhòu zěnme jiào nǐ?

(今後はどのように〈名前を〉お呼びしたらいいでしょうか？)

"叫"の対象は人に限らない。動物や物を目的語にとることもできる。目的語が事物を指す時は「呼び寄せる」あるいは、そこから転じ「届けさせる」、「注文する」の意になる。

8) 我叫了一辆出租车。
    Wǒ jiàole yí liàng chūzūchē.
    (タクシーを一台呼んだ)

"叫"の呼ぶということは、呼びつけることであり、すなわち使役である。「～するように言う」→「～させる」。

9) 请你叫她接电话。
    Qǐng nǐ jiào tā jiē diànhuà.
    (彼女に電話に出るように言っていただけませんか)

10) 我叫他早点回来。
    Wǒ jiào tā zǎo diǎn huílai.
    (彼に早めに帰ってくるよう言った)

"叫"を使役や命令の意味で用いるときは、必ず兼語文になる。

着急・焦急
zháojí　　jiāojí

いずれも「焦る」、「苛立つ」という意味である。形容詞として使われる場合は、ときに置き換えられるが、ニュアンスは違う。"着急"は表情や口調など、表面に現れた焦燥感に重点があり、話し言葉としても書き言葉としても使われる。"焦急"は心の内面の不安や焦燥感に重点があり、主に書き言葉として使われる。

1) 孩子发高烧，父母十分着急（／焦急）。
    Háizi fā gāoshāo, fùmǔ shífēn zháojí (/jiāojí).
    (子供が高熱を出したので、両親はとても焦っている)

2) 他着急（／焦急）地问医生检查的结果。
    Tā zháojí (/jiāojí) de wèn yīshēng jiǎnchá de jiéguǒ.
    (彼はあわてて医者に検査の結果を尋ねている)

"焦"は「焦げつく」という意味なので、"着急"よりも"焦急"のほうがあせりの程度が深い。そのため、以下の場合は"着急"は使えるが、"焦急"は使えない。

3) 等了半天菜也不来，大家有点儿着急了。
   Děngle bàntiān cài yě bù lái, dàjiā yǒudiǎnr zháojí le.
   (だいぶ待っても料理が来ないので，みんなイライラしてきた)

4) 他没找到工作，好像也不太着急。
   Tā méi zhǎodào gōngzuò, hǎoxiàng yě bú tài zháojí.
   (彼は仕事が見つかっていないのに，あまり焦っていないようだ)

品詞においても異なる使い方がある。"着急"は動詞として目的語をもつことも，前に否定副詞"不"，"没"，禁止を表わす副詞"别"を使うこともできる。また，離合詞として間に他の成分を入れることもできる。"焦急"にはこの使い方はない。

5) 我着急赶不上飞机。
   Wǒ zháojí gǎnbushàng fēijī.
   (私は飛行機に間に合わないのではと苛立っている)

6) 你着什么急呀？
   Nǐ zháo shénme jí ya?
   (何を苛立っているの？)

7) 别着急，很快就习惯了。
   Bié zháojí, hěn kuài jiù xíguàn le.
   (焦らないで，すぐ慣れるよ)

"焦急"は下の8)のように目的語として使うこともできる。

8) 虽然她什么也没说，但能看到她内心的焦急。
   Suīrán tā shénme yě méi shuō, dàn néng kàndào tā nèixīn de jiāojí.
   (彼女は黙っていたが，しかし内心のいらだちが見てとれた)

照顾・关照
zhàogù　guānzhào

両方とも，注意や関心を払って世話をする，面倒を見るという意味がある。

1) 单位领导对他很照顾（／关照）。
   Dānwèi lǐngdǎo duì tā hěn zhàogù (/guānzhào).
   (上司は彼にたいへん目をかけている)

2) 非常感谢您对我们的照顾（／关照）。
   Fēicháng gǎnxiè nín duì wǒmen de zhàogù (/guānzhào).
   (お世話くださり，どうもありがとうございます)

"照顾"は，病人や子供や老人など，社会通念上，倫理上，守るべき相手に対し，具体的な動作をもって親身に対応し，面倒を見る場合に使う。

3) 父亲年纪大了，身边需要有人照顾。
   Fùqin niánjì dà le, shēnbiān xūyào yǒu rén zhàogù.
   （父も年をとり，そばで面倒をみる者が必要だ）

4) 列车员对老人，小孩儿都照顾得很周到。
   Lièchēyuán duì lǎorén, xiǎoháir dōu zhàogùde hěn zhōudào.
   （乗務員はお年寄りや子供に対して，とても行き届いた対応をしている）

他方，"关照"は，そのお世話や面倒の内容が"照顾"より広く浅くなる。

5) 我不在时，工作上的事，还请你多关照。
   Wǒ bú zài shí, gōngzuòshang de shì, hái qǐng nǐ duō guānzhào.
   （留守中，仕事のことはどうぞよろしくお願いします）

"照顾"には，"照顾他的面子"zhàogù tā de miànzi（彼の対面に気を配る）のように，精神的に「気を配り，考慮する」意味もある。対象は，人でも人以外でもいい。

6) 不能只看一个方面，要照顾全局。
   Bù néng zhǐ kàn yí ge fāngmiàn, yào zhàogù quánjú.
   （一所だけ見ずに，全体に気を回しなさい）

7) 那位老师照顾到每个学生的特点精心地讲课。
   Nà wèi lǎoshī zhàogùdào měi ge xuésheng de tèdiǎn jīngxīn de jiǎngkè.
   （あの先生は学生一人一人の特性を考えながら講義なさる）

「気配り」が「目配り」として，次のような言い回しもできる。

8) 我去买票，你照顾一下行李。
   Wǒ qù mǎi piào, nǐ zhàogù yíxià xíngli.
   （チケットを買ってくるから，荷物を見ていて）

さらに，"照顾"は「優遇する」，「優先的に与える」という意味がある。

9) 照顾你们一台电脑。
   Zhàogù nǐmen yì tái diànnǎo.
   （君たちに特別に一台パソコンを与えよう）

お世話以外の意味をみてみると，"关照"は「声をかけ知らせる」意味がある。対象は人に限られる。

10) 你走的时候，请你关照我一声。
    Nǐ zǒu de shíhou, qǐng nǐ guānzhào wǒ yì shēng.
    （出る時には，わたしにお声掛けください）

以下，コネ社会の中国ではよく見られる光景である。声かけと，世話する意味が相まって，「口をきいて融通を利かせる」とでも言おうか。"关照"の対象は，自分と対等かそれより下の者である。

11) 我已经关照他们给你预订了一个房间。
    Wǒ yǐjīng guānzhào tāmen gěi nǐ yùdìngle yí ge fángjiān.
    （〈彼らに口ききして〉すでに一部屋おさえたから）

「予約のとれないホテルを，顔のきく私が，一部屋とる」というような時，"关照"を使う。ここでの"他们"とは，ホテルの関係者である。
そうなれば，「どうもどうも，すっかりお世話になりまして……」は，

12) 你非常非常关照我。
    Nǐ fēicháng fēicháng guānzhào wǒ.
    （どうもどうもお世話になりました）

最後に，"关照"が初対面の時の挨拶言葉の中で使われることも確認しておこう。

13) 初次见面请多关照。
    Chūcì jiànmiàn qǐng duō guānzhào.
    （はじめまして。どうぞよろしくお願いいたします）

这么・那么
zhème　nàme

ともに指示代名詞として，形容詞，動詞，数量詞を修飾し，程度，方式，方法，数量範囲などを指すことができる。口語でよく用いられ，確定した時間や距離を表す文脈がなければ，置き換えることができる。

1) 玫瑰花这么（／那么）漂亮啊。
   Méiguihuā zhème (/nàme) piàoliang a.
   （バラの花はこんなに／あんなにきれいですね）

2) 他这么（／那么）做是有道理的。
   Tā zhème (/nàme) zuò shì yǒu dàolǐ de.
   （彼がこのように／あんなふうにするのは筋が通っている）

3) 我没对你隐瞒什么呀。偷偷抽烟就这么（／那么）一次。
　　Wǒ méi duì nǐ yǐnmán shénme ya. Tōutōu chōuyān jiù zhème (/nàme) yí cì.
　　（君に隠しごとなんかしてないよ。こっそりタバコを吸ったのは今回だけ／あのときだけさ）

上の例文は，時間や，距離を特定する文脈がないので，"这么"も"那么"も用いられる。

心理的な距離の場合も含めて"这么"は近い時間，近い距離に用いられ，いわば目の前の状況について述べる場合に使われる。一方，"那么"を用いると，時間的にも空間的にも距離が遠いことを表す。つまりそれぞれが指す時間と空間の距離が異なることが，"这么"と"那么"の一番大きな違いである。したがって，「時間や距離の近さ」を表す場合には"这么"しか使えず，「時間や距離の遠さ」を表す場合には"那么"しか使えないということになる。たとえば以下の例文では"这么"と"那么"は互いに置き替えることはできない。

4) 昨天那么热，今天却这么凉爽。
　　Zuótiān nàme rè, jīntiān què zhème liángshuǎng.
　　（昨日はあんなに暑かったのに，今日はこんなに涼しい）

5) 以前你那么爱他，现在怎么这么讨厌他呢？
　　Yǐqián nǐ nàme ài tā, xiànzài zěnme zhème tǎoyàn tā ne?
　　（前はあんなに彼を愛していたのに，今はどうしてそんなに彼のことを嫌いなの）

4)，5) はいずれも時間的な遠近を表す例である。次の6)，7) は距離的な遠近を表し，8) は心理的な距離の遠さを表す。

6) 这里怎么这么热闹？
　　Zhèli zěnme zhème rènao?
　　（ここはどうしてこんなににぎやかなの？）

7) 你看，这个字应该这么写。
　　Nǐ kàn, zhège zì yīnggāi zhème xiě.
　　（ほら，この字はこう書くべきですよ）

8) 嗯，他没你想的那么爱你。
　　Ng, tā méi nǐ xiǎng de nàme ài nǐ.
　　（うん，彼は君が思うほどそんなに君を愛していないよ）

否定形はよく「"不／没（有）"＋"这么／那么"＋動詞」と「"不那么"＋形容詞」の二種類がある。「"不这么"＋形容詞」の形はない。

9) 说起来容易，做起来就不那么（／＊这么）容易了。
　　Shuōqilai róngyi, zuòqilai jiù bú nàme róngyi le.

（言うのは簡単だが，行うのはそれほど簡単ではない）

10）有人说张银顺他们白干了，张银顺不这么想。
Yǒurén shuō Zhāng Yínshùn tāmen bái gàn le, Zhāng Yínshùn bú zhème xiǎng.
（張銀順らは無駄な労力を費やしたという人もいるが，張銀順はそうは思っていないようだ）

ただし，"不"と"这么"の間に他の言葉があるときに限り，"这么"を用いることができる。

11）他不像你这么（／那么）傲气。
Tā bú xiàng nǐ zhème (／nàme) àoqì.
（彼はあなたほど傲慢ではない）

なお"那么"には接続詞（"连词"）の用法もあるが，"这么"にはない。

12）那么，为什么会出现这种情况呢？
Nàme, wèi shénme huì chūxiàn zhè zhǒng qíngkuàng ne?
（では，なぜこのようなことが起こるのでしょうか）

真・特
zhēn　tè

ともに程度が甚だしいことを強調する副詞。副詞としての両者を考えてみる。

1）从大空看的地球特（／真）好看。
Cóng dàkōng kàn de dìqiú tè (／zhēn) hǎokàn.
（宇宙から見た地球はことのほか美しい）

"真"は「実に」，「確かに」，「本当に」の意。強く肯定する感情を含む。

2）这个菜真（／特）好吃。
Zhège cài zhēn (／tè) hǎochī.
（この料理はほんとうにおいしい）

"真"は自分が直接知っていること，自らが感じたことについて用いる。以下の例は，自らの体験に基づいての発言なので"真"がふさわしい。

3）北大真难考，所以我落榜了。
Běidà zhēn nánkǎo, suǒyǐ wǒ luòbǎng le.
（北京大学はすっごくレベルが高くて，わたしは落ちてしまった）

"真"は単音節の副詞であるため，"很"や"最"と同様，連用修飾語になる時も"地"

de を付けない。"真地～" としない。

4) 中国真大！
Zhōngguó zhēn dà!
（中国は本当に広い！）

5) 汉语发音真不容易。
Hànyǔ fāyīn zhēn bù róngyì.
（中国語の発音は本当に難しい）

"真"には形容詞の機能もある（厳密には区別詞という。"男"nán, "女"nǚ などの類である）。
形容詞の"真"が連用修飾語として動詞や形容詞を修飾する時には"的"de をつけ, "真的～"とする。

6) 我想听真话。
Wǒ xiǎng tīng zhēn huà.
（本当のことを聞きたい）（→真実を聞きたい）

7) 我真的喜欢听。
Wǒ zhēn de xǐhuan tīng.
（本当に聞きたい）（→口から出まかせでなく, 心から本当に聞きたい）

日本語の「ほんとうに」には, ①話がウソでなく, 事実である, ②心の底で感じて…まったくもって, 実に, という二通りの意味がある。
副詞としての"真"は, ②にあたり, 形容詞としての"真"は①にあたる。
だから, 「あなたは本当にお美しい！」と本心から褒めたいなら, "你真漂亮！"Nǐ zhēn piàoliang! と言おう。"你真的漂亮"とすると, 「うそではないですよ」となってしまう。

"特"は「特に」, 「とりわけ」の意。口語での使用が多い。正式な場面ではあまりふさわしくない。"特别"tèbié の意味である。"真"より程度が高い。

8) 你今天穿的迷你裙特可爱。
Nǐ jīntiān chuān de mǐnǐqún tè kě'ài.
（あなたの今日のミニスカート, すっごく可愛い）

"特"は自らの体験を踏まえた事柄にも, そうでない伝聞にも使える。上述の用例3)は, 自らの体験を踏まえているため"真"が選択されたが, 北京大学のレベルの高さについて一般論として, 外部者の発言であれば, 次のようになる。

9) 北大特难考，所以我报考了别的大学。
Běidà tè nánkǎo, suǒyǐ wǒ bàokǎole biéde dàxué.

（北京大学は超難関だから，別の大学に出願することにした）

また，"特"は相手に教える気持ちを含むが，"真"にその意味合いはない。

10) 车开得特（／真）快，不到一个钟头我们就到了目的地。
　　Chē kāide tè (/zhēn) kuài, bú dào yí ge zhōngtóu wǒmen jiù dàole mùdìdì.
　　（フルスピードで走ったので，1時間もかからずに目的地に着いたのですよ）

この場合の"我们"を，聞き手も含む"咱们"zánmen に置き換えると，「教える」意味合いがなくなる。したがって，"咱们"にした場合は"特"は使えなくなる。

正・在・正在
zhèng　zài　zhèngzài

三者はともに副詞。動作の進行や状態の持続を表す。
"正"は「ちょうど，いま」という時間に重点が置かれる。動詞の後にアスペクト助詞をつけるか，文末に語気助詞をつける。

1) 他正走着，听到有人叫他。
　　Tā zhèng zǒuzhe, tīngdào yǒu rén jiào tā.
　　（彼が歩いていると，誰かが呼ぶのを耳にした）

単音節動詞を単独で使用する時は"着"をつける。単音節動詞でも，介詞句や補語を伴えば"着"をつけない。二音節以上の動詞の場合も，"着"をつけなくて良い。

2) 我正给你发邮件呢。
　　Wǒ zhèng gěi nǐ fā yóujiàn ne.
　　（ちょうどあなたにメールしているところでした）

"在"は「…している」，「…しているところ」という状態に重点が置かれる。したがって"一直"yìzhí，"经常"jīngcháng など，時間を表す語がつくことが多い。

3) 李老师一直在等他。
　　Lǐ lǎoshī yìzhí zài děng ta.
　　（李先生はずっと彼を待っている）

4) 我一上午都在看 DVD。
　　Wǒ yí shàngwǔ dōu zài kàn DVD.
　　（午前中はずっと DVD を見ていた）

"正在"は，時間と状態のどちらをも表す。

5) 他正在做饭。
   Tā zhèngzài zuò fàn.
   (彼はちょうど食事の支度をしている)

6) 她正在休病假。
   Tā zhèngzài xiū bìngjià.
   (彼女はちょうど病気で休んでいる)

"在"は動作の重複（繰り返し）や、長期にわたる継続（ずっと、ひたすら）を表すこともできるが、"正在"と"正"にこの用法はない。

7) 他经常在考虑如何改进教学方法。
   Tā jīngcháng zài kǎolǜ rúhé gǎijìn jiàoxué fāngfǎ.
   (彼はどう教えたら良くなるか、常に繰り返し考えている)

8) 好几天了，她还在生他的气。
   Hǎojǐ tiān le, tā hái zài shēng tā de qì.
   (何日も経つというのに、彼女はまだ彼のことを怒っている)

正好・正巧
zhènghǎo　zhèngqiǎo

ともに「ちょうど～、折りよく」という意味で使える。

1) 你来得正好（／正巧），咱们一起去吧。
   Nǐ láide zhènghǎo (/zhèngqiǎo), zánmen yìqǐ qù ba.
   (ちょうどいい時に来ました。一緒に行きましょう)

2) 大地震的时候，我正好（／正巧）没在日本。
   Dàdìzhèn de shíhou, wǒ zhènghǎo (/zhèngqiǎo) méi zài Rìběn.
   (大地震の時、私はちょうど日本にいませんでした)

3) 正好（／正巧）他也在这儿，咱们再问问吧。
   Zhènghǎo (/zhèngqiǎo) tā yě zài zhèr, zánmen zài wènwen ba.
   (彼もちょうどここにいるから聞いてみましょう)

"正好"は、時間、数、回数、サイズ、程度などが「ちょうどいい、合っている」ということに重点が置かれる。一方、"正巧"は、"巧"という語を含んでいることからも分かるように、「偶然、たまたま、タイムリーに」という意味合いが強い。

上記の3つの例文は"正好"、"正巧"双方のニュアンスを含んでいるため、双方使用可能である。しかし、次の例は「偶然」といった意味合いがないため、"正巧"

は使えない。

4) 这件衣服你穿正好（／＊正巧）。
Zhè jiàn yīfu nǐ chuān zhènghǎo.
(この服はあなたにぴったりです)

5) 这本教材不难，我们用正好（／＊正巧）。
Zhè běn jiàocái bù nán, wǒmen yòng zhènghǎo.
(この教材は難しくないので，私たちにはちょうどいいです)

双方の違いは，"不多不少" bù duō bù shǎo（多くもなく少なくもない）【数量】，"不长不短" bù cháng bù duǎn（長くもなく短くもない）【長さ】，"不高不低" bù gāo bù dī（高くもなく低くもない）【高さ】など，"正好"の色合いをさらに強める語を用いるとわかりやすい。

6) 这个菜的量不多也不少，正好（／＊正巧）。
Zhège cài de liàng bù duō yě bù shǎo, zhènghǎo.
(この料理の量は，多くもなく少なくもなくちょうどいい)

7) 这条裤子不长也不短，正好（／＊正巧）。
Zhè tiáo kùzi bù cháng yě bù duǎn, zhènghǎo.
(このズボンは長くもなく短くもなくちょうどいい)

8) 你来得不早也不晚，正好（／＊正巧）。
Nǐ láide bù zǎo yě bù wǎn, zhènghǎo.
(早くもなく遅くもなく，ちょうど良く（ちょうどいい時間に）来たね)

この例文8)の"不早也不晚"がないと，「たまたま」という【偶然】のニュアンスも現れるため，"正巧"も使用できる。

9) 你来得正巧（／正好）。
Nǐ lái de zhèngqiǎo (/zhènghǎo).
(ちょうど良く──ちょうどいい時間に／タイミングに──来たね)

また，"正好"は述語として用いられるが，"正巧"は述語になれず，答えとして単独で用いることはできない。

10) 这条裙子怎么样?──正好!
Zhè tiáo qúnzi zěnmeyàng? ── Zhènghǎo!
(このスカートどう?──ピッタリだよ!)

挣・赚
zhèng　zhuàn

「稼ぐ」が共通義。多くは互換性をもつ。

1) 出租车司机每月能挣（／赚）多少钱？
   Chūzūchē sījī měiyuè néng zhèng (/zhuàn) duōshao qián?
   (タクシー運転手は月にどのぐらい稼げますか？)

2) 忙了一个月，结果一分钱也没赚（／挣）着。
   Mángle yí ge yuè, jiéguǒ yì fēn qián yě méi zhuàn (/zhèng) zháo.
   (一カ月も大変な思いをして、結局は一銭にもなってない)

"挣"の本質は「労働に対する対価」である。「働いた→そして、それに見合う報酬」であるなら、"挣"がいい。

3) 我们是挣（／*赚）工资的，那么贵的东西消费不起。
   Wǒmen shì zhèng gōngzī de, nàme guì de dōngxi xiāofèibuqǐ.
   (私たちはサラリーマンですよ、そんな高いものは買えませんよ)

4) 这笔钱就是爸爸用血汗挣（／*赚）来的。
   Zhè bǐ qián jiùshì bàba yòng xuèhàn zhènglai de.
   (これは、お父さんが汗水流して稼いできてくれたお金です)

"赚"の本質は「儲ける」ということである。

5) 股票上涨了，我们终于可以大赚（／*挣）一笔了。
   Gǔpiào shàngzhǎng le, wǒmen zhōngyú kěyǐ dà zhuàn yì bǐ le.
   (株が値上がりし、我々はついに大儲けできる)

6) 这一笔买卖，公司净赚（／*挣）了3亿日元。
   Zhè yì bǐ mǎimai, gōngsī jìng zhuànle sān yì Rìyuán.
   (この取引で会社は3億の純益を上げた)

"挣"はまた、何らかの行動を起こして手に入れたもの、名声、名誉、支持なども目的語にとる。"赚"にはこうした機能はない。

7) 当时许多政治人物花费大量金钱，以争取选票，挣得一官半职。
   Dāngshí xǔduō zhèngzhì rénwù huāfèi dàliàng jīnqián, yǐ zhēngqǔ xuǎnpiào, zhèngdé yì guān bàn zhí.
   (当時多くの政治家が、大金をばらまいて票を集め、官職を得ていた)

8) 那天的演讲为他的就职挣了不少票数。
　　Nà tiān de yǎnjiǎng wèi tā de jiùzhí zhèngle bùshǎo piàoshǔ.
　　(あの日の演説が，彼の就任に多くの票をもたらしたのである)

"赚"は程度副詞の修飾を受けることができる。"挣"はできない。

9) 这是九十年代最赚钱的生意之一。
　　Zhè shì jiǔshí niándài zuì zhuàn qián de shēngyi zhī yī.
　　(これは90年代，最も儲かった仕事の一つだ)

また，"赚"は後ろに"学生的钱"，"他的钱"などの目的語を取ることができる。二重目的語を取ることもできる。

10) 做生意就是你赚（／＊挣）我的钱，我赚（／＊挣）你的钱。
　　Zuò shēngyi jiù shì nǐ zhuàn wǒ de qián, wǒ zhuàn nǐ de qián.
　　(商売とは，あなたが儲かれば，私も儲かる，おたがいにウィンウィンの関係だ)

11) 这些小店不知赚（／＊挣）了学生多少钱。
　　Zhèxiē xiǎo diàn bùzhī zhuànle xuésheng duōshao qián.
　　(こうした小商いが学生からどれほどのお金を稼いでいることか)

さて，こうして違いを見てきたが，実際，日常会話の中での差異はどうなのかを考えると，今，多くの中国人が，"挣"と"赚"を同義として捉えているように見える。

12) 他整天想着挣（／赚）大钱。
　　Tā zhěngtiān xiǎngzhe zhèng (／zhuàn) dà qián.
　　(彼は日がな一日大金を稼ぐことを考えている)

中国人の幸福感の一つに"发财"（金を儲ける）があり，彼らの美意識において，お金の追求は何ら卑しいことでない。葬儀の際も，死者を弔い，あの世での幸福を願い，大量の紙のお札を燃やす。そんな習慣さえあるのだ。
　労働による対価（"挣"）だろうが，利益の追求（"赚"）だろうが，最終結果（お金の獲得）を出すことが肝心なのである。経過違えど，いずれ同じお金だ，どこに違いがありましょうか…，といったところか。

支・枝
zhī　zhī

量詞としての"支"と"枝"を比べる。
"支"という字のそもそもの成り立ちは，「十」＋「又」である。「十」は木の枝，「又」

は手を表し、"支"とは小枝をもつ形だ。転じて幹から分かれるものという意味になった。木には"枝"だし、肢体には"肢"だ。

量詞としての"支"は「棒状の細長いもの」を数えるとき使う。

"一支毛笔" yì zhī máobǐ（1本の筆）；"两支烟" liǎng zhī yān（2本のタバコ）；"三支口红" sān zhī kǒuhóng（3本の口紅）；"四只牙膏" sì zhī yágāo（4本の歯磨き粉）；"五支铅笔" wǔ zhī qiānbǐ（5本の鉛筆）

"支"は、使用範囲が広い。派生義として、隊列を数える時にも使う。

"一支队伍" yì zhī duìwu（一つの隊列）

また、隊列というところから、部隊それ自体やチームなども数える。

"一支游击队" yì zhī yóujīduì（ゲリラ部隊）；"一支医疗队" yì zhī yīliáoduì（医療チーム）

歌や楽曲も数える。

1) 弹了一支小夜曲。
　　Tánle yì zhī xiǎoyèqǔ.
　　（ノクターンを1曲弾いた）

2) 这支曲子很好听。
　　Zhè zhī qǔzi hěn hǎotīng.
　　（この曲はいい）

糸の太さの単位としても使う。～番手。

"六十支纱" liùshí zhī shā（60番手の糸）

"枝"は「枝」の字が示す通り、樹木の細い枝や、花付きの枝などを数える時に使う。

"三枝柳条" sān zhī liǔtiáo（3本のヤナギの枝）；"一枝红梅" yìzhī hóngméi（1本のウメの枝）

"枝"はまた"支"と同じく「棒状の細長いもの」を数える。

"一枝枪" yì zhī qiāng（一丁の銃）；"一枝笛子" yì zhī dízi（一本の笛）

「棒状の細長いもの」としては同義なのだが、"支"の方が"枝"より広く使用される。

知足・満足
zhīzú   mǎnzú

"知足"と"满足"はともに「満足する」という意味で用いられる。両者は同じように使われ、言い換え可能な場合が多い。

1) 那年头儿，没有工资，一天只挣8斤小米，就已觉得很满足（／知足）了。
   Nà niántóur, méiyǒu gōngzī, yì tiān zhǐ zhèng bā jīn xiǎomǐ, jiù yǐ juéde hěn mǎnzú (/zhīzú) le.
   (あの時代は給料がなく、一日働いても4キロの粟しか手にできなかったが、それでも満足していました)

2) 我们讨回了上一个工地欠发的1万多元的工资，真觉得很知足（／满足）了。
   Wǒmen tǎohuíle shàng yí ge gōngdì qiànfā de yí wàn duō yuán de gōngzī, zhēn juéde hěn zhīzú (/mǎnzú) le.
   (私たちは前の工事現場の未払い給料一万元を取りかえしただけで本当に満足しています)

しかし"知足"が「分に安んじ、高望みをせず、自分の境遇に満足する」ことに対し、"满足"には「望みを叶えて満ち足りる」というニュアンスの違いがあり、この場合は言い換えることができない。

3) 父亲说："你到马路对过的胡同去看看，比我们差远了，知足（／＊满足）吧！"
   Fùqin shuō: "Nǐ dào mǎlù duìguò de hútong qù kànkan, bǐ wǒmen chà yuǎn le, zhīzú ba!"
   (父は言った、「通り向こうの胡同を見てみろ、我々より生活レベルが遥かに低いではないか、今の生活で満足すべきだ」)

4) 我给他一小茶壶水，并且帮助他侧着嘴喝完了。他好像很满足（／＊知足）了似的深呼吸，渐渐地闭上眼睛。
   Wǒ gěi tā yì xiǎo cháhú shuǐ, bìngqiě bāngzhù tā cèzhe zuǐ hēwán le. Tā hǎoxiàng mǎnzúle shìde shēn hūxī, jiànjiàn de bìshang yǎnjing.
   (私は彼に小さなポットを近づけ、口を斜めにして中の水を飲み干すようにしてやった。彼は満足げに深呼吸し、ゆっくり目を閉じた)

例3) は現在の生活レベルに「甘んじ、分をわきまえ、高望みしない」との意味で"知足"が使われている。例4) はのどが渇いた「彼」が水を求め、「その要求が叶えられて心が満ちたりた」ことで"满足"が使われている。

"满足"は要求を満たす意味をもち、目的語には"需要"xūyào, "要求"yāoqiú, "条

件"tiáojiàn,"心愿"xīnyuàn,"愿望"yuànwàng,"希望"xīwàng,"虚荣心"xūróngxīn,"好奇心"hàoqíxīn などの言葉がよく用いられるのに対し,"知足"は"一点","一些"のような数量を表す言葉以外の目的語をとることができない。

5) 化学家还在不断开发玻璃新产品,满足(／＊知足)人们的各种需要。
   Huàxuéjiā hái zài búduàn kāifā bōli xīnchǎnpǐn, mǎnzú rénmen de gèzhǒng xūyào.
   (化学者たちはさらに新しいガラス製品を開発し,人々のさまざまな需要を満足させようとしています)

6) 他想,"最好还是知足(／＊满足)一点,像现在这样生活吧。"
   Tā xiǎng, "Zuìhǎo háishi zhīzú yìdiǎn, xiàng xiànzài zhèyàng shēnghuó ba."
   (彼は思った,「やっぱり足るを知り,今までどおりの生活をしよう」)

"知足"は人の性格を表す場合にも使われるが,"满足"はこういう用法はない。

7) 长寿恐怕得益于他久居深山养成的乐天知足(／＊满足)的性情。
   Chángshòu kǒngpà déyìyú tā jiǔ jū shēnshān yǎngchéng de lètiān zhīzú de xìngqíng.
   (彼が長寿であるのは,おそらく長年深山に住み,身の程にあった生活に満足し,常に心楽しく暮らしていた性格によるのだろう)

8) 他是一个知足(／＊满足)的人。
   Tā shì yí ge zhīzú de rén.
   (彼は足るを知る人である)

职业・专业
zhíyè　zhuānyè

「友達は歌を歌うのが非常に上手で,すでにプロのレベルに達していると言える」この文を学生に訳させたところ,「プロのレベル」を"专业水平","职业水平"と訳してきた。

"专业","职业"は両語とも名詞と形容詞の使い方がある。名詞として使う場合,"职业"は「職業」や「仕事」という意で,生活を維持するための主収入源としての仕事を指す。"专业"は大学などの専攻学科や,企業における各専門業種,専門業務を指す。違いが歴然としているため,ここでは比較対象外にし,形容詞について検討する。

形容詞として用いる場合,いずれも「専門の,プロの」という意味がある。

1) 我国职业运动员多是专业运动员转变而来。
   Wǒguó zhíyè yùndòngyuán duō shì zhuānyè yùndòngyuán zhuǎnbiàn ér lái.
   (わが国では〈高給で雇われて職業にしている〉プロスポーツ選手の多くは〈スポーツを専門にやっている〉スポーツ選手から転向してきたのである)

この文から，形容詞としての"职业"と"专业"は同じ「プロの」という意味であっても違いがあるのが分かる。"职业"は「職業とする」こと，"专业"は「専門的である」ことを強調する。

2) 她加盟了天星文化娱乐有限公司做了职业歌手。
   Tā jiāménglè tiānxīng wénhuà yúlè yǒuxiàn gōngsī zuòle zhíyè gēshǒu.
   (彼女は天星文化娯楽有限会社に入り、プロの歌手になった)

3) 墨西哥大学养了一支职业球队，运动员的工资相当于普通教授的10倍。
   Mòxīgē dàxué yǎngle yì zhī zhíyè qiúduì, yùndòngyuán de gōngzī xiāngdāng yú pǔtōng jiàoshòu de shí bèi.
   (メキシコ大学はプロの球技チームを雇っていて、選手たちの給料は一般教授の10倍に相当する)

例2), 3) の"职业歌手"と"职业球队"は，「歌を歌うのを職業としている歌手」，「球技の試合に参加することを職業とする球技チーム」である。会社や企業，クラブと契約して高い給料をもらって生活し，雇う側も，歌手やチームを使って利益を追求する商業的なイメージがある。"专业歌手"，"专业球队"の場合，利益を追求するビジネスのにおいはない。歌を歌う，球技をする専門的な知識，技芸，能力などを有する歌手，球技チームであることを強調することになる。よって2), 3) には使えない。逆に，次の2つの例文には"职业"は使わない。

4) 中青年医师积极开展临床与实验研究，不断提高自己的专业水平。
   Zhōngqīngnián yīshī jījí kāizhǎn línchuáng yǔ shíyàn yánjiū, búduàn tígāo zìjǐ de zhuānyè shuǐpíng.
   (中青年の医師は積極的に臨床と実験研究を行い，自らの専門業務のレベルを絶えず高めている)

5) 心理咨询与心理治疗专业期刊相继问世。
   Xīnlǐ zīxún yǔ xīnlǐ zhìliáo zhuānyè qīkān xiāngjì wènshì.
   (カウンセリング及び心理療法の専門誌が次々と出版された)

ここの"专业水平"，"专业期刊"の"专业"は，専門的であること，医師の診察や治療の能力，カウンセリングや心理療法についての専門知識などのことを指している。そのため，"职业"は使えず，"专业"を使う。

ゆえに，冒頭の文では，歌を歌うのがうまくて，そのレベルが「専門的な」レベルに達していることをいうため，"专业水平"と訳したほうがよかろう。

只有・只要
zhǐyǒu　zhǐyào

"只有"は、唯一欠くべからざる条件を表す。「ただ…だけが…」、「…してはじめて…」。ある条件以外では無効であることを示す。副詞の"才"cái と呼応し、多く"只有…才…"の形をとる。"就"jiù とは呼応しない。

1) 只有这样做，才能彻底解决问题。
   Zhǐyǒu zhèyàng zuò, cái néng chèdǐ jiějué wèntǐ.
   (そうやってこそ、問題の徹底的な解決となる→そうやらないと、別の方策では解決はできない)

2) 这种话只有他才说得出口。
   Zhè zhǒng huà zhǐyǒu tā cái néng shuōde chūkǒu.
   (この手の話は、彼だからこそ口にできる)

3) 只有在紧急情况下，才能按这个电钮。
   Zhǐyǒu zài jǐnjí qíngkuàng xia, cái néng àn zhège diànniǔ.
   (緊急時以外、このボタンを押してはならない)

"只要"は必要条件を表す。「…でさえあれば」、「…しさえすれば」。ある一定の条件があれば十分であることを示す。副詞"就"jiù、"便"biàn などと呼応し、多く"只要…就…"の形をとる。

4) 只要不下雨，运动会就能开。
   Zhǐyào bú xiàyǔ, yùndònghuì jiù néng kāi.
   (雨さえ降らなければ競技会は開ける)

5) 只要你需要，便可以送给你。
   Zhǐyào nǐ xūyào, biàn kěyǐ sònggěi nǐ.
   (君が欲しいのであれば、差し上げます)

諺に、努力を怠らなければ何でもできるたとえとして、次がある。

6) 只要功夫深，铁杵磨成针。
   Zhǐyào gōngfu shēn, tiěchǔ móchéng zhēn.
   (時間をかけさえすれば、鉄の棒を研いで針にすることができる)

"只要"は、その条件があれば、それで良しであり、あるいは別の条件によっても同様の結果が得られる可能性を示す。6) は"只有"にならない。目的に至る道は、努力だけでは済まないものだということは、言わずもがなである。

最後に、"只有"と"只要"の使い分けを確認してまとめよう。

ある漢方薬は，中国に足を運ばなければ絶対に手に入らず，ある漢方薬は，お金さえあれば行って買うことは無論，メール注文も電話注文もできる。

7) 这种中药只有去中国才能买到。
   Zhè zhǒng zhōngyào zhǐyǒu qù Zhōngguó cái néng mǎidào.
   (その漢方薬は中国に行ってこそ買える。→中国でしか買えない)

8) 这种中药只要有钱就能买到。
   Zhè zhǒng zhōngyào zhǐyào yǒu qián jiù néng mǎidào.
   (その漢方薬はお金があれば買える)

指导・领导
zhǐdǎo　lǐngdǎo

"指导"，"领导"はいずれも「指導する」という意味をもつ。

1) 指导（／领导）全班同学
   zhǐdǎo (／lǐngdǎo) quán bān tóngxué
   (全クラスの学生を指導する)

2) 指导（／领导）方法
   zhǐdǎo (／lǐngdǎo) fāngfǎ
   (指導方法)

しかし"指导"と"领导"には比較的はっきりした使い分けがある。"指导"は「教え導く」ことに重点があり，個人や比較的少人数のまとまりを対象に，何かを身に付けたり，会得したり，成果を出したりするように具体的指摘をし，指導をする。3)～5)のように指導内容が具体的で明確な場合は"指导"しか使えない。

3) 这位运动员衷心感谢李教练对他的指导（／*领导）。
   Zhè wèi yùndòngyuán zhōngxīn gǎnxiè Lǐ jiàoliàn duì tā de zhǐdǎo.
   (この選手は李コーチの指導に心から感謝している)

4) 他的物理基础不好，请您系统地指导（／*领导）一下儿。
   Tā de wùlǐ jīchǔ bù hǎo, qǐng nín xìtǒng de zhǐdǎo yíxiàr.
   (彼の物理は基礎ができていないので，系統的にご指導をお願いします)

5) 我最近指导（／*领导）研究生写论文。
   Wǒ zuìjìn zhǐdǎo yánjiūshēng xiě lùnwén.
   (私はこのところ大学院生の論文執筆を指導している)

また，"指导"は具体性のある，指導可能な内容を目的語にとれるが，"领导"は

とれない。

6) 指导（／＊领导）学习（／论文／工作）
zhǐdǎo xuéxí (/lùnwén/gōngzuò)
（学習／論文／仕事の指導をする）

　一方，"领导"は具体的内容の指導をするのではなく，大局的な視野に立ち，進むべき方向を指し示し，多くは"大众"，"人民"などの大きな集団や組織を対象として「人々の先頭に立って率いる」ことに重点がある。具体的な指摘や指導内容がない7）～9）では"领导"を"指导"で言い換えることはできない。

7) 是中国共产党领导（／＊指导）中国人民实行了改革开放。
Shì Zhōngguó gòngchǎndǎng lǐngdǎo Zhōngguó rénmín shíxíngle gǎigé kāifàng.
（中国共産党が中国人民の改革開放政策実施を指導したのだ）

8) 我才能有限，领导（／＊指导）不了全厂。
Wǒ cáinéng yǒuxiàn, lǐngdǎobuliǎo quán chǎng.
（私の才能には限りがあり，工場全体を引っ張っていけない）

9) 上面决定由他来领导（／＊指导）这所大学。
Shàngmiàn juédìng yóu tā lái lǐngdǎo zhè suǒ dàxué.
（上部は彼にこの大学を任せることに決定した）

　また，"领导"では指導する者と指導される者は「上に立つ者」と「下につく者」の関係であるが，"指导"では「教える者」と「教わる者」の関係である。10）の"爷爷"と"孙女"の間には「上に立つ者」と「下につく者」の関係はない。

10) 爷爷指导（／＊领导）孙女画画儿。
Yéye zhǐdǎo sūnnǚ huà huàr.
（おじいちゃんが孫娘に絵を教える）

　人を表す名詞として，"领导"は「リーダー」としてトップに立つ「指導者」の意味があり，"指导"には「コーチ」としての「指導者」の意味がある。

11) 国家领导（／＊指导）
guójiā lǐngdǎo
（国家指導者）

12) 他虽然是我们的领导（／＊指导），但从来不摆架子。
Tā suīrán shì wǒmen de lǐngdǎo, dàn cónglái bù bǎi jiàzi.
（彼は我々のリーダーだが，これまで威張ったことなどない）

13) 她是女子篮球队的指导（／＊领导）。
Tā shì nǚzǐ lánqiúduì de zhǐdǎo.

（彼女は女子バスケットボールのコーチだ）

至于・关于
zhìyú　guānyú

前置詞の場合はいずれも「～について」の意味であるが，使い方はかなり異なっている。

"关于"は，後ろに陳述する物事にかかり，その範囲や内容を導き出す役目である。「～について」のほかに「～に関して」，「～に関する」と訳されることも多い。

"至于"は，先に述べた事を受けて，それに関連して話を転ずる時や，さらに踏み込んだ話をする時に使う。「～について」のほかに「～に至っては」，「～はというと」などと訳される。

1) 关于环保问题，我们要好好儿讨论一下。
   Guānyú huánbǎo wèntí, wǒmen yào hǎohāor tǎolùn yíxià.
   （環境保護について，われわれはじっくりと検討しなければいけない）

2) 我想买一本关于汉语语法的书。
   Wǒ xiǎng mǎi yì běn guānyú Hànyǔ yǔfǎ de shū.
   （私は中国語の文法に関する本を一冊買いたい）

3) 我可以做这个工作，至于能不能做好我可不敢保证。
   Wǒ kěyǐ zuò zhège gōngzuò, zhìyú néngbunéng zuòhǎo wǒ kě bù gǎn bǎozhèng.
   （私はこの仕事をやってもいいけれども，うまくできるかどうかまでは保証できないよ）

4) 我已经通知她了，至于她是否参加得问她本人了。
   Wǒ yǐjīng tōngzhī tā le, zhìyú tā shìfǒu cānjiā děi wèn tā běnrén le.
   （私はもう彼女に知らせた，参加するか否かは彼女本人に聞かなければならないよ）

1)～4)の文は，それぞれ上述した"关于"と"至于"の異なる用法のとおりなので，たがいに置き換えることはできない。しかし，下の5)～7)のように，文のニュアンスが違っても，どちらの意味にも取れる場合は置き換えて使ってもよい。

5) 今天先解决他的问题，关于（／至于）你的问题明天再说吧。
   Jīntiān xiān jiějué tā de wèntí, guānyú (／zhìyú) nǐ de wèntí míngtiān zài shuō ba.
   （今日はまず彼の問題を解決して，あなたの問題については明日にしよう）

6) 他很帅也很聪明，至于（／关于）性格得今后慢慢了解。
   Tā hěn shuài yě hěn cōngming, zhìyú (／guānyú) xìnggé děi jīnhòu mànmān liǎojiě.

(彼は格好もいいし頭も良いが，性格はというと，今後少しずつ見ていかなければならない)

7) 这个药见效很快，至于（／关于）副作用好像还没有定论。
Zhège yào jiànxiào hěn kuài, zhìyú (/guānyú) fùzuòyòng hǎoxiàng hái méiyǒu dìnglùn.
(この薬はすぐ効き目が出るが，副作用についてはまだ定説がないようだ)

"至于"は前置詞用法のほかに動詞，特に反語または否定形"不至于"でよく使う。"关于"にはそれらの用法はない。

8) 为这么点儿小事儿至于生那么大气吗？
Wèi zhème diǎnr xiǎoshìr zhìyú shēng nàme dà qì ma?
(こんなちょっとしたことで，そんなに怒らなくてもいいんじゃない)

9) 外边儿挺暖和的，不至于穿羽绒服。
Wàibianr tǐng nuǎnhuo de, bú zhìyú chuān yǔróngfú.
(外はなかなか暖かいから，ダウンジャケットを着る必要はなかろう)

一方，"关于"は単独で文章の表題に用いるが，"至于"にはこの用法はない。

10) 《关于学校规章制度》
«Guānyú xuéxiào guīzhāng zhìdù»
(『学校の規約と制度に関して』)

中・里・内
zhōng　lǐ　nèi

いずれも名詞の後に置き，場所や時間，範囲などが一定の範囲内であることを表す。
"中"は，状況や状態の持続をさすこともできる。この用法では，介詞"在"zài,"从"cóng などと組み合わされる場合が多い。

1) 跳入水中
tiàorù shuǐzhōng
(水に飛び込む)

2) 这两三年中
zhè liǎng sān nián zhōng
(ここ2，3年の間)

3) 这个计划中
   zhège jìhuà zhōng
   （この計画の中には）

4) 从沉思中惊醒过来
   cóng chénsī zhōng jīngxǐngguolai
   （瞑想から醒めた）

"里"は単独で，介詞"往"wǎng，"朝"cháo，"从"cóng，"由"yóu，"向"xiàng の目的語になることができる。名詞の後に置いた場合「…の中」という意味は弱くなり，軽声になる。

5) 往里站站
   wǎng lǐ zhànzhan
   （〈バスの車掌さんの呼びかけ〉中のほうへお詰めください）

6) 院子里
   yuànzili
   （庭〈の中〉に）

7) 夜里
   yèli
   （夜に）

8) 话里有话
   huàli yǒu huà
   （言葉に含みがある）

"内"は，独立しない形態素（意味をなす最小単位）とも結合し，決まった表現や書き言葉に用いられる。

9) 国内
   guónèi
   （国内）

10) 本月内
    běnyuè nèi
    （今月中）

11) 非有关人员，请勿入内
    fēi yǒuguān rényuán, qǐng wù rù nèi
    （関係者以外，立ち入り禁止）

钟・表
zhōng biǎo

"钟"は，置き時計や掛け時計など，ある場所に固定して使用する時計をさす。

1) 挂钟
   guàzhōng
   （掛け時計）

2) 座钟
   zuòzhōng
   （置き時計）

3) 闹钟
   nàozhōng
   （目覚まし時計）

4) 钟摆
   zhōngbǎi
   （時計の振り子）

一方"表"は，主に腕時計など，携帯する時計をさす。

5) 手表
   shǒubiǎo
   （腕時計）

6) 怀表
   huáibiǎo
   （懐中時計）

7) 电子表
   diànzǐbiǎo
   （デジタル式の時計）

8) 表带
   biǎodài
   （腕時計のバンド）

また，両方を含む総称としての「時計」には"钟表"を用いる。

9) 钟表店
   zhōngbiǎodiàn

(時計店)

10) 钟表厂
   zhōngbiǎochǎng
   (時計工場)

11) 修理钟表
   xiūlǐ zhōngbiǎo
   (時計を修理する)

注意・小心・当心
zhùyì　xiǎoxīn　dāngxīn

「安全に気をつけなさい」は"注意安全"zhùyì ānquán,"小心安全"xiǎoxīn ānquán,"当心安全"dāngxīn ānquán のどれも言える。"注意","小心","当心"はよく命令や忠告を表す文に現れ,「気をつける」,「注意する」という意味を表す。しかし三者は意味と文法的振る舞いにおいて違いが見られる。

まずは意味の違いを見る。
"注意"は「～に気を配る」,「～に注意を払う」という意味があるが,"小心"と"当心"には「～にならないよう気を配る,注意を払う」という意味が含まれている。

1) 她平时很注意（／＊小心／＊当心）自己的发型。
   Tā píngshí hěn zhùyì zìjǐ de fàxíng.
   (彼女は普段自分のヘアスタイルにとても気を配っている)

2) 大家念课文的时候，要注意（／＊小心／＊当心）声调。
   Dàjiā niàn kèwén de shíhou, yào zhùyì shēngdiào.
   (本文を読むときには，声調に気をつけてください)

3) 你最近每天都在加班，小心（／当心／＊注意）生病。
   Nǐ zuìjìn měitiān dōu zài jiābān, xiǎoxīn (/dāngxīn) shēngbìng.
   (最近毎日残業が続いていますが，病気にならないよう気をつけてください)

次は文法的振る舞いの違いを見る。
"小心"は連用修飾の機能があるが,"注意"と"当心"はそのような機能がない。

4) 她小心（／＊当心／＊注意）地照看着孩子。
   Tā xiǎoxīn de zhàokànzhe háizi.
   (彼女は注意深く子供の面倒を見ている)

5) 孩子小心（／＊当心／＊注意）地端来一杯热茶。
   Háizi xiǎoxīn de duānlái yì bēi rèchá.
   （子供は注意深く熱いお茶をはこんでいる）

"注意"は動詞であるため目的語をとることができ，また程度副詞の修飾を受けることができる。

6) 她非常注意卫生。
   Tā fēicháng zhùyì wèishēng.
   （彼女は非常に衛生に気をつけている）

"小心"は動詞と形容詞の両方を兼ねる品詞である。形容詞の場合は程度副詞の修飾を受けられるが，動詞の場合は程度副詞の修飾を受けられない。

7) 她非常小心。
   Tā fēicháng xiǎoxīn.
   （彼女は非常に用心深い）

8) ×她非常小心卫生。

"注意"と動詞としての"小心"，"当心"はいずれも後に名詞，動詞フレーズ，文を目的語としてとることができる。ただし，"注意"の目的語は「気を配る，注意を払う」人や物，事であるのに対し，"小心"，"当心"の目的語は「そうならないように用心する」人や物，事である。

9) 你要｛注意／小心／当心｝身体。
   Nǐ yào ｛zhùyì/xiǎoxīn/dāngxīn｝ shēntǐ.

例9）において，"注意"の場合は「体に気をつけてください」という意味になり，"小心"，"当心"では「体が（病気にならないよう）気をつけてください」という意味になる。

10) 谁也没注意（／＊小心／＊当心）他在说什么。
    Shéi yě méi zhùyì tā zài shuō shénme.
    （誰も彼が何を言っているのか注意を払わなかった）

11) 你要小心（／当心／＊注意）他把你骗了。
    Nǐ yào xiǎoxīn (/dāngxīn) tā bǎ nǐ piàn le.
    （彼に騙されないように気をつけて）

"当心"は程度副詞の修飾を受けられない。

12) 她在公司说话办事非常小心（／注意／＊当心）。
    Tā zài gōngsī shuōhuà bànshì fēicháng xiǎoxīn (/zhùyì).

（彼女は会社で話をしたり仕事をしたりするとき非常に注意深い）

"注意"は間に他の成分を挟むことができるが，"小心"と"当心"は間に他の成分が入らない。

13) 你以后注点儿意（／＊小点儿心／＊当点儿心）。
    Nǐ yǐhòu zhù diǎnr yì.
    （今後はちょっと気をつけてください）

祝・祝贺・庆祝
zhù　zhùhè　qìngzhù

いずれも動詞で，相手を言祝ぐ表現として用いられる。
"祝"は未来志向の表現で，これから相手がよい結果を得られるように祈願する。

1) 祝你幸福。
   Zhù nǐ xìngfú.
   （お幸せを祈ります）

2) 祝你新年快乐。
   Zhù nǐ xīnnián kuàilè.
   （よいお年を）

3) 祝你们胜利归来。
   Zhù nǐmen shènglì guīlái.
   （みなさんの凱旋をお祈りします）

"祝贺"は現在志向の表現で，相手がよい結果を得られたことを祝う。

4) 祝贺你。
   Zhùhè nǐ.
   （おめでとう）

5) 祝贺新年。
   Zhùhè xīnnián.
   （新年おめでとう）

6) 祝贺你们胜利归来。
   Zhùhè nǐmen shènglì guīlái.
   （凱旋おめでとう）

"庆祝"は，現在志向であるとともに社会性を帯びた表現であり，デモや集会など

公的活動によって，各人に共通する喜びをみんなで祝う。

7) 庆祝春节。
   Qìngzhù Chūnjié.
   （旧正月を祝う）

8) 全国各地举行各种活动庆祝建国五十周年。
   Quánguó gèdì jǔxíng gèzhǒng huódòng qìngzhù jiànguó wǔshí zhōunián.
   （全国各地でさまざまな催しを行い，建国50周年を祝う）

抓・捉
zhuā　zhuō

ともに動詞で，人や動物を捕らえることを表す。"抓"は捕らえる動作の過程に重点があり，"捉"は捕えて自分の支配下に置くという，動作の結果に重点が置かれる。

1) 抓（／捉）小偷
   zhuā (／zhuō) xiǎotōu
   （こそ泥を捕らえる）

2) 猫捉（／抓）老鼠
   māo zhuō (／zhuā) lǎoshǔ
   （ネコがネズミを捕まえる）

"捉"には"捉拿" zhuōná，"捕捉" bǔzhuō など造語性があるが，"抓"にはない。

3) 活捉（／＊活抓）敌人
   huózhuō dírén
   （敵を生け捕りにする）

"抓"は「手や指でつかむ」，「握る」に加えて，さらにいろいろな派生義をもつが，"捉"は書き言葉として用いられ，「握る」の基本義をもつだけである。

4) 他一把抓住我的手。
   Tā yì bǎ zhuāzhù wǒ de shǒu.
   （彼は私の手をぐっとつかんだ）

5) 抓大意
   zhuā dàyì
   （大意をつかむ）

6) 捉笔赋诗
   zhuō bǐ fù shī
   (筆を執り詩を作る)

准确 · 正确
zhǔnquè zhèngquè

"准确"は，実際あるいは要求や基準と完全に一致している。正確である。一般に，計算，測量，射撃，言葉などに用いる。

1) 他计算得很准确。
   Tā jìsuànde hěn zhǔnquè.
   (彼の計算はとても正確だ)

2) 这个战士射击相当准确。
   Zhège zhànshì shèjī xiāngdāng zhǔnquè.
   (この兵士の射撃はかなり正確だ)

3) 她的发音非常准确。
   Tā de fāyīn fēicháng zhǔnquè.
   (彼女は大変正しい発音をしている)

4) 这个词用得不太准确。
   Zhège cí yòngde bú tài zhǔnquè.
   (この言葉の使い方は間違っている)

"正确"は，「事実や道理が一般的な基準に合っている」という意。内容が正しいという意味で使われ，考えや判断など抽象的なことにも用いる。

5) 他作出了正确的判断。
   Tā zuòchule zhèngquè de pànduàn.
   (彼は正しい判断を下した)

6) 没有一个正确的方向，就无法达到自己的目标。
   Méiyǒu yí ge zhèngquè de fāngxiàng, jiù wúfǎ dádào zìjǐ de mùbiāo.
   (正しい方向に向かっていなければ，自分の目標を達成できない)

正確さを表す時，"准确"と"正确"は同じ意味を表現できるが，趣旨が異なったり，中身に違いが生じたりすることがある。

7) 你的回答很正确（／准确）。
   Nǐ de huídá hěn zhèngquè (／zhǔnquè).

（君の答えは正解です）

この場合，求められている答えに合っているという意味である。"准确"を使ってもほぼ同じ意味になるが，場合によっては，答えが計測できるものである可能性があり，完全に一致していてぴったりだというニュアンスがある。

計器類や時計などの正確性を表す時は"准确"を用い，決められている基準や指標，パラメータの達成度を示す。

8) 这个体温计不太准确。
Zhège tǐwēnjì bú tài zhǔnquè.
（この体温計は正確に計れない）

9) 这个表的时间准确吗？
Zhège biǎo de shíjiān zhǔnquè ma?
（この時計の時間は合っている？）

10) 这个检索工具的准确性比较差。
Zhège jiǎnsuǒ gōngjù de zhǔnquèxìng bǐjiào chà.
（この検索ツールの検索結果の精度は低い）

上記の場合は"正确"に置き換えることが難しい。

"正确"と"准确"はともに"正确性"zhèngquèxìng（正確性），"准确性"zhǔnquèxìng（正確性），"正确率"zhèngquèlǜ（正確率），"准确率"zhǔnquèlǜ（正確率）のような派生語が存在する。

总・老
zǒng   lǎo

どちらも副詞として用いられ，基本的に「いつも」，「きまって」という意味を表すが，若干のニュアンスの違いがある。
"总"は状態や状況が不変であることを強調する。あるいは，いつも同じで，例外がきわめて少ないことを表す。

1) 昆明的天气总是这样温暖如春。
Kūnmíng de tiānqì zǒngshì zhèyàng wēnnuǎn rú chūn.
（昆明の気候は，いつもこんな春のような陽気だ）

2) 我去找他时，他总在看书。
Wǒ qù zhǎo tā shí, tā zǒng zài kàn shū.
（私が訪ねると，彼はきまって読書をしている）

一方"老"は，動作や行為が一定期間，絶え間なく繰り返されることに重点を置いた表現である。

3) 我今天老打喷嚏，可能感冒了。
   Wǒ jīntiān lǎo dǎ pēntì, kěnéng gǎnmào le.
   （今日はくしゃみばかりしていて，どうやら風邪をひいたようだ）

4) 我想安静会儿，可电话老响个不停。
   Wǒ xiǎng ānjìng huìr, kě diànhuà lǎo xiǎng ge bùtíng.
   （しばらく静かにしていたいのに，ひっきりなしに電話が鳴る）

加えて，話し手の不満を表す場合には，よく"老"を用いる。

5) 你怎么老迟到?
   Nǐ zěnme lǎo chídào?
   （あなたはどうしていつも遅刻ばかりするの）

最・顶
zuì　dǐng

どちらも副詞として機能し，基本的に「もっとも」，「きわめて」という意味をもつ。
"最"は，ある集合に含まれるすべてのものと比較した結果「一番であること」を表す。

1) 我们班里他个子最高。
   Wǒmen bānli tā gèzi zuì gāo.
   （私たちのクラスの中では，彼が最も背が高い）

2) 最上边一层杂志是新的。
   Zuì shàngbian yì céng zázhì shì xīn de.
   （いちばん上の雑誌は新しいものだ）

一方"顶"は，一般常識や社会通念と比較した結果，「程度がきわめて高い」点を強調し，時に反駁や意外性のニュアンスをもつ。

3) （「果物はお嫌いでしょう」と言われて）没有，我顶喜欢吃水果了。
   Méiyou, wǒ dǐng xǐhuan chī shuǐguǒ le.
   （いえいえ，果物はけっこう好きなほうです）

4) 他顶不负责任。
   Tā dǐng bú fù zérèn.

（彼はかなり無責任だ）

なお，最大限度を表す場合は，言い換えが可能である。

5) 最（／顶）多再过两天就能结束。
Zuì (/dǐng) duō zài guò liǎng tiān jiù néng jiéshù.
（最大あと二日間もあれば，終えることができるだろう）

最近・近来
zuìjìn　jìnlái

ともに「最近，近ごろ」という意味をもつ名詞であり，どちらもある過去の時点から発話時点までの時間を表すのに用いられる。2つの言葉は置き換えて使える場合がある。

1) 最近（／近来）鸡蛋又涨价了。
Zuìjìn (/Jìnlái) jīdàn yòu zhǎngjià le.
（最近卵がまた値上がりした）

2) 最近（／近来）天气变化无常。
Zuìjìn (/Jìnlái) tiānqì biànhuà wúcháng.
（近ごろ天気がめまぐるしく変化している）

3) 见到他领女友逛街，还是最近（／近来）的事情。
Jiàndào tā lǐng nǚyǒu guàngjiē, háishi zuìjìn (/jìnlái) de shìqíng.
（彼が恋人を連れて街をぶらぶらしているのを見かけたのは，つい最近のことだ）

"最近"は，"几天"jǐ tiān（何日か），"一段时间"yí duàn shíjiān（しばらくの間）のような，（不確定な）時間量を表す語句と一緒に使うことができるが，"近来"は単独で使用されることが多い。

4) 最近（／＊近来）几年这里没发生洪水。
Zuìjìn jǐ nián zhèli méi fāshēng hóngshuǐ.
（ここ数年，このあたりでは洪水が起きていない）

5) 最近（／＊近来）几天你怎么总是迟到？
Zuìjìn jǐ tiān nǐ zěnme zǒngshì chídào?
（この数日あなたはどうして遅刻ばかりしているの）

6) 近来（／最近）生意一天比一天好。
Jìnlái (/Zuìjìn) shēngyi yì tiān bǐ yì tiān hǎo.
（このごろ，商売は日一日とよくなっている）

"近来"にこのような用法がないのは，あるいは"近年来"jìnnián lái（近年）"近几个月来"jìn jǐ ge yuè lái（ここ数か月）"近些天来"jìn xiē tiān lái（ここ数日）のように，"近"と"来"の間に，時間量を表す語句がはさまる表現が別にあるためかもしれない。

7) 近年来，党和政府出台了许多新的政策和措施。
   Jìn nián lái, dǎng hé zhèngfǔ chūtáile xǔduō xīn de zhèngcè hé cuòshī.
   （近年，党と政府は新しい政策と措置を多く打ち出している）

8) 近些天来，人们发现报纸上老百姓的故事多了。
   Jìn xiē tiān lái, rénmen fāxiàn bàozhǐshang lǎobǎixìng de gùshi duō le.
   （ここ数日，人々は，新聞に庶民に関する記事が増えていることに気づいた）

"最近"は「未来」のことにも使用されるのに対して，"近来"は「未来」のことには普通使わない。

9) 最近（／*近来）要去青岛出差。
   Zuìjìn yào qù Qīngdǎo chūchāi.
   （近いうちに青島に出張に行くことになっている）

10) 听说那本书最近（／*近来）还会重印。
    Tīngshuō nà běn shū zuìjìn hái huì chóngyìn.
    （この本は近々再版されるらしい）

11) 据他说局里最近（／*近来）要有些人事变动。
    Jù tā shuō júli zuìjìn yào yǒuxiē rénshì biàndòng.
    （彼の話によれば，近いうちに局内で人事異動があるそうだ）

左右・上下
zuǒyòu shàngxià

ともに概数を表す。数量表現の後ろに用いて，おおよその数量を表す。

1) 今天气温在三十八度左右（／上下）。
   Jīntiān qìwēn zài sānshíbā dù zuǒyòu (/shàngxià).
   （今日の気温は38度くらいだ）

2) 他身高在一米七左右（／上下）。
   Tā shēngāo zài yì mǐ qī zuǒyòu (/shàngxià).
   （彼の身長は1メートル70ほどだ）

"上下"は"左右"に比べて使用範囲が狭く，時間に用いることはできない。

3) 晩上九点左右（／＊上下）
　　wǎnshang jiǔ diǎn zuǒyòu
　　（夜9時ぐらい）

距離の場合，水平方向の距離に"上下"は使えない。しかし垂直方向の距離，つまり高さや深さには"上下"も使える。"左右"には，こうした制限はない。

4) 从这儿到那儿有一百米左右（／＊上下）。
　　Cóng zhèr dào nàr yǒu yì bǎi mǐ zuǒyòu.
　　（ここからあそこまで100メートルくらいある）

5) 这儿海拔二百米左右（上下）。
　　Zhèr hǎibá èr bǎi mǐ zuǒyòu (／shàngxià).
　　（ここは海抜200メートルぐらいだ）

坐・蹲・骑
zuò　dūn　qí

いずれも「座る」という意味を表す動詞であるが，それぞれの表す座り方が異なっている。そのため，文において置き換えることはできない。
"坐"は「尻を椅子や腰かけなどの上に密着させて座る」。腰掛ける。

1) 她坐在椅子上打电脑。
　　Tā zuòzài yǐzishang dǎ diànnǎo.
　　（彼女は椅子に座ってパソコンを使っている）

"坐"の後ろに名詞の目的語をともなえる。"坐火车"zuò huǒchē（汽車に乗る），"坐飞机"zuò fēijī（飛行機に乗る），"坐公交车"zuò gōngjiāochē（バスに乗る），"坐汽车"zuò qìchē（車に乗る），"坐地铁"zuò dìtiě（地下鉄に乗る）など。

2) 时间还早，咱们坐公交车去吧。
　　Shíjiān hái zǎo, zánmen zuò gōngjiāochē qù ba.
　　（時間がまだ早いから，バスで行こう）

"蹲"は「尻を浮かせたまま腰を下ろす」。しゃがむ。

3) 他蹲在路边抽烟。
　　Tā dūnzài lùbiān chōuyān.
　　（彼は道ばたでしゃがんでタバコを吸っている）

"蹲"の後ろにも名詞の目的語をともなえる。"蹲马桶"dūn mǎtǒng（便器にしゃがむ），"蹲过监牢"dūnguo jiānláo（牢獄につながれたことがある），など。

しゃがむ動作を示す"蹲"には,「長い時間ある所にとどまっている」意味もある。

4) 隔壁老王他儿子什么都不做，就天天在家蹲着。
Gébì Lǎo Wáng tā érzi shénme dōu bú zuò, jiù tiāntiān zài jiā dūnzhe.
（隣の王さんの息子さんは何もしないで，家にじっとしているばかりだ）

"骑"は「またがって座る」。後ろに名詞の目的語をともなえる。
"骑自行车" qí zìxíngchē（自転車に乗る），"骑马" qí mǎ（馬に乗る），"骑摩拖车" qí mótuōchē（バイクに乗る）など。

5) 我每天骑自行车上班。
Wǒ měitiān qí zìxíngchē shàngbān.
（私は毎日自転車で通勤している）

坐车・乘车・搭车・上车・骑车
zuòchē　chéngchē　dāchē　shàngchē　qíchē

いずれも「乗り物に乗る」という意味を表すが，細かい意味の違いがある。
"坐车"はバス，タクシー，乗用車など，座席のある乗り物に乗ることを表す。

1) 我每天坐车上班。
Wǒ měitiān zuòchē shàngbān.
（私は毎日バスで通勤している）

"乘车"はバス，列車など，広く乗り物に乗ることを表す。よく書き言葉として用いられる。

2) 乘车难是个老大难问题。
Chéngchē nán shì ge lǎodànán wèntí.
（足の確保は，いつも非常に厄介な問題だ）

"搭车"は"坐车"，"乘车"の意味をもつほか，さらに団体や個人所有の車に「同乗する」という意味も表す。

3) 我搭您的车行吗？
Wǒ dā nín de chē xíng ma?
（あなたの車に同乗させていただいてもよろしいですか）

"上车"は特に，車内に乗り込む動作に重点を置いた表現である。

4) 他上车后才发现坐错车了。
Tā shàngchē hòu cái fāxiàn zuòcuò chē le.

(彼は乗ってから，乗り間違えたことに気付いた)

"骑车"は，自転車やバイクなどに「またがって乗る」ことを表す。

5) 你是骑车来的还是坐车来的?
   Nǐ shì qíchē lái de háishi zuòchē lái de?
   (君は自転車で来たの，それともバスで来たの？)

座・所
zuò　suǒ

いずれも場所を表す名詞を数える際の名量詞として用いられる。
"座"は比較的大型で，固定したものを数える。

1) 一座山
   yí zuò shān
   (一つの山)

2) 两座高楼
   liǎng zuò gāolóu
   (二棟のビル)

3) 三座桥
   sān zuò qiáo
   (三本の橋)

4) 四座水库
   sì zuò shuǐkù
   (四基のダム)

5) 五座铜像
   wǔ zuò tóngxiàng
   (五体の銅像)

"所"は主に家屋を数える。また，関連のある数棟の建物を，ひとまとまりの施設として数える場合にも用いられる。

6) 一所房子
   yì suǒ fángzi
   (一戸の家屋)

7) 两所医院
   liǎng suǒ yīyuàn

8) 干（／搞）财务
    gàn (/gǎo) cáiwù
    （財務を担当する）

9) 埋头苦干
    máitóu kǔgàn
    （わき目も振らずに夢中で打ち込む）

"搞"は本来"做"とほぼ同じ意味を表す西南方言であったが，現在は"普通话" pǔtōnghuà（共通語）に定着している。積極的な語感があり，いろいろな動詞の代わりに用いて熟語化したものも多い。よく話し言葉に用いる。

10) 搞（／做）家务
    gǎo (/zuò) jiāwù
    （家事をする）

11) 搞卫生
    gǎo wèishēng
    （清潔にする）

12) 搞对象
    gǎo duìxiàng
    （結婚相手を探す）

13) 搞车票
    gǎo chēpiào
    （乗車券を工面する）

"办"は「処理する，取り扱ってさばく」の意味を表す。

14) 办手续
    bàn shǒuxù
    （手続きをする）

15) 办护照
    bàn hùzhào
    （パスポートを取得する）

16) 办喜事儿
    bàn xǐshìr
    （結婚式を挙げる）

（二カ所の病院）

8) 三所大学
   sān suǒ dàxué
   （三校の大学）

做・干・搞・办
zuò　gàn　gǎo　bàn

いずれも動詞として機能し，仕事，事務，活動などを行う意味を表す。"做"は，広く「…をする」という意味に用いる。

1) 做（／干／搞）工作
   zuò(/gàn/gǎo) gōngzuò
   （仕事をする）

2) 做（／搞）买卖
   zuò(/gǎo) mǎimai
   （商売をする）

3) 做体操
   zuò tǐcāo
   （体操をする）

4) 做手术
   zuò shǒuxù
   （手術をする）

5) 做贡献
   zuò gòngxiàn
   （貢献する）

"干"は，積極的に，あるいは勢いよく行うことを表す。仕事や任務に限られるが，よく話し言葉に用いる。

6) 干（／做）活儿
   gàn(/zuò) huór
   （仕事をする）

7) 干主任
   gàn zhǔrèn
   （主任職をこなす）

索引
Index

索 引

A

ai

矮 ǎi →低·矮 150

爱 ài →爱·好 2

爱 ài →喜欢·爱 615

爱好 àihào →爱好·嗜好 3

爱护 àihù →爱护·爱惜 5

爱人 àiren →夫人·妻子·爱人·太太·老婆 210

爱惜 àixī →爱护·爱惜 5

an

安定 āndìng →安定·稳定 6

安静 ānjìng →安静·宁静 7

安排 ānpái →安排·安置 9

安全 ānquán →安全·平安 10

安置 ānzhì →安排·安置 9

按 àn →按·摁·推·压 11

暗 àn →黑·暗 259

暗暗 àn'àn →暗暗·偷偷·悄悄 13

B

ba

巴不得 bābude →巴不得·恨不得 14

拔 bá →拔·抽 16

把 bǎ →把·将·拿 17

把握 bǎwò →把握·掌握 18

爸爸 bàba →父亲·爸爸·爹 213

bai

白 bái →白·空 19

摆 bǎi →放·搁·摆·摊 196

败露 bàilù →败露·暴露·揭露 20

拜访 bàifǎng →访问·拜访·参观 195

ban

班 bān →群·伙·帮·班 471

颁布 bānbù →公布·发布·颁布 227

办 bàn →做·干·搞·办 763

办法 bànfǎ →方法·办法 190

bang

帮 bāng →帮·帮忙·帮助 22

帮 bāng →群·伙·帮·班 471

帮忙 bāngmáng →帮·帮忙·帮助 22

帮助 bāngzhù →帮·帮忙·帮助 22

傍晚 bàngwǎn →傍晚·黄昏 23

bao

包 bāo →捆·包·扎 362

包 bāo →卷·裹·包·缠 329

包儿 bāor →包儿·袋儿·兜儿 24

剥 bāo →削·剥 633

宝贵 bǎoguì →宝贵·珍贵·贵重 26

保持 bǎochí →保持·维持 27

保存 bǎocún →保存·保留 27

保留 bǎoliú →保存·保留 27

保障 bǎozhàng →保障·保证 29

保证 bǎozhèng →保障·保证 29

抱 bào →抱·搂 30

抱歉 bàoqiàn →抱歉·对不起·道歉 32

暴露 bàolù →败露·暴露·揭露 20

bei

杯 bēi →碗·杯·盅 598

背 bēi →背·驮·扛 33

悲哀 bēi'āi →悲哀·悲惨·伤心 34

悲惨 bēicǎn →悲哀·悲惨·伤心 34

ben

本来 běnlái →本来·原来 36

本领 běnlǐng →本领·本事 37

本事 běnshi →本领·本事 37

笨 bèn →笨·糊涂·傻 38

[beng]

蹦 bèng →蹦·跳 40

[bi]

比…都~ bǐ…dōu~ →比…更~·比…还~·比…都~ 42

比…更~ bǐ…gèng~ →比…更~·比…还~·比…都~ 42

比…还~ bǐ…hái~ →比…更~·比…还~·比…都~ 42

比较 bǐjiào →对照·对比·比较 177

比如 bǐrú →例如·比如 376

比赛 bǐsài →比赛·竞赛 44

必定 bìdìng →一定·必定 669

必须 bìxū →必需·必须 45

必需 bìxū →必需·必须 45

闭 bì →关·合·闭 232

[bian]

变 biàn →变·变化 46

变 biàn →发·变 184

变成 biànchéng →变成·成为 48

变化 biànhuà →变·变化 46

便 biàn →就·便 325

[biao]

表 biǎo →钟·表 750

表达 biǎodá →表示·表达 49

表示 biǎoshì →表示·显示 51

表示 biǎoshì →表示·表达 49

表现 biǎoxiàn →态度·表现 545

表扬 biǎoyáng →称赞·赞扬·表扬 94

[bie]

别 bié →别·不要·少 52

别看 biékàn →别看·虽然 54

[bin]

宾馆 bīnguǎn →饭店·宾馆·酒店·旅馆·招待所 189

[bing]

并 bìng →并·及·而 55

病院 bìngyuàn →医院·病院 682

[bu]

不得不 bù dé bù →不得不·只得·只好·只能 57

不懂 bù dǒng →没懂·不懂 395

不好意思 bù hǎoyìsi →对不起·不好意思 172

不客气 bù kèqi →不谢·不客气 60

不能见 bù néng jiàn →不能见·见不到 58

不谢 bù xiè →不谢·不客气 60

不要紧 bù yàojǐn →不要紧·没关系 62

不一定 bù yīdìng →不见得·不一定 68

不一会儿 bù yīhuìr →一会儿·不一会儿 670

不必 bùbì →不必·不用·无须 63

不必 bùbì →未必·不必·何必 604

不得了 bùdéliǎo →不得了·了不得 65

不断 bùduàn →不断·不停 66

不管 bùguǎn →尽管·不管 314

不过 bùguò →但·但是·可是·不过 138

不见得 bùjiànde →不见得·不一定 68

不禁 bùjīn →不禁·不觉 69

不觉 bùjué →不禁·不觉 69

767

不免 bùmiǎn →未免·不免·难免 605
不停 bùtíng →不断·不停 66
不要 bùyào →别·不要·少 52
不用 bùyòng →不必·不用·无须 63
不用 bùyòng →不用·用不着 71
不在乎 bùzàihu →不在乎·无所谓 73

C

ca
擦 cā →磨·擦 410
cai
猜 cāi →猜·估计 74
猜测 cāicè →推测·猜测 590
采 cǎi →摘·采 724
采取 cǎiqǔ →采用·采取 75
采用 cǎiyòng →采用·采取 75
彩色 cǎisè →彩色·色彩·颜色 76
踩 cǎi →踩·踏 78
菜馆 càiguǎn →食堂·餐厅·饭馆·菜馆 507
can
参观 cānguān →参观·游览 80
参观 cānguān →访问·拜访·参观 195
餐厅 cāntīng →食堂·餐厅·饭馆·菜馆 507
cang
藏 cáng →躲·藏 182
ceng
曾经 céngjīng →曾经·已经 82
cha
差别 chābié →差别·区别 84
差不多 chàbuduō →简直·几乎·差不多 292

chan
缠 chán →卷·裹·包·缠 329
产生 chǎnshēng →发生·产生 188
颤抖 chàndǒu →发抖·哆嗦·颤抖 187
chang
场 cháng →场·场 86
尝 cháng →尝·品尝·品 88
尝 cháng →吃·尝 97
常常 chángcháng →常常·经常·往往 90
场 chǎng →场·场 86
chao
朝 cháo →往·向·朝 600
chen
沉 chén →沉·重 91
沉重 chénzhòng →沉重·繁重 93
cheng
称赞 chēngzàn →称赞·赞扬·表扬 94
成果 chéngguǒ →结果·后果·成果 312
成绩 chéngjì →成绩·成就 96
成就 chéngjiù →成绩·成就 96
成为 chéngwéi →变成·成为 48
乘车 chéngchē →坐车·乘车·搭车·上车·骑车 761
chi
吃 chī →吃·尝 97
吃茶 chī chá →喝茶·饮茶·品茶·吃茶 252
吃亏 chīkuī →吃亏·上当 100
吃力 chīlì →吃力·费力 101
吃香 chīxiāng →受欢迎·吃香 519

768

持续 chíxù →继续·持续　283

chong

冲茶 chōng chá →倒茶·沏茶·冲茶·泡茶　141

充实 chōngshí →充实·充足　103

充足 chōngzú →充实·充足　103

重复 chóngfù →重复·反复　104

重新 chóngxīn →从头·重新·从新　119

宠 chǒng →宠·贯·娇·疼　105

chou

抽 chōu →拔·抽　16

踌躇 chóuchú →踌躇·犹豫　107

瞅 chǒu →瞧·瞅·盯·望·看　450

chu

出发 chūfā →出发·动身·走　108

出色 chūsè →精彩·出色　320

处理 chǔlǐ →处理·处置　109

处置 chǔzhì →处理·处置　109

处处 chùchù →处处·到处　111

chuan

穿 chuān →穿·戴·系　112

传染 chuánrǎn →传染·感染·沾染　113

chui

捶 chuí →拍·捶·敲·打　429

ci

词典 cídiǎn →词典·字典　115

辞职 cízhí →离休·退休·退职·辞职　374

cong

从 cóng →从·自·离·由　116

从来 cónglái →从来·一直　117

从头 cóngtóu →从头·重新·从新　119

从新 cóngxīn →从头·重新·从新　119

cou

凑合 còuhe →将就·凑合　300

cui

催 cuī →催促·催·督促　120

催促 cuīcù →催促·催·督促　120

cuo

错误 cuòwù →缺点·毛病·错误　467

D

da

搭车 dāchē →坐车·乘车·搭车·上车·骑车　761

达到 dádào →达到·到达　121

答复 dáfu →答复·回答　122

打 dǎ →拍·捶·敲·打　429

打算 dǎsuan →打算·准备　124

打听 dǎting →问·打听　609

大方 dàfang →慷慨·大方　351

大概 dàgài →大概·大约　126

大量 dàliàng →大量·大批　127

大批 dàpī →大量·大批　127

大学 dàxué →大学·学院　129

大约 dàyuē →大概·大约　126

dai

大夫 dàifu →医生·大夫　681

带 dài →带·拿　130

带 dài →陪·带·领·跟　434

袋儿 dàir →包儿·袋儿·兜儿　24

戴 dài →穿·戴·系　112

dan

担当 dāndāng →担任·担当　132

担任 dānrèn →担任·担当　132

担心 dānxīn →担心·担忧　133

769

担心 dānxīn →担心・挂念・惦记 134

担忧 dānyōu →担心・担忧 133

耽搁 dānge →耽误・耽搁 136

耽误 dānwu →耽误・耽搁 136

但 dàn →但・但是・可是・不过 138

但是 dànshì →但・但是・可是・不过 138

dang

当代 dāngdài →近代・现代・当代 315

当心 dāngxīn →注意・小心・当心 751

dao

到处 dàochù →处处・到处 111

到达 dàodá →达到・到达 121

到底 dàodǐ →到底・终于 140

倒 dào →灌・倒 235

倒 dào →却・倒 469

倒茶 dào chá →倒茶・沏茶・冲茶・泡茶 141

道 dào →道・路・道路 143

道 dào →道・条 145

道路 dàolù →道・路・道路 143

道歉 dàoqiàn →抱歉・对不起・道歉 32

de

得病 débìng →生病・得病・犯病 492

得到 dédào →得到・取得・获得 147

deng

等 děng →等・等等 148

等等 děngděng →等・等等 148

di

低 dī →低・矮 150

的确 díquè →实在・的确・确实 506

地上 dìshang →地上・地下 152

地位 dìwèi →位置・地位・位子 607

地下 dìxia →地上・地下 152

地址 dìzhǐ →地址・住址 153

第 dì →头・第 581

dian

颠簸 diānbǒ →摇摆・摇晃・颠簸 660

典范 diǎnfàn →典范・典型 154

典型 diǎnxíng →典范・典型 154

点 diǎn →点・些 155

点 diǎn →点・要 156

电车 diànchē →火车・列车・电车 277

电脑 diànnǎo →计算机・电脑 282

电影 diànyǐng →电影・影片 158

惦记 diànji →担心・挂念・惦记 134

diao

吊 diào →吊・挂・悬 160

die

爹 diē →父亲・爸爸・爹 213

碟 dié →盘・碟・碗 430

ding

盯 dīng →瞧・瞅・盯・望・看 450

顶 dǐng →最・顶 757

diu

丢 diū →丢・没 161

dong

懂 dǒng →懂・懂得・明白 163

懂 dǒng →懂・知道 164

懂了 dǒng le →明白了・懂了・知道了・好的 406

懂得 dǒngde →懂・懂得・明白 163

动身 dòngshēn →出发・动身・走 108

动手 dòngshǒu →下手・动手・着手 618

洞 dòng →洞・孔・穴 166

dou

770

兜儿 dōur → 包儿·袋儿·兜儿 24
逗 dòu → 哄·逗 265

du

督促 dūcù → 催促·催·督促 120
读书 dúshū → 念书·读书·看书 423
度过 dùguò → 度过·渡过 168
渡过 dùguò → 度过·渡过 168

duan

端 duān → 提·端·捧 555

dui

对 duì → 对·对于 169
对 duì → 对·双·副 170
对 duì → 行·对·是 645
对比 duìbǐ → 对照·对比·比较 177
对不起 duìbuqǐ → 对不起·不好意思 172
对不起 duìbuqǐ → 对不起·劳驾·麻烦 173
对不起 duìbuqǐ → 抱歉·对不起·道歉 32
对于 duìyú → 对·对于 169
对于 duìyú → 对于·关于 175
对照 duìzhào → 对照·对比·比较 177
兑 duì → 加·添·兑 285

dun

蹲 dūn → 坐·蹲·骑 760
炖 dùn → 炖·煮 178

duo

多少 duōshao → 几·多少 280
多少钱 duōshao qián → 多少钱·怎么卖 180
哆嗦 duōsuo → 发抖·哆嗦·颤抖 187
躲 duǒ → 躲·藏 182

E

en

摁 èn → 按·摁·推·压 11

er

而 ér → 并·及·而 55
二位 èr wèi → 二位·两位 183

F

fa

发 fā → 发·变 184
发脾气 fā píqi → 发脾气·生气 185
发布 fābù → 公布·发布·颁布 227
发抖 fādǒu → 发抖·哆嗦·颤抖 187
发生 fāshēng → 发生·产生 188

fan

繁重 fánzhòng → 沉重·繁重 93
反而 fǎn'ér → 相反·反而 625
反复 fǎnfù → 重复·反复 104
犯病 fànbìng → 生病·得病·犯病 492
饭店 fàndiàn → 饭店·宾馆·酒店·旅馆·招待所 189
饭馆 fànguǎn → 食堂·餐厅·饭馆·菜馆 507

fang

方法 fāngfǎ → 方法·办法 190
房间 fángjiān → 房间·屋子 192
房子 fángzi → 房子·家 193
仿佛 fǎngfú → 仿佛·好像 194
访问 fǎngwèn → 访问·拜访·参观 195
放 fàng → 放·搁·摆·摊 196
放假 fàngjià → 放假·请假·休假 198

fei

非常 fēicháng → 非常·十分 200

771

非常 fēicháng →很·非常·怪·挺 261
肥 féi →胖·肥 432
费 fèi →花·费 268
费力 fèilì →吃力·费力 101

[fen]
分辨 fēnbiàn →分别·分辨 201
分别 fēnbié →分别·分辨 201
吩咐 fēnfu →吩咐·嘱咐 203

[feng]
丰富 fēngfù →丰富·丰盛·丰厚 204
丰厚 fēnghòu →丰富·丰盛·丰厚 204
丰盛 fēngshèng →丰富·丰盛·丰厚 204
风光 fēngguāng →风光·风景·景色 206
风景 fēngjǐng →风光·风景·景色 206
风味 fēngwèi →风味·滋味·味道 207

[fu]
夫妇 fūfù →夫妇·夫妻 209
夫妻 fūqī →夫妇·夫妻 209
夫人 fūren →夫人·妻子·爱人·太太·老婆 210
幅 fú →幅·副 211
父亲 fùqin →父亲·爸爸·爹 213
付 fù →花·付·交 270
妇女 fùnǚ →女士·女性·女人·妇女·女的 425
副 fù →幅·副 211
副 fù →对·双·副 170

G

[gai]
该 gāi →应该·应当·应·该 690
改正 gǎizhèng →修改·修正·纠正·改正 649
盖 gài →盖·罩 213

[gan]
干脆 gāncuì →索性·干脆 540
赶得上 gǎndeshàng →赶得上·赶上·来得及 214
赶紧 gǎnjǐn →赶紧·赶忙 215
赶快 gǎnkuài →赶快·马上 217
赶忙 gǎnmáng →赶紧·赶忙 215
赶上 gǎnshàng →赶得上·赶上·来得及 214
感动 gǎndòng →感动·激动 218
感染 gǎnrǎn →传染·感染·沾染 113
感谢 gǎnxiè →谢谢·谢·感谢 640
干 gàn →做·干·搞·办 763
干吗 gànmá →干吗·为什么 220

[gang]
刚 gāng →刚才·刚·刚刚 221
刚才 gāngcái →刚才·刚·刚刚 221
刚刚 gānggāng →刚才·刚·刚刚 221
缸 gāng →罐·缸·盆·壶 237

[gao]
高兴 gāoxìng →高兴·愉快 223
高兴 gāoxìng →开心·高兴 337
搞 gǎo →搞·弄 225
搞 gǎo →做·干·搞·办 763
告诉 gàosu →教·告诉 303
告诉 gàosu →说·告诉 530

[ge]
割 gē →砍·劈·剪·切·割·锯 340

772

搁 gē →放·搁·摆·摊　196

格外 géwài →特别·特·格外　548

gei

给 gěi →替·为·给　559

gen

跟 gēn →跟·同·和　226

跟 gēn →陪·带·领·跟　434

gong

工作 gōngzuò →任务·工作　478

公布 gōngbù →公布·发布·颁布　227

功课 gōngkè →功课·作业　228

gou

构造 gòuzào →结构·构造　310

gu

估计 gūjì →猜·估计　74

姑娘 gūniang →姑娘·小姐　230

姑娘 gūniang →女儿·姑娘　424

古 gǔ →老·旧·古　367

固然 gùrán →固然·虽然　231

固执 gùzhí →顽固·固执　595

故居 gùjū →旧居·故居　324

故乡 gùxiāng →老家·故乡·家乡　369

gua

挂 guà →吊·挂·悬　160

挂念 guàniàn →担心·挂念·惦记　134

guai

怪 guài →很·非常·怪·挺　261

怪不得 guàibude →难怪·怪不得　417

guan

关 guān →关·合·闭　232

关怀 guānhuái →关心·关怀　234

关心 guānxīn →关心·关怀　234

关于 guānyú →对于·关于　175

关于 guānyú →至于·关于　747

关照 guānzhào →照顾·关照　729

观赏 guānshǎng →观赏·欣赏·鉴赏　235

贯 guàn →宠·贯·娇·疼　105

灌 guàn →灌·倒　235

罐 guàn →罐·缸·盆·壶　237

gui

贵重 guìzhòng →宝贵·珍贵·贵重　26

guo

果然 guǒrán →果然·居然　239

裹 guǒ →卷·裹·包·缠　329

H

hai

还 hái →再·又·还　710

还是 háishi →还是·或者　240

害怕 hàipà →害怕·怕·可怕　241

han

喊 hǎn →叫·喊　304

汉语 Hànyǔ →汉语·中文·普通话·华语　242

hao

好 hǎo →很·好　264

好 hǎo →容易·好　480

好吃 hǎochī →好吃·香　246

好的 hǎo de →明白了·懂了·知道了·好的　406

好看 hǎokàn →美丽·漂亮·好看　403

好不容易 hǎoburóngyì →好容易·好不容易　247

好容易 hǎoróngyì →好容易·好不容易　247

好使 hǎoshǐ →好用·好使　250

773

好玩儿 hǎowánr →好玩儿·有意思·有趣 248
好像 hǎoxiàng →仿佛·好像 194
好像 hǎoxiàng →好像·简直 250
好用 hǎoyòng →好用·好使 250
号 hào →天·日·号 561
好 hào →爱·好 2

he
喝茶 hē chá →喝茶·饮茶·品茶·吃茶 252
合 hé →关·合·闭 232
合格 hégé →合格·及格 254
合适 héshì →合适·适合 255
合作 hézuò →合作·协作 257
何必 hébì →未必·不必·何必 604
和 hé →跟·同·和 226
核儿 hér →核儿·种子·子儿 258
盒 hé →箱·盒·匣 627

hei
黑 hēi →黑·暗 259

hen
很 hěn →很·非常·怪·挺 261
很 hěn →很·好 264
很多 hěn duō →许多·很多 650
恨不得 hènbude →巴不得·恨不得 14

hong
哄 hǒng →哄·逗 265

hou
后果 hòuguǒ →结果·后果·成果 312
后来 hòulái →后来·以后 267

hu
呼 hū →招呼·呼·叫 726
忽然 hūrán →突然·忽然 586
壶 hú →罐·缸·盆·壶 237

核儿 húr →核儿·种子·子儿 258
糊涂 hútu →笨·糊涂·傻 38

hua
花 huā →花·费 268
花 huā →花·付·交 270
华语 Huáyǔ →汉语·中文·普通话·华语 242
画 huà →写·记·填·画 639

huai
怀念 huáiniàn →想念·思念·怀念 632
怀疑 huáiyí →怀疑·疑心 272

huang
黄昏 huánghūn →傍晚·黄昏 23

hui
回答 huídá →答复·回答 122
会 huì →会·能(1) 273
会 huì →会·能(2) 275
会见 huìjiàn →接见·会见 308

huo
活动 huódòng →运动·活动 706
火车 huǒchē →火车·列车·电车 277
伙 huǒ →群·伙·帮·班 471
或者 huòzhě →还是·或者 240
获得 huòdé →得到·取得·获得 147

J

ji
几乎 jīhū →简直·几乎·差不多 292
激动 jīdòng →感动·激动 218
及 jí →并·及·而 55
及格 jígé →合格·及格 254
即使 jíshǐ →即使·虽然 279
急忙 jímáng →急忙·连忙 280

集体 jítǐ →团体·集团·集体　589
集团 jítuán →团体·集团·集体　589
几 jǐ →几·多少　280
计算机 jìsuànjī →计算机·电脑　282
记 jì →写·记·填·画　639
系 jì →穿·戴·系　112
继续 jìxù →继续·持续　283
寄 jì →送·寄　536

jia
加 jiā →加·添·兑　285
家 jiā →房子·家　193
家人 jiārén →家人·家属·家族　286
家属 jiāshǔ →家人·家属·家族　286
家乡 jiāxiāng →老家·故乡·家乡　369
家族 jiāzú →家人·家属·家族　286
架 jià →架·台　288

jian
煎 jiān →煎·烤·烧　289
剪 jiǎn →砍·劈·剪·切·割·锯　340
简单 jiǎndān →简单·容易　290
简直 jiǎnzhí →好像·简直　250
简直 jiǎnzhí →简直·几乎·差不多　292
见 jiàn →见·见面·见到　294
见 jiàn →见·看·找　295
见 jiàn →看·见·看见　342
见不到 jiànbudào →不能见·见不到　58
见到 jiàndào →见·见面·见到　294
见面 jiànmiàn →见·见面·见到　294
建立 jiànlì →树立·建立·确立　523
健康 jiànkāng →健康·健全　297
健全 jiànquán →健康·健全　297

渐渐 jiànjiàn →渐渐·逐渐·逐步　299
渐渐 jiànjiàn →慢慢·渐渐　393
鉴赏 jiànshǎng →观赏·欣赏·鉴赏　235

jiang
将 jiāng →把·将·拿　17
将就 jiāngjiu →将就·凑合　300
讲话 jiǎnghuà →谈话·说话·讲话　546
讲课 jiǎngkè →听课·讲课·上课　571

jiao
交 jiāo →花·付·交　270
娇 jiāo →宠·贯·娇·疼　105
骄傲 jiāo'ào →骄傲·自豪　301
教 jiāo →教·告诉　303
焦急 jiāojí →着急·焦急　728
脚 jiǎo →腿·脚·足　591
叫 jiào →叫·喊　304
叫 jiào →招呼·呼·叫　726
教会 jiàohuì →教会·教堂　306
教师 jiàoshī →老师·教师　371
教室 jiàoshì →教室·课堂　307
教堂 jiàotáng →教会·教堂　306

jie
接 jiē →收·接·受　513
接见 jiējiàn →接见·会见　308
接着 jiēzhe →然后·接着　472
揭露 jiēlù →败露·暴露·揭露　20
节省 jiéshěng →节省·节约　309
节约 jiéyuē →节省·节约　309
结构 jiégòu →结构·构造　310
结果 jiéguǒ →结果·后果·成果　312
结账 jiézhàng →埋（买）单·结账　389
解释 jiěshì →解释·说明　313

介意 jièyì →在意·介意　712

[jin]

禁不住 jīnbuzhù →忍不住·禁不住　474

尽 jǐn →全·尽·满　462

尽管 jǐnguǎn →尽管·不管　314

进行 jìnxíng →举行·进行　328

近代 jìndài →近代·现代·当代　315

近来 jìnlái →最近·近来　758

[jing]

经常 jīngcháng →常常·经常·往往　90

经常 jīngcháng →经常·总是　316

经过 jīngguò →经过·通过　317

经历 jīnglì →经验·经历　319

经验 jīngyàn →经验·经历　319

精彩 jīngcǎi →精彩·出色　320

精密 jīngmì →精密·精细·精致　321

精细 jīngxì →精密·精细·精致　321

精致 jīngzhì →精密·精细·精致　321

景观 jǐngguān →景色·景致·景观　323

景色 jǐngsè →风光·风景·景色　206

景色 jǐngsè →景色·景致·景观　323

景致 jǐngzhì →景色·景致·景观　323

竞赛 jìngsài →比赛·竞赛　44

[jiu]

纠正 jiūzhèng →修改·修正·纠正·改正　649

酒店 jiǔdiàn →饭店·宾馆·酒店·旅馆·招待所　189

旧 jiù →老·旧·古　367

旧居 jiùjū →旧居·故居　324

就 jiù →就·便　325

就要…了 jiù yào…le →要…了·快…了·快要…了·就要…了　665

就是 jiùshì →可不是·就是　353

就业 jiùyè →就业·就职　327

就职 jiùzhí →就业·就职　327

[ju]

居然 jūrán →果然·居然　239

举行 jǔxíng →举行·进行　328

据说 jùshuō →听说·据说　572

锯 jù →砍·劈·剪·切·割·锯　340

[juan]

卷 juǎn →卷·裹·包·缠　329

[jue]

觉得 juéde →觉得·认为·想·看　331

K

[kai]

开端 kāiduān →开始·开头·开端　333

开辟 kāipì →开拓·开辟　336

开始 kāishǐ →开始·开头·开端　333

开始～ kāishǐ～→开始～·～起来　334

开头 kāitóu →开始·开头·开端　333

开拓 kāituò →开拓·开辟　336

开心 kāixīn →开心·高兴　337

开展 kāizhǎn →开展·展开　339

[kan]

砍 kǎn →砍·劈·剪·切·割·锯　340

看 kàn →看·见·看见　342

看 kàn →看·看望　344

看 kàn →见·看·找　295

看 kàn →觉得·认为·想·看　331

看 kàn →瞧·瞅·盯·望·看　450

看不起 kànbuqǐ →看不起·看不上　345

看不上 kànbushàng →看不起·看不上 345

看成 kànchéng →看做·看成 350

看法 kànfa →看法·意见 346

看见 kànjian →看·见·看见 342

看上 kànshang →看上·看中 348

看书 kànshū →念书·读书·看书 423

看望 kànwàng →看·看望 344

看中 kànzhòng →看上·看中 348

看做 kànzuò →看做·看成 350

kang

慷慨 kāngkǎi →慷慨·大方 351

扛 káng →背·驮·扛 33

扛 káng →挑·抬·扛 564

kao

烤 kǎo →煎·烤·烧 289

靠 kào →靠·凭 352

ke

颗 kē →粒·颗 377

可…了 kě…le →太…了·可…了 544

可不是 kěbushì →可不是·就是 353

可能 kěnéng →恐怕·可能 360

可怕 kěpà →害怕·怕·可怕 241

可是 kěshì →但·但是·可是·不过 138

可惜 kěxī →遗憾·可惜 685

渴望 kěwàng →渴望·希望·盼望·期望 356

课堂 kètáng →教室·课堂 307

ken

肯定 kěndìng →肯定·一定 358

恳求 kěnqiú →要求·请求·恳求 658

啃 kěn →咬·啃 662

kong

空 kōng →白·空 19

孔 kǒng →洞·孔·穴 166

恐怕 kǒngpà →恐怕·可能 360

恐怕 kǒngpà →也许·恐怕 666

kou

口气 kǒuqi →口气·口吻 361

口吻 kǒuwěn →口气·口吻 361

kuai

快…了 kuài…le →要…了·快…了·快要…了·就要…了 665

快乐 kuàilè →愉快·快乐 702

快要…了 kuàiyào…le →要…了·快…了·快要…了·就要…了 665

kun

捆 kǔn →捆·包·扎 362

kuo

扩大 kuòdà →扩大·扩展·扩张 363

扩展 kuòzhǎn →扩大·扩展·扩张 363

扩张 kuòzhāng →扩大·扩展·扩张 363

L

la

拉 lā →拖·拉 592

lai

来 lái →来·以来 365

来得及 láidejí →赶得上·赶上·来得及 214

来往 láiwang →来往·来往·往来 366

来往 láiwǎng →来往·来往·往来 366

lao

劳驾 láojià →对不起·劳驾·麻烦 173

老 lǎo →老·旧·古　367

老 lǎo →总·老　756

老家 lǎojiā →老家·故乡·家乡　369

老婆 lǎopo →夫人·妻子·爱人·太太·老婆　210

老师 lǎoshī →老师·教师　371

leng

冷 lěng →冷·凉　372

li

离 lí →从·自·离·由　116

离休 líxiū →离休·退休·退职·辞职　374

里 lǐ →中·里·内　748

理解 lǐjiě →了解·理解　383

力量 lìliang →力气·力量　375

力气 lìqi →力气·力量　375

立即 lìjí →马上·立刻·立即　388

立刻 lìkè →马上·立刻·立即　388

例如 lìrú →例如·比如　376

粒 lì →粒·颗　377

lian

连忙 liánmáng →急忙·连忙　280

脸 liǎn →脸·脸蛋儿·脸盘儿　379

脸蛋儿 liǎndànr →脸·脸蛋儿·脸盘儿　379

脸盘儿 liǎnpánr →脸·脸蛋儿·脸盘儿　379

脸色 liǎnsè →脸色·神色　380

liang

凉 liáng →冷·凉　372

两位 liǎng wèi →二位·两位　183

liao

聊 liáo →说·谈·聊　531

聊天儿 liáotiānr →聊天儿·谈话　382

了不得 liǎobude →不得了·了不得　65

了解 liǎojiě →了解·理解　383

了解 liǎojiě →认识·知道·了解　475

了解 liǎojiě →熟悉·了解　522

lie

列车 lièchē →火车·列车·电车　277

ling

领 lǐng →陪·带·领·跟　434

领导 lǐngdǎo →首脑·首长·领袖·领导　517

领导 lǐngdǎo →指导·领导　745

领袖 lǐngxiù →首脑·首长·领袖·领导　517

liu

流畅 liúchàng →流畅·流利　385

流利 liúlì →流畅·流利　385

long

隆重 lóngzhòng →盛大·隆重　497

lou

楼梯 lóutī →楼梯·台阶　386

搂 lǒu →抱·搂　30

lu

路 lù →道·路·道路　143

lü

旅馆 lǚguǎn →饭店·宾馆·酒店·旅馆·招待所　189

旅行 lǚxíng →旅行·旅游·游览　387

旅游 lǚyóu →旅行·旅游·游览　387

M

ma

妈妈 māma →母亲·妈妈·娘　412

麻烦 máfan →对不起·劳驾·麻烦　173

马上 mǎshàng →赶快·马上 217

马上 mǎshàng →马上·立刻·立即 388

mai

埋（买）单 mái(mǎi)dān →埋（买）单·结账 389

买卖 mǎimai →买卖·生意 390

man

满 mǎn →全·尽·满 462

满意 mǎnyì →满足·满意 391

满足 mǎnzú →满足·满意 391

满足 mǎnzú →知足·满足 741

慢慢 mànmàn →慢慢·渐渐 393

mao

毛病 máobìng →缺点·毛病·错误 467

mei

没 méi →丢·没 161

没 méi →没有·没 399

没懂 méi dǒng →没懂·不懂 395

没关系 méi guānxi →不要紧·没关系 62

没关系 méi guānxi →没关系·没事儿 396

没事儿 méi shìr →没关系·没事儿 396

没有 méiyǒu；méiyou →没有·没 399

每+名词 měi →每+名词·名词の重ね型 400

美好 měihǎo →美好·美丽 401

美丽 měilì →美好·美丽 401

美丽 měilì →美丽·漂亮·好看 403

mian

免得 miǎnde →省得·免得 495

面对 miànduì →面向·面对·面临 405

面孔 miànkǒng →面孔·面貌·面目 404

面临 miànlín →面向·面对·面临 405

面貌 miànmào →面孔·面貌·面目 404

面目 miànmù →面孔·面貌·面目 404

面向 miànxiàng →面向·面对·面临 405

mie

蔑视 mièshì →轻视·蔑视 455

ming

明白 míngbai →懂·懂得·明白 163

明白 míngbai →清楚·明白 458

明白了 míngbai le →明白了·懂了·知道了·好的 406

mo

摸 mō →摸·碰 409

磨 mó →磨·擦 410

mu

模样 múyàng →模样·样子 411

母亲 mǔqin →母亲·妈妈·娘 412

目标 mùbiāo →目标·目的 413

目的 mùdì →目标·目的 413

目前 mùqián →现在·目前·如今 623

N

na

拿 ná →把·将·拿 17

拿 ná →带·拿 130

拿手 náshǒu →拿手·擅长·善于 414

那么 nàme →这么·那么 731

[nan]

男的 nánde →男人·男的·男士·先生 416

男人 nánrén →男人·男的·男士·先生 416

男士 nánshì →男人·男的·男士·先生 416

难怪 nánguài →难怪·怪不得 417

难过 nánguò →难受·难过 418

难过 nánguò →痛苦·难过·难受 579

难免 nánmiǎn →未免·不免·难免 605

难受 nánshòu →难受·难过 418

难受 nánshòu →痛苦·难过·难受 579

[nao]

脑筋 nǎojīn →头脑·脑筋 582

[nei]

内 nèi →中·里·内 748

[neng]

能 néng →会·能(1) 273

能 néng →会·能(2) 275

[nian]

年纪 niánjì →年纪·年龄 420

年龄 niánlíng →年纪·年龄 420

年青 niánqīng →年轻·年青 421

年轻 niánqīng →年轻·年青 421

念书 niànshū →念书·读书·看书 423

念头 niàntou →念头·想法 423

[niang]

娘 niáng →母亲·妈妈·娘 412

[ning]

宁静 níngjìng →安静·宁静 7

[nong]

弄 nòng →搞·弄 225

[nuan]

暖和 nuǎnhuo →温和·温暖·暖和 608

[nü]

女的 nǚde →女士·女性·女人·妇女·女的 425

女儿 nǚ'ér →女儿·姑娘 424

女人 nǚrén →女士·女性·女人·妇女·女的 425

女士 nǚshì →女士·女性·女人·妇女·女的 425

女性 nǚxìng →女士·女性·女人·妇女·女的 425

O

[ou]

偶尔 ǒu'ěr →偶尔·偶然 427

偶然 ǒurán →偶尔·偶然 427

P

[pa]

怕 pà →害怕·怕·可怕 241

[pai]

拍 pāi →拍·捶·敲·打 429

[pan]

盘 pán →盘·碟·碗 430

盼望 pànwàng →渴望·希望·盼望·期望 356

[pang]

胖 pàng →胖·肥 432

[pao]

泡茶 pào chá →倒茶·沏茶·冲茶·泡茶 141

pei

陪 péi →陪·带·领·跟 434

pen

盆 pén →罐·缸·盆·壶 237

peng

捧 pěng →提·端·捧 555

碰 pèng →摸·碰 409

碰见 pèngjiàn →碰见·遇见 435

pi

批判 pīpàn →批评·批判 436

批评 pīpíng →批评·批判 436

劈 pī →砍·劈·剪·切·割·锯 340

脾气 píqi →性格·脾气 646

pian

骗 piàn →骗·欺骗·欺诈 436

piao

漂亮 piàoliang →美丽·漂亮·好看 403

pin

品 pǐn →尝·品尝·品 88

品茶 pǐn chá →喝茶·饮茶·品茶·吃茶 252

品尝 pǐncháng →尝·品尝·品 88

ping

平安 píng'ān →安全·平安 10

凭 píng →靠·凭 352

pu

普通 pǔtōng →普通·一般 438

普通话 pǔtōnghuà →汉语·中文·普通话·华语 242

Q

qi

沏茶 qī chá →倒茶·沏茶·冲茶·泡茶 141

妻子 qīzi →夫人·妻子·爱人·太太·老婆 210

期望 qīwàng →渴望·希望·盼望·期望 356

欺骗 qīpiàn →骗·欺骗·欺诈 436

欺诈 qīzhà →骗·欺骗·欺诈 436

齐 qí →齐·全 440

其实 qíshí →其实·实际上 443

其他 qítā →其他·其它·其余 444

其它 qítā →其他·其它·其余 444

其余 qíyú →其他·其它·其余 444

奇妙 qímiào →神奇·奇妙 492

骑 qí →坐·蹲·骑 760

骑车 qíchē →坐车·乘车·搭车·上车·骑车 761

起码 qǐmǎ →起码·至少 445

～起来 ～qilai →开始～·～起来 334

气候 qìhòu →天气·气候·气象 563

气象 qìxiàng →天气·气候·气象 563

qia

恰当 qiàdàng →妥当·恰当 594

恰好 qiàhǎo →恰好·恰巧 446

恰巧 qiàqiǎo →恰好·恰巧 446

qian

千万 qiānwàn →千万·万万 447

签名 qiānmíng →签字·签名 448

签字 qiānzì →签字·签名 448

前后 qiánhòu →前后·先后 449

qiao

悄悄 qiāoqiāo →暗暗·偷偷·悄悄 13

敲 qiāo →拍·捶·敲·打 429

瞧 qiáo →瞧·瞅·盯·望·看 450

qie

781

切 qiē →砍·劈·剪·切·割·锯 340

qin
亲密 qīnmì →亲密·亲热 452
亲切 qīnqiè →亲切·热情·热心 454
亲热 qīnrè →亲密·亲热 452

qing
轻视 qīngshì →轻视·蔑视 455
倾向 qīngxiàng →倾向·趋势 456
清楚 qīngchu →清楚·明白 458
情报 qíngbào →消息·情报 635
请假 qǐngjià →放假·请假·休假 198
请求 qǐngqiú →要求·请求·恳求 658
庆祝 qìngzhù →祝·祝贺·庆祝 753

qu
区别 qūbié →差别·区别 84
趋势 qūshì →倾向·趋势 456
取得 qǔdé →得到·取得·获得 147
去 qù →去·走 460
去 qù →上·去 486
去世 qùshì →死·死亡·去世·逝世·牺牲 534
趣味 qùwèi →趣味·兴趣 461

quan
全 quán →齐·全 440
全 quán →全·尽·满 462
全部 quánbù →全部·全体 464
全部 quánbù →全部·所有·一切 465
全体 quántǐ →全部·全体 464

que
缺点 quēdiǎn →缺点·毛病·错误 467
缺乏 quēfá →缺乏·缺少 468
缺少 quēshǎo →缺乏·缺少 468
却 què →却·倒 469

确立 quèlì →树立·建立·确立 523
确实 quèshí →实在·的确·确实 506

qun
群 qún →群·伙·帮·班 471

R

ran
然后 ránhòu →然后·接着 472

re
热情 rèqíng →亲切·热情·热心 454
热心 rèxīn →亲切·热情·热心 454

ren
忍不住 rěnbuzhù →忍不住·禁不住 474
认识 rènshi →认识·知道·了解 475
认为 rènwéi →觉得·认为·想·看 331
认为 rènwéi →认为·以为 476
任务 rènwu →任务·工作 478

reng
扔 rēng →投·扔·甩 584

ri
日 rì →天·日·号 561

rong
容易 róngyì →简单·容易 290
容易 róngyì →容易·好 480

rou
柔和 róuhé →柔和·温柔 481

ru
如今 rújīn →现在·目前·如今 623

S

san
散 sǎn →散·散 483

散 sàn →散·散 483
se
色彩 sècǎi →彩色·色彩·颜色 76
sha
傻 shǎ →笨·糊涂·傻 38
shan
善于 shànyú →拿手·擅长·善于 414
擅长 shàncháng →拿手·擅长·善于 414
shang
伤心 shāngxīn →悲哀·悲惨·伤心 34
商量 shāngliang →商量·商榷·讨论 484
商榷 shāngquè →商量·商榷·讨论 484
上 shàng →上·去 486
上车 shàngchē →坐车·乘车·搭车·上车·骑车 761
上当 shàngdàng →吃亏·上当 100
上当 shàngdàng →上当·受骗 488
上课 shàngkè →听课·讲课·上课 571
上网 shàngwǎng →网上·上网 598
上午 shàngwǔ →早上·早晨·上午 715
上下 shàngxià →左右·上下 759
shao
烧 shāo →煎·烤·烧 289
少 shǎo →别·不要·少 52
shei
谁 shéi →谁·什么人 490
shen
深夜 shēnyè →晚上·夜里·深夜·夜晚 597

什么人 shénme rén →谁·什么人 490
什么样 shénmeyàng →怎么样·什么样 721
神奇 shénqí →神奇·奇妙 492
神色 shénsè →脸色·神色 380
sheng
生病 shēngbìng →生病·得病·犯病 492
生命 shēngmìng →生命·性命 494
生气 shēngqì →发脾气·生气 185
生意 shēngyi →买卖·生意 390
省得 shěngde →省得·免得 495
盛大 shèngdà →盛大·隆重 497
shi
十分 shífēn →非常·十分 200
时光 shíguāng →时间·时光 500
时候 shíhou →时候·时间·时刻 498
时间 shíjiān →时候·时间·时刻 498
时间 shíjiān →时间·时光 500
时刻 shíkè →时候·时间·时刻 498
时髦 shímáo →时尚·时髦·时兴 502
时尚 shíshàng →时尚·时髦·时兴 502
时兴 shíxīng →时尚·时髦·时兴 502
实际上 shíjìshang →其实·实际上 443
实行 shíxíng →实行·执行·推行 504
实在 shízài →实在·的确·确实 506
食堂 shítáng →食堂·餐厅·饭馆·菜馆 507
适合 shìhé →合适·适合 255
是 shì →行·对·是 645
是不是 shìbushì →是不是·是否 512
是不是…? shì bu shì…? →…, 是不是?·…是不是…?·是不是…? 509

783

…是不是…？…shì bu shì…？→…，是不是？…是不是…？·是不是…？ 509

…，是不是？…，shì bu shì？→…，是不是？…是不是…？·是不是…？ 509

是否 shìfǒu →是不是·是否 512

逝世 shìshì →死·死亡·去世·逝世·牺牲 534

嗜好 shìhào →爱好·嗜好 3

shou

收 shōu →收·接·受 513

收集 shōují →搜集·收集·征集 537

收拾 shōushi →收拾·整理·整顿 515

首脑 shǒunǎo →首脑·首长·领袖·领导 517

首先 shǒuxiān →先·首先 620

首要 shǒuyào →首要·主要 518

首长 shǒuzhǎng →首脑·首长·领袖·领导 517

受 shòu →遭·受 714

受 shòu →收·接·受 513

受欢迎 shòu huānyíng →受欢迎·吃香 519

受骗 shòupiàn →上当·受骗 488

shu

舒畅 shūchàng →舒服·舒畅·舒适 520

舒服 shūfu →舒服·舒畅·舒适 520

舒适 shūshì →舒服·舒畅·舒适 520

熟悉 shúxī →熟悉·了解 522

数 shǔ →算·数 539

树立 shùlì →树立·建立·确立 523

shuai

甩 shuǎi →投·扔·甩 584

shuang

双 shuāng →对·双·副 170

shui

睡 shuì →睡·睡觉 525

睡觉 shuìjiào →睡·睡觉 525

shun

顺便 shùnbiàn →顺便·顺手·顺路 526

顺路 shùnlù →顺便·顺手·顺路 526

顺手 shùnshǒu →顺便·顺手·顺路 526

顺着 shùnzhe →顺着·沿着 527

shuo

说 shuō →说·告诉 530

说 shuō →说·谈·聊 531

说话 shuōhuà →谈话·说话·讲话 546

说明 shuōmíng →解释·说明 313

si

思考 sīkǎo →思考·思索 533

思念 sīniàn →想念·思念·怀念 632

思索 sīsuǒ →思考·思索 533

死 sǐ →死·死亡·去世·逝世·牺牲 534

死亡 sǐwáng →死·死亡·去世·逝世·牺牲 534

song

送 sòng →送·寄 536

sou

搜集 sōují →搜集·收集·征集 537

suan

算 suàn →算·数 539

sui

虽然 suīrán →别看·虽然 54

虽然 suīrán →固然·虽然 231

784

虽然 suīrán →即使·虽然　279

suo

所 suǒ →座·所　762
所有 suǒyǒu →全部·所有·一切　465
索性 suǒxìng →索性·干脆　540

T

ta

他 tā →他·她·它　541
它 tā →他·她·它　541
她 tā →他·她·它　541
踏实 tāshi →踏实·扎实　542
踏 tà →踩·踏　78

tai

台 tái →架·台　288
台阶 táijiē →楼梯·台阶　386
抬 tái →挑·抬·扛　564
太…了 tài…le →太…了·可…了　544
太太 tàitai →夫人·妻子·爱人·太太·老婆　210
态度 tàidu →态度·表现　545

tan

摊 tān →放·搁·摆·摊　196
谈 tán →说·谈·聊　531
谈话 tánhuà →聊天儿·谈话　382
谈话 tánhuà →谈话·说话·讲话　546
探讨 tàntǎo →议论·讨论·探讨　687

tao

淘气 táoqì →调皮·顽皮·淘气　568
讨论 tǎolùn →商量·商榷·讨论　484
讨论 tǎolùn →议论·讨论·探讨　687
讨厌 tǎoyàn →嫌·讨厌　622

te

特 tè →特别·特·格外　548

特 tè →真·特　733
特别 tèbié →特别·特·格外　548
特别 tèbié →特别·尤其　549
特地 tèdì →特地·特意　551
特点 tèdiǎn →特征·特色·特点·特性　552
特色 tèsè →特征·特色·特点·特性　552
特性 tèxìng →特征·特色·特点·特性　552
特意 tèyì →特地·特意　551
特征 tèzhēng →特征·特色·特点·特性　552

teng

疼 téng →宠·贯·娇·疼　105
疼 téng →疼·痛　554

ti

提 tí →提·端·捧　555
提前 tíqián →提前·提早　557
提早 tízǎo →提前·提早　557
体系 tǐxì →系统·体系　617
体育 tǐyù →体育·运动　558
替 tì →替·为·给　559

tian

天 tiān →天·日·号　561
天气 tiānqì →天气·气候·气象　563
添 tiān →加·添·兑　285
填 tián →写·记·填·画　639

tiao

挑 tiāo →挑·抬·扛　564
挑 tiāo →挑·选　565
条 tiáo →道·条　145
调皮 tiáopí →调皮·顽皮·淘气　568
跳 tiào →蹦·跳　40

[ting]

听 tīng →听·听见·听到 569

听到 tīngdào →听·听见·听到 569

听见 tīngjiàn →听·听见·听到 569

听课 tīngkè →听课·讲课·上课 571

听说 tīngshuō →听说·据说 572

停顿 tíngdùn →停顿·停止·停留 574

停留 tíngliú →停顿·停止·停留 574

停止 tíngzhǐ →停顿·停止·停留 574

挺 tǐng →很·非常·怪·挺 261

[tong]

通过 tōngguò →经过·通过 317

通信 tōngxìn →通讯·通信 575

通讯 tōngxùn →通讯·通信 575

同 tóng →跟·同·和 226

同样 tóngyàng →同样·一样 577

同样 tóngyàng →一般·一样·同样 667

同意 tóngyì →同意·赞成 578

痛 tòng →疼·痛 554

痛苦 tòngkǔ →痛苦·难过·难受 579

[tou]

偷偷 tōutōu →暗暗·偷偷·悄悄 13

头 tóu →头·第 581

头目 tóumù →头头儿·头目·头子 583

头脑 tóunǎo →头脑·脑筋 582

头头儿 tóutour →头头儿·头目·头子 583

头子 tóuzi →头头儿·头目·头子 583

投 tóu →投·扔·甩 584

[tu]

突然 tūrán →突然·忽然 586

[tuan]

团聚 tuánjù →团聚·团圆 587

团体 tuántǐ →团体·集团·集体 589

团圆 tuányuán →团聚·团圆 587

[tui]

推 tuī →按·摁·推·压 11

推测 tuīcè →推测·猜测 590

推行 tuīxíng →实行·执行·推行 504

腿 tuǐ →腿·脚·足 591

退休 tuìxiū →离休·退休·退职·辞职 374

退职 tuìzhí →离休·退休·退职·辞职 374

[tuo]

拖 tuō →拖·拉 592

驮 tuó →背·驮·扛 33

妥当 tuǒdang →妥当·恰当 594

V

V好 V hǎo → V好·V完 244

V完 V wán → V好·V完 244

W

[wan]

顽固 wángù →顽固·固执 595

顽皮 wánpí →调皮·顽皮·淘气 568

晚上 wǎnshang →晚上·夜里·深夜·夜晚 597

碗 wǎn →盘·碟·碗 430

碗 wǎn →碗·杯·盅 598

万万 wànwàn →千万·万万 447

[wang]

网上 wǎngshàng →网上·上网 598

往 wǎng →往·向·朝 600

往来 wǎnglái →来往·来往·往来 366

往往 wǎngwǎng →常常・经常・往往 90

忘 wàng →忘・忘记 602

忘记 wàngjì →忘・忘记 602

望 wàng →瞧・瞅・盯・望・看 450

wei

维持 wéichí →保持・维持 27

为 wèi →替・为・给 559

为什么 wèi shénme →干吗・为什么 220

为什么 wèi shénme →怎么・为什么 716

未必 wèibì →未必・不必・何必 604

未免 wèimiǎn →未免・不免・难免 605

位置 wèizhi →位置・地位・位子 607

位子 wèizi →位置・地位・位子 607

味道 wèidao →风味・滋味・味道 207

wen

温和 wēnhé →温和・温暖・暖和 608

温暖 wēnnuǎn →温和・温暖・暖和 608

温柔 wēnróu →柔和・温柔 481

稳定 wěndìng →安定・稳定 6

问 wèn →问・打听 609

wo

我不知道 wǒ bù zhīdao →我怎么知道・我不知道 611

我怎么知道 wǒ zěnme zhīdao →我怎么知道・我不知道 611

我们 wǒmen →我们・咱们 612

wu

屋子 wūzi →房间・屋子 192

无所谓 wúsuǒwèi →不在乎・无所谓 73

无须 wúxū →不必・不用・无须 63

X

xi

希望 xīwàng →希望・愿意 613

希望 xīwàng →渴望・希望・盼望・期望 356

牺牲 xīshēng →死・死亡・去世・逝世・牺牲 534

喜欢 xǐhuan →喜欢・爱 615

系统 xìtǒng →系统・体系 617

xia

匣 xiá →箱・盒・匣 627

下手 xiàshǒu →下手・动手・着手 618

xian

先 xiān →先・首先 620

先后 xiānhòu →前后・先后 449

先生 xiānsheng →男人・男的・男士・先生 416

嫌 xián →嫌・讨厌 622

显示 xiǎnshì →表示・显示 51

现代 xiàndài →近代・现代・当代 315

现在 xiànzài →现在・目前・如今 623

xiang

相反 xiāngfǎn →相反・反而 625

香 xiāng →好吃・香 246

箱 xiāng →箱・盒・匣 627

详细 xiángxì →详细・仔细 628

想 xiǎng →觉得・认为・想・看 331

想 xiǎng →想・要 630

想 xiǎng →愿意・想 704

想法 xiǎngfa →念头・想法 423

想念 xiǎngniàn →想念・思念・怀念

787

632

向 xiàng →往·向·朝 600

向来 xiànglái →一直·一向·向来 679

xiao

削 xiāo →削·剥 633

消息 xiāoxi →消息·情报 635

消息 xiāoxi →新闻·消息 643

小姐 xiǎojiě →姑娘·小姐 230

小时 xiǎoshí →小时·钟头 636

小心 xiǎoxīn →注意·小心·当心 751

xie

些 xiē →点·些 155

歇 xiē →歇·休息 637

协作 xiézuò →合作·协作 257

鞋 xié →鞋·靴 638

写 xiě →写·记·填·画 639

谢 xiè →谢谢·谢·感谢 640

谢谢 xièxie →谢谢·谢·感谢 640

xin

心里 xīnli →心里·心中 641

心中 xīnzhōng →心里·心中 641

欣赏 xīnshǎng →观赏·欣赏·鉴赏 235

新闻 xīnwén →新闻·消息 643

xing

行 xíng →行·对·是 645

兴趣 xìngqù →趣味·兴趣 461

性格 xìnggé →性格·脾气 646

性命 xìngmìng →生命·性命 494

幸好 xìnghǎo →幸亏·幸好 648

幸亏 xìngkuī →幸亏·幸好 648

xiu

休假 xiūjià →放假·请假·休假 198

休息 xiūxi →歇·休息 637

修改 xiūgǎi →修改·修正·纠正·改正 649

修正 xiūzhèng →修改·修正·纠正·改正 649

xu

许多 xǔduō →许多·很多 650

xuan

悬 xuán →吊·挂·悬 160

选 xuǎn →挑·选 565

xue

靴 xuē →鞋·靴 638

穴 xué →洞·孔·穴 166

学 xué →学·学习 651

学好 xuéhǎo →学会·学好·掌握 653

学会 xuéhuì →学会·学好·掌握 653

学习 xuéxí →学·学习 651

学院 xuéyuàn →大学·学院 129

Y

ya

压 yā →按·摁·推·压 11

yan

严格 yángé →严格·严厉 655

严厉 yánlì →严格·严厉 655

沿着 yánzhe →顺着·沿着 527

颜色 yánsè →彩色·色彩·颜色 76

眼光 yǎnguāng →眼光·眼力 656

眼力 yǎnlì →眼光·眼力 656

yang

样子 yàngzi →模样·样子 411

yao

要求 yāoqiú →要求·请求·恳求 658

摇摆 yáobǎi →摇摆·摇晃·颠簸 660

摇晃 yáohuang →摇摆·摇晃·颠簸

788

660

咬 yǎo →咬・啃　662

要 yào →点・要　156

要 yào →想・要　630

要…了 yào…le →要…了・快…了・快要…了　665

[ye]

也许 yěxǔ →也许・恐怕　666

夜里 yèli →晚上・夜里・深夜・夜晚　597

夜晚 yèwǎn →晚上・夜里・深夜・夜晚　597

[yi]

一般 yībān →普通・一般　438

一般 yībān →一般・一样・同样　667

一辈子 yībèizi →一生・一辈子　673

一边…一边… yībiān…yībiān… →一边…一边…・一面…一面…・又…又…　668

一点儿 yīdiǎnr →有点儿・一点儿　698

一定 yīdìng →肯定・一定　358

一定 yīdìng →一定・必定　669

一会儿 yīhuìr →一会儿・不一会儿　670

一块儿 yīkuàir →一起・一块儿・一齐　672

一面…一面… yīmiàn…yīmiàn… →一边…一边…・一面…一面…・又…又…　668

一齐 yīqí →一起・一块儿・一齐　672

一起 yīqǐ →一起・一块儿・一齐　672

一切 yīqiè →全部・所有・一切　465

一生 yīshēng →一生・一辈子　673

一下 yīxià →動詞＋一下・動詞の重ね型　674

一向 yīxiàng →一直・一向・向来　679

一些 yīxiē →一些・有些　676

一样 yīyàng →同样・一样　577

一样 yīyàng →一般・一样・同样　667

一再 yīzài →一再・再三　677

一直 yīzhí →从来・一直　117

一直 yīzhí →一直・一向・向来　679

医生 yīshēng →医生・大夫　681

医院 yīyuàn →医院・病院　682

依附 yīfù →依靠・依赖・依附　683

依靠 yīkào →依靠・依赖・依附　683

依赖 yīlài →依靠・依赖・依附　683

遗憾 yíhàn →遗憾・可惜　685

疑心 yíxīn →怀疑・疑心　272

已经 yǐjīng →曾经・已经　82

以后 yǐhòu →后来・以后　267

以后 yǐhòu →以来・以后　686

以来 yǐlái →来・以来　365

以来 yǐlái →以来・以后　686

以为 yǐwéi →认为・以为　476

议论 yìlùn →议论・讨论・探讨　687

意见 yìjian →看法・意见　346

意思 yìsi →意思・意义　689

意义 yìyì →意思・意义　689

[yin]

因为 yīnwei →由于・因为　695

饮茶 yǐn chá →喝茶・饮茶・品茶・吃茶　252

[ying]

应 yīng →应该・应当・应・该　690

应当 yīngdāng →应该・应当・应・该　690

应该 yīnggāi →应该・应当・应・该

789

影片 yǐngpiàn →电影·影片 158

yong

永久 yǒngjiǔ →永远·永久 692
永远 yǒngyuǎn →永远·永久 692
用不着 yòngbuzháo →不用·用不着 71
用处 yòngchù →用处·用途 693
用途 yòngtú →用处·用途 693

you

尤其 yóuqí →特别·尤其 549
由 yóu →从·自·离·由 116
由于 yóuyú →由于·因为 695
犹豫 yóuyù →踌躇·犹豫 107
游览 yóulǎn →参观·游览 80
游览 yóulǎn →旅行·旅游·游览 387
友好 yǒuhǎo →友好·友谊 697
友谊 yǒuyì →友好·友谊 697
有意思 yǒu yìsi →好玩儿·有意思·有趣 248
有点儿 yǒudiǎnr →有点儿·一点儿 698
有利 yǒulì →有利·有益 700
有名 yǒumíng →有名·著名 701
有趣 yǒuqù →好玩儿·有意思·有趣 248
有些 yǒuxiē →一些·有些 676
有益 yǒuyì →有利·有益 700
又 yòu →再·又·还 710
又……又……yòu……yòu……→一边……一边……一面……一面……又……又…… 669

yu

愉快 yúkuài →高兴·愉快 223
愉快 yúkuài →愉快·快乐 702

遇见 yùjiàn →碰见·遇见 435

yuan

原来 yuánlái →本来·原来 36
原因 yuányīn →缘故·原因 703
缘故 yuángù →缘故·原因 703
愿意 yuànyì →希望·愿意 613
愿意 yuànyì →愿意·想 704

yun

运动 yùndòng →体育·运动 558
运动 yùndòng →运动·活动 706

Z

za

扎 zā →捆·包·扎 362

zai

栽 zāi →栽·种·植 708
再 zài →再·又·还 710
再三 zàisān →一再·再三 677
在 zài →正·在·正在 735
在意 zàiyì →在意·介意 712

zan

咱们 zánmen →我们·咱们 612
赞成 zànchéng →同意·赞成 578
赞扬 zànyáng →称赞·赞扬·表扬 94

zao

遭 zāo →遭·受 714
早晨 zǎochen →早上·早晨·上午 715
早上 zǎoshang →早上·早晨·上午 715

zen

怎么 zěnme →怎么·为什么 716
怎么 zěnme →怎么·怎么样·怎样 718

怎么卖 zěnme mài →多少钱·怎么卖 180

怎么样 zěnmeyàng →怎么·怎么样·怎样 718

怎么样 zěnmeyàng →怎么样·什么样 721

怎样 zěnyàng →怎么·怎么样·怎样 718

zeng

增加 zēngjiā →增加·增长·增添 723

增添 zēngtiān →增加·增长·增添 723

增长 zēngzhǎng →增加·增长·增添 723

zha

扎实 zhāshi →踏实·扎实 542

zhai

摘 zhāi →摘·采 724

zhan

沾染 zhānrǎn →传染·感染·沾染 113

展开 zhǎnkāi →开展·展开 339

zhang

掌握 zhǎngwò →把握·掌握 18

掌握 zhǎngwò →学会·学好·掌握 653

zhao

招待所 zhāodàisuǒ →饭店·宾馆·酒店·旅馆·招待所 189

招呼 zhāohu →招呼·呼·叫 726

着急 zháojí →着急·焦急 728

找 zhǎo →见·看·找 295

照顾 zhàogù →照顾·关照 729

罩 zhào →盖·罩 213

zhe

这么 zhème →这么·那么 731

zhen

珍贵 zhēnguì →宝贵·珍贵·贵重 26

真 zhēn →真·特 733

zheng

征集 zhēngjí →搜集·收集·征集 537

整顿 zhěngdùn →收拾·整理·整顿 515

整理 zhěnglǐ →收拾·整理·整顿 515

正 zhèng →正·在·正在 735

正好 zhènghǎo →正好·正巧 736

正巧 zhèngqiǎo →正好·正巧 736

正确 zhèngquè →准确·正确 755

正在 zhèngzài →正·在·正在 735

挣 zhèng →挣·赚 738

zhi

支 zhī →支·枝 739

知道 zhīdao →懂·知道 164

知道 zhīdao →认识·知道·了解 475

知道了 zhīdao le →明白了·懂了·知道了·好的 406

知足 zhīzú →知足·满足 741

枝 zhī →支·枝 739

执行 zhíxíng →实行·执行·推行 504

职业 zhíyè →职业·专业 742

植 zhí →栽·种·植 708

只得 zhǐdé →不得不·只得·只好·只能 57

只好 zhǐhǎo →不得不·只得·只好·只能 57

只能 zhǐnéng →不得不·只得·只好·只能 57

只要 zhǐyào →只有·只要 744

只有 zhǐyǒu →只有·只要 744

791

指导 zhǐdǎo →指导·领导　745

至少 zhìshǎo →起码·至少　445

至于 zhìyú →至于·关于　747

zhong

中 zhōng →中·里·内　748

中文 Zhōngwén →汉语·中文·普通话·华语　242

终于 zhōngyú →到底·终于　140

盅 zhōng →碗·杯·盅　598

钟 zhōng →钟·表　750

钟头 zhōngtóu →小时·钟头　636

种子 zhǒngzi →核儿·种子·子儿　258

种 zhòng →栽·种·植　708

重 zhòng →沉·重　91

zhu

逐步 zhúbù →渐渐·逐渐·逐步　299

逐渐 zhújiàn →渐渐·逐渐·逐步　299

主要 zhǔyào →首要·主要　518

煮 zhǔ →炖·煮　178

嘱咐 zhǔfu →吩咐·嘱咐　203

住址 zhùzhǐ →地址·住址　153

注意 zhùyì →注意·小心·当心　751

祝 zhù →祝·祝贺·庆祝　753

祝贺 zhùhè →祝·祝贺·庆祝　753

著名 zhùmíng →有名·著名　701

zhua

抓 zhuā →抓·捉　754

zhuan

专业 zhuānyè →职业·专业　742

赚 zhuàn →挣·赚　738

zhun

准备 zhǔnbèi →打算·准备　124

准确 zhǔnquè →准确·正确　755

zhuo

捉 zhuō →抓·捉　754

着手 zhuóshǒu →下手·动手·着手　618

zi

滋味 zīwèi →风味·滋味·味道　207

子儿 zǐr →核儿·种子·子儿　258

仔细 zǐxì →详细·仔细　628

字典 zìdiǎn →词典·字典　115

自 zì →从·自·离·由　116

自豪 zìháo →骄傲·自豪　301

zong

总 zǒng →总·老　756

总是 zǒngshì →经常·总是　316

zou

走 zǒu →出发·动身·走　108

走 zǒu →去·走　460

zu

足 zú →腿·脚·足　591

zui

最 zuì →最·顶　757

最近 zuìjìn →最近·近来　758

zuo

左右 zuǒyòu →左右·上下　759

作业 zuòyè →功课·作业　228

坐 zuò →坐·蹲·骑　760

坐车 zuòchē →坐车·乘车·搭车·上车·骑车　761

座 zuò →座·所　762

做 zuò →做·干·搞·办　763

動詞の重ね型→動詞+一下·動詞の重ね型　674

名詞の重ね型→每+名詞·名詞の重ね型　400

主要参考资料

『講談社中日辞典　第三版』相原茂編　講談社，2010
『講談社 PAX 中日・日中辞典』相原茂編　講談社，2008
『東方中国語辞典』相原茂　荒川清秀　大川完三郎主編　東方書店，2004
『はじめての中国語学習辞典』相原茂編　朝日出版社，2002
『類義語のニュアンス』相原茂　荒川清秀　大川完三郎編　東方書店，1995
『どうちがう　類義語のニュアンス 2』相原茂　荒川清秀　大川完三郎編　東方書店，2000
「類義語のニュアンス」連載，1987〜2002 年，月刊『東方』，東方書店
《现代汉语词典（第六版）》商务印书馆，2012
《汉语常用词用法词典》李晓琪等　编　北京大学出版社，1997
《现代汉语八百词 增订版》吕叔湘　主编　商务印书馆，1999
《跟我学同义词》蔡少薇　主编　外语教学与研究出版社，2010
《商务馆　学汉语近义词词典》赵新　李英　主编　商务印书馆，2009
《现代汉语同义词词典》朱景松　主编　语文出版社，2009
《现代汉语同义词词典（第 3 版）》刘叔新　主编　南开大学出版社，2004
《汉语近义词典》王还　主编　北京语言大学出版社，2005
《1700 对近义词语用法对比》杨寄洲　贾永芬　编著　北京语言大学出版社，2005
《对外汉语常用词语对比例释》卢福波　编著　北京语言文化大学出版社，2000
《新华同义词词典 中型本》张志毅　张庆云　主编　商务印书馆，2005
《近义词使用区别》刘乃叔　敖桂华　编著　北京语言大学出版社，2003
《现代汉语常用词用法词典》顾士熙　主编　中国书籍出版社，2002
《留学生常用詞語辨析 500 組》于鹏　主编　北京大学出版社，2008
《外国人汉语学习难点全解析》第一，二册《学汉语》编辑部　北京语言大学出版社，2012
《实用汉语近义虚词词典》赵新　刘若云　主编　北京大学出版社，2013

ウエブサイト：北京大学中国语言学研究中心
http://ccl.pku.edu.cn:8080/ccl_corpus/index.jsp?dir=gudai

中国語類義語辞典

2015年5月20日	初版第1刷発行

主編　　　相原茂

発行者　　原雅久

発行所　　株式会社朝日出版社
〒101-0065 東京都千代田区西神田3-3-5
電話 03-3263-3321
振替口座 00140-2-46008
http://www.asahipress.com
倉敷印刷株式会社

ISBN978-4-255-00841-7 C0587
©Shigeru Aihara/Asahi Shuppan-sha, 2015　　Printed in Japan

乱丁本・落丁本は，小社宛にお送りください。送料は小社負担に
てお取り替えいたします。
本書の無断複写(コピー)は著作権法上での例外を除き，禁じられ
ています。